程千帆全集

4

两宋文学史

程千帆／著

凤凰出版社

目　　次

两宋文学史

程千帆
吴新雷
撰

第一章　宋初文学的因革

宋初统一帝国的建立，把历史推向了一个新阶段。然而在文学方面，却不是随着改朝换代而突然发生同步变化的，它有一个从因习旧章到变革创新的渐进过程。自太祖、太宗到真宗时期，诗、文、词、赋大体上都是继承着晚唐、五代的风格。以诗为例，蔡居厚《蔡宽夫诗话》①曾指出："国初因袭五代之余，士大夫皆宗白乐天诗，故王黄州（禹偁）主盟一时。祥符、天僖（真宗年号，1008—1021）之间，杨文公（亿）、刘中山（筠）、钱思公（惟演）专喜李义山，故昆体之作，翕然一变。"（"宋初诗风"条，见郭绍虞辑《宋诗话辑佚》卷下）方回在《桐江续集》卷三十二《送罗寿可诗序》中则说：

> 宋刬五代旧习，诗有白体、昆体、晚唐体。白体如李文正（昉）、徐常侍昆仲（徐铉、徐锴）、王元之（禹偁）、王汉谋（奇）；昆体则有杨、刘《西昆集》传世，二宋（庠、祁）、张乖崖（咏）、钱僖公（钱惟演初谥思，改谥文僖）、丁崖州（谓）皆是；晚唐体则九僧最逼真，寇莱公（准）、鲁三交（交）、林和靖（逋）、魏仲先父子（野及子闲）、潘逍遥（阆）、赵清献（抃）之祖（湘）②。凡数十家，深涵茂育，气极势盛。

---

① 书籍首次出现时，并著其作者，以后一般不重出。

② 按鲁交有《三江集》，应称三江。四库全书本《桐江续集》之原文为"赵清献之父"，现据《四库全书总目》卷一百五十二赵湘《南阳集》提要的引文校正。根据年代推断，和魏、潘同时代的，应是赵抃之祖湘。湘，太宗淳化三年（992）进士。

的确，宋初诗坛基本上是为中晚唐诗风所笼罩的。以时代先后而论，则白体为先导，风行于太祖、太宗朝（960—997）；自太宗后期至真宗时，出现了晚唐派；真宗景德年间（1004—1007）①，西昆体开始兴起，其声势达于仁宗朝。这三派的创作内容及风气是一脉相承的，大都是唱和酬答之作，而其作者又都兼工骈文，作品大多讲究艺术形式而很少反映现实生活中的重大问题。这种局面，引起了一些有志推陈出新的作家的不满，他们提出了改革文风的主张，并从事创作实践，从而成为北宋诗文革新运动的先驱者。

第一节　白体诗与王禹偁的创新

宋初的唱和诗风与白体诗　宋代社会的一个特点是重文轻武。宋初的最高统治者为了安定封建秩序，加强中央集权制，在政治上采取了偃武修文的策略，并使之形成普遍的社会风气。《宋史·文苑传序》说得好："艺祖（赵匡胤）革命，首用文吏而夺武臣之权。宋之尚文，端本乎此。太宗、真宗，其在藩邸，已有好学之名；及其即位，弥文日增。自时厥后，子孙相承，上之为人君者，无不典学；下之为人臣者，自宰相以至令录，无不擢科。海内文士彬彬辈出焉。"为了颂扬圣明和粉饰太平，赵宋王朝有意提倡应酬赠答的诗赋。特别是太宗，常常舞文弄墨，附庸风雅，每逢庆赏、宴会，便宣示御制诗篇，令大臣们唱和。所以宋初文坛盛行的是唱和诗，而白居易的元和体便成了时流学习的榜样。如众所周知，白居易一生的诗友前半期是元稹，后半期是刘禹锡。他们曾写过许多唱和诗，次韵相酬，编纂成集。元稹《白氏长庆集序》说："予始与乐天同校秘书之名，多以诗章相赠答。会予谴掾江陵，乐天犹在翰林，寄予百韵律诗及杂体，前后数十章。是后各佐江、通，复相酬寄。巴蜀、江楚间洎长安中少年，递相仿效，竞作新词，自谓为元和体诗，而乐天《秦中吟》、《贺雨》、讽谕等篇，时人罕能知者。"元和体诗可分为二类："其一为次韵相酬之长篇排律"，"其二

① 皇帝年号首次出现时，冠以庙号，以后一般不重出。

为杯酒光景间之小碎篇章”（见陈寅恪《元白诗笺证稿》附论〔丁〕元和体诗）。两者互相渗透影响，就形成了宋初以小碎篇章互相唱和的白体诗风。当时主盟诗坛的官僚文人如徐铉、李昉等，都是由五代十国入宋的，他们不仅是赵宋开国时期振兴文教的骨干，而且也是把应酬诗风带到宋朝来的始作俑者。

徐铉（917—992），字鼎臣，祖籍东海，出生于广陵（今扬州市）①，与弟锴皆精于小学，仕南唐为翰林学士。徐铉随李后主归宋后，曾任右散骑常侍，世称徐骑省，有《骑省集》三十卷，前二十卷是南唐时期的作品，后十卷系归宋后所作。他的诗初学李白，后学白居易，其中唱和赠答之作占四分之三，如文集第二十一卷“应制诗”类有《奉和御制打球》等十九首，“寄送诗”类有《送阮监丞赴余杭》等四十九首。兹举其《送明德道人还东林》以见例②：

> 每忆曾游处，东林惠远房。老来情更重，师去兴何长？涧曲泉声咽，松深露气香。题诗寄楚老，惆怅不成章。

方回在《瀛奎律髓》卷十六中曾选录其《寒食成判官垂访》七律一首，并有评论说他“诗有白乐天之风”。他下笔很快，自称“速则意思壮敏，缓则体势疏慢”（晁公武《郡斋读书志》〔袁州本〕卷四引），故其诗流易有余而深警不足。

李昉（925—996），字明远，谥文正，深州饶阳（在今河北省）人，五代后汉时中进士，后周世宗时为翰林学士。入宋后得太祖、太宗器重，两度拜相，主编《太平御览》、《太平广记》和《文苑英华》等书。《宋史》本传说他“为文章慕白居易，尤浅近易晓”，王偁《东都事略》卷三十二载：“太宗尝语辅臣曰：‘朕何如唐太宗？’皆曰：‘陛下尧舜之主也，何太宗之足云！’昉独无言，徐诵白居易诗云：‘怨女三千放出宫，死囚四百来归狱！’太宗拱手

① 作家邑里，首次出现时，注明今地，以后一般不重出。

② 诗文篇目，凡介绍作家时已举其别集名称者，一律不更标出见原集某卷。

曰：'朕不及也。'"他能以白居易的诗句来进行讽谏，从而折服君心，确是颇具胆识的正直之士。吴处厚《青箱杂记》卷一说："昉诗务浅切，效白乐天体，晚年与参政李公至为唱和友，而李公诗格亦相类。"现存《二李唱和集》，有李昉写于淳化四年(993)的序。序中说："朝谒之暇，颇得自适，而篇章和答，仅无虚日。""昔乐天、梦得有《刘白唱和集》流布海内，为不朽之盛事。今之此诗，安知异日不为人之传写乎?"可见他们以诗自适之意。今举其往复之诗各一首如次：

烟光澹澹思悠悠，朝退还家懒出游。静坐最怜红日永，新晴更助小园幽。砌苔点点青钱小，窗竹森森绿玉稠。宾友不来春已晚，眼看辜负一年休。

——李昉《小园独坐偶赋所怀寄秘阁侍郎》

歌舞林亭不外求，朝回多著道衣游。蔷薇点缀勾栏好，薜荔攀缘怪石幽。泥浸落花红片湿，鸟啼深树绿阴稠。春风去便还经岁，莫负芳菲醉即休。

——李至《奉和小园独坐偶赋所怀》

这完全是一种应酬消遣之作，内容上是留连光景，形式上是依次押韵，风格则平易清雅，不求雄浑典丽。这就是宋初的所谓白体诗。当时还有赣县人王奇，字汉谋，也是这一派中的人。他们的创作缺乏深刻的思想感情，所以没有值得重视之处。而在这股风气之中，出于白体又能突破这种局面的，当推王禹偁。

王禹偁的突破　王禹偁(954—1001)，字元之，济州钜野(在今山东省)人，家世务农，父亲以磨麦制面为生。艰苦贫寒的农村生活，砥砺了他的志向，为他后来认识社会，理解生活，走上现实主义创作道路打下了基础。他从小就奋发求学，五岁能诗，九岁能文。相传济州从事毕士安有一次在筵席上出了一句诗："鹦鹉能言难似凤。"座客皆不能对，碰巧王禹偁替他父亲给公府送面，来到阶下，竟不假思索地对了一句："蜘蛛虽巧不如蚕。”毕士安听后大为赞赏，连声夸他是“经纶之才”，爱重地呼为小友①。

宋太宗太平兴国八年，王禹偁考中了进士，初授成武县主簿，次年改知长洲县。他是一位关心人民疾苦和有所作为的官吏，《吾志》诗中曾自我表白地说：“吾生非不辰，吾志复不卑。致君望尧舜，学业根孔姬。”表达了从儒家经典中继承得来的政治抱负。在《和屯田杨郎中同年留别之什》中又说“许国丹诚皎日悬”，透露了赤心报国的远大志向。太宗端拱元年(988)，他被召赴京，任右拾遗、直史馆，当即向皇帝献《端拱箴》“以寓规讽”。文中批评了宫廷中“一裘之费，百家衣裳”、“一食之用，千人口腹”的奢侈生活，希望皇上要经常想到“室无环堵”、“地无立锥”的广大人民，成为勤政爱民的圣君。次年正月，太宗诏文武群臣各陈备边之策，他又献《御戎十策》，三月，太宗亲试贡士，召他作歌，他便写了《皇帝亲试贡士歌》，都得到太宗的赞赏，被任命为左司谏、知制诰。这是他仕途上最得意的时期。虽然谏官的地位并不高，但却是皇帝的近臣。如果他肯阿谀奉承，完全可以青云直上，飞黄腾达。然而，他不是那种利欲熏心的人。他以国事为重，经常批评朝政的得失，因此得罪了皇帝，触怒了权贵，“丹笔方肆直，皇情已见疑”(《吾志》)，终于“三黜以死”②。第一次被黜是在淳化二年(991)。妖尼道安诬告徐铉(事见《东都事略》卷三十八)，王禹偁上书为铉辩护雪诬，触怒皇帝，被贬为商州团练副使。后召还京师，为翰林学士。第二次是太宗至道元年，因“谤讪”罪被贬，出知滁州。真宗即位，召还，预修《太祖实录》。因秉笔直书，被宰相张齐贤加以“议论轻重其间”(《宋史》本传)的罪名，在咸平元年(998)遭到第三次罢黜，出知黄州，故后世称他为王黄州。他是个有胆有识、刚正不阿的人，虽屡次遭到排挤打击，并不因此而改变自己的初衷。在《三黜赋》中，他曾表示：“屈于身兮不屈其道，任百谪而何亏！”这种为主持正义而不屈不挠的精神，在封建士大夫中间是难能可贵的。他卒于真宗咸平四年(1001)，仅四十八岁，一生创

① 见邵博《邵氏闻见后录》卷十七。唐李泌幼时聪敏，宰相张九龄颇加爱重，称为小友，见《新唐书·李泌传》。毕士安在这里是以王禹偁比李泌。

② 苏轼《王元之画像赞序》：“故翰林王公元之，以雄文直道独立当世。”“然公犹不容于中，耿然如秋霜夏日不可狎玩，至于三黜以死。”

作的诗歌和散文甚多，可惜大部分已散佚，现存《小畜集》三十卷，自序说："因阅平生所为文，散失焚弃之外，类而第之，得三十卷，将名其集，以《周易》筮之。"遇小畜卦，所以叫《小畜集》。后来他的曾孙王汾收集其逸文遗篇，又编为《小畜外集》十三卷（现残）。两集共存诗五百多首，文二百余篇。

王禹偁自幼就喜读白居易的诗。他早年对白诗喜爱的侧重面与当时许多从事白体的诗人是相同的。他在三十岁中进士后，刚到成武县主簿任上，就与傅翱相约："仍夸县尹风骚客，应有秋来唱和诗。"（《寄鱼台主簿傅翱》）移任长洲知县后，正好同年进士罗处约来知吴县，相距甚近，因此他认为，"公暇不妨闲唱和，免教来往递诗筒。"（《官舍书怀呈罗思纯》）在此期间，仅与太湖游览有关的唱和赞献之句，就写了一百首之多①。被贬到商州后，他又跟商州知州冯伉酬唱，一年时间也写了将近百篇，曾纂辑为《商于唱和集》。但他晚年自编《小畜集》时，与罗处约、冯伉等人的唱和之作，却收录很少。当然，其唱和诗中也有一些警世励人之作，但他这种对早期诗风的否定，说明王禹偁改变了对元和体的态度。他学习白诗不囿于元和体，他关心人民疾苦和积极用世的进取精神，使他突破了元和体的范围，进而学习白居易任谏官时写讽谕诗的诗风。这就使他将自己和另外一些诗人逐渐区别开来。早在三十五岁任左司谏时，他就曾经试作讽谕诗《对雪》，一方面反映人民的徭役之苦，一方面又抒发自己忧国忧民的情怀。面对漫天飞舞的大雪，诗人想到了在冰天雪地里艰难运输的苦力和戍守边塞的士卒，由此而深感惭愧和内疚："自念亦何人，偷安得如是！深为苍生蠹，仍尸谏官位。""不耕一亩田，不持一只矢。多惭富人术，且乏安边议。空作对雪吟，勤勤谢知己。"这种反躬自责的进步思想，正是他的文学事业能取得成就的基本原因。

王禹偁谪居商州将近两年，这是他一生创作力最旺盛、收获量最多的时期，也是他的诗风发生关键性转变的时期。贬官商州、滁州后，接触了

---

① 《宋史·罗处约传》："知吴县，王禹偁知长洲县，日以诗什唱酬，苏杭间多传诵。"

生活实际，他自觉地学习白居易新乐府的精神，大量创作了反映现实、爱国爱民的作品，如《畬田词》、《谪居感事》、《金吾》、《秋霖二首》、《感流亡》、《竹鼴》、《乌啄疮驴歌》、《对雪示嘉祐》和《射弩》等，比较深刻地反映和揭露了北宋初期的社会矛盾，有着强烈的时代色彩。在艺术形式上，他也沿着白居易讽谕诗大都采用古体的传统，通过朴实无华的语言，将自己的感情痛快淋漓地写出来，试看淳化三年(992)十二月所作的《感流亡》一首：

谪居岁云暮，晨起厨无烟。赖有可爱日，悬在南荣边；高春已数丈，和暖如春天。门临商于路，有客憩檐前；老翁与病妪，头鬓皆皤然！呱呱三儿泣，惸惸一夫鳏。道粮无斗粟，路费无百钱；聚头未有食，颜色颇饥寒。试问何许人，答云"家长安，去岁关辅旱，逐熟入穰川。妇死埋异乡，客贫思故园。故园虽孔迩，秦岭隔蓝关。山深号六里，路峻名七盘。襁负且乞丐，冻馁复险艰。惟愁大雨雪，僵死山谷间"。我闻斯人语，倚户独长叹。尔为流亡客，我为冗散官。在官无俸禄，奉亲乏甘鲜。因思筮仕来，倏忽过十年。峨冠蠹黔首，旅进长素餐。文翰皆徒尔，放逐固宜然。家贫与亲老，睹尔聊自宽。

作者以无限同情的笔调，真实地描绘了劳动人民因旱荒而挣扎在死亡线上的悲惨图景。尤其可贵的，是他和杜甫一样，在反映民生疾苦的同时，把自己也摆了进去，"我闻斯人语，倚户独长叹。尔为流亡客，我为冗散官"，语气陡然一转，便将个人同人民的命运联系在一起了。言外之意，显然是对那些高官厚禄者的讽刺。诗风平易自然，作为宋诗在艺术上的显著特征之一的散文化手法，可以说是从他开始的。

应该指出：王禹偁不仅由以诗为应酬手段进而效法白居易的以诗讽谕，而且更由白体进而向杜甫集中寻求诗歌艺术的新境界，他在《送丁谓序》中说："诗效杜子美。"在《日长简仲咸》中又盛赞"子美集开诗世界"。《蔡宽夫诗话》载：

元之本学白乐天诗，在商州尝赋《春居杂兴》云："两株桃杏映篱斜，装点商山副使家；何事春风容不得，和莺吹折数枝花！”其子嘉祐云：“老杜尝有‘恰似春风相欺得，夜来吹折数枝花’之句，语颇相近。”因请易之。元之忻然曰：“吾诗精诣，遂能暗合子美耶？”更为诗曰：“本与乐天为后进，敢期子美是前身。”卒不复易。（“王元之春日杂兴诗”条，见郭辑本《宋诗话辑佚》卷下）

“本与乐天为后进”是学习白居易的总结，“敢期子美是前身”则是学杜的自勉。这两句是他一首七律的颈联，题目是《前赋春居杂兴诗二首，间半岁，不复省视，因长男嘉祐读杜工部集，见语意颇有相类者，咨于予，且意予窃之也。予喜而作诗，聊以自贺》，这表明了他对杜甫的尊敬，要向其学习的决心。

王禹偁扩大学习范围以后，有一些借景抒情、咏物言志的作品，是颇有特色的，如《寒食》、《清明》、《新秋即事》等。他学杜注意从造语入手，又重视意境的创新，例如绝句《杏花》之一：

红芳紫萼怯春寒，蓓蕾粘枝密作团。记得观灯凤楼上，百条银烛泪阑干。

组成此诗的是两幅并非一时一地的图景，从时间观念上说，前二句写眼前，后二句回忆在朝之时；从空间观念上讲，一在穷乡僻壤的贬所商州，一在灯火辉煌的京城开封。诗人的成功之处，就在于把两个从表面上看来毫不相关的景象即杏枝上的蓓蕾和凤楼上的烛泪剪接在一起，令人感受到作者隐藏在这两幅画景背后的那种怅望京华的无限深情。再看他的律诗《村行》：

马穿山径菊初黄，信马悠悠野兴长。万壑有声含晚籁，数峰无语立斜阳。棠梨叶落胭脂色，荞麦花开白雪香。何事吟余忽惆怅，村桥原树似吾乡。

诗篇生动地描绘了山村秋日黄昏时的瑰丽景色，看上去好像是写田野风光，其实是诗人借写景咏物来抒发自己去国怀乡的感情，隐寓着对故乡对国事念念不忘的心意，流露了作者被贬谪后的苦闷与哀伤。无论在风格的沉郁方面，抑或字句的锤炼方面，都不是那些应酬唱和之作所可比拟的了（以上参考陈植锷《试论王禹偁与宋初诗风》，载《中国社会科学》1982年第2期；墨铸《王禹偁略论》，载《东岳论丛》1982年第5期）。

在唱和诗风弥漫着宋初诗坛的时候，王禹偁能从积习中解脱出来，向杜甫和白居易学习，在宋代诗歌发展上，是有功绩的。清人吴之振在《宋诗钞·小畜集钞》的序文中说王禹偁“学杜而未至”，但又强调指出：“元之独开有宋风气，于是欧阳文忠得以承流接响。文忠（欧阳修）之诗，雄深过于元之，然元之固其滥觞矣。穆修、尹洙为古文于人所不为之时，元之则为杜诗于人所不为之时者也。”这是实事求是的正确评价。

第二节　晚唐体与西昆体

在白体诗盛行了将近五十年之后，到了真宗时期，诗坛上又出现了两个风格不同的流派。这些人没有像王禹偁那样深入社会基层，缺乏实际的生活感受，便只能依旧在唱和诗风的潮流中推波助澜。不过，他们变换了创作手法，在艺术技巧上争奇斗胜。其中继承晚唐，推崇贾岛等人的，可称晚唐派①，他们大都是身在江湖的隐士僧侣；主张师法李商隐的号称西昆派，他们基本上是在朝的达官贵人。

晚唐体的作家与作品　《蔡宽夫诗话》说：“唐末五代，流俗以诗自名者，多好妄立格法。……大抵皆宗贾岛辈，谓之贾岛格，而于李、杜特不少假借。”（“晚唐诗格”条，见郭辑本《宋诗话辑佚》卷下）宋初学晚唐的诗人，即沿袭这种风尚，代表作家有潘阆、魏野、林逋、九僧和寇准等人。

潘阆，大名（在今河北）人，或说是扬州人，自号逍遥子。早年在京师

---

①　唐诗分期，是一个很复杂有争议的问题。按照后来通行的初、盛、中、晚分期法，贾岛、姚合等人，只能归入中唐。这里暂仍宋人论宋初诗派的旧说，即将唐诗大略分为初、盛、晚三期，而将中唐并入晚唐。

卖药为生，因宦官王继恩的推荐，得到太宗的召见，赐进士及第，授四门国子博士。当继恩犯罪下狱时，他即逃亡隐匿，遁入中条山。真宗曾亲加逮问，旋获宽释，贬至信州，流寓当涂、贵池一带，又授职滁州参军。后遨游于大江南北，放怀湖山，随意吟咏，寓居钱塘，卒于泗上，有《逍遥集》一卷。《四库全书总目》卷一百五十二《逍遥集》提要论之云："阆在宋初，去五代余风未远，其诗如《秋夕旅舍书怀》一篇，《喜腊雪》一篇，间有五代粗犷之习，而其他风格孤峭，亦尚有晚唐作者之遗。""王禹偁、柳开、寇准、宋白、林逋诸人皆与赠答，盖宋人绝重之也。"他特别推崇贾岛，曾有《亿贾阆仙》云："风雅道何元（玄），高吟忆阆仙；人虽终百岁，君合寿千年。骨已西埋蜀，魂应北入燕；不知天地内，谁为续遗编！"但他的诗风比较平淡自然，不事雕琢，并不和贾岛之以清奇僻苦为主者完全一致。如《望湖楼上作》，可见一斑：

望湖楼上立，竟日懒思还。听水分他浦，看云过别山。孤舟依岸静，独鸟向人闲。回首重门闭，蛙声夕照间。

魏野（960—1019），字仲先，号草堂居士，先世蜀人，迁居陕州（今河南陕县），世代务农，不求闻达。真宗闻名召见，他却闭户逾墙而遁，但这位终身不仕的隐逸诗人并不拒绝与显贵们交游唱酬。他早年学白体，后来和寇准来往密切，转宗晚唐。《宋史·隐逸传》说："野为诗精苦，有唐人风格，多警策句，所著《草堂集》十卷，大中祥符初，契丹使至，尝言本国得其上帙，愿求全部，诏与之。"可见他当时诗名很大。现存《东观集》十卷。其诗如《题崇胜院河亭》：

陕郡衙中寺，亭临翠霭间。几声离岸橹，数点别州山。野客犹思住，江鸥亦忘还。隔墙歌舞地，喧静不相关。

赵与虤《娱书堂诗话》称其诗风"冲淡闲逸"，《四库全书总目》卷一百五十二《东观集》提要也说："野在宋初，其诗尚沿五代旧格，未能及林逋之超诣，而胸次不俗。”所评皆是，其子魏闲，也有诗名，风格略同。

当时与魏野并称而名声较大的隐逸诗人是林逋。陆游说：“祥符、天禧间，士之风节、文学名天下者，陕郊魏仲先、钱塘林君复二人，又皆工于诗。方是时，天子修封禅、告太平，有二人在，天下麟、凤、芝草，不足言矣。”（《跋林和靖帖》）对他们真是推崇备至了。

林逋（967—1028），字君复，钱塘（今杭州市）人。《宋史·隐逸传》说他“性恬淡好古，弗趋荣利，家贫衣食不足，晏如也。初游江淮间，久之，归杭州，结庐西湖之孤山，二十年足不及城市。真宗闻其名，赐粟帛”。卒谥和靖先生。现存《和靖诗集》四卷。他终身不娶不仕，以梅、鹤作伴，称为梅妻鹤子。名士高僧都欢喜跟他交往唱酬，其诗风格清淡，意趣高远，如：

> 水气并山影，苍茫已作秋。林深喜见寺，岸静惜移舟。疏苇先寒折，残红带夕收。吾庐在何处？归兴起渔讴。
>
> ——《秋日西湖闲泛》

> 众芳摇落独暄妍，占尽风情向小园。疏影横斜水清浅，暗香浮动月黄昏。霜禽欲下先偷眼，粉蝶如知合断魂。幸有微吟可相狎，不须檀板共金尊。
>
> ——《山园小梅》二首之一

这些诗都显示了遁迹湖山、孤芳自赏的心情。咏梅一首，尤为著名，“疏影”“暗香”一联，抓住了梅花的艺术特征，又注入了诗人的美感意识，写得很入神，历来是传诵的名句。后来词人姜夔创自度曲咏梅，即以“暗香”、“疏影”命名。

学习晚唐体最逼真的是九僧。欧阳修《六一诗话》说：

> 国朝浮图以诗名于世者九人，故时有集，号《九僧诗》，今不复传矣。余少时，闻人多称之。其一曰惠崇，余八人者，忘其名字也。余亦略记其诗，有云：“马放降来地，雕盘战后云。”又云：“春生桂岭外，

人在海门西。”其佳句多类此。其集已亡，今人多不知有所谓九僧者矣。是可叹也！当时，有进士许洞者，善为词章，俊逸之士也。因会诸诗僧分题，出一纸，约曰：“不得犯此一字。”其字乃山、水、风、云、竹、石、花、草、雪、霜、星、月、禽、鸟之类，于是诸僧皆阁笔。

这一记载生动地指出了他们诗境极其狭窄的特点和缺点。司马光《温公续诗话》对《六一诗话》的记载有所补充，他说：“欧公云《九僧诗集》已亡，元丰元年(1078)秋，余游万安山玉泉寺，于进士闵交如舍得之。所谓九诗僧者，剑南希昼、金华保暹、南越文兆、天台行肇、沃州简长、青城惟凤、淮南惠崇、江南宇昭、峨眉怀古也，直昭文馆陈充集而序之。”现存《九僧诗集》就有景德元年(1004)陈充的序，可见是宋本之旧(《九僧诗集》有上海医学书局 1936 年影印本)。九僧中当以惠崇为代表，他工诗善画，和其他八位僧人以及林逋、寇准、杨亿、刘筠等都有诗文来往。惠崇的名篇是跟寇准唱和的《池上鹭分赋得明字》诗：

雨绝方塘溢，迟徊不复惊。曝翎沙日暖，引步岛风清。照水千寻迥，栖烟一点明。主人池上凤，见尔忆蓬瀛。

文莹《湘山野录》卷中载其本事云：“寇莱公一日延诗僧惠崇于池亭，探阄分题，丞相(寇准)得《池上柳》青字韵，崇得《池上鹭》明字韵。崇默绕池径，驰心于杳冥以搜之，自午及晡，忽以二指点空，微笑曰：‘已得之，已得之。此篇功在明字，凡五押之俱不倒，方今得之。’”足见他的诗功全在于推敲字句。他们九人的风格除受贾岛的影响外，王维、孟浩然和刘长卿诸家对他们的先导作用也是明显的，看如下几首可知：

动静非常态，超然西去心。水期经洛听，云约到嵩吟。斋访烟村远，禅依竹寺深。只应风雅道，相府是知音。

——文兆《送简长师之洛》

冰瀑寒侵室，围炉静话长。诗心全大雅，祖意会诸方。磬断危杉月，灯残古塔霜。无眠向遥夕，又约去衡阳。

——惟凤《与行肇师宿庐山栖贤寺》

别业惟栽竹，多闲亦好奇。试泉寻寺远，买鹤到家迟。药就全离母，诗高只教儿。未能终住此，共有海山期。

——宇昭《赠魏野》

这群诗僧都善于以字句精炼的五言律诗描绘山水云物和幽雅的生活环境，其他则非其所长。

晚唐诗派中唯一的高官是寇准。一些在野的名士如潘阆、魏野、林逋和九僧，都是他的诗友，围绕着他开展唱和活动，使他自然成为这些诗人的盟主。

寇准（961—1023），字平仲，华州下邽（在今陕西渭南市东北）人。太平兴国五年（980）中进士，淳化三年（992）召拜参知政事。真宗即位，迁尚书工部侍郎，景德元年（1004）拜相。他最大的业绩，便是力主抗辽，促使真宗御驾亲征，订立了澶渊之盟。天禧三年（1019）封莱国公，后被人诬陷，贬为相州、安州、道州和雷州等处的地方官。现存《寇忠愍公诗集》三卷，《四库全书总目》卷一百五十二此书提要说："准以风节著于时，其诗乃含思凄惋，绰有晚唐之致。然骨韵特高，终非凡艳所可比。"如《春日登楼怀归》：

高楼聊引望，杳杳一川平。野水无人渡，孤舟尽日横。荒村生断霭，古寺语流莺。旧业遥清渭，沉思忽自惊！

《瀛奎律髓》卷十评此诗云："莱公诗学晚唐，（与）九僧体相似。"其格调气味跟魏野、惠崇辈确是非常接近的。他的一些小诗也颇有韵味，如《江南春》：

杳杳烟波隔千里，白蘋香散东风起。日落汀州一望时，柔情不断如春水。

融情入景，写出了在美妙风光中的柔情蜜意。

晚唐体大致起于太宗时，至真宗朝形成风气。他们喜作五律，崇尚白描，少用典故，但并不忽视炼字炼句。正如潘阆的《叙吟》诗所说："发任茎茎白，诗须字字清。搜疑沧海竭，得恐鬼神惊。"由于苦吟，所以常有沁人心脾的佳句，而且往往在两联对句上见出功夫。但他们生活积累不足，意境较狭，往往沉溺于用小巧细碎的笔法来描摹景物，或者发抒清苦幽僻的个人性情，变化不多，波澜很少，所以等到西昆体勃兴后，这一派的势力便相形见绌了。

西昆体和杨亿　西昆体是以杨亿编辑《西昆酬唱集》而得名的。这部诗集是宋初唱和诗风发展到顶点的必然产物，集中共收十七位作者的五、七言近体诗二百五十首。代表人物是杨亿、刘筠和钱惟演，这三个人的作品占了全集五分之四以上，共二百零二首。其余十四人是李宗谔、陈越、李维、刘骘、丁谓、刁衎、任随、张咏、钱惟济、舒雅、晁迥、崔遵度、薛映、刘秉。他们的诗共计只有四十八首。这些人的唱和活动开始于景德二年(1005)秋，而杨亿编辑成书则在大中祥符元年(1008)秋，前后经历了三年。原来，在景德二年九月，真宗命杨亿等着手编纂一部名为《历代君臣事迹》的千卷巨著(此书后改名《册府元龟》，今存)，参加编纂工作的人都会聚在收藏皇家古籍的秘阁里，为了标榜他们的身份地位，杨亿根据《山海经》和《穆天子传》记载昆仑山之西有玉山册府的典故，便为在秘阁三年中互相唱和的诗集取了这个美好的书名。其实，参加唱和的十七位作者并不都是秘阁里的编纂人员，如张咏和舒雅不经常在京中，丁谓和钱惟济并未参与秘阁工作。他们的政治立场和创作风格也不是完全一致的，如杨亿反对真宗搞劳民伤财的祀神求仙，是个"忠清鲠良之士"(苏轼《议学校贡举状》)，丁谓则一味地迎合君王，干了不少坏事；又如张咏的唱和诗虽学杨、刘，但他《乖崖集》中的作品大都接近晚唐体，有些讽谕诗还是在王禹偁的影响之下写出来的。可见他们之间存在着不少分歧之点，只是因为彼此都和杨、刘有诗歌往还，所以他们的一部分作品就被归入这部唱和集里了。杨亿的《西昆酬唱集序》说：

> 予景德中，忝佐修书之任，得接群公之游。时今紫微钱君希圣，秘阁刘君子仪，并负懿文，尤精雅道，雕章丽句，脍炙人口。予得以游其墙藩而咨其模楷。二君成人之美，不我遐弃，博约诱掖，置之同声。因以历览遗编，研味前作，挹其芳润，发于希慕，更迭唱和，互相切劘。

足见他们的创作目的仍与宋初承袭元和体的风气相同，是为了唱和消遣，其写作方法则是以从历代的文籍中"挹其芳润"为能。

杨亿（974—1020），字大年，建宁州浦城（在今福建省）人，七岁能文，太宗甚为赏异，淳化三年（992）赐进士及第；真宗时为翰林学士、户部郎中，知制诰，文格雄健，才思敏捷。刘筠（970—1030），字子仪，大名人，咸平元年（998）举进士，以大理评事为秘阁校理，《宋史》本传说："筠景德以来，居文翰之选，其文辞善对偶，尤工为诗，初为汤亿所识拔，后遂与齐名，时号杨、刘。"钱惟演（977—1034），字希圣，五代十国时吴越王钱俶之子，真宗时授太仆少卿，命直秘阁，知制诰，预修《册府元龟》，官至枢密使。他们崇尚精丽繁缛的诗风，追求用典的贴切，属对的工巧，音节的和婉，以师法李商隐为主，兼学唐彦谦。葛立方《韵语阳秋》卷二云："咸平、景德中，钱惟演、刘筠首变诗格，而杨文公与王鼎、王绰号江东三虎①，诗格与钱、刘亦绝相类，谓之西昆体。大率效李义山之为，丰富藻丽，不作枯瘠语。"叶梦得《石林诗话》卷中则说："杨大年、刘子仪皆喜唐彦谦诗，以其用事精巧，对偶亲切。"李商隐和唐彦谦都是学习杜甫而有成就的晚唐诗人，但西昆派却回避老杜的沉郁博大，而片面追求李商隐的雕采巧丽和唐彦谦的韵律铿锵。这不但反映了他们创作思想的实质，而且也决定了他们不可能大有成就。

《西昆酬唱集》的创作内容是狭窄的，总不外是受诏修书，宫廷游宴，或者是描摹物态，流连光景。如《禁中庭树》、《馆中新蝉》、《夜宴》、《荷

---

① 《宋史·杨亿传》附从子弘传："弘御下急，常曰：'不法之人不可贷。去之，利不止一家尔。岂可使郡邑千万家俱受害耶？'闻者望风解去，或过期不敢之官。与王鼎、王绰号江东三虎。"是虎喻弘为酷吏，非拟亿为文豪，葛氏误记。郑再时《西昆酬唱集笺注·谈薮》已辨之。

花》、《梨》、《泪》、《夕阳》、《柳絮》等题目，一人首倡，其他馆臣便赓迭相和。今举杨、钱二人拟李商隐《无题》“来是空言去绝踪”一首的同韵诗如下：

巫阳归梦隔千峰，辟恶香销翠被浓。桂魄渐亏愁晓月，蕉心不展怨春风。遥山黯黯眉长敛，一水盈盈语未通。漫托鹍弦传恨意，云鬟日夕似飞蓬。

——杨亿《无题》

绛缕初分麝气浓，弦声不动意潜通。圆蟾可见还归海，媚蝶多惊欲御风。纨扇寄情虽自洁，玉壶盛泪只凝红。春窗亦有心知梦，未到鸣钟已旋空。

——钱惟演《无题》

再看刘筠在另一次唱和时写的《无题》诗：

帘声竹影浪多疑，仙谷何能为解迷。藻井风高蛛坏网，杏梁春晓燕争泥。更看山远惟凝黛，纵许犀灵只骇鸡。枉裂霜缯几千尺，红兰终夕露珠啼。

这些作品具有李商隐诗的外形，却缺乏李诗那种隐藏在精丽的字句与洽切的典故中的真情实感与深悲积怨。由于他们整天在秘阁里钻故纸堆，书本知识和辞章修养当然远远超过晚唐五代的一些乱世文人，但其作品却仍然显得内容空虚，思想贫乏，只有《宣曲》、《南朝》、《汉武》、《明皇》、《始皇》等咏史的篇目，曾借古喻今，对真宗的掖庭私事和求仙祀神进行了讽谕，是其中较有现实意义和较好的作品①。

不过，对杨亿等人的评价，不能单从主要是反映其文学侍从之臣的生

① 关于《西昆酬唱集》中的讽谕之意，郑再时的《西昆酬唱集笺注》颇有发明，虽然难免有穿凿附会之处，但也使读者明白了这部诗集并非全然是没有思想价值的。

活的《西昆酬唱集》来着眼。他们都有自己的文集，在《酬唱集》之外还有许多作品，如杨亿，《宋史》本传称赞他“博览强记，尤长典章制度，时多取正，喜诲诱后进，以成名者甚众”，“重交游，性耿介，尚名节”。他多次出任地方官，走出秘阁，接触过较为广阔的生活，也曾学过白体（杨亿《武夷新集》二十卷，有《浦城遗书》本，卷四有《读史学白体》一首），写出内容充实的作品。如五律《狱多重囚》（见《宋文鉴》卷二十二；同书卷二十四又有杨亿另一首七律《民牛多疫死》，也是同情人民之作）：

铁锁银铛众，金科伏念频。绝闻空狱奏，深愧片言人。清颖黄公接，甘棠邵伯邻。怀贤不能继，多辟岂由民?!

这首诗指出社会风气的邪僻并非人民群众所造成，而是在于统治阶级的举措不当。他引用了《汉书·循吏传》黄霸少学律令，执法公正，汉宣帝时任颍川太守八年，外宽内明，狱无重囚的故事，来勉励自己，并揭露当时统治阶级压榨人民，造成“狱多重囚”的现象。这种作品是与西昆体全然不同的。此外，他还有一些描写自然风光的诗，如《昇山寺》（见天一阁藏明代方志选刊《嘉靖建宁府志》卷三，上海古籍书店 1964 年影印本）：

层峦连近郭，占胜有招提。宿雾昏金象，飞泉溅石梯。钟声空谷答，塔影乱云齐。千骑时来此，寻幽独杖藜。

昇山在建宁府城南郊，相传东晋名臣王导的曾孙王朗常登临其地，故又名朗山。南唐中主保大年间在山上创建资庆寺，宋代改名为昇山寺。此诗境界幽婉，形象生动，不失为佳作。这些都可见出杨亿的艺术技巧是成熟的，风格是多样的。

西昆派后期作家　当然，杨亿仍然是因为编辑了《西昆酬唱集》才享有盛名的。在《六一诗话》中，欧阳修曾说：“盖自杨、刘唱和，《西昆集》行，后进学者争效之，风雅一变，谓之昆体，由是唐贤诸诗集几废而不行。”他又在与友人书中说：“杨、刘风采，耸动天下。”（刘克庄《后村诗话》前集卷二引欧阳修语）步后尘者既然大有人在，因此形成了西昆派。除了真宗时十多位作家互相唱和蔚然成风外，直到仁宗朝还盛行未衰。如晏殊、宋庠、宋祁、文彦博、赵抃、胡宿等，可以说是西昆派的后期作家。晏殊文集已佚，现存胡亦堂辑《元献遗文》一卷，宋庠有《元宪集》四十卷。《瀛奎律髓》卷十选晏殊的《春阴》和宋庠的《闰十二月望日立春禁中作》，均评为昆体；卷十七又选晏殊的《赋得秋雨》，评为："此亦昆体，盖当时相尚如此。"然诸家颇有清新之作，虽出昆体而不尽为昆体所能范围，如晏殊的《寓意》：

> 油壁香车不再逢，峡云无迹任西东。梨花院落溶溶月，柳絮池塘淡淡风。几日寂寥伤酒后，一番萧索禁烟中。鱼书欲寄何由达？水远山长处处同。

这首诗写一次偶然的邂逅所引起的别后无穷思念，真挚动人。又如晏殊的门生宋祁的名篇《落花》：

> 坠素翻红各自伤，青楼烟雨忍相望。将飞更作回风舞，已落犹成半面妆。沧海客归珠迸泪，章台人去骨遗香。可能无意传双蝶？尽付芳心与蜜房。

李商隐借落花写离别之情①，韩偓借落花抒亡国之恨②。这首诗则是咏物之作，而以第二联象征在人生旅途的艰难困苦中奋斗到底的精神，晚清俞樾有"花落春仍在"之句，为曾国藩所赏识，因以春在堂为其书斋之名，典故即出于此。当时还有文彦博、赵抃和胡宿，也是同派中人。王士祯《渔

① 李商隐《落花》："高阁客竟去，小园花乱飞。参差连曲陌，迢递送斜晖。肠断未忍扫，眼穿仍欲归。芳心向春尽，所得是沾衣。"见《全唐诗》卷五百三十九。

② 韩偓《惜花》："皱白离情高处切，腻香愁态静中深。眼随片片沿流去，恨满枝枝被雨淋。总得苔遮犹慰意，若教泥污更伤心。临轩一盏悲春酒，明日池塘是绿阴。"见《全唐诗》卷六百八十一。

洋诗话》卷中指出："世人谓宋初学西昆体①，有杨文公、钱思公、刘子仪，而不知其后更有文忠烈、赵清献抃、胡文恭宿三家，其工丽妍妙，不减前人。"这说明到仁宗时，昆体还有影响。

在诗学传统上，西昆派总的特点是专工律诗，主要是学李商隐在艺术上的成就而扬弃了其真实深刻的内容。这些作品用典贴切，属对工巧，音节和谐，非学有根柢、才力富健者不能有这种熔铸功夫。这种风格在一定程度上反映了北宋前期统一帝国的堂皇气象。所以《四库全书总目》卷一百五十二《武夷新集》提要说："时际升平，春容典赡，无唐末五代衰飒之气。"刘熙载《艺概》卷二也说："杨大年、刘子仪学义山为西昆体，格虽不高，五代以来未能有其安雅。"但就客观要求来说，宋代统治者希望文学能明道致用，配合中央集权的措施，更好地宣传儒家思想，以巩固封建王朝；而就出身于社会中下层的士子参政的要求来说，他们又希望文学能反映现实，以推动政治的改良和社会的发展。但西昆体在这两个方面都无能为力。所以虽然风行一时，却终于不能不遭到上下两方面的夹攻和非难。

先是御史中丞王嗣宗揭发杨亿、刘筠等"倡和《宣曲》诗，述前代掖庭事，辞多浮艳"②，于是真宗在大中祥符二年（1009）正月下诏，指斥"近代已来，属辞多弊，侈靡滋甚，浮艳相高，忘祖述之大猷，竞雕刻之小技"；要求文士"必思教化为主，典训是师"（见石介《祥符诏书记》，载《徂徕石先生文集》卷十九），"今后属文之士，有词涉浮华、玷于名教者，必加朝典"（《诫约属辞浮艳令欲雕印文集转运使选文士看详诏》，载《宋大诏令集》卷一百九十一）。而另一方面，西昆派本身在创作上专事模仿的弱点也不免成为社会上讽刺的对象，刘攽《中山诗话》曾载有如下一则轶事：

> 祥符、天禧中，杨大年、钱文僖、晏元献、刘子仪以文章立朝，为诗皆宗李义山，号西昆体，后进多窃义山语句。尝内宴，优人有为义山

---

① 自杨亿等人效法李商隐，编《西昆酬唱集》，后人或径将李商隐诗也称为西昆体，这概念是错误的，王士祯在这里也承袭了这一错误。

② 《宣曲》诗的内容是借汉武帝幸宣曲宫的故实，讽谕宋真宗登位前的一段私生活。

者，衣服败裂，告人曰："吾为诸馆职挦扯至此！"闻者欢笑。

这些艺人指摘昆体的弊端是尖锐的，但文风的转变还需要一个过程。来自上面的诏令和来自下面的讽刺，并没有能使西昆派立即销声匿迹，而是继续流行了一段时期。直到石介等向其发动了猛烈的批判，它才趋于衰落。

第三节　散文变革的先导

宋初文人大多数是从后周、南唐和后蜀过来的。北方词臣入宋的有李昉、和巙、张昭、陶谷等，南方词臣入宋的有徐铉、刁衎、陈彭年、句中正等。他们大都擅长骈体，效法唐人手笔。不过，其中多数人所写的骈文，都沿袭五代浮艳的作风，并没有达到唐人水平。这时，文坛就迫切需要开创一个新局面。

力矫五代文弊的柳开　首先起来反对五代余风的，是梁周翰和柳开诸人。《宋史·梁周翰传》载："五代以来，文体卑弱，周翰与高锡、柳开、范杲习尚淳古，齐名友善，当时有高、梁、柳、范之称。"他们积极提倡韩、柳的古文，以韩愈的继承者自命，是北宋古文运动复兴的先驱者，其中用力最勤的是柳开。

柳开（948—1001），字仲涂，大名人。他少年时代便仰慕韩愈和柳宗元，因此给自己取名为肩愈，字绍元，表示要肩负韩愈的使命，继承柳宗元的事业。后来又改名开，字仲涂。其意思是"将开古圣贤之道于时也。将开今人之耳目使聪明也。必欲开之为其涂矣，使古今由于吾也"（《补亡先生传》）。他在太祖开宝六年（973）中进士，历任常州、全州、桂州、滁州、代州的地方官，平生关心政治军事，竭力反对五代以来的华靡文风，有《河东先生集》。

柳开认为学必宗经，他提倡古文推尊韩愈的出发点，是要恢复儒家的道统，目的是明道垂教。在《应责》一文中，他说："吾之道，孔子、孟轲、扬雄、韩愈之道；吾之文，孔子、孟轲、扬雄、韩愈之文也。"他又在《答臧丙第三书》中批评当时的文风“轻淫侈靡，张皇虚诈，苟从时欲，求顺己利”。所以他特别强调道对文的决定意义，他的主张是：

> 文章为道之筌也，筌可妄作乎？筌之不良，获斯失矣。女恶容之厚于德，不恶德之厚于容也。文恶辞之华于理，不恶理之华于辞也。
>
> ——《上王学士第三书》

> 文取于古，则实而有华；文取于今，则华而无实。实有其华，则曰经纬人之文也，政在其中矣。华无其实，则非经纬人之文也，政亡其中矣。
>
> ——《答臧丙第二书》

既然文章是明道的工具，应该为孔孟之道服务，而文体华艳又势必损害道的表达，不利于教化；那么，就必须提倡古文，所以他指出：“古文者，非在辞涩言苦，使人难读诵之；在于古其理，高其意，随言短长，应变作制，同古人之行事，是谓古文也(《应责》)。”他的这种理论在矫正五代文弊方面是起着一定作用的，但他和梁、高、范等人的创作实践仍未能避免“辞涩言苦”，“使人难诵读之”的毛病。《四库全书总目》卷一百五十二《河东集》提要评论说：“宋朝变偶丽为古文实自开始，惟体近艰涩，是其所短耳。”柳开针对当时社会风气，重视文章的思想内容，不无道理，但他为了宣传封建思想，却又片面地强调了道的作用，而忽视文采。这样，柳开及其追随者对文风的改革，就只注意发展了韩派散文“怪怪奇奇”的一面，而丢掉了“文从字顺”的一面①，所以创作成就受到了限制。

王禹偁的散文新风　在宋初复兴古文的潮流中，王禹偁开辟了另一条可行的道路，在理论和实践两方面都作出了较大的贡献。他对晚唐五代颓靡的文风也极为不满，认为：“文自咸通(唐懿宗年号，860—873)后，

---

①　韩愈《送穷文》：“又其次曰文穷：不专一能，怪怪奇奇，不可时施，只以自嬉。”又《南阳樊绍述墓志铭》：“文从字顺各识职。”见《昌黎先生集》卷三十六、三十四。

流散不复雅；因仍历五代，秉笔多艳冶。”(《五哀诗·高锡》)“咸通以来，斯文不竞；革弊复古，宜其有闻。”(《送孙何序》)因此他也主张以韩、柳为榜样，改革时文之弊，但他不赞成“语艰意奥”，而要求平易畅达。他提倡：“远师六经，近师吏部(韩愈)，使句之易道，义之易晓。”(《再答张扶书》)又曾说：“谁怜所好还同我，韩柳文章李杜诗。”(《赠朱严》)足见他重视古文，正是接受了韩、柳影响的结果。对于文与道的关系，他认为：“夫文，传道而明心也。”(《答张扶书》但他对道的理解不像柳开那样极端偏向于伦理纲常，而是较广阔地联系到国计民生和个人的操守诸方面，所以说：“古君子之为学也，不在乎干禄位，而在乎道义而已。用之则从政而惠民，舍之则修身而垂教。”“读尧、舜、周、孔之书，师轲、雄、韩、柳之作，故其修身也誉闻于乡里，其从政也惠布于郡县。”(《送谭尧叟序》)他说的明心是指自己的内心世界臻于高尚，是指立身无愧。以文明心和传道，实质上是要求文道合一与文行合一。这种文学思想无疑是具有进步意义的。在文以传道之外又加以文以明心的主张，是王禹偁在理论上的一种贡献。这就是说，王禹偁主张在宣传儒家思想的同时，可以鲜明地表达自己的政治主张，发抒自己的内心感受，做到客观叙事和主观抒情相结合。他在太宗雍熙四年(987)冬写的《待漏院记》，可以认为是体现这种主张的代表作：

朝廷自国初因旧制，设宰相待漏院于丹凤门之右，示勤政也。乃若北阙向曙，东方未明，相君启行，煌煌火城！相君至止，哕哕銮声；金门未辟，玉漏欲滴；撤盖下车，于焉以息。待漏之际，相君其有思乎？

其或兆民未安，思所泰之；四夷未附，思所来之；兵革未息，何以弭之；田畴多芜，何以辟之；贤人在野，我将进之；佞人立朝，我将斥之；六气不和，灾眚荐至，愿避位以禳之；五刑未措，欺诈日生，请修德以厘之。忧心忡忡，待旦而入，九门既启，四聪甚迩；相君言焉，时君纳焉；皇风于是乎清夷，苍生以之而富庶。若然，则总百官，食万钱，非幸也，宜也。

其或私仇未复，思所逐之；旧恩未报，思所荣之；子女玉帛，何以致之；车马玩器，何以取之；奸人附势，我将陟之；直士抗言，我将黜之；三时告灾，上有忧色，构巧词以悦之；群吏弄法，君闻怨言，进谄容以媚之。私心慆慆，假寐而坐。九门既开，重瞳屡回；相君言焉，时君惑焉；政柄于是乎隳哉，帝位以之而危矣！若然，则死下狱，投远方，非不幸也，亦宜也。

是知一国之政，万人之命，悬于宰相，可不慎欤？复有无毁无誉，旅进旅退，窃位而苟禄，备员而全身者，亦无所取焉。

文中剖析了两种不同类型宰相的思想行为，并运用对比的手法，歌颂了公忠体国、关心民瘼的贤相，而鞭挞了祸国殃民、贪酷自私的奸相和无所作为的庸人。字里行间充满了浩然正气，爱憎分明的侠义心肠跃然纸上。在艺术形式上，这种似散非散、似骈非骈、四字一顿的基本形式，组成了一种明快的节奏，与作者所要表达的嫉恶如仇、慕善若渴的感情显得十分合拍。由此可见，王禹偁并不排斥排偶。在这一点上，他又和柳开完全摒弃骈俪之文的态度不一样。他在《答张扶书》中举出《诗经》、《尚书》中的谐音俪词为例，说明只要符合传道明心的目的，排偶的句式也可以适当采用。试看他实践这一理论的另一骈散兼行的名作《黄州新建小竹楼记》：

黄冈之地多竹，大者如椽。竹工破之，刳去其节，用代陶瓦。比屋皆然，以其价廉而工省也。

子城西北隅，雉堞圮毁，榛莽荒秽，因作小楼二间，与月波楼通。远吞山光，平挹江濑，幽阒辽敻，不可具状。夏宜急雨，有瀑布声；冬宜密雪，有碎玉声；宜鼓琴，琴调虚畅；宜咏诗，诗韵清绝；宜围棋，子声丁丁然；宜投壶，矢声铮铮然。——皆竹楼之所助也。

公退之暇，披鹤氅，戴华阳巾，手执《周易》一卷，焚香默坐，消遣世虑。江山之外，第见风帆、沙鸟、烟云、竹树而已。待其酒力醒，茶烟歇，送夕阳，迎素月，亦谪居之胜概也。彼齐云、落星，高则高矣，井干、丽谯，华则华矣，止于贮妓女，藏歌舞，非骚人之事，吾所不取。

吾闻竹工云："竹之为瓦仅十稔，若重覆之，得二十稔。"噫！吾以至道乙未岁自翰林出滁上；丙申，移广陵；丁酉，又入西掖；戊戌岁除日，有齐安之命；己亥闰三月到郡。四年之间，奔走不暇，未知明年又在何处；岂惧竹楼之易朽乎？幸后之人与我同志，嗣而葺之，庶斯楼之不朽也！

咸平二年八月十五日记。

本文是作者谪居黄冈时所写，其中写竹楼内外的雨声、雷声、鼓琴声、下棋声，用了六对排句，大大地增强了语言的抒情味和音乐性。实践证明，他反对形式主义的骈体文，但并不一概排斥排偶的语言结构；他提出“传道而明心”的两点论，不排斥自由抒写个人的情怀，使古文摆脱了单纯说教和词涩言苦的局面。这是宋代散文发展的正确方向，他从理论和实践两个方面为欧、苏等人的诗文革新奠定了良好的基础(以上参考陈植锷《略论宋初古文运动的两种倾向》，载《宋史研究论文集》，中州书画社 1984 年出版)。

复古反骈的穆修诸人　宋初沿袭五代的绮靡文风，并非一下子就能扭转过来的，恰恰在柳开、王禹偁相继去世之后，西昆派的骈文又流行了起来，而古文则未能得势。当时提倡复古反骈的如张景(970—1018)、姚铉(968—1020)、穆修(979—1032)诸人，只能鼓吹明道致用、尊韩重散的理论，在创作上却没有什么成绩，还不能形成与西昆派抗衡的力量。张景是柳开的及门弟子，曾整理柳开的遗稿，辑成《河东先生集》十五卷，并附录所撰《柳公行状》一卷。姚铉在理论上与柳开、穆修相呼应，力矫五代文弊，曾编选《唐文粹》一百卷，文章和诗、赋只选古体，骈体文及今体诗一概不录，并在序言中表达了宗经明道、推崇古文的主张。穆修字伯长，郓州(在今山东省)人，曾任颍州文学参军。他对韩、柳集进行过认真的收集整理，并亲自在京师大相国寺刻售。他提倡韩、柳文风不遗余力，但当时响应的人极少。在《答乔适书》中，他说：“今世士子习尚浅近，非章句声偶之辞不置耳目，浮轨滥辙，相迹而奔，靡有异途焉。其间独敢以古文语者，则与语怪者同也。众又排诟之，罪毁之，不目以为迂，则指以为惑，谓之背时远名，阔于富贵。先进则莫有誉之者，同侪则莫有附之者。”在西昆体盛行之时来鼓吹古文，确是势孤力单，难见成效。但他锲而不舍，持之以恒，在《唐柳先生集后序》一文中，他倾吐了对韩、柳的渴慕之情。这种立志学古的顽强精神，也在当时产生了一定的影响。《宋史》本传说："自五代文敝，国初，柳开始为古文。其后，杨亿、刘筠尚声偶之辞，天下学者靡然从之。修于是时独以古文称，苏舜钦兄弟多从之游。修虽穷死，然一时士大夫称能文者必曰穆参军。"不过，他们在创作实践上仍然未能避免"辞涩言苦"的毛病。沈括《梦溪笔谈》卷十四曾载有一则轶事：

> 往岁士人多尚对偶为文，穆修、张景辈始为平文，当时谓之古文。穆、张尝同造朝，待旦于东华门外，方论文次，适见有奔马践死一犬，二人各记其事，以较工拙。穆修曰："马逸，有黄犬遇蹄而毙。"张景曰："有犬死奔马之下。"时文体新变，二人之语皆拙涩。

可见他们的文章在艺术上还不成熟，无法对抗西昆派技巧圆熟、辞藻华美的骈文。另外一方面，他们也不曾对西昆派正面攻击。当时直接从理论上进行批判，给西昆体以严厉的抨击的，是仁宗时的道学家石介，他是明确地反对西昆体的发难者。

石介对西昆体的批判　石介（1005—1045），字守道，兖州奉符（今山东泰安东南）人，曾耕于徂徕山下，人称徂徕先生；天圣八年（1030）进士及第，为国子监直讲，有《徂徕先生文集》二十卷行世。他的学术思想传自孙复，注重道统，"有慕韩愈节，有肩柳开志"（《赠张绩禹功》）。当时杨亿早已去世，但昆体影响仍然很大。在《上赵先生书》中，他指出：人们对于西昆体，是"父训其子，兄教其弟，童而朱研其口，长而组绣于手，天下靡然向风，寖以成俗。"因此感到非常痛心，他认为浮华的文风和其他社会上的不良风习一样，也是有害于道的，于是便写了《怪说》上中下三篇，其中篇针对西昆派的时文发动了猛烈的攻击。他写道："昔杨翰林欲以文章为宗于天下，忧天下未尽信己之道，于是盲天下人目，聋天下人耳。使天下人目盲，不见有周公、孔子、孟轲、扬雄、文中子、韩吏部之道；使天下人耳聋，不闻有周公、孔子、孟轲、扬雄、文中子、韩吏部之道。"他列出了从孔、孟到韩愈的道统，认为只有符合于六经精神的才能算是文学。在这样的大前提下，他指斥西昆派的杨亿说：

今杨亿穷妍极态，缀风月，弄花草，淫巧侈丽，浮华纂组，刓锼圣人之经，破碎圣人之言，离析圣人之意，蠹伤圣人之道。使天下不为《书》之典、谟，《禹贡》、《洪范》，《诗》之雅、颂，《春秋》之经，《易》之繇、爻、十翼，而为杨亿之穷妍极态，缀风月，弄花草，淫巧侈丽，浮华纂组，其为怪大矣。

在《与君贶学士书》中，他又说：

复自翰林杨公唱淫词哇声，变天下正音四十年，眩迷盲惑，天下瞆瞆晦晦，不闻有雅声。常谓流俗益弊，斯文遂丧。

他痛责杨亿的作品披着淫巧华丽的外衣，只能戕害人们的身心耳目，而不能明道致用，所以大声疾呼，号召大家都来反对。其实，石介对西昆体的评判，并不是从文学出发的，而是站在卫道者的立场上，要求文学为儒家之道服务。他只能对浮艳的文风起到摧陷廓清的作用。却没有能力从事创作，显示新的实绩。所以，新文风的建立，就不能不有待于欧阳修和苏舜钦、梅尧臣等人了。

第二章 欧阳修与北宋中叶的诗文革新

经过宋初柳开和王禹偁力矫五代文弊，再经过石介对西昆体的批判，北宋的诗文革新运动在仁宗朝趋于成熟，至神宗朝而达到高峰。

北宋中叶的文学革新是我国文学发展史上的一个里程碑。欧阳修领导并完成的第二次古文运动或新古文运动，确立了散体文的正宗地位，使骈体文在六朝以来六百年间所占的优势从此告终。由于古文运动的强大影响，产生了宋四六和文赋；宋诗也开始形成自身独特的风格，卓然与唐诗并峙比美。

欧阳修是当时的文坛盟主，对诗文革新起了重大的作用。他团结尹洙（师鲁）、石延年（曼卿）、范仲淹（希文）、苏舜钦（子美）、梅尧臣（圣俞）诸人，在仁宗年间开创了新局面。《四库全书总目》卷一百五十三《宛陵集》提要说："佐修以变文体者，尹洙；佐修以变诗体者，则尧臣也。"同时，他又注意培养后起之秀，提携尚不知名的作者，如王安石、曾巩、苏洵及其二子轼、辙，都是他识拔或荐举的。他们六个人与韩愈、柳宗元后来被人合称为唐宋八大家[①]。其中如王安石和苏轼，同时又是杰出的诗人。

北宋诗文革新的主要精神是经世致用，针砭时弊，积极发挥其为国为民的社会作用。这与当时的政治变革有密切的关系，如仁宗时范仲淹和欧阳修等推行的庆历新政，神宗时的王安石变法，以及新旧党争，都直接

① 明初朱右曾编此八家之文为《八先生文集》，其书未见。茅坤据唐顺之《文编》于唐宋两代散文亦独取此八家之例编《唐宋八大家文钞》一百四十四卷，盛传于世，八家之名乃定。

影响了文学的变化发展。

第一节　欧阳修和第二次古文运动

古文运动兴起于唐德宗、宪宗年间，经过韩、柳等人的大力倡导，无论从实践或理论上，从内容或形式上，都形成了散文的优良传统。但到了晚唐、五代时期，浮靡的骈俪之文却重又得势，这反映了动乱时代文人逃避现实的游离和彷徨，也正是这种风气使得古文的发展受到妨碍。到了北宋，古文在新的历史条件下复兴了，而且取得了辉煌的成就。就其性质而言，唐代的古文运动是复西汉、先秦之古，宋代的第二次古文运动则是复韩、柳之古，名为复古，实际上是针对晚唐、五代文弊和西昆体的流行而进行的革新。《神宗旧史·欧阳修传》云：

> 国朝接唐、五代末流，文章专以声病对偶为工，剽剥故事，雕刻破碎，甚者若俳优之辞。如杨亿、刘筠辈，其学博矣，然其文亦不能自拔于流俗，反吹波扬澜，助其气势。一时慕效，谓其文为昆体。时韩愈文，人尚未知读也。修始年十五六，于邻家壁角破簏中得本学之，后独能摆弃时俗故步，与刘向、班固、韩愈、柳宗元争驰逐。是时，尹洙与修亦皆以古文倡率学者，然洙材下，人莫之与。至修文一出，天下士皆向慕，为之犹恐不及。一时文章大变，庶几乎西汉之盛者，由修发之。（见《四部丛刊》本《欧阳文忠公集》附录卷四）

足见欧阳修是以韩文作为学习的楷模来扭转昆体骈俪之习的代表人物。

古文运动内部两种不同的倾向和理论　第二次古文运动在理论上要求恢复韩愈的道统和文统，坚持明道、致用的原则，但在对待道统与文统的关系方面，却有两种不同的态度。柳开、张景、穆修、石介等重道轻文，忽视文学的特殊性，所以他们的创作成就不高；王禹偁、范仲淹、欧阳修、苏轼等却知道并且能够摆正文与道的关系，重视文学创作所不应忽视的艺术技巧，这才使新古文运动走上健康发展的道路。

石介与孙复、胡瑗齐名，并称为宋代理学早期的三先生。他对西昆体的批判为文学的复古革新扫清了道路，但其主张未免矫枉过正，失于偏颇，只能开理学之先声，而不能创造繁荣文学的条件。他在《上赵先生书》中说："介近得姚铉《唐文粹》及《昌黎集》，观其述作……必本于教化仁义，根于礼乐刑政，而后为之辞。""今之为文，其主者不过句读妍巧，对偶的当而已；极美者不过事实繁多，声律调谐而已。雕锼篆刻伤其本，浮华缘饰丧其真，于教化仁义、礼乐刑政，则缺然无仿佛者。"西昆体显然有着如石介所指摘的那些缺点和错误，但文学是否应当遵照石介意见成为封建道统的传声筒，是否应当对艺术技巧完全弃之不顾呢？当然不是。欧阳修和苏轼都不同意石介的观点，他们虽然也批评过昆体的华靡，但并没有全盘否定西昆派，在某些方面还肯定了它。欧阳修曾赞美杨亿等"雄文博学，笔力有余"（《六一诗话》），而指出石介"自许太高，诋时太过"，"好异以取高"，"不足以为来者法"（《与石推官第一书》）。苏轼在《议学校贡举状》中也称赞杨亿，反而批评石介和孙复是"迂阔矫诞之士"。欧、苏等虽然也都尊韩重道，但较多的是从现实生活着眼，视野因而也远为广阔。他们要求文学更好地为社会服务，而不只是狭隘地为伦理道德服务；要求以新技巧代替或充实旧技巧，而不是取消艺术技巧。这就是文学家与理学家的区别。

当西昆体还在盛行的时候，仁宗于天圣七年（1029）、明道二年（1033）和庆历四年（1044），曾三次下诏申戒浮文，指出"文章所宗，必以理实为要"，"务明先王之道"。当时石介正任国子监直讲，威望颇高，声名很大，他适应封建统治阶级的需要而提出的文学主张，成了太学生改革文风的理论根据。但由于他只能讲理论，却不懂如何实践，结果就使得一般士子在抛弃浮华巧丽之风后竟无所适从，走上了险怪奇涩的道路，从而产生了太学体的新弊病。苏轼《谢欧阳内翰书》说："士大夫不深明天子之心，用意过当，求深者或至于迂，务奇者怪僻而不可读，余风未殄，新弊复作。大者镂之金石，以传久远，小者转相摹写，号称古文。"这种太学体的作品久被淘汰，如今只存下几行断句，如"狼子豹孙，林林逐逐"，"周公伻图，禹操畚锸，傅说负版筑，来筑太平之基"（见《欧阳文忠公集》附录卷五《事迹》），确是弄巧成拙，不可卒读，败坏了古文的声誉。这样，摆在欧阳修面前的任务，就不只是改革西昆体，而同时还必须反对古文运动内部的不良倾向——生涩怪僻的太学体。《宋史》本传说他“知嘉祐二年贡举，时士子尚为险怪奇涩之文，号太学体，修痛排抑之，凡如是者辄黜。毕事，向之嚣薄者伺修出，聚噪于马首，街逻不能制。然场屋之习，从是遂变。”又《梦溪笔谈》卷九云：“嘉祐中士人刘几累为国学第一人，骤为怪险之语。学者翕然效之，遂成风俗。欧阳公深恶之。会公主文，决意痛惩，凡为新文者一切弃黜，时体为之一变，欧阳之功也。有一举人论曰：‘天地轧，万物茁，圣人发。’公曰：‘此必刘几也。’戏续之曰：‘秀才剌，试官刷。’乃以大朱笔横抹之，自首至尾，谓之红勒帛，判大纰缪字榜之，既而果几也。复数年，公为御试考官，而几在庭，公曰：‘除恶务力，今必痛斥轻薄子，以除文章之害。’有一士人论曰：‘主上收精藏明于冕旒之下。’公曰：‘吾已得刘几矣。’既黜，乃吴人萧稷也。是时试《尧舜性仁赋》，有曰：‘故得静而延年，独高五帝之寿；动而有勇，形为四罪之诛。’公大称赏，擢为第一人。及唱名，乃刘辉，人有识之者曰：‘此刘几也，易名矣。’公愕然久之。因欲成就其名，赋有‘内积安行之德，盖禀于天’，公以谓‘积’近于学，改为‘蕴’，人莫不以公为知言。”（据胡道静校正本）可见欧阳修从事文学革新的决心、勇气、魄力及其良好影响。经过这样一番波折，方始拨正了新古文运动前进的方向。

欧阳修关于复古革新的理论上承王禹偁①，下开苏轼。首先，在尊韩、学韩方面，和王禹偁一样，他推崇韩愈的文学成就，而不同于柳开、石介，一味地着重于韩愈的道统。他曾与尹洙一起补缀校定《昌黎集》，以为“其言深厚而雄博”，“学者当至于是而止尔”（《记旧本韩文后》），可见他继承韩愈的主要是古文传统。至于韩愈的儒学见解，他并不恭维，在《本论》中，还反驳了韩愈《原道》的某些论点。总之，欧阳修学韩的主要方面是文学，而不是儒学。

---

① 欧阳修对王禹偁十分推崇，在《书王元之画像侧》诗中曾说：“想公丰采常如在，顾我文章不足论。”

对于文与道的关系，欧阳修的观点与理学家确有显著的区别。理学家大讲尧、舜、文、武、孔、孟的道统，而欧阳修则反对“舍近取远，务高言而鲜事实”的危言空论（见《与张秀才第二书》）。他对道的理解虽然仍恪守儒家的正统观念，但扩大了它的范畴，作了更有意义的解释。在师法儒家六经的前提下，他强调“六经之所载，皆人事之切于世者”（《答李诩第二书》），这就把儒家的道与现实生活联系了起来，从而阐明了自己认为文学应为现实政治服务的观点。所以他曾指出“弃百事不关于心”的人不可能写出有益的文章（《答吴充秀才书》）。作为一位文道并重论者，他认识到文与道有密不可分的关系，又能认识到文与道的区别，而不同于理学家以道代文，把文学当成道的附属品或传声筒。他的基本论点是重道以充文：“道纯则充于中者实，中充实则发为文者辉光。”（《答祖择之书》）内容可以决定形式：“大抵道胜者，文不难而自至也。”（《答吴充秀才书》）同时也并没有忽视艺术表现的重要性。在《代人上王枢密求先集序书》中说：“某闻《传》曰：‘言之无文，行而不远。’君子之所学也，言以载事，而文以饰言，事信言文，乃能表见于后世。”“故其言之所载者大且文，则其传也彰；言之所载者不文而又小，则其传也不彰。”这就把文的地位提高了，使文学从被道学家认为是道统的附庸这种不合理的心理状态中解脱了出来。他还认识到文对于道，既有联系性，又有独立性。《与乐秀才第一书》说：“古人之学者非一家，其为道虽同，言语文章，未尝相似。”这指出了作家的才能和风格是多种多样的，道是不能代替文的。

在语言艺术方面，欧阳修主张学习韩愈“文从字顺”的一面，反对他“怪怪奇奇”的一面。他强调自然为文，明白晓畅，“其道易知而可法，其言易明而可行”。（《与张秀才第二书》）他提倡易知易明，所以尽可能地提炼平易自然的词语以行文。宋祁本来是骈文的能手，但因奉诏与欧阳修同撰《新唐书》，而史籍例用散体，便来了个矫枉过正的转变，故意把文章弄得辞涩言苦，深奥难读，欧阳修对此颇为不满，便在宋祁的门上写了“宵寐匪祯，札闼洪休”八字而代替通行的“夜梦不祥，书门大吉”，以此进行了嘲弄和讽谕（见《佩文韵府》卷九十六引祝穆编《事文类聚》）。这个故事说明欧阳修力求语言的纯洁准确、自然流畅，反对艰涩怪僻。另外，在克服了西昆体形式主义的文风之后，他也不排斥对骈文某些技巧的吸收。邵伯温《河南邵氏闻见录》卷十五载：“欧阳文忠公早工偶俪之文，故试于国学、南省，皆为天下第一。”可见他也和唐代古文家如韩、柳辈一样，早年因为应付科举，在语言文字的声律音韵方面下过很深的功夫，因而在文体革新中也适当地运用了传统骈偶文的长处，为古文吸取了新的营养。他对骈文的利弊有公允的评判，指出其缺点是“穿蠹经传”、“述事不畅”；同时又指出：骈文“苟合于理，未必为非”。（《论尹师鲁墓志》）这种持平之论，显然对他丰富自己的文学语言有利。

关于古文的写作技巧，欧阳修在《尹师鲁墓志铭》中提出了“简而有法”的主张。简是指对题材的取舍剪裁，要意深言简，有高度的概括力；法是指艺术技巧，要写得生动形象，于含蓄中寓有褒贬。关于这一点，他特别推崇尹洙的为文谨严，不枝不蔓。钱惟演留守西都时，于府中起双桂楼，命欧阳修和尹洙作记，修文千余言，洙止用五百字，修服其简古，“自此始为古文”（见《河南邵氏闻见录》卷八），又欧、尹二人与谢绛（希深）同作《河南驿记》，“希深之文仅七百字，欧公之文五百余字，独师鲁止用三百八十余字而成，语简事备，复典重有法。”欧阳修在尹洙指出他“格弱字冗”的缺点后，又“别作一记，更减师鲁文廿字而成之，尤守粹有法。师鲁谓人曰：‘欧九真一日千里也！’”（见《湘山野录》卷中）这种追求简古的手法，正是对骈文繁缛堆砌的去弊革新。这种特点和优点，在欧阳修的传记文和记事文中，表现得特别明显。他自己说“所记事皆录实有稽据，皆大节与人之所难者”，“止记大节，期于久远”（《与杜䜣论祁公墓志书》）。意即总是抓住最本质、最主要的事件来写，不罗列一般现象。这种简而有法的理论，对新古文运动起了一定的指导作用。

欧阳修的写作态度严肃认真，谦虚谨慎，每有所作，往往经过反复推敲，多次修改后才定稿。如《先君墓表》改定为《泷冈阡表》，竟经历了二十年之久。周必大《〈欧阳文忠全集〉序》（据《四部备要》本、《四部丛刊》本作《〈欧阳文忠公集〉跋》）云：“前辈尝言，公作文揭之壁间，朝夕改定。今观手写《秋声赋》凡数本，《刘原父手帖》亦至再三，而用字往往不同。”《后山诗话》还引欧阳修自己的话说：“为文有三多，看多、做多、商量多也。”《朱子语类》卷一百三十九载："顷有人买得他《醉翁亭记》稿，初说滁州四面有山，凡数十字，末后改定，只曰'环滁皆山也'五字而已。"沈作喆《寓简》卷八载："欧公晚年，尝自窜定平生所为文，用思甚苦。其夫人止之曰：'何自苦如此，尚畏先生嗔耶？'公笑曰：'不畏先生嗔，却怕后生笑。'"这种勤学苦练、认真负责的精神，实在令人感动！从这些故事里可以看出，欧阳修对锤炼语言、行文布局等艺术技巧是何等的重视！他以长期辛勤的创作实践来提倡古文，带动了曾、王和三苏等一大批作家，促进了宋代散文乃至整个宋代文学的发展和繁荣，为文学革新作出了卓越的贡献，绝不是偶然的。

欧阳修的生平及其创作道路　欧阳修（1007—1072），字永叔，号醉翁，晚年又号六一居士，庐陵（今江西吉安市）人。他出生在一个小官吏的家庭里，父观曾任绵州和泰州的军事判官，为人廉洁仁慈，判案时常怕冤屈了好人。欧阳修四岁时，父亲就死了，全家只得投奔在随州做推官的叔父欧阳晔。他母亲郑氏，在艰苦的环境中教育子女，没有钱购买纸笔，便用荻杆代笔，在沙土上书写，来教他认字写字。这样的家教，对于他后来成长为一位进步的政治家和文学家，起了良好的影响。

欧阳修十多岁时，在随州李家存放旧书的破筐里发现了韩愈文集，便借了回家，用功研读，爱不释手。但当时的科举考试仍沿旧制，以律体诗赋为主，因而他也不得不同时留意于时文，以为进身之阶。天圣八年（1030）正月，他在京城参加晏殊主持的礼部省试，名列第一，接着在三月的殿试中擢甲科进士。次年，他二十五岁，到洛阳任西京留守推官①。当时的西京留守是西昆派的主将之一钱惟演。欧阳修在钱的幕府里任职，结识了一批洛阳才子，形成了一个文学革新的集团。王阚之《渑水燕谈录》卷四载："府尹钱思公、通判谢希深皆当世伟人，待公优异。公与尹师鲁、梅圣俞、杨子聪、张太素、张尧夫（汝士）、王几道（复）为'七友'，以文章道义相切劘。"（欧集有《七交诗》，可参看）另外，甚至有八老的美称，尹洙

---

①　宋朝有四京，东京开封府，治开封（今开封市）；西京河南府，治河南（今洛阳市）；南京应天府，治宋城（今河南商丘县南）；北京大名府，治元城（今河北大名县）。见《元丰九域志》卷一。

是辩老，杨子聪是俊老，王顾（公慥）是慧老，王复是循老，张汝士是晦老，张先（子野）是默老，梅尧臣是懿老，欧阳修是逸老（后改为达老）（见欧集《与梅圣俞》第二、第三书）。其实，他们当时都只是二三十岁的年轻人。这种以老相称的戏谑，正反映了他们之间的亲密关系。《宋史》本传也说他"调西京推官，始从尹洙游，为古文，议论当世事，迭相师友；与梅尧臣游，为歌诗相倡和，遂以文章名冠天下"。可见欧阳修倡导诗文革新的起点是在洛阳，而且恰恰就是在西昆派钱惟演的手下成长起来的。这在文学史上，是一个值得思考的情况。

尹洙（1001—1041）是欧阳修在文学上的知交，他师承穆修，所为文章古峭劲洁，脱尽宋初的浮华习气。欧阳修对他十分钦佩，有意识地向他学习，范仲淹《尹师鲁〈河南集〉序》曾论述了这一演变过程：

> 唐贞元、元和之间，韩退之主盟于文而古道最盛。懿、僖以降，浸及五代，其体薄弱。皇朝柳仲涂起而麾之，髦俊率从焉。仲涂门人能师经探道，有文于天下者多矣。洎杨大年以应用之才，独步当世，学者刻辞镂意，依稀仿佛，未暇及古也。其间甚者专事藻饰，破碎大雅，反谓古道不适于用，废而弗学者久之。洛阳尹师鲁少有高议，不逐时辈，从穆伯长游，力为古文。而师鲁深于《春秋》，故其文谨严，辞约而理精，章奏疏议，大见风采，士林方耸慕焉。遽得欧阳永叔，从而大振之，由是天下之文一变。

的确，欧阳修在北宋文风的转变中是起了关键作用的。在洛阳三年多的时间里，他创作了一些游记，如《游大字院记》、《伐树记》、《丛翠亭记》、《非非堂记》和《洛阳牡丹记》等，都是风格新颖之作，显示了文体革新的实绩。

仁宗景祐元年（1034）五月，欧阳修和尹洙一同入京，任馆阁校勘，并开始和范仲淹（希文）一起参与政治活动。三年五月，礼部员外郎兼开封府尹范仲淹因为批评宰相吕夷简，被贬知饶州，余靖（安道）、尹洙上章论救，也遭贬谪。在这一次庆历党争的前哨战中，欧阳修写出了他早年著名的书信体政论文《与高司谏书》。司谏高若讷是一个圆滑庸俗的官僚，在党争还没有激化的时候，他也左右周旋，说些不着边际的话；而斗争表面化以后，他又立刻倒向反对改革的保守派官僚一边，不仅放弃谏官的职责，而且在背后喊喊喳喳地攻击范仲淹。欧阳修对此十分愤慨，便写了一封信给高若讷，尖锐地揭露了他卑劣的灵魂。下面是这篇充满正义和激情的书信的全文：

修顿首再拜白司谏足下：某年十七时，家随州，见天圣二年进士及第榜，始识足下姓名。是时予年少，未与人接，又居远方，但闻今宋舍人兄弟与叶道卿、郑天休数人者，以文学大有名，号称得人。而足下厕其间，独无卓卓可道说者，予固疑足下不知何如人也。

其后更十一年，予再至京师。足下已为御史里行，然犹未暇一识足下之面，但时时于予友尹师鲁问足下之贤否。而师鲁说足下正直有学问，君子人也，予犹疑之。夫正直者，不可屈曲；有学问者，必能辨是非。以不可屈之节，有能辨是非之明，又为言事之官，而俯仰默默，无异众人，是果贤者耶？此不得使予之不疑也。

自足下为谏官来，始得相识，侃然正色，论前世事历历可听，褒贬是非无一谬说。噫！持此辩以示人，孰不爱之？虽予亦疑足下真君子也。

是予自闻足下之名及相识，凡十有四年，而三疑之。今者，推其实迹而较之，然后决知足下非君子也。

前日范希文贬官后，与足下相见于安道家，足下诋诮希文为人。予始闻之，疑是戏言；及见师鲁，亦说足下深非希文所为，然后其疑遂决。希文平生刚正，好学通古今，其立朝有本末，天下所共知，今又以言事触宰相得罪。足下既不能为辨其非辜，又畏有识者之责己，遂随而诋之，以为当黜，是可怪也！

夫人之性，刚果懦软禀之于天，不可勉强，虽圣人亦不以不能责人之必能。今足下家有老母，身惜官位，惧饥寒而顾利禄，不敢一忤宰相以近刑祸，此乃庸人之常情，不过作一不才谏官尔。虽朝廷君子，亦将闵足下之不能，而不责以必能也。今乃不然，反昂然自得，了无愧畏，便毁其贤以为当黜，庶乎饰己不言之过。夫力所不敢为，乃愚者之不逮；以智文其过，此君子之贼也。

且希文果不贤邪？自三四年来，从大理寺丞至前行员外郎、作待制，日日备顾问，今班行中无与比者。是天子骤用不贤之人？夫使天子待不贤以为贤，是聪明有所未尽。足下身为司谏，乃耳目之官，当其骤用时，何不一为天子辨其不贤，反默默无一语，待其自败，然后随而非之？若果贤邪，则今日天子与宰相以忤意逐贤人，足下不得不言。是则足下以希文为贤，亦不免责；以为不贤，亦不免责。大抵罪在默默尔。

昔汉杀萧望之与王章，计其当时之议，必不肯明言杀贤者也；必以石显、王凤为忠臣，望之与章为不贤而被罪也。今足下视石显、王凤果忠耶？望之与章果不贤耶？当时亦有谏臣，必不肯自言畏祸而不谏，亦必曰当诛而不足谏也。今足下视之，果当诛耶？是直可欺当世之人，而不可欺后世也。今足下又欲欺今人，而不惧后世之不可欺耶？况今之人未可欺也。

伏以今皇帝即位已来，进用谏臣，容纳言论。如曹修古、刘越（据《宋史·刘随传》，越当作随。曹修古与随同传），虽殁犹被褒称。今希文与孔道辅皆自谏诤擢用。足下幸生此时，遇纳谏之圣主如此，犹不敢一言，何也？前日又闻御史台榜朝堂，戒百官不得越职言事，是可言者惟谏臣尔。若足下又遂不言，是天下无得言者也。足下在其位而不言，便当去之，无妨他人之堪其任者也。

昨日安道贬官、师鲁待罪，足下犹能以面目见士大夫，出入朝中称谏官，是足下不复知人间有羞耻事尔！所可惜者，圣朝有事，谏官不言，而使他人言之，书在史册，他日为朝廷羞者，足下也。

《春秋》之法，责贤者备。今某区区，犹望足下之能一言者，不忍便绝足下而不以贤者责也。若犹以谓希文不贤而当逐，则予今所言如此，乃是朋邪之人尔。愿足下直携此书于朝，使正予罪而诛之，使天下皆释然知希文之当逐，亦谏臣之一效也。

前日足下在安道家召予往论希文之事，时坐有他客，不能尽所怀，故辄布区区，伏惟幸察，不宣。修再拜。

这是一篇辛辣而又严正的政论文，但却具有作者所独有的从容不迫、纡徐宛转的风格。从信中可以看出，作者对高若讷的观感是在不断地变化着的：由最初对于高若讷的忽视，而发展为轻视，又反过来变成重视，终于完全加以鄙视。从作者的内心感受的抒写中，这个“全躯保妻子之臣”的可鄙而又可怜的形象，终于明晰地浮现在一切读者首先就是高若讷自己的面前。但作者并不以此为满足，在让高若讷看清了自己的精神面貌以后，又进一步正面地提出了这种看风使舵的作风对于国家的危害性。一方面毫不留情地痛斥他“不复知人间有羞耻事”，一方面又留有余地，希望他能够及早回头；在对他进行劝戒的同时，又对他进行公然的挑战。这说明欧阳修在写这封信时，感情是很复杂的，作者所注重的是国家的利益，而非个人的意气。这封信不仅鲜明地表现了一位作家的艺术风格，更主要地表现了一位政治家的政治风节。欧阳修第一次用古文参加了政治斗争，但却惹下了大祸，结果被逐出朝廷，贬为夷陵县令。

在北宋初年，朝廷曾采取了一些恢复农业生产的措施，缓和了国内的阶级矛盾；同时，也以屈辱的方式应付辽和西夏，换取了几十年的和平与繁荣。但到了仁宗时期，这种局面已经由大地主的无限制的兼并和对西夏用兵的失败而逐渐显露出矛盾。对现实政治进行改革，成了刻不容缓的客观要求。欧阳修正是在这样的局势下卷入了庆历党争的。这场以吕夷简、夏竦等旧官僚为一方，以范仲淹、富弼等新进士出身的官僚为另一方的斗争，正是当时阶级矛盾和民族矛盾在统治阶级内部的反映。范仲淹等主张发展农业生产，减轻徭役负担，整顿吏治，巩固国防，以缓和内外矛盾；而吕夷简等却站在大地主的立场，为了少数人的利益，坚决反对任何改革。在这场斗争中，欧阳修始终站在范仲淹等这一边。

仁宗庆历三年(1043)，在农民起义和辽、夏的不断侵扰下，这位皇帝感到危机四伏，只得起用范仲淹为参知政事，富弼为枢密副使，欧阳修也回朝任谏官、知制诰。范仲淹主政后，鉴于官僚特权阶层那种寄生赘瘤已经臃肿不堪，便积极主张革除时弊，刷新政治。他向仁宗提出了明黜陟、抑侥幸、精贡举、择官长、均公田、厚农桑、修武备、减徭役、覃恩信、重命令等十大建议。欧阳修也提出改革科考中专讲声律对偶的陋习，增加高才异行的中下层寒士的录取名额，限制贵族官僚恩荫入仕的特权。这些革新主张，曾一度被仁宗所采纳，著为诏令，颁行全国，号称庆历新政。然而僵化的国家机器，哪怕是轻轻触动一下，都会碰到旧势力的反对，"论者籍籍"，"众心不悦"（见《宋史纪事本末》卷二十九《庆历党议》），夏竦、王拱辰等保守派便攻击范仲淹、欧阳修等结成朋党，把持朝政。这引起了仁宗的疑忌，竟于庆历四年（1044）夏撤销了推行新政的诏命，保守势力重又抬头，改革派再一次遭到贬谪。为此，欧阳修写出了著名的政论文《朋党论》，有力地驳斥了保守派的这种诬蔑。文中说：

臣闻朋党之说，自古有之，惟幸人君辨其君子小人而已。大凡君子与君子，以同道为朋；小人与小人，以同利为朋，此自然之理也。

然臣谓小人无朋，惟君子则有之。其故何哉？小人所好者禄利也，所贪者财货也，当其同利之时，暂相党引以为朋者，伪也；及其见利而争先，或利尽而交疏，则反相贼害；虽其兄弟亲戚，不能相保；故臣谓小人无朋，其暂为朋者伪也。君子则不然，所守者道义，所行者忠信，所惜者名节，以之修身，则同道而相益；以之事国，则同心而共济；始终如一，此君子之朋也。

故为人君者，但当退小人之伪朋，用君子之真朋，则天下治矣。

从以上的节录也可以看出，这篇文章从正反两面剖析了小人无朋和君子有朋的道理，接着欧阳修还在下文中引证了历史上兴亡治乱的六件大事，进一步阐明了这个论点，也同样表现了作者坚持正义的政治气度。

庆历新政失败后，范仲淹被迫离开政府，黜知邓州；欧阳修也在庆历五年（1045）八月贬知滁州。他们在政治革新上虽然未能一展雄图，但却在文学革新上做出了出色的成绩。他们继承了柳宗元山水游记的创作手法，借描写自然景物来抒情感，发议论，以此来反映社会问题，赋予了传统的模山范水之作以新的生命。如范仲淹写了《岳阳楼记》等，提出了"先天下之忧而忧，后天下之乐而乐”的宏伟抱负，欧阳修写了《丰乐亭记》和《醉翁亭记》等，表现了与民同乐的政治理想。这些优美的散文，适当地运用了骈散结合的句法，显示了他们在艺术上的创造性。

庆历八年(1048)正月，欧阳修从滁州调到扬州，不到一年又移知颍州。皇祐二年(1050)，改调商丘，任南京留守。至和元年(1054)，召回京师，拜翰林学士兼史馆修撰，奉诏纂修《新唐书》。

嘉祐二年(1057)，欧阳修知礼部贡举，他运用了仁宗皇帝任命他为主考官的职权，推行了自己早在庆历年间就提出来的革新文风的主张，提倡平易晓畅的古文，并明确规定了衡文标准，凡是文风不正的一概不取。果然，在这次考试中，一时以怪僻知名的士子都被黜落，而曾巩、苏轼、苏辙等人则被录取。从此以后，文风才得到较为彻底的改变，士子纷纷研读韩、柳诸集，于是古文大兴。

欧阳修执掌贡举大权，是北宋文风转变的一大关键。他用行政手段推行了革新的主张，又用录取门生的机缘培养了一大批作家，被公认为文坛领袖，胜利地完成了第二次古文运动。从此以后，古文便确立了文章中的正统地位，历元、明、清而不衰。

嘉祐五年(1060)，欧阳修五十四岁，以礼部侍郎拜枢密副使，次年，又拜参知政事，进封为开国公，成了声势煊赫的高官显贵。他曾向朝廷举荐了王安石、曾巩、三苏和司马光等人，但到神宗时，他对王安石的青苗法有不同的看法。熙宁四年(1071)六月，以太子少师的身份退休，结庐于颍州的西湖之滨，次年病逝，终年六十六岁。

欧阳修散文创作的卓越成就　欧阳修在文学上的先进性和他在政治上的先进性是密切地联系着的。在他的创作中，丰富的社会生活，爱护人民的美好感情，都通过他所独有的艺术风格而得到了反映。

这位作家在中国散文史上有着崇高的地位，他不仅有革新的理论，更主要的是有大量的创作实践。他的作品内容极其丰富，如论辩、记叙、序跋、书信、祭文、墓志等，包罗很广，各有名篇。

欧阳修的记叙文重在抒情，而又能融合写景、叙事、议论为一体。《丰乐亭记》、《醉翁亭记》、《有美堂记》、《非非堂记》、《相州昼锦堂记》和《岘山亭记》是这方面一些有代表性的杰作。这类散文通过对客观景物、人事兴衰的深刻感受来抒发自己的哀乐，十分动人。如《丰乐亭记》：

修既治滁之明年夏，始饮滁水而甘。问诸滁人，得于州南百步之近。其上丰山耸然而特立，下则幽谷窈然而深藏，中有清泉，滃然而仰出。俯仰左右，顾而乐之。于是疏泉凿石，辟地以为亭，而与滁人往游其间。

滁于五代干戈之际，用武之地也。昔太祖皇帝尝以周师破李景兵十五万于清流山下，生擒其将皇甫晖、姚凤于滁东门之外，遂以平滁。修尝考其山川，按其图记，升高以望清流之关，欲求晖、凤就擒之所，而故老皆无在者，盖天下之平久矣。自唐失其政，海内分裂，豪杰并起而争，所在为敌国者，何可胜数！及宋受天命，圣人出而四海一。向之凭恃险阻，刬削消磨，百年之间，漠然徒见山高而水清。欲问其事，而遗老尽矣。

今滁介于江淮之间，舟车商贾、四方宾客之所不至。民生不见外事，而安于畎亩衣食，以乐生送死。而孰知上之功德，休养生息，涵煦百年之深也。

修之来此，乐其地僻而事简，又爱其俗之安闲。既得斯泉于山谷之间，乃日与滁人仰而望山，俯而听泉，掇幽芳而荫乔木。风霜冰雪，刻露清秀，四时之景无不可爱。又幸其民乐其岁物之丰成，而喜与予游也。因为本其山川，道其风俗之美，使民知所以安此丰年之乐者，幸生无事之时也。夫宣上恩德，以与民共乐，刺史之事也。遂书以名其亭焉。

庆历丙戌六月日，右正言、知制诰、知滁州军州事欧阳修记。

这篇文章在写作技巧上很有特色，开头第一段用极其精炼的语句就简括地写出了全亭的风景；第二段突然插入历史兴亡的感慨，回顾了这个地区由乱到治的缘由；最终归结到天下太平是最大的乐事，国家的统一带来了民物的丰收，从而点明了取名为丰乐亭之故。文中一再运用今昔对比的手法，一波三折，反复抒写，感情色彩很浓。

欧阳修散文的社会意义是从多方面来表现的，除了政论文如《朋党论》这种直接关系到重大政治事件的作品外，更常见的，是对于死生离合、盛衰成败这些感受的抒发。这在《苏氏文集序》、《梅圣俞诗集序》等篇中有很细致的表现。这些文章不仅悼念亡友，追怀旧事，而且在描写政坛与文坛的斗争变化之中，往往泄露了时代的秘密和心声。在这方面，《释秘演诗集序》也是一个很好的例子：

予少以进士游京师，因得尽交当世之贤豪。然犹以谓国家臣一四海，休兵革，养息天下以无事者四十年，而智谋雄伟非常之士，无所用其能者，往往伏而不出。山林屠贩，必有老死而世莫见者。欲从而求之，不可得。其后得吾亡友石曼卿。曼卿为人，廓然有大志。时人不能用其材，曼卿亦不屈以求合，无所放其意，则往往从布衣野老酣嬉，淋漓颠倒而不厌。予疑所谓伏而不见者，庶几狎而得之，故尝喜从曼卿游，欲因以阴求天下奇士。

浮屠秘演者，与曼卿交最久，亦能遗外世俗，以气节自高。二人欢然无所间。曼卿隐于酒，秘演隐于浮屠，皆奇男子也，然喜为歌诗以自娱。当其极饮大醉，歌吟笑呼，以适天下之乐，何其壮也！一时贤士，皆愿从其游，予亦时至其室。十年之间，秘演北渡河，东之济、郓，无所合，困而归。曼卿已死，秘演亦老病。嗟夫！二人者，予乃见其盛衰，则予亦将老矣夫！

夫曼卿诗辞清绝，尤称秘演之作，以为雅健，有诗人之意。秘演状貌雄杰，其胸中浩然，既习于佛，无所用，独其诗可行于世，而懒不自惜，已老，胠其橐，尚得三、四百篇，皆可喜者。曼卿死，秘演漠然无所向。闻东南多山水，其巅崖崛峍，江涛汹涌，甚可壮也，遂欲往游焉，足以知其老而志在也。于其将行，为叙其诗，因道其盛时以悲其衰。

庆历二年十二月二十八日，庐陵欧阳修序。

在封建社会中，由于社会制度本身的缺陷，富于个性与才能的人遭受到压抑，不能展其所长，是一种普遍的情况。北宋王朝虽曾为了巩固自己的统治，采取了更广泛的团结知识分子的措施，但这一措施，在某些方面和某种程度上，又是跟高度中央集权的政策互相矛盾的。这样，社会各阶层的优秀人物，不论是出身上层的或者是来自民间的，不论是已登廊庙或尚在山林的，就都往往被迫无所作为。混迹官场和遁迹空门，在实质上往往也就差不多。这种优秀人物被迫无所作为的现象，是宋代以来的封建社会中日益普遍的现象之一。爱国爱才的欧阳修，对于石曼卿这个淋漓颠倒的酒徒和秘演这个“无所合”、“无所向”的和尚，是不能不感到深深的惋惜和悲痛的。这篇序文充满感情，以互补的手法为我们勾画出了两个奇男子的形象。

欧阳修写的哀祭、碑志之文，也很有特色，如《祭尹师鲁文》、《祭苏子美文》、《祭石曼卿文》、《祭梅圣俞文》、《文正范公神道碑铭》、《张子野墓志铭》等。其述存亡离合之感，往往情文兼至，尤其是《泷冈阡表》，悼念父母的德行，真诚细腻，不假藻饰，确是一篇空前的成功之作。

除了数量丰富的单篇散文以外，欧阳修还有一部史传文学著作，那就是现在通称《新五代史》的《五代史记》。此书早在贬谪夷陵时就开始写了，到皇祐五年(1053)基本完稿。这是他个人花了十八年的心血完成的。从唐朝开始，历代正史由私人著述逐渐变为设局官修，宋太祖曾诏令薛居正等修《五代史》。这在收集史料、发挥集体力量方面是有长处的，但在观点方面却不免更多地受着统治者的支配。就文学角度看，则成于众手的官修史书，其文笔也往往丧失个性，因而必然缺乏完整的艺术价值。正因为这样，人们才公认欧阳修的《五代史记》是足以上继四史的富有文学色彩的名著。在这部著作中，欧阳修继承了司马迁“善善恶恶、贤贤贱不肖”的褒贬精神，对五代史事作了全面的述评。虽然在史实的记载方面还有缺漏，观点也不尽正确，但它对历史人物的正义性的评价，对于培养中国人民的道德品质、民族气节，是起了颇为有益的作用的。它优美的笔调，也至今不失为史传文学的典范作品。如其所立的《一行传》是表彰乱世中的小人物的。欧阳修痛感当时士大夫之恬不知耻，叹息道：“呜呼，五代之乱极矣，传所谓‘天地闭，贤人隐’之时欤！当此之时，臣弑其君，子弑其父，而搢绅之仕，安其禄而立其朝，充然无复廉耻之色者，皆是也。”但同时，他又相信“忠臣义士多出于乱世”，因此立《一行传》，显示出即使在混乱黑暗的时代里，总还有一些特立独行、值得称道的人物。他举出石昂等五人，“势利不屈其心，去就不违其义”，能为黎民做一、两件有益的事，为社会保持一点正气。在那种环境里，一些平凡的小事可能起不了什么作用，但是，如果大家都能这样做，则其精神力量便不可忽视了。这正是作家所希望的。再如《伶官传》记载了优伶景进、史彦琼、郭从谦等人的事迹。后唐庄宗李存勖因为宠用这些胡作非为的人，以致身死国灭。欧阳修在这篇传的序文中总结了历史教训，发抒了深切的感慨，他写道：

　　呜呼！盛衰之理，虽曰天命，岂非人事哉！原庄宗之所以得天下，与其所以失之者，可以知之矣。

　　世言晋王之将终也，以三矢赐庄宗而告之曰：“梁，吾仇也；燕王吾所立，契丹与吾约为兄弟，而皆背晋以归梁。此三者，吾遗恨也。与尔三矢，尔其无忘乃父之志！”庄宗受而藏之于庙，其后用兵，则遣从事以一少牢告庙，请其矢，盛以锦囊，负而前驱，及凯旋而纳之。

　　方其系燕父子以组，函梁君臣之首，入于太庙，还矢先王，而告以成功，其意气之盛可谓壮哉！及仇雠已灭，天下已定，一夫夜呼，乱者四应。仓皇东出，未及见贼而士卒离散。君臣相顾，不知所归；至于誓天断发，泣下沾襟，何其衰也！岂得之难而失之易欤？抑本其成败之迹，而皆自于人欤？

　　《书》曰：“满招损，谦受益。”忧劳可以兴国，逸豫可以亡身，自然之理也。故方其盛也，举天下豪杰，莫能与之争；及其衰也，数十伶人困之，而身死国灭，为天下笑。夫祸患常积于忽微，而智勇多困于所溺，岂独伶人也哉！作《伶官传》。

本文起首就指出，国家兴亡的关键在于人事，而不在于天命。接着反复用盛衰的史实对比，有力地说明了“忧劳可以兴国，逸豫可以亡身”的道理。叙事中有议论，有抒情，语言抑扬顿挫，一唱三叹，跌宕多姿，极富感染力，充分显示了欧阳修散文所独具的风神。

对于这位散文家的艺术成就，苏洵在《上欧阳内翰书》中评论说：“执事之文，纡余委备，往复百折，而条达疏畅，无所间断；气尽语极，急言竭论，而容与闲易，无艰难劳苦之态。”王安石《祭欧阳文忠公文》也赞叹说：“豪健俊伟，怪巧瑰琦。其积于中者，浩如江河之停蓄；其发于外者，灿如日星之光辉。其清音幽韵，凄如飘风急雨之骤至；其雄辞闳辩，快如轻车骏马之奔驰。”另外，韩琦、曾巩、苏轼、苏辙等都称赞欧阳修的记述之文长于层累铺叙，得之自然，议论之文豪迈雄健，风神独妙。吴充在《欧阳文忠公行状》中曾总论其成就，认为：“盖公之文备众体，变化开阖，因物命意，各极其工。”是合于事实的。

欧文独特的艺术风格，是继承韩愈的优良传统而形成的。他从学习韩愈开始，又进而学习韩愈所钻仰的古代史家如司马迁等的著作。苏轼曾指出他“论大道似韩愈，论事似陆贽，记事似司马迁，诗赋似李白。”(《居士集叙》)但最基本的是学韩，所以苏轼又说：“愈之后三百有余年，而后得欧阳子，其学推韩愈、孟子以达于孔氏，著礼乐仁义之实以合于大道。其言简而明，信而通，引物连类，折之于至理，以服人心。故天下翕然师尊之。……士无贤不肖，不谋而同曰：‘欧阳子，今之韩愈也。’”但由于时代、个性的差异，古文运动的首创者韩愈和古文运动的复兴者欧阳修，在风格上是有显著的差别的。用古典文论的术语来说，韩文偏于阳刚之美，而欧文则偏于阴柔之美；韩文深厚雄博，欧文和婉曲折。虽然两人的作品都有着丰富的社会内容，然而又各自以其个性化的艺术技巧显示着独特的风格。

欧阳修是主持风会的大师，《宋史》本传说他：“奖引后进，如恐不及，赏识之下，率为闻人。曾巩，王安石，苏洵，洵子轼、辙，布衣屏处，未为人知，修即游其声誉，谓必显于世。”曾、王、三苏都是接受他的影响而成为古文大家的。欧阳修的文风，还对明清时代的唐宋文派产生了深远的影响。

文赋的出现　赋这种文体，原是中国韵文的一种特殊体裁。它兼具诗歌和散文的性质，富有文采、音节之美。《文心雕龙·诠赋篇》认为它的渊源是“受命于诗人，拓宇于《楚辞》”，并引刘向《别录》说：“不歌而诵谓之赋。”可见它是由诗中分化出来的，虽然不能入乐，但却宜于讽诵，在音节与修辞上显示其特征。由汉、魏、六朝而唐，经过辞赋（古赋）、骈赋、律赋几个不同历史阶段的发展，到了宋代，又由于新古文运动的影响，欧阳修等古文家试用单笔散体来写赋，在体制上突破了骈赋、律赋的许多限制，风格更接近于散体之文，因而产生了文赋。自宋、元历明、清，文赋逐渐发展成为赋体中最富于艺术情趣的样式。清人陆棻编《历朝赋格》曾把赋总括为三大类：第一类是宋以来的文赋，第二类是包括屈赋（楚辞）、汉赋在内的辞赋（古赋），第三类是包括律赋在内的骈赋。共推文赋居首，可见此中消息。

北宋前期的文人作赋虽然能兼众体，但由于前代及本朝都以诗赋取士，律赋是规定的应试科目，所以仍然最为流行。其特点是对仗工整，音律谐协，韵脚固定。因为多数是为文造情的应试之作，在思想和艺术两方面都没有什么成就。如宋祁的《王畿千里赋》首段云：“王有一统，人无异归。中四方而正位，画千里以为畿。总大众之奠居，式昭民极；据方来而处要，以重皇威。二代而还，维周有制；揽庶绩以图大，廓多方而为卫。”这种作品显然不能认为有什么文学价值。所以欧阳修在诗文革新运动中别开生面，对赋体也进行了创新。

从欧阳修的文集中可以了解到，这位古文家曾写过各体的赋①，而突破陈规创为文赋，已在他的晚年。嘉祐四年（1059），他获准卸去开封府尹的职务，住在汴京的城南。这时他已五十三岁，体弱多病，目昏手抖，在一个秋日的晚上，因感平生知交风流云散，便写了一首长诗《夜闻风声有感，奉呈原父舍人、圣俞直讲》，而意犹未尽，便再次扶臂捉笔，运用他纯熟的古文手法写了著名的《秋声赋》：

① 古赋如《红鹦鹉赋》、《迷梦赋》，骈赋如《黄杨树子赋》，律赋如《监试玉石不琢不成器赋》、《国学试人主之尊如堂赋》。

欧阳子方夜读书，闻有声自西南来者。悚然而听之，曰："异哉！初淅沥以萧飒，忽奔腾而砰湃，如波涛夜惊，风雨骤至。其触于物也，鏦鏦铮铮，金铁皆鸣；又如赴敌之兵，衔枚急走，不闻号令，但闻人马之行声。"余谓童子："此何声也？汝出视之。"童子曰："星月皎洁，明河在天，四无人声，声在树间。"

余曰："噫嘻悲哉！此秋声也，胡为而来哉？盖夫秋之为状也：其色惨淡，烟霏云敛；其容清明，天高日晶；其气栗冽，砭人肌骨；其意萧条，山川寂寥。故其为声也，凄凄切切，呼号愤发。丰草绿缛而争茂，佳木葱茏而可悦；草拂之而色变，木遭之而叶脱。其所以摧败零落者，乃一气之余烈。夫秋，刑官也，于时为阴；又兵象也，于行为金；是谓天地之义气，常以肃杀而为心。天之于物，春生秋实。故其在乐也，商声主西方之音；夷则为七月之律。商，伤也，物既老而悲伤；夷，戮也，物过盛而当杀。嗟乎！草木无情，有时飘零。人为动物，惟物之灵，百忧感其心，万事劳其形，有动于中，必摇其精。而况思其力之所不及，忧其智之所不能，宜其渥然丹者为槁木，黟然黑者为星星。奈何非金石之质，欲与草木而争荣？念谁为之戕贼，亦何恨乎秋声。"

童子莫对，垂头而睡。但闻四壁虫声唧唧，如助余之叹息。

这篇赋所流露的低沉情绪，是作者在庆历新政失败后长期苦闷心情的反映。他从多方面描绘了秋夜的物态，以巧妙的比喻把不可捉摸的秋声写得生动具体。一方面他仍然吸取传统辞赋的铺张手法，另一方面却大胆地打破了传统的骈赋、律赋的格律与模式，完全出之以散文。这一尝试具有里程碑的意义，文赋的地位从此确立，苏轼的前后《赤壁赋》等便是接受《秋声赋》的直接影响而写出的。从此以后，历代都不乏文赋名作。

欧阳修开创文赋的新局面，并非出自个人的偶然触发，这在文学史上是有它的继承关系的。就体制而言，辞赋本来就是韵文、骈文和散文三者的综合体，最早的篇章用韵固疏密无定，造句亦骈散不拘。到了中唐，韩、柳发动古文运动，影响所及，使律赋的句法也发生了变化，如杜牧的《阿房宫赋》前半篇仍用律体，而后半篇却采用了散体："嗟夫！使六国各爱其人，则足以拒秦，秦复爱六国之人，则递三世可至万世而为君，谁得而族灭也。”这种写法，可说是文赋的萌芽。发展到宋朝，在第二次古文运动的声浪中，骈赋和律赋都逐渐走向散文化。欧阳修本来就能做各体的赋，他在这样广泛的基础上，写出《秋声赋》和《憎苍蝇赋》等文赋，终于使之达到了成熟的阶段，这可以说是大势所趋。孙梅《四六丛话》卷四《叙赋》云：“两汉以来，斯道为盛，承学之士，专精于此，赋一物则究此物之情状，论一都则包一朝之沿革。缀翰传诵，勒成一学。”“左（思）、陆（机）以来，渐趋整炼，齐、梁而降，益事妍华，古赋一变而为骈赋。”“自唐迄宋，以赋选士，创为律赋，用便程式。”“又有骚赋，源出灵均（屈原），幽情藻思，一往而深，则《骚》之真也，班（固）、张（衡）优为之。又有文赋，出荀子《礼》、《智》二篇，古文之有韵者是已，欧（阳修）、苏（轼）多有之，皆非浅学所能学步也。”它简明扼要地阐明了赋体的区分和文赋的来历，对我们理解这一方面的历史情况，是有帮助的。

欧阳修在提倡古文的同时，对时文也进行了改造。他是宋代新型骈文“宋四六”的能手，在他的倡导下，骈文走上了新的道路，出现了许多有成就的作家。这，我们在十一章将有专题论述。

第二节　欧阳修和苏、梅的新诗风

新古文运动的理论与实践，不但繁荣了散文创作，而且还直接影响了诗风的革新。在这方面，欧阳修的贡献也是显著的。叶梦得《石林诗话》卷上说：“欧阳文忠公诗，始矫昆体，专以气格为主，故言多平易疏畅。”在他和苏舜钦、梅尧臣等人的共同努力下，首先是扭转了西昆派脱离现实的不良倾向，注重诗歌的思想内容，写出了许多反映社会政治的诗篇。同时，还特别注意到韩愈诗歌内容的广阔性，即“资谈笑，助谐谑，叙人情，状物态，一寓于诗而曲尽其妙”（《六一诗话》）的特色，并加以发扬。与这一点相联系，他们又发扬了韩愈以文为诗的传统，以古文所具有的某些艺术特征丰富了诗歌的表现手法，使宋诗趋向平易畅达，趋向散文化、议论化，逐渐显露了自己的创作个性与时代特征，形成了与唐诗不同的风格，卓然与唐诗并峙而媲美。

苏舜钦、石延年和梅尧臣是和欧阳修一道从事文学革新的朋友，苏兼长诗文，石和梅则专力于诗。欧阳修曾想追踪韩愈，而把苏比张籍，石比卢仝，梅比孟郊①，就作风而言，这个比拟不完全妥帖，但就他们在文学上志同道合的关系来说，就苏、石、梅的才高运蹇来说，却都是确切的。欧阳修从事诗文革新，曾经从他们的作品中得到启发和助益。石延年(994—1041)，字曼卿，自少以古道自任，诗作振奇发秀，气横意举，苏舜钦曾称之为诗之豪者，彼此在文学见解上很契合，可惜死得很早。欧阳修《哭曼卿》云："作诗几百篇，锦组联琼琚；时时出险语，意外研精粗。穷奇复云烟，搜怪蟠蛟鱼；诗成多自写，笔法颜与虞。"可见其在诗歌与书法上的成就。他的佳作如《平阳代意寄师鲁》：

> 十年一梦花空委，依旧山河损桃李。雁声北去燕西飞，高楼日日春风里。眉黛石州山对起，娇波泪落妆如洗。汾河不断水南流，天色无情淡如水。

王辟之《渑水燕谈录》卷七称赞此诗"词意深美"，并传说诗人死后，托梦给友人，说这篇诗是他生平"最为得意"之作。其他如《筹笔驿》之"意中流水远，愁外旧山青"，也被人认为"最为佳句"(见《中山诗话》)。石延年在当时主要以豪迈诙诡的个性知名，诗歌还没有显示其独特的风格，所以他虽然和苏舜钦一样去世很早，但对宋诗面貌形成的贡献，却是苏大于石。石、苏逝世以后，只存下梅尧臣是与欧阳修久交的诗友，他俩长期的文学活动，对诗风革新起了主要的作用。

欧阳修的诗歌创作　欧诗今存八百六十余首。他要求作品能传达人民的情感，发挥诗歌的讽谕劝戒作用。故云："诗之作也，触事感物，文之以言，善者美之，恶者刺之。"(《诗本义·本末论》)对于西昆体，他只反对

---

① 梅尧臣在《和永叔澄心堂纸答刘原甫》诗中说："退之昔负天下才，扫掩众说犹除埃。张籍、卢仝斗新怪，最称东野为奇瑰。欧阳今与韩相似，海水浩浩山嵬嵬。石君、苏君比卢、籍，以我待郊嗟困摧。"

其脱离现实，而对其艺术技巧并不否定，所以在《六一诗话》中，虽指出了西昆体后期的“学者之弊”，而对于杨亿、刘筠的佳句则颇加赞美，如云：“子仪《新蝉》云：‘风来玉宇乌先转，露下金茎鹤未知。’虽用故事何害为佳句也！又如大年‘峭帆横渡官桥柳，叠鼓惊飞海岸鸥’，其不用故事，又岂不佳乎？”他主张诗歌的语言要平易，内容要充实，而坚决反对怪诞奇涩和无病呻吟。杜默是石介的学生，作诗狂怪奇涩①。他在《赠杜默》诗中便进行劝勉说：“京东聚群盗，河北点新兵。饥荒与愁苦，道路日以盈。子盍引其吭，发声通下情。”希望杜默重视国计民生的主题，反映人民的疾苦。在《食糟民》一诗中，他自己就实践了这种主张，诗中把“日饮官酒诚可乐”的官吏与“釜无糜粥度冬春”的贫民作对比，揭露了官吏以租米酿酒，反而使种稻的农民买酒糟充饥的不合理现象。《边户》诗表现了宋、辽交界地区边民的苦恼。“虽云免战斗，两地供赋租”，“身居界河上，不敢界河渔”，这是对当时朝廷不能保卫人民的讽刺。

欧诗风格，因体而异。近体富于情韵，清新自然，摆脱了西昆派的雕琢之弊，而重返唐贤之境，尤其接近大历诸子。某些名篇，能够深刻地表现个人的生活经历和内心感受，如贬夷陵时，就有不少佳作：

> 春风疑不到天涯，二月山城未见花。残雪压枝犹有橘，冻雷惊笋欲抽芽。夜闻归雁生乡思，病入新年感物华。曾是洛阳花下客，野芳虽晚不须嗟。
>
> ——《戏答元珍》

> 楚人自古登临恨，暂到愁肠已九回。万树苍烟三峡暗，满川明月

① 胡仔《苕溪渔隐丛话》前集卷二十五引苏轼云：“石介作《三豪诗》略云：‘曼卿豪于诗，永叔豪于文，杜默豪于歌也。’永叔亦赠默诗云：‘赠之《三豪》篇，而我滥一名。’默之歌少见于世，初不知之，后闻其篇云：‘学海波中老龙，圣人门前大虫，推倒杨朱、墨翟，扶起仲尼、周公。’皆此等语。甚矣，介之无识也！永叔不欲嘲笑之者，此公恶争名，且为介讳也。吾观杜默豪气，正是京东学究饮私酒，食瘴死牛肉，醉饱后所发者也。作诗狂怪，至卢仝、马异极矣；若更求奇，便作杜默。”按此文，涵芬楼本《仇池笔记》及《稗海》本《志林》皆载之，然不及《丛话》之完整。

一猿哀。非乡况复惊残岁，慰客偏宜把酒杯。行见江山且吟咏，不因迁谪岂能来！

——《黄溪夜泊》

古代诗人贬官居外，多自作宽解之言，以平衡内心的苦闷，这两篇也都如此。但作者既抒发了山城的寂寞，也描绘了江山的秀丽，从而反映了其开朗的胸襟，可谓摆脱凡近、自出手眼之作。

比起近体来，欧阳修的古体诗更有特色和成就。他学韩愈，也学李白，并受到了梅尧臣的某些影响，因此后人以欧梅并称①。其五古用韵变化较少，七古用韵多变，善于随着情感变化而调换韵脚，句型错落，常以五、七言交替，甚至插入九、十一、十三字长句或四、六字双音节句，以造成参差抑扬、富于情韵的效果（以上参考陈尚君《欧阳修与北宋文学革新的成功》，载《研究生论文选集·中国古代文学分册》，江苏人民出版社 1983 年出版）。而长篇巨制，往往能融铸叙事、写景、咏物、抒情为一炉，与韩愈的手法相类似，如其咏王昭君两篇，即是好例：

胡人以鞍马为家，射猎为俗，泉甘草美无常处，鸟惊兽骇争驰逐。谁将汉女嫁胡儿，风沙无情貌如玉。身行不遇中国人，马上自作思归曲。推手为琵却手琶，胡人共听亦咨嗟。玉颜流落死天涯，琵琶却传来汉家。汉宫争按新声谱，遗恨已深声更苦。纤纤女手生洞房，学得琵琶不下堂。不识黄云出塞路，岂知此声能断肠？

——《明妃曲和王介甫作》

汉宫有佳人，天子初未识。一朝随汉使，远嫁单于国。绝色天下无，一失难再得。虽能杀画工，于事竟何益！耳目所及尚如此，万里安能制夷敌？汉计诚已拙，女色难自夸。明妃去时泪，洒向枝

---

① 如金元好问《论诗》第二十七首云："百年才觉古风回，元祐诸人次第来；讳学金陵犹有说，竟将何罪废欧梅？"见《遗山先生文集》卷十一。

上花。狂风日暮起，飘泊落谁家？红颜胜人多薄命，莫怨春风当自嗟。

——《再和明妃曲》

据说，这是作者自认为生平最得意的作品，曾酒后大言，甚至说李白、杜甫都写不出①。这个传说自然不足据为典要，但这样的诗篇有区别于宋初的白体、晚唐体、西昆体等，则是很显然的。前篇从昭君出塞思归作曲，说到堂上琵琶手与塞外琵琶声在感情上的隔膜，对这位怀才不遇而又守正不阿的古代女性寄予了无限的同情；"谁将汉女嫁胡儿"的"谁"字用得极有分量，暗示了昭君的不幸所从来。后篇则进一步直接抨击了汉元帝的昏聩无能，反映了妇女们在男权社会压迫下红颜薄命的悲惨遭遇。"虽能杀画工，于事竟何益！耳目所及尚如此，万里安能制夷敌？"有叙述，有议论，含意深远，开宋代以文为诗之风。以流畅平易的语言，写世态人情，读来耐人寻味，也显示了欧诗的面目。

欧阳修有些古体诗写得自由奔放，很有李白的气魄，如《太白戏圣俞》的题目一作《读李白集效其体》，另一首《庐山高赠同年刘中允归南康》，显然是步趋李白的《庐山谣》。这在他歌咏祖国大好河山的许多诗篇中，是比较突出的作品。

欧阳修继承韩愈以文为诗的传统，造成了以议论入诗的倾向，如《答杨子静祈雨长句》、《奉答子华学士安抚江南见寄之作》等抒发对社会危机的忧虑之作，皆属此类。这种使宋诗散文化的倾向，是古文运动带来的。欧阳修文学事业的主要精力是用在散文上，他以古文的气势和结构来作古诗，固然有体格峭健的长处，但有时也使人感到议论太多。他在诗的创作成就上，总的说来，是不及他的散文的。

---

① 《石林诗话》卷中："前辈诗文，各有平生自得意处，不过数篇；然他人未必能尽知也。毗陵正素处士张子厚善书，余尝于其家见欧阳文忠子棐以乌丝栏绢一轴，求子厚书文忠《明妃曲》两篇，《庐山高》一篇。略云：'先公平日，未尝矜大所为文，一日被酒，语棐曰："吾《庐山高》，今人莫能为，惟李太白能之。《明妃曲》后篇，太白不能为，惟杜子美能之；至于前篇，则子美亦不能为，惟我能之也。"因欲别录此三篇也。'"

积极推动诗文革新的苏舜钦 苏舜钦(1008—1048),字子美,开封(在今河南省)人,祖籍四川绵州盐泉,先世还曾居于梓州铜山。祖父苏易简在太宗时任参知政事;岳父杜衍也官至宰相,与范仲淹、富弼等政见相同。苏舜钦在景祐元年(1034)中进士,慷慨有大志,历任蒙城、长垣县令和大理评事。他在政治上积极追随范仲淹、欧阳修,力主改革,以范氏之荐,授集贤殿校理、监进奏院。庆历新政失败后,他遭到保守派的打击,御史中丞王拱辰等借进奏院出卖废纸以供饮宴的事件,诬陷他"监主自盗",因而于庆历四年(1044)十一月被削职为民。次年四月,他退居苏州,"作沧浪亭,日益读书,大涵肆于六经,而时发其愤闷于歌诗"(欧阳修《湖州长史苏君墓志铭》)。在文学创作上,他从少年时代起就与穆修、石延年等倡导复古革新。欧阳修《苏氏文集序》云:"子美之齿少于予,而予学古文反在其后。天圣之间,予举进士于有司,见时学者务以言语声偶相擿裂,号为时文,以相夸尚。而子美独与其兄才翁(舜元)及穆参军伯长,作为古歌诗杂文,时人颇共非笑之,而子美不顾也。"苏舜钦兼治诗文(古文名篇有《沧浪亭记》等),但对诗的贡献较大。由于他对政治采取积极干预的态度,所以其诗歌创作也重视反映现实,在揭露社会黑暗时敢于大胆直言,写得慷慨淋漓。如《城南感怀呈永叔》刻画了在严重灾荒下饿殍遍野的惨状:"十有八九死,当路横其尸。犬彘咋其骨,乌鸢啄其皮。"并用对比手法斥责了达官贵人的空谈误国:"高位厌粱肉,坐论搀云霓。"还有《吴越大旱》、《己卯冬大寒有感》等篇,都痛斥了统治者的昏聩,《吾闻》、《有客》诸作,则抒发了报国杀敌的激情。景祐元年(1034),在对西夏的作战中,将帅丧师辱国,诗人显然被这一事件激怒了,他愤慨地写出了《庆州败》:

无战王者师①,有备军之志②,天下承平数十年,此语虽存人所

① 《汉书·严助传》载淮安王安上书:"臣闻天子之兵有征而无战,言莫敢校也。"《文选》卷四十一载陈琳《为曹洪与魏文帝书》:"虽云王者之师,有征无战,不义而强,古人常有。"

② 《尚书·说命中》:"惟事事,乃有其备,有备无患。"《左传》襄公十一年引《书》略同。

弃。今岁西戎背世盟，直随秋风寇边城；屠杀熟户烧障堡，十万驰骋山岳倾。国家防塞今有谁？官为承制乳臭儿；酣觞大嚼乃事业，何尝识会兵之机。符移火急蒐卒乘，意谓就戮如缚尸；未成一军已出战，驱逐急使缘崄巇。马肥甲重士饱喘，虽有弓剑何所施！连颠自欲堕深谷，虏骑笑指声嘻嘻。一麾发伏雁行出，山下掩截成重围；我军免胄乞死所，承制面缚交涕洟。逡巡下令艺者全，争献小技歌且吹；其余劓馘放之去，东走矢液皆淋漓。首无耳准若怪兽，不自愧耻犹生归！守者沮气陷者苦，尽由主将之所为。地机不见欲侥胜，羞辱中国堪伤悲！

作者对愚昧的主帅、怯懦的将士，都加以尖锐的、毫不留情的抨击。然而，使主帅愚昧将士怯懦的根源，却正是赵宋王朝的军事制度和对外政策。这样，诗中就不仅体现了作者的爱国主义激情，而且矛头直指朝廷的弊政。所以《宋史》本传说他“时发愤懑于歌诗，其体豪放，往往惊人”。

宋初的诗文革新家都是向韩愈学习的。欧阳修、梅尧臣的诗篇都有摹拟韩愈的痕迹，但不同的个性和其他条件仍然使他们的作品呈现出了自己的风貌，各成一家。苏舜钦诗具有强烈的政治感情而以明快豪迈的语言来表达，这是他比较显著的特色。这种特色，在进奏院事件以前的作品中，往往是直接地表达出来的，而在这以后的作品中，则更以沉郁悲壮的调子来体现愤慨的心情，因而显得更为深刻，所以苏氏的诗作大体上可依此分前后两期。后期的诗作如《和菱溪石歌》：

滁州信至诧双石，云初得自菱水滨，长篇称夸语险绝，欲使来者不复言。画图突兀亦颇怪，张之屋壁惊心魂。麒麟才生头角异，混沌虽死窍凿存，琅琊之郡偏且僻，得此固可骇众观。予尝飞帆入震泽，穷探异境登龟鼋（自注：“太湖二山名，最出怪石。”），居民百户石为业，日夜采琢山不贫。山前森列战白浪，犹似万百铁马群，雨昏浪打岁月古，千株万穴僵复奔。自嗟才力本衰弱，安敢抵敌为之文？况兹出产极易致，乡俗见惯不甚尊。彼以至少合贵重，胡为久弃如隐沦，偶逢精识见奖拔，众目今乃称奇珍。百人拥持大车载，城市观走风涛翻，立于新亭面幽谷，共为澡刷泥沙痕。凉泉下照嘉树阴，翠影澄淡留烟云，褒以篇章绘缣素，积岁汩没一旦伸。苟非高贤独赏激，终古弃卧于穷津，世人爱憎逐兴废，使我吟叹伤精神。

这诗写于作者自己被人陷害，隐居苏州，而好友欧阳修也因同一原因被贬至滁州的时候。当时欧阳修在滁州城东五里的菱溪上发现两块怪石，因作《菱溪石记》和《菱溪大石》诗，苏舜钦便写了这首和诗。他抑郁不平的感受，通过丰富的联想和洗炼的语言表达出来，代表着苏舜钦晚年的进一步的成就。

除了反映重大的政治事件和社会问题的五、七言古诗外，苏舜钦还作了许多写景抒情诗。他描绘自然风物的作品，一般都写得意境阔大，带有强烈的感情色彩。如《越州云门寺》、《天平山》和《奉酬公素学士见招之作》，都表现了愤世嫉俗而寄情山水的思想倾向。其杰作如《中秋夜吴江亭上对月怀前宰张子野及寄君漠蔡大》：

独坐对月心悠悠，故人不见使我愁。古今共传惜今夕，况在松江亭上头。可怜节物会人意，十日阴雨此夜收。不惟人间重此月，天亦有意于中秋。长空无瑕露表里，拂拂渐上寒光流。江平万顷正碧色，上下清澈双璧浮。自视直欲见筋脉，无所逃遁鱼龙忧。不疑身世在地上，只恐槎去触斗牛。景清境胜反不足，叹息此际无交游。心魂冷烈晓不寝，勉为此笔传中州。

这诗写太湖中秋月色，设想奇特，力求翻新。以此跟唐代张九龄《望月怀远》那种风格安详和雅的作品相比较，就可以看出宋人在力求突破唐人成规方面，是怎样避熟就生、推陈出新而取得成就的。

苏舜钦还有一些今体律绝，写得鲜明朴实，别具意境：

一径抱幽山，居然城市间。高轩面曲水，修竹慰愁颜。迹与豺狼远，心随鱼鸟闲。吾甘老此境，无暇事机关。

——《沧浪亭》

嘉果浮沉酒半醺，床头书册乱纷纷。北轩凉吹开疏竹，卧看青天行白云。

——《暑中闲咏》

浩荡清淮天共流，长风万里送归舟。应愁晚泊卑喧地，吹入沧溟始自由。

——《和淮上遇便风》

这些小诗感情奔放，真率自然，赞美了大自然，同时又体现了诗人豪迈不羁的个性。

苏舜钦在诗歌语言方面也有所创新，他在苏州居住日久，曾学习杜甫七律的吴体。《后村诗话前集》卷二评论说："苏子美歌行雄放于圣俞，轩昂不羁，如其为人。及蟠屈为吴体，则极平夷妥帖。"如《无锡惠山寺》即其一例：

寺古名传唐相诗，三伏奔迸予何之？云山相照翠会合，殿阁对起凉参差。清泉绝无一尘染，长松自是拔俗姿。二边羌胡日斗格，释子宴坐殊不知。

所谓吴体，许印芳《诗谱详说》卷四云："七律拗体变格，本名吴体，见老杜《愁》诗小注。""盖当时吴中歌谣有此格调，诗流亦效用之也。"可见吴体是因为仿效吴中民歌用方言俗语而得名的，由于发音不同，在平仄上就成了拗体。自老杜以后，只有皮日休和陆龟蒙的唱和诗中用过，苏舜钦则是黄庭坚以前宋人中不多的继承者之一。

宋诗的开山祖师梅尧臣　和苏舜钦奔放雄伟相对，以深微淡远的风格为宋诗开辟道路的重要人物是梅尧臣（1002—1060）。他是宣城（在今安徽省)人,故世人依宣城旧称尊为宛陵先生,字圣俞。在政治上,他也是倾向于以范仲淹等为首的进步力量的,但屡试不第,仕途很不得意,正如他自己所慨叹的:“谈兵究弊又何益,万口不谓儒者知。”(《醉中留别永叔子履》)于是,他把全部的精力都倾注在诗歌创作上,成了著名的穷而后工的诗人。

梅诗现存二千八百多首。欧阳修在《梅圣俞墓志铭》中指出:“其初喜为清丽,间肆平淡,久则涵演深远,间亦琢刻以出怪巧,然气完力余,益老以劲,其应于人者多,故辞非一体。”可见其题材风格多变,但仍以平淡为主。他自己曾说:“因吟适情性,稍欲到平淡。”(《依韵和晏相公》)又说:“作诗无古今,惟造平淡难。”(《读邵不疑学士诗卷》)所谓平淡,并非平庸浅俗,而是要求“意新语工,得前人所未道者”,“状难写之景如在目前,含不尽之意见于言外”(《六一诗话》引梅语)。要达到这种境界,就必须深入地体验生活,热爱生活,有真实感情和强烈爱憎;专在文字技巧上想办法的作家,是不可能达到这种境地的。因此,在内容上,他主张继承白居易新乐府运动的精神,学习《诗经》的美刺和《春秋》的褒贬,来发挥诗歌的社会教育作用①。他创作了大量反映现实、愤世嫉邪的政治诗,以深微淡远的诗风反映现实生活中应当关心注意的事物。所以龚啸认为,他是“去浮靡之习,超然于昆体极弊之际;存古淡之道,卓然于诸大家未起之先”(见《四部丛刊》本《宛陵先生集》附录)。而刘克庄在《后村诗话前集》卷二中更是推崇他说:

本朝诗惟宛陵为开山祖师!宛陵出,然后桑濮之哇淫稍熄,风雅之气脉复续,其功不在欧、尹下。

清人叶燮在《原诗外篇》中也说:“开宋诗一代之面目者始于梅尧臣、苏舜钦二人。”“变尽昆体,独创生新。”这些评论是符合文学发展的实际情况的。

---

① 梅尧臣对诗歌的主张,略见于其《寄滁州欧阳永叔》及《答韩三子华、韩五持国、韩六玉汝见赠述诗》诸篇。又朱东润《梅尧臣集编年校注》卷首《叙论一·梅尧臣诗的评价》亦可参考。

梅尧臣出身于农家，因做官的叔父梅询给予提携，才得进入仕途。他跟随叔父到过襄州、鄂州、苏州、池州等地。天圣九年(1031)，凭借梅询的门荫，任河南县主簿。河南县是西京洛阳的首县，风物繁富，人文荟萃。他的诗才得到西京留守钱惟演和通判谢绛的赏识，而谢绛是洛下才人的魁首，又是他的妻兄。这年三月中，欧阳修也到了洛阳，彼此一见如故，结为至交，共同倡导诗文的革新。这期间，他已写出了不少同情民生疾苦的诗篇。如：

今朝农事毕，野老立门前。拊颈望飞鸟，负暄话余年。自从备丁壮，及此常苦煎。卒岁岂堪念，鹑衣着更穿。

——《田家四时》之四

秾莠日已长，匆匆芟薙初。来时露沾屦，归去月侵锄。一腹馁犹甚，百骸勤有余。吾无力耕苦，谬读古人书。

——《观理稼》

他是从农村出来的，所以能体会劳动人民的欢乐和酸辛。这些带有淳朴的乡土气息的诗，一开始就表现出与西昆体截然不同的思想和艺术面貌。

他关心国事，极愿为国效力。为了抗击西夏的入侵，他曾钻研《孙子兵法》，准备投笔从军(见所作《依韵和李君读余注〈孙子〉》)；在内忧外患的纷争中，他又同情人民的不幸遭遇。仁宗康定元年(1040)，他知襄城县事，适逢对西夏作战，情势危急，朝廷对百姓的压榨更严重了。他忍不住内心的激动，写了《田家语》等诗，对人民负担过重的赋税、徭役，提出了悲愤的控诉。其同时创作的《汝坟贫女》云：

汝坟贫家女，行哭音凄怆。自言有老父，孤独无丁壮。郡吏来何暴，县官不敢抗。督遣勿稽留，龙钟去携杖。勤勤嘱四邻，幸愿相依傍。适闻闾里归，问讯疑犹强。果然寒雨中，僵死壤河上。弱质无以托，横尸无以葬。生女不如男，虽存何所当？拊膺呼苍天，生死将奈向！

诗题下自注说:“时再点弓手,老幼俱集,大雨甚寒,道死者百余人,自壤河至昆阳老牛陂,僵尸相继。”这首诗深刻地揭露了官吏们抓丁拉伕的暴行,反映了百姓们未遭外患先遇内殃的惨状。再如《小村》:

> 淮阔州多忽有村,棘篱疏败谩为门;寒鸡得食自呼伴,老叟无衣犹抱孙。野艇鸟翘唯断缆,枯桑水啮只危根;嗟哉生计一如此,谬入王民版籍论。

这是作者在庆历八年(1048)从扬州到陈州的路上亲眼目睹的情况。诗人描绘了农村的荒凉和残破,可是统治阶级仍然不知羞耻地把他们当作自己治下的王民。杜甫、元结那些充满了对人民的爱、而语言又非常朴实的咏叹时世的篇章,显然是梅尧臣这类作品所取法的。

梅尧臣还写了不少反映政治斗争的诗。他是站在革新派一边反对保守派的,在三次政治斗争中都是如此。第一次是景祐年间,范仲淹、余靖、尹洙、欧阳修等环绕用人行政问题和宰相吕夷简的斗争,范仲淹等失败了。他那时在建德做知县,闻讯后不胜愤慨,便写了《彼鴷吟》、《啄木》、《闻欧阳永叔谪夷陵》、《闻尹师鲁谪富水》、《寄饶州范待制》等篇,对腐朽的统治者进行了猛烈的抨击。其中感情显得最激动的是《猛虎行》:

> 山木暮苍苍,风凄茅叶黄,有虎始离穴,熊罴安敢当。掉尾为旗纛,磨牙为剑铓,猛气吞赤豹,雄威蹑封狼。不贪犬与豕,不窥藩与墙,当途食人肉,所获乃堂堂。食人既我分,安得为不祥,麋鹿岂非命,其类宁不伤。满野设置网,竞以充圆方,而欲我无杀,奈何饥馁肠。

这是一首辛辣的寓言诗,用猛虎吃人作比,强烈地谴责了吕夷简的凶恶险诈。第二次是庆历新政失败后,苏舜钦因“议论稍侵权贵”(《宋史·杜衍传》),也受到了处分。这时,他因为湖州监税任满,正在汴京赋闲,听候任用。他看到朋友们一个个倒台了,而自己连参加斗争的资格都没有,便用诗歌作为表达政见的武器，写了《杂兴》、《送逐客王胜之不及遂至屠儿原》、《邺中行》、《读〈后汉书〉列传》、《送苏子美》等篇，抒发了心中的不平之气。第三次是皇祐三年(1051)，殿中侍御史唐介为了宰相文彦博的操守问题上章弹劾，结果失败被贬。这时他已五十岁，在京中任太常博士，监永济仓。他对唐介深表同情，写了一篇五百四十字的长诗《书窜》，爱憎分明地叙述了这次斗争的史实，同时也显出了他另一种近乎韩愈的雄浑怪奇的风格。

梅诗兼工今体和古体，而以五言尤为擅长。其律诗意新语工，极富情趣。如：

> 适与野情惬，千山高复低。好峰随处改，幽径独行迷。霜落熊升树，林空鹿饮溪。人家在何许？云外一声鸡。
>
> ——《鲁山山行》

> 行到东溪看水时，坐临孤屿发船迟。野凫眠岸有闲意，老树着花无丑枝。短短蒲茸齐似剪，平平沙石净于筛。情虽不厌住不得，薄暮归来车马疲。
>
> ——《东溪》

这一类作品充分表现了他所追求的平淡之境。诗人描绘那难以形容的景物，有如水墨画法，色彩并不鲜丽，却自然真切，细致动人。这正是梅诗的独到之处。再如"五更千里梦，残月一城鸡"(《梦后寄欧阳永叔》)，"庭花昏自敛，野蝶昼还来"(《闲居》)，也都是别具剪裁的名句。这些诗篇的主题各有不同，但都以看来似乎平淡无奇的语言，传达了非常生动的景物与非常深挚的情感。这种功力，仍自千锤百炼中来，并非轻易可以达到的。方回就特别推崇梅尧臣的五言律诗，《瀛奎律髓》卷二十三评论说："若论宋人诗，除陈、黄绝高，以格律独鸣外，须还梅老五言律第一可也。虽唐人亦只如此，而唐人工者太工，圣俞平淡有味！"

梅诗的艺术成就还表现在五言古体上。他揭露时弊的政治诗，大都是用五古写的，如前述《汝坟贫女》、《猛虎行》和《送苏子美》、《书窜》等。另外，他也喜用这种样式来写山川风景和个人感慨，如《黄河》、《希深惠书言与师鲁、永叔、子聪、几道游嵩》、《初冬夜坐忆桐城山行》、《重过瓜步山》、《次韵答黄介夫七十韵》等。这些诗的特点是规模壮阔，气势恢弘。最长的是《希深惠书》、《书窜》和《次韵答黄介夫》三首，较短的则如《黄河》：

积石导渊源，瀛瀛泻昆阆。龙门自吞险，鲸海终涵量。怒洑生万涡，惊流非一状。浅深殊可测（“可测”，疑当作“叵测”），激射无时壮。常苦事堤防，何曾息波浪。川气迷远山，沙痕落秋涨。槎沫夜浮光，舟人朝发唱。洪梁画鹢连，古戍苍崖向。浴鸟不知清，夕阳空在望。谁当大雪天，走马坚冰上。

这篇诗，既写出了滚滚黄河的雄伟气势，又描绘了活动在这一特定环境里的人情世态，雄浑壮丽而又工细贴切。这一类诗在艺术上的创新，在于不但运用了朴素的散文化的句法，进一步发挥了韩、欧以文为诗的传统，而且将自己的艺术个性和独特风格也融入其中，从而显示了梅尧臣自己的面貌。

梅尧臣在开辟宋诗的道路上作出了新的贡献，欧阳修、司马光、王安石和苏轼都交口称赞。影响所及，南宋的陆游也把他作为学习的榜样。陆游在《剑南诗稿》中自称“学宛陵先生体”者共有八处之多，又作了《书宛陵集后》、《读宛陵先生诗》等篇，赞美他“突过元和作，巍然独主盟”。从现实主义诗歌发展的历史线索来看，梅尧臣确是上承中庸，下开两宋，有独特成就的诗人。

欧阳修对苏、梅的评赞 宋诗中苏梅并称，是欧阳修首先提出来的。庆历四年（1044）秋，欧阳修在赴河北的途中，写了一首《水谷夜行寄子美、圣俞》，评赞了苏、梅诗歌的特点，同时表露了对他俩的思念，其诗如次：

寒鸡号荒林，山壁月倒挂；披衣起视夜，揽辔念行迈。我来夏云初，素节今已届；高河泻长空，势落九州外。微风动凉襟，晓气清余睡；缅怀京师友，文酒邀高会。其间苏与梅，二子可畏爱；篇章富纵横，声价相摩盖。

子美气尤雄，万窍呈一噫；有时肆颠狂，醉墨洒滂沛。譬如千里马，已发不可杀；盈前尽珠玑，一一难拣汰。

梅翁事清切，石齿漱寒濑；作诗三十年，视我犹后辈。文词愈清新，心意难老大；譬如妖韶女，老自有余态。近诗尤古硬，咀嚼苦难嘬；初如食橄榄，真味久愈在。苏豪气以烁，举世徒惊骇；梅穷独我知，古货今难卖。二子双凤凰，百鸟之嘉瑞；云烟一翱翔，羽翮一摧铩。安得相从游，终日鸣哕哕；相问苦思之，对酒把新蟹。

此篇首写夜行之景，怀旧之情，次论苏、梅二人风格之异同得失，而以嗟叹其不遇作结。既是一篇美妙的抒情诗，又是一篇精确的风格学诗体论文。风格相反的苏、梅得以齐名，是与欧阳修的鼓吹和揄扬分不开的[①]。他在《感二子》中又曾说："自从苏、梅二子死，天地寂默收雷声。"这也是由衷的遗憾。

欧阳修在《梅圣俞诗集序》中，还提出了穷而后工的著名论点。他说：

予闻世谓诗人少达而多穷，夫岂然哉？盖世所传诗者，多出于古穷人之辞也。凡士之蕴其所有而不得施于世者，多喜自放于山巅水涯之外，见虫鱼、草木、风云、鸟兽之状类，往往探其奇怪，内有忧思感愤之郁积，其兴于怨刺以道羁臣、寡妇之所叹，而写人情之难言，盖愈穷则愈工。然则，非诗之能穷人，殆穷者而后工也。

欧阳修认为梅诗的成就是与其穷困的生活经历密切相关的："予友梅圣俞

① 《六一诗话》："圣俞、子美齐名于一时，而二家诗体特异。子美笔力豪隽，以超迈横绝为奇；圣俞覃思精微，以深远闲淡为意，各极其长。"魏泰《临汉隐居诗话》："苏舜钦以为得名，学书亦飘逸，然其诗以奔放豪健为主；梅尧臣亦善诗，虽乏高致，而平淡有工，世谓之苏、梅，其实与苏相反也。"

少以荫补为吏，累举进士，辄抑于有司，困于州县，凡十余年。”真正是“梅穷独我知”。欧阳修提出穷而后工的见解，原意是对尧臣的一种慰藉。在封建社会里，政治上的失意，经济上的穷困，就必然使诗人不能不面对冷酷的现实；这也就使诗人更易于接近苦难的人民，从而可能写出一些好的或较好的作品来。所以这个论点，在长时期里一直为人们所接受。

在北宋的诗歌革新中，欧阳修和苏、梅都起了扫清道路的作用。经过他们的共同努力，为宋诗树立了新诗风。但他们毕竟是开创者，在艺术上还不够成熟，这就有待于王安石、苏轼等人登上诗坛，来进一步完成宋代诗歌发展的历史使命。

第三节　王安石和王令的作品

继承着前面所论述的那些革新家，而在十一世纪下半期的文坛上活跃着的，是王安石和另外一些优秀的作家们。

杰出的政治家和文学家王安石　如众所周知，王安石主要地是以一个伟大的政治家知名于世的，他的文学事业具有与其政治经历、政治态度不可分割的特征。在他创作的大量诗文中，有不少反映了变法革新的成败以及自己在这些经历中的心情。

王安石（1021—1086），字介甫，晚号半山。曾封荆国公，世称王荆公；卒谥文，故又称王文公。他是抚州临川（在今江西省）人，出生在一个中下层官吏的家庭里。父亲王益，一向在各地游宦。他从小跟在父亲身边，二十岁以前就到过江西境内的许多州县，而且足迹遍及许多著名的城市，如江宁、扬州、韶州等，也在当时的首都开封住过。王益是一个正直的、关心人民的人，对于带在身边的儿子，给予了良好的教育。王安石在一篇回忆早年生活的诗篇中，曾说他十七八岁时就有了“男儿少壮不树立”的感慨，和“欲与稷契遐相希”的抱负（《忆昨诗示诸外弟》）。这是和他青少年时代就随父亲在各地游历，因而比较了解民生疾苦，并从家庭教育与古代典籍中丰富了自己的知识，培养了自己的学行这些因素分不开的。

庆历二年（1042），二十二岁的王安石考中了进士，之后即被朝廷派往扬州、鄞县、舒州、常州、饶州各处做地方官，开始获得了初步实现自己抱负和施展才能的机会。如在鄞县任知县时，他曾发动人民兴修水利，并在青黄不接的时候将官谷贷给人民充饥；任江南东路提点刑狱时，又奏请朝廷废除了不利于民的榷茶法。他四十岁以前，除了嘉祐元年（1056）一度入京担任群牧司的判官以外，一直在自己主动要求下，担任着当时一般人不想做的地方官。他之所以乐于外任，为的是可以和老百姓直接接触，为他们多做一些事情，这样，也就积累了丰富的实际工作经验。

嘉祐五年（1060）五月，朝廷召王安石回京，担任三司使度支判官，他根据自己对于当时社会政治各方面问题的深入认识，给仁宗皇帝上了一封万言书，扼要地提供了许多改革意见，但却没有得到应有的反应。之后，他被调任知制诰，给皇帝起草命令、文告。嘉祐八年（1063）八月，因遭母丧，解官回到了第二故乡江宁，一直住到英宗治平四年（1067）。他在江宁居丧期间，曾聚徒讲学，陆游的祖父陆佃就是这时拜王安石为师的。

仁宗在位凡四十一年（1023—1063），这是赵宋帝国的经济日趋繁荣而社会矛盾也日益尖锐化和表面化的时期。所以在庆历前后，范仲淹、欧阳修等已经主张改革，针对当时内忧外患诸问题采取过某些措施，使得矛盾有所缓和。但这些措施都不仅是局部的，还遭到保守派的阻止，所以对整个大局补益不多。等到英宗弃世，神宗即位时，帝国已经处在阶级矛盾和民族矛盾非常严重的形势之下，改革的要求更加迫切了，而年方二十的神宗皇帝又很英锐有为，想把国事整顿一番。于是王安石这位有毅力、有远见、有一系列变法主张的政治家，便于神宗即位之后不久被召回京，熙宁元年（1068）“越次入对”，二年，他就不管满朝旧派人物的反对而实行变法了。

从熙宁二年（1069）到六年（1073），王安石先任参知政事，不久即出任同中书门下平章事，主持变法。他力图通过理财和整军两方面的大改革，达到富国强兵和抑制兼并的目的。他所提出的青苗、农田水利、免役、市易、均输等新法，对生产力的发展起了推动作用，同时也加强了抵抗辽国和西夏的国力。由于新法损害了大官僚地主的既得利益，引起了统治阶级顽固派的激烈反对。熙宁七年（1074）四月，他曾一度被迫辞职，八年二月虽然复职，但终于在顽固派的围攻下，于九年（1076）离职。这位有远见有才略的改革家此后就脱离了实际政治，没有再担任什么实际工作了。

熙宁九年十月以后，王安石退居江宁。他虽然被排斥了，新法仍继续推行着。因而他本人虽然受了很多委屈，心境还是比较平静的。但在元丰八年(1085)神宗逝世后，接掌政权的是太皇太后高氏，这位极端保守的老妇人立即起用旧派人物司马光和文彦博等。不到一年，所有由王安石苦心建置起来的新法，便被全部明令罢除了。这种做法大大地伤害了王安石的心。哲宗元祐元年(1086)四月，这位六十六岁的爱国政治家终于遗憾地离别了人世！

王安石一生是为着自己的政治理想而战斗着的。他的思想行为虽然主要是从封建王朝的整体利益出发，但其实际效果却是推动历史前进的。文学是他整个事业的一个重要组成部分，和他的政治活动密切地关联着。

王安石的文学主张　和许多古代著名的作家一样，王安石从来不甘心把自己算作一位文人，而首先要将自己放入企图并且能够为国家人民服务的政治人物的行列。他是经曾巩介绍而博得欧阳修的赏识和举荐的。嘉祐元年(1056)，欧阳修在《再论水灾状》中向皇上推称他“学问文章，知名当世”。当他第一次去拜访这位老前辈时，欧阳修倒屣出迎，对他的文才极为称赞，《赠王介甫》诗中说：“翰林风月三千首，吏部文章二百年。老去自怜心尚在，后来谁与子争先？”欧阳修是把王安石比作自己平生最敬佩的文学家李白和韩愈的。但王安石在《奉酬永叔见寄》诗中回答说：“欲传道义心犹在，强学文章力已穷。他日若能窥孟子，终身安敢望韩公！”[①]这一则逸事正可以说明：王安石并不以自己的文学成就为满足，而是希望追踪孟子，以仁义之道，造福国家和人民。

因此，王安石对文学的见解，也偏于重道崇经。他认为：“文贯乎道”(《上邵学士书》)，“治教政令，圣人之所谓文也”(《与祖择之书》)。所以文

---

① 据《南齐书·谢朓传》，朓曾为吏部郎，长五言诗。沈约常云：“二百年来无此诗也。”因此有人认为，欧诗“吏部文章二百年”是以王安石比谢朓。但韩愈以文章知名，曾为吏部侍郎，为欧阳修所尊敬，由韩到王，时间亦在二百年左右，故欧阳修认为王安石的文章得韩愈之传，而王安石则不愿和不敢接受这种赞美，也是可能的。在这里，我们按照王安石对欧诗的理解来说明这个问题。

章应当“详评政体，缘饰治道，以古今参之，以经术断之”（《张刑部诗序》）。他强调文学的实际功能，要求文学为变法革新服务，在推行新法时，就毅然改革了科举考试的内容；罢诗赋而改试经义。他还反对“章句声病，苟尚文辞”的形式主义作风，曾经对西昆体作出批判说：“杨、刘以其文词染当世，学者迷其端原，靡靡然穷日力以摹之，粉墨青朱，颠错丛庞，无文章黼黻之序，其属情借事，不可考据也。”（《张刑部诗序》）但他并不是像道学家那样，完全否定文学的抒情价值，也不要求把文学当作宣传道统的工具，而只是要求文学创作应当注意联系国计民生、安危治乱的实际，以期“有补于世”。在《上人书》中，他对此作了透辟的阐述：

> 且所谓文者，务为有补于世而已矣。所谓辞者，犹器之有刻镂绘画也。诚使巧且华，不必适用；诚使适用，亦不必巧且华。要之以适用为本，以刻镂绘画为之容而已。不适用，非所以为器也；不为之容，其亦若是乎，否也。然容亦未可已也，勿先之，其可也。

这就中肯地论述了内容与形式的主次关系，即认为内容重于形式，但并不否认应当讲求形式；肯定艺术技巧必须服从思想内容，同时又不能只注意思想内容。这种文学主张，对于进一步推动诗文革新运动是起了良好的作用的。

基于这样的认识，王安石对于在其以前的古典作家就特别重视孟轲、杜甫，也尊敬同时代的前辈欧阳修和梅尧臣，而不喜欢李白的诗。他曾编了一部《四家诗选》，所列次序是杜甫、欧阳修、韩愈、李白。他认为韩愈特别注重讲求文辞是“力去陈言夸末俗，可怜无补费精神”（《韩子》）。而对于浪漫主义诗人李白则认为“词语迅快，无疏脱处，然其识污下，诗词十句九句言妇人酒耳”（见释惠洪《冷斋夜话》卷五）。这种对文学的思想意义看得过于狭隘，对其审美价值认识不足的过激之谈，正证明了他对政治性的高度重视。

王安石是一个刚强得几乎显得有些执拗，同时又是具有十分真率的性格的人。他的创作态度是严肃认真的，当有人不了解他的写作意图而要他对自己的作品做一些修改的时候，他就断然地拒绝说："鄙文自有意义，不可改也。"(《答钱公辅学士书》)他一生执着而热烈地追求政治理想的实现，在部分地实现以后，又由于当时政局的复杂，受到阻扼而不能贯彻到底，终于被迫离开了政治舞台；而在在世的最后一年中，他更伤痛地、无可奈何地看到亲手艰难缔造起来的事业的全部毁灭。他的个性，他的希望，他的追求，他的愉快和哀伤，都丰富而鲜明地反映在他的创作里。

王安石的散文　《宋史》中的《王安石传》是一篇极不公正的作品，多半是从当时保守派带有偏见的著述中取材，充满了对这位杰出人物的歪曲和诬蔑。但在评论到王安石的文学成就时，仍然不能不承认："安石少好读书，一过目，终身不忘。其属文动笔如飞，初若不经意，既成，见者皆服其精妙。"虽然只有简略的几句，却证明了王安石是才高学博的，即使敌视他的人也无法掩盖其卓越的成就。他自己在《答曾子固书》中说："某自百家诸子之书，至于《难经》、《素问》、《本草》、诸小说，无所不读；农夫女工，无所不问。"可见他的书本知识和社会实践都很丰富。他了解民情，善于观察和分析，这都有利于他的文学创作。

王安石写的散文，数量丰富。在新古文运动中，他是直接继承欧阳修的大家。他的政论文具有独创的见解和细密的论证。如《上仁宗皇帝言事书》、《本朝百年无事札子》等，逻辑谨严，笔力雄伟，最能反映出他先进的政见和政论文的卓越成就。另外一些书札、短论和记叙文，则更富于情韵，可以见出作者的性格、内心世界和艺术特征。如《伤仲永》：

> 金溪民方仲永，世隶耕。仲永生五年，未尝识书具，忽啼求之。父异焉，借旁近与之。即书诗四句，并自为其名。其诗以养父母、收族为意，传一乡秀才观之。自是，指物作诗，立就，其文理皆有可观者。邑人奇之，稍稍宾客其父，或以钱币乞之。父利其然也，日扳仲永环谒于邑人，不使学。
>
> 余闻之也久。明道中，从先人还家，于舅家见之，十二三矣。令作诗，不能称前时之闻。又七年，还自扬州，复到舅家问焉，曰："泯然众人矣！"

王子曰:“仲永之通悟,受之天也。其受之天也,贤于材人远矣,卒之为众人,则其受于人者不至也。彼其受之天也,如此其贤也,不受之人,且为众人;今夫不受之天,又不受之人,得为众人而已耶?”

本文写于庆历三年(1043),是作者青年时期的作品。文章记载了一个天才儿童被庸俗的社会所毁灭的经过,而推论到人的知识不是天生不变的,需要不断地学习和更新,否则必将退步。它从侧面接触一些比较重要的问题,并以诗人抒情的笔调来表示自己对于这些问题的深刻感受。这是王安石某些短文特别引人入胜之点,这在《读孟尝君传》、《书刺客传后》等杂感式的史论中也同样可以看出:

世皆称孟尝君能得士,士以故归之,而卒赖其力,以脱于虎豹之秦。嗟乎!孟尝君特鸡鸣狗盗之雄耳,岂足以言得士?不然,擅齐之强,得一士焉,宜可以南面而制秦,尚何取鸡鸣狗盗之力哉?夫鸡鸣狗盗之出其门,此士之所以不至也。

——《读〈孟尝君传〉》

作者在这里显然没有全面分析和评价战国时代的养士风气的企图,而只是对历来统治者并不能真正认识和提拔人才,因而也不能使国家富强、人民安乐这一历史现象表示慨叹。这种慨叹,事实上也就流露了王安石有为祖国服务的愿望,同时又不肯以同流合污的方式来取得进身之阶的这种内心矛盾。在这篇短文中,作者在政治上一贯保持着的难进易退的作风和一向具备着的福国利民的抱负,得到了和谐的统一与鲜明的反映。

王安石在推行新法中间,要负担起许多艰巨的工作,其中之一就是要在理论上击败自己的政敌。在这方面,他留下了不少的战绩。如司马光本来是他的好友,但因政见不合,曾于熙宁二年(1070)连续写信给他,肆意诋毁和攻击新法,王安石在《答司马谏议书》中,严正地驳斥了这位保守派的领袖,理直气壮地表明了推行新法的决心:

某启：昨日蒙教，窃以为与君实游处相好之日久，而议事每不合，所操之术多异故也。虽欲强聒，终必不蒙见察，故略上报，不复一一自辨。重念蒙君实视遇厚，于反覆不宜卤莽，故今具道所以，冀君实或见恕也。

盖儒者所争，尤在于名实。名实已明，而天下之理得矣。今君实所以见教者，以为侵官、生事、征利、拒谏，以致天下怨谤也。某则以谓：受命于人主，议法度而修之于朝廷，以授之于有司，不为侵官；举先王之政，以兴利除弊，不为生事；为天下理财，不为征利；辟邪说，难壬人，不为拒谏。至于怨谤之多，则固前知其如此也。人习于苟且非一日，士大夫多以不恤国事，同俗自媚于众为善。上乃欲变此，而某不量敌之众寡，欲出力助上以抗之，则众何为而不汹汹然！盘庚之迁，胥怨者民也，非特朝廷士大夫而已。盘庚不为怨者故改其度；度义而后动，是而不见可悔故也。

如君实责我以在位久，未能助上大有为以膏泽斯民，则某知罪矣。如曰今日当一切不事事，守前所为而已，则非某之所敢知。

无由会晤，不任区区向往之至。

本文首先说明对于司马光第一次长达三千多字的来信没有答复的原因，是由于彼此"所操之术多异"，即彼此对问题的看法和做法有很大的不同。接着将司马光第一、二次来信中所提出的主要问题，分为侵官、生事、征利、拒谏、招怨等五点，逐条加以简明扼要的驳斥。最后指出司马光等和自己之间的根本区别，就在于对方主张"一切不事事"，维持现状，而自己则刚刚相反，是"度义而后动，是而不见可悔"。由于作者体察到和这样一位政敌进行争辩，绝非枝节问题，所以不能不将讨论集中到根本原则方面，而将司马光提出的非关键性的质问一概置之不复。所以这封书信在命意遣辞上十分精练，具有高度的概括性。刘熙载在《艺概》卷一中认为王安石的文章"取法孟、韩"，"兼似荀、扬"，"是能以品格胜者"，并进一步指出："半山文善用揭过法，只下一二语，便可扫却他人数大段，是何简贵！"《答司马谏议书》正突出地表现了这些特点。

总之，王安石的散文是以议论说理见长的。作为一个杰出的政治家，他对社会现象往往具有深刻的观察和高超的见解。这不独表现在他的政治措施上，也表现在他的文学创作上。不独表现在政治性的作品中，也表现在叙述性的乃至于抒情性的作品中，如《游褒禅山记》，寓议论于叙述之中，借记游来说理，是文章中的创格。在这位作家的散文中，我们很少看到他将心力用在人物形象的塑造和自然景物的描绘方面，但却时时会接触到精警的、说服力很强的议论。在这些议论里，他显示了自己刚强不屈、热情救世的精神面貌。和这种内在的特性相适应，王文的语言是简练的，风格是峭刻的，笔力是雄健的。近代政论家如梁启超、严复诸人，都受了他较深的影响。

王安石的诗歌　王安石的诗歌创作，具有和他的散文相同的长于议论的特点，但其所反映的社会生活和诗人的内心世界更为丰富，更为形象，成就超过了他的散文。同时，在漫长的创作道路上，王安石诗风的变迁轨迹也较为明显，正如叶梦得在《石林诗话》卷中所指出的：

> 王荆公少以意气自许，故诗语惟其所向，不复更为涵蓄。如"天下苍生待霖雨，不知龙向此中蟠"，又"浓绿万枝红一点，动人春色不须多"，"平治险秽非无力，润泽焦枯是有材"之类，皆直道其胸中事。后为群牧判官，从宋次道尽假唐人诗集，博观而约取。晚年始尽深婉不迫之趣。

根据这一说法，王安石的诗作，从艺术风格上来看，可以分为三个时期：三十六岁在京中任群牧司判官之前是前期，其诗尚意气，少含蓄；从三十六岁〔嘉祐元年(1056)〕到五十六岁〔熙宁九年(1076)〕的二十年间是中期，他任群牧判官和三司判官时，曾借读宋敏求(次道)家藏的多种唐人诗集，于嘉祐五年(1060)编成《唐百家诗选》，从中汲取了文学创作的营养，在艺术上渐趋成熟，形成了自己雄直峭劲而又壮丽超逸的独特风貌；五十六岁罢相退居江宁的十年是晚期，诗风转为深婉华妙。

现存一千五百三十一首王诗，前期以政治诗为主。由于他青年时代宦游大江南北，长期担任地方官，接触面甚广，所以他能采用乐府传统，写出不少揭露时弊的诗作，对社会矛盾和民族危机都毫不隐晦地直书其事，大声疾呼，辞意激烈，成为他力主变法革新的一种舆论。例如他二十六岁时写的《河北民》：

河北民，生长二边长苦辛。家家养子学耕织，输与官家事夷狄。今年大旱千里赤，州县仍催给河役。老小相携来就南，南人丰年自无食。悲愁天地白日昏，路旁过者无颜色。汝生不及贞观中，斗粟数钱无兵戎。

这诗揭示了宋朝和辽、夏交界地区广大人民的悲惨境遇，反映了百姓们遭受着阶级剥削和民族压迫的双重苦难，诗的最后两句则表达了作者的政治理想，希望能有国富民强的太平盛世。嘉祐五年(1060)他四十岁时，曾奉命伴送契丹的使者到北部边疆，沿途写了《塞翁行》、《白沟行》、《出塞》、《入塞》等篇。这些诗篇谴责了统治阶级对外屈辱求和所带来的严重后果，描写了边塞人民盼望祖国统一的迫切心情，如《出塞》：

荒云凉雨水悠悠，鞍马东西鼓吹休。尚有燕人数行泪，回身却望塞南流。

在鄞县和舒州时，王安石曾深入社会下层，了解民间的生活疾苦，写出了《收盐》和《感事》、《兼并》、《发廪》等批判贪官污吏的诗篇，对当时社会生活中一些重大问题正面地表述了他的看法：

贱子昔在野，心哀此黔首。丰年不饱食，立旱尚何有！虽无剽盗起，万一且不久。特愁吏之为，十室灾八九。原田败粟麦，欲诉嗟无赇。间关幸见省，笞扑随其后。况是交冬春，老弱就僵仆。州家闭仓庾，县吏鞭租负。乡邻铢两征，坐逮空南亩。取赀官一毫，奸桀已云富。彼昏方怡然，自谓民父母。揭来佐荒郡，懔懔常惭疚。昔之心所哀，今也执其咎。乘田圣所勉，况乃余之陋。内讼敢不勤，同忧在僚友。

——《感事》

吏役沧海上，瞻山一停舟。怪此秃谁使，乡人语其由：一狙山上鸣，一狙从之游，相匹乃生子，子众孙还稠。山中草木盛，根实始易求。攀挽上极高，屈曲亦寻幽。众狙各丰肥，山乃尽侵牟。拥争取一饱，岂暇议藏收。大狙尚自苦，小狙亦已愁，稍稍受咋啮，一毛不得留。狙虽巧过人，不善操锄耰，所嗜在果谷，得之常以偷。嗟此海中山，四顾无所投，生生未云已，岁晚将安谋！

——《秃山》

这两首诗都是作者前期的作品，表现方式虽各有不同，但对国家大事的关心和注意是一致的。《感事》对受到残酷压榨的贫苦农民表示了深切的同情，揭示了社会生产力遭到严重破坏的现实。至于《秃山》一篇，继承了晚周诸子所惯用的寓言体，将“天下生齿日众，吏为贪牟，公家无储积，而上未尽教养之方”（见李壁《王荆文公诗笺注》卷十九《秃山》诗注）等种种弊端，作了犀利的批判，作者将只知消费不知生产，只知肥己不知利国的地主官僚比成一群猿猴，对他们进行了辛辣的讽刺。这对于当时矛盾日益尖锐的社会形势来说，不啻是一个严重的警告。王安石写作的这类作品是很多的，所起的战斗作用也是显著的。如《兼并》一首，艺术性并不算高，但却引起了反对派很大的嫉恨。在苏辙晚年写的《诗病五事》中，就为此对王安石大肆攻击。苏辙说：“王介甫，小丈夫也，不忍贫民而深疾富民，志欲破富民以惠贫民，不知其不可也。方其未得志也，为《兼并》之诗；及其得志，专以此为事。”“至于今日，民遂大病。源其祸出于此诗。盖昔之诗病未有若此之酷者也。”（见《栾城三集》卷八，又李壁《王荆文公诗笺注》卷六《兼并》诗注）这一来自反面的意见，恰好证明了新法对于裁抑豪强是大有效果的，也证明了这些诗篇是王安石整个变法事业的一部分。

王安石中期的诗有着更为广阔的题材和主题。他这时正向自己的理想事业突进，经过艰难曲折的道路，获得了推行新法的机会。随着政治事业的变化与文学修养的增进，除了政治诗以外，还有咏史吊古、述怀感旧和酬答赠别等各种题材的作品。在艺术风格方面，有着明显的开拓。

王安石在嘉祐六年(1061)以后知制诰时，屡次奉派担任进士考试的阅卷官。在隋唐时代曾经起过进步作用的科举制度，由于以诗赋取士，到了北宋已无法满足朝廷选拔人才的客观需要。王安石虽然也是由此出身的，可是自来就反对这样一种已经过时的制度。现在，朝廷偏偏要他来担任自己抱有反感的工作，怎么能不引起他沉痛的回忆和改革的思考呢？

少年操笔坐中庭，子墨文章颇自轻。圣世选才终用赋，白头来此试诸生。

——《试院中作》

童子常夸作赋工，暮年羞悔有扬雄。当时赐帛倡优等，今日论才将相中。细甚客卿因笔墨，卑于《尔雅》注鱼虫。汉家故事真当改，新咏知君胜弱翁。

——《详定试卷》二首之二

这些诗表达了一个走过了错路的人在注视着许多人又走着同样的错路，可又无法纠正的情况下产生的愤慨。不合理的科举制度曾经使得无数优秀人物的青春消磨于无用之地，他不能对此无动于衷，因此在执政以后，立即进行改革。他废止了考诗赋，而改用经义，以发表政治见解的时务策论作为考试的主要内容。这一改革，主要是为了选拔一些通经致用的人才，为变法服务。这两首诗说明，他的这些观点早已在自己思想中酝酿着了。它们是政论与诗的结合，虽以议论行之，但其中浮现着一系列的历史形象，显得感慨深至。在文学史上，对于并不能真正选拔为国家服务的人才的科举制度，王安石是其最早的抗议者和批判者之一。

王安石还写了不少咏史怀古的诗，大都寄托了他的政治理想和独特见解，这是他作品中可与其政治观点相发明的另外一个重要方面。在一篇题为《读史》的七律中，诗人说："当时黮暗犹承误，末俗纷纭更乱真。糟粕所传非粹美，丹青难写是精神。"正因为过去的一些记载和评论往往是这样的诬罔，所以诗人不得不发表一些富有独创性的精辟论断来加以纠正。他这些对于社会人生的见解和独特的个性，也就在他咏叹漫长历史中许多激动人心的往事的诗篇中透露了出来，如《桃源行》：

> 望夷宫中鹿为马，秦人半死长城下。避时不独商山翁，亦有桃源种桃者。此来种桃经几春，采花食实枝为薪。儿孙生长与世隔，虽有父子无君臣。渔郎漾舟迷远近，花间相见因相问。世上那知古有秦，山中岂料今为晋。闻道长安吹战尘，春风回首一沾巾。重华一去宁复得？天下纷纷经几秦！

唐代诗人写这个题材的作品很多，有的人故神其说，把桃花源当成了仙境，如王维在《桃源行》中说："初因避地去人间，及至成仙遂不还。"有的人又不必要地对成仙说加以驳斥，如韩愈在同题诗中所说："神仙有无何渺茫，桃源之说诚荒唐。"这些作品虽各有用意和成就，但都和陶渊明的原作在思想上存在着较大的距离。只有王安石这一篇却丰富了陶诗的内容，将原作"秋熟靡王税"的理想更进一步发展为"虽有父子无君臣"，指出人民所向往的，乃是一个保有家庭纯朴关系而无封建等级制度的世界。在这首诗中，作者抒发了自己的崇高的政治感情和美好的社会理想。

再看他的《杜甫画像》：

> 吾观少陵诗，为与元气侔，力能排天斡九地，壮颜毅色不可求。浩荡八极中，生物岂不稠？丑妍巨细千万殊，竟莫见以何雕锼。惜哉命之穷，颠倒不见收，青衫老更斥，饿走半九州。瘦妻僵前子仆后，攘攘盗贼森戈矛。吟哦当此时，不废朝廷忧，常愿天子圣，大臣各伊周。宁令吾庐独破受冻死，不忍四海赤子寒飕飗。伤屯悼屈止一身，嗟时之人我所羞，所以见公象，再拜涕泗流，惟公之心古亦少，愿起公死从之游。

这是一篇诗体的杜甫评传，也是一篇如实的赞歌。杜甫的创作成就、政治抱负和不幸命运，及其对后代的影响，都在这篇赞歌中得到了完整的描写。从唐代以来，许多人对杜甫的评价常常局限于他的艺术技巧的高不可攀，或者片面地强调他忠君的一面。但王安石却从杜诗的政治内容出发，指出了杜甫和广大人民血肉相连这个事实，从而抉发了杜甫之所以获得巨大成就的根本原因。这首诗也体现了作者对这位伟大先辈的无限敬爱。

在论及王安石这一类作品时，我们决不会忘记他作于嘉祐四年(1059)的《明妃曲》二首：

> 明妃初出汉宫时，泪湿春风鬓脚垂。低徊顾影无颜色，尚得君王不自持。归来却怪丹青手，入眼平生几曾有？意态由来画不成，当时枉杀毛延寿。一去心知更不归，可怜着尽汉宫衣。寄声欲问塞南事，只有年年鸿雁飞。家人万里传消息："好在毡城莫相忆。君不见，咫尺长门闭阿娇，人生失意无南北。"
>
> ——其一

> 明妃初嫁与胡儿，毡车百两皆胡姬。含情欲说独无处，传语琵琶心自知。黄金杆拨春风手，弹看飞鸿劝胡酒。汉宫侍女暗垂泪，沙上行人却回首："汉恩自浅胡自深，人生乐在相知心。"可怜青冢已芜没，尚有哀弦留至今。
>
> ——其二

这是传诵一时的名篇，当时欧阳修、司马光、刘敞、曾巩等都纷纷写了和诗。在这两首诗中，王安石以非常优美的笔触勾画出了绝代佳人王昭君的形象，描写了她的不幸命运和去国怀乡的深厚感情。此外，诗人也写了给昭君送行的君王、远道寄信的家人和途中偶然遇见的沙上行人。昏庸的君王杀了画工，自然无助于挽回王昭君的悲剧，但诗人在这里却巧妙地翻了一下案，说昭君生得太美了，原是画也画不成的，所以毛延寿未免死得冤枉。这样，就不仅写了汉元帝的糊涂，并对昭君的美貌作了极其出色的刻画。家人希望王昭君回来，但既然绝无可能，就只好借陈皇后后来失宠于汉武帝的事情来对她进行宽解：远嫁胡中固然是失意，留在汉朝又怎见得不失意呢？那么，还是勉强地过下去吧！至于那位听到琵琶声而回头的沙上行人，虽然诗中没有说明他是什么人，但在句法上，沙上行人是和汉宫侍女相对的，而且他又公然以胡恩深而汉恩浅的道理劝说昭君，显见得是个胡人。那种话听来虽然很刺耳，但既然出于胡人之口，就没有什么可怪的了。当然，这样一些人的出现，只是为更突出地刻画王昭君的命运和感情。所以尽管家人说了“人生失意无南北”那样不近情理的话，沙上行人又以“汉恩自浅胡自深”的理由来进行挑拨，然而昭君仍然弹着饱含幽怨的琵琶曲，在“着尽汉宫衣”之后，凄然地死去。即使后来连青冢都芜没了，可是幽怨的琵琶声却还流传了下来，不断地打动着人们的心弦。总之，诗篇用意在痛惜这一古代美女的遭遇，珍重和同情她怀念祖国的心情和志向。这完全是无可怀疑的。

然而，像这样好得出奇的诗却被某些人所误解，甚至被用作对王安石进行人身攻击的炮弹。他们将“人生失意无南北”和“汉恩自浅胡自深”等句鲁莽地或者故意地算作诗人自己的意见，从而作出了错误的评判。如范冲曾经对高宗皇帝说：“诗人多作《明妃曲》，以失身胡虏为无穷之恨，读之者至于悲怆感伤。安石为《明妃曲》则曰：‘汉恩自浅胡自深，人生乐在相知心。’然则刘豫不是罪过，汉恩浅而虏恩深也。今之背君父之恩，投拜而为盗贼者，皆合于安石之意，此所谓坏天下人心术。孟子曰：‘无父无君，是禽兽也。’以胡虏有恩，而遂忘君父，非禽兽而何？”（见李壁《王荆文公诗笺注》卷六《明妃曲》诗注）这种断章取义不顾全局的曲解，诚然是偏见和无知，但给王安石诗作注的李壁在引述了这段材料后，竟不加辨驳，反认为这是“诗人务一时新奇，求出前人所未道，而不知其言之失”。可见这种误会还带有普遍性，所以这里有附带加以辨证的必要（以上参考朱自清《王安石〈明妃曲〉》，载其《古典文学论文集》下册）。

王安石歌咏历史人物的好诗，还见于他的一些七言绝句里。他也能以尺幅千里的手法，从不同的角度写出对某些史实和人物的新的看法，借以抒发自己的政治感情。如《孟子》、《商鞅》、《苏秦》、《范雎》、《张良》、《范增》、《韩信》、《贾生》、《汉武》、《谢安》等。

> 沉魄浮魂不可招，遗编一读想风标。何妨举世嫌迂阔，故有斯人慰寂寥。
>
> ——《孟子》

> 一时谋议略施行，谁道君王薄贾生？爵位自高言尽废，古来何啻万公卿。
>
> ——《贾生》

这些诗在内容上的主要特点，是对众所周知的人和事表示了与众不同的意见，从而表达了自己的政治抱负和批判精神。晚唐诗人如李商隐等，曾经为这种咏史绝句在内容和形式上开辟了道路，而王安石则进一步发展了这种形式。

王安石晚年退居江宁后，流连山水，咏诗学佛，平静的生活和心境使作品的内容与风格也起了变化。大量的写景诗和禅理诗代替了前此的政治诗。他倾注全部精力讲究艺术技巧，在语言运用上更精湛圆熟了。黄庭坚说："荆公暮年作小诗，雅丽精绝，脱去流俗，每讽味之，便觉沆瀣生牙颊间。"(见胡仔《苕溪渔隐丛话》前集卷三十五)叶梦得也说："王荆公晚年，诗律尤精严，造语用字，间不容发，然意与言会，言随意遣，浑然天成，殆不见有牵率排比处。"(见《石林诗话》卷上)这时期王安石的作品多律诗和绝句，写得精深华妙，突过前人。

> 雪干云净见遥岑，南陌芳菲复可寻。换得千颦为一笑，春风吹柳万黄金。
>
> ——《雪干》

> 水际柴门一半开，小桥分路入青苔。背人照影无穷柳，隔屋吹香

并是梅。

——《金陵即事》三首之一

北山输绿涨横陂，直堑回塘滟滟时。细数落花因坐久，缓寻芳草得归迟。

——《北山》

茅檐长扫静无苔，花木成畦手自栽。一水护田将绿绕，两山排闼送青来。

——《书湖阴先生壁》二首之一

月映林塘淡，风含笑语凉。俯窥怜绿净，小立伫幽香。携幼寻新药，扶衰坐野航。延缘久未已，岁晚惜流光。

——《岁晚》

诗人对于生活的热爱，对于大自然优美景物的深切感受，以及晚年在艺术技巧上的精进，都明显地表现在这些诗篇中。但我们知道，作为政治家的王安石，并不是一个甘心投闲置散的人，他生命中最后十年的退隐生活是在不得已的情况下造成的。因此，他一方面是遣情世外，写出了一些工巧绝伦的景物诗；而另一方面，他的悲壮的、不甘寂寞的内心，也还时时在跃动，创作了一些寓悲壮于闲谈之中的作品：

一陂春水绕花身，身影妖娆各占春；纵被东风吹作雪，绝胜南陌碾成尘。

——《北陂杏花》

楚天如梦水悠悠，花底残红漫不收。独绕去年挥泪处，还将牢落对沧洲。

——《楚天》

禅房借枕得重欹，陈迹脩然尚有诗。嗟我与公皆老矣，拂天松柏见栽时！

——《示永庆寺秀老》

《北陂杏花》的后两句，事实上就是王安石自己的生活信条，《楚天》等两篇则对于世事的变迁和自己内心的孤寂作了含蓄的暗示。这说明他虽然归隐林泉，但并没有忘记世事。这些作品托物寄兴，流露了变法斗争失败后思想上的矛盾和苦闷。

王安石的绝句诗具有观察细致、修辞巧妙、意境清新的特点。曾季狸《艇斋诗话》认为"荆公绝句妙天下"，并说："绝句之妙，唐则杜牧之，本朝则荆公，此二人而已。"张邦基《墨庄漫录》卷六说："七言绝句，唐人之作往往皆妙，顷时王荆公多喜为之，极为清婉，无以加焉。"所以他的绝句小诗成了后人学习的榜样。

如前所述，王诗在艺术风格上是有特色的，所以严羽在《沧浪诗话·诗体》中列有王荆公体。他喜欢造硬语、押险韵，喜欢改窜古人诗句以为己有[①]，好用典故，讲究对仗，有时不免伤巧，都已开江西派的先声。同时，某些作品，特别是他的早年作品中，存在着议论过多的缺点。但通过议论来揭示自己的精神面貌，并在抒情诗中将精警的议论和生动的形象巧妙地融合为有机体，终究是这位诗人独特的成就。

短命诗人王令　在中国文学史上，王令和王勃、李贺等一样，也是一位短命的天才。在他不幸早逝以后，王安石曾写了《思王逢原》三首来怀念他，其中之一是：

蓬蒿今日想纷披，冢上秋风又一吹。妙质不为平世得，微言唯有故人知。庐山南堕当书案，湓水东来入酒卮。陈迹可怜随手尽，欲欢无复似当时。

---

① 如王作《北山》诗"细数落花因坐久"，出于唐代王维《从岐王过杨氏别业应教》诗"坐久落花多"。清人薛雪《一瓢诗话》评论说："王荆公好将前人诗窜点字句为己诗，亦有竟胜前人原作者，在荆公则可，吾辈则不可。"

从这种推崇和伤悼中，可以看出王安石对王令的极度重视。王安石和苏轼都是北宋的文学大家，但终身尽瘁于政治事业的王安石，其门下文士是远远不及苏轼之盛的，王令可以说是当时唯一的跟王安石志同道合的诗人。

王令（1032—1059），字逢原，广陵人。他具有高尚的节操和卓绝的才华，生活贫困却绝意仕途，曾在天长、高邮、江阴等地聚徒讲学以糊口。至和元年（1054），王安石在舒州通判任上被诏入京，路过高邮时，发现了他这个人才，“期其材可与共功业于天下，因妻以其夫人之女弟”（吴之振《宋诗钞·广陵诗钞序》）。虽然他短命而死，没有如王安石所期望的那样为国家建立功业，但从他遗留的作品来看，其文学成就及其在作品中所体现的崇高思想仍然是引人注目的。

其集现存散文七十多篇，诗歌四百八十多首。他的散文成就不高，创作才能主要表现在诗歌方面。抨击政治腐败，反映民生疾苦是其诗作的基本主题，如“沟中老弱转流尸，夫不容妻母弃儿”（《和洪与权逃民》），“歉岁糠糟绝，高门犬马肥”（《良农》），“高堂食饮岂无弃，愿从犬彘求其余”（《饿者行》）等惊心动魄的诗句，都是杜甫“朱门酒肉臭，路有冻死骨”的嗣响，来自社会底层的最强烈的呼号。

王令的诗歌风格雄伟，热情奔放，想像力丰富，带有浪漫主义的色彩。《四库全书总目》卷一百五十三《广陵集》提要评论说：“令才思奇轶，所为诗磅礴奥衍，大率以韩愈为宗，而出入于卢仝、李贺、孟郊之间，虽得年不永，未能锻炼以老其材，或不免纵横太过，而视局促剽窃者流，则固倜倜乎远矣！”他二十三岁时所写的《梦蝗》，最能代表其独特的风格：

至和改元之一年，有蝗不知自何来。朝飞蔽天不见日，若以万布筛尘灰；暮行啮地赤千顷，积叠数尺交相埋。树皮竹颠尽剥秸，况又草谷之根荄。一蝗百儿月再孕，渐恐高厚塞九垓。嘉禾美草不敢惜，却恐压地陷入海。万生未死饥饿间，肢骸遂转蛟龙醢。群农聚哭天，血滴地烂皮。苍苍冥冥远复远，天闻不闻未可知。我时为之悲，堕泪注两目，发为疾蝗诗，愤扫百笔秃。一吟青天白日昏，两诵九原万鬼哭，私心直冀天耳闻，半夜起立三千读。上天未闻间，忽作遇蝗梦。梦蝗千万来我前，口似嗫嚅色似冤，初时吻角犹唧嗾，终遂大论如人然。问我："子何愚，乃有疾我诗，我尔各生不相预，子何诗我盍陈之？"我时愤且惊，噪舌生条枝，谓此腐秽余，敢来为人讥！"尔虽族党多，我谋久已就，方将诉天公，借我巨灵手，尽拔东南竹柏松，屈铁缠缚都为帚，扫尔纳海压以山，使尔万噍同一朽。尚敢托人言，议我诗可否？"群蝗顾我嗟："不谓相望多！我欲为子言，幸子未易呶。我虽身为蝗，心颇通尔人。尔人相召呼，饮啜为主宾。宾饮啜醻百豆爵，主不加诟翻欢欣。此竟果有否，子盍来我陈？"余应之曰："然，此固人间礼。傧介迎以来，饮食固可喜。"蝗曰："子言'然'，余食何愧哉？我岂能自生，人自召我来，啜食借使我过甚，从而加诟尔亦乖。尝闻尔人中，贵贱等第殊。雍雍材能官，雅雅仁义儒，脱剥虎豹皮，假借尧舜趋，齿牙隐针锥，腹肠包虫蛆，开口有福威，颐指转赏诛。四海应呼吸，千里随卷舒。割剥赤子身，饮血肥皮肤，噬啖善人党，嚼口不肯吐。连床列笙竽，别屋闲嫔姝。一身万椽家，一口千仓储。儿童袭公卿，奴婢连簪裾。犬豢羡膏粱，马厩余绣涂。其次尔人间，兵倡释老徒，子不父而父，妻不夫而夫，臣不君尔事，民不家尔居。目不识牛桑，手不亲犁锄，平时不把兵，皮革包矛殳。开口坐待食，万廪倾所须，家世不藏机，绣绘锦衣襦，高堂倾美酒，脔肉脍百鱼，良材琢梓楠，重屋擎空虚。贫者无室庐，父子一席居。贱者饿无食，妻子相对吁。贵贱虽云异，其类同一初，此固人食人，尔责反舍且？我类蝗自名，所食况有余，吴饥可食越，齐饥食鲁邾。吾害尚可逃，尔害死不除，而作疾我诗，子言得无迂？"

无论从内容或形式上考察，这篇寓言诗都够得上称为奇作。它不仅深刻而大胆地揭露了当时的社会情况，而且接触到了阶级社会中最根本的人剥削人、人压迫人的问题。作者非常巧妙地借蝗虫的申辩对人世间一切不平等、不公正的客观存在作出了无情的批判，对封建统治阶级以及在其包庇之下的寄生虫和吸血鬼进行了有力的鞭挞。王令用主宾问答的手法来深化主题。蝗虫的言论表明，它对于人类诚然有害，但比起原来就存在于人类中间的种种祸害，却实在微不足道；而且由于人类中间的剥削、压迫是在仁义道德的假面具掩盖之下进行的，所以绝不比蝗虫更高尚些，反之，却是更卑劣更丑恶的。这种对社会生活的深刻理解、创造性的表现手法和奇倔可喜的风格，更突出了全诗的战斗性。

再如《暑旱苦热》：

> 清风无力屠得热，落日着翅飞上山。人固已惧江海竭，天岂不惜河汉干？昆仑之高有积雪，蓬莱之远常遗寒。不能手提天下往，何忍身去游其间！

这是一种非常可贵的与人民同忧乐的思想。诗人指出：昆仑、蓬莱尽管是神仙世界，但如果不能使天下人都脱离火坑，那么，个人又怎能忍心去独自享受呢？《后村诗话前集》卷二说它“骨气老苍，识度高远”，是正确的评价。

王令的近体律绝诗也具有开阔而雄伟的特色：

> 气吞风雅妙无伦，碌碌当年不见珍。自是古贤因发愤，非关诗道可穷人。镌镵物象三千首，照耀乾坤四百春。寂寞有名身后事，惟余孤冢耒江滨。
>
> ——《读老杜诗集》

> 来时群雁去相随，病眼看天远不知。为有客愁归未得，独凭斜日望多时。迟迟南国无春雪，去去东风满柳枝。蝴蝶黄莺有期约，好加归翥莫令迟。
>
> ——《送雁》

> 可嗟落日去悠然，便有群星出见天。夜月自明人自爱，不妨人亦闭门眠。
>
> ——《夜月》

此外还有一些体现奇思妙想的名句,如“关塞风高夜,江湖木落秋”(《雁》),“九原黄土英灵活,万古青天霹雳飞”(《寄满子权》),都是脍炙人口的。

第四节 曾巩的诗文

曾巩的文学活动 曾巩是欧阳修的得意门生,又是王安石的密友。欧阳修在滁州时,他曾专程去拜谒,把王安石的作品推荐给欧阳修评阅,安石从此得以扬名士林。

曾巩(1019—1083),字子固,南丰(在今江西省)人,出身于仕宦之家,祖致尧,官至户部郎中,赠谏议大夫,父易占,任太常博士。他十八岁入京赴试,虽然没有考中,但却结识了王安石。当时安石只十六岁,正随父益出游汴京,曾巩在《寄王介甫》诗中说:“忆昨走京尘,衡门始相识,疏帘挂秋日,客庖留共食。”回忆了他俩因同乡之谊而订交的情况。庆历元年(1041),曾巩在太学肄业,由于博学能文,得到欧阳修的赏识,当他离京南归时,欧阳修还写了赠别的文章《送曾巩秀才序》。庆历三年,王安石回江西临川后,特地去看望他,有《同学一首别子固》,称赞他的品德学行,表示了要互相勉励的意思。庆历四年,范仲淹和欧阳修等推行新政,他有《上欧阳舍人书》,陈述改革弊政的意见,并举荐王安石。欧阳修被贬为滁州知州后,他在庆历六年夏到滁州从欧阳修学古文,并把王安石的作品也带了去请欧阳修指教。其后他写信告诉在京任大理评事的王安石说:“欧公悉见足下之文,爱叹诵写,不胜其勤。”“欧公更欲足下少开廓其文,勿用造语及模拟前人,请相度示及。欧云:‘孟、韩文虽高,不必似之也,取其自然耳’。”(《与王介甫第一书》)欧阳修是当时的文学大师、古文运动的领袖,王安石得到这番指点,从此文才大进。曾巩在滁州的时候,虚心向欧阳修学习,讨论文事,同游共赏,作有唱酬诗《奉和滁州九咏》等。当时适逢欧阳修创作《醉翁亭记》和《丰乐亭记》,他也学着写了一篇《醒心亭记》。原来,欧阳修在丰山北麓的幽谷建造丰乐亭后,又在其东侧构筑了一座醒心亭,并命他作记。因为他二十天后即北上进京去了,直到第二年才写好这篇文章。《醒心亭记》的全文如下:

滁州之西南，泉水之涯，欧阳公作州之二年，构亭曰丰乐，自为记，以见其名之意。既又直丰乐之东几百步，得山之高，构亭曰醒心，使巩记之。

凡公与州之宾客者游焉，则必即丰乐以饮。或醉且劳矣，则必即醒心而望。以见夫群山之相环，云烟之相滋，旷野之无穷，草树众而泉石嘉；使目新乎其所睹，耳新乎其所闻，则其心洒然而醒，更欲久而忘归也。故即其所以然而为名，取韩子退之《北湖》之诗云（韩愈《北湖》："应留醒心处，准拟醉时来。"载《昌黎先生集》卷九）。噫，其可谓善取乐于山泉之间，而名之以见其实，又善者矣！

虽然，公之乐吾能言之。吾君优游而无为于上，吾民给足而无憾于下，天下学者皆为才且良，夷狄、鸟兽、草木之生者皆得其宜，公乐也。一山之隅，一泉之旁，岂公乐哉？乃公所以寄意于此也。若公之贤，韩子殁数百年而始有之。今同游之宾客，尚未知公之难遇也。后百千年，有慕公之为人而览公之迹，思欲见之有不可及之叹，然后知公之难遇也。则凡同游于此者，其可不喜且幸欤！而巩也，又得以文词托名于公文之次，其又不喜且幸欤！

庆历七年八月十五日记。

这篇文章深刻地指出，欧阳修与民同乐的思想并非局限于山泉之间，而是蕴涵着更为远大的政治抱负。醉翁并没有醉，随时随地都保持着清醒的头脑，"醒心而望"关心国家。这就生动地托出了欧阳修"醉能同其乐，醒能述以文"的贤人形象。

嘉祐二年（1057），欧阳修奉诏主持礼部贡举，曾巩和苏轼兄弟参加了考试，中了同榜进士。当时他已三十九岁，被任命为太平州司法参军，次年到任，特地去当涂县青山的李白墓地凭吊，写有《谒李白墓》七律一首，对这位唐代的伟大诗人表示了无限崇敬的感情。嘉祐五年（1060），欧阳修举荐他到史馆，任集贤院校理，历九年之久。先后校理了《说苑》、《列女传》、《战国策》、《梁书》、《陈书》、《南齐书》、《中论》、《李太白诗集》等古籍。神宗熙宁元年（1068），陈师道入京拜他为师。次年，他出任越州通判，苏轼赠诗送行云："醉翁门下士，杂遝难为贤。曾子独超轶，孤芳陋群妍。"(《送曾子固倅越得燕字》)对他备极推崇。熙宁五年以后，又历任齐州、襄州、洪州、福州、明州、亳州、沧州等地的知州，所至注意救灾治疫，政绩卓著。元丰五年(1082)，拜中书舍人，卒年六十五岁。著作现存《南丰先生元丰类稿》五十卷，有诗四百零五首，文一千一百十一篇①。

曾巩的诗歌　陈师道是曾巩的学生，但其《后山诗话》却载"世语云曾子固短于韵语"之说，彭几甚至"恨曾子固不能作诗"②。这种片面的说法引起了论者的不平，如刘克庄、方回和王士祯、方东树等都曾经力辨其谬。方回《瀛奎律髓》卷十六云："子固诗一扫昆体，所谓饾饤刻画咸无之，平实清健，自为一家。"这指出了曾巩在宋诗的革新中也是做出了成绩的。

曾巩的诗宗欧、梅，多反映现实之作。如皇祐二年(1050)写的《追租》，揭露"今岁九夏旱，赤日万里灼"的灾情，抨击统治阶级不管人民的死活，竟凶狠地逼租，以至于百姓"斯须死笞缚"。作者呼吁道："公卿饱天禄，耳目知民瘼，忍令疮痍内，每肆诛求虐！但忧值空虚，宁无挺犁镬，暴吏体宜除，浮费义可削。"在《边将》、《上杜相公》和《湘寇》诸诗中，他又表达了对辽、夏侵扰边境和内忧外患等国家大事的关切。他如《秋日感事示介甫》则近杜甫忧时之作：

> 秋日气已盛，阴出朝暮声。烟云断溪树，风雨入山城。沙碛有遗虏，旌旗多远行。生民苦未息，吾党耻论兵。

曾巩长于七言近体，写景抒怀，都很出色。如《上元》"明月满街流水远，华灯入望众星高"一联，高华工巧，而《钱塘上元夜祥符寺陪咨臣郎中

---

① 据《宋史·艺文志》，曾巩名下著录的除《元丰类稿》五十卷外，另有别集六卷，续稿四十卷，但已失传。清人陆心源曾收集佚文二十七篇，编成《元丰类稿补》二卷，作为《群书校补》第三十二种，刻入《潜园总集》中。现中华书局新编《曾巩集》系以《元丰类稿》为底本，并已将辑得的轶文佚诗增入，合为一集。

② 《冷斋夜话》卷九载彭几(渊材)平生所恨五事："第一恨鲥鱼多骨，第二恨金橘太酸，第三恨莼菜性冷，第四恨海棠无香，第五恨曾子固不能作诗。"

丈燕席》诗中的“月明如昼露华浓”、“碧水楼台浸远空”等句，还以其新丽为元明戏曲作家所化用（见《西厢记》第四本第一折和《玉簪记・琴挑》）。再如《甘露寺多景楼》：

　　欲收嘉景此楼中，徙倚阑干四望通。云乱水光浮紫翠，天含山气入青红。一川钟呗淮南月，万里帆樯海外风。老去衣襟尘土在，只将心目羡冥鸿。

描绘北固山下的江景，意态高旷。其七言绝句有与王安石晚年诗风相近处，如《会稽绝句三首》、《离齐州后五首》、《城南二首》、《咏柳》、《夜出过利涉门》等。其《西楼》一首云：

　　海浪如云去却回，北风吹起数声雷。朱楼四面钩疏箔，卧看千山急雨来。

这首小诗写出了海天一角雷雨将至的壮观，自然流利，诗味盎然。

曾巩还有不少咏史抒怀之作，如《垓下》、《孔明》、《读五代史》、《咏史》等。庆历六年（1046），他由金陵渡江到滁州的途中，曾路过历阳虞姬墓，作《咏虞姬》一首（见雍正四年本《江浦县志・古迹志》或光绪十七年本《江浦埤乘》，中华书局新编《曾巩集》失收）：

　　鸿门玉斗纷如雪，一万降兵夜流血。咸阳宫殿三月红，霸业已随烟烬灭。刚强必死仁义王，阴陵失道非天亡。英雄本学万人敌，何用屑屑悲红妆。三军散尽旌旗倒，玉帐佳人坐中老。香魂夜逐剑花飞，青血化为原上草。芳心寂寞寄寒枝，旧曲闻来似敛眉。哀怨徘徊愁不语，恰如初听楚歌时。滔滔逝水流今古，汉楚兴亡两邱土。当年遗事久成空，慷慨尊前为谁舞！

这篇诗感叹英雄与美人的悲剧，挺拔流美，开阖自如，极似温庭筠咏古乐府，在曾诗中别具风采，弥可珍贵。

曾巩的散文及其影响　在北宋的新古文运动中，曾巩是欧阳修的积极追随者。《宋史》本传说他："生而机敏，读书数百言，脱口辄诵。年十二，试作《六论》，援笔而成，辞甚伟。甫冠，名闻四方。欧阳修见其文，奇之。"从理论到实践，他都是沿着欧阳修开辟的道路前进的。他把欧阳修"事信而言文，乃能表见于后世"和"言之所载者大且文，则其传也章"（《代人上王枢密求先集序》）的观点，发挥为："古之所谓良史者，其明必足以周万事之理，其道必足以适天下之用，其智必足以通难知之意，其文必足以发难显之情，然后其任可得而称也。"（《〈南齐书〉目录序》）在《寄欧阳舍人书》中，又提倡"蓄道德而能文章"。这表明他的见解也是重道而不轻文，从而能够积极推动了古文运动的进一步发展。

曾巩的文章论证委曲周详，风格简练厚重，布局完整谨严，节奏舒缓安雅，长于说理而短于抒情。如《唐论》、《〈战国策〉目录序》、《先大夫集后序》、《范贯之奏议集序》、《谢杜相公书》、《宜黄县县学记》、《筠州学记》、《徐孺子祠堂记》、《道山亭记》和《越州赵公救灾记》等，均为名作。《墨池记》也是其中之一：

> 临川之城东，有地隐然而高，以临于溪，曰新城。新城之上，有池洼然而方以长，曰王羲之之墨池者，荀伯子《临川记》云也。羲之尝慕张芝临池学书，池水尽黑，此为其故迹，岂信然耶？
>
> 方羲之之不可强以仕，而尝极东方，出沧海，以娱其意于山水之间。岂其徜徉肆恣，而又尝自休于此耶？羲之之书，晚乃善；则其所能，盖亦以精力自致者，非天成也。然后世未有能及者，岂其学不如彼耶？则学固岂可以少哉！况欲深造道德者耶？
>
> 墨池之上，今为州学舍。教授王君盛恐其不章也，书"晋王右军墨池"之六字于楹间以揭之。又告于巩曰："愿有记。"惟王君之心，岂爱人之善，虽一能不以废，而因以及乎其迹耶？其亦欲推其事，以勉其学者耶？夫人之有一能，而使后人尚之如此，况仁人庄士之遗风余思，被于来世者何如哉！

庆历八年九月十二日，曾巩记。

此题虽然应当是记叙文，但并没有描写景物，却是借着王羲之勤学苦练的故事来发议论。作记叙之文，不叙事而说理，是宋代古文家的一种新的开拓。曾巩而外，王安石、苏轼等也偶一为之。

《宋史》本传论曾氏作文的渊源说："为文章上下驰骋，愈出而愈工，本源六经，斟酌于司马迁、韩愈。一时工作文词者，鲜能过也。"晁公武则认为："欧公门下士多为世显人，议者独以子固为得其传，犹学浮屠者所谓嫡嗣云。"（《郡斋读书志》卷四下）明代唐宋文派的作家王慎中、茅坤、归有光，清代桐城派作家方苞、刘大櫆、姚鼐等，都认为曾巩是欧阳修的传人，因此备加推崇，奉为模楷。王慎中称赞曾文"信乎能道其中之所欲言，而不醇不该之蔽亦已少矣。"（《曾南丰文粹序》）姚鼐则说："宋朝欧阳修、曾公之文，其才皆偏于柔之美者也。欧公能取异己者之长而时济之，曾公能避所短而不犯。"（《复鲁絜非书》）这些意见从不同的角度阐述了曾巩散文的特色。至于其历史地位，则《宋史·曾巩传论》认为他"立言于欧阳修、王安石间，纡徐而不烦，简奥而不晦，卓然自成一家"。这个论断也是恰如其分和实事求是的。

第三章　柳永和宋词的新变

在以欧阳修为首的作家们努力之下，北宋诗文呈现了新的面貌。至于宋词的革新，虽然也和诗文的革新大致同时，但却并非由诗文的革新者来进行的。在分道扬镳的情形下，与欧阳修等在社会地位、思想感情各方面都很不相同的柳永，却对词风的变革作出了贡献。在不同的作家身上体现出各异其途的文学发展轨迹，是有其内在的根由的。

首先，在唐代从民间孕育出来的歌词，当它上升到文士手中以后，其中描写男欢女爱、别恨离愁的因素，竟被突出地加以继承和发展了。这样一来，就使词的艺术技巧有所提高，使古典诗歌中的言情之作更为深化，但同时也使词的题材趋于狭隘，使得许多重大的主题和它绝了缘。因而在一个很长的历史时期中，歌词就被视为跟诗文不能相提并论的小道。其次，正因为这样，所以它一向不被统治阶级及其理论家认为是重要的、必须有意识地去加以干涉的文艺样式。诗文的革新是在明道致用的大前提下进行的，是和政治斗争密切相关的；至于歌词，虽然它已经逐渐形成一个巨大的客观存在，但在清代的常州词派兴起以前，从来没有人把它和诗文这些正统样式等量齐观。在宋代，特别是北宋的文学史上，我们看到了一个非常有趣的现象，即作家们往往将一切他们所认为严肃的题材用诗文来写，而有关个人的感情或男女问题的私生活则被他们写入词中。这在许多大作家的集子里，几乎都可以找得出例证。这种做法，自然同样式的适应性不无关系，但更主要的理由恐怕还在于他们认为诗文体尊而词体卑。在这种观念支配下，注意到诗文革新的人，就难以将词的革新放在自己考虑的范围以内，而词风的变革，也就不可能如诗文一样是一种有意识的运动，而只能在其他的客观条件的影响之下，自然地、缓慢地产生变化。再其次，在晚唐五代，歌词由于文人的创作而流传到上层社会以后，其情形大致如欧阳炯《〈花间集〉序》所说："则有绮筵公子，绣幌佳人，递叶叶之花笺，文抽丽锦；举纤纤之玉指，拍按香檀。""家家之香径春风，宁寻越艳；处处之红楼夜月，自锁嫦娥。"即歌词是由文士写作，家伎演唱，为少数贵族士大夫所欣赏的。这种情况，直至宋初并无改变。到了仁宗时代，社会经济已由恢复而空前繁荣，对于作为抒情歌曲的词，社会各阶层有了更普遍的爱好。教坊新腔开始出现，长调普遍流行，但要作家们注意到这些现象，并使其作品符合这种新风气，就必须本人接近市民生活才行。这恰恰是欧阳修等上层人物所无从做到，而为浪游于市井间的落魄文人柳永所易于且乐于做到的。就由于以上这样一些原因，词的革新就和诗文走着不同的道路。欧阳修虽然是诗文革新运动的领导人，但由于社会生活面的局限，他的词作只能沿袭晚唐五代的余风，那变革更新的任务，便自然而然地落在熟悉市民生活的柳永身上了。

第一节　五代词风的延续——晏、欧

宋初词苑　词是隋、唐以来与新兴音乐相结合而形成的一种新的抒情诗样式，同时又是一种新的音乐歌词或音乐的文字表现物。它最初起源于民间，敦煌发现的《云谣集杂曲子》就是明证。中唐时，刘禹锡、白居易等诗人曾模仿试作，故曾被称为诗客曲子词；晚唐、五代以来，作者渐多，达到了文人词的成熟阶段。宋朝开国之初，一些擅作歌词的废主降臣来自五代十国，带来了西蜀和南唐的作风，如南唐后主李煜被俘到京后，在太宗时还继续创作了《浪淘沙》、《乌夜啼》和《虞美人》等名篇。李后主成功地用词来抒写了他的国家和他自己的命运的巨大变化，极大地提高了词表现生活和抒发感情的能力，正如王国维在《人间词话》中所指出的："词至李后主而眼界始大，感慨遂深，遂变伶工之词而为士大夫之词。"这就直接影响了宋初的词苑，当时白体诗派、晚唐诗派和西昆派的文人，都

有一些抒写个人性情的小词,如王禹偁的《点绛唇》:

> 雨恨云愁,江南依旧称佳丽。水村渔市,一缕孤烟细。　　天际征鸿,遥认行如缀。平生事,此时凝睇,谁会凭栏意?

这是宋初最早出现的小令之一,大约作于李后主死后的第六年〔雍熙元年(984)〕。当时王禹偁任长洲知县,他在词中不仅描写江南水乡的秀丽风光,同时也借喻天边的鸿雁,抒发了自己虽有抱负而世无知音的感慨,格调沉郁,意境含蓄,为宋词的发展作出了良好的开端。

到了真宗、仁宗之世,是令词得到充分发展的时期。试看下列诸家的作品:

> 春色将阑,莺声渐老。红英落尽青梅小。画堂人静雨蒙蒙,屏山半掩余香袅。　　密约沉沉,离情杳杳。菱花尘满慵将照。倚楼无语欲销魂,长空黯淡连芳草。
>
> ——寇准《踏莎行》

> 长忆西湖,尽日凭阑楼上望。三三两两钓鱼舟,岛屿正清秋。
> 笛声依约芦花里,白鸟成行忽惊起。别来闲整钓鱼竿,思入水云寒。
>
> ——潘阆《酒泉子》

> 吴山青,越山青,两岸青山相送迎,谁知离别情?　　君泪盈,妾泪盈,罗带同心结未成,江头潮已平。
>
> ——林逋《长相思》

> 江南节物,水昏云淡,飞雪满前村。千寻翠岭,一枝芳艳,迢递寄归人。　　寿阳妆罢,冰姿玉态,的的写天真。等闲风雨又纷纷,更忍向,笛中闻!
>
> ——杨亿《少年游》

城上风光莺语乱，城下烟波春拍岸。绿杨芳草几时休，泪眼愁肠先已断！　　情怀渐觉成衰晚，鸾镜朱颜惊暗换。昔年多病厌芳樽，今日芳樽惟恐浅。

——钱惟演《玉楼春》

这些士大夫之词的共同特点是接受西蜀、南唐词风的影响，以清丽淡雅的辞句来写景抒情，但他们都只是偶而弄笔，虽不乏个人的佳作，但还没有造成整体的声势。至于继承五代词风的余绪而能加以延续发展的作者，当推晏殊为代表。他是宋初首屈一指的令词作家。

晏殊的《珠玉词》　晏殊(991—1055)，字同叔，临川人，七岁能属文，十三岁时，以神童召试，受到真宗的赏识，赐同进士出身，为东宫伴读。仁宗即位，备受宠信，任枢密使、同中书门下平章事；后来又历任颍州、陈州、许州等处的地方行政长官。在多年的政治生活中，晏殊没有什么特殊的事功和建树；但在发现和奖拔人才方面，成绩却是出色的，如范仲淹、韩琦、富弼、宋庠、宋祁、欧阳修、梅尧臣和张先等，或是他的门生，或得到他的培养和提拔。《宋史》本传说他“善知人”，“文章赡丽，应用不穷，尤工诗，闲雅有情思”。他是西昆派的后期诗人，诗作多达一万余篇。然而他的文学成就，却突出地表现在歌词的创作上，其《珠玉词》，现存一百三十多首。

这位词人的物质生活无疑是十分优裕的，酒筵歌席伴随着他的日常生活，据时人记载，他“喜宾客，未尝一日不宴饮”，往往“乐饮达旦”(见叶梦得《避暑录话》卷上及《石林诗话》卷上)。但是优裕的物质生活并不能满足他渴求着探索人生奥秘的心灵，他心灵的触角常常是其来无端地伸向人心的深处，而又没有找到自己所寻觅的东西，于是一缕轻烟薄雾似的哀愁就上升到了他的笔头，化成为幽怨动人的小词：

小径红稀，芳郊绿遍，高台树色阴阴见。春风不解禁杨花，蒙蒙乱扑行人面。　　翠叶藏莺，珠帘隔燕，炉香静逐游丝转。一场愁梦酒醒时，斜阳却照深深院。

——《踏莎行》

眼睁睁望着一个春天又过去了，日子平淡得教人感到难以打发。为什么会产生这样一种难以排遣的愁绪呢？自己也说不清楚：

> 绿杨芳草长亭路，年少抛人容易去，楼头残梦五更钟，花底离愁三月雨。　　无情不似多情苦，一寸还成千万缕。天涯地角有穷时，只有相思无尽处。
>
> ——《木兰花》

> 一曲新词酒一杯，去年天气旧亭台，夕阳西下几时回？　　无可奈何花落去，似曾相识燕归来，小园香径独徘徊！
>
> ——《浣溪沙》

> 槛菊愁烟兰泣露，罗幕轻寒，燕子双飞去。明月不谙离恨苦，斜光到晓穿朱户。　　昨夜西风凋碧树。独上高楼，望尽天涯路。欲寄彩鸾无尺素，山长水阔知何处？
>
> ——《蝶恋花》

这些作品并没有什么激越的声情，但却掩藏不住作者心头的孤独之感。可以看出，晏殊词的风格是和婉而明丽的，而在这种逗人喜爱的风格中间，又蕴藏着对于令人感到乏味的现实的不满和自己还不怎么明确的对于美好事物的追求。这种追求，尽管往往是以伤春、惜别等思想形式表达出来的，但我们显然不能而且也无法抹杀掉这些作品所固有的异常生动的形象性以及这些形象所透露的丰富的暗示性。它们是虽然养尊处优但却无法填补生活中的空虚之感的自我表白。

晏词受南唐冯延巳的影响很深。刘攽《中山诗话》说："晏元献（殊谥号）尤喜江南冯延巳歌词，其所自作，亦不减延巳。"他学冯词的明丽和疏朗，脱去了花间派的脂粉气，从而有所创新。如《破阵子》：

> 燕子来时新社，梨花落后清明。池上碧苔三四点，叶底黄鹂一两

声，日长飞絮轻。　　巧笑东邻女伴，采桑径里逢迎。疑怪昨宵春梦好，原是今朝斗草赢，笑从双脸生。

这首词纯用白描，展示了古代少女春游的动人图景，上片写景，下片写人，笔调活泼，语言清新。作者把姑娘们欢乐的心情和大自然的美景交织在一起，具有浓郁的生活气息，在《珠玉词》中，这类作品是别具一格因而是难能可贵的。

欧阳修的《六一词》　和晏殊的词风很接近的是欧阳修，他同样受了五代词家特别是冯延巳《阳春集》的影响。欧词也具有婉丽的特征，但意境却更为深永，有时还露出放旷的气息。这反映了晏、欧两人个性和境遇的不同，正如刘熙载所分析的："冯延巳词，晏同叔得其俊，欧阳永叔得其深。"（《艺概》卷四）这所谓深，大概是指欧词的情感比晏词深刻真挚，如《蝶恋花》：

庭院深深深几许？杨柳堆烟，帘幕无重数。玉勒雕鞍游冶处，楼高不见章台路。　　雨横风狂三月暮。门掩黄昏，无计留春住。泪眼问花花不语，乱红飞过秋千去！

这种缠绵悱恻的情词，完全是继承南唐的风格和形式，因而往往与冯延巳的作品相混。李清照在其《蝶恋花》词序中明指本篇为欧阳修之作，而朱彝尊编《词综》却归之于冯延巳。两家的作品风神宛肖，足证其渊源有自了。

欧阳修的词现存《六一词》（《欧阳文忠公近体乐府》）和《醉翁琴趣外篇》，共约二百四十多首。作为一代儒宗，他所为诗文都本着明道致用的原则，洗净浮艳，独在不属正统文学的歌词里，却以秀逸的字句，抒写其旖旎的情怀。例如《南歌子》：

凤髻金泥带，龙纹玉掌梳。走来窗下笑相扶，爱道"画眉深浅入时无"？　　弄笔偎人久，描花试手初。等闲妨了绣功夫，笑问"双鸳鸯字怎生书”?

由于这类作品所体现的情感、形象,与作者在诗文中所体现的大异其趣,因而有些人怀疑这不是他的作品。如陈振孙在《直斋书录解题》卷二十一中说欧词“多有与《花间》、《阳春》相混者,亦有鄙亵之语一二厕其中,当是仇人无名子所为也。”罗泌《题〈六一词〉》也说:“其浅近者,前辈多谓刘烨伪作。”其实,词为艳科,由来已久,欧阳修有这样的作品是不足为奇的。他甚至还打破了宋初文人词的习惯,继承了唐代民间作品,以俚语入词,如《怨春郎》:

为伊家,终日闷,受尽恓惶谁问。不知不觉上心头,悄一霎、身心顿也没处顿。　恼愁肠,成寸寸。已凭、莫把人萦损。奈每每人前道着伊,空把相思泪眼和衣揾。

通篇都是口头俚语。这,一直影响到柳永和黄庭坚的作品。

他还有一些作品,代表着相反相成的两种情绪,反映了他精神世界中的矛盾,如下列诸阕:

候馆梅残,溪桥柳细,草熏风暖摇征辔。离愁渐远渐无穷,迢迢不断如春水。　寸寸柔肠,盈盈粉泪,楼高莫近危阑倚。平芜尽处是春山,行人更在春山外。

——《踏莎行》

尊前拟把归期说,未语春容先惨咽。人生自是有情痴,此恨不关风与月。　离歌且莫翻新阕,一曲能教肠寸结。直须看尽洛城花,始共春风容易别。

——《玉楼春》

堤上游人逐画船,拍堤春水四垂天,绿杨楼外出秋千。　白发戴花君莫笑，六幺催拍盏频传，人生何处似尊前。

——《浣溪沙》

平山栏槛倚晴空，山色有无中。手种堂前垂柳，别来几度春风。

文章太守，挥毫万字，一饮千钟。行乐直须年少，尊前看取衰翁。

——《朝中措·平山堂》

前两篇是念远伤离的作品，后两篇则表现了及时行乐的感情和豪迈不羁的情趣。但这些词给我们的印象，并不是颓丧与失望，却是对爱情、生命与光阴的珍惜和对现实生活的执着情怀及其对这种情怀的自我抗拒，自我调节。

欧阳修晚年退居颍州城西五里的西湖之滨，常常泛舟湖上，啸傲风月。他曾写了冠以致语的《采桑子》鼓子词十一首来歌咏美丽的自然景色①，又用《渔家傲》的新腔写了《十二月鼓子词》。在题材、体式上都是别开生面的。同时，他还开始作慢词，在《醉翁情趣外篇》中就有《千秋岁》、《摸鱼儿》等长调。他的词对后来作者产生了不小的影响。冯煦《〈宋六十一家词选〉例言》曾说他的词风“疏隽开子瞻，深婉开少游”。这是符合事实的。

晏几道的《小山词》　晏殊、欧阳修继承着五代词风，活跃在真宗、仁宗朝的词坛上。当时与他俩作风相近的名家篇章，还有宋祁的《玉楼春》(“红杏枝头春意闹”)、梅尧臣的《苏幕遮》(“落尽梨花春又了”)、赵抃的《折新荷引》和韩缜的《凤箫吟》等，而晏几道的出现，更将这种传统的词风延续到神宗、哲宗时期。

晏几道(约1030—1106)，字叔原，号小山。他是晏殊的第七子，早年过着豪华生活，爱好歌舞，天真放浪。但他缺乏营生处世的手腕，一旦走向社会，便进退失据，不能适应。熙宁七年(1074)，郑侠因反对新法被捕，

①　据曾慥《乐府雅词》卷上。《欧阳文忠公近体乐府》及《六一词》所载《采桑子》均为十三首，其中咏西湖者为十首，与《雅词》不同。

他也受到株连而下狱。晏几道是一位虽然出身相门却仕途邅迍，很不得意的人，直到元丰五年(1082)已五十余岁的时候，才做到了一个低级地方官——监颍昌许田镇。其生平事迹，几乎湮没无闻，但关于这位作家的个性，在黄庭坚《〈小山词〉序》中，却有一段极其生动的摹写：

余尝论叔原，固人英也，其痴亦自绝人。爱叔原者，皆愠而问其目。曰："仕途连蹇，而不能一傍贵人之门，是一痴也。论文自有体，不肯一作新进士语，此又一痴也。费资千百万，家人寒饥，而面有孺子之色，此又一痴也。人百负之而不恨，己信人，终不疑其欺己，此又一痴也。"

从这四痴的描绘中，晏几道真诚、傲兀、豪爽的个性和当时一般庸俗的既成秩序维护者对他的态度，全都透露出来了。晏几道这种个性使得他尽管出身于大富大贵的家庭，终于不能不"陆沉于下位"。个性和环境的矛盾造成了他失意落魄的命运，而这种个性在命运的推移中不断地发展，这就使得他的生活更加艰难，因而在其词作中，通过爱情生活的悲欢离合的描写，表现了一种极度哀怨感伤的情调：

醉别西楼醒不记。春梦秋云，聚散真容易！斜月半窗还少睡，画屏闲展吴山翠。　　衣上酒痕诗里字，点点行行，总是凄凉意。红烛自怜无好计，夜寒空替人垂泪！

——《蝶恋花》

曲阑干外天如水，昨夜还曾倚。初将明月比佳期，长向月圆时候望人归。　　罗衣著破前香在，旧意谁教改？一春离恨懒调弦，犹有两行闲泪宝筝前！

——《虞美人》

他那盛极而衰的身世，与李后主有些相似。所以他的词风，也颇受其影响。前人每将二晏并称，因为他们父子都属婉约一派。但小晏在艺术技巧上比大晏又进一层，其成就是超过了他的父亲的。《小山词》细腻而曲折，在婉字上用力尤深，如《鹧鸪天》"梦魂惯得无拘检，又踏杨花过谢桥"、《生查子》"弦语愿相逢，知有相逢否?"《蝶恋花》"明年应赋送君诗，细从今夜数，相会几多时?"作者在表达这些复杂的感情时，绝不出以平铺直叙，而是用奇妙的构思使辞意反复回荡，步步深入，读来动人心弦，余味无穷。

晏几道的《小山词》原名《乐府补亡》，共二百余首，多为令词，这是他在徽宗建中靖国元年(1101)之前结集的。他自己曾为此写了一篇短序，"感光阴之易迁，叹缘境之无实"，文笔优美，是一篇凄婉的回忆录。他说："尝思感物之情，古今不易。窃以谓篇中之意，昔人所不遗，第于今无传尔。故今所制，通以补亡名之。"可见这位词人是主动地注意到，要在自己的创作中体现新的感情，开辟新的意境的：

> 梦后楼台高锁，酒醒帘幕低垂。去年春恨却来时，落花人独立，微雨燕双飞[①]。　　记得小蘋初见，两重心字罗衣。琵琶弦上说相思，当时明月在，曾照彩云归。
>
> ——《临江仙》

> 初心已恨花期晚，别后相思长在眼。兰衾犹有旧时香，每到梦回珠泪满。　　多应不信人肠断，几夜夜寒谁共暖？欲将恩爱结来生，只恐来生缘又短。
>
> ——《玉楼春》

> 彩袖殷勤捧玉钟，当年拼却醉颜红。舞低杨柳楼心月，歌尽桃花扇底风。　　从别后，忆相逢，几回魂梦与君同。今宵剩把银釭照，

---

① "落花"二句原为五代翁宏五言律诗《春残》的第三四句，晏词袭用之。沈祖棻《宋词赏析》第五十六页(上海古籍出版社 1980 年出版)对此事有详细分析，可参看。翁诗见《全唐诗》卷七百六十二。

犹恐相逢似梦中。

——《鹧鸪天》

这些作品写的或是相别相思的惆怅和痛苦，或是相逢的欢欣，但感情却是如此深沉而又奔放，温柔而又真率，因而给我们的印象，就绝不是一个玩弄者对一个被玩弄者在感情上的粉饰，而是爱侣们燃烧着的心灵的毫无顾忌的倾吐。不能不令人感到，在晏几道词中出现的这些“歌儿酒使”的形象，比起另外一些词人作品中的同类形象来，是更其被尊重的，是更其近于一个独立的“人”的。

与这一点相通连，晏几道在许多词里描写了妇女们，特别是处在微贱地位的妇女们的善良的性格和悲苦的命运，描写了她们在富贵丛中的奴隶生活和渴望自由与幸福的心情：

笑艳秋莲生绿浦，红脸青腰，旧识凌波女。照影弄妆娇欲语，西风岂是繁华主！　　可恨良辰天不与，才过斜阳，又是黄昏雨。朝落暮开空自许，竟无人解知心苦。

——《蝶恋花》

守得莲开结伴游，约开萍叶上兰舟。来时浦口云随棹，采罢江边月满楼。　　花不语，水空流，年年拚得为花愁。明朝万一西风动，争奈朱颜不耐秋。

——《鹧鸪天》

日日双眉斗画长，行云飞絮共轻狂，不将心嫁冶游郎。　　溅酒滴残歌扇字，弄花熏得舞衣香，一春弹泪说凄凉。

——《浣溪沙》

这些词利用了不同的题材和艺术手段来接触了某种女性的生活真实。第一篇用隐喻，第二篇用显比，而第三篇则直接地揭开了一位歌伎的内心矛盾。这些词继承并发展了花间派温、韦的写作技巧，而无比的同情心和对这样一些妇女的深刻理解，则是小晏作品独有的特色。

在风格上，晏几道有他父亲的明丽而无其雍容，有欧阳修的深永而无其放旷。他将自己不随流俗而沉沦下位的生活经历与感受，溶解在离合悲欢的题材里，使其作品具有较为浓重的感伤色彩，体现着对人生的忧患意识，一往情深，凄楚动人。这却是别的作家所不及的。

第二节　承先启后的词人——范、张

宋初词坛直接继承南唐二主和冯延巳，同时，以西蜀词人为主的花间派也对之不无影响。这一时期，晏、欧之外，异军突起的词人是范仲淹和张先。他俩在宋词的发展上起了承先启后的作用，范仲淹是苏轼词风的先行者，张先则是柳永词风的先行者。

范仲淹诸人与新词风的逐步显现　范仲淹（989—1052），字希文，苏州吴县人。他二岁丧父，家境贫寒，发愤力学。于大中祥符八年（1015）中进士。后得到晏殊的推荐，任秘阁校理。他是一位世所周知的政治革新家，也写过几首情柔语丽的词，例如：

纷纷坠叶飘香砌，夜寂静，寒声碎。真珠帘卷玉楼空，天淡银河垂地。年年今夜，月华如练，长是人千里。　　愁肠已断无由醉，酒未到，先成泪。残灯明灭枕头攲，谙尽孤眠滋味。都来此事，眉间心上，无计相回避。

——《御街行》

碧云天，黄叶地，秋色连波，波上寒烟翠。山映斜阳天接水，芳草无情，更在斜阳外。　　黯乡魂，追旅思，夜夜除非、好梦留人睡。明月楼高休独倚，酒入愁肠，化作相思泪。

——《苏幕遮》

这种念远伤离的作品，风味与晏、欧接近，但风格较爽朗些，意境更开阔些。而如以芳草暗喻所思念的远人，则显然是受了《花间集》作者牛希济的《生查子》“记得绿罗裙，处处怜芳草”的影响。等到他镇守边关抗击西夏时，由于疆场生活的磨砺激发和参与军政活动的斗争经历等多方面的因素，使得他的词风为之一变，显现了一种高旷的意境和悲壮的情调，就和五代以来的传统风格大为不同了：

> 塞下秋来风景异，衡阳雁去无留意。四面边声连角起，千嶂里，长烟落日孤城闭。　　浊酒一杯家万里，燕然未勒归无计。羌管悠悠霜满地，人不寐，将军白发征夫泪。
>
> ——《渔家傲》

康定元年至庆历三年（1040—1043），范仲淹曾任陕西经略安抚副使兼知延州，亲临前线，抵御西夏的侵扰。他爱护士兵，推诚接待羌族，深得边民的拥戴和敬重，当时民歌中把他推崇为“西贼闻之惊破胆”的英雄①。这首词写了将士的辛勤和怀乡情绪，但同时又表现了他们为国立功的凌云壮志，如实地反映了当时驻防边塞的将军与战士们的生活。上片写景，并透过萧瑟的景色抒发了边塞寒苦、久戍思乡之情。下片以抒情为主，而情中有景，说明境遇虽然荒凉艰险，但面对着西夏侵略者，将士们决不会因怀念家乡而放弃守边杀敌的职责。“燕然未勒归无计”这句话真有笔力千钧之势，表现了崇高的爱国主义感情压倒了一切，使得将军和战士在保家卫国的共同目标下一致奋发了起来。词情苍凉悲壮，确是一首别开生面的作品。这充分说明了一条真理：作家的生活实践对作品的内容和风格是起决定作用的。

继范仲淹之后能一洗五代旧习的，还有王安石的几首作品。② 王安

---

① 孔平仲《谈苑》卷四：“宝元中，元昊叛，上知其（范仲淹）才兼文武，起帅延安。”后知庆州，“上以四路诸招讨委之，仲淹与韩琦谋，必欲收复灵夏、横山之地。边上谣曰：‘军中有一韩，西贼闻之心骨寒。军中有一范，西贼闻之惊破胆。’”

② 《艺概》卷四：“王半山词瘦削雅素，一洗五代旧习。”

石也是一位大政治家，他以天下为已任，所以能在咏史、怀古的歌词中表现出豪迈高远的作风：

伊、吕两衰翁，历遍穷通，一为钓叟一耕佣。若使当时身不遇，老了英雄。　　汤、武偶相逢，风虎云龙，兴王只在笑谈中。直至如今千载后，谁与争功。

——《浪淘沙令》

这首词挥洒自如，称心而谈，表示了对古代圣君贤相的景仰和向往。咏史即是咏怀。作者另有一首传诵当时的名篇，那就是《桂枝香·金陵怀古》：

登临送目，正故国晚秋，天气初肃。千里澄江似练，翠峰如簇。征帆去棹残阳里，背西风、酒旗斜矗。彩舟云淡，星河鹭起，画图难足。　　念往昔、繁华竞逐，叹门外楼头，悲恨相续。千古凭高对此，漫嗟荣辱。六朝旧事随流水，但寒烟衰草凝绿。至今商女，时时犹唱，《后庭》遗曲。

这是作者在治平四年(1067)知江宁府时所作，杨湜《古今词话》[①]云："金陵怀古，诸公寄调于《桂枝香》凡三十余家，惟介甫为绝唱。"此词之所以被推为绝唱，正在于它的豪气高境不同凡响。它上片写出了金陵的壮丽江山，下片通过对六朝兴亡的回顾，既讥刺了沉湎于声色之乐的腐朽的统治阶级，又表示了对这种历史教训的无限感慨。因而具有深刻的政治含义。

当时借咏史怀古来抒发豪情壮志的作品，还有李冠的《六州歌头》。冠字世英，历城(今山东济南市)人。据《后山诗话》记载，他的《蝶恋花》"朦胧淡月云来去"之句，王安石以为超过了张先的名句"云破月来花弄

① 杨湜《古今词话》原佚，有赵万里辑本，今已收入唐圭璋《词话丛编》增补本中。

影”；而《六州歌头》则“道刘、项事，慷慨雄伟。刘潜，大侠也，喜诵之”。其词如下：

> 秦亡草昧，刘项起吞并。鞭寰宇，驱龙虎，扫欃枪，斩长鲸。血染中原战，视余耳，皆鹰犬。平祸乱，归炎汉，势奔倾。兵散月明，风急旌旗乱，刁斗三更。共虞姬相对，泣听楚歌声，玉帐魂惊，泪盈盈！
> 念花无主，凝愁苦，挥雪刃，掩泉扃！时不利，骓不逝，困阴陵。叱追兵，呜喑摧天地，望归路，忍偷生。功盖世，成闲纪，建遗灵。江静水寒烟冷，波纹细、古木凋零。遣行人到此，追念益伤情，胜负难凭！

这首词咏叹了楚汉相争中项羽从起兵到失败的史迹，充满了苍凉激越的情调，可算是一种创格，对后来的张孝祥所作同调词起了示范作用。

范仲淹和王安石等只是偶尔填词，范词现存五首，王词现存二十七首，但他们的艺术风格不同于晏、欧等词家，不妨说是苏轼开创豪放派的先驱和同调。

张先的《张子野词》 和晏殊、范仲淹同时代的张先(990—1078)，字子野①，乌程(今浙江湖州市)人，天圣八年(1030)进士。曾任吴江知县、嘉禾判官。皇祐二年(1050)，晏殊以观文殿大学士知永兴军、兼京兆尹，任他为通判，常相唱和。嘉祐六年(1061)，他到汴京任都官郎中，与宋祁、欧阳修、王安石、苏轼等均有往还。晚年游赏于杭州、湖州之间，留连花酒，与歌儿舞女为伍，苏轼赠诗曾有“诗人老去莺莺在，公子归来燕燕忙”之句(《张子野年八十五，尚闻买妾，述古令作诗》)，可见其留连市井风月生活的一斑。他的诗多有佳句，如《湖州西溪》云：“浮萍断处见山影，野艇归时闻草声。”《东坡题跋》卷三《题张子野诗集后》说：“子野诗笔老健，歌词乃其余波耳。”他的词集名为《安陆词》，通称《张子野词》，现存一百八十多首。

---

① 北宋有两个张先字子野的名人。另一位是博州高唐人，枢密副使张逊之孙，曾与欧阳修同在洛阳的西京留守幕府，为八老之一，见《宋史》卷二百六十八。

张词长于言情，颇多名作，如《一丛花令》：

伤高怀远几时穷？无物似情浓。离愁正引千丝乱，更南陌、飞絮蒙蒙。嘶骑渐遥，征尘不断，何处认郎踪？　双鸳池沼水溶溶，南北小桡通。梯横画阁黄昏后，又还是斜月帘栊。沉恨细思：不如桃杏，犹解嫁东风！

这是张先青年时代的作品，写一位少女在与情人离别以后的相思和愁恨①。上片由情写景，“无物似情浓”这句话表现了她内心的炽热。下片由景及情，从鸳鸯戏水而回想到过去与情人相会的欢娱，环顾目前的孤身只影，不能不“沉恨细思”，从心底里发出了怨愤的呼声：“不如桃杏，犹解嫁东风！”词中女主人感叹自己的命运连被东风吹开又被东风吹落的桃杏都比不上。作者这种新奇的比喻和具有深沉悲剧感的细腻构思，在当时就博得人们的赞赏，欧阳修就因此而戏称他为“桃杏嫁东风郎中”（见范公偁《过庭录》）。又如《天仙子》一阕：

水调数声持酒听，午醉醒来愁未醒。送春春去几时回？临晚镜，伤流景，往事后期空记省。　沙上并禽池上暝，云破月来花弄影②。重重帘幕密遮灯，风不定，人初静，明日落红应满径。

---

① 杨湜《古今词话》：“张先字子野，尝与一尼私约，——其老尼性严——每卧于池岛中一小阁上，俟夜深人静，其尼潜下梯，俾子野登阁相遇。临别，子野不胜惓惓，作《一丛花》词以道其怀。”萧涤非《张先〈一丛花〉的本事辩证》谓杨说可信。文载《乐府诗词论薮》，齐鲁书社 1985 年出版。

② 郭辑本李颀《古今诗话》“有客谓张三影”条：“张子野郎中善歌词，尝作《天仙子》云：‘云破月来花弄影。’士大夫皆称之。子野初谒欧公，迎之坐，语曰：‘好“云破月来花弄影”，恨相见之晚也。’有客谓张子野曰：‘人皆谓公为张三中，即心中事，眼中泪，意中人也。’公曰：‘何不目我三影？’客不晓。公曰：‘“云破月来花弄影”，“娇柔懒起，帘压卷花影”，“柳径无人，坠风絮无影”，此予平生所得意也。’”见《宋诗话辑佚》卷上。

这是庆历元年(1041)张先五十二岁任嘉禾判官时创作的。上片写愁闷无聊,由午及晚;下片则专写晚景,“沙上并禽”是对照自己的孤独。“云破”一句写天上的浮云在流动,地下的花影也在摇晃,暗示着风力不小,为下句“遮灯”、“落红”埋下了伏笔。《人间词话》说:“云破月来花弄影,着一弄字而境界全出矣。”的确,此句不仅好在影字,而且动词弄字用得更好,配合奇妙。张先好用影字,除自己标举的《天仙子》等三首之外,还有下列二首:

> 乍暖还轻冷,风雨晚来方定。庭轩寂寞近清明,残花中酒,又是去年病。　　楼头画角风吹醒,入夜重门静。那堪更被明月,隔墙送过秋千影!
>
> ——《青门引》

> 龙头舴艋吴儿竞,笋柱秋千游女并。芳洲拾翠暮忘归,秀野踏青来不定。　　行云去后遥山暝,已放笙歌池院静。中庭月色正清明,无数杨花过无影。
>
> ——《木兰花》

这些作品都给与读者以闲静而又朦胧的印象,显示了张词追求韵味、善于含蓄的特色。

张先是与柳永共同跨进慢词领域的,晁无咎曾说:“张子野与柳耆卿齐名,而时以子野不及耆卿,然子野韵高,是耆卿所乏处。”(见吴曾《能改斋漫录》卷十六“黄鲁直词谓之著腔诗”条)这客观地比较了张、柳的成就,也指出了张词在韵味方面的优点。由于张先也很熟悉市井生活,所以他已较早地接触到了市井流行的乐调,谱写了一些慢词,如《山亭宴慢》、《少年游慢》、《谢池春慢》、《剪牡丹》、《倾杯》、《熙州慢》等,兹举两例如下:

> 缭墙重院,时闻有、啼莺到。绣被掩余寒,画帘明新晓。朱槛连

空阔，飞絮无多少。径莎平，池水渺。日长风静，花影闲相照。
尘香拂马，逢谢女，城南道。秀艳过施粉，多媚生轻笑；斗色鲜衣薄，
碾玉双蝉小。欢难偶，春过了。琵琶流怨，都入相思调。

——《谢池春慢·玉仙观道中逢谢媚卿》

丽日千门，紫烟双阙，琼林又报春回。殿阁风微，当时去燕还来。
五侯池馆频开，探芳菲、走马天街。重帘人语，辚辚绣轩，远近轻雷。
雕觞霞滟，翠幕云飞，楚腰舞柳，宫面妆梅。金猊夜暖，罗衣暗裛
香煤。洞府人归，放笙歌、灯火下楼台，蓬莱。犹有花上月，清影徘徊。

——《宴春台慢·东都春日李阁使席上》

这些词反映了作者对都市生活的眷恋。比起晏、欧来，已经有了较多的夸张与铺叙，特别是对物象和心理上某些细节的精微刻画，更显得突出。但在层次、结构诸方面，都不够细密，显示了长调慢词初兴，尚未成熟的特点。此外如《卜算子慢》写伤春伤别，《破阵乐》写钱塘繁华，都见出作者具有很强的描写能力，对慢词的发展起到了促进作用。从张先开始，词中长调逐渐兴盛起来。

正由于此，张先在词史上占有不可忽视的地位，他的创作体现了从五代传统到宋代新风这一历史性的转变。他活了八十九岁，在这漫长的岁月中，北宋帝国经济日益繁荣，都市日益发达，因而歌词也由为少数上层社会中人所爱好的样式扩大为市民各阶层所共有的艺术。他曾经和晏殊、欧阳修一道追随过五代词人的步伐，也曾在都市繁荣的物质生活刺激下写出了和柳永作风近似的篇章。这样，他就很自然地成为晏、欧和柳、苏之间的一座桥梁。他以老寿的年龄做了词史上这一转变的见证人，又以自己的创作实践推动了这一转变。陈廷焯在《白雨斋词话》卷一中指出："张子野词，古今一大转移也。前此则为晏、欧，为温、韦，体段虽具，声色未开；后此则为秦、柳，为苏、辛，为美成、白石，发扬蹈厉，气局一新，而古意渐失。子野适得其中，有含蓄处，亦有发越处，但含蓄不似温、韦，发越亦不似豪苏、腻柳，规模虽隘，气格却近古。"这个论断，是中肯的。

第三节　发展长调慢词的柳永

柳永的生平事迹及其创作道路　和晏、欧、范、张大体上生活在同一时期，而以自己的创作体现了不同于五代词风的新面貌，并在词的形式和技巧方面大有发展提高的是柳永①，他原名三变，字耆卿，又字景庄，因家族内排行第七，俗呼柳七，崇安（在今福建省）人。父亲柳宜曾任工部侍郎，叔父柳宏任光禄寺卿。柳永青少年时代流连坊曲，虽以风流文采知名于世，却被封建统治者所嫌弃。他应试于汴京时，曾经有人向仁宗皇帝举荐，仁宗因为他是著名的“填词柳三变”，便叫他“且去填词”，“由是不得志，日与猥子纵游娼馆酒楼间，无复检率，自称云：‘奉圣旨填词柳三变’。”（见《艺苑雌黄》“柳三变”条，郭辑本《宋诗话辑佚》卷下）在屡试不第之后，他曾经填了一首《鹤冲天》词，自我解嘲地说：

> 黄金榜上，偶失龙头望。明代暂遗贤，如何向？未遂风云便，争不恣游狂荡？何须论得丧，才子词人，自是白衣卿相。　　烟花巷陌，依约丹青屏障。幸有意中人，堪寻访。且恁偎红倚翠，风流事，平生畅。青春都一饷。忍把浮名，换了浅斟低唱！

这首词写出了他玩世不恭的人生观，同时也流露了科场失意的愤激之情。“才子词人”、“白衣卿相”的自我安慰，“忍把浮名，换了浅斟低唱”的大胆言行，都是和封建道德、伦理规范不相容的。当然，柳永的思想并没有再向前跨进一步，他并未与封建伦理道德的思想体系直接对抗。只是由于遭受到统治者的排斥，由于生活上和城市平民比较接近，他的思想意识中确实有一些新的东西。与这种思想感情相联系，他对爱情的歌唱就有了新的意境：

---

①　柳永的生卒年史无记载，唐圭璋《柳永事迹新证》推断为 987—1053，见《文学研究》1957 年第 3 期；李国庭《柳永生年及行踪考辨》推断为 980—1050，见《福建论坛》1981 年第 5 期。

自春来惨绿愁红，芳心是事可可。日上花梢，莺穿柳带，犹压香衾卧。暖酥消，腻云亸、终日厌厌倦梳裹。无那，恨薄情一去，音书无个！　早知恁么，悔当初、不把雕鞍锁。向鸡窗、只与蛮笺象管，拘束教吟课。镇相随，莫抛躲，针线闲拈伴伊坐，和我，免使年少光阴虚过。

——《定风波》

洞房记得初相遇，便只合，长相聚。何期小会幽欢，变作别离情绪。况值阑珊春色暮，对满目乱花狂絮。直恐好风光，尽随伊归去。　一场寂寞凭谁诉，算前言，总轻负。早知恁地难拚，悔不当时留住。其奈风流端正外，更别有系人心处；一日不思量，也攒眉千度。

——《昼夜乐》

可以看出，无论是前一篇以女性口吻写的，或后一篇以男性口吻写的，都体现了当时市民阶层对于爱情的看法。他们所感到遗憾的，是"自古及今，佳人才子，少得当年双美"（《玉女摇仙佩》），所感到兴趣的则是"美人才子，合是相知"（《玉蝴蝶》）。柳永的词就是这样替市民群众唱出了共同的心声。以郎才女貌的要求替代了门当户对的标准，以热烈而细腻的、少所顾忌的描写替代了含蓄的作风，乃是这些作品的特色。它不只是柳永个人流连坊曲的生活史，也正是一般城市平民的婚姻生活和审美理想的如实反映。这类作品虽然风格不高，其中一部分还不免夹杂庸俗、猥亵的气息，但对于封建统治阶级的思想体系，仍不失为一种冲击的力量。张舜民《画墁录》卷一载，柳永因填词得罪了皇帝，吏部不肯任以官职。他不堪冷落，便去拜会当时的执政大臣晏殊。晏殊问他："贤俊作曲子么?"柳永回答说："只如相公亦作曲子。"晏殊说："殊虽作曲子，不曾道'彩线慵拈伴伊坐'。"柳永无词以对，只好走了。这一场针锋相对的谈话，正好说明由士大夫之词到市民阶层之词的内涵及风格的演变，以及它们之间所存在着的审美观念上的差异和矛盾。

就这样，柳永长期被摈斥于官场之外，浪迹于市井之间。他曾到处漫游，由汴河东下江淮，向南到泗州、扬州、苏州、杭州和会稽，又自汴京西至洛阳、长安、成都，还到过湖北、湖南一带。晚年改名永，才于景祐元年(1034)考中进士，在浙江做过几任小官，如睦州团练推官、定海晓峰场盐官和屯田员外郎等。在盐场任职时，他作有《鬻海歌》长诗一首，写出了劳动人民辛苦制盐的过程，对受到残酷压榨的盐民表示了深切的同情。柳永虽然由于自己的思想行为不尽符合统治者的要求而在政治上受到了排挤，但他动人的作品却赢得了社会群众的热爱，当他穷困而死后，“远近之人，每遇清明日，多载酒肴，饮于耆卿墓侧，谓之吊柳会”(见曾敏行《独醒杂志》卷四)。民间艺人甚至把他的故事编成小说，搬上舞台，如话本《柳耆卿记》、《众名姬春风吊柳七》，以及戏文杂剧《柳耆卿诗酒玩江楼》等。

柳永的歌词在当时以及后世之所以为人爱好，是由于他能运用通俗的语言真实地反映社会生活，特别是表现了在此之前文学作品中较少出现的市民情调。在形式上，它又发展了以前虽有但却不为作家们所常用因而也流行不广的慢词。宋翔凤《乐府余论》指出，北宋到了仁宗时代，“中原息兵，汴京繁庶，歌台舞席，竞赌新声。耆卿失意无俚，流连坊曲，遂尽收俚俗语言编入词中，以便使人传习，一时动听，散布四方。其后东坡、少游、山谷辈相继有作，慢词遂盛。”这简明扼要地说明了柳永新的创作道路及其影响。

柳永发展慢词的四种方式　慢词并非始于柳永。敦煌发现的《云谣集杂曲子》中，已有一百零四字的长调《内家娇》和一百零十字的《倾杯乐》；文人模仿试作的慢词，如《尊前集》所载杜牧[八六子]有九十字，《花间集》所载薛昭蕴[离别难]有八十七字。足见唐代中叶以来兴起的曲子词，短小的令词和长调慢词是早已有之而且并存的。但晚唐以迄宋初，在词坛占优势的仍然是小令。直到柳永为了在内容上能反映丰富的城市社会生活和复杂的思想感情，他才以全力写作慢词，促进了词体的发展，在词史上作出了新贡献。他的《乐章集》现存歌词二百多首，按宫调编排，其中十之七八是慢词。

柳永发展慢词大体上有四种方式：

首先是利用民间原有的词调。敦煌曲子词调名见于《乐章集》者共十六阕，其中《倾杯乐》全同，《凤归云》、《内家娇》部分相同，此外如《斗百花》、《玉女摇仙佩》、《凤衔杯》、《慢卷绌》、《征部乐》和《洞仙歌》等调也有直接或间接的继承关系。

第二是旧曲新翻。《宋史·乐志》云："太宗洞晓音律，前后亲制大小曲及因旧曲创新声者，总三百九十。……因旧曲造新声者五十八。"柳永受到这种风气的启发，便根据仍旧流行于市井间的唐代宫廷和教坊旧曲，翻新为词调。如从大曲、法曲、曲破中翻为慢词新腔者有《雨霖铃》、《法曲献仙音》、《法曲第二》、《促拍满路花》和《尾犯》等。

第三是由小令扩展为慢词，从短章铺衍为长篇。如《定风波》、《玉蝴蝶》、《婆罗门》、《长相思》、《望远行》、《十二时》等，在敦煌曲子词中是小令，到柳词已演变为慢词(详唐圭璋、潘君昭《论柳永词》，载《词学研究论文集》，上海古籍出版社 1982 年版)。再如《女冠子》，在《花间集》中是小令，前段五句，后段四句，共四十一字：

> 四月十七，正是去年今日。别君时，忍泪佯低面，含羞半敛眉。不知魂已断，空有梦相随。除却天边月，没人知。
>
> ——韦庄《女冠子》

而到柳永手里，却发展为前段十句、后段十一句共一百十一字的长调：

> 淡烟飘薄，莺花谢、清和院落。树阴翠、密叶成幄。麦秋霁景，夏云忽变奇峰、倚寥廓。波暖银塘涨，新萍绿鱼跃。想端忧多暇，陈王是日，嫩苔生阁。　　正铄石天高，流金昼永，楚榭光风转蕙，披襟处、波翻翠幕。以文会友，沉李浮瓜忍轻诺。别馆清闲，避炎蒸、岂须河朔。但尊前随分，雅歌艳舞，尽成欢乐。
>
> ——柳永《女冠子》

不仅字数大增，而且韵律和音节也起了变化，成了与小令完全不同的宛转曲折的新腔。

第四是自创新调。唐五代词或不分片，或只有前后两叠。柳永从内容出发进行了开拓。除了重新创制二叠的慢词如《笛家弄》等以外，还创造性地把二叠发展为三叠，如《曲玉管》、《夜半乐》等。特别是他自己独创的三叠词《戚氏》一首，竟长达二百十二字：

晚秋天，一霎微雨洒庭轩。槛菊萧疏，井梧零乱惹残烟。凄然！望江关，飞云黯淡夕阳间。当时宋玉悲感，向此临水与登山。远道迢递，行人凄楚，倦听陇水潺湲。正蝉吟败叶，蛩响衰草，相应喧喧。

孤馆度日如年。风露渐变，悄悄至更阑。长天净，绛河清浅，皓月婵娟。思绵绵，夜永对景，那堪屈指，暗想从前。未名未禄，绮陌红楼，往往经岁迁延。　　帝里风光好，当年少日，暮宴朝欢。况有狂朋怪侣，遇当歌、对酒竞流连。别来迅景如梭，旧游似梦，烟水程何限！念利名、憔悴长萦绊。追往事、空惨愁颜。漏箭移、稍觉轻寒。渐呜咽、画角数声残。对闲窗畔，停灯向晓，抱影无眠。

第一叠十五句七十三字，第二叠十三句五十五字，第三叠十六句八十四字，极尽夸饰铺张之能事。此词之主旨是写游宦失意而追念往日京城生活之乐，笔触细腻，展示了作者在一个黄昏到深夜的全部内心活动，他的欢乐、哀愁、回忆、忏悔，都在委婉的絮语中尽情地倾吐了出来，而其形式则与之十分调协。

柳永深明音律，熟悉唐代的旧曲，又遍习宋代的新声，因此他能发挥独创性，制新调，填新词，为其后的词奠定了繁荣昌盛的基础。李清照《词论》说得好："逮至本朝，礼乐文武大备，又涵养百余年，始有柳屯田永者，变旧声作新声，出《乐章集》，大得声称于时。"这种对柳永创制新腔慢词的功绩的肯定，出自眼界甚高的女词人，是值得注意的。

柳词的创作内容和艺术特征　柳永在当时曾被士大夫视为无行的浪子，"好为淫冶讴歌之曲，传播四方"（见吴曾《能改斋漫录》卷十六"柳三变词"条）。其实，他所写的艳冶之词，在《乐章集》中只占四分之一，如《迷仙引》、《少年游》、《昼夜乐》等，其中格调低下的更不很多。作为一个用毕生精力从事慢词制作的词人，柳永集子里所反映的社会生活，是比他人更加广阔一些和新鲜一些的，如对都市文明的歌颂就是新的主题之一：

东南形胜，三吴都会，钱塘自古繁华。烟柳画桥，风帘翠幕，差参十万人家。云树绕堤沙。怒涛卷霜雪，天堑无涯。市列珠玑，户盈罗绮竞豪奢。　　重湖叠巘清嘉，有三秋桂子，十里荷花。羌管弄晴，菱歌泛夜，嬉嬉钓叟莲娃。千骑拥高牙。乘醉听箫鼓，吟赏烟霞。异日图将好景，归去凤池夸。

——《望海潮》

这篇作品非常生动地描写了大都市杭州的繁华和湖山自然景色的壮丽。北宋到了仁宗时代，城市经济发达，物质文明高涨，市民生活活跃的一面，在这个善于体察市民的精神状态，并善于用他的审美意识去反映生活的作家笔下，得到了鲜明的表现。这类歌词在《乐章集》中也约占四分之一，如《木兰花慢》和《瑞鹧鸪》之写苏州，《笛家弄》、《倾杯乐》和《透碧霄》之写汴京，都为前此所无。所以范镇曾说："仁宗四十二年太平，镇在翰苑十余载，不能出一语咏歌，乃于耆卿词见之。"（见祝穆《方舆胜览》卷十一）

柳永造诣最高的是抒写离人思妇和羁旅行役的作品，这类歌词在《乐章集》中占二分之一，有一百多首。这位在政治上失意的词人，为了生活和其他原因，不得不离开繁华的都市和依恋的情人，怀着一颗飘泊的心，流浪于南北各地，有时还滞留在古道荒原，寒江野岸，遭受着凄凉和寂寞的侵袭。在这种境遇里，身世之感，羁旅之恨，就更加突出，而这种感情也就往往变得更深刻，更真挚，更严肃了。这样，就使得他突破了平日为人们习见的弄脂调粉的作风，而写出了如下的一些不朽的名篇：

寒蝉凄切。对长亭晚，骤雨初歇。都门帐饮无绪，方留恋处，兰舟催发。执手相看泪眼，竟无语凝咽。念去去千里烟波，暮霭沉沉楚天阔。　　多情自古伤离别，更那堪冷落清秋节。今宵酒醒何处，杨柳岸、晓风残月！此去经年，应是良辰好景虚设。便纵有千种风情，更与何人说？

——《雨霖铃》

对潇潇暮雨洒江天，一番洗清秋。渐霜风凄紧，关河冷落，残照当楼。是处红衰翠减，苒苒物华休。惟有长江水，无语东流。　不忍登高临远，望故乡渺邈，归思难收。叹年来踪迹，何事苦淹留？想佳人妆楼凝望，误几回、天际识归舟。争知我，倚阑干处，正恁凝愁！

——《八声甘州》

冻云黯淡天气，扁舟一叶，乘兴离江渚。渡万壑千岩，越溪深处，怒涛渐息，樵风乍起，更闻商旅相呼，片帆高举。泛画鹢、翩翩过南浦。　望中酒旆闪闪，一簇烟村，数行霜树。残日下、渔人鸣榔归去。败荷零落，衰杨掩映，岸边两两三三，浣纱游女，避行客、含羞笑相语。　到此因念，绣阁轻抛，浪萍难驻。叹后约丁宁竟何据？惨离怀、空恨岁晚归期阻。凝泪眼、杳杳神京路。断鸿声远长天暮。

——《夜半乐》

这些词反映了作者对自然景物的深刻感受和高妙的描写手段，也表现了一个旅途飘泊者的苦闷心情。《雨霖铃》描写的是一个分别的场面，但这个场面所充塞的悲痛气氛，却暗示了过去爱情生活的美满和今后沉重得难以担负的相思之情。它的内容虽然比较单纯，然而感情是异常诚挚的。《八声甘州》则进一步展开了作者内心的矛盾。对无聊的现实生活的嫌恶，和对恋情的向往，在作者的心胸中激荡着。使得飘泊者产生这种心情的典型环境，则是极其富有特征的深秋景色。《夜半乐》共分三叠，第一叠写旅途经历，第二叠是沿途景物，第三叠由景入情，深深地抒发了一位游子沦落江湖的离愁。此词在结构上大开大阖，气魄宏伟。前两叠平叙，从容不迫，末叠则突然转为急促，一句一意，愈引愈深，作者去国离乡的感情也更为激动起来了。可以想像得到，当时歌唱起来，一定是前缓后急，声情相应，非常动听的。

柳词的艺术特征是长于铺叙，构思细密，布局完整，层次分明。王灼《碧鸡漫志》卷二指出："柳耆卿《乐章集》，世多爱赏该洽，序事闲暇，有首有尾，亦间出佳语，又能择声律谐美者用之。惟是浅近卑俗，自成一体，不知书者尤好之。"周济在《宋四家词选》中也说："柳词总以平叙见长，或发端，或结尾，或换头，以一二语钩勒提掇，有千钧之力。"从语言艺术上来看，柳词通俗流利，极富音乐性。当时的文人都指责他鄙俗，其实，柳永吸收大量口语入词，乃是为了适合市民群众的口味。《四库全书总目》卷一百九十八《乐章集》提要认为："盖词本管弦冶荡之音，而永所作旖旎近情，使人易入，虽颇以俗为病，然好之者终不绝也。"正由于此，才会"凡有井水饮处，即能歌柳词"（见叶梦得《避暑录话》卷下）。况周颐《蕙风词话》卷三曾说："柳屯田《乐章集》为词家正体之一，又为金、元以还乐语所自出。"况氏指出了柳词对金、元以来的说唱文学以及南北曲的用语提供了成功的先例，不失为很敏锐的观察。

柳永的主要贡献就在于以新鲜、通俗的语言，铺叙白描的手法，大量地发展了长调慢词，并用这种新体歌唱了北宋帝国繁荣时期的都市文明与市民生活，并在某种程度上反映了市民意识和封建思想的矛盾。他扩大了词的容量，丰富了歌词的表现力。这不仅直接影响了婉约派词家秦观、周邦彦等人，而且也为苏轼开创豪放派准备了有利条件。

第四章　苏轼在文学史上的杰出贡献

苏轼是经历北宋中期到后期的文学大家，他上承王禹偁、欧阳修的现实主义作风，下开其门下四学士和六君子等人才辈出的局面，成为欧阳修之后更为杰出的文坛领袖。

苏轼具有多方面的文艺才能，他以丰富的、广泛的创作实践完成了北宋的诗文革新运动，并把这种革新精神扩展到歌词的领域，转变了从晚唐五代以迄宋初的以婉约为主的词风，影响极为深远。

苏轼和他父亲苏洵及弟弟苏辙都是在欧阳修的提携下从事文学活动的。他们父子三人都对古文的继续发展作出了各自的贡献，尽管在仕途上历经挫折，但文学的耕耘却获得了丰收。《宋史·苏轼传论》说：

> 弱冠，父子兄弟至京师，一日而声名赫然，动于四方。既而登上第，擢词科，入掌书命，出典方州。器识之闳伟，议论之卓荦，文章之雄隽，政事之精明，四者皆能以特立之志为主，而以迈往之气辅之。故意之所向，言足以达其有猷，行足以遂其有为。至于祸患之来，节义足以固其守，皆志与气所为也。仁宗初读轼、辙制策，退而喜曰："朕今日为子孙得两宰相矣。"神宗尤爱其文，宫中读之，膳进忘食，称为天下奇才。二君皆有以知轼，而轼卒不得大用。一欧阳修先识之，其名遂与之齐，岂非轼之所长不可掩抑者，天下之至公也！

的确，苏轼是中国文学艺术史上稀有的多面手天才作家，在骈散文、诗、词、书法、绘画等各方面，他都有着不可企及的成就。这一人物，只有在祖国丰富而优秀的文化传统的长期孕育中才能产生。而他的出现，又标志着我国的传统文化在北宋时代又达到了新的高峰。

第一节　苏轼的生活道路和创作道路

眉山苏氏的家世　苏轼(1037—1101)，字子瞻，号东坡居士，眉州眉山(在今四川省)人。他的先世在东汉时占籍赵郡，至唐代苏味道以赵州栾城人任眉州刺史，其子孙始定居于眉山。

苏轼出身于一个富有文学传统的家庭里，祖父苏序虽未出仕，却“读书务知大义”，“诗多至千余篇”(曾巩《赠职方员外郎苏君墓志铭》)。父亲苏洵“为人聪明，辨智过人”(曾巩《苏明允哀词》)，但他看不起“属对声律”的时文，不愿意走科举求仕的道路，直到二十七岁才发愤读书，“遂通六经、百家之说，下笔顷刻数千言。”(《宋史》本传)母亲程氏，是一个善良而有知识的妇女，在苏轼十岁的时候，程氏为他讲述《后汉书·范滂传》，她自己也深深地被这位敢于和恶势力进行斗争甚至为正义献出自己生命的历史人物所感动了。当时苏轼问她说：假使我将来像范滂那样，你答应吗？程氏毫不犹豫地回答说：你能做范滂，难道我就不能做范滂的母亲吗！① 这样的家教，对于苏轼的成长，无疑地是极为有益的。苏轼和比他小两岁的弟弟苏辙，在父母的教育培养下，终于成为历史上的著名人物。

在嘉祐元年(1056)以前，苏轼是在自己的家乡度过的。这位作家的天才在儿童时期已经显露了不可逼视的光芒。他八岁进乡塾读书的时候，朝廷中范仲淹等正与吕夷简进行斗争，石介为着支持范仲淹而创作的《庆历圣德诗》很快地传到了眉山。年幼的苏轼对于诗中所歌颂的为着祖国利益而向旧派官僚进行斗争的范仲淹、韩琦、富弼、欧阳修等人，就已经不胜向往之至了。在他十岁的时候，苏洵叫他写一篇习作《夏侯太初论》

---

①　据苏辙《东坡先生墓志铭》，见《东坡七集》卷首。苏辙《栾城后集》所收此文题为《亡兄子瞻端明墓志铭》，文字与《东坡七集》本略有出入。

(夏侯玄,字太初。《三国志·魏书》有传),他竟能写出“人能碎千金之璧,不能无失声于破釜;能搏猛虎,不能无变色于蜂虿”这种善于把握人物内心活动的句子①。在父亲的悉心教导和自己的刻苦钻研之下,他到了二十岁,已经成为“博通经史,属文日数千言”的作家。

嘉祐元年,苏轼二十一岁,苏洵将他兄弟俩带到了汴京。苏洵一方面把自己的著作送呈当时的文坛盟主欧阳修和其他一些知名之士,另一方面也向他们介绍了自己的两个儿子。爱才如命的欧阳修大加赞赏,于是,这几位从四川来的远方客人,就立刻在当时的政治和文化中心的汴京获得了盛名。

生平事迹和思想风貌 嘉祐二年(1057)正月,欧阳修主持礼部科试,苏轼和苏辙都考中了进士。欧阳修特别赞赏苏轼的《刑赏忠厚之至论》,曾兴奋地写信给梅尧臣说:“快哉!快哉!老夫当避路,放他出一头地也。可喜,可喜!”(《与梅圣俞》)并对自己的儿子欧阳发等人说:你们记着吧,再过三十年,就不会有人谈起我了(见朱弁《风月堂诗话》卷上)。欧阳修大力地提拔了门生苏轼,苏轼也丝毫没有辜负老师的赏识,这真是中国文坛上的佳话。

嘉祐二年四月,程氏在四川家中病逝,苏洵父子回蜀奔丧。直到嘉祐四年(1059)十月,父子三人再度赴京。这次乘舟经行三峡,沿途奇丽的山川和屈原塔、昭君村等古迹,激发他们的诗情,一路上写成了一百首诗歌,编成《南行集》(又名《江行唱和集》),其中苏轼的作品就有四十首。苏轼还为这个集子写了一篇序。这可说是他诗歌创作的起点。

嘉祐六年(1061),苏轼经欧阳修的推荐,参加了秘阁的制科考试,考取了贤良方正能言极谏科。这是朝廷为选拔高级人才而举办的一种特殊考试。苏轼为这次应试写出了二十五篇《进论》和二十五篇《进策》,系统

① 郭辑本《王直方诗话》“东坡作《夏侯太初论》”条:“东坡十岁,老苏令作《夏侯太初论》……老苏爱之,以少时所作,故不传,然东坡作《颜乐亭记》与《黠鼠赋》,凡两次用之。”王宗稷《苏文忠公年谱》系此事于庆历五年(1045),与《诗话》称十岁合,王文诰《苏文忠公诗编注集成总案》卷一则据旧谱引秦少章说此文乃苏轼“十来岁”作,系之庆历七年(1047)轼十二岁时。

地提出了他对前代治乱兴衰的看法和当前的政治主张，力劝仁宗改革弊政，励精图治。《进策》的内容有三部分：《策略》五篇分析了当时的政治形势，研究了治国之策；《策别》十七篇阐明了具体的改革措施，如《课百官》、《安万民》、《教战守》、《厚财货》、《训军旅》等；《策断》三篇提出了抗击辽、夏的策略，主张积极备战，反对因循苟且。为了缓和当时日趋尖锐的阶级矛盾和民族矛盾，他从政治、经济、军事等各方面向皇帝提出了一系列的革新建议，比王安石《上仁宗皇帝言事书》的议论更为透辟，但在提出的具体措施上，则与王安石有歧异。他说："臣窃以为当今之患，虽法令有所未安，而天下之所以不大治者，失在于任人，而非法制之罪也。"（《进策·策略三》）所以他提倡任人，而反对变法；提倡渐进的变革，而反对操之过急。这种早年就形成了的观点，对他一生的政治生涯产生了深远的影响。

在中了制科以后，苏轼被授予大理评事，任凤翔府签判。作为地方官，他开始较深入地接触复杂的社会和实际政治，在许多方面扩大了自己的眼界。治平三年（1066）四月，苏洵在汴京病逝，他和苏辙扶柩回川居丧。到熙宁二年（1069）二月还朝时，正碰上王安石在神宗的全力支持下开始变法。

苏轼立即站在保守派一方，接连上疏给神宗，竭力反对王安石的做法。熙宁四年（1071）二月，他两次上万言书，对新法进行了全面的非议。因为无效，就自请出任地方官。这时候，许多前朝旧臣因与王安石政见不合，也纷纷去职，离开了朝廷，其中有富弼、司马光、欧阳修等有影响的人物，曾巩、张方平和苏辙等也在其内。他先到杭州任通判，后调任密州、徐州、湖州的知州。值得注意的是，苏轼虽然反对新法，但和极端顽固的旧派有所不同。在新法推行的初期，他对限制贵族特权，增强国防力量诸方面，都曾表示赞同，只是他认为王安石的政策是"取天下之财与民争利"，因而力加反对。后来司马光要将新法完全废弃时，他又和司马光争论，认为应当保留其中合理的部分。可见他对于新法，并非盲目地否定一切。到了晚年，他在《与滕达道书》中甚至说："某欲见面一言者，盖为吾侪新法之初，辄守偏见，至有异同之论。虽此心耿耿，归于忧国，而所言差谬，少有中理者。"由此可见，苏轼在政治上并非是完全站在代表大地主利益的保守派一边的。正因为如此，他在长期的地方官任内，虽然抵制变法，却又时常利用他认为是合理的部分新法做一些对人民有利的事情。

在新法的推行过程中，由于宋朝官僚制度腐朽和官员素质低劣等原因，曾产生了某些副作用。苏轼与王安石的政见不同，因之他没有看到新法好的一面，而只看到新法施行过程中所产生的种种流弊，就以诗歌作为武器，尖锐地揭露了一些不良现象。苏轼在当时文名很大，这种诗歌流布四方，就成了守旧派反对新法的最有力的宣传品。在王安石当政的时期，这位杰出的政治家始终没有因为苏轼讽刺新法而对他进行过打击报复，但在王安石离职以后，变法派中的新进就群起陷害苏轼。元丰二年(1079)七月，当他移知湖州时，即以讪谤新政的罪名被逮至京，关在御史台的监狱里。这一起文字狱，就是著名的乌台诗案。苏轼在牢房中受尽苦楚，自度必死，曾写下《狱中寄子由》这种近于遗书的作品：

> 柏台霜气夜凄凄，风动琅珰月向低。梦绕云山心似鹿，魂飞汤火命如鸡。眼中犀角真吾子，身后牛衣愧老妻。百岁神游定何处，桐乡知葬浙江西。

神宗对苏轼本无恶感，一些元老重臣又纷纷上书营救，已经退隐的王安石也出面说："岂有圣世而杀才士者乎？"结果终于获得从轻发落，被贬为黄州团练副使(事详周紫芝《诗谳》及朋九万《东坡乌台诗案》)。

苏轼是元丰三年(1080)二月到达黄州的，这时他已经四十五岁了。因为在城东一块荒地上耕种自给，从此他就自号为东坡居士。在黄州四年多的贬谪生活，使他亲身践履了历史上许多英雄人物曾在这里活跃着的雄伟江山，写出了不少著名的作品；同时，在投闲置散中，他更深刻地体验着社会与人生，养成了他以广阔的胸怀、鄙夷不屑的态度来对待所加于他的迫害的那种特殊的斗争方式。当然，这是和他在这样的逆境中，其思想中原来就具有的老庄哲学有所发展是相关的。苏轼的思想以儒家为本，但受道家和佛家的影响也很深。他博览两家典籍，后来又与钱道人以及参寥、佛印等许多和尚来往，养成了达观出世的人生观。特别是到黄州以后，融会儒、释、道三家为一体的思想风貌在他身上更日益明显了。其中老庄哲学在苏轼的生活历程中，有时起着使他脱离现实的消极作用，有时又起着使他坚决抗拒流俗的积极作用。他的思想特点是主儒术而不迂腐，渗佛老而不沉溺。其世界观是比较复杂的，儒家的忠君爱民的思想，道家的因任自然，同死生、轻去就的思想，还有佛家的自我解脱的思想，都在不同的条件下表现在他的作品中。释道思想当然是消极的，但对冲破儒家思想的束缚又起着某种积极作用。

谪居黄州是苏轼生活道路和创作道路的转捩点。他在政治上虽受了打击，但在创作上却获得了丰收。苏轼早年的成就固然已经不同凡响，然而在元丰三年到黄州之后，这位大作家才进入更加成熟的时期。

元丰七年(1084)四月，苏轼被调任汝州团练副使，路过建康(今江苏省南京市)的时候，他去拜访了退居林下的王安石，畅谈古今文学，共同体会佛学，彼此都非常钦佩。王安石希望苏轼在建康定居，以便时常来往，苏轼听了非常神往，所以在《次荆公韵四绝》中，深情地写道："劝我试求三亩宅，从公已觉十年迟。"而王安石则对人叹息说："不知更几百年，方有如此人物。"(见《苕溪渔隐丛话》前集卷三十五引《西清诗话》；又见施元之注苏诗卷二十一《同王胜之游蒋山》题注)尽管他俩的政见不合，但并没有妨碍私人之间的友谊。

元丰八年(1085)三月，神宗去世，哲宗即位。太皇太后(英宗皇后)高氏临朝，政局完全改观，旧派人物恢复了原有的地位。司马光和文彦博执掌大权，贬逐变法派，彻底废除了新法。元祐元年(1086)，苏轼被召还朝，授以翰林学士、知制诰的重任。但他反对尽废新法，竟和司马光当面辩论了一场。从元祐元年到八年，是旧派得势的时期，但由于他的政治主张不合时宜，结果遭到了新旧两党的夹攻，陷入了朔党、洛党、蜀党互相排斥的无休止的纷争中。他不安于位，便一再要求离开朝廷，出任地方官。自元祐四年起，他以龙图阁学士的身份，先后出知杭州、颍州、扬州、定州。在这一时期里，他致力于地方性的赈济救荒、建立病坊、兴修水利、整饬军纪等工作。这些对人民有利的措施，使得他在离开这些地方之后，还被人民深深地怀念着。

高太后临朝虽只八年，却完全摧毁了王安石辛苦推行新法的成果，社会矛盾又扩大、尖锐起来了。元祐八年(1093)九月，高太后逝世，哲宗亲政，想挽救危机，摆脱内外交困的局面，再度起用了新党章惇、吕惠卿等人，于绍圣元年(1094)开始恢复新法。可是，这时候主张推行新法的人和新法的本身都变质了。他们和守旧派在事实上都已成了大地主的代理人，彼此之间的争执仅仅是宿怨旧恨和权势冲突，已没有进步与落后之分。这些捧着新法招牌的官僚们，虽然在本质上已和旧派没有根本的区别，然而基于严重的朋党之风，是不肯轻易放过他们的政敌的。君主多疑，小人多谗，在这种情况下，素来敢于直言的苏轼，首当其冲地被划入旧党一派，以“讥斥先朝”的罪名贬知英州，接着再贬至惠州。绍圣四年(1097)，新党掌权的朝廷普遍加重对元祐党人即旧党的惩罚，六十二岁的苏轼又一次遭到远谪，被贬为琼州别驾，到海南岛的儋州居住。正如陪伴他的小儿子苏过在《次大人生日》诗中所说：“直言便触天子嗔，万里远谪南海滨。”

海南岛在宋代是一个尚未开发的地区，从隋唐以来，只有犯了重罪的官员才流放到这里，来了以后，往往没有生还的希望。苏轼处在这样的环境里，居然把生死置于度外，他每日食芋饮水，著书赋诗，怡然自得。有时还背着一个大瓢，在田野间散步，高唱着自己创作的歌词《哨遍》。命运给这位老诗人安排着一条艰苦的道路，而老诗人却没有被吓倒。这期间，佛老思想又成了他求得自我解脱的精神武器，而且比黄州时期更加发展滋长了。他随遇而安，旷达乐观，终于走完了这段艰险的人生旅程。

元符三年(1100)正月，哲宗去世，徽宗继位，神宗的皇后向太后听政，苏轼遇赦北还。建中靖国元年(1101)七月间病逝常州。这一不幸消息传开后，在全国范围内引起了震惊。“吴越之民，相与哭于市；其君子，相与吊于家；讣闻四方，无贤愚皆咨嗟出涕；太学之士数百人，相率饭僧惠林佛舍。”(苏辙《东坡先生墓志铭》)后来，奸臣蔡京奏请朝廷严禁发卖苏轼的集子，可是越禁越流行。宋元以来，以他的生活为题材的民间故事、小说、戏剧就不断出现，历久不衰。这些事实证明，他是属于广大人民的。

第二节　散文世家

三苏的文论　苏洵、苏轼和苏辙在北宋的新古文运动中都有突出的造就，均属于唐宋八大家之列，合称为三苏，即老苏、大苏和小苏。

三苏的文学见解是大体相同的。他们一家僻处西蜀，没有受到宋初中原地带浮艳文风的不良影响。苏轼兄弟以父为师，接受了良好的教导，无怪乎初到汴京，就得到欧阳修的赏识。苏洵论文，强调"有为而作"，他取法于贾谊、陆贽，长于议论。在《上韩枢密书》中，他说："洵著书无他长，及言兵事，论古今形势，至自比贾谊。"苏辙在《东坡先生墓志铭》中则说苏轼"少与辙皆师先君"，在《历代论》引言中又说："予少而力学，先君，予师也；亡兄子瞻，予师友也。父兄之学，皆以古今成败得失为议论之要。"这可说是眉山苏氏一脉相承的家风。而重视评论史事，也正是为酌古准今，为了讨论和解决现实问题。在《凫绎先生诗集叙》中，苏轼写道：

> 昔吾先君适京师，与卿士大夫游，归以语轼曰："自今以往，文章其日工，而道将散矣。士慕远而忽近，贵华而贱实，吾已见其兆矣。"以鲁人凫绎先生之诗文十篇示轼曰："小子识之，后数十年，天下无复为斯文者也。先生之诗文，皆有为而作，精悍确苦，言必中当世之过，凿凿乎如五谷必可以疗饥，断断乎如药石必可以伐病。其游谈以为高，枝词以为观美者，先生无一言焉。"其后二十余年，先君既没，而其言存。

苏洵提出的"有为而作"的原则，其实质是"言必中当世之过"，意即文学应当积极干预生活，充分发挥为社会疗饥、伐病的作用。基于这个论点，苏氏父子不仅反对西昆派的贵华贱实，极力赞成"罢去浮巧轻媚、丛错采绣之文"（苏洵《答欧阳内翰书》），而且也反对理学家脱离实际的游谈空论。

对于文与道的关系，苏轼有自己的独创之见。他一方面推崇韩愈"文起八代之衰，道济天下之溺"（《潮州韩文公庙碑》），赞美欧阳修"学推韩愈、孟子，以达于孔氏，著礼乐仁义之实，以合于大道”（《〈六一居士集〉序》）；但另一方面，却进一步强调了文的重要性，其更重视文学的艺术特征。在文道合一的大前提下，欧阳修是文道并重，而苏轼则是先文后道。他曾引欧阳修的话说：“文章如精金美玉，市有定价，非人所能以口舌定贵贱也。”（《答谢民师书》）又说：“吾所为文必与道俱。”（见《朱子语类》卷一百三十九《论文上》）这就是因文以求道的意思，说明学文可以得文中之道，又可以得行文之道，从而纠正了理学家周敦颐阐述“文以载道”（《通书·文辞》）的片面性。

苏轼对道的理解与理学家有歧异，而且与韩、欧等人也不尽相同，在《日喻》一文中，他批评了“求道之过”，认为“道可致而不可求”。他认为不能空谈理论，而应重在实践，并以游泳为例，指出“日与水居”，“必将有得于水之道”。他这种可致而不可求的主张，表现在文艺创作上，就开辟了一条崇尚自然的创作道路。他在《文说》中自述：“吾文如万斛泉源，不择地而出，在平地滔滔汩汩，虽一日千里无难，及其与山石曲折，随物赋形而不可知也。所可知者，常行于所当行，止于不可不止，如是而已矣，其他虽吾亦不能知也。”在《答谢民师书》中也说：“大略如行云流水，初无定质，但常行于所当行，常止于所不可不止，文理自然，姿态横生。”基于这种理解，他就提倡艺术风格的多样化和生动性，反对千篇一律或违反自然的不良作风。在《答张文潜书》中，他批评了王安石企图以王氏新学强行统一儒林、文苑的思想：

> 文字之衰，未有如今日者也，其源实出于王氏。王氏之文，未必不善也，而患在于好使人同己。自孔子不能使人同，颜渊之仁，子路之勇，不能以相移，而王氏欲以其学同天下！地之美者，同于生物，不同于所生。惟荒瘠斥卤之地，弥望皆黄茅白苇，此则王氏之同也。

这就深刻地指出了强求一致，必将造成文学园地的荒芜和贫瘠。这种观点，显然与苏轼的作品能形成自己独特的风格，取得卓越的艺术成就，是分不开的。

苏轼的散文气势纵横，豪放自然，其弟苏辙曾经评论说："子瞻诸文皆有奇气。"(见苏籀《栾城遗言》，粤雅堂丛书本《双溪集》附录)这看出苏辙论文以气为主，在《上枢密韩太尉书》中，他又说："辙生好为文，思之至深，以为文者气之所形，然文不可以学而能，气可以养而致。孟子曰'我善养吾浩然之气'，今观其文章，宽厚宏博，充乎天地之间，称其气之小大。太史公行天下，周览四海名山大川，与燕赵间豪俊交游，故其文疏荡，颇有奇气。此二子者，岂尝执笔学为如此之文哉！其气充乎其中，而溢乎其貌，动乎其言，而见乎其文，而不自知也。"他认为文章离不开气势，所以为文必先养气：像孟子那样注重陶冶和深化内心世界，像司马迁那样广泛地接触外界事物。从苏氏父子三人的创作实践来看，他们正是致力于识见的培养，增广生活阅历，以激发其志气与文气而取得成功的。

苏洵　苏洵(1009—1066)，字明允。他是一位颇有政治抱负的人，其文风和战国时代的纵横家很接近。他四十八岁到汴京拜见欧阳修，献上自己的论文二十二篇，"书既出，而公卿士大夫争传之。其二子举进士，皆在高等，亦以文学称于世。眉山在西南数千里外，一日父子隐然名动京师，而苏氏文章遂擅天下"(见欧阳修《故霸州文安县主簿苏君墓志铭》)。当时的宰相韩琦也很欣赏他的文章，曾向仁宗推荐，召他入试，但他"辞疾不至"。所以苏洵虽然名震京华，而始终没有得到与其声名相称的官职，只在嘉祐五年时被任命为秘书省校书郎，六年除霸州文安县主簿，留京编纂《太常因革礼》一百卷，书编成后，旋即去世。

苏洵的作品现存《嘉祐集》十五卷。其中《权书》十篇是他的主要论著之一，据他自己说，书中所讨论的，"虽古人已往成败之迹，苟深晓其义，施之于今，无所不可。"(《上韩枢密书》)其另一重要著作《衡论》十篇，则更直接地研究了古今某些重大的政治措施，不仅论政治，而且还论军事。他追踪战国时代纵横家，为文有策士之风，有时不免失之偏颇，如撰《辨奸论》以诋王安石，即其一例①。

---

①　通行本《嘉祐集》中无《辨奸论》，过去有因其始见于邵伯温《邵氏闻见录》卷十二，疑为邵氏伪作，但北宋麻沙本《类编增广老苏先生大全文集》卷三已收此文。伪作之论，或不可信。

由于根柢纵横家，所以老苏之文长于议论。曾巩评析其写作特点是："指事析理，引物托喻，侈能尽之约，远能见之近，大能使之微，小能使之著，烦能不乱，肆能不流。"（《苏明允哀词》）如《送石昌言使北引》一文，简洁而有情致，其中论述出使契丹应不亢不卑，不辱君命，并从历史上总结经验教训，祝愿石扬休能取得外交上的胜利。《管仲论》更显示了纵横开合、辞锋颖锐的特色，文中深刻地论证了政治家举贤自代的重要性，他批评管仲临死前因未能识拔和推荐贤能的人才，致使奸臣窃柄，种下了齐国陷入内乱的祸根，都不愧精微朗畅之作。今录《管仲论》为例：

管仲相桓公，霸诸侯，攘夷狄，终其身齐国富强，诸侯不叛。管仲死，竖刁、易牙、开方用。桓公薨于乱，五公子争立，其祸蔓延，讫简公，齐无宁岁。

夫功之成，非成于成之日，盖必有所由起；祸之作，不作于作之日，亦必有所由兆。则齐之治也，吾不曰管仲，而曰鲍叔；及其乱也，吾不曰竖刁、易牙、开方，而曰管仲。何则？竖刁、易牙、开方三子，彼固乱人国者，顾其用之者，桓公也。夫有舜而后知放四凶，有仲尼而后知去少正卯。彼桓公何人也？顾其使桓公得用三子者，管仲也。仲之疾也，公问之相。当是时也，吾以仲且举天下之贤者以对，而其言乃不过曰"竖刁、易牙、开方三子，非人情，不可近"而已。呜呼！仲以为桓公果能不用三子矣乎？仲与桓公处几年矣，亦知桓公之为人矣乎？桓公声不绝于耳，色不绝于目，而非三子者，则无以遂其欲。彼其初之所以不用者，徒以有仲焉耳。一日无仲，则三子者可以弹冠而相庆矣。仲以为将死之言，可以絷桓公之手足耶？夫齐国不患有三子，而患无仲；有仲，则三子者三匹夫耳。不然，天下岂少三子之徒？虽桓公幸而听仲，诛此三人，而其余者，仲能悉数而去之耶？呜呼！仲可谓不知本者矣！因桓公之问，举天下之贤者以自代，则仲虽死，而齐国未为无仲也。夫何患三子者？不言可也。

五霸莫盛于桓、文。文公之才不过桓公，其臣又皆不及仲。灵公之虐，不如孝公之宽厚。文公死，诸侯不敢叛晋；晋袭文公之余威，得为诸侯之盟主者百有余年。何者？其君虽不肖，而尚有老成人焉！桓公之薨也，一乱涂地，无惑也。彼独恃一管仲，而仲则死矣。夫天下未尝无贤者，盖有有臣而无君者矣。桓公在焉，而曰天下不复有管仲者，吾不信也。仲之书，有记其将死，论鲍叔、宾胥无之为人，且各疏其短。是其心以为数子者，皆不足以托国；而又逆知其将死，则其书诞漫不足信也。

吾观史鳝，以不能进蘧伯玉而退弥子瑕，故有身后之谏；萧何且死，举曹参以自代。大臣之用心，固宜如此也！一国以一人兴，以一人亡，贤者不悲其身九死，而忧其国之衰。故必复有贤者，而后有以死。彼管仲者，何以死哉？

管仲是春秋时期著名的政治家，他为辅佐齐桓公“九合诸侯”、“一匡天下”（《论语·宪问》载孔子论管仲语）的霸业立下了大功，在历史上曾受到广泛的称道。然而，苏洵却提出了与众不同的创见，他深刻地指出了管仲应对自己死后，齐国大乱负责。用今天的话说，就是管仲没有认识到发现人才，选拔人才的重要性，因而也没有能够使齐国的霸业继续保持和发展，反而走向衰亡。他先肯定了管仲的功劳，但笔锋一转，随即揭出管仲死后奸佞专权，使齐国陷入大乱的痛史。作者总结了历史的经验教训，鲜明地提出了这样一个观点：“齐之治也，吾不曰管仲，而曰鲍叔；及其乱也，吾不曰竖刁、易牙、开方，而曰管仲。”这是深中肯綮、一针见血的评论，是一篇持之有故、言之成理的翻案文章，而且同时是一篇对当时朝廷用人的方针政策具有指导意义的文章。

苏轼　有一次，苏轼曾对别人说：“某平生无快意事，惟作文章，意之所到，则笔力曲折，无不尽意，自谓世间乐事，无逾此矣。”（见何薳《春渚纪闻》卷六）这说明他“一肚皮不入时宜”的思想都要借自己的创作发泄出来，而且都能表现得曲尽其妙①。他的散文和全部创作，在艺术上给我们

① 费衮《梁溪漫志》卷四：“东坡一日退朝，食罢，扪腹徐行，顾谓侍儿曰：‘汝辈且道是中有何物？’一婢遽曰：‘都是文章。’坡不以为然。又一人曰：‘满腹都是识见。’坡亦未以为当。至朝云，乃曰：‘学士一肚皮不入时宜。’坡捧腹大笑。”

最深刻的印象和最愉快的享受，就在于它们所具有的无所不可的高度表现力。语言到了这位大师的手上，几乎成了神话中的魔杖，顷刻之间，就能创造奇迹，使从生活真实提炼出来的艺术真实呈现在我们面前。

在少年时代，苏轼在他父亲的指导之下，深刻研究过汉代贾谊和唐代陆贽的文章。这两位杰出的政论家，还有他追随多年的老师欧阳修，对于他的影响是很大的。在艺术技巧上，苏轼又颇得力于《庄子》一书。如何将自己蕴藏在心里的意思充分地、准确地加以表达，据他自己说，《庄子》给了他极大的启示。甚至对佛教禅宗说法的方式，他也加以吸收。苏辙曾指出其学文的程序是："初好贾谊、陆贽书，论古今治乱，不为空言。既而读《庄子》，喟然叹息曰：'吾昔有见于中，口未能言，今见《庄子》，得吾心矣。'""后读释氏书，深悟实相，参之孔、老，博辩无碍，浩然不见其涯也。"（见《亡兄子瞻端明墓志铭》）这种造诣，保证了苏轼的全部创作在题材、意境等方面，都达到了非常广阔和成熟的程度；其复杂的世界观和独特的个性，在创作中也得到了全面的反映。黄庭坚《东坡先生真赞》说他"嬉笑怒骂皆成文章"，正是叹赏其这种难以企及的成就。他继欧阳修之后大力推行并完成了第二次古文运动。他的创作实践，乃是有宋一代散文的高峰。

苏轼一生写了大量的政论和史论。这种评史议政的文章，如《思治论》、《六国论》、《续朋党论》、《留侯论》、《教战守策》等，大都语言明快气势雄浑，援古证今，说理透辟。尤其善于运用一些浅显、生动、贴切、形象的比喻，来阐明深刻的哲理。请看《日喻》：

> 生而眇者不识日，问之有目者，或告之曰："日之状如铜盘。"扣盘而得其声，他日闻钟，以为日也。或告之曰："日之光如烛。"扪烛而得其形，他日揣籥，以为日也。日之与钟、籥亦远矣，而眇者不知其异，以其未尝见而求之人也。
>
> 道之难见也甚于日，而人之未达也无以异于眇。达者告之，虽有巧譬善导，亦无以过于盘与烛也。自盘而之钟，自烛而之籥，转而相之，岂有既乎？故世之言道者，或即其所见而名之，或莫之见而意之，皆求道之过也。

然则，道卒不可求欤？苏子曰："道可以致而不可求。"何谓致？孙武曰："善战者致人，不致于人。"子夏曰："百工居肆以成其事，君子学以致其道。"莫之求而自至，斯以为致也欤？

南方多没人，日与水居也，七岁而能涉，十岁而能浮，十五而能没矣。夫没者岂苟然哉！必将有得于水之道者。日与水居，则十五而得其道；生不识水，则虽壮，见舟而畏之。故北方之勇者，问于没人，而求其所以没，以其言试之河，未有不溺者也。故凡不学而务求道，皆北方之学没者也。

昔者以声律取士，士杂学而不志于道；今也以经术取士，士知求道而不务学。渤海吴君彦律，有志于学者也，方求举于礼部，作《日喻》以告之。

本篇写于元丰元年(1078)，这时，当政者将科举考试的内容由诗赋改为经义已经很久了。苏轼自始就不赞成这种改变，他认为"贡举之法，行之百年，治乱兴衰，初不由此"，不必"徒为纷乱，以患苦天下"，而且以经术取士，只能产生"迂阔矫诞之士"，"其弊有甚于诗赋者矣"(《议学校贡举状》)。但吴彦律却又正是去应他所不赞成的科试的，所以他只好在文章终篇的地方，说明诗赋和经义两种科目都各有其缺点。原来，古人所说的，包括主张新法的人主张的通经致用，无非是一种用旧瓶盛新酒的手段，无非是将古代经书中的某些论点作为施政的根据，以利于政令的推行。他们只拘泥于经书中的道，而不知从现实生活中去学。这是针对新法推行者和脱离实际信奉理学空谈者而发的。文中用了瞎子猜日和南人游水两个比喻，论证了对于事物进行全面认识的重要性，以及通过实践来检验认识是否正确的必要性。苏轼最大的本领之一，就是善于以十分新鲜而生动的比喻来表达细微曲折的思想感情。有许多比喻在他用过之后，竟自然而然地变成了中国人民的共同智慧和精神财富。例如本篇的"扣盘"、"扪烛"，从此就成了认识片面的代词。同样，"胸有成竹"这个成语，也源出于苏轼的文艺评论《文与可画筼筜谷偃竹记》。记云：

竹之始生，一寸之萌耳，而节叶具焉。自蜩腹蛇蚹以至于剑拔十寻者，生而有之也。今画者乃节节而为之，叶叶而累之，岂复有竹乎？故画竹必得成竹于胸中[1]，执笔熟视，乃见其所欲画者，急起从之，振笔直遂，以追其所见，如兔起鹘落，少纵则逝矣。与可之教余如此，余不能然也，而心识其所以然。夫既心识其所以然而不能然者，内外不一，心手不相应，不学之过也[2]。故凡有见于中而操之不熟者，平居自视了然，而临事忽焉丧之，岂独竹乎？

子由为《墨竹赋》以遗与可，曰："庖丁，解牛者也，而养生者取之；轮扁，斫轮者也，而读书者与之。今夫夫子之托于斯竹也，而余以为有道者，则非邪？"子由未尝画也，故得其意而已。若余者，岂独得其意，并得其法。

与可画竹，初不自贵重，四方之人持缣素而请者，足相蹑于其门。与可厌之，投诸地而骂曰："吾将以为袜！"士大夫传之，以为口实。及与可自洋州还，而余为徐州。与可以书遗余曰："近语士大夫：'吾墨竹一派近在彭城，可往求之。'袜材当萃于子矣。"书尾复写一诗，其略曰："拟将一段鹅溪绢，扫取寒梢万尺长。"余谓与可："竹长万尺，当用绢二百五十匹。知公倦于笔砚，愿得此绢而已。"与可无以答，则曰："吾言妄矣！世岂有万尺竹哉？"余因而实之，答其诗曰："世间亦有千寻竹，月落庭空影许长。"与可笑曰："苏子辩矣！然二百五十匹绢，吾将买田而归老焉。"因以所画筼筜谷偃竹遗余，曰："此竹数尺耳，而有万尺之势。"筼筜谷在洋州，与可尝令余作《洋州三十咏》，筼筜谷其一也。余诗云："汉川修竹贱如蓬，斤斧何曾赦箨龙，料得清贫馋太守，渭滨千亩在胸中。"与可是日与其妻游谷中，烧笋晚食，发函得诗，失笑喷饭满案。

---

① 晁补之《赠文潜甥杨克一学文与可画竹求诗》："与可画竹时，胸中有成竹。"即袭苏语。

② 苏轼《腊日游孤山访惠勤、惠思二僧》："兹游淡薄欢有余，到家恍如梦蘧蘧。作诗火急追亡逋，清景一失后难摹。"陈与义《春日》二首之一："朝来庭树有鸣禽，红绿扶春上远林。忽见好诗生眼底，安排句法已难寻。"都是描写创作中的这种境遇。

元丰二年正月二十日，与可没于陈州。是岁七月七日，余在湖州曝书画，见此竹，废卷而哭，失声。昔曹孟德祭桥公文，有车过腹痛之语。而余亦载与可畴昔戏笑之言者，以见与可于余亲厚无间如此也。

文同，字与可，是苏轼的表兄、好友，能诗文，画竹尤工。本文总结了与可画竹的经验，指出画竹必须先有成竹在胸，然后才能下笔。这实际上接触到了文艺创作的体验生活和表现生活的关系问题。本文又是一篇亲切的回忆录。它描绘了文与可平易坦率的性格，与此相对照着，作者还非常成功地写出了自己的机智、幽默和风趣。如文尾所记，这篇回忆录是作者在他的表兄和好友死后忽然看到他的遗作而感到十分悲痛的情况下写的。在回忆的愉快中，又掺杂了目前的孤寂和悲戚，但整个说来，却没有沉重的哀伤。苏轼开朗的胸襟和比较达观的人生哲学，也体现在这篇随笔中了。

在艺术上，《篔筜谷偃竹记》也表现出了苏文的某些特征。罗大经《鹤林玉露》丙编卷三“东坡文”条说他的文章具有“横说竖说，惟意所到，俊辩痛快，无复滞碍”的优点。而这一篇一向不是被人认为特别好的作品，却正是一个比较典型的例子。粗看起来，它似乎全无结构；令人读了上面，完全不知道下面要说什么。但一段一段读下去，就发现它每一层的意思都有其内在的联系，所牵涉的面虽很广，有诗，有赋，有叙事，有议论，而主要的却在于表达对一位亲厚无间的好友的追怀。刘熙载说：“东坡最善于没要紧底题说没要紧底话，未曾有底题说未曾有底的话。”“介甫之文长于扫，东坡之文长于生。扫，故高；生，故赡。”（《艺概》卷一）这番评论是值得仔细玩味的。

苏轼的叙事记游之文，成就也很高。他一生走遍了大半个中国，生活面非常广阔，这为他提供了极其丰富的创作题材。他的山水游记与众不同，除了描写景物和叙事抒情外，特别欢喜杂以议论，阐发哲理，如《喜雨亭记》、《凌虚台记》、《超然台记》、《放鹤亭记》、《石钟山记》和《清风阁记》等，都是脍炙人口之作。

通过对自然景物的描写来揭示自己的内心世界是苏轼散文的一个重

要方面，这使我们立即想起了他著名的《赤壁赋》和《后赤壁赋》。在体裁上，它们是受了古文运动的影响，继承欧阳修写《秋声赋》的艺术传统的文赋，而且在写作技巧上比《秋声赋》又向前推进了一大步，是宋代文赋中最出色的作品。今录《赤壁赋》如次：

壬戌之秋，七月既望，苏子与客泛舟游于赤壁之下。清风徐来，水波不兴。举酒属客，诵明月之诗，歌窈窕之章。少焉，月出于东山之上，徘徊于斗牛之间。白露横江，水光接天。纵一苇之所如，凌万顷之茫然。浩浩乎如冯虚御风，而不知其所止；飘飘乎如遗世独立，羽化而登仙。

于是饮酒乐甚，扣舷而歌之。歌曰："桂棹兮兰桨，击空明兮泝流光。渺渺兮予怀，望美人兮天一方。"客有吹洞箫者，倚歌而和之。其声呜呜然，如怨，如慕，如泣，如诉，余音袅袅，不绝如缕，舞幽壑之潜蛟，泣孤舟之嫠妇。

苏子愀然，正襟危坐而问客曰："何为其然也？"

客曰："'月明星稀，乌鹊南飞。'此非曹孟德之诗乎？西望夏口，东望武昌，山川相缪，郁乎苍苍，此非孟德之困于周郎者乎？方其破荆州，下江陵，顺流而东也，舳舻千里，旌旗蔽空，酾酒临江，横槊赋诗，固一世之雄也，而今安在哉！况吾与子渔樵于江渚之上，侣鱼虾而友麋鹿，驾一叶之扁舟，举匏樽以相属；寄蜉蝣于天地，渺沧海之一粟。哀吾生之须臾，羡长江之无穷。挟飞仙以遨游，抱明月而长终。知不可乎骤得，托遗响于悲风。"

苏子曰："客亦知夫水与月乎？逝者如斯，而未尝往也；盈虚者如彼，而卒莫消长也。盖将自其变者而观之，则天地曾不能以一瞬；自其不变者而观之，则物与我皆无尽也，而又何羡乎！且夫天地之间，物各有主，苟非吾之所有，虽一毫而莫取。惟江上之清风，与山间之明月，耳得之而为声，目遇之而成色；取之无禁，用之不竭。是造物者之无尽藏也，而吾与子之所共适。"

客喜而笑，洗盏更酌。肴核既尽，杯盘狼藉。相与枕藉乎舟中，不知东方之既白。

宇宙无穷，人生有限，自来是古典作家们所常有的感慨①。这种感慨所体现的，当然也是人类和其所生存的自然环境之间的矛盾，但更主要的却是不平凡的人物和其所生活的平凡甚至庸俗的社会环境之间的矛盾。生不逢时，原来是旧社会中优秀人物的普遍命运，问题是在于用什么态度去对待它。在这篇赋里，苏轼给我们塑造了两个不同的形象："哀吾生之须臾，羡长江之无穷"的客人，和将人生比作"逝者如斯，而未尝往"的水、"盈虚者如彼，而卒莫消长"的月的作者自己。客人所追求的，是永远和宇宙同在；而作者自己则指出，若就变的角度来看，永恒的天地也是短促的；反之，若就不变的角度看，则短促的人生也是永恒的。前一种态度是要征服、超越现实，所以情调是悲壮的。而后一种态度则是要忽略、弃置现实，所以情调是放旷的。苏轼在这篇赋里，沿用赋的传统的"抑客伸主"的表现方式，发挥了自己对人生的看法。

很显然，在这篇赋中所表现的思想，和《庄子·齐物论》很相近，带有消极的倾向。但如果我们认为作者纯然是一位庄子的信徒，或者认为他是为消极而消极的，那就错了。这篇赋写于元丰五年，即谪居黄州的第三年。他自生世以来，以其绝代的天才，在父母师友的培育下，一帆风顺地在人生的河流里驶行着，而这次遭受到的重大打击是他有生以来的第一次（虽然还有更重大的打击在后面等着他）。这时，在他思想中原来就占有一定地位的老庄哲学就更多地影响了他，使他滋长了一些消极情绪。但这种倾向从他整个的人生和创作道路来考察，却除了消极作用外，还有其积极的作用。那就是，从此以后，他往往以对现实的有意忽略和弃置乃至鄙视，去抵抗来自各方面对于自己的迫害。这种以消极方式来表达积极感情的手段，是苏轼创作上的重要特征之一。在其后的历史时代里，所发生的影响是巨大的。苏辙为他写的墓志铭中曾说，自从他谪居黄州以

① 如唐代陈子昂《登幽州台歌》："前不见古人，后不见来者，念天地之悠悠，独怆然而涕下。"王勃《秋日登洪府滕王阁饯别序》："天高地迥，觉宇宙之无穷；兴尽悲来，识盈虚之有数。"皆人所习知。

后，“驰骋翰墨，其文一变”。《赤壁赋》就可以用来作为证明。

赤壁二赋抒发了作者的人生哲学，但它本身仍然是非常完美的艺术品。在前赋中，如我们所看到的，雄伟的江山，清幽的夜景，在月光之下愉快的航行，都是十分吸引人的。作者毫不费力地将我们引进了那个令人神往的境界。主客的对话，内容虽饱含哲学意味，而语言却是艺术的，非常富于诗情画意的。历史上英雄人物的事业和山间明月、江上清风，都成了抒写作者思想感情的材料。从这些抒写里，苏轼的超脱和旷达，不为环境所屈服的精神状态，被他自己非常精确地勾画了出来。后赋描写了作者在几个月之后的另一次游踪，在艺术成就上，可以比美前赋，并驾齐驱。

书札、序跋和杂文，在苏轼的散文中也占有相当重要的地位。这类作品或记友情，或写襟怀，夹叙夹议，挥洒自如，充分表现了作者的个性和风趣。如《上梅直讲书》，一方面向梅尧臣表示了钦慕之意，同时又流露了自己心阔志远的得意之情。《王元之画像赞》高度评价了王禹偁的“雄文直道”，《书吴道子画后》总结了“出新意于法度之中，寄妙理于豪放之外”的创作经验。他在黄州写的《答秦太虚书》和《答李端叔书》，谈生活，谈文艺，谈谪居时的困苦境遇，娓娓动听，摹写入微。他晚年贬谪在儋州时写给方外友人参寥的一封书札更是如此。

> 专人远来，辱手书，并示近诗，如获一笑之乐，数日喜慰忘味也，某到贬所半年，凡百粗遣，更不能细说。大略只似灵隐天竺和尚退院后，却住一个小村院子，折足铛中，罨糙米饭吃，便过一生也得。其余瘴疠病人，北方何尝不病？是病皆死得人，何必瘴气？但苦无医药，京师国医手里死汉尤多！参寥闻此一笑，当不复忧我也。故人相知者，即以此语之，余人不足与道也。未会合间，千万为道善爱自重！
>
> ——《答参寥》

像这样的一些作品，其意义不仅在于反映了作家在极度困苦中的怡然自得之情，显示了他难以企及的气度，更主要的还在于：这种以轻松的、带有讽刺口吻所表达出来的心态和气度，对于迫害者来说，本身就是一种有力的反击。在《书〈孟德传〉后》这篇杂文里，苏轼提到这么一件事："曩余闻忠、万、云安多虎。有妇人昼日置二小儿沙上而浣衣于水者。虎自山上驰来，妇人仓皇沉水避之。二小儿戏沙上自若。虎熟视久之，至以首抵触，庶几其一惧；而儿痴，竟不知怪，虎亦卒去。意虎之食人，必先被之以威，而不惧之人，威无所以施欤？"对于像猛虎一般的迫害者来说，禀性豪迈坦荡，不为生死得丧之情所压倒的苏轼，正像那两个沙上小儿，所以他们也无所施其威了。了解这一点，对于了解苏轼整个的人和作品，是相当重要的。

苏辙　苏辙(1039—1112)字子由。十九岁时和苏轼同登进士科。在政治思想上，兄弟俩是一致的，所以他也是因为反对变法而屡遭贬谪。元祐年间，旧党执政，召为右司谏，累迁御史中丞，拜尚书右丞，进门下侍郎；后新党掌权，又一再被贬，曾远徙雷州、循州，与苏轼贬逐南荒的遭遇相同。徽宗即位，复官为大中大夫，晚年退居于许州颍川之滨，乃自号颍滨遗老。著有《栾城集》、《后集》、《三集》等。《苏文定公谥议》云："惟公挺生西蜀，毓秀山川，天材最高，资禀实厚，而又有父文安先生为之师，有兄文忠公为之师友。盖其所学所行，皆本原乎家传，而文章事业，卓乎可敬而仰也。""公少年擢两科，与其父兄皆以文名世，而公之文汪洋澹泊，深醇温粹，似其为人。文忠尝称之以为实胜己。其所为诗、骚、铭、颂、书、记、论、课，与夫代言之作，率大过人①。"这些赞美，大抵如实。其佳文如《黄州快哉亭记》：

江出西陵，始得平地，其流奔放肆大。南合沅、湘，北合汉、沔，其势益张。至于赤壁之下，波流浸灌，与海相若。清河张君梦得，谪居齐安，即其庐之西南为亭，以览观江流之胜，而余兄子瞻名之曰快哉。盖亭之所见，南北百里，东西一舍，涛澜汹涌，风云开阖。昼则舟楫出没于其前，夜则鱼龙悲啸于其下。变化倏忽，动心骇目，不可久视。

① 见《四部丛刊》本《栾城集》卷首。按：南宋孝宗时，追赠三苏谥号为文安、文忠和文定。

今乃得玩之几席之上，举目而足。西望武昌诸山，冈陵起伏，草木行列，烟消日出，渔夫樵父之舍，皆可指数，此其所以为快哉者也。

至于长洲之滨，故城之墟，曹孟德、孙仲谋之所睥睨，周瑜、陆逊之所驰骛，其流风遗迹，亦足以称快世俗。昔楚襄王从宋玉、景差于兰台之宫，有风飒然至者，王披襟当之，曰："快哉此风！寡人所与庶人共者耶！"宋玉曰："此独大王之雄风耳，庶人安得共之？"玉之言盖有讽焉。夫风无雄雌之异，而人有遇不遇之变，楚王之所以为乐，与庶人之所以为忧，此则人之变也，而风何与焉。

士生于世，使其中不自得，将何往而非病？使其中坦然，不以物伤性，将何适而非快？今张君不以谪为患，窃会计之余功，而自放山水之间，此其中宜有以过人者。将蓬户瓮牖，无所不快；而况乎濯长江之清流，揖西山之白云，穷耳目之胜以自适也哉！不然，连山绝壑，长林古木，振之以清风，照之以明月，此皆骚人思士之所以悲伤憔悴而不能胜者，乌睹其为快也哉！

元丰六年十一月朔日，赵郡苏辙记。

这是作者被贬官筠州时的作品。当时苏轼和张怀民都谪居黄州，同处逆境之中，作者到黄州去探望他们，写下了这篇文章。他从观览江山形胜着眼，结合历史遗迹的凭吊和怀想，就快哉二字抒发，气势很足，寓意也十分深刻。他的另一篇散文《武昌九曲亭记》，也写得极有风致。这种创作手法，是直接跟欧阳修和苏轼一脉相承的。苏轼在《答张文潜书》中评论其弟的作品说："其文如其为人，故汪洋澹泊，有一唱三叹之声，而其秀杰之气终不可没。"足见苏辙的散文是能独树一帜的。

小坡苏过　苏轼的三个儿子迈、迨和过俱善为文，其中以幼子苏过的成就较高。

苏过(1072—1133)字叔党，从小跟随父亲宦游南北。苏轼每次贬谪，只有他是始终陪伴着的。他有些作品颂扬了苏轼和苏辙的人品和节操，反映了父辈们晚年谪居岭南期间的思想和生活情况，揭露了徽宗朝统治集团迫害元祐党人的实际情况，颇具史料价值。他一生饱经忧患，境遇坎坷。晚年在颍昌经营湖阴水竹数亩，名曰小斜川，自号斜川居士，所以其集名为《斜川集》。

苏过的诗文和书画有乃父的遗风，苏辙曾说："吾兄远居海上，惟成就此儿能文。"（见《宋史·苏过传》）清人赵怀玉在《校刻〈斜川集〉序》中也评论说："今观其诗文具有家法，东坡好和陶，而叔党有小斜川之作；东坡善言兵，而叔党有论黎事之书。出处进退，未忘家国。"其《论海南黎事书》，指出对待少数民族的政策首先要重"民言"，使下情上达。其次要重吏治，可以选用黎族人作官吏。这些言论是很有见地的。他的散文名篇有《萧何论》、《书〈周亚夫传〉后》、《书〈张骞传〉后》、《伏波将军庙碑》等。其《记交趾进异兽》云：

> 麒麟、凤凰，天所生也；虎豹、蛇蝎，亦天所生也。生麟凤也，必复生虎豹、蛇蝎，苍苍者或自有说。然天之生麟凤也不数，而虎豹、蛇蝎害人之物，往往蕃衍于深山大泽，耽耽焉，逐逐焉，肆其爪牙之利，以逞其口腹之欲。宜乎麒麟、凤凰高飞远行，不一游于世也。

虽然是一百多字的小品，但却寄寓了很深的感慨。显然，作者是把麟凤比作正直的君子，而把虎豹、蛇蝎比作凶恶的小人。正因为小人当道，所以麟凤就只能引退了。这事实上是北宋末期政局的写照。

苏过又擅长文赋的创作，苏轼生前曾说他："小儿少年有奇志，中宵起坐存黄庭；近者戏作凌云赋，笔势仿佛《离骚》经。"（《游罗浮山一首示儿子过》）如《思子台赋》和《飓风赋》，寓意深刻。由于他能继承乃父的文才艺事，当时曾称他为小坡，而称其父为大坡。（见《宋史》本传）四川眉山的三苏祠里有一副楹联，上联"一门父子三词客"是指老苏、大苏、小苏，下联"千古文章四大家"则还包括了小坡，可见苏过作为散文家而闻名，是为后世所认可的。

苏文的影响　苏氏一门在文学创作上都有才名，特别是在散文方面，用力最勤，成绩也最显著。其中当然以苏轼的造就最高，影响也最大，故有所谓"人传元祐之学，家有眉山之书"。（见《东坡七集》卷首载宋孝宗

《赠苏文忠公太师制》）苏门的弟子在诗、词方面有能与不能，而在散文方面则大都是能手。

宋室南渡之后，苏文盛行。陆游《老学庵笔记》卷八云："建炎以来，尚苏氏文章，学者翕然从之。"对苏文的生熟，甚至可以影响科名，所以当时又有"苏文熟，吃羊肉；苏文生，吃菜羹"的俗谚。郎晔曾精选苏文四百多篇，编成六十卷，并为之作注，于光宗绍熙二年（1191）上表进呈朝廷，书名题为《经进东坡文集事略》，是最早的苏文选注本，今存。

到了明代中叶，唐宋文派的茅坤编《唐宋八大家文钞》，三苏均在其内。他并评论说："苏文公（洵）崛起蜀徼，其学本申、韩，而其行文杂出荀卿、孟轲及《战国策》诸家，不敢遽谓得古六艺者之遗，然其镵画之议、幽情之思、博大之识、奇崛之气，非近代儒生所及。要之，韩、欧而下，与诸名家相为表里。及其二子继响，嘉祐之文，西汉同风矣。"（《〈苏文公文钞〉引》）又说："若苏氏兄弟，则譬之引江河之水，而一泻千里，湍者萦，逝者注，杳不知其所止者已。"（《唐宋八大家文钞·论例》）竟陵派的钟惺更夸张地评述："有东坡之文，而战国之文可废也。"（《〈东坡文选〉序》）公安派的袁宏道则特别看重其小品文，认为："东坡之可爱者，多其小文小说，使尽去之，而独存其高文大册，岂复有坡公哉！"（《〈苏长公合作〉引》）三袁从《东坡志林》、《东坡题跋》所收的那些文章中吸取营养，形成了清新活泼的文风，促进了晚明小品文的兴盛，也是有目共睹的。

第三节　苏轼的诗

苏轼的诗论　除了以散文著称以外，苏轼同时也是一位博采众长、别开生面的大诗人。他写诗的主张基本上也是"有为而作"，①儒家"兴、观、群、怨"的诗论对他的影响很大。他重视诗歌的社会作用，敢于揭露时弊。苏辙在他的墓志铭中说他"见事有不便于民者，不敢言亦不敢默视也。缘

① 《东坡题跋》卷二《题柳子厚诗》："诗须要有为而作，用事当以故为新，以俗为雅。"

诗人之义，托事以讽，庶几有补于国。”在激烈的党争中，他虽然历经磨难，但对某些不合理的人和事，仍如骨鲠在喉，一吐为快。他自己在《思堂记》中曾说：“言发于心而冲余口，吐之则逆人，茹之则逆余，以为宁逆人也，故卒吐之。”所以他能够而且敢于写出那些反映民生疾苦、忧国忧民的作品。

苏轼的创作原则是重视生活实践，充分认识到现实生活对于诗歌创作的感发作用。在《〈江行唱和集〉序》中，他说：“山川之秀美，风俗之朴陋，贤人君子之遗迹，与凡耳目之所接者，杂然有触于中，而发于咏叹！”这指出了耳闻目见的切身体验和广阔的生活阅历是创作的重要源泉，以及深入生活和理解生活的重要性。

苏诗题材丰富，风格多样。从他的作品和一些记载中，我们得知他对《诗经》、《楚辞》以下的古典诗歌，都曾作过精深的研究。他托讽补世的现实主义精神是受杜甫的影响，而超迈豪放的浪漫主义作风则源于李白。他“以文字为诗，以才学为诗，以议论为诗”①近于韩愈。但到了晚年，却又追步陶渊明的冲淡高远了。在《与子由书》中，他说：

> 吾于诗人无所甚好，独好渊明之诗。渊明作诗不多，然其诗质而实绮，癯而实腴，自曹、刘、鲍、谢、李、杜诸人，皆莫及也。吾前后和其诗一百有九篇，至其得志，自谓不甚愧渊明。

另外，苏轼晚年还喜爱柳宗元的诗，日常“惟陶渊明一集、柳子厚诗文数册常置左右，目为二友。”(《答程全父推官书》)又其《评韩、柳诗》云：

> 柳子厚诗在渊明下、韦苏州上，退之豪放奇险则过之，而温丽靖深不及也。所贵乎枯淡者，谓其外枯而中膏，似淡而实美，渊明、子厚之流是也。

他屡遭贬谪，浮沉宦海以后，佛老思想发展，心情变化，所以诗风从豪迈归

① 借用严羽《沧浪诗话·诗辩》评宋诗语。这种风气，实自韩愈发之。

于淡雅。与此同时，其诗论也有所变化，从托讽补世转为注重诗味的自得。故其《书黄子思诗集后》说：

苏、李之天成，曹、刘之自得，陶、谢之超然，盖亦至矣。而李太白、杜子美以英玮绝世之姿，凌跨百代，古今诗人尽废；然魏晋以来，高风绝尘，亦少衰矣。李、杜之后，诗人继作，虽间有远韵，而才不逮意。独韦应物、柳宗元发纤秾于简古，寄至味于澹泊，非余子所及也。唐末司空图崎岖兵乱之间，而诗文高雅，犹有承平之遗风。

他一方面推崇李、杜的英伟，同时又仰慕魏晋诗人的高蹈，赞美韦、柳的淡泊。这封信比较全面地说明了他对诗歌的审美观念以及这些观念与他自己遭际的内在联系。

苏诗的内容和艺术特征　苏诗的反映面极其深广，其中有同情民生疾苦的，有体现政治观点的，有描写山水风景的，还有抒发亲情友谊和个人感慨的。

反映人民生活的苦乐和时政得失的篇章，在苏诗中数量并不太多。诗人主要的不是通过这样一些题材和主题来直接揭示生活面貌的。但他既然对人民具有深厚的同情，又生活在一个统治阶级内部斗争非常激烈的时代，本人也参加了那些斗争，那么，涉及民生、时政的诗，也就很自然地在他的诗作中占了一定的地位。在处理这样一种题材和主题的时候，苏轼虽然偶尔也采取了直接暴露的手法，如《荔枝叹》、《吴中田妇叹》和《许州西湖》诸篇，但更多的时候，却使用了他自己特别擅长的侧面的讽刺。如《山村五绝》：

竹篱茅屋趁溪斜，春入山村处处花。无象太平还有象，孤烟起处是人家。

烟雨蒙蒙鸡犬声，有生何处不安生！但令黄犊无人佩，布谷何劳也劝耕？

老翁七十自腰镰，惭愧春山笋蕨甜。岂是闻韶解忘味？迩来三月食无盐。

杖藜裹饭去匆匆，过眼青钱转手空。赢得儿童语音好，一年强半在城中。

窃禄忘归我自羞，丰年底事汝忧愁？不须更待飞鸢堕，方念平生马少游。

这一组诗写于熙宁五年（1072）杭州通判任内，是为了反对新法而作的。当时政府为了发展农业生产，曾经派人到农村劝耕；为了打击垄断食盐买卖的商人，曾经推行食盐由政府专卖的政策；为了打击剥削农民的高利贷者，曾经发放低息农贷——青苗钱。这原是对广大人民和国家都有好处的事情，但由于当时官僚机构的腐朽，地方豪强力量的强大以及新法制度本身还不够健全等等因素，就出现了有的地方人民买不到盐吃，以致武装贩卖私盐盛行，农民拿到贷款又遭受引诱随便浪费等等现象。这五首诗所写的，就是诗人对于这些社会现象的感受。虽然由于保守政治观点的局限，苏轼没有能从积极方面发现王安石变法的优越性，而只是从其所产生的流弊着眼，揭露了它的阴暗面，可是他对人民生活困苦的深刻同情，仍然是值得重视的。这种深刻的同情，如我们在诗篇中所看到的，乃是以作者独特的讽刺手法表达出来的。诗人认为：如果能废止食盐专卖，让各地自由买卖，那么，人民能买到盐吃，武装走私者就无利可图，大家就会回到农业生产岗位上去，不要说劝耕的官吏用不着，连劝耕的布谷鸟也不用叫了。再说，山村中的老人难道是像孔子那样沉浸在韶乐里面，连味觉都暂时失去作用了吗？当然不是如此，他们不过是已经很长久没有吃到盐罢了。还有，许多农民老老小小争着跑到城里去借青苗钱，可是拿到手以后，随即把它胡乱花掉了，剩下来的惟一成绩，就是孩子们因为常常进城，学会了一些城里的口音。于是，诗人忍不住发言道：谁说太平无象呢？这不是太平景象吗？可是这种连丰年都教农民发愁的太平景象，我实在受不了，还不如丢了官回家去做老百姓哩！不难体会，这种口吻是多么的尖利，这种幽默、诙谐的口吻又表达了多么沉重的心情！

苏轼反对王安石变法显然是不正确的，但他所讽刺的这些现象，却是新法执行时所产生的一些流弊。这些流弊的揭露，与其说是打击了新法，还不如说是打击了当时腐朽的官僚机构，因而这些诗仍然帮助我们认识了当时的现实局势，也体现了诗人爱护人民群众的思想感情。

组诗《山村》着重地写了诗人“哀民生之多艰”以及为此而愤愤不平和惴惴不安的心情，而另外一些诗篇也写了当人民过着比较平静愉快的生活时他的欣慰，如《新城道中二首》之一：

> 东风知我欲山行，吹断檐间积雨声。岭上晴云披絮帽，树头初日挂铜钲。野桃含笑竹篱短，溪柳自摇沙水清。西崦人家应最乐，煮芹烧笋饷春耕。

这首诗以极其清新的笔墨描写了春日的农村。絮帽、铜钲的比喻，新鲜而又奇特。竹篱边伸出了艳冶的野桃，沙水边掩映着披拂的垂柳，也非常典型地画出了浙江锦绣一般的原野。而诗人眼中这些看来教人愉快的景物，又是和生活在这一环境中的愉快的农民分不开的。或者说，耕作者的愉快感染了诗人，才使他写出了这篇好诗。使我们感到十分有趣的是，《新城道中》和《山村》是同一时期创作的，它们恰好从不同的方面说明了诗人对人民苦乐的高度关怀，而《新城道中》所写的农民生活，又恰好适当地纠正了《山村》中诗人对生活在新法下的农民遭遇所持有的片面性的看法。这也证明，苏轼的创作，也和其他伟大的古典作家一样，主要的从自己的生活实际出发，而不是从自己的政治偏见出发的。

苏诗在内容方面最突出的表现，还在于它在极广阔的范围内反映了诗人对于生活的无限热爱，他对于束缚个性的环境的抗拒，他在任何困难的时候都不会丧失的乐观主义精神。他诗中这样极为可贵的精神，常常是通过对于自然景物的歌咏，对于行役羁旅的记述来加以反映的。如《游金山寺》：

> 我家江水初发源，宦游直送江入海。闻道潮头一丈高，天寒尚有沙痕在。中泠南畔石盘陀，古来出没随涛波。试登绝顶望乡国，江南江北青山多。羁愁畏晚寻归楫，山僧苦留看落日。微风万顷靴纹细，

断霞半空鱼尾赤。是时江月初生魄，二更月落天深黑。江心似有炬火明，飞焰照山栖乌惊。怅然归卧心莫识，非鬼非人竟何物？江山如此不归山，江神见怪惊我顽。我谢江神岂得已，有田不归如江水！

熙宁四年(1071)，诗人因为反对变法，外调杭州。这首诗就是由汴赴杭经过镇江时的游览之作。它不只刻画了雄伟壮丽的金山景色，而且在对于这些景物的感受中很自然地流露了自己的抑郁而矛盾的心情。他从现在所看到的江山，联想起自己的家乡，不由地引起了退隐的情绪。这种退隐情绪表面上看是消极的，然而在实质上，这种消极却正是一种反抗寂寞的表现形式。

有的诗人对现实的不满往往招致了向现实屈服的后果，但苏轼却没有走上这样的道路。在更多的时候，他倒是用自己的乐观精神战胜了消极情绪。请看下列篇章：

黑云翻墨未遮山，白雨跳珠乱入船。卷地风来忽吹散，望湖楼下水如天。

放生鱼鳖逐人来，无主荷花到处开。水枕能令山俯仰，风船解与月徘徊。

乌菱白芡不论钱，乱系青丝裹绿盘。忽忆尝新会灵观，滞留江海得加餐。

献花游女木兰桡，细雨斜风湿翠翘。无限芳洲生杜若，吴儿不识《楚辞》招。

未成小隐聊中隐，可得长闲胜暂闲？我本无家更安往，故乡无此好湖山。

——《六月二十七日望湖楼醉书五绝》

水光潋滟晴方好，山色空蒙雨亦奇。欲把西湖比西子，淡妆浓抹总相宜。

——《饮湖上，初晴后雨》

风流王谢古仙真，一去空山五百春。玉室金堂余汉士，桃花流水失秦人。困眠一榻香凝帐，梦绕千岩冷逼身。夜半老僧呼客起，云峰缺处涌冰轮。

——《宿九仙山》

这些篇章都写于诗人第一次任职杭州的时候，它们极其富有特征地描绘了中国著名的天堂般的城市杭州及其附近的风光。苏轼在杭州任内，尽管许多和他的个性、思想感情相抵触的客观事物还是存在的，然而在这样一些作品里，它们却都被淡化了，也正如望湖楼前黑云白雨无碍于山光水色一样。这种不为自己不如意的政治环境所控制的萧散而豁达的怀抱和自然景物的无间的契合，也是苏轼创作中难以企及的特色之一。

像姜桂的性格愈老就愈辣一样，苏轼在晚年南迁以后，这种以乐观的、不使心为形役的生活态度来回答命运对于他的嘲弄的战斗精神，在诗篇中呈现得更明显了。到惠州不久，他就以“报道先生春睡美，道人轻打五更钟”(《纵笔》)的诗句激怒了当时陷害他的执政大臣章惇，因此被再次贬到了现今的海南岛。可是，这只是促使诗人将海外奇丽的风景收入笔端，坦荡的心情也由此而得到更充分的表现。至于迫害者预期的目的，即从精神上打击他，却是仍然落空了。下列诗篇都可以为这一事实作证。

四州环一岛，百洞蟠其中，我行西北隅，如度月半弓。登高望中原，但见积水空。此生当安归，四顾真途穷。眇观大瀛海，坐咏谈天翁。茫茫太仓中，一米谁雌雄？幽怀忽破散，咏啸来天风，千山动鳞甲，万谷酣笙钟。安知非群仙，钧天宴未终，喜我有归期，举酒属青童。急雨岂无意？催诗走群龙；梦云忽变色，笑电亦改容。应怪东坡老，颜衰语徒工，久矣此妙声，不闻蓬莱宫。

——《行琼、儋间，肩舆坐睡，梦中得句云：“千山动鳞甲，万谷酣笙钟。”觉而遇清风急雨，戏作此数句》

参横斗转欲三更，苦雨终风也解晴。云散月明谁点缀，天容海色本澄清。空余鲁叟乘桴意，粗识轩辕奏乐声。九死南荒吾不恨，兹游奇绝冠平生。

——《六月二十日夜渡海》

这两首诗是苏轼六十二岁到海南岛和六十五岁离开海南岛时写的。前一篇以非常奇妙而丰富的幻想描绘了祖国南海之滨动人的雨景，在万里投荒的艰苦环境中，诗人虽不免有途穷之叹，但对于生活的热爱却迫使他更多地想到归期，想到仙人们为了庆祝他能回到中原而举行宴会，因为听到他的诗而欢喜赞叹。这就不仅体现了诗人卓越的艺术，也体现了他放旷的心胸和对生活的热爱。后一篇是诗人在元符三年(1100)遇赦离开海南岛时的感受，对于迫害他的人来说，简直是一封尖锐的挑战书。它的前四句显然含有象征意义。诗人认为，浮云蔽月，风雨漫天，总不过是暂时的现象，正如同自己遭受的侮辱与损害一样。而这一次的贬谪对于正直不屈的自己来说，却像“道不行，乘桴浮于海”的孔子；况且它还给自己带来了一次最不平凡的游历，那么，即使是牺牲了，又有什么值得怨恨的呢?!这种感情是深厚的，但却以很有风趣的口吻表达出来，表现了他的乐观和达观，同时也表现了他的倔强和幽默。这在苏轼晚年的诗作中是习见的。

上述苏诗中的那些基本精神，在有关亲情、友谊、生死、离合的题材中也表现得特别鲜明。这位诗人赋有非常旷达的性格，但旷达决不等于冷酷。他在遇到逆境的时候，善于排遣；但需要排遣，正证明他富于感情。这就是他创作中所反映的思想感情，时而显得颇为弘通，时而又显得异常执拗的内在原因。

说及这一类诗，我们不能不首先想到诗人写给他弟弟苏辙的一些作品。这两位作家的友爱是一直为人们所称羡的。

不饮胡为醉兀兀，此心已逐归鞍发。归人犹自念庭闱，今我何以慰寂寞！登高回首坡垅隔，但见乌帽出复没。苦寒念尔衣裘薄，独骑瘦马踏残月。路人行歌居人乐，童仆怪我苦凄恻。亦知人生要有别，但恐岁月去飘忽。寒灯相对忆畴昔，夜雨何时听萧瑟？君知此意不可忘，慎勿苦爱高官职。（自注："尝有夜雨对床之言，故云尔。"）

——《辛丑十一月十九日，既与子由别于郑州西门之外，马上赋诗一篇寄之》

辛丑是嘉祐六年（1061），苏轼在这一年考中制科后，奉派赴凤翔任职。留在汴京的苏辙，将哥哥送到郑州才分手回京。他们平常十分喜爱唐代韦应物诗中所写的"宁知风雨夜，复此对床眠"（见《示全真元常》，《四部备要》本《韦苏州集》卷三）那种久别重逢、将凄凉的环境溶解在欢乐的心情里面的境界，而对于自幼生活在一道的兄弟俩不可避免的离别，则感到依依不舍。这首诗就是在这种心情中产生的，兄弟俩在诗中都被描写为充满着孤寂之感的形象，他们互相依恋着，体贴着，甚至想到不值得为高官厚禄而牺牲友爱。这种深厚的感情，在其后的作品中，还迭次出现。如熙宁十年（1077）他俩在徐州逍遥堂会宿唱和的绝句，就是极其凄恻动人、"读之殆不可为怀"的：

逍遥堂后千寻木，长送中宵风雨声。误喜对床寻旧约，不知漂泊在彭城。

秋来东阁凉如水，客去山公醉似泥。困卧北窗呼不起，风吹松竹雨凄凄。

——苏辙《逍遥堂会宿二首》

别期渐近不堪闻，风雨萧萧已断魂。犹胜相逢不相识，形容变尽语音存。

——苏轼《和子由逍遥堂会宿》①

① 原题为《子由将赴南都，与余会宿于逍遥堂，作两绝句，读之殆不可为怀，因和其诗以自解。余观子由自少旷达，天资近道，又得至人养生长年之诀，而余亦窃闻其一二，以为今日宦游相别之日浅，而异时退休相从之日长，既以自解，且以慰子由云》，共二首，这里选录第一首。

在另外一些诗中，诗人的死生离合之情则是和浓厚的乡土之爱交织在一起的。苏轼非常喜爱自己的故乡，正如他自己所说，是“每逢蜀叟谈终日，便觉峨眉翠扫空”的（见《秀州报本禅院乡僧文长老方丈》）。但命运却没有给诗人安排回乡去过闲散生活的道路，因此，在遇到同乡或准备到他家乡去的人的时候，诗人就每每情见乎辞地写出一些好作品来。

初惊鹤瘦不可识，旋觉云归无处寻。三过门间老病死，一弹指顷去来今。存亡惯见浑无泪，乡井难忘尚有心。欲向钱塘访圆泽，葛洪川畔待秋深。

——《过永乐，文长老已卒》

老翁山下玉渊回，手植青松三万栽。父老得书知我在，小轩临水为君开。试看一一龙蛇活，更听潇潇风雨哀。便与甘棠同不翦，苍髯白甲待归来。（自注：“先君葬于蟆颐山之东二十余里，地名老翁泉。君许为一往，感叹之深，故及之。”）

——《送贾讷倅眉》二首之二

这些诗篇一方面体现了朋友之情，另一方面又体现了乡土之爱。但萦绕在诗人心中的死生离合的伤感和离乡背井的烦忧使读者感受到的还不止是这些，它们分明使人察觉到：诗人在旷达的语言中蕴涵有执着的情绪，在回乡的愿望中也蕴涵着摆脱不适合他性格的环境的要求。

在古典诗歌中，也偶然有一些反映各少数民族生活、风俗的诗篇，但写作家自己和各族人民之间亲切友谊的，则极为少见。因此，对于苏轼在海南时期与黎族人民交往的作品，是特别值得注意的：

半醒半醉问诸黎，竹刺藤梢步步迷，但寻牛矢觅归路，家在牛栏西复西。

总角黎家三四童，口吹葱叶送迎翁。莫作天涯万里意，溪边自有舞雩风。

——《被酒独行，遍至子云、威、徽、先觉四黎之舍》

这反映了诗人在海南日常生活的一个方面。在薄醉以后,他独自去访问了几家黎族人民。一去一来,孩子们都吹着葱叶跟着。这种毫无拘束的、亲切的交往,使他竟然觉得这些黎族孩子们和自己在一道的情景简直和古代哲人所想像的美好境界一样,因而对自己的忧患遭遇也忘怀了。诗中写的虽然只是一些生活琐事,但却体现了苏轼晚年无事不可入诗的艺术手段,体现了他不分族别的民胞物与的精神以及他对兄弟民族简陋而又纯朴的生活的向往。在另外一些篇章里,他还为了当地居民文化落后、生活困难而发了很多感慨。这种不分畛域的对于人类生活的无限关怀,正是诗人最宝贵的情感。

苏诗中所反映的生活,较之他的散文和词来都要广阔一些。以上所举,显然还不能包括苏诗全部的复杂情况,但其基本精神和艺术特征是大致可以看出来的,而且两者之间的关联,也是比较清楚的。苏轼豪迈不羁的心灵、热爱生活的情感和以消极形式表现积极内容的战斗方式,都在他清新流畅、触处生春的语言中,得到了充分的表现;而且也只有这样,才能使其作品具备着放笔快意、一泻千里的艺术效果。

苏轼善于向前辈诗人学习,除了陶、柳、李、杜外,他也从刘梦得那里得到了怨刺笔法,从白居易那里学到了流畅语言,但这并没有妨碍他成为富有创造性的、具有独特面貌的大诗人。正如沈德潜《说诗晬语》卷下所说:“苏子瞻胸有洪炉,金、银、铅、锡,皆归熔铸。其笔之超旷,等于天马脱羁,飞仙游戏,穷极变幻,而适如意中所欲出。韩文公后,又开辟一境界也。”赵翼《瓯北诗话》卷五也说:“以文为诗,始自昌黎(韩愈),至东坡益大放厥词,别开生面,成一代之大观。今试平心读之,大概才思横溢,触处生春,胸中书卷繁富,又足以供其左旋右抽,无不如志;其尤不可及者,天生健笔一枝,爽如哀梨,快如并剪,有必达之隐,无难显之情。此所以继李、杜后为一大家也。”沈、赵两位评家的话,大体上能说明苏诗的艺术成就。

苏轼才高学博,各体诗无所不能,尤其以七言古体最为恢张,能够充分地体现其风格豪迈,波澜壮阔,丰富的想像和艺术上的博喻等特色。如在《百步洪》这篇作品中,诗人连用了七个比喻来形容水势的磅礴:“长洪斗落生跳波，轻舟南下如投梭。水师绝叫凫雁起，乱石一线争磋磨。有如兔走鹰隼落，骏马下注千丈坡。断弦离柱箭脱手，飞电过隙珠翻荷。”这种手法，确是前无古人的。比起韩愈《南山》的连用许多“或”字来刻画山容，不免有仙凡之别。

苏轼完成了宋诗的艺术革新，影响很大，当时他门下的四学士就对诗歌各有成就。历代诗人都对他推崇备至。“南渡后，陆游学杜、苏，号为大宗。”（宋荦：《漫堂说诗》）宁宗嘉定二年（1209），陆游写了《施注苏诗序》，称赞苏诗：“援据闳博，旨趣深远。”《放翁题跋》卷四《跋东坡帖》更加颂扬地说：“公不以一生祸福易其忧国之心，千载之下，生气凛然。”当时在女真贵族政权统治下的北中国，文人也十分崇拜苏东坡，金朝最大的诗人元好问就是从苏诗入手，然后上溯李、杜的。翁方纲《石洲诗话》卷五说：“苏学盛于北，如蔡松年、赵秉文之属，盖皆苏氏之支流余裔。遗山（元好问）崛起党、赵之后，器识超拔，始不尽为苏氏余波沾沾一得，是以开启百年后文士之脉。”可见他们之间的传承关系。在明代，公安派极其重视苏诗，并借以反对“诗必盛唐”的前后七子，这一派的代表作家袁宏道说：“苏公诗无一字不佳者。”认为他兼有李、杜之长，“卓绝千古”（见《答梅客生开府》，载《袁中郎全集》卷二十三），甚至推为“前无作者”的“诗神”（见《与冯琢庵师》，载《袁中郎全集》卷二十一，又《与李龙湖》载同书卷二十三）。到了清康熙间，宋荦在《施注苏诗序》中说：“予自龆齿时，闻长老言苏文忠公之为人，心窃慕之；及就傅读公传，向往愈挚，尝图公像悬座右，而貌予侍其侧；稍长，遍诵公集，然嗜有韵之言尤深。”他曾委托邵长蘅整理宋施元之父子所注苏诗残本，而查慎行、冯应榴、王文诰等又先后为苏诗作注，都可见其影响之大。

第四节　苏轼的词

苏轼与词风变革　苏轼以诗文革新运动的精神来填词，在柳永发展慢词的基础上进一步开拓了词的意境，这样，就把歌者之词变成了诗人之词。这是文学史上一个十分重要的变化。

以文为诗，即诗歌的散文化，是从北宋初年起许多诗人继承唐代韩愈开辟的途径，共同努力的目标。到了苏轼，才将这一新的艺术表现手段提高到非常完美的程度。与此同时，苏轼又以其创作实践开始提倡了以诗为词的风气，使得词这一样式，在柳永之外，又出现了一种更其彻底的变革。

以诗为词，或者说词的诗化，究竟意味着什么具体的意义呢？这意味着词境的空前扩大，作家个性的更其鲜明呈露与语言、音律和风格的解放。在柳永以前的词人，在填词时，总不免要考虑到什么样的生活、思想和感情才能够用这一样式来表现的问题。柳永虽然在一定程度上打破了这种界限，在其创作中反映了城市平民的生活情调和审美情趣，然而男女之间的离合悲欢仍然是柳词中主要的生活画面；音律谐和，铺叙委婉仍然是柳词主要的艺术特点。只有苏轼，才以歌词反映了以前词人所没有反映过的广阔的内容。凡是别人能够用诗来写的题材和主题，他都勇敢地将其写入词里。于是词就不仅可以用来说爱言情、伤离念远，而且用来怀古、咏史、说理、谈禅，甚至还可以抒发怀乡爱国的感情，真正是“无意不可入，无事不可言”(《艺概》卷四)了。词之有题目，有小序，也是从他正式开始的。这也表明由于内容的开拓，有时非序不明。这样一来，以前因词的题材和主题比较狭隘，词中所体现的作家个性便也比较不完整或不鲜明的问题，就连带解决了。在苏词中，这位天才作家的个性是随时流露着的，其精神面貌是非常清晰而丰富的。

与这些内在的因素相联系，苏轼使用了自己独特的语言来填词，也在一定程度上摆脱了音律所加于这种抒情诗的束缚，不为了迁就声情而改变文情，从而达到了晁无咎所谓“横放杰出，自是曲中缚不住者”的成就(见《苕溪渔隐丛话》后集卷三十三引《复斋漫录》)，形成了前无古人的诗人之词。这种新型的词的出现，就使得词可以不再仅仅以音乐歌词的身份存在于艺坛，而且日益明确地同时也以抒情诗的身份而存在于诗坛。对于词的发展来说，这一情况无疑是非常重要的突破。

苏轼这种横放杰出、以诗为词的创作实践，是对于晚唐、五代以来古老传统的否定，从相反的方向发展了词的内容和形式。它不仅显示了词体解放的实绩，同时还为南宋时代以辛弃疾为首的爱国词人们开辟了道路。而其竞争的对象，则是当时风行于世的柳永词。他在书简《与鲜于子骏》中曾说："近却颇作小词，虽无柳七郎风味，亦自是一家。"胡寅《题酒边词》也说：

> 柳耆卿后出，掩众制而尽其妙，好之者以为不可复加。及眉山苏氏，一洗绮罗香泽之态，摆脱绸缪宛转之度，使人登高望远，举首高歌，而逸怀浩气，超然乎尘垢之外，于是《花间》为皂隶，而柳氏为舆台矣。

从这些记载中，我们可以知道，苏轼是有意在词坛上造成一种和柳永截然不同的新风气的。而他的创作实践也不仅满足了自己自成一家的愿望，并且使得北宋词风掀起了一场超过柳永的影响的更大变革。正如王灼在《碧鸡漫志》卷二中所说："东坡先生非心醉于音律者，偶尔作歌，指出向上一路，新天下耳目，弄笔者始知自振。"虽然这种变革在当时曾引起许多人的不满，但历史证明，苏轼对于词的发展，贡献是巨大的。《东坡乐府》中的三百多首词，成就决不在诗歌和散文之下。

苏词的实绩　比起在他以前的词人作品来，无论在题材、主题、风格等方面都显得自具特色，这在苏词中可以说是极其普遍的现象。这种特色，被人们概括地称之为豪放。他最早的一首豪放词可能是《江城子·密州出猎》：

> 老夫聊发少年狂，左牵黄，右擎苍，锦帽貂裘，千骑卷平岗。为报倾城随太守，亲射虎，看孙郎。　酒酣胸胆尚开张，鬓微霜，又何妨？持节云中，何日遣冯唐？会挽雕弓如满月，西北望，射天狼。

这是熙宁八年(1075)的作品，词中不仅描绘了射猎时的壮阔场景，而且还表现了他决心抗击辽、夏侵略者的爱国壮志。它已完全摆脱了许多词人专力描写儿女私情的狭隘局面。再看他的名作《念奴娇·赤壁怀古》：

大江东去，浪淘尽、千古风流人物。故垒西边，人道是、三国周郎赤壁。乱石崩云，惊涛裂岸，卷起千堆雪。江山如画，一时多少豪杰。

遥想公瑾当年，小乔初嫁了，雄姿英发。羽扇纶巾，谈笑间、强虏灰飞烟灭。故国神游，多情应笑我，早生华发。人间如梦，一尊还酹江月。

这是元丰五年(1082)苏轼谪居黄州期间所作，笔力雄健，意气纵横。词中表达了他对三国赤壁之战中的英雄人物的向往。三国是历史上人才辈出和群雄逐鹿的著名时代，而汉献帝建安十三年(208)以曹操为一方和以孙、刘为另一方所进行的赤壁之战，则是奠定三国鼎立局势的一次巨大斗争。这一次以弱胜强的战争和指挥战争的英雄人物，深深地吸引了对于历史人物的智慧和才能感到兴趣的中国人民，而从东晋时代起就逐步形成的贬曹的传统看法，又使得人们将这次孙、刘联盟的胜利看成为正义的胜利，古战场赤壁就更其成为人们所向往的地方。于是，黄州的赤鼻矶也就以讹传讹地被当作是那一次大战的古战场而承受后人的凭吊了，其实，那次大战是在今湖北省蒲圻县的赤壁进行的。

但苏轼却不是单纯地神往于这一次古代的战争和历史人物才创作这首词的。壮丽江山和英雄人物，激起他豪迈的感情，也加深词人对自己抱负和境遇之间的对立的体味。他想到，在指挥三军大破曹兵的时候，周瑜才三十四岁，这位和著名美人小乔结婚不久的风流人物，竟羽扇纶巾、指挥若定地作出了惊天动地的事业，总算没有辜负这如画的江山。可是，自己呢？这时已经四十七岁了，却被朝廷贬谪，在此闲居。这两种遭遇是多么的不同啊！如果多情的周瑜死而有知来到这里，必定要嘲笑自己的头白无成吧！作者心中对历史人物的向往和对现实生活的不满所构成的矛盾，到这时已达到了饱和的程度。但禀性开朗的苏轼，却不愿意过多地用痛苦来折磨自己，于是，他就以“人间如梦”这种自为宽解的话头一笔推开，结束了内心的荡漾。从这首歌词中也同样可以看出，作者所流露的消极思想，与其所固有的奇怀逸气，往往是同时并存的。它们有时互相渗透，有时又互相排斥。苏轼创作中所呈现的异常复杂而矛盾的精神世界，正等待着我们作更深入的探索。

地灵人杰，固然能够引起苏轼的胜概豪情，从而写出像《念奴娇》那样具有“乱石崩云，惊涛裂岸”的气势的作品；可是，另外一方面，即使描写的是一些平常的生活，通过他不平常的观察能力和艺术构思，也往往同样地能够震撼读者的心灵，如《水调歌头》，小序云：“丙辰中秋，欢饮达旦，大醉，作此篇兼怀子由。”事实是再平凡不过了，可是在他笔下却呈现了非凡的高情奇意：

明月几时有，把酒问青天。不知天上宫阙，今夕是何年。我欲乘风归去，又恐琼楼玉宇，高处不胜寒。起舞弄清影，何似在人间。

转朱阁，低绮户，照无眠。不应有恨，何事长向别时圆。人有悲欢离合，月有阴晴圆缺，此事古难全。但愿人长久，千里共婵娟。

这是苏轼熙宁九年(1076)在密州时写的，富于幻想的作者认为：月宫原是旧游的灵境，也许还是神秘的故乡，谁知道自己怎么堕下了凡尘的呢？当着中秋，望着明月，就不由地发生了乘风归去的念头。在这里，苏轼是泄露了他心头遁世的感情的。可是，人间尽管有许多令人厌恶的东西，但能够引起人怀念的美好事物却更多。他又怎么能离开温暖的人间而回到高寒的玉宇琼楼中去呢？在这里，词人又宣布了他对现实生活的无限留恋。他终究是普通人民中间的一个，在矛盾的展开中，不仅没有将遁世的感情发展下去，反而对人间的离恨产生了高度的同情。虽然明明知道人的悲欢离合和月的阴晴圆缺是自古以来就同样地存在着的和无可避免的，但最后仍然固执地提出了自己强烈的愿望。作者的出世和入世思想的冲突和他对于生活的无比热爱，通过非常奇妙的想像和朴素而又流利的语言获得了深刻的反映，乃是《水调歌头》这类作品的独到之处。

豪放词固然是苏轼的创新，但他对传统的婉约词的发展也有新的贡献。在继承欧阳修和张先的基础上，他提高了婉约派词的格调，扩大了词中所反映的生活面，使之不限于儿女的私情。或写乡村，或写山林，或发议论，或抒襟怀，各极其妙，如：

莫听穿林打叶声，何妨吟啸且徐行。竹杖芒鞋轻胜马，谁怕？一蓑烟雨任平生。　　料峭春风吹酒醒，微冷，山头斜照却相迎。回首向来萧瑟处，归去，也无风雨也无晴。

——《定风波》(三月七日，沙湖道中遇雨。雨具先去，同行皆狼狈，余独不觉。已而遂晴，故作此)

夜饮东坡醒复醉，归来仿佛三更。家童鼻息已雷鸣。敲门都不应，倚杖听江声。　　长恨此身非我有，何时忘却营营？夜来风静縠纹平。小舟从此逝，江海寄余生。

——《临江仙·夜归临皋》

这都是在黄州时写的。词中所反映的生活琐事十分平常，但作者却借此画出了自己极不平常的精神风貌：在路上遇到雨而又没有雨具，感到有些轻微的紧张，这是谁都可以理解的，但苏轼却用一种满不在乎的态度迎接了大自然所给与他的侵袭。很难说作者是在这里暗示他在贬谪期间对待政治压力的心态，但他这种不为意外的事故所动摇的精神，无论在遇雨这样的小事或被贬这样的大事上，是相与一致的。就这一点来说，《定风波》在很大程度上体现了苏轼的人生哲学。至于《临江仙》所表现的，则是他渴望自由的精神，他所渴望的，不只是由于贬官而受到限制的行动上的自由，主要的还是希望从当时庸俗的社会风习所加于他的精神上的束缚中获得个性的解放①。

这种对于存在于现实生活中的种种束缚的抗拒和对于现实生活中美好事物的热爱和向往，交织在苏轼的心中，有时使他感到振奋，有时又使他

① 叶梦得《避暑录话》卷上："子瞻在黄州……与数客饮江上，夜归，江面际天，风露浩然，有当其意，乃作歌辞，所谓'夜阑风静縠纹平。小舟从此逝，江海寄余生'者，与客大歌数过而散。翌日，喧传子瞻夜作此辞，挂冠服江边，拏舟长啸去矣。郡守徐君猷闻之，忽命驾往谒，则子瞻鼻息如雷，犹未兴也。然此语卒传至京师，虽裕陵(神宗)亦闻而疑之。"这首词所引起的骚动和疑惧，正好证明了它所显示的冲决藩篱的精神力量。

感到寂寞。这种复杂的感情，在苏词中往往是有着曲折而分明的表现的：

山下兰芽短浸溪，松间沙路净无泥，萧萧暮雨子规啼。　谁道人生无再少？门前流水尚能西，休将白发唱黄鸡！

——《浣溪沙》（游蕲水清泉寺，寺临兰溪，溪水西流）

缺月挂疏桐，漏断人初静。时见幽人独往来，缥缈孤鸿影。惊起却回头，有恨无人省。拣尽寒枝不肯栖，寂寞沙洲冷。

——《卜算子·黄州定慧院寓居作》

前一首反映了词人对短促的生命的抗议和跨越时间的要求，口吻是坚定而自信的。对生命的珍惜，也就是珍重现实生活的表现。后一首曾被《能改斋漫录》和《古今词话》粘附着一些传奇性的风流逸事①，但就词论词，作者笔下的幽人和孤鸿只能是他自身形象之艺术的再现。这不仅是一个寂寞的形象，同时还是一个抗拒寂寞的形象。“人生再少”的希求和“有恨无人省”的惆怅，难道不是相通的吗？通过一些普通的事物，作者指引我们走进了他的灵魂深处。

再看他一组专写农村风光的《浣溪沙》，其小序云：“徐门石潭谢雨，道上作五首。潭在城东二十里，常与泗水增减，清浊相应。”词如次：

① 《能改斋漫录》卷十六：“东坡先生谪居黄州，作《卜算子》……其意盖为王氏女子也。读者不能解，张右史文潜继贬黄州，访潘邠老，尝得其详，题诗以志之云：‘空江月明鱼龙眠，月中孤鸿影翩翩。有人清吟立江边，葛巾藜杖眼窥天。夜冷月堕幽虫泣，鸿影翘沙衣露湿。仙人采诗作步虚，玉皇饮之碧琳腴。’”《历代诗余》卷一百十五引《古今词话》：“《女红余志》云：‘惠州温氏女超超，年及笄，不肯字人。闻东坡至，喜曰：“我婿也。”日徘徊窗外，听公吟咏，觉则亟去。东坡知之，乃曰：“吾将呼王郎与子为姻。”及东坡渡海归，超超已卒，葬于沙际，公因作《卜算子》，有“拣尽寒枝不肯栖”之句。’按：词为咏雁，当别有寄托，何得以俗情傅会也。”沈雄《古今诗话·词话》卷上引《梅墩词话》纪事略同。按：《历代诗余》所引《古今诗话》多涉南宋、元、明人事，盖别为一书，与杨湜、沈雄之《古今诗话》无关。三书同名异实，学者所宜留意。

照日深红暖见鱼，连村绿暗晚藏乌，黄童白叟聚睢盱。　麋鹿逢人虽未惯，猿猱闻鼓不须呼，归来说与采桑姑。

旋抹红妆看使君，三三五五棘篱门，相排踏破茜罗裙。　老幼扶携收麦社，乌鸢翔舞赛神村，道逢醉叟卧黄昏。

麻叶层层苘叶光，谁家煮茧一村香！隔篱娇语络丝娘。　垂白杖藜抬醉眼，捋青捣麨软饥肠①，问言豆叶几时黄？

簌簌衣巾落枣花，村南村北响缫车，牛衣古柳卖黄瓜。　酒困路长惟欲睡，日高人渴漫思茶，敲门试问野人家。

软草平莎过雨新，轻沙走马路无尘，何时收拾耦耕身？　日暖桑麻光似泼，风来蒿艾气如薰，使君元是此中人。

这组词写于元丰元年(1078)作者任徐州知州时期，当时因春旱已久，忽逢甘雨，农村里一片欢腾。作品中洋溢着浓郁的生活气息，生动地描绘了农村风貌。姑娘们挤在门口好奇地看着来到乡下的太守，太守则在谢雨回来路上口渴的时候随便敲着村民的门讨茶吃，这一方面显出官民之间比较亲密的关系，一方面也自然地透露了作者是一位勤政爱民的好官。在组词的最后一篇中，作者提出了归农的愿望，并且声明自己原是来自民间的，他把自己算作农民之中的一个而不是之外的一个，这表明他和广大劳动人民之间在感情上的距离是不大的。

苏轼在《浣溪沙》组词中以农民久旱喜雨的心情和艺术家对于大自然特有的敏感，刻画了群众的形象和自己的形象，也连带地写出了人物所在的环境：久旱得雨，雨后日出；池中的鱼，树上的鸟；空中的乌鸢，篱边的络纬；还有豆叶、枣花、软草、平莎，以及闪亮着的桑麻，散放香气的蒿艾；都是那么新鲜美丽，充满着愉悦之情而富有生命的活力。当我们在读到这些作品时，不禁想到苏轼赞美王维“诗中有画”的那句评语，对于他自己来说实在也是很合适的。

在晚唐、五代词中，也曾出现过渔父、浣女和莲娃的形象，但那时的作

---

① 软当作馁。《博雅》：“馁，饽，馈也。”于义为合。软即软字，似不可通。

家们并不是有意识地把他们当作劳动人民来写的，所以一些词中的渔父就往往成了隐士的化身，而浣女、莲娃则不过是美女的代称而已，和真正的劳动者是不相干的。因此，苏轼以农村生活为题材并直接歌咏劳动人民的《浣溪沙》组词的出现，实际上是为宋词开辟了反映社会内容的新天地，在词的发展史上很值得重视。

关于男女恋情的描写，在词这种文学样式中，本是最普遍的题材，苏轼并没有忽略这个方面，而是在这方面也开辟了某些新的意境。

> 似花还似非花，也无人惜从教坠。抛家傍路，思量却是，无情有思。萦损柔肠，困酣娇眼，欲开还闭。梦随风万里，寻郎去处，又还被、莺呼起。　　不恨此花飞尽，恨西园、落红难缀。晓来雨过，遗踪何在，一池萍碎。春色三分，二分尘土，一分流水。细看来、不是杨花，点点是、离人泪。
>
> ——《水龙吟·次韵章质夫杨花词》

> 乳燕飞华屋。悄无人、桐阴转午，晚凉新浴。手弄生绡白团扇，扇手一时似玉。渐困倚、孤眠清熟。帘外谁来推绣户，枉教人梦断瑶台曲。又却是、风敲竹。　　石榴半吐红巾蹙。待浮花浪蕊都尽，伴君幽独。秾艳一枝细看取，芳心千重似束。又恐被、秋风惊绿。若待得君来向此，花前对酒不忍触。共粉泪、两簌簌。
>
> ——《贺新郎》

苏轼的《水龙吟》自来被认为是咏物词的杰构，但它所揭示的，显然是一个思妇的幽怀。在词中，飘荡的杨花时而被作者写成思妇的化身，时而又被作者当成引起思妇愁思的客体。花和人的关系既然不即不离，也就很难断定是一是二了，但他们的命运却总归是一样的：零落的杨花和思妇的清泪，同样哀怨凄愁。至于在《贺新郎》词中，那位被比作石榴花，要待“浮花浪蕊都尽”才显出“伴君幽独”的品格的女子，则是一个清高坚贞的形象。然而，正如词中上片所写的，她的生活是过得那么孤寂无聊，这不能不使人想到,石榴花即使比别的花开得晚,能够更耐久一些,但谁能保证使它不凋谢呢?这是多么纯洁的品格和美好的生活愿望,又是多么不幸的命运呵!和许多古典诗人一样,苏轼在这里关怀着普通妇女的哀乐,代她们泄露了隐秘而珍贵的感情。

在读到苏轼的诗文时,我们已经觉察到:这位文学大家的性格不仅有其豪放、旷达的一面,同时还有其热烈、深沉、执着的一面。甚至于可以说,他是为了平衡其内心冲突,才在某些场合以更其达观的思想感情来对待自己的不幸的。可是,在悼念亡妻王弗逝世十年的一首词里,我们却看见了从他内心深处涌出来的情感的洪流:

> 十年生死两茫茫,不思量,自难忘。千里孤坟,无处话凄凉。纵使相逢应不识,尘满面,鬓如霜。　　夜来幽梦忽还乡,小轩窗,正梳妆。相顾无言,惟有泪千行。料得年年肠断处,明月夜,短松冈。
>
> ——《江城子·乙卯正月二十日夜记梦》

这篇写于熙宁八年(1075)的悼亡之作,描绘的是一个中年人对爱妻在十年前死别的惨痛回忆,透露出来的是作者失去幸福后只有在梦中才能追踪的那种凄苦的心情。在表达这种极其沉郁的感情时,可以断言,一切带有装饰性的辞句是都会丧失作用的。词人们都擅长写爱情,但许多人将它写得秾艳、缠绵就算是成功了,而苏轼却与众不同,将它写得朴厚郑重,深刻真切,其感人的力量就特别强,特别深。由此可见,尽管苏词并不以叙写儿女之情见长,但这方面的作品却仍然具有特色。

苏轼词的风格是多种多样的,他既开创了豪放词,又曾发展了婉约词。在北宋后期,苏门弟子如秦观、晁补之和黄庭坚等,仍然走着婉约派的路子,还没有发扬苏词豪放的一面。因此,我们可以说,北宋有豪放词而其词苑中却并无豪放派。直到南渡以后,面对严重的民族危机和国破家亡的现实,许多词人终于冲破婉约派的传统格局,而接受苏词中清雄豪放风格的影响。爱国主义精神的高涨,决定了豪放派的出现和发展。

综上所述,苏轼这位作家在散文、诗、词诸方面的成就都是很巨大的。

他的创作体现了中国人民热爱生活、追求自由的乐观主义精神，也广阔地反映了他所生活的时代，鲜明地呈露了自己独特的个性。在艺术上，他所独具的无所不可的表现力不独使得他的散文如行云流水，挥洒自如，而且在诗的方面，也使诗的散文化的成就达到了高峰；在词的方面，又为词的诗化开辟了道路。北宋文学的面貌，到了他的时代，真是焕然一新了。

第五章　北宋后期的文坛风貌

在北宋后期的文坛上，占主要地位的是出于苏轼门下的一批作家。苏轼继承着欧阳修的诗文革新工作，同时也和他的老师一样，很重视培养后进新人，从而团结了一群优秀的作家，对哲宗、徽宗时期的文学事业起了良好的推动作用。这就使得他活跃在文坛上的时代，同时也就是作家辈出的时代。北宋后期著名的作家除大晟词人以外，大都跟苏轼有过联系，如黄庭坚“与张耒、晁补之、秦观俱游苏轼门，天下称为四学士”(《宋史·文苑传》)，还有陈师道、李廌、李格非、李之仪、唐庚、张舜民、孔平仲、贺铸等人，也都直接或间接地受到他的影响。

值得注意的是，跟苏轼发生联系的这些作家，虽然在政治观点上基本相同，因而在新旧党争中也受到了株连和打击，但在文学见解和创作实践上却并非苏轼的模仿者。苏轼是一位“但开风气不为师”(借用龚自珍《己亥杂诗》第一百四首句)的有多方面成就的大家，所以接受苏轼影响的作家们也就往往能够发挥各自的专长，各具独特的精神面貌。如秦观与贺铸的词各有与苏轼不同的艺术特色，而黄庭坚和陈师道的诗风也和苏轼几乎完全不同。这正说明：北宋文学发展到苏轼之后，便在诗文革新运动取得胜利的基础上趋向分流。

周邦彦和黄庭坚都是文学史上负有盛名的作家，在艺术技巧上，他们都有独特的造诣。在他们的集子里，也都有一些引人入胜的作品，这是毋庸置疑的。但他们脱离现实的倾向，也带来了某些消极的影响。北宋文学是以反对形式主义的西昆体而呈现新面貌的，到了末年，又以形式主义倾向的抬头呈现出另外一种新面貌而告结束。

第一节　在苏轼影响下的作家群

苏门四学士和苏门六君子　苏轼和他的老师欧阳修一样，十分重视人才的发现和培养，在他的周围，也曾出现了一些作家群，其中具有代表性的是四学士、六君子。当这些人尚未成名的时候，苏轼就注意识拔，并给予热忱的鼓励和支持，他在《与李方叔》的书简中说："顷年于稠人中骤得张、秦、黄、晁及方叔、履常。"表示非常快慰。相传陈亮曾辑有《苏门六君子文粹》七十卷，现存崇祯六年(1633)刻本①。钱谦益序云："(胡仲修)得宋人所辑《苏门六君子文粹》以归，刻之武林，而余为之序曰：六君子者，张耒文潜、秦观少游、陈师道履常、晁补之无咎、黄庭坚鲁直、李廌方叔也。史称黄、张、晁、秦俱游于苏门，天下称为四学士，而此益以陈、李，盖履常元祐初以文忠荐起官，晚欲参诸弟子间，方叔少而求知，事师之勤渠，生死不间，其系于苏门宜也。"可见苏门弟子被视为文学群体，由来已久。

善于继承前辈作家的苏轼从来不固定学某一古人或某一流派，也不专主哪一种风格，而是荟粹各家之长，旁收博取，融会贯通，然后独出机杼，创新振奇。苏轼的作品本来就没有固定不变的规范和风貌，所以要完全学他是不容易的，而他也并不希望人家邯郸学步。

这样，苏门诸人便各具面目，或雄杰，或婉约，或瘦劲，或古朴，都有自己的造就。张、晁诗文并擅，李廌但以文名而不长于诗，秦观尤长于词，是婉约派的代表人物，黄庭坚和陈师道则以诗才著称，是江西诗派的开创者。

张耒、晁补之和李廌　张耒(1052—1112)，字文潜，号柯山，楚州淮阴(在今江苏省)人。他曾得到苏辙的提携，"因得从轼游，轼亦深知之，称其文汪洋冲淡，有一唱三叹之声"(《宋史》本传)。元祐年间，他任秘书省正

---

① 《四库全书总目》卷一百八十七《苏门六君子文粹》提要："(此书)不著编辑者名氏，卷首凡例称，或传为陈亮所辑。然亮辑《欧阳文粹》，序载《龙川集》，而此书之序无考，则未必出于亮也。……然其去取谨严，犹工文之士所辑。"

字、著作郎，官至龙图阁学士。绍圣中遭到新党的排挤打击，被贬至宣州、黄州。徽宗时，因听到苏轼的讣音，举哀悼念，又为新党所忌，谪房州别驾。晚年定居于陈州，人称宛丘先生。著有《宛丘集》(或称《柯山集》、《张右史文集》)，另有《柯山词》，现存十首(见近人龙榆生校辑《苏门四学士词》第三册，中华书局1958年出版)。

张耒师承苏轼，论文崇尚自然。他在《贺方回东府序》中说："文章之于人，有满心而发，肆口而成，不待思虑而工，不待雕琢而丽者，皆天理之自然，而情性之至道也。"在《答李推官书》中，他认为文是"寓理之具"，"学文之端，急于明理"，同时又指出能文者"因其言工而理益明，是以圣人贵之"。所以他的散文名篇如《冰玉堂记》、《双槐堂记》等，既有积极的思想内容，又有一定的艺术技巧。

张耒在熙宁年间中进士后，曾任寿安县尉，为了表示不忘淮阴故乡，特地写了一篇《思淮亭记》，兹节录其前幅如下：

> 淮之源发于桐柏，其初甚微，或积或行，洋洋而东；旁会支合，滂沛淫溢，连颍合蔡，一流而下，会于寿春，其流浩然。于是蛟龙之所藏，风雨之所兴，包山界野，而负千斛之舟。又东行数百里，而汴、泗合焉，水益壮，其所负益重，而游者益谨。旁沾远溉，丰田沃野，物赖其利。而索抱城郭，间以山麓，洄洑清泚，长鱼美蟹、茭蒲葭苇之利，沾及数百里。而南商越贾，万帆巨舻，群行旅集。居民旅肆，烹鱼酾酒，歌谣笑语，联络两隅。自泗而东，与潮通而还于海。
>
> 余淮南人也，自幼至壮，习于淮而乐之。凡风平日霁，四时之变，与夫蛟龙风雨之怪，无所不历。而今也，得官于洛阳之寿安，而官居福昌，凡风俗之所宜，饮食之所嗜，与淮之南异矣。官居之西有泉，幽出于北阜，瀹而注之有声，淙然聚为小潭，其上有亭，环以修竹，吾游而乐之。漱濯汲引，无一日不在其上，而时时慨然南望，思淮而莫见之也。于是易亭之故名，曰思淮焉。

文章前幅描绘了淮河的水利形势，然后叙述思淮亭命名的来历。后幅则主要说明“君子不敢乐其所私而无志于天下”，应该“出身委质，奔走从事于四方，以求行其学”，但是决不能忘本，不能“轻弃其旧”，不能对“故国”“漠然无感于中”！全文洋洋洒洒，气势阔大，而具体描绘又显得细腻动人，确是发扬了欧、苏的优良传统，视其先辈具体而微。

张耒的诗效法唐代新乐府的倡导者白居易和张籍，关心劳动人民的疾苦，多悯农之作，风格平易。周紫芝《竹坡诗话》说：“本朝乐府，当以张文潜为第一。文潜乐府，刻意文昌（张籍），往往过之。”他作乐府歌辞有《寄衣曲》、《苦寒行》、《旱谣》等六十七题，如《劳歌》云：

> 暑天三月元无雨，云头不合惟飞土。深堂无人午睡余，欲动身先汗如雨。忽怜长街负重民，筋骸长彀十石弩，半衲遮背是生涯，以力受金饱儿女。人家牛马系高木，惜恐牛躯犯炎酷。天工作民良久艰，谁知不如牛马福。

此诗运用鲜明的对比手法，写出了城市贫民牛马不如的生活。他如五言古诗《粜官粟有感》和七言古诗《和晁应之悯农》中，他又一再发出了“哀哉天地间，生民常苦辛”，和“力田竟岁犹无获”的叹息，足见他对人民的苦难是抱有深切同情的。

他的绝句诗写得很有韵味，在艺术上较为成熟。如：

> 庭户无人秋月明，夜霜欲落气先清。梧桐真不甘衰谢，数叶迎风尚有声。
>
> ——《夜坐》

> 曾作金陵烂漫游，北归尘土变衣裘。芰荷声里孤舟雨，卧入江南第一州。
>
> ——《怀金陵》

《夜坐》写深秋月下的感受，不但亲切有味，还暗示了诗人倔强的性格。

《怀金陵》首句平起，次句逆接，然后再补叙烂漫的游程，与首句绾合，从而突出了主题，颇见手腕。

在诗风上与张耒接近，而且也以乐府诗见长的是晁补之(1053—1110)。他字无咎，自号归来子，济州钜野人，十七岁时随其父晁端友至杭州，曾去拜谒正任杭州通判的苏轼，献上自己描绘钱塘山川风物的作品《七述》，苏轼读后大为赞叹，“称其文博辩隽伟，绝人远甚，必显于世，由是知名”(《宋史》本传)。神宗时举进士，元祐初任秘书省正字、秘阁校理。绍圣年间，被列入元祐党籍，屡遭贬谪。著作现存《济北晁先生鸡肋集》七十卷，另有《晁无咎词》(又名《晁氏琴趣外篇》)六卷。《四库全书总目》卷一百五十四《鸡肋集》提要说：“今观其集，古文波澜壮阔，与苏氏父子相驰骤，诸体诗俱风骨高骞，一往俊迈，并驾于张、秦之间，亦未知孰为先后。”又卷一百九十八《晁无咎词》提要云：“其词神姿高秀，与轼实可肩随。”胡仔在《苕溪渔隐丛话前集》卷五十一中则特别指出：“余观《鸡肋集》，惟古乐府是其所长，辞格俊逸可喜。”

他的散文擅长描绘山林景物，名篇有《照碧堂记》、《拱翠堂记》、《有竹堂记》等，而以《新城游北山记》最为脍炙人口：

> 去新城之北三十里，山渐深，草木泉石渐幽。初犹骑行石齿间。旁皆大松，曲者如盖，直者如幢，立者如人，卧者如虬。松下草间有泉，沮洳伏见，堕石井，锵然而鸣。松间藤数十尺，蜿蜒如大螈。其上有鸟，黑如鸲鹆，赤冠长喙，俯而啄，磔然有声。稍西，一峰高绝，有蹊介然，仅可步。系马石嘴，相扶携而上，篁筱仰不见日，如四五里，乃闻鸡声。有僧布袍蹑履来迎，与之语，愕而顾，如麋鹿不可接。顶有屋数十间，曲折依崖壁为栏楯，如蜗鼠缭绕乃得出。门牖相值，既坐，山风飒然而至，堂殿铃铎皆鸣，二三子相顾而惊，不知身之在何境也。
>
> 且暮，皆宿。于时九月，天高露清，山空月明，仰视星斗，皆光大，如适在人上。窗前竹数十竿，相摩戛，声切切不已。竹间梅棕，森然如鬼魅离立突鬓之状。二三子又相顾魄动而不得寐，迟明，皆去。
>
> 既还家数日，犹恍惚若有遇，因追记之。后不复到，然往往想见

其事也。

晁氏善于继承柳宗元写山水游记的传统，风格峭刻峻洁，语言凝练简朴。张耒在《晁无咎墓志铭》中说他“自少为文，即能追步屈、宋、班、扬，下及韩愈、柳宗元之作，凌丽奇卓，出于天然。”此文可见一斑。

他的乐府诗风格具有浓郁的民歌风味，如《豆叶黄》：

> 兼葭苍，豆叶黄，南村不见冈，北村十顷强。东家车满箱，西家未上场。豆叶黄，野离离，鼠窟之，兔入畦。豕母从豚儿，豕啼豚咿咿，衔角复衔箕。豆叶黄，谷又熟。翁媪衰，馎糜粥。豆叶黄，叶黄不独豆。白黍堪作酒，瓠大枣红皱。豆叶黄，穰穰何朊朊，腰镰独健妇，大男往何许？官家教弓刀，要汝杀贼去。

这是一幅农村的风俗画，它画出了农民生活的艰辛和负担的沉重。作者另外一首著名的长篇歌行《芳仪怨》，是写南唐后主李煜的妹妹入宋后嫁孙某，又在宋辽战争中被辽圣宗所掳，封为芳仪的悲剧：“秦淮潮水钟山树，塞北江南易怀土”，“国亡家破一身存，薄命如云信流转”。辞句凄宛动人，当时曾传诵一时。

晁补之的词风颇能追步苏轼。如其《洞仙歌・填卢仝词》，就是效法苏轼的《哨遍》之檃括陶潜的《归去来辞》的。其《摸鱼儿・东皋寓居》一首则公认为其代表作：

> 买陂塘，旋栽杨柳，依稀淮岸湘浦。东皋嘉雨新痕涨，沙嘴鹭来鸥聚。堪爱处，最好是、一川夜月光流渚。无人独舞。任翠幄张天，柔茵藉地，酒尽未能去。　　青绫被，莫忆金闺故步，儒冠曾把身误。弓刀千骑成何事？荒了邵平瓜圃。君试觑，满青镜、星星鬓影今如许！功名浪语。便似得班超，封侯万里，归计恐迟暮。

《艺概》卷四云：“无咎词，堂庑颇大。人知稼轩《摸鱼儿》‘更能消几番风雨'一阙为后来名家所竞效,其实所本即无咎《摸鱼儿》'买陂塘旋栽杨柳'之波澜也。"此外如《迷神引》、《水龙吟》、《引驾行》诸词,也都显出意境深永的特色。毛晋说他"虽游戏小词,不作绮艳语"(《〈琴趣外篇〉跋》)。他可以说是苏门中能够继承豪放风格的惟一作家,这是难能可贵的。

李廌(1059—1109),字方叔,华州(今陕西华县)人,自号太华逸民。父惇与苏轼为同年。"廌六岁而孤,能自奋立,少长,以学问称乡里。谒苏轼于黄州,贽文求知。轼谓其笔墨澜翻,有飞沙走石之势。"(《宋史》本传)家素贫,而屡试不第,著《师友谈记》一卷,述其与苏轼、秦观、张耒等人交往时所闻所见的嘉言懿行。如云:

> 东坡尝言:文章之任,亦在名世之士相与主盟,则其道不坠。方今太平之盛,文士辈出,要使一时之文有所宗主。昔欧阳文忠尝以是任付与某,故不敢不勉。异时文章盟主,责在诸君,亦如文忠之付授也。

这如实地记下了苏轼对门下诸人的殷切期望。所以苏轼病逝后,他作祭文哀悼说:"道大不容,才高为累。皇天后土,鉴一生忠义之心;名山大川,还万古英灵之气,识与不识,莫不衋伤;闻所未闻,吾将安仿?"极为沉痛。其《济南集》,现存八卷,《四库全书总目》卷一百五十四《济南集》提要评论说:"廌才气横溢,其文章条畅曲折,辩而中理,大略与苏轼相近。"他注重分析各种社会问题,总结古今治乱得失的经验教训,如《将材论》、《将心论》、《蔺相如赞并引》、《安老堂记》、《济美堂记》和《唐州北阳县新学记》等,皆有可观。

他也能作诗填词,在现存四首词中,《虞美人》是他的杰作:

> 玉阑干外清江浦,渺渺天涯雨。好风如扇雨如帘,时见岸花汀草涨痕添。　　青林枕上关山路,卧想乘鸾处。碧芜千里思悠悠,惟有霎时凉梦到南州。

这首怀人念远之作，从眼前春夏之交的雨景写起，“好风”二句比喻新切，情境幽美。后幅由景入情，从天涯的雨丝联想起远离的故人。一结清疏淡远，不为伤感之辞，耐人寻味。

其他苏门文士　除了六君子以外，当时团结在苏轼周围并受到影响的还有另一批作家，如李格非、李之仪、唐庚、张舜民、毛滂和孔氏三兄弟等，创作都有一定的成就。

李格非，字文叔，济南章丘（在今山东省）人，熙宁九年（1076）进士，《宋史·文苑传》说他以文章受知于苏轼，所著《洛阳名园记》颇为知名。哲宗时官至礼部员外郎，与廖正一、李禧、董荣并称为苏门后四学士（见韩淲《涧泉日记》卷上）。徽宗时，蔡京专政，打击元祐党人，他被列入旧党而遭到罢黜。

李之仪（1038—1117），字端叔，号姑溪居士，无棣（在今山东省）人，熙宁三年（1070）进士，元祐初为枢密院编修官，“能为文，尤工尺牍，（苏）轼谓入刀笔三昧”（《宋史》本传）。张耒《送李端叔赴定州序》载，苏轼在元祐八年（1093）出任定州太守时，“士愿从行者半朝廷，然皆不敢有请于先生，而苏先生一日行于朝，请以端叔佐幕府”。可见苏轼对他的器重和信任。所著有《姑溪居士文集》前后集共七十卷。其《姑溪词》中《卜算子》、《谢池春》颇负时名，不愧佳作。

唐庚（1071—1121），字子西，眉州丹稜（在今四川省）人，与苏轼同乡，曾有《闻东坡贬惠州》诗，表示了对苏氏的推崇和同情；后来他自己也被贬惠州，时人亦谓为小东坡①。他的文论和诗论，强幼安曾记录整理为《唐子西文录》一卷。吴师道《吴礼部诗话》云：“唐子西诗文皆精确，前辈谓其早及苏门，不在秦、晁下。以予评之，规模意度，殆是陈无已（师道）流亚也。”现存《眉山唐先生文集》三十卷。所作以诗的成就较高，如《张求》诗刻画了一位身份低微而性格高傲的老兵的生动形象，《春日郊外》则描绘了鸟语花香的明媚春光，字句简练，富有新意。

① 《文献通考》卷二百三十七、《经籍考》卷六十四著录《唐子西集》十五卷，并引雁湖李氏（李壁）曰：“唐子西文采风流，人谓之小东坡。”

张舜民，字芸叟，自号浮休居士，邠州（今陕西郴县）人。他是陈师道的姐夫，曾任监察御史、吏部侍郎等职，后被列入元祐党籍，遭贬。著有《画墁集》八卷，文笔豪健，与苏轼相近。诗学白居易，如《打麦》、《村居》等篇，写田家辛苦和农村风光，与张耒的风格相近。歌词现存四首，以《卖花声・题岳阳楼》一首闻名于世。

毛滂，字泽民，衢州江山（在今浙江省）人。元祐中苏轼任钱塘太守时，他恰巧任杭州法曹，因作《惜分飞》一词，受到苏轼的赏识，乃以文章典丽可备著述科荐之。徽宗时，他先后依附曾布、蔡卞，官至祠部员外郎，知秀州。著有《东堂集》十卷。《四库全书总目》卷一百五十五《东堂集》提要云："其诗有风发泉涌之致，颇为豪放不羁，文亦大气盘礴，汪洋恣肆，与李廌足以对垒，在北宋之末，要足以自成一家。"他也工于填词，情韵特胜，现存《东堂词》一卷。

孔文仲（1038—1088），字经父，临江新喻（在今江西省）人，弟武仲字常父，幼弟平仲字毅父，"皆以文声起江西，时号三孔"（《宋史》本传），与二苏并称。① 南宋宁宗时，临江太守王莲编有《清江三孔集》四十卷行世。

自苏轼主盟元祐文坛，云蒸霞蔚，人才辈出，学者任才逞意，各显身手。而在这许多作家中，秦观、黄庭坚和周邦彦等，乃是由哲宗以迄徽宗时期出类拔萃的代表者。

第二节　词人秦观与贺铸

北宋后期的词坛趋向　北宋中期柳永的词由于反映了当时繁华的城市生活与市民情调，获得了人民热烈的爱好。苏轼起而和他竞争，则从相反的方向推动了词的发展。但苏轼对于词风改革的贡献和这种贡献的重大意义，显然是经过一个相当长的时期以后，才逐渐被理解和承认的，在当时并不曾形成一个流派。人们称赞苏词的豪放之作，可又说它是别调，并非词的本色。社会上所传唱所醉心的，却仍然是柳词。因此，苏轼虽然

① 黄庭坚《和答子瞻和子由、常父忆馆中故事》："二苏上连璧，三孔立分鼎。"

主持文坛，享有盛名，但出于他门下的秦观、黄庭坚以及贺铸的词，依旧受着柳永的影响。黄庭坚写诗，虽然特别忌讳浅俗和艳情，但其词中却有许多言情之作，甚至有些是邻于庸俗、猥亵的。这分明是因仍了柳永以浅俗的语言描摹艳情的作风，如《千秋岁》：

此间好事，恰恁厮当对。乍夜永，凉天气。雨稀帘外滴，香篆盘中字。长入梦，如今见也分明是。　　欢极娇无力，玉软花欹坠。钗罥袖，云堆臂。灯斜明媚梦，汗浃瞢腾醉。“奴奴睡，奴奴睡也奴奴睡。”

在为晏几道《小山词》写的序文中，黄庭坚曾说：“余少时作乐府，以使酒玩世，道人法秀独罪余以笔墨劝淫，于我法中，当下犁舌之狱。”指的正是这类希风柳永的作品。到了后来，黄庭坚才在苏轼的影响之下，写出一些风格豪迈、高远的词来：

万里黔中一漏天，屋居终日似乘船。及至重阳天也霁，催醉，鬼门关外蜀江前。　　莫笑老翁犹气岸，君看，几人黄菊上华颠？戏马台南追两谢，驰射，风流犹拍古人肩。

——《定风波》

春归何处？寂寞无行路。若有人知春去处，唤取归来同住。
春无踪迹谁知，除非问取黄鹂；百啭无人能解，因风飞过蔷薇。

——《清平乐》

从黄庭坚、秦观以及贺铸的词作中，我们可以看出，柳永和苏轼所形成的词风，在后继者的作品中是互相对立的，同时也是互相渗透的。北宋后期的词人，虽然主要是继承了晏、欧、柳永以来的婉约作风，黄、秦、晁、张和李廌、毛滂、贺铸，均多婉约之作，但他们也多多少少地受到苏词创新精神的影响，已逐渐脱去柳词浅俗的一面，而向高雅方面发展。豪放之作当时虽然尚未形成派别，更不能算是主流，但晁补之、黄庭坚的某些作品已经透露这种气息。在柳、苏两种词风既对立又渗透的局面中，秦观与贺铸是具有代表性的词家。

秦观的生平事迹和他的创作道路 秦观（1049—1100），字太虚，后改字少游，别号邗沟居士、淮海居士，扬州高邮（在今江苏省）人。在弟兄中排行第七，所以人们称他为秦七。

秦观从少年时代起就关心国家大事，慷慨之情溢于文词。熙宁元年（1068），他二十一岁，因目睹人民遭受水灾的惨状，特地借梁武帝时堰崩人亡的故事，创作了《浮山堰赋》，对百姓的苦难表示了深切的同情；为了希望抗击辽、夏，也曾研究兵法。二十四岁时，他写了《郭子仪单骑见虏赋》，歌颂历史上戡定叛乱的英雄人物。熙宁七年（1074），苏轼由杭州通判移知密州的途中，曾经赏识过秦观的孙觉将其诗词数百篇呈送苏轼，苏轼读后十分称赞，从此订为神交。青年时期的秦观喜欢寻师访友，结交名士。熙宁九年（1076），他和孙觉、参寥到历阳汤泉山的惠济院拜访漳南道人，并游览名胜古迹，赋诗唱和。这次秦观创作了三十首诗，还写了《游汤泉记》、《寄老庵赋》与《汤泉赋》。

熙宁十年（1077），苏轼自密州移知徐州，秦观专程往访，彼此赋诗相赠。次年，他应苏轼之请写了一篇《黄楼赋》，苏轼赞扬他“有屈、宋才”。这期间，他又结识了苏辙、黄庭坚、张耒、晁补之、李之仪等人，游历了吴江、杭州和会稽。元丰七年（1084），苏轼路过江宁时，曾在王安石面前推称他的才学，博得王安石的赞许，说他的诗歌“清新似鲍、谢”（《宋史·文苑传》）。李廌在《师友谈记》中也说：“东坡言，少游文章如美玉无瑕，琢磨之功殆未有出其右者。”明人张綖在《〈淮海集〉序》中也认为其文可“与贾谊、陆贽争长”。可见他的文学成就并不限于词这一个方面。

秦观多次应试，但直到元丰八年（1085）他三十七岁时，才考取进士，初任定海主簿，转蔡州教授。元祐三年（1088），由于苏轼和范纯仁的先后举荐，应制科试，进策论。中式后历任宣教郎、太学博士、秘书省正字兼国史院编修。这是他一生最得意的时期。所进策三十篇，中有《国论》、《治势》、《人材》、《法律》、《财用》、《将帅》、《奇兵》、《辨士》、《兵法》、《边防》等目，对于当时的内忧外患提出了各种具体的策略和改革意见。在《治势》篇中，他对王安石变法作了中肯的分析，认为新法是救国济民的良策，只是执法者矫枉过正，以致产生了一些流弊。他不同意司马光执政后尽废新法，认为那也是矫枉过正。但由于朝廷内新旧党争激烈，士大夫党同伐异，根本不以国事为重，他公允的见解没有被采纳，反而遭到了忌妒者的中伤和谗毁。绍圣元年(1094)，章惇、蔡京等人上台，因他和苏轼关系密切，也被列入旧党而贬为杭州通判；赴任时，又再贬为监处州酒税。在处州，他写了很多诗词。为了消愁解闷，常到佛寺中去，与僧人谈禅，为寺僧抄写佛经，有《题法海平阇黎》诗云：

寒食山川百鸟喧，春风花雨暗川原；因循移病依香火，写得弥陀七万言。

这件事竟被政敌罗织成“谒告写佛书”的罪名，将他削职，流徙到郴州。路过汉阳，贺铸曾隔江寄诗相赠。行经衡阳又得到衡州太守孔平仲的热情款待。他当即抄呈在处州时作的《千秋岁》(“春去也，飞红万点愁如海”)，孔氏和韵酬答，传诵一时。

绍圣四年(1097)，他四十九岁，新党对他的迫害加紧，他被编管横州。元符二年(1099)，蔡京等又下令将他除名，永不收叙，移送雷州编管。当时苏轼也被贬至海南岛，隔海相望，常相唱和。但秦观生性比较软弱，没有苏轼那样洒脱开朗，经不起接二连三的严重打击，不免意气消沉。元符三年，他五十二岁，自作《挽词》说：“婴衅徙穷荒，茹哀与世辞；官来录我橐，吏来检我尸。”“家乡在万里，妻子天一涯，孤魂不敢归，惴惴犹在兹。”辞情悲愤，是对官场黑暗的沉痛控诉。这年二月，哲宗死了，高太后临朝听政，五月，下令大赦，苏轼和秦观都获得内迁。秦观宣德郎的官职得以恢复，还被宣召即刻进京。他在七月启程，八月十二日路过藤州，醉卧于光化亭上，醒后兴高采烈地填了一首《好事近·梦中作》：

春路雨添花，花动一山春色。行到小溪深处，有黄鹂千百。

飞云当面化龙蛇，夭矫转空碧。醉卧古藤阴下，了不知南北。

他吟罢此词，突然在大笑声中永别了人世！

秦观的著作现存《淮海集》四十卷，后集六卷。这位作家的诗、文、词、赋都很出色，而以词最为后世所称道。他出身于寒微的士族，一生中又历尽坎坷，比较能接近并了解人民的生活情况，如其《田居》有云："辛勤稼穑事，恻怆田畴语；得谷不敢储，催科吏旁午。"他写自己家庭生活的诗说："日典春衣非为酒，家贫食粥已多时。"(《春日偶题呈钱尚书》)"客无贵贱皆蔬饭，惟有慈亲食肉糜。"(《户部钱尚书和诗饷米，再成二章上谢》)也反映了自己穷困的处境。他的诗风优美，清新婉丽，如《春日》绝句：

一夕轻雷落万丝，霁光浮瓦碧参差；有情芍药含春泪，无力蔷薇卧晓枝。

这是一篇写春夜小雨、次晨放晴的小诗，其中以娇弱女子的神态比喻雨后花枝，颇有创造性，只是格调比较纤巧。王直方说他"诗如小词"(《王直方诗话》，见郭辑本《宋诗话辑佚》卷上)，元好问也说他的诗是"女郎诗"(见元好问《论诗绝句》第二十四首，载《遗山先生文集》卷十一)，均能道着他作品中富有阴柔之美的一面。但要补充说明的是这种优美是无可厚非的，而且他的诗还具有阳刚之美的另一面。

秦观被削职流徙，是他创作道路上的转折点。他被远投南荒，生活和心境都发生了很大的变化，诗风也起了很大的变化。吕本中《童蒙诗训》说："少游过岭后诗，严重高古，自成一家，与旧作不同。"(见《宋诗话辑佚》卷下附辑)如《雷阳书事》三首和《海康书事》十首，就是感时伤世的作品。《海康书事》第一首云：

白发坐钩党，南迁海濒州。灌园以糊口，身自杂苍头。篱落秋暑中，碧花蔓牵牛。谁知把锄人，旧日东陵侯。

感慨深沉，风格古朴，充满了郁愤不平之气，诗风与前期确实不同。

婉约绮丽的《淮海词》　秦观大半生浮沉人海，中年以后又卷入新旧党争，困顿以死，但他遗留下来的那些有如“初日芙蓉、晓风杨柳”的词①，却永远使人不能忘怀。秦观的《淮海词》，又称《淮海居士长短句》，旧存七十二首，近人龙榆生编《苏门四学士词》补辑二十八首，共一百首。他的令词仍走晏、欧的传统路子，但风格不同。如《如梦令》：

> 莺嘴啄花红溜，燕尾点波绿皱。指冷玉笙寒，吹彻小梅春透。依旧，依旧，人与绿杨俱瘦。

显示作者善于即景抒情，用辞精确。这类作品，可以比美五代宋初诸名家。而如《鹊桥仙》，则自出机杼，独具匠心，非晏、欧诸公所能范围：

> 纤云弄巧，飞星传恨，银汉迢迢暗度，金风玉露一相逢，便胜却人间无数。　　柔情似水，佳期如梦，忍顾鹊桥归路？两情若是久长时，又岂在朝朝暮暮！

本篇取材于牛郎织女七夕相会的传说，歌颂了他们之间真诚不渝的爱情。上片以对句起，写七夕的景色，景中有情；下片也以对句起，写牛郎织女相爱之深，情中带景，最后的结句表现了比世俗远为高尚的思想境界和健康的生活情趣。这在当时是难能可贵的。

秦观还善于以长调抒情，学柳永能去其庸俗猥亵的情趣而得其宛转铺叙的手法。从其《八六子》（“倚危亭”）、《望海潮》（“梅英疏淡”）等名篇中，都可以见出其所受柳词在章法方面的影响。就内容来说，则仍不外是写男女相思恩怨尔汝之情。

他青年时代困于场屋，屡试不第，曾游幕于吴兴、杭州、会稽等地。从

---

① 《蕙风词话》卷二：“张文潜赠李德载诗有云：‘秦文倩丽舒桃李。’彼所谓文，固指一切文字而言。若以其词论，直是初日芙蓉，晓风杨柳。倩丽之桃李，容犹当之有愧色焉。”

会稽蓬莱阁归来后，他曾填了一首著名的《满庭芳》：

山抹微云，天粘衰草，画角声断谯门。暂停征棹，聊共引离尊。多少蓬莱旧事，空回首、烟霭纷纷。斜阳外、寒鸦数点，流水绕孤村。销魂！当此际，香囊暗解，罗带轻分。漫赢得、青楼薄幸名存。此去何时见也？襟袖上、空惹啼痕。伤情处，高城望断，灯火已黄昏。

这首词写的是一个别离的场面，其中细致地刻画了一对情侣的生活环境和内心活动。作者用抹字形容那轻轻飘浮在山上的一层薄云，用粘字表现那一望无际的、与远天逐渐衔接而又已枯萎了的秋草，就好像云是流质，可以抹在山上，草有粘性，可以胶住天体。这两句非常凝炼、自然，又极其传神。此词当时传唱以后，立即引起了热烈的反应。苏轼就特别赞美它的起句，称他为山抹微云君①；晁补之则说："比来作者，皆不及秦少游，如'斜阳外，寒鸦数点，流水绕孤村'，虽不识字人，亦知是天生好言语也。"（见赵令畤《侯鲭录》卷八）这首词将身世之感和艳情交织起来写，明显地是受了柳永的影响，其情调与柳词《雨霖铃》、《八声甘州》等篇确是相近的。黄昇《唐宋诸贤绝妙词选》卷一苏轼《永遇乐》注云：

少游自会稽入京，见东坡。坡云："久别当作文甚胜，都下盛唱公'山抹微云'之词。"秦逊谢。坡遽云："不意别后，公却学柳七作词。"秦答曰："某虽无识，亦不至是，先生之言，无乃过乎？"坡云："'销魂当此际'，非柳词句法乎？"秦惭服，然已流传，不复可改矣。

这段记载饶有风趣地说明了秦、柳之间的关系，其根本原因是秦观与歌儿

---

① 见郭辑本《艺苑雌黄》"秦少游词有来历"条。此条又云："寒鸦"之句"人皆以为少游自造此语，殊不知亦有所本。……隋炀帝诗云：'寒鸦千万点，流水绕孤村。'少游用此语也"。载《宋诗话辑佚》卷下附辑。按：逯钦立《先秦汉魏南北朝诗》隋诗，卷三据《笔麈》首句作"寒鸦飞数点"。又：此可与第三章第一节载《小山词》"落花"二句比观。

舞女来往的生活方式与柳永流连市井坊曲有近似的地方。他也欢喜吸取民间乐曲的通俗写法，用一些市井俚语来写艳词，如《满园花》与《品令》等。

不过，生活的磨难毕竟使秦观的词风起了一定的变化。他在政治上遭受打击、流徙南方以后的作品，就显得十分凄婉，带有浓厚的感伤情调，如：

> 雾失楼台，月迷津渡，桃源望断无寻处。可堪孤馆闭春寒，杜鹃声里斜阳暮。　　驿寄梅花，鱼传尺素，砌成此恨无重数。郴江幸自绕郴山，为谁流下潇湘去！
>
> ——《踏莎行》

> 湘天风雨破寒初，深沉庭院虚。丽谯吹罢小单于，迢迢清夜徂。乡梦断，旅魂孤，峥嵘岁又除。衡阳犹有雁传书，郴阳和雁无。
>
> ——《阮郎归》

这两篇都是谪居郴州后所作。政治上的失意，使他从以前狭小的风流旖旎的生活中解放出来，清醒地注视着自己的不幸与孤独。词中所写，虽然只是浓重的怀乡之感，但其中显然包括了比乡愁更为使词人感到压抑的东西。在风格上，给人的感觉，也不仅仅是凄婉，而是凄厉了！这种怆恻悲苦的声音，正如实地反映了词人晚年痛苦的生活和心情。在秦观死后，苏轼特别将《踏莎行》写在扇上，并题识道："少游已矣，虽万人何赎！"（见《苕溪渔隐丛话》前集卷五十引《冷斋夜话》，《四库全书》本及《丛书集成》本《夜话》无此文）这种沉痛的悼念固然体现了他俩友谊的深厚，另一方面也说明秦观晚年的作品，由于环境、心绪的变化，已经能够摆脱柳永那种绮罗香泽的影响，更深刻地表现人生，达到了难以企及的成就，才引起苏轼更巨大的哀伤。从历史发展上看，我们不妨说，《淮海词》凄婉感伤的情调，是与李后主、晏几道一脉相承的。如《江城子》：

西城杨柳弄春柔。动离忧，泪难收。犹记多情曾为系归舟。碧野朱桥当日事，人不见，水空流。　　韶华不为少年留。恨悠悠，几时休？飞絮落花时候一登楼。便做春江都是泪，流不尽，许多愁！

这是对于一个离别场面的荡气回肠的回忆。结果翻用了李后主《虞美人》中的名句“问君能有几多愁，恰似一江春水向东流”，使得全篇更加精警，而其追踪李、晏，也显然可见。

冯煦在《宋六十一家词选·例言》中说：“少游以绝尘之才，早与胜流，不可一世，而一谪南荒，遽丧灵宝，故所为词寄慨身世，闲雅有情思，酒边花下，一往而深，而怨悱不乱，悄乎得《小雅》之遗，后主而后，一人而已。”又说：“淮海、小山，真古之伤心人也。其淡语皆有味，浅语皆有致，求之两宋词人，实罕其匹。”秦观之所以能取得这样的成就，是在于他能多方面地学习前人的艺术经验，不仅学柳永，也学唐五代以迄宋初诸家。他虽然没有直接继承苏词的豪放风格，但或多或少地受到了他一些影响，所以才能虽学柳词而又抗拒其庸猥的一面。他博取婉约派各家之长，达到“情词相称”的独特成就①，直接影响了稍后的周邦彦和李清照。《白雨斋词话》卷一云：“秦少游自是作手。近开美成，导其先路；远祖温、韦，取其神不袭其貌。词至是乃一变焉。然变而不失其正，遂令议者不病其变，而转觉有不得不变者。”陈廷焯指出了秦观在婉约派发展过程中的重要作用，肯定了他在词史上的地位，是很正确的。

贺铸以健笔写柔情的《东山词》　贺铸（1052—1125），字方回，卫州（今河南汲县）人。他赋性鲠直，又有口才，评论是非，不避权贵，因此颇遭忌刻，仕路屯蹇只做过右班殿直、监临城酒税、徐州宝丰监钱官、和州管界巡检、江夏宝泉监钱官，以及泗州通判等小官。他是唐代诗人贺知章的后裔，曾自号为庆湖遗老、北宗狂客，与米芾、程俱、秦观、苏轼、黄庭坚、李之仪和叶梦得等人交好。

---

①　沈雄《古今诗话·词话》卷上引蔡伯世曰：“子野词胜乎情，耆卿情胜乎词。情词相称者，少游一人而已。”

《宋史·文苑传》说他："博学强记，工语言，深婉丽密，如次组绣。尤长于度曲，掇拾人所弃遗，少加檃括，皆为新奇。尝言吾笔端驱使李商隐、温庭筠常奔命不暇。"他的著作有《庆湖遗老集》和《东山词》（一名《东山寓声乐府》）。《四库全书总目》卷一百十五《庆湖遗老集》提要论之云："铸以填词名家……然其诗亦工致修洁，时有逸气。格虽不高，而无宋人悍犷之习。《苕溪渔隐丛话》称其以望夫石诗得名，《诗人玉屑》称王安石赏其定林寺绝句。《王直方诗话》载铸论诗之言曰：'平淡不涉于流俗，奇古不邻于怪僻，题咏不窘于物义，叙事不病于声律。比兴深者通物理，用事工者如己出。格见于成篇，浑然不可镌；气出于言外，浩然不可屈。'观其所作，虽不尽如所论，要亦不甚愧其言也。"如他在徐州时写的《病后登快哉亭》：

> 经雨清蝉得意鸣，征尘断处见归程。病来把酒不知厌，梦后倚楼无限情。鸦带斜阳投古刹，草将野色入荒城。故园又负黄花约，但觉秋风鬓上生。

这篇怀乡之作所写都是眼前景物，风格清朗，很有情致。再如《茅塘马上》：

> 壮图忽忽负当年，回羡农家过我贤。水落陂塘秋日薄，仰眠牛背看青天。

则披露了自己因壮志未酬而产生归农思想，写得傲兀不群，可以想见其性格。

贺铸入仕后本任武职。直到元祐七年（1092），由于得到李清臣、范百禄和苏轼的推荐，才从武职改为文官。徽宗崇宁、大观年间，他退居苏州，最后卒于常州。程俱在《贺方回诗序》中，曾经生动地画出了这位作家的形象：

> 方回为人，盖有不可解者：方回少时，侠气盖一座，驰马走狗，饮

> 酒如长鲸;然遇空无有时,俯首北窗下,作牛毛小楷,雌黄不去手,反如寒苦一书生;方回仪观甚伟,如羽人剑客;然戏为长短句,皆雍容妙丽,极幽闲思怨之情。方回忼慨感激,其言理财治剧之方,亹亹有绪,似非无意于世者;然遇轩裳角逐之会,常如怯夫处女。余以为不可解者,此也。

作家的气质和个性是形成其独特风格的主要因素,从这段记述中可以知道,贺铸是一个既深于儿女之情又富于豪侠之气的人物,同时也是一个颇有才干却为当时社会所遗弃的人物。这种境遇和个性反映在他的作品里,就使得他的风格时而显得富艳精工,时而显得幽忧悲壮。或表现着缠绵的柔情,近于秦观,或表现着激越的豪情,近于苏轼。张耒在《〈东山词〉序》中曾指出其词风具有盛丽、妖冶、幽索、悲壮四种特色,综合起来则是刚柔相济,善于以健笔写柔情。

> 凌波不过横塘路,但目送,芳尘去。锦瑟华年谁与度?月桥花院,琐窗朱户,只有春知处。　　碧云冉冉蘅皋暮,彩笔新题断肠句。试问闲愁都几许?一川烟草,满城风絮,梅子黄时雨。
>
> ——《横塘路》①

> 薄雨收寒,斜照弄晴,春意空阔。长亭柳色才黄,远客一枝先折。烟横水漫,映带几点归鸦,东风销尽龙沙雪。还记出关来,恰而今时节。　　将发,画楼芳酒,红泪清歌,顿成轻别。已是经年,杳杳音尘都绝。欲知方寸,共有几许清愁?芭蕉不展丁香结。枉望断天涯,两厌厌风月。
>
> ——《柳色黄》

---

① 贺铸在填词时,常常根据自己所写的词句,将旧的词调换上一个新的名称,如《横塘路》即《青玉案》,《柳色黄》即《石州引》,《半死桐》即《鹧鸪天》等,其词集又名《东山寓声乐府》,即由于此。

重过阊门万事非，同来何事不同归？梧桐半死清霜后，头白鸳鸯失伴飞。　　原上草，露初晞，旧栖新垄两依依。空床卧听南窗雨，谁复挑灯夜补衣。

——《半死桐》

缚虎手，悬河口，车如鸡栖马如狗。白纶巾，扑黄尘，不知我辈可是蓬蒿人？衰兰送客咸阳道，天若有情天亦老。作雷颠，不论钱，谁问旗亭美酒斗十千？　　酌大斗，更为寿，青鬓常青古无有。笑嫣然，舞翩然，当垆秦女十五语如弦。遗音能记秋风曲，事去千年犹恨促。揽流光，系扶桑，争奈愁来一日却为长！

——《小梅花》

我们从这四篇作品中，接触到了不同的情调和风格。前两篇所反映的，是词人一往情深的离愁别恨，布景设色，极其漂亮新鲜，秾丽的春光和忧郁的心绪在这些作品中得到了巧妙的融合。《青玉案》尤为著名，其结尾三句从李后主的“问君能有几多愁，恰似一江春水向东流”（《虞美人》）和“自是人生长恨水长东”（《相见欢》）化出，而易独喻为博喻，兴中有比，新奇工巧，为人所传诵，以致作者被称为贺梅子（见周紫芝《竹坡诗话》卷一）。《半死桐》赋悼亡，情意是多么朴实真挚，又是多么深沉哀伤，使我们很自然地联想起苏轼那篇同一主题的《江城子》。它们不知打动了后来多少在生命的中途上分了手的恩爱夫妻的心。《小梅花》吸收了李贺的诗句入词，以奇横的语调抒写了一个富有才能可是长期遭受抑压的人物的苦闷，并以不可一世的鄙视尘俗的口气来体现了对于现实人生的不能忘怀，这正是当时许多赋性不羁而怀才不遇的士人的典型心理。

贺铸并非苏轼的门人，但和苏轼有交往，并曾多次作诗对苏氏深表怀念之情。他接受了苏轼词风的影响，写出了一些意气风发的词。《小梅花》之外，《六州歌头》也是一篇名作：

少年侠气，交结五都雄。肝胆洞，毛发耸。立谈中，死生同，一诺千金重。推翘勇，矜豪纵，轻盖拥，联飞鞚，斗城东。轰饮酒垆，春色浮寒瓮，吸海垂虹。闲呼鹰嗾犬，白羽摘雕弓，狡穴俄空，乐匆匆。　似黄粱梦，辞丹凤；明月共，漾孤蓬。官冗从，怀倥偬，落尘笼，簿书丛。鹖弁如云众，供粗用，忽奇功。笳鼓动，渔阳弄，思悲翁。不请长缨，系取天骄种，剑吼西风。恨登山临水，手寄七弦桐，目送归鸿。

词情高亢激越，苍凉悲壮，表现了有心报国而无路请缨的不平之气。这是在北宋词中极为罕见而对南宋爱国主义的英雄词风的产生起了先导作用的独特存在。

秦、贺合评　在柳永和苏轼之后，秦观与贺铸接受了他们的影响，以自己的创作丰富了宋代词坛。秦词属婉约一派，贺词虽有豪放之作，仍以婉约为主。他俩都和柳永一样，长于抒写缠绵宛转的柔情，然而却没有柳词中不时流露的庸俗气息。秦观晚年对于痛苦的人生的歌唱，从与苏轼不同的角度出发，开拓了词的境界；而贺铸放旷不羁的性格，则使得其一部分作品自然的和苏轼相近。在秦观已死贺铸尚在的时候，黄庭坚曾仿杜甫的《存殁口号》写了一首小诗《寄贺方回》："少游醉卧古藤下，谁与愁眉唱一杯？解作江南断肠句，只今惟有贺方回！"这种悼念和称赞，正说明秦、贺两人在词史上的地位。

从五代以来，由于词人多半以绮语来写柔情，其语言风格就很自然地和晚唐一些诗人如杜牧、李商隐、温庭筠等相似。到了贺铸，更开始有意识地选择这些诗人们所使用过的语言来填词，甚至直接引用唐诗的成句，如贺词《柳色黄》"芭蕉不展丁香结"，就是李商隐《代赠》中的名句，而《小梅花》"衰兰送客咸阳道，天若有情天亦老"，则是李贺《金铜仙人辞汉歌》中的名句。这种点化或袭用前人语言及成句的方法，加强了词句精炼的程度，也延续了前人铸造的意境，但另一方面，却难免使歌词的语言逐渐脱离了更其富有生命力的口语，逐渐趋于典雅甚至于晦涩。后来周邦彦就是走着这条路子，并且加以发展的。

第三节　黄庭坚、陈师道和江西诗派

王安石和苏轼的时代，是北宋文学史上现实主义文学的隆盛时期。而到北宋末年，国事日非，新旧党争的风险使许多文人趋于逃避现实，追求艺术技巧的文学倾向也就开始抬头。比王、苏年辈稍后的黄庭坚、周邦彦，各自在其所擅长的文学领域内，以其创作实践加剧了这种风尚。黄诗所具有的脱离现实和周词所具有的粉饰现实的倾向，由于他们的艺术成就，更由于适应了11世纪80年代后宋王朝日益衰败的社会政治现实的客观需要，从而得到了发展。他们和他们所造成的文学流派，不仅流行于北宋末年的文坛，在南宋也具有不可忽视的势力和影响。

黄庭坚的生平和思想　黄庭坚（1045—1105），字鲁直，洪州分宁（今江西修水县）人。他出身于一个文学空气很浓的家庭，父亲黄庶是专学杜甫、韩愈的诗人，著有《伐檀集》二卷；舅父李常也是诗人，而且是有名的藏书家；两位岳父孙觉和谢师厚也是积学知名之士。在这样的环境中，他从小起就博览群书，三教经典以及小说杂书无所不读。所以他的成就是多方面的，除了诗、文、词、赋以外，书法成就也极高，与苏轼、米芾、蔡襄并称为宋代四大书家。

黄庭坚在治平四年（1067）考中进士后，于熙宁初任汝州叶县的县尉，熙宁五年（1072）升任北京国子监教授，得到大臣文彦博的器重。元丰元年（1078），他写了一封信给徐州太守苏轼，表示仰慕之意，并呈诗二首。苏轼当即复信，称赞他“古风二首，托物引类，真得古诗人之风”（《答黄鲁直书一首》）。两人从此缔交，终身不渝。元丰三年，他出知吉州太和县，路过舒州时，游览了三祖山上的山谷寺，因爱其风光，便以山谷道人作为别号。元祐年间，他以秘书省校书郎召入馆阁，司马光赞赏他好学有文，邀请他参与校定《资治通鉴》。他在京将近九年，任《神宗实录》检讨官，加集贤院校理，升起居舍人、秘书丞，兼国史编修官。这一时期，苏轼兄弟是朝廷显要，他始终追随着苏轼，常相唱和，成为苏门四学士之一。绍圣年间，政局发生了变化，章惇、蔡卞等新党得势，肆意迫害元祐党人，他被贬为涪州别驾，从此又自号涪翁。徽宗时，蔡京擅权，大兴党祸。转运判官陈举承宰执赵挺之的风旨，告发他所作《荆州承天院塔记》中有幸灾谤国之意，因此被撤销一切职务，流放宜州编管。崇宁四年(1105)九月三十日死于贬所，终年六十一岁。著作现存《豫章黄先生文集》三十卷，另有南宋时任渊等三人整理加注的《山谷诗集注》内集三十卷、外集十四卷、别集二十卷。又《山谷词》一卷。

黄庭坚在政治思想上受苏轼的影响很大，并屡次与苏轼一同被贬。但他主张新旧两党互相宽容："人材包新旧，王度济宽猛。"(《次韵子由绩溪病起被召，寄王定国》)他虽然不很赞成新法，但不像司马光等那样极端保守、坚决反对，并认为新法的流弊不是王安石的过错。在《跋王荆公禅简》中，他对王安石的人品十分推崇敬佩："然余尝熟观其风度，真视富贵如浮云，不溺于财利酒色，一世之伟人也。"他这种不抱偏见地对待王安石的态度，在当时是难能可贵的。

黄庭坚的世界观是儒佛道三家思想的混合体。他所受的教育，自然是传统的儒家学说。但在激烈的新旧党争中，他没有勇气也毫无办法去解决矛盾，于是便逃遁到仙乡佛国中去寻求精神上的寄托。他和法秀、祖心、惟清、悟新等禅师交往，接受了禅宗的影响。其诗歌创作中，除了儒家经典外，道家的《老子》、《庄子》、《列子》、《抱朴子》、《淮南子》、《黄庭经》等，佛家的《金刚经》、《法华经》、《楞严经》、《维摩经》、《华严经》、《涅槃经》、《般若经》、《传灯录》等，都是他所喜欢渔猎的，可见他所接受的思想影响也较复杂。

黄庭坚早年还有过一些敢于反映现实的作品，但在苏轼的乌台诗案发生后，有鉴于文字之祸，便逐渐退缩了。在《答洪驹父书》中，他告诫说："东坡之文妙天下，其短处在好骂，慎勿袭其轨也。"可见他没有苏轼那种敢怒敢骂的勇气，这种人生态度是黄诗缺乏苏诗那种战斗锋芒的根本原因。其《书王知载〈朐山杂咏〉后》云：

> 诗者，人之情性也。非强谏诤于庭，怨忿诟于道，怒邻骂座之为也。其人忠信笃敬，抱道而居，与世乖逢，遇物悲喜，同床而不察，并

> 世而不闻。情之所不能堪，因发于呻吟调笑之声，胸次释然，而闻者亦有所劝勉，比律吕而可歌，列干羽而可舞，是诗之美也。其发为讪谤侵陵，引颈以承戈，披襟而受矢，以快一朝之忿者，人皆以为诗之祸，是失诗之旨，非诗之过也。

很显然，他是不主张诗歌为政治斗争服务，而赞成只将它用来抒发个人情性的，这就是他所以热衷于片面地去追求艺术技巧的思想根源。

黄诗的创作方法和艺术特征　黄庭坚一生历尽坎坷，政治地位不高，但在文学界的声名却是很大的。他苦心钻研诗的技巧，在语言、意境、格律以及表现方式各方面，都使用了一些新的手法。因此形成了一种特殊风格，给人以一种前所未有的新鲜感觉，引起了很多人的向往，后来便形成了一个庞大的文学流派——江西诗派。

黄庭坚原来也是反对西昆体的，并始终倡导作诗应向杜甫学习，但他没有重视杜诗丰富的社会内容和现实主义精神，却片面地强调杜诗在格律字句等形式上的特点。他在《答洪驹父书》中说：

> 老杜作诗，退之作文，无一字无来处；盖后人读书少，故谓韩杜自作此语耳。古之能为文章者，真能陶冶万物，虽取古人之陈言入于翰墨，如灵丹一粒，点铁成金也。

他片面地把书本、学问当成了文学创作的源泉，其结果必然要走上脱离现实、摹拟古人的偏重形式的道路。他的创作方法，可以归纳为三个方面：

第一，改窜陈句，创为夺胎换骨之说。他说："诗意无穷，而人之才有限，以有限之才，追无穷之意，虽渊明、少陵不得工也，然不易其意而造其语，谓之换骨法，窥入其意而形容之，谓之夺胎法。"（见《冷斋夜话》卷一。王若虚《滹南诗话》卷三也引此说，并云："世以为名言。"）黄庭坚认为，只有这样，才能推陈出新，超过前人。所谓夺胎或脱胎，即是采用前人的诗意和造句格式而加以发展，使之更深刻化，造成自己的意境，如黄诗《睡鸭》："山鸡照影空自爱，孤鸾舞镜不作双。"是出于徐陵《鸳鸯赋》"山鸡映水那相得，孤鸾照镜不成双”，任渊认为：“山谷非蹈袭者，以徐语弱，故为点窜以示学者尔。”（《山谷诗集注》卷七）至于换骨，则是采用前人的诗意而用自己的语言重新表达，实即意同而语异，如黄诗《再次韵四首》之四“公有胸中五色线，平生补衮用功深”，是出于杜牧《郡斋独酌》“平生五色线，愿补舜衣裳”的句意。这就是他点化陈腐以为新奇的窍门。黄庭坚本人运用此种技巧是比较熟练得法的，这也是他煞费苦心地创造出来的对文学遗产的一种继承和借鉴的巧妙方式。但是，用之不工或不当，则容易造成模拟剽窃、弄巧成拙的流弊，可能适得其反而点金成铁。

第二，好用拗律、押险韵。黄庭坚为了力矫西昆体圆熟的俗格，往往师法杜甫，用拗体、变调来写律诗，以树立奇峭劲挺的独特诗风。他主张“宁律不谐，不使句弱；用字不工，不使语俗”，（《题意可诗后》）竭力追求格韵高绝的境界。黄诗中七律共三百十一首，其中拗体就有一百五十三首，竟占了总数的一半。如《题落星寺》：

落星开士深结屋，龙阁老翁来赋诗。
仄平平仄平仄仄　平仄仄平平仄平
小雨藏山客坐久，长江接天帆到迟。
仄仄平平仄仄仄　平平仄平平仄平
宴寝清香与世隔，画图妙绝无人知。
仄仄平平仄仄仄　仄平仄仄平平平
蜂房各自开户牖，处处煮茶藤一枝。
平平仄仄平仄仄　仄仄仄平平仄平

全诗竟没有一句是完全合律的，方回认为“此学老杜所谓拗字吴体格”（《瀛奎律髓》卷二十五）。然而，它于拗中又有见律处，如第二句中第五字应仄而平，以救第一句第六字及本句第三字之拗。第六句虽用三平调作结，但第五句相应地用了三个仄声字收尾。大拗大救，气势挺拔，为表现幽僻清绝的内容创制了恰到好处的语音外壳。（参见莫砺锋《黄庭坚“夺胎换骨”辨》，载《中国社会科学》1983 年第 5 期）。他为了避俗生新，追求不同凡响的艺术效果，还喜欢押险韵，次韵唱和。元人孙瑞指出："山谷作诗有押韵险处，妙不可言。"并举"句法提一律，坚城受我降"（《子瞻诗句妙一世，乃云效庭坚体，故次韵道之》）为例，说是"只此一降字，他人如何押到此"（见刘壎《隐居通义》卷八）。此外如《次韵晁补之、廖正一赠答诗》，竟叠韵七次之多，也充分表现了他用字用韵遍求独创、不避重叠的精神。

第三，好用奇字僻典，刻意苦吟。黄庭坚为了创意出奇，在运用修辞手段方面也有突出的造诣。他很重视炼字造句，如"秋水粘天不自多"（《赠陈师道》）的"粘"字，"清风荡秋日"（《晚起临汝》）的"荡"字，都是传神的句眼。又如"马龁枯萁喧午枕，梦成风雨浪翻江"（《六月十七日昼寝》），"桃叶柳花明晓市，荻牙蒲笋上春洲"（《次韵盖郎中率郭郎中休官》），在语法结构、词组对偶方面都十分工巧，务去陈言，力撰硬语。他又喜欢运用典故，特别是爱用冷僻之典，如"上丁分膰一饱饭，藏神梦诉羊蹴蔬"（《戏赠彦深》），是用隋代侯白《启颜录》中的故事，人所罕知。又如《颐轩诗六首》，同时杂糅了儒、佛、道三家经典中的语汇，也不易通解。所以王夫之在《夕堂永日绪论》中批评他"除却书本子则更无诗"。这使得他的一些作品存在着生硬或晦涩的缺点。

如上所述，黄庭坚作诗，着意在求奇求新。他喜欢用变调、险韵和僻典，喜欢将两件很难联系起来的事物作对偶，有时还故意使用当时民间艺人作杂剧和禅宗和尚说法时采用的打诨办法①，先说一些没头没脑叫人无从理会的话，然后再将用意挑明，这一切，都说明了黄庭坚对于技巧的深切注意，但也说明了，他是脱离了现实生活片面地去追求技巧的。因为黄诗带有这种根本性的弱点，所以尽管他曾努力研习陶渊明、杜甫，也非常佩服王安石和苏轼，但却忽略了这些伟大诗人作品中丰富的思想内容。这位颇有才能的作家，生活视野是不够广阔的，生活兴趣是狭窄的。在他看来，现实生活中的重大问题还不及一些琐屑的事物值得付与更多的关注。这样，就使得他虽然"以惊创为奇才，其神兀傲，其气崛奇，玄思瑰句，

① 孔平仲《孔氏谈苑》卷五："山谷云：作诗正如作杂剧，初时布置，临了须打诨，方是出场。"

排斥冥筌，自得意表”，“入思深、造句奇崛、笔势健，足以药熟滑”，（方东树《昭昧詹言》卷十二）但其诗集中和人民共呼吸的作品却不多，这就不能不大大减低了黄诗的思想价值。

当然，作为一个著名的作家，作为一个毕生致力于诗歌创作的作家，黄庭坚确是写了一些好诗的。当他有时突破了自己所陶醉在其中的狭窄的生活圈子而将视野扩大到人类社会和自然界中一些优美事物的时候，当他的爱憎在某种程度上符合于人民的爱憎的时候，他所苦心钻研的技巧也就发生了力量，产生了一些既具有较为充实的内容，又充分地表现了他所独具的生新、瘦硬、奇峭风格的十分完美的作品。

> 乃翁知国如知兵，塞垣草木识威名。敌人开户玩处女，掩耳不及惊雷霆。平生端有活国计，百不一试埋九京。阿兄两持庆州节，十年麒麟地上行。潭潭大度如卧虎，边人耕桑长儿女。折冲千里虽有余，论道经邦正要渠。妙年出补父兄处，公自才力应时须。春风旌旗拥万夫，幕下诸将思草枯。智名勇功不入眼，可用折箠笞羌胡。
>
> ——《送范德孺知庆州》

这是为了歌颂范仲淹父子的政绩、战略和边功而写的。范仲淹在仁宗时镇守西北，防御西夏，为敌人所畏服。其后，他的两个儿子纯仁、纯粹（德孺）继承乃父的事业，先后出守军事重镇。由于北宋边患剧烈，能够巩固国防的官吏就特别受到人民的尊敬。范德孺出知庆州是元丰八年（1085）八月任命的，黄庭坚于次年春写这首诗送行，既刻画了范氏父子作为爱国者的形象，又反映了人民拥戴他们的深情。“敌人”两句是写范仲淹“知兵”，这位将军文静得像个大姑娘，使得敌人玩忽了职守而大开门户，谁知他行动起来又快又猛，好似迅雷轰击，使敌人不及掩耳。这种设想和造句虽有所本①，但诗人将旧文加以点化，把这意境相距很远的两句放在一处时，对于读者来说，还是耳目一新的。这首诗就用意论，结构谨严，在全诗

① 《孙子·九地》：“始如处女，敌人开户；后如脱兔，敌不及距。”黄诗本此。

十八句中，父、兄、弟各占六句；就用韵论，又故意打破了这种均匀的局面，先是平韵八句，间以仄韵两句，又是平韵八句，换意与换韵参差错综，又与前人之换意就换韵之注重声情相应者不同。这也是其创新的地方。范德孺父兄的功业，久已昭著，而他本人则还是一位少年将领，所以诗中主要是以父兄来烘托他本人。就这一点来说，其作法又与杜甫《公孙大娘弟子舞剑器行》有相近处，如此诗"妙年出补父兄处"即从杜诗"晚有弟子传芬芳"来。

再看他赞美杜甫的《老杜浣花溪图引》：

> 拾遗流落锦官城，故人作尹眼为青。碧鸡坊西结茅屋，百花潭水濯冠缨。故衣未补新衣绽，空蟠胸中书万卷。探道欲度羲黄前，论诗未觉《国风》远。干戈峥嵘暗宇县，杜陵韦曲无鸡犬。老妻稚子具眼前，弟妹飘零不相见。此公乐易真可人，园翁溪友肯卜邻；邻家有酒邀皆去，得意鱼鸟来相亲。浣花酒船散车骑，野墙无主看桃李。宗文守家宗武扶，落日蹇驴驮醉起。愿闻解鞍脱兜鍪，老儒不用千户侯。中原未得平安报，醉里眉攒万国愁。生绡铺墙粉墨落，平生忠义今寂寞。儿呼不苏驴失脚，犹恐醒来有新作。常使诗人拜画图，煎胶续弦千古无！

这幅图画通过杜甫从驴背上滑下来仍然不很清醒的稍纵即逝的形象，非常成功地显示了这位伟大诗人的内心世界。黄庭坚则不但了解杜甫，而且理解这位画家和这幅画图的主题和处理方式，于是就写出了这篇好诗。诗中着重地描写了杜甫在成都时期的生活情况，以及他和普通百姓之间融洽无间的友谊；反映了他关心国事的忠肝义胆，以及希求祖国战乱早日平定的崇高愿望。王安石所作《杜甫画像》诗以豪健胜，而黄庭坚此篇以情韵胜，他们都对杜甫的为人及其所生活的时代具有深刻的理解。

在现存一千九百五十六首黄诗中，律诗佳作尤多，今略举数例：

痴儿了却公家事，快阁东西倚晚晴。落木千山天远大，澄江一道月分明。朱弦已为佳人绝，青眼聊因美酒横。万里归船弄长笛，此心吾与白鸥盟。

——《登快阁》

我居北海君南海，寄雁传书谢不能。桃李春风一杯酒，江湖夜雨十年灯。持家但有四立壁，治病不蕲三折肱。想见读书头已白，隔溪猿哭瘴溪藤。

——《寄黄几复》

万里相看忘逆旅，三声清泪落离觞。朝云往日攀天梦，夜雨何时对榻凉？急雪鹡鸰相并影，惊风鸿雁不成行。归舟天际常回首，从此频书慰断肠。

——《和答元明黔南赠别》

这几首诗描写了作者对于友谊、亲情的珍视和别离之感、浮沉宦海以及迁谪异地之情。他的感受是非常真实的，为普通人所具有的而且能为大家所接受的。如“落木千山天远大，澄江一道月分明”、“朝云往日攀天梦，夜雨何时对榻凉”等联，都是新奇而凝炼的佳句。而用“江湖夜雨十年灯”来与“桃李春风一杯酒”作对，尤见精警。它以寥寥十四字写出了诗人对过去良辰美景、好友欢聚的怀念，和后来长期流落江湖、寂寞凄凉的情怀。张耒曾评之为“真奇语”（《王直方诗话》），魏庆之则将其列为“宋朝警句”（《诗人玉屑》卷三）。跟这一点相联系，黄诗用语也很深曲，如《寄黄几复》一诗的后四句，是叹其贫困，又美其安贫乐道；赞其才干，又惜其屈身下僚，终于归结到读书无用的愤慨。怜才之意，不平之鸣，都于言外见之。概括地说，黄诗的主要成就表现在艺术方面，其作品在立意、谋篇、造句、炼字以及声律各个方面都力求推陈出新，其中固然有一些由于矫枉过正而造成的缺点，但确有其独创性，并达到了很高的水平。黄诗是别具风味的，因而也很自然地成为宋诗独特风貌的重要组成部分。陈岩肖《庚溪诗话》卷下说："山谷之诗，清新奇峭，颇道前人未尝道处，自为一家，此其妙也。"前人论宋诗，每以苏、黄并称，黄当然比不上苏，但在当时确有很大的影响。严羽在《沧浪诗话·诗辨》中说："至东坡、山谷始自出己意以为诗，唐人之风变矣。山谷用工尤为深刻，其后法席盛行，海内称为江西宗派。"而首先向黄庭坚学习的，是苏门六君子中的陈师道。

与黄庭坚齐名的陈师道　黄、陈齐名，但无论是思想意识还是文学作风，陈师道都主动地接受黄庭坚的影响。陈氏在《后山诗话》中说："苏诗始学刘禹锡，故多怨刺，学不可不慎也。"这也正是黄庭坚的意见，所以他的创作接近黄庭坚，是很自然的。在《答秦观书》中，陈师道说：

> 仆于诗初无师法，然少好之，老而不厌，数以千计；及一见黄豫章，尽焚其稿而学焉。豫章以谓譬之弈焉，弟子高师一著，仅能及之，争先则后矣。仆之诗，豫章之诗也。

刘克庄也说：

> 后山树立甚高，其议论不以一字假借人，然自言其诗师豫章公。或曰：黄、陈齐名，何师之有？余曰：射较一镞，奕角一著，惟诗亦然。后山地位去豫章不远，故能师之。若同时秦、晁诸人，则不能为此言矣。此惟深于诗者知之。文师南丰，诗师豫章，二师皆极天下之本色，故后山诗文高妙一世。
>
> ——《江西诗派·后山》

在这里，刘克庄明确地指出，陈师道散文学曾巩，诗学黄庭坚的史实，并指出只有他才有向曾、黄二人学习的能力，这是很内行的说法。

陈师道（1053—1102），字履常，一字无己，别号后山居士，彭城（今江苏徐州市）人。自幼笃学能文，十六岁那年拜曾巩为师。这使他后来在散文的创作方面也有一定的成就。其名篇有《黄楼铭》、《思亭记》、《徐州学记》、《商君论》和《霍光论》等。他是个布衣，禀性孤僻鲠直，生活虽穷困清苦，但高介有节，安贫乐道。在王安石变法时期，他绝意仕进。元祐二年(1087)他三十五岁时，由于苏轼、孙觉的举荐，得任徐州教授，五年移颍州教授。从此游于苏轼门下，与黄庭坚等结交。绍圣元年(1094)，苏、黄被贬，他也受到牵累罢职。直到徽宗即位，他四十九岁时，才起用为秘书省正字。这年冬天，他到京郊参加一次祭祀典礼，由于没有御寒的外衣，其妻向妹夫赵挺之借来一件皮袄，但他却因憎厌赵挺之的为人，拒绝穿赵的衣服，感受风寒，终至病死。著作现存《后山居士文集》二十卷，又有任渊整理加注的《后山诗注》十二卷和《后山词》一卷。

陈师道作诗是主张学杜甫的，但又认为，学杜必须从学黄入手。他的苦吟功夫，较黄有过之而无不及。叶梦得云："世言陈无已每登临得句，即急归，卧一榻，以被蒙首，谓之吟榻。家人知之，即猫犬皆逐去，婴儿稚子，亦抱持寄邻家。徐待其起，就笔砚，即诗已成，乃敢复常。"(见马端临《文献通考》卷二百三十七，《经籍考》卷六十四，又李冶《敬斋古今黈》卷八亦载此事而较略。)所以黄庭坚在《病起荆江亭即事》诗中说他是"闭门觅句陈无己"(十首之八)。比起黄氏来，他的生活范围和生活兴趣似乎更加狭小，但在创作态度上却非常严肃，没有黄氏那样为了要显示自己的技巧而随意动笔的情况。他每成一诗，"揭之壁间，坐卧哦咏，有窜易至月十日乃定，有终不如意者，则弃去之"(见徐度《却扫编》卷中)。可是另一方面，他受到当时打诨参禅的影响比黄氏更深一些，他认为"学诗如学仙，时至骨自换"(《次韵答秦少章》)，所以任渊在《后山诗注目录》中说："读后山诗，大似参曹洞禅，不犯正位，切忌死语，非冥搜旁引，莫窥其用意。"陈师道这种冥心孤往，一意求深的创作态度，和生硬僻涩作风的形成，是可以从他孤介的个性、他的沉沦下僚的政治命运，和其由于抗拒这种命运而对当时社会所持有的疏远而冷漠的生活态度中求得解释的。

陈师道诗歌的长处是个性鲜明，风骨磊落，意境新而雅，文字简而妙。如：

主家十二楼，一身当三千。古来妾薄命，事主不尽年。起舞为主寿，相送南阳阡。忍着主衣裳，为人作春妍？有声当彻天，有泪当彻泉。死者恐无知，妾身长自怜。

——《妾薄命》二首之一

去远即相忘，归近不可忍。儿女已在眼，眉目略不省。喜极不得语，泪尽方一哂。了知不是梦，忽忽心未稳。

——《示三子》

海外三年谪，天南万里行。生前只为累，身后更须名？未有平安报，空怀故旧情。斯人有如此，无复涕纵横！

——《怀远》

疾风回雨水明霞，沙步丛祠欲暮鸦。九日清尊欺白发，十年为客负黄花。登高怀远心如在，向老逢辰意有加。淮海少年天下士，可能无地落乌纱。

——《九日寄秦觏》

《妾薄命》是陈师道集子中的开卷诗。据诗人自注，是为了悼念他的业师曾巩而写的。诗中以一位侍妾悲悼宠爱她的主人的口吻，来表达学生对老师的感情，是从肺腑中流出来的极其沉挚的悼念之作。《示三子》写的是一位慈父复杂而曲折的心情，风格质朴而凝重。《怀远》是为怀念贬谪远方的苏轼而作的，诗中充满悲愤和激情，正反映了他对苏轼的深厚情谊和对于黑暗势力的抗议。《九日寄秦觏》一首，既写了诗人自己对重九这一古老节日的眷恋之情，又写了在节日里对一位他所契重的青年人的怀想。韵高格峻，是典型的江西派佳作。在这样一些优秀的篇章里，诗人真挚的感情在一定程度上突破了他所习惯于使用的那些因为刻意求工有时反而掩盖了自己真实用意的弊病，给读者留下了和谐浑朴的印象。可惜这位苦吟诗人像这类的作品较少。在更多的作品中，陈师道跟黄庭坚一样，往往因为用意过于曲折，造语过于生涩，而损害了艺术的完整性。同时，他也不善于发现生活中最有价值的题材和主题，这就不能不使他们的成就受到很大的局限。

江西诗派的形成及其影响 黄庭坚那种将诗的艺术形式看得比内容更重要，因而用力于追求技巧的风习，在北宋末年竟逐步形成了一股潮流。由于黄庭坚一些有关诗创作的议论多少指出了在谋篇、造句和炼字等方面都有规矩法度可循，容易为生活圈子比较狭小的文人所仿效，他那套煞费苦心地创造出来的资书以为诗的艺术方法，又正适合脱离现实玩弄文墨的士大夫的口味。所以除了陈师道率先向他学习以外，当时还有许多人云起风从，推他为宗师。正如刘克庄所说："豫章（指黄庭坚）稍后出，会萃百家句律之长，究极历代体制之变，搜猎奇书，穿穴异闻，作为古律，自成一家，虽只字半句不轻出，遂为本朝诗家宗祖①。"不过，黄庭坚在世时，并无自立宗派之意，他只是如同苏轼一样，乐于培养新人，因而有一批弟子或友人追随其后而已。

江西诗派的名称是吕本中首先提出来的。吕本中是元祐宰相吕公著的曾孙，在青年时代以贵公子身份，结交了一些诗友（关于吕本中的情况，详见本书第六章第四节）。他虽然与黄庭坚、陈师道并不相识，但他很推崇这两位前辈。在崇宁元年（1102）至二年之间，他曾经戏作《江西诗社宗派图》，其序云："歌诗至于豫章始大出而力振之，后学者同作并和，尽发千古之秘，无余蕴矣。录其名字，曰江西宗派，其原流皆出豫章也。"②吕氏奉黄庭坚为宗派之祖，然后列出了他认为应属此派的诗人的名单，除黄庭坚以外，计有陈师道、潘大临、谢逸等二十五人。可惜吕氏的原书已经失传，我们现在只能从南宋时胡仔《苕溪渔隐丛话》、赵彦卫《云麓漫钞》、刘克庄《江西诗派》等文籍的记载中了解到一些情况。但这些著作所列名单各不相同，有多有少。其中《苕溪渔隐丛话前集》成书于高宗绍兴十八年（1148），时代较早，现即据其卷四十八所载，将列入《江西诗社宗派图》所举的诗人列表如下：

---

① 见《四部丛刊》本《后村先生大全集》卷九十五所载《江西诗派·黄山谷》，此本原文有缺漏处，已据《知不足斋丛书》本《江西诗派小序》校补。

② 此序载赵彦卫《云麓漫钞》卷十四。关于《宗派图》作年的考定，据莫砺锋《吕本中〈江西诗社宗派图〉考辨》，载中华书局编《文史》第24辑。

黄庭坚　陈师道　潘大临　谢逸　洪刍　饶节　僧祖可
徐俯　洪朋　林敏修　洪炎　汪革　李錞
韩驹　李彭　晁冲之　江端本　杨符　谢薖
夏倪　林敏功　潘大观　何颙　王直方　僧善权
高荷

江西指宋代的江南西路，今为江西省。诗派以地域得名，故称江西派，又名豫章派。其实，黄庭坚以下的二十五人，不都是江西籍，如陈师道是彭城人，潘大临是黄冈人，僧祖可是镇江人，韩驹是陵阳人，王直方是开封人，只因为黄庭坚是江西人，其他谢逸等十一个作家也是江西人，所以才定名为江西诗派。另外，南宋时程叔达编有《江西宗派诗集》一百十五卷，曾巩的族侄曾纮编有《江西续宗派诗集》二卷[①]，杨万里在淳熙十一年(1184)所撰《江西宗派诗序》说："江西宗派诗者，诗江西也，人非皆江西也。人非皆江西而诗曰江西者何？系之也。系之者何？以味不以形也。"这就明确无误地指出了，诗派以江西为名，是因为这些作家在创作态度、创作方法等方面和黄庭坚是一致或近似的。如今，这两部正续诗集虽已失传，但从这一事实本身即可得知江西诗派在南宋时的影响是巨大的。而且诗派的成员和范围自南渡后不断地发展扩大，一些著名的诗人如吕本中、陈与义和曾几等都被列入派中。到了宋末元初，承继江西诗派衣钵的方回，更提出了一祖三宗的说法，他在《瀛奎律髓》卷二十六陈与义《清明》诗的评语中指出："古今诗人，当以老杜、山谷、后山、简斋四家为一祖三宗。"江西派是以学杜相号召的，方回把杜甫尊为一祖，把黄庭坚、陈师道和陈与义奉为三宗，这就确立了江西诗派的整体概念。其影响所及，直到晚清的宋诗派和同光体诗人，都认为江西派最能代表宋诗的特色而加以推崇并进行学习(参看钱仲联《论同光体》，载《梦苕庵清代文学论集》，

---

① 《宋史·艺文志》著录《江西宗派诗集》，谓为吕本中所编，莫砺锋据杨万里《江西宗派诗序》等资料，考定为陈叔达编。又，《直斋书录解题》卷十五著录《江西诗派》一百三十七卷，《续派》十三卷，未记编者姓氏，卷数相差甚大，当非陈、曾所编而别是一书。

齐鲁书社，1983年出版)，可见江西派在中国诗歌发展史上是有重要的地位的。

这个有声势的文学流派，如果以黄庭坚作为创始人算起，到方回替江西派做出总结为止，其间师友、门生辗转传授，其活动竟前后持续了二百多年。我们可以将《宗派图》中所举北宋末年的二十五人称为诗派的前期作家，其中以陈师道为代表；另将南宋时的追随者和继承者称为诗派的后期作家，而以陈与义为代表。当然，前期作家中也有少数人如韩驹、徐俯等是一直活到南宋的，但他们主要的创作活动是在北宋末年。应当指出的是，吕本中早年作《宗派图》时，名单是随意排的，并没有严格依据他们的年辈资历分高低序列。现将他们的基本情况简介如下：

潘大临(？—1106)，字邠老，黄州人，与苏轼和黄庭坚的关系密切。吕本中、洪刍、徐俯、谢逸、王直方等也都和他有交往。现存《两宋名贤小集》本《潘邠老小集》一卷，仅收诗十四首，此外在《宋文鉴》等书中尚有其佚诗十首。《冷斋夜话》卷四记载了他著名的断句"满城风雨近重阳"。

二谢兄弟：谢逸(？—1113)，字无逸，号溪堂先生。弟谢薖(？—1115)，字幼槃，号竹友居士，临川人。二谢终身隐居，未入仕途。谢逸有《溪堂集》十卷，存诗二百三十四首。谢薖今存《谢幼槃文集》十卷，其中收诗二百七十二首。

三洪兄弟：洪朋字龟父，洪刍字驹父，洪炎字玉父，南昌人。他们还有一个小弟洪羽字鸿父，原称四洪。他们是黄庭坚的外甥，"作诗有外家法律"(吴聿《观林诗话》)。黄氏在《书倦壳轩诗后》称赞他们说："洪氏四甥才气不同，要之皆能独秀于林者也。"洪羽早卒，诗文不传，《宗派图》中只列三兄弟。作品现存《豫章三洪集》。另外，洪刍有《洪驹父诗话》一卷，已佚，今有《宋诗话辑佚》本。

三僧：一是僧如璧(1065—1129)，俗姓饶，名节，字德操，临川人，与潘大临、谢逸、汪革、杨符、夏倪、王直方、吕本中等为知交。元符年间，他到汴京拜访丞相曾布，上书请用苏轼、黄庭坚，又与曾布论新法，意见不合，遂佯狂避世，削发为僧，有《倚松老人诗集》二卷，今存。二是僧祖可，字正平，俗姓苏，名序，京口(今江苏镇江市)人，因有癞疾，又号癞可。《宋史·艺文志》载有《僧祖可诗》十三卷，已佚。《声画集》等书中载其佚诗十余首。三是僧善权，俗姓高，字巽中，靖安（在今江西省）人，与饶节、谢逸和惠洪等人交好，作品有《真隐集》三卷，黄庭坚为之序，已佚。《声画集》载其诗九首。

徐俯（？—1140），字师川，号东湖居士，与黄庭坚同乡，又是黄的外甥，早年即有诗名，得到过黄庭坚的亲自指点和称扬，曾与韩驹、洪炎、李彭、王直方、吕本中等唱和。但他恃才傲世，不肯居人下。他曾对黄庭坚的诗法提出异议，而且还不满于吕本中把他列名于《宗派图》中。刘克庄在《江西诗派》中说他“自为一家，不似渭阳，高自标树，藐视一世，人多推下之，然集中不能皆善”。现存诗二十五首，见《两宋名贤小集》本《东湖居士集》。

二林兄弟：林敏功字子仁，林敏修字子来，蕲州（今湖北蕲春县）人。兄弟皆隐居不仕，与谢逸、夏倪和饶节等有交往。其诗集均佚，《声画集》、《宋文鉴》等书中载其佚诗数首。

汪革（1071—1110），字信民，临川人，绍圣四年进士，任宿州教授、楚州教授等学官。曾问学于张耒，师事吕希哲，与饶节、洪炎、谢逸、吕本中等友善，他的《清溪集》已佚（张泰来《江西诗社宗派图录》说他有诗话一卷，未见），吕本中《紫微诗话》中载其佚诗五首。

李錞，字希声，南昌人，与韩驹、谢逸、米芾、王直方有交往，曾任秘书丞，有《李希声集》一卷，已佚。《宋诗纪事》卷三十三辑录其佚诗四首，《王直方诗话》载其佚句“绿净随时看上鱼”。另有《李希声诗话》一卷，亦佚，今有《宋诗话辑佚》本。

韩驹（？—1135），字子苍，陵阳仙井盐（今四川仁寿县）人，生平事迹见《宋史·文苑传》。他早年作诗学苏轼，后与徐俯交好，遂受知于黄庭坚。政和中举进士，任秘书省正字。执政者说他是苏氏旧党，因而遭贬。现存《陵阳先生诗》四卷，收诗三百四十四首。曾几和陆游都很赞许他。

李彭，字商老，南康军建昌（今江西永修县）人。他是黄庭坚舅父李常的从孙，黄庭坚曾为其书斋作铭。他交游甚广，与韩驹、徐俯、饶节、僧祖可、潘大观、洪刍、谢逸、惠洪等都往来唱酬。吕本中在《紫微诗话》中称赞说:“商老诗文富赡宏博,非后生容易可到。”有《日涉园集》十卷传世,共收诗七百二十七首。

晁冲之,字用道,又字叔用,号具茨先生,巨野(在今山东省)人;曾师事陈师道,在《过陈无己墓》一诗中自称“九岁一门生”;又与王直方、江端本等人唱和,跟吕本中“相与如兄弟”(吕本中《东莱吕紫微师友杂志》)。现存《晁具茨先生诗集》十五卷,收诗一百六十八首。

江端本,字子之,开封人,曾任温州通判,与晁冲之和吕本中有交往。有《陈留集》一卷,今佚。

杨符,字信祖,里籍无考,与饶节友善,有《杨信祖集》一卷,今佚。刘克庄《江西诗派》中载其断句“吏道官官恶,田家事事贤”一联,认为是其学唐人的得意语。

夏倪(?—1127),字均父,蕲州人,曾与黄庭坚唱和,跟饶节、汪革、惠洪等过从甚密,吕本中在《紫微诗话》中说他“文词富赡,侪辈少及”。其作品今存《两宋名贤小集》本《五桃轩诗集》,仅收诗五首。此外,《范文正公集》所附《诸贤诗颂》中载其五绝十首,在《豫章诗话》中载其七绝一首。

潘大观,字仲达,潘大临之仲弟,刘克庄在《江西诗派》的总序中说他“有姓名而无诗”,可知其作品在南宋时就已经失传了。

何颉,里籍无考,《云麓漫钞》所记《宗派图》名单中无之,而《江西诗派》的总序中作何颙,字人表,也说他“有姓名而无诗”。考黄庭坚《书倦壳轩诗后》云:“予因邠老故,识二何,二何尝从吾友陈无已学问,此其渊源深远矣。”二何或即何颉、何颙。

王直方(1069—1109),字立之,号归叟,开封人,与苏轼、黄庭坚、陈师道、晁冲之、洪刍、夏倪、李錞、吕本中等都有交往。其《归叟集》一卷,今佚。《瀛奎律髓》等书中载其诗数首。另有《王直方诗话》六卷,亦佚,今有《宋诗话辑佚》本。

高荷,字子勉,自号还还先生,江陵(在今湖北省)人,元祐中太学生,官兰州通判;黄庭坚自黔南贬所东归至江陵时,曾往拜见,呈诗,黄庭坚极为赞赏。其《还还集》二卷已佚,《宋文鉴》、《瀛奎律髓》等书中载其佚诗数首。

综上所述，江西诗派前期作家籍贯分布很广，成就高低不一，但总的说来，他们都曾接受黄庭坚的影响，只是有深有浅罢了。而且他们相互之间的交游唱和关系一般都很密切，因而无形中形成了一个以学习黄庭坚诗风为主的文学集团。它并非是一个有组织有纲领的文学群体，而是吕本中根据当时文坛上已经存在的情况和自己对这种情况的认识而代拟的名称。吕氏认识的基础有两点：首先，在政治态度上，这些诗人大都是同情旧党的。在新旧党争中，他们是受到压抑的失意者，或在仕途上遭到了新党的迫害打击，或则采取避世之方，隐居乡里，不屑仕进。如韩驹被认为是苏党而罢官，饶节为避祸而出家。吕本中自己出身于元祐宰相之家，也曾受到新党的排挤而被贬。尽管其中个别人如高荷晚年投靠了童贯，但当初的政治观点是跟黄庭坚一致的。其次，是在文学创作上，他们都欣赏黄庭坚在诗歌艺术上的独创精神和独特风格，把黄诗作为学习的榜样。尽管其中个别人如徐俯等别有主张，师承关系不一，但在创作方法的总则上仍渊源于黄氏。吕本中的《江西诗社宗派图》上所列名的，便是这两方面志同道合的一群诗人。在北宋末年新旧党争的激烈斗争中，这些诗人以苏、黄遭到迫害为前车之鉴，为了回避政治风险，不敢再以诗歌讽刺时政。由于不敢正视现实，生活面也就比较狭窄，更只有走黄庭坚的道路，多读古人的作品，学习前人的创作经验，专心在诗律、句法、字眼、篇章等艺术技巧上下功夫。他们误以为只要有丰富的书本知识和卓越的写作技巧，就可以写出好诗来。这样，就不可避免地在其作品中忽略了作品的社会内容和思想价值。

然而，江西诗派也不是一成不变的。诗派的后期作家由于经历了靖康之难和南渡以后的危局，终于逐步纠正了这种偏向，在理论和实践上都发生了变化。吕本中作《江西诗社宗派图》时还很年轻，从那时到方回作《瀛奎律髓》的将近二百年间，赵宋王朝经过了极大的政治社会变迁和动乱。时代变了，诗人们的思想和风格必然要随着转变。南宋是一个广大人民经受着艰苦熬炼的时期，南宋末年方回的议论必然不同于北宋末年的吕本中。方回推尊在安史之乱中唱出了时代最强音的诗圣杜甫，又标举南渡之际感慨悲歌的陈与义，跟黄、陈配合为一祖三宗，这是吕本中早年作《宗派图》时所无法想到的。这也就是江西诗派在北宋末年初起时与南宋时的宗尚和议论不同的基本区别所在。在论述江西诗派的时候，我们有必要区别其前后期（关于江西诗派的论述，本节参考了莫砺锋《江西诗派研究》，齐鲁书社 1986 年出版，后第六章第四节同）。

第四节　周邦彦词的艺术成就

北宋中叶以来，不论是反映了城市平民感情和审美观念的柳词，或者是反映了士人抗拒尘俗和追求自由精神的苏词，与封建统治者的需要都是存在着距离的。到了徽宗时代，由于对人民横征暴敛而造成的表面繁荣，使上层统治集团更具有条件过着醉生梦死的生活，也由于当时社会矛盾的深化，使封建统治者更迫切地需要粉饰太平。这在文学艺术上的反映，就是周邦彦词的出现和被重视。在词史上，周邦彦是以一个宫廷词人的身份而著称的，他的作品抑制了苏轼豪放词的发展，又抽掉了柳词中与都市人民感情相连系的市民情趣，而只继承了柳永的某些艺术手段。周邦彦及其同派词人的作品，在北宋末年十分流行，到了南宋，势力仍旧很大，其根本原因就在于他们的作品正适当地满足了当时统治者粉饰现实的愿望，基本上符合于统治阶级的审美观念，而又为某些脱离生活、无病呻吟的词人提供了范例，开辟了道路。

周邦彦的创作倾向　周邦彦（1056—1121），字美成，号清真居士，钱塘（今杭州市）人，叔父周邠，与苏轼交好，有“西湖三载”的酬唱活动（见苏轼《次韵周邠寄雁荡山图》二首、《次韵周邠》等诗）。他青年时期就博涉书史，才学富赡，但因生活放浪，不为州里所重。元丰六年（1083）他二十九岁时，献《汴都赋》称颂新政，得到神宗皇帝的赏识，由诸生而提拔为太学正。元祐二年（1087），出京任庐州教授，后流寓荆南。八年，任江宁府溧水县令，颇有政绩。元符元年（1098），哲宗召见，重进《汴都赋》，授秘书省正字，出知睦州。徽宗朝召回京师，历任考功员外郎、宗正少卿兼议礼局检讨，进徽猷阁待制。由于他精通音律，“能自度曲，制乐府长短句，词韵清蔚”（《宋史·文苑传》），被任命为替朝廷制礼作乐的大晟府的提举。

徽宗在十二世纪初叶社会矛盾日益尖锐化和表面化的时候，忙着制礼作乐，正反映了统治者妆点升平的用意，而周邦彦之参加这一工作，并且作出了成绩，也正反映了他的审美观念和统治者的一致性。大观二年(1108)二月，朝廷下令将“旧来淫哇之声，如《打断》、《哨笛》、《呀鼓》、《十段舞》之类，悉行禁止。违者杖一百，听之者加二等”(见《宋会要辑稿》第七册“乐三”)。六年以后，即政和四年，政府就将大晟乐颁行全国。可见统治集团以大晟词人的作品来取代民间声乐伎艺的企图。我们知道，在柳永发展了人民所爱好的长调慢词以后，当时民间歌曲就更其流行，有许多作家也愿意为它填词。如田中行的词，曾被认为不能够作“庄语”，却又“极能写人意中事，杂以鄙俚，曲尽要妙”(见王灼《碧鸡漫志》卷二)。这一类受到社会欢迎的非常通俗的作品，本是广泛流传着的。如被苏轼所器重的刘焘写的《转调满庭芳》就是一例：

> 风急霜浓，天低云淡，过来孤雁声切。雁儿且住，略听自家说：“你为离群到此，我共个人才别。松江岸，黄芦丛里，天更待飞雪。”
>
> 声声肠欲断，和我也点点泪珠成血。这一江流水，流也呜咽。告你“高飞远举，前程事，永无磨折。休烦恼，飘零散聚，终有见时节”。
>
> ——曾慥《乐府雅词拾遗》卷上

从这些受了民间俗曲影响较深的文人作品中，我们不难间接地体会到那些被禁止过的民间俗曲的面貌。然而，这样的作品，正是供职于大晟府的词人们所要排斥的。他们借着政治势力，推行着以典雅的语言和谨严的格律写成的作品，从而使得原来比较和人民接近的词，无论在内容和形式方面，都和人民疏远了起来。只有先知道周邦彦当时处在怎样一个时代和怎样的斗争中，并且对于这些斗争抱着什么态度，他的创作倾向才是可以理解的。

存在于周邦彦词中的特有矛盾，是颇为圆熟、精美的艺术技巧和相当狭窄、单薄的思想内容之间的矛盾。这也可以说就是周词最主要的特征。他妙解音律，曾经创制了不少的新声，特别是在慢词方面。其《片玉集》中如《拜星月慢》、《早梅芳引》、《红林擒近》、《花犯》、《玲珑四犯》等作品，歌词和乐曲都出自他一人之手。这一工作继续发展了柳永所曾经致力的慢词，对于词，特别是还活在歌唱者口中的词，是有其一定的贡献的。《词源》卷下云："迄于崇宁，立大晟府，命周美成诸人讨论古音，审定古调——沦落之后，少得存者——由此八十四调之声稍传，而美成诸人又复增演慢曲、引、近，或移宫换羽，为三犯、四犯之曲，按月律为之，其曲遂繁。"《四库全书总目》卷一百九十八方千里《和清真词》提要也说"邦彦妙解声律，为词家之冠，所制诸词，不独音之平仄宜遵，即仄字中上去入三音亦不容相混，所谓分刌节度，深契微芒。"这都指出了周邦彦对词乐的收集整理和审音创调方面的功绩。

周邦彦也认真学习过古典诗人的作品，他和贺铸一样，善于从前代诗人的作品中拣选自己所需要的语言材料以供驱使。在表现方法上，这位词人擅长将不同的时间和空间、不同的人和事，通过复杂的曲折的想像和联想结合起来，从而表达自己宛转含蓄的情思。这种"浑厚和雅"(《词源》卷下)、"无一点市井气"(《乐府指迷》)的造诣正表明了他既不全同于柳永，更是绝异于苏轼的审美观念和艺术风格。

但我们若是注意到周词的思想内容方面，就可以发现这位有一定的才能的作家，对于现实生活的感受实在是太狭隘了，其政治感情也实在太冷淡了。他生活在北宋王朝盛极而衰，逐渐走向没落，人民在内忧外患之中日益困苦的时期；他死后仅六年，北宋王朝就在金人的侵略下颠覆；他晚年在处州、睦州、杭州时，正碰上方腊掀起农民起义的怒潮。然而，这一切在周词中却毫无反映，连暗示也没有。他所关心和注意的，仍只不过是男女爱恋之情，羁旅行役和个人得失之感。他是无意也无力去反映当时重大的社会事件的。我们联系北宋末年特定的历史环境来考察，这样一位有才能的作家竟然未能在其作品中反映时代的主要风貌，不能不说是很大的缺陷。

《清真词》的特色　周邦彦的词集称为《片玉词》，又名《清真集》，收词一百九十四首，近人辑补十二首，共二百零六首。由于他的作品格律精审，才情富艳，过去一向评价甚高，黄昇《〈唐宋诸贤绝妙词选〉序》引尹焕云："求词于吾宋，前有清真，后有梦窗，此非焕之言，天下之公言也。"《乐府指迷》也说："凡作词当以清真为主，盖清真最为知音，且无一点市井气，下字运意，皆有法度，往往自唐、宋诸贤诗句中来，而不用经史中生硬字面，此所以冠绝也。"

周词的艺术技巧确有独到之处，如音节和谐，结构严谨而又有变化，布局疏密相间等。在恋情的描摹，景物的刻画和发抒身世的感慨方面，也就是在他所认真地生活着的那个狭窄的范围之内，他颇有一些充分地体现了自己独特的风格而又真实地反映了某些带有普遍性的感情的成功之作。例如：

> 月皎惊乌栖不定，更漏将残，辘轳牵金井。唤起两眸清炯炯，泪花落枕红绵冷。　　执手霜风吹鬓影，去意徘徊，别语愁难听。楼上阑干横斗柄，露寒人远鸡相应。
>
> ——《蝶恋花·早行》

> 桃溪不作从容住，秋藕绝来无续处。当时相候赤阑桥，今日独寻黄叶路。　　烟中列岫青无数，雁背夕阳红欲暮。人如风后入江云，情似雨余粘地絮。
>
> ——《玉楼春》

周邦彦不是以小令而是以慢词见长的作家，然而像上面这样一些小令却是非常精警动人的。它所写的虽然是词中习见的别绪离愁，但其艺术构思却把我们引进了新的境界。《蝶恋花》上片写的是：将要出门的男子由于已经到了上路的时候，不得不唤醒自己所要分别的女子，而女方在刚被唤醒时，还不知道已经到了必须分手的时候，接着，她猛然明白了，于是明亮的眼睛里突然涌出了泪花。下片则描绘了临别时两人难舍难分的情境。《玉楼春》借刘晨阮肇上天台的故事来写别情，却把"当时轻别意中人，山长水远知何处"（晏殊《踏莎行》句）的悔恨，表现得极其沉着有力。如果说"唤起两眸清炯炯，泪花落枕红绵冷"这类的词句表现了词人对人物内心活动的深刻把握，则“人如风后入江云，情似雨余沾地絮”这类词句正说明了词人想像的丰富和奇幻。

当然，更能显示周邦彦作品的艺术特色的，仍要数长调慢词。

风老莺雏，雨肥梅子，午阴嘉树清园。地卑山近，衣润费炉烟。人静乌鸢自乐，小桥外新绿溅溅。凭阑久，黄芦苦竹，疑泛九江船。
年年，如社燕，飘流瀚海，来寄修椽。且莫思身外，长近尊前。憔悴江南倦客，不堪听急管繁弦。歌筵畔，先安簟枕，容我醉时眠。

——《满庭芳·夏日溧水无想山作》

柳阴直，烟里丝丝弄碧。隋堤上，曾见几番，拂水飘绵送行色。登临望故国，谁识京华倦客。长亭路，年去岁来，应折柔条过千尺。
闲寻旧踪迹，又酒趁哀弦，灯照离席。梨花榆火催寒食。愁一箭风快，半篙波暖，回头迢递便数驿。望人在天北。　凄恻，恨堆积。渐别浦萦回，津堠岑寂，斜阳冉冉春无极。念月榭携手，露桥闻笛。沉思前事，似梦里，泪暗滴。

——《兰陵王·柳》

正单衣试酒，怅客里光阴虚掷。愿春暂留，春归如过翼，一去无迹。为问家何在？夜来风雨，葬楚宫倾国。钗钿堕处遗香泽，乱点桃蹊，轻翻柳陌。多情为谁追惜？但蜂媒蝶使，时叩窗槅。　东园岑寂，渐蒙笼暗碧。静绕珍丛底，成叹息。长条故惹行客，似牵衣待话，别情无极。残英小，强簪巾帻。终不似、一朵钗头颤袅，向人欹侧。飘流处、莫趁潮汐，恐断红尚有相思字，何由见得。

——《六丑·蔷薇谢后作》

《满庭芳》是词人做溧水县令时的作品，通篇是一个江南倦客的感受。从词中分明可以看出，他把自己担任着这小邑中的卑官，比成了白居易的江州之贬。他企图改变却又无力改变自己的处境，因而在无可奈何之中，勉强希求暂时的安定。《兰陵王》和《六丑》虽以咏物为题，但作品中显然包含了更多的题外之意。折柳送别本是古代流行的风俗，词人却由人及物在它身上生发了自己的离情，继承而又极大地开拓刘禹锡《杨柳枝》中“长安陌上无穷树，唯有垂杨管别离”（九首之八，见《全唐诗》卷三百六十五）的诗境。其对于蔷薇凋谢的怅惋，则是对所有的具有飘零身世的人的同情。这些词所描绘的，无非是生活中平凡的画面，但周邦彦笔下所流露的感情却是优美而又深沉、真实而又强烈的。

在艺术上，这些作品也非常鲜明地体现了这位词人非常善于通过复杂的联想来表现自己细致的内心活动的基本特征。如《满庭芳》大体上是上片写景，下片写情。在写景中，作者由“地卑山近”而想到了“衣润费炉烟”，由“黄芦苦竹”而想到了“疑泛九江船”等，这一方面融化了白居易《琵琶行》的诗句，一方面也就借此暗示了自己处境和心情的不快。可是，如词人自己所指出的，这时，正是一个美妙的春天，那么，哪儿来的这么多不愉快的感想呢？接着，他就告诉了我们，他的飘流生活实在过够了。在这里做官，也仍然是飘流的一种形式。本来以为只要听歌饮酒，就可以遣闷排愁，谁知道歌酒倒更激发了自己的情绪，结果就只好把安定自己情绪的希望寄托于醉眠了。这些心理发展的过程是曲折而复杂的，但周邦彦却能够如实地将它刻画出来，这种技巧是值得重视的。

此外，《瑞龙吟》也是特别值得推重的一篇：

> 章台路，还见褪粉梅梢，试花桃树。愔愔坊陌人家，定巢燕子，归来旧处。　　黯凝伫，因念个人痴小，乍窥门户。侵晨浅约宫黄，障风映袖，盈盈笑语。　　前度刘郎重到，访邻寻里，同时歌舞，惟有旧家秋娘，声价如故。吟笺赋笔，犹记燕台句。知谁伴，名园露饮，东城闲步？事与孤鸿去。探春尽是，伤离意绪。官柳低金缕。归骑晚，纤纤池塘飞雨。断肠院落，一帘风絮。

这首词在格律上较有变化。它第一叠与第二叠的字句平仄相同，称为双拽头，属正平调，第三叠犯大石调，最后“归骑晚”以下四句再转归正平调。

内容则是写旧地重游，不见往日情人的惆怅之情。双拽头写忆旧，第三叠过片写伤今，处处以今昔对衬，声情相应。一方面层次分明，另一方面却曲折盘旋，不肯用一句直笔，层层脱换，笔笔往复，在艺术结构上煞费匠心。

周邦彦继承了宋初以来婉约派词家的长处，拓展了比兴与寄托的艺术手段，形成了他自己典雅精丽的独特风格。《四库全书总目》卷一百九十八《片玉词》提要说："其词多用唐人诗句，隐括入调，浑然天成。长篇尤富艳精工，善于铺叙。""邦彦本通音律，下字用韵，皆有法度。"这种成就不仅直接影响了南宋的姜夔、张炎和吴文英、王沂孙等，而且受到清朝常州词派的高度推崇。周济《宋四家词选》首列周邦彦，认为如诗国之有杜甫，在词坛上，他是"集大成者"。王国维在《清真先生遗事》中也同样把他比作"词中老杜"，认为他的作品格律精细，无与伦比。这都是从艺术技巧上着眼的评价。

大晟府其他词人　曾经与周邦彦一样供职于大晟府而作风相近的词人，还有万俟咏、晁端礼、晁冲之、田为、徐伸等。宋王朝的礼乐原属太常寺掌管，徽宗崇宁四年(1105)，专置大晟府，设官分职，有提举官、大司乐、大乐令、典乐、协律郎、制撰官等。词人云集汴京，创作新乐，称为大晟乐。大观四年(1110)八月，徽宗亲自写了《大晟乐记》。政和三年(1113)五月，以大晟乐播之教坊，试于殿庭，作者依其体格填词，称为大晟词；次年，颁之全国。徽宗自己本长于词，由于他的提倡，一批御用文人的作品，便也流行起来。

万俟咏是当时声名仅次于周邦彦的大晟词人，有《大声集》五卷①，周邦彦为之作序。王灼《碧鸡漫志》卷二记载：

> 万俟咏雅言，元祐诗赋科老手也。三舍法行，不复进取，放意歌酒，自称大梁词隐。每出一章，信宿喧传都下。政和初，召试补官，置

---

① 原书已佚，近人赵万里辑得二十七首，结为《大声集》一卷，编入《校辑宋金元人词》中，亦载《全宋词》。

大晟乐府制撰之职。新广八十四调，患谱弗传，雅言请以盛德大业及祥瑞事迹制词实谱。有旨依月用律，月进一曲，自此新谱稍传。

他的词集分为应制、风月脂粉、雪月风花、脂粉才情、杂类等五体。黄昇《唐宋诸贤绝妙词选》卷七曾选录他十三首词，并评论说："雅言之词，词之圣者也，发妙旨于律吕之中，运巧思于斧凿之外，平而工，和而雅。"他可说是一位比周邦彦更彻底地将自己的创作奉献给统治者作为粉饰太平的工具的词人。

此外，还有晁端礼（1046—1113），字次膺，其先澶州清丰（在今河南省）人，徙家彭门（今徐州市），举熙宁六年（1073）进士。政和三年（1113），以承仕郎为大晟府协律郎，与万俟咏齐名，按月律进词，有词集《闲斋琴趣外篇》六卷，存词一百多首。晁冲之字叔用，补之弟。绍圣初被列为旧党受到排挤，隐居具茨山下，号具茨先生。政和年间，作《汉宫春》词献给蔡攸，得任大晟府丞，有《晁叔用词》。田为字不伐，大晟府制撰官，后升典乐、大司乐，有《芊沤集》。徐伸字干臣，三衢（今浙江衢县）人，政和初，为太常典乐，有《青山乐府》。三家词集均佚，今略见于《全宋词》。

流行于北宋帝国崩溃前夕的大晟词风，乃是这一特定历史时代上层社会精神面貌的反映。靖康之祸以后，多数作家才从逃避现实和粉饰现实的不良倾向中解脱出来，在激烈的抗金斗争中唱出了雄杰壮丽的战歌。

第六章　南宋前期的文学

北宋帝国的溃灭和汉族政权的南迁，是中国历史上一个重大的转折点。这一历史局势给文学发展带来了巨大的影响，使得文学史增添了新的爱国主义的光辉篇章。

在南宋以前，中国历史上也曾出现过南北分裂、汉族政权南迁的南北朝。但在那个时代，无论是东晋、南朝还是北朝，政治是分裂的，文化则是统一的。北朝文风大体上依附南朝。除了民歌，文学基本上掌握在出身高门的汉族文士手中。因之，除了极少数作家的作品外，汉族意识和爱国精神在文学上的反映是比较淡薄的。而从唐宋以来，纷乱局面给了人民以深刻的历史教训，增强了保卫汉族政权和统一国家的要求。文学也由于文化知识的普及而不复只是少数高门文士所独占的事物，于是，在北宋灭亡以后，各阶层人民都有拿起文艺武器作战的可能。这就使得对爱国主义的歌颂成为当时文学中最普遍的主题，产生了许多杰出的作品。

在北宋末年，文坛上出现了脱离现实的倾向，已如前述。但女真奴隶主贵族所发动的抢掠战，使国家陷入了苦难的深渊，也打破了诗人词客留连光景的迷梦。钦宗靖康二年(1127)二月，北宋灭亡，神州陆沉，山河破碎，这一惨痛的局势对作家们的刺激当然是无比巨大的。他们清醒过来，奋发起来，文坛上总的倾向也随之改变。自高宗、孝宗至宁宗嘉定和议之前，爱国的词人们冲决了大晟乐府专崇格律的束缚，务实的散文家摆脱了形成已久的以文载道的传统，有胆识的诗人们突破了江西诗派的议论与风格。他们一齐提起笔来，抨击进犯者和主和派。在以爱国思想为基调的现实主义文学空前发展的热潮中，岳飞、张元干、张孝祥、李清照、陈亮、叶适、陈与义、曾几、陆游和辛弃疾等，是他们之中突出的代表者。

第一节　南渡之初的词风

宋室南渡之初，各阶层爱国人民对进犯者和主和派所展开的斗争是非常激烈的。代表着宋朝大官僚大地主利益的汉奸卖国贼秦桧等，对北方广大的人民和大好河山毫不顾惜，一心一意地只想向金人屈膝求和，以保持他们自己剥削压迫人民的封建特权。而高宗皇帝虽然在金人进逼使他陷于危急时也主张抵抗，但这种抵抗常常是以满足他坐稳那个偏安小朝廷的宝座的欲望为限度的。至于向敌人称臣纳贡是多么可耻，在敌人践踏之下的人民生活是多么痛苦，却并不在他的考虑之中。在给金主求和的表文中，他曾经毫无心肝地写道："既蒙恩造，许备藩方，世世子孙，谨守臣节。"（见《宋史纪事本末》卷七十二）这正暴露了他为了维持其私利而不惜采取任何卑劣手段的丑恶面目。而另一方面，对国家无限忠贞和对于自己的命运从来没有丧失过信心的广大人民，和他们之中出类拔萃的英雄们，却坚持了抗战的主张，并且以自我牺牲精神和英雄行为保卫了南国的半壁江山，用鲜血写下了南宋历史上光辉灿烂的首页。

南渡初期，特别是宋金和议成为定局之前，乐观的，具有坚强信念的爱国主义精神，在文学艺术中获得了普遍的表现。而当时文风的转变，诸如创作态度由率易而转向严肃，作品内容由对自身的关心和注意而转向对国家人民的关注，风格由闲适或绮艳而转向慷慨激昂，也正说明了生活在南北宋之间的作家是怎样在残酷的现实教育之下提高了自己，从而对人民作出了更大的贡献的。

岳飞和二张的英雄词　在当时那种局势之下，以词风的转变最为迅速和明显。不仅是许多作家们和民间艺人们都以歌词为武器对敌人进行斗争，甚至投身于疆场上、以铁和血去保卫国土的将军们也发出慷慨悲歌，以鼓舞军民的斗志。他们的作品无暇顾及音律的精审，也不屑斤斤计较字面的妥帖。这些词上承北宋苏轼豪放的词风，下开辛弃疾爱国词派的先河。其中最有代表性的词人是岳飞、张元干和张孝祥。

岳飞(1103—1142)，字鹏举，相州汤阴(在今河南省)人，出身佃农，自幼勤习兵书，富有韬略。当徽宗宣和七年(1125)金兵大举南犯时，二十二岁的岳飞就参加了抗金部队，在艰苦的斗争中，终于成长为政治上、军事上的抗战派主要人物。高宗绍兴四年(1134)五月，岳飞率领威名远扬的岳家军从江州出发，三个月内连克郢州、襄州、随州、邓州、唐州和信阳。绍兴十年(1140)七月，岳家军在偃城给予号称拐子马的金国精锐骑兵部队以歼灭性的打击，接着又在朱仙镇大破金兵。岳家军以纪律严明深受人民爱戴，以战斗勇猛极为敌人畏惧。他那效慕古人“匈奴未灭，无以家为”(霍去病语，见《史记·卫将军骠骑列传》)的抱负，他那针对时弊而发的“文官不爱钱，武官不惜死，则天下太平矣”(见毕沅《续资治通鉴》卷一百二十四)的精辟见解，是十分难能可贵的。然而，卖国贼秦桧却利用了高宗苟安一隅的心理和害怕钦宗南归的隐衷，以“莫须有”的罪名将这位伟大的爱国者谋害了①。岳飞的被害，固然使人民的爱国斗争遭受了严重的挫折，但他崇高的民族气节和战斗精神，以及他所创作的反映了这种气节与精神的歌词，却一直是教导人民热爱祖国保卫国土的教科书，而且成了中国文学史上永垂不朽的杰作。

> 怒发冲冠，凭栏处、潇潇雨歇。抬望眼、仰天长啸，壮怀激烈。三十功名尘与土，八千里路云和月。莫等闲、白了少年头，空悲切。
> 靖康耻，犹未雪。臣子恨，何时灭。驾长车踏破，贺兰山缺。壮志饥餐胡虏肉，笑谈渴饮匈奴血。待从头、收拾旧山河，朝天阙。
>
> ——《满江红·写怀》

八百多年来，岳飞的《满江红》一直是家弦户诵的名篇，在外患频仍的历史时代里，曾经起着难以估量的鼓舞斗志的作用。它反映了遭受敌人欺凌

---

① 《宋史·岳飞传》:“狱之将上也，韩世忠不平，诣(秦)桧诘其实。桧曰:‘飞子云与张宪书虽不明，此事体莫须有。’世忠曰:‘莫须有三字，何以服天下。’”

时的顽强战斗精神，它代表着保卫国土完整的爱国信念①。

《满江红》中所显示的岳飞自己的形象，是悲壮的，又是充满信心，富有英雄气概的。但当岳飞和女真贵族展开军事斗争的同时，他还必须和统治阶级中的投降派进行政治斗争，这才能争取北伐中原的胜利。作为一位爱国英杰，他对这种复杂的局势和投降派不可告人的丑恶心理，当然是感觉到了的。沉浸在忧虑而又愤慨的心情之中，他写出了另外一首名篇：

> 昨夜寒蛩不住鸣。惊回千里梦，已三更。起来独自绕阶行。人悄悄，帘外月胧明。　　白首为功名。旧山松竹老，阻归程。欲将心事付瑶筝。知音少，弦断有谁听！
>
> ——《小重山》

关于这首词，陈郁《藏一话腴》甲集卷下曾记"武穆《贺讲和赦表》云：'莫守金石之约，难充谿壑之求。'"沈雄《古今词话》卷下引了这两句话，并申述说："故作词云：'欲将心事付瑶筝，知音少，弦断有谁听？'指主和议者。"这是一个敏锐而正确的观察。由此，我们可以推断，《小重山》写于绍兴九年(1139)的可能性是很大的。因绍兴八年宋、金初次议和，是在汉奸秦桧再度担任宰相之后的第一次公开的卖国活动。次年和议成立，高宗为了冲淡人民的不满情绪，曾经大赦天下，于是岳飞就在谢表中揭露了敌人的阴谋，希望朝廷提高警惕。这种反对议和的思想感情，和《小重山》中所流露出来的思想感情正是一致的。

《小重山》的上片反映了这位将军忧深思远、无可诉告的心情。这种心情是抑郁难堪的。而其所以如此，则是由于他为国建立功业的志愿难以实现的缘故。所以接着在下片就提出了这个问题：头发也白了，但却还没有为"还我河山"的神圣事业做出使自己满意的成绩，更不用希望能够

---

①　近年有的学者认为这篇《满江红》并非岳飞所作，但其论证是不足据信的。关于这一问题，请参考程千帆《论唐人边塞诗中地名的方位、距离及其类似问题》，载《古诗考索》，上海古籍出版社 1984 年出版。

过着“功成不受爵，长揖归田庐”（左思《咏史》句，见《文选》卷二十一）那种令人神往的生活了。可是，使自己白首无成不能归隐旧山的原因究竟何在呢？词的结尾不能不慨叹于知音之少，即统治者之无意恢复中原，乃是其症结的所在了。和《满江红》出之以雄壮的风格不同，《小重山》则是沉郁的。与《满江红》是岳飞的英武的自画像不同，《小重山》中的岳飞，乃是一个受到压抑的苦闷的追求者的形象，两者都深深地打下了时代的烙印。

绍兴八年(1138)秦桧倡议向金求和，乃是南宋初年重要的政治事件。和战问题的提出，使得忠奸邪正之分明朗了起来。当时的爱国者代表着人民的利益，向以秦桧为首的投降派进行着激烈的斗争，而爱国的作家们则以自己的创作支持了这一正义的斗争。例如这年十一月，胡铨上书请斩秦桧等奸臣，结果被贬到新州，张元干就填了《贺新郎》词声援他，同时，张元干对另一位已经被排挤了的忠臣李纲，也曾寄词加以鼓励：

梦绕神州路，怅秋风，连营画角，故宫离黍。底事昆仑倾砥柱，九地黄流乱注？聚万落、千村狐兔。天意从来高难问，况人情老易悲难诉。更南浦，送君去。　　凉生岸柳催残暑，耿斜河，疏星淡月，断云微度。万里江山知何处？回首对床夜语。雁不到，书成谁与？目尽青天怀今古，肯儿曹恩怨相尔汝！举大白，听金缕。

——《贺新郎·送胡邦衡待制赴新州》

曳杖危楼去，斗垂天、沧波万顷，月流烟渚。扫尽浮云风不定，未放扁舟夜渡。宿雁落、寒芦深处。怅望关河空吊影，正人间鼻息鸣鼍鼓。谁伴我，醉中舞？　　十年一梦扬州路，倚高寒，愁生故国，气吞骄虏。要斩楼兰三尺剑，遗恨琵琶旧语。谩暗拭，铜华尘土。唤取谪仙平章看，过苕溪尚许垂纶否？风浩荡，欲飞举。

——《贺新郎·寄李伯纪丞相》

这两首词，气象壮阔，充满了忠愤悲壮的情怀。虽然胡铨因反对和议被贬，李纲的谏阻也并没有发生效力，但在词人看来，这不是斗争的结束，而是斗争的开始，胜利最后必然属于正义的一方。因此，他的情绪是愤懑的，但又是乐观的；是寂寞的，却不是颓丧的。

张元干(1091—1170?)，字仲宗，号芦川居士，又号真隐山人，永福(在今福建省)人，著有《芦川归来集》和《芦川词》。他生活在南渡前后，从词风的转变来看，是一位承先启后的重要作家。他在北宋末年的词以清丽婉转为特色，而南渡以后所作则关心时事，发抒感慨，充满了"梦中原，挥老泪，遍南州"(《水调歌头》)的慷慨悲愤之情，成为写作爱国词的先导。他出仕于宣和元年(1119)，曾为李纲行营的属官，积极主张抗金。李纲罢相后，他也获罪被贬。绍兴元年(1131)，高宗任用秦桧为相，他不屑与奸佞同朝，愤而辞官。但又因赠词给主战派胡铨和李纲，遭到秦桧的迫害，于绍兴二十一年(1151)被下狱削籍。后来他自订词集时，却将这两首《贺新郎》编在卷首，定为压卷之作，而把他早年所写的可以和秦观、周邦彦比美的婉丽之作放在后面。可见他对自己能突破原有风格，使作品服务于现实的政治斗争，是感到自豪的。《四库全书总目》卷一百九十八《芦川词》提要认为："其词慷慨悲凉，数百年后尚想其抑塞磊落之气。"确是不易之论。

南宋初年著名的爱国词人还有张孝祥(1132—1170)，他是历阳乌江(今安徽和县)人，字安国，别号于湖居士，著有《于湖集》和《于湖词》。他是绍兴二十四年(1154)进士及第第一人，因上疏申理岳飞的冤情，触犯了秦桧，被诬下狱。秦桧死后，才得出任为秘书正字。孝宗隆兴元年(1163)，张浚举荐他为中书舍人，继任建康留守，又因积极赞助张浚北伐而被主和派弹劾落职。他是个具有雄略远志的爱国者，"其欲扫河洛之氛祲，荡洙泗之膻腥者，未尝一日而忘胸中"(谢尧仁《张于湖先生集序》)。可惜英才短命，只活了三十八岁就去世了。留给人们的，是他那骏发蹈厉的英雄词。故《四库全书总目》卷一百九十八《于湖词》提要谓其词"寓诗人句法，继轨东坡，观其所作，气概亦几几近之"。又云："忠愤慷慨，有足动人者。"

长淮望断，关塞莽然平。征尘暗，霜风劲，悄边声。黯销凝。追想当年事，殆天数，非人力。洙泗上，弦歌地，亦膻腥。隔水毡乡，落日牛羊下，区脱纵横。看名王宵猎，骑火一川明。笳鼓悲鸣，遣人惊。

念腰间箭，匣中剑，空埃蠹，竟何成！时易失，心徒壮，岁将零。渺神京。干羽方怀远，静烽燧，且休兵。冠盖使，纷驰骛，若为情？闻道中原遗老，常南望、翠葆霓旌。使行人到此，忠愤气填膺，有泪如倾。

这首《六州歌头》是张孝祥在隆兴元年写的。这时，北伐军在符离打了败仗，朝廷里的主和派急忙派遣使臣向金国求和，并借此打击主战派。针对这一现实，张孝祥在建康留守的一次宴席上写下了这首著名的作品。在上片中，词人指出，淮河流域原是中国的腹地，但自金兵进犯之后，它竟变成关塞林立的边境了。何况现在又将关塞一律废弃，向敌人敞开着大门呢？这是多么令人伤感的事啊！接着，词人对淮水以北地区先进的汉族传统文化之被破坏，以及敌人的骄纵横行，发抒了更沉痛的感慨。下片继上片中所展示的民族矛盾，进一步揭开了与此相联系的主战与主和两派的矛盾，指出不论是生活在南中国抑或在沦陷区的爱国者，都渴望着早日北定中原，收复失地；但朝廷却一意主和，南北冠盖往来不绝，这实在是一种教人无法容忍的情况。事实上，词人写到这里，不仅感到行人之“有泪如倾”，就连他自己也是如此的了。为了表达这种勃郁不平的感情，张孝祥特地选择了具有急促顿挫的词调和显得低沉的韵脚，使之声情相应。《白雨斋词话》卷六云：“张孝祥《六州歌头》一阕，淋漓痛快，笔饱墨酣，读之令人起舞。”它确是张词中最优秀的作品之一。

词人另外一首杰作是《念奴娇·过洞庭》：

洞庭青草，近中秋、更无一点风色。玉鉴琼田三万顷，着我扁舟一叶。素月分辉，明河共影，表里俱澄澈。悠然心会，妙处难与君说。

应念岭表经年，孤光自照，肝胆皆冰雪。短鬓萧疏襟袖冷，稳泛沧溟空阔。尽挹西江，细斟北斗，万象为宾客。叩舷独啸，不知今夕何夕！

作者曾贬知广西静江府，因遭谗又被罢官，于孝宗乾道二年(1166)经湖南北归，在中秋前夕路过洞庭湖时，写下了这首词。它着重地塑造了词人自己的形象。冰雪一般的忠肝义胆和表里澄澈的湖光月色完全达到了水乳交融的地步。这使我们很自然地想起苏轼来，正如苏轼《六月二十日夜渡海》那一类作品在客观上是对其迫害者的反击一样，张孝祥的《念奴娇》也以其英伟高洁的精神慑服了那些企图打击他的主和派官僚们。

当时慷慨悲歌的词人和名作很多，如李纲的《苏武令》(“塞上风高”)，赵鼎的《满江红》(“惨结秋阴”)，胡铨的《好事近》(“富贵本无心”)，胡世将的《酹江月》(“神州陆沉”)等，都充分表现了豪迈的英雄气概和顽强的战斗精神。

叶梦得和朱敦儒　在北宋王朝沦亡到南宋王朝建立这一过渡时期中，由于政治社会局势的急剧变化，使词坛受到了极大的冲击。过去那些习于婉丽之作的词人，也不能不在现实生活的巨大影响下改变自己的旧作风，扩大自己创作中反映的生活面，直接抒发爱国的豪情壮志。张元干而外在叶梦得和朱敦儒的词中，这种变化也显得很突出。

叶梦得(1077—1148)，字少蕴，号石林居士，乌程人。有《石林词》及其它著作多种。他是绍圣四年(1097)的进士，徽宗时曾因蔡京荐举，累官龙图阁学士，知汝州、蔡州，移帅颍昌府。其词受贺铸影响，多写个人闲情。但自靖康之难以后，他的政治立场和文学风貌都发生了变化。建炎、绍兴年间，他在建康留守和江东安抚使任上，积极建树，理财得法，为岳飞等人的北伐队伍做好了后勤工作，认真负责地供给粮饷，使将士无后顾之忧，对抗金战事做出了贡献。他论诗本是尊王(安石)抑苏(轼)的，但在南渡后创作的歌词，却转而向苏轼的豪放词学习。如《念奴娇》(“云峰横起”)一首，完全是效法苏轼赤壁之作，又如《鹧鸪天》(“一曲青山映小池”)的下片，竟是直接融化东坡的词句写成。而下列两首声情豪壮的作品，更可以说明他作风的转变：

故都迷岸草，望长淮、依然绕孤城。想乌衣年少，芝兰秀发，戈戟云横。坐看骄兵南渡，沸浪骇奔鲸。转盼东流水，一顾功成。　千载八公山下，尚断崖草木，遥拥峥嵘。漫云涛吞吐，无处问豪英。信劳生空成千古，笑我来、何事怆遗情。东山老，可堪岁晚，独听桓筝。

——《八声甘州·寿阳楼八公山作》

秋色渐将晚，霜信报黄花。小窗低户深映，微路绕欹斜。为问山翁何事，坐看流年轻度，拚却鬓双华。徙倚望沧海，天净水明霞。

念平昔，空飘荡，遍天涯。归来三径重扫，松竹本吾家。却恨悲风起，冉冉云间新雁，边马怨胡笳。谁似东山老，谈笑静胡沙！

——《水调歌头》

这两首词都反映了他关心现实和主张抗金的思想立场。“谁似东山老，谈笑静胡沙”之句，更直接表露了作者自己渴望在抗金斗争中为国效力的志向，关注《题〈石林词〉》说他“以经术文章，为世宗儒，翰墨之余，作为歌词，亦妙天下。……味其词婉丽，绰有温、李之风，晚岁落其华而实之，能于简淡时出雄杰，合处不减靖节、东坡之妙”，颇能全面概括他的成就。

朱敦儒(1081—1159)，字希真，洛阳人。有词集《樵歌》。他在徽宗时即过着逍遥林下的隐士生活，“志行高洁，虽为布衣而有朝野之望。”(《宋史·文苑传》)靖康乱后，转徙流离，曾到过江西、岭南一带。绍兴三年(1133)，他经朋友劝说，终于出山做官；五年，赐进士出身，任秘书省正字兼兵部郎中，因与反对秦桧的李光交往而被黜，但后来又应秦桧之召任鸿胪少卿。秦桧死后，他的政治生活也就结束了，所以晚年的思想转为消极。如所写“世事短如春梦，人情薄似秋云”(《西江月》)那种句子，正是他不甘寂寞，而又无可奈何的表现。《中兴以来绝妙词选》卷一说他“南渡初以词章擅名，天资旷远，有神仙风致”。这一评论并不能概括他的全部作品。

朱敦儒本是一位信奉挫锐和光的道家哲学的遁世者，他在北宋末年曾经沉溺于懒慢疏狂，以过着如其《鹧鸪天》所云“曾批给露支风敕，屡奏留云借月章”的生活而自豪。然而，金兵的铁蹄却踏破了他平静的小天地，在南渡以后他的中年时代，曾创作了不少感慨家国兴亡的作品。如：

放船千里凌波去，略为吴山留顾。云屯水府，涛随神女，九江东注。北客翩然，壮心偏感，年华将暮。念伊嵩旧隐，巢由故友，南柯梦、遽如许。　　回首妖氛未扫，问人间、英雄何处。奇谋报国，可怜无用，尘昏白羽。铁锁横江，锦帆冲浪，孙郎良苦。但愁敲桂棹，悲吟梁父，泪流如雨。

——《水龙吟》

直自凤凰城破后，擘钗破镜分飞。天涯海角信音稀。梦回辽海北，魂断玉关西。　　月解重圆星解聚，如何不见人归。今春还听杜鹃啼。年年看塞雁，一十四番回。

——《临江仙》

唱得梨园绝代声，前朝惟数李夫人。自从惊破霓裳后，楚奏吴歌扇里新。　　秦嶂雁，越溪砧，西风北客两飘零。尊前忽听当时曲，侧帽停杯泪满巾。

——《鹧鸪天》

《水龙吟》反映了家国多难的现实：北客南来，回想洛阳旧游，正如南柯一梦。环顾目前的国势，这位昔日的隐士，也不能不痛感“妖氛未扫”以及自己无力如古人之“铁锁横江，锦帆冲浪”之可悲而“泪流如雨”了。《临江仙》抒写了一对恩爱夫妻由于敌人的进犯而被迫分离之后的痛苦的思忆。这是中原沦丧以后社会上普遍存在的悲剧，作者凝视着无数家庭妻离子散的悲惨遭遇，以极其沉痛的笔墨写了出来。至于《鹧鸪天》则很可能是为曾被徽宗宠幸过，南渡后流落湖湘间的汴京名妓李师师写的[①]。这首词所具有的今昔盛衰之感，不只限于那位迟暮的美人和飘零北客即词人自己，而实际上是概括了国家乱离年代所有的流落者同具的心情。他早

---

① 关于徽宗宠幸李师师的事，略见张端义《贵耳集》卷下、周密《浩然斋雅谈》卷下、《大宋宣和遗事》、《李师师传》等书。

年的作品善于以通俗的语言和白描的手法来描写自己高蹈的踪迹，而上举南渡以后的作品，则显然已超越了他早年的藩篱而取得了新的成就。

从总的倾向来看，南渡之初的词人们，几乎一致地，虽然在程度上是有所不同的突破了弥漫在北宋末年词坛上婉约派或大晟词人的作风，而转向苏轼的豪放词汲取力量。他们开始以词这一文学样式来反映重大的政治社会事件，表现抗金斗争的时代精神，从而为杰出的辛弃疾的出现准备了条件，铺平了道路。

第二节　独树一帜的女作家李清照

南北宋之间活跃在文坛上的作家中，女词人李清照异军突起，在创作上取得了极其出色的成就。

长期存在于中国历史上的封建社会，是一个重男轻女的男权社会。在那样的社会里，古代妇女的才能是经常地受压抑、被埋没的。这种情形也同样地反映在文学史上。在丰富多采作家辈出而女作家却寥若晨星的祖国古代文学史上，李清照以其不可逼视的才华闯进文坛，以自己的创作证明了女子的才能在这一方面决不差似男子。这一事实本身，在封建社会中是具有特别重要的意义的。

文学环境和生活经历　李清照(1084—1155?)，自号易安居士，旧居今山东省章丘县明水镇，后随父移居于济南城内趵突泉畔，故史称为济南人。她父亲李格非有很高的文学修养，曾得到苏轼的赏识，母亲是名臣王准的孙女，也颇有学问，能文章。这样一个文学空气极浓的家庭环境对她具有非常良好的影响，使她从小就具有不平凡的创作才能。她欢喜丰富多采的生活情调，诗词文章无所不工，善画墨竹，兼擅书法，又通乐理，会弹琴。在父辈们的熏陶下，从少女时代开始，她就十分关心国家大事，并且勇于发表自己的看法。元符三年(1100)左右，也就是她十来岁时，就写过两首《浯溪中兴颂诗和张文潜》，诗中指出：由于玄宗昏聩、权奸误国，酿成了安史之乱，以至“五十年功如电扫”。北宋末年，新旧党争愈演愈烈，绍圣、元符年间，新党掌权，迫害元祐旧臣苏轼等人，政治上更加黑暗腐朽。这两首借古讽今的诗，显然是对当时最高统治者所作的讽谕的告诫，正如诗中所说："夏商有鉴当深戒，简策汗青今具在。"王灼在《碧鸡漫志》卷二中说她"自少年便有诗名，才力华赡，逼近前辈"，这记载是可信的。

建中靖国元年(1101)，李清照十八岁，嫁给了二十一岁的太学生赵明诚，两人志同道合，婚后的生活非常美满。明诚的父亲挺之当时任吏部侍郎，在政治上属于新党，同苏轼、黄庭坚、陈师道等有矛盾。但赵明诚的政治态度却跟他父亲不一样，陈师道在写给黄庭坚的一封信中说："正夫(挺之字)有幼子明诚，颇好文义。每遇苏、黄文诗，虽半简数字必录藏，以此失好于父。"这正好说明了这一对夫妇的契合是多方面的。

崇宁元年(1102)七月，蔡京担任尚书右仆射兼中书侍郎，定元祐党籍，李格非也被列入旧党而罢官。这时，赵挺之正晋升为尚书左丞，有相当大的权力，清照便写诗给公公，希望他能够为自己父亲摆脱困境出点力，诗中"何况人间父子情"之句，获得了不少人的同情。赵挺之因为依附蔡京而官运亨通，于崇宁四年(1105)三月担任了右丞相。清照所具有的对政治社会生活的敏锐观察力使她看出蔡京是个奸臣，因此又献诗给挺之，指出当时他与蔡京的关系是"炙手可热心可寒"。事实果然不出所料，挺之在大观元年(1107)三月去世后，蔡京就兴起大狱，诬陷死者，并把明诚也抓了起来。一直弄到七月，赵明诚才被判决无罪释放。受了这次无端的打击后，他决意脱离官场，带了清照回归青州老家。此后，他们夫妇俩屏居乡里达十年之久，为了淡泊明志，便取陶渊明《归去来辞》中"归去来兮"和"审容膝之易安"的意思，把书房称为归来堂，将居室叫做易安室。在这一时期内，他俩沉湎于金石古籍的整理研究工作中，感到其乐无穷。明诚在清照的协助下，根据多年来收集到的钟鼎彝器及石刻碑文，仿照欧阳修《集古录》的体例，编成了学术价值很高的《金石录》三十卷。

赵挺之身后所受的冤屈，后来得到了昭雪，赵家的政治地位也有了好转。宣和三年(1121)，明诚被任命为莱州太守，这年八月上旬，清照由青州奔赴莱州曾经写了一首《感怀》诗，表示了谢绝俗缘、隐居求志的心境。但靖康元年(1126)八月，金兵南侵，却将她的好梦惊破了。这年十一月，金兵攻陷汴京。当时明诚正守淄州，望着自己花了毕生精力所收集到的古籍、古器物，他意识到无法保存了。果然，次年二月，北宋灭亡，国家遭受了巨大的灾难，清照的家庭也不可能不发生急剧的变化，他们隐居绝俗的生活，便永远一去不复返了。

建炎元年(1127)八月，明诚被南宋王朝任命为建康知府。此时的北方政局极其不稳，清照只得带了一部分珍贵的典籍离开青州，流亡到江南。建炎三年(1129)春三月，明诚卸去建康知府的职务，带着清照前往江西，准备到赣水边上选择一个地方定居下来。五月里，当他们抵达池阳的时候，朝廷下令任命明诚为湖州知府，并要他到行都建康去觐见皇帝。明诚只得把清照等一家人安顿在池阳，于六月十三日独自赴召。由于在大热天劳累奔波，到达建康后便患了疟疾和痢疾。七月底，清照接到明诚卧病的消息，又惊又怕，立即乘船沿长江而下，一天一夜行了三百里。见到明诚时，发觉他的病势已经到了无可挽救的地步。清照只是哭泣，仓皇之中，也不忍问后事。八月十八日，明诚病危，没有留下任何遗言就去世了。清照悲痛欲绝，写了一篇《祭赵湖州文》，其中有这样沉痛的句子："白日正中，叹庞翁之机捷；坚城自堕，忧杞妇之悲深！"前句借唐代著名的佛教居士庞蕴入灭的典故，哀悼明诚正当四十九岁的壮年而不幸早逝；次句用杞梁妻哭倒长城的典故，抒写了自己内心的沉哀。

明诚逝世后，清照孤苦伶仃，过着颠沛流离的生活，饱尝了人间的苦难。她先是害了一场大病，气息奄奄。接着是金兵渡江南下，高宗经杭州、明州逃往温州，清照也沿着这条路线流亡避难。她奔波于明州、奉化、台州、黄岩、温州、衢州、越州一带，日夜不得安宁。绍兴二年(1132)正月，高宗返回临安，并将行都固定在那里，清照因而也就定居在临安了。

绍兴四年(1134)九月，金人纠合傀儡政权伪齐刘豫，发兵渡淮南犯。高宗惊慌失措，又赶紧和朝臣议论着逃跑。清照在《〈打马图经〉序》中描写了当时人们的恐惧心理："十月朔，闻淮上警报，江浙之人，自东走西，自南走北，居山林者谋入城市，居城市者谋入山林，旁午络绎，莫不失所！"清照本人也从临安出发，溯富春江而上，流落到金华。等到局势平静，才在五年秋后回到临安，自此一直到去世，她贫困孤苦的晚年基本上是在杭州度过的，约在绍兴二十一年(1151)以后与二十五年之间，也即六十八岁与七十三岁之间去世。

李清照的著作，诗文方面，晁公武《郡斋读书志》著录《李易安集》十二卷，《宋史艺文志》著录《易安居士文集》七卷；歌词方面，《直斋书录解题》著录《漱玉集》一卷，《宋史艺文志》著录《易安词》六卷。但这些原书都没有传下来，现存《漱玉集》、《漱玉词》和《李清照集》，均为近人辑本。

南渡后的爱国诗文　李清照是一位才华横溢、抱负非凡的女作家，她不仅精于填词，而且诗文创作也极其出色。她的诗风豪气纵横，笔触犀利，特别是南渡以后，多忧国伤时之作，充分表现了她对国家命运的深切关怀。

南宋王朝建立后，面临的首要问题依然是战与和的抉择。宰相李纲和开封知府宗泽坚决主张抗战，而高宗却听从黄潜善、汪伯彦等的意见，于建炎元年(1127)八月间罢免了在位仅五个月的宰相李纲。后来便由即位所在的南京(今河南商丘)渡江南逃。清照有感于此，写下了一首笔力千钧的《夏日绝句》：

生当作人杰，死亦为鬼雄；至今思项羽，不肯过江东。

她赞美了项羽宁可壮烈地死去而绝不屈辱地活着的英雄行为，实际上就是鞭笞了统治集团偏安江左的逃跑行径，虽为咏史，却有很强的现实性和战斗性。她还写诗讽刺节节南逃的统治者说："南渡衣冠欠王导，北来消息少刘琨。"其实，像东晋时王导、刘琨那样能奋起救国的英杰，在当时是不乏其人的，不过他们都遭到了高宗和黄潜善等投降派的打击迫害，无法实现爱国的壮志罢了。她还留下一联断句说："南来尚怯吴江冷，北狩应悲易水寒。"冷与寒显然是指现实政治气候，南来指高宗之偏安，北狩指徽、钦之被掳，其不满当时现状的意思也是非常明显的。

清照南渡后写的爱国诗篇代表着人民的意志，受到了人们的热烈称赞。如《咏史》：

两汉本继绍，新室如赘旒。所以嵇中散，至死薄殷周。

这首诗把两宋比作两汉，而把金人卵翼的傀儡政权伪楚和伪齐比作王莽的新室，说它们虽然篡宋自立，但绝不为人民所拥护。同时，对因反对司马氏篡魏、倡言“非汤武”“薄周孔”而被杀的嵇康表示了赞赏。这种热爱国家大义凛然的心声是十分可贵的。所以王世贞说：“易安此语虽涉议论，是佳境，出宋人表。”（《艺苑卮言》卷四）董复亨也说：“意见声调，绝响一代。”（见《万历章丘县志》卷二十八）

清照除了善于写作借古喻今的咏史诗外，也有直陈世事、反映现实之作。写于绍兴三年(1133)五月的《上枢密韩公工部尚书胡公》诗，可算是她今存政治诗的代表作。当时朝廷派韩肖胄和胡松年充当大金军前奉表通问使和副使。清照那时住在杭州，虽然贫病交加，仍不能忘怀国事，乃作古、律诗各一章献给韩、胡二人以寄意，并希望她在诗中表述的意见能获得有关方面的重视。在古诗中，她热情地赞扬了韩肖胄不顾家庭利益和个人安危，“径持紫泥诏，直入黄龙城”与金人谈判的果敢行为。还指出：“夷虏从来性虎狼，不虞预备庸何伤。”要他们提高警惕以防此行可能出现的不测之事。她想象到北国山河已经萧条不堪，而人民群众还在同敌人斗争着，表示“不乞隋珠与和璧，只乞乡关新信息”。最后写道：“欲将血泪寄山河，去洒青州一抔土。”表现了她渴望收复失地、重返故土的强烈心愿。至于那首律诗，则更分明地反映了她的政治卓识：

> 想见皇华过二京，壶浆夹道万人迎。连昌宫里桃应在，花萼楼前鹊定惊。但说帝心怜赤子，须知天意念苍生。圣君大信明如日，长乱何须在屡盟。

诗篇从想象使者们受到北方沦陷人民热烈欢迎的场面说起，接着表现作者对故都的深切怀念，作者无时无刻不在同情处于水深火热中的人民，最后提出了对时事的看法，认为屡次轻易地同敌人订立盟约，实在失策。这说明她对统治者懦弱投降的方针是不满的，对敌人肆意掠夺的本性是认识得很清楚的。这些诗篇所表现的主要的还不是她的才华而是她的识见。

此外，她还写过一些感物伤怀的小诗，如下列两首：

春残何事苦思乡，病里梳头恨发长；梁燕语多终日在，蔷薇风细一帘香。

——《春残》

千古风流八咏楼，江山留与后人愁；水通南国三千里，气压江城十四洲。

——《题八咏楼》

清照的诗亡佚已多，仅就今存诸作看来，成就仍然很高，颇为后人钦服，如陈衍《宋诗精华录》卷二录其送韩、胡使金的古诗，并评云："雄浑悲壮，虽起韩、杜为之，无以过也。"即是一例。

李清照散文也写得很好，最为动人的是那篇情文并茂的《〈金石录〉后序》，现存文本尾署绍兴二年（1132）作，但据宋刊本洪迈《容斋四笔》卷五与抄本《瑞桂堂暇录》等资料考证，序实写于绍兴四年秋八月①。那时候，年已五十一岁的清照飘泊在杭州，孑然一身，无依无靠，她深情地怀念着去世的丈夫赵明诚，她打开明诚手自编定的《金石录》，往事又一幕幕浮现在她的眼前。这部浸透着他俩的心血、也凝结着他俩无比真挚爱情的书的完成过程，是同他俩艰难而曲折的生活道路紧密地联系在一起的。想到这一点，她抑制不住心情的激动，写出了这篇扣人心弦的回忆录式的后序。原文过长，今节录最精采的部分如下：

余建中辛巳始归赵氏，时先君作礼部员外郎，丞相时作吏部侍郎，侯年二十一，在太学作学生。赵、李族寒，素贫俭，每朔望谒告出，质衣取半千钱，步入相国寺，市碑文、果实归，相对展玩咀嚼，自谓葛

---

① 据王学初《李清照集校注》（人民文学出版社 1979 年出版）附《李清照事迹编年》。黄墨谷《重辑李清照集》（齐鲁书社 1981 年出版）附《易安居士年谱》则认为此序作于绍兴五年清照五十二岁时。

天氏之民也。后二年，出仕宦，便有饭蔬衣练，穷遐方绝域、尽天下古文奇字之志。日就月将，渐益堆积。丞相居政府，亲旧或在馆阁，多有亡诗、逸史，鲁壁、汲冢所未见之书，遂尽力传写，浸觉有味，不能自已。后或见古今名人书画、三代奇器，亦复脱衣市易。尝记崇宁间，有人持徐熙《牡丹图》求钱二十万。当时虽贵家子弟，求二十万钱，岂易得耶？留信宿，计无所出而还之，夫妇相向惋怅者数日。

后屏居乡里十年，仰取俯给，衣食有余；连守两郡，竭其俸入以事铅椠。每获一书，即同共勘校，整集签题。得书、画、彝、鼎，亦摩玩舒卷，指摘疵病，夜尽一烛为率。故能纸札精致，字画完整，冠诸收书家。

余性偶强记，每饭罢，坐归来堂烹茶，指堆积书史，言某事在某书某卷第几页第几行，以中否角胜负，为饮茶先后。中，即举杯大笑，至茶倾覆怀中，反不得饮而起。甘心老是乡矣！故虽处忧患困穷，而志不屈。

收书既成，归来堂起书库大橱，簿甲丁，置书册。如要讲读，即请钥上簿，关出卷帙。或少损污，必惩责揩完涂改，不复向时之坦夷也。是欲求适意而反取憀栗。余性不耐，始谋食去重肉，衣去重采，首无明珠、翡翠之饰，室无涂金、刺绣之具，遇书史百家，字不刓缺、本不讹谬者，辄市之，储作副本。自来家传《周易》、《左氏传》，故两家者流，文字最备。于是几案罗列枕藉，意会心谋，目往神授，乐在声色狗马之上。

至靖康丙午岁，侯守淄川，闻金人犯京师，四顾茫然，盈箱溢箧，且恋恋，且怅怅，知其必不为己物矣。建炎丁未春三月，奔太夫人丧南来。既长物不能尽载，乃先去书之重大印本者，又去画之多幅者，又去古器之无款识者，后乃去书之监本者，画之平常者，器之重大者。凡屡减去，尚载书十五车。至东海，连舻渡淮，又渡江，至建康。青州故第，尚锁书册什物，用屋十余间，期明年再具舟载之。十二月，金人陷青州，凡所谓十余屋者，已皆为煨烬矣。

建炎戊申秋九月，侯起复知建康府。己酉春三月罢，具舟上芜湖，入姑孰，将卜居赣水上。夏五月至池阳，独赴召。六月十三日，始负担舍舟，坐岸上，葛衣岸巾，精神如虎，目光烂烂射人，望舟中告别。余意甚恶，呼曰："如传闻城中缓急，奈何？"戟手遥应曰："从众。必不得已，先去辎重，次衣被，次书册卷轴，次古器，独所谓宗器者，可自负抱，与身俱存亡，勿忘也！"遂驰马去。途中奔驰，冒大暑感疾，至行在，病痁。七月末，书报卧病，余惊怛！念侯性素急，奈何病痁；或热，必服寒药，疾可忧。遂解舟下，一日夜行三百里。比至，果大服柴胡、黄芩药，疟且痢，病危在膏肓。余悲泣，仓皇不忍问后事。八月十八日，遂不起，取笔作诗，绝笔而终，殊无分香卖屦之意。

葬毕，余无所之。朝廷已分遣六宫，又传江当禁渡。时犹有书二万卷，金石刻二千卷，器皿茵褥，可待百客，他长物称是。余又大病，仅存喘息。时势日迫，念侯有妹婿任兵部侍郎，从卫在洪州，遂遣二故吏先部送行李往投之。冬十二月，金人陷洪州，遂尽委弃。所谓连舻渡江之书，又散为云烟矣！独余少轻小卷轴、书帖，写本李、杜、韩、柳集，《世说》、《盐铁论》，汉唐石刻副本数十轴，三代鼎鼐十数事，南唐写本书数箧，偶病中把玩，搬在卧内者，岿然独存。

上江既不可往，又虏势叵测，有弟迒，任敕局删定官，遂往依之。到台，台守已遁。之嵊出陆，又弃衣被。走黄岩，雇舟入海，奔行朝。时驻跸章安，从御舟海道之温，又之越。庚戌十二月，放散百官，遂之衢。绍兴辛亥春三月，复赴越，壬子，又赴杭。

先，侯疾亟时，有张飞卿学士携玉壶过视侯，便携去，其实珉也。不知何人传道，遂妄言有颁金之语，或传亦有密论列者。余大惶怖，不敢言，亦不敢遂已，尽将家中所有铜器等物，欲赴外廷投进。到越，已移幸四明。不敢留家中，并写本书寄嵊县。庚戌春，官军收叛卒，悉取去，闻尽入故李将军家。所谓岿然独存者，无虑十去五六矣！惟有书画砚墨可五七簏，更不忍置他所，常在卧榻下，手自开阖。

在会稽，卜居土民钟氏舍。忽一夕，穴壁负五簏去。余悲恸不已，重立赏收赎。后二日，邻人钟复皓出十八轴求赏，故知其盗不远矣！万计求之，其余遂牢不可出。今知尽为吴说运使贱价得之。所

> 谓岿然独存者，乃十去其七八。所有一二残零不成部帙书册，三数种平平书帖，犹爱惜如护头目，何愚也耶！
>
> 今日忽开此书，如见故人。因忆侯在东莱静治堂，装标初就，芸签缥带，束十卷作一帙。每日晚，吏散，辄校勘二卷，跋题一卷。此二千卷，有题跋者五百二卷耳。今手泽如新，而墓木已拱，悲夫！

从上面节录的部分也可以看出这篇记述性散文富有强烈的感情色彩。其中有快乐的回忆，也有痛苦的思念；有生离的伤感，也有死别的沉哀。而且还从侧面反映了当时的社会现实，显示着南渡前后兵荒马乱和国破家亡的时代面貌。所以李慈铭评赞说："叙致错综，笔墨疏秀，萧然出畦町之外，予向爱诵之，谓宋以后闺阁之文，此为观止。"（《越缦堂读书记》卷九）

清照现存的文章不多，其中《打马赋》是一篇寄寓着爱国思想的作品，写于绍兴四年(1134)冬。那时她避难到金华，在漫长的寒夜里，她常和伴侣们以打马这种博戏来消遣。因此便借题发挥，写了《打马赋》。这篇赋充满了豪迈的气概与时代感，与当时战场上英勇抗击敌伪南犯的形势合拍。在赋中，她明确地表示了自己的政治态度："平生不负，遂成剑阁之勋；别墅未输，已破淮淝之贼。今日岂无元子，明时不乏安石。"最后的乱辞更表明了她对敌人的仇恨和对中兴事业的期望："佛狸定见卯年死，贵贱纷纷尚流徙。满眼骅骝及騄耳，时危安得真致此？木兰横戈好女子，老矣不复志千里，但愿相将过淮水。"显然，这是借打马这种博戏来提醒人们不要忘记国难，其中用了不少有关马和战争的典故，一语双关地表示了战胜敌人的坚定信念，寄托了她保卫国土的心情。

李清照的诗文证明了，她的生活、她的内心世界比她在词中所直接体现的要更广阔、丰富一些。只有认识到这一点，她的词的感情基石特别牢固，因而艺术魅力也特别强烈，才是容易说明和容易理解的。

《李易安词论》 清照对词学理论的贡献也是值得重视的。她写过一篇文章，表达自己对词和当代词坛的见解，后人题为《李易安词论》，通称《词论》（今见《苕溪渔隐丛话》后集卷三十三，似已非全文）。这是宋人最早的一篇论词专文，影响很大。其略云：

逮至本朝，礼乐文武大备。又涵养百余年，始有柳屯田永者，变旧声作新声，出《乐章集》，大得声称于世，虽协音律，而词语尘下。又有张子野、宋子京兄弟、沈唐、元绛、晁次膺辈继出，虽时时有妙语，而破碎何足名家？至晏元献、欧阳永叔、苏子瞻，学际天人，作为小歌词，直如酌蠡水于大海，然皆句读不葺之诗尔，又往往不协音律者，何耶？盖诗文分平侧，而歌词分五音，又分五声，又分六律，又分清浊轻重。且如近世所谓《声声慢》、《雨中花》、《喜迁莺》，既押平声韵，又押入声韵；《玉楼春》本押平声韵，又押上去声，又押入声。本押仄声韵，如押上声则协；如押入声，则不可歌矣。王介甫、曾子固文章似西汉，若作小歌词，则人必绝倒，不可读也。乃知别是一家，知之者少。后晏叔原、贺方回、秦少游、黄鲁直出，始能知之。又晏苦无铺叙，贺苦少典重；秦即专主情致而少故实，譬如贫家女，虽极妍丽丰逸，而终乏富贵态；黄即尚故实，而多疵病，譬如良玉有瑕，价自减半矣。

这篇文章显示了女作家非凡的和独特的判断力。由于这些话说得过于简括，今天还难以完全把握她获得这些结论的过程。就我们今天的认识来说，她的见解也不是我们所能完全同意的。但从她对前辈词家近于苛刻的评价中，可以看出她是有感而发的，是有针对性的。因为当时以苏轼为代表的以诗为词的词风出现了，词开始走向成为一种新的格律诗而不再是一种音乐歌词的道路。有些词“往往不协音律”，“不可歌”、“不可读”，模糊了词与音乐相结合的特点，混淆了诗词之间应当存在的界限。为了防止使歌词丧失其独特性的趋向，她在《词论》中明确提出词别是一家，即认为词作为一种独立的以抒情为主的音乐歌词的样式，应当有其内容上和形式上的特色。她认为词不能混同于诗，要严分界限。同时，她对词的音律、情调和表现手法各方面也提出了很高的要求，因此，对柳永、晏欧和秦黄等名家也都不满意，一个个地进行了指摘。如从词的思想内容和艺术风格上来讲，她对柳永的“词语尘下”颇为不满，又批评贺铸词不够典雅庄重，亦即认为词风应杜绝轻艳浮靡；她不满意秦七黄九词作的浅露柔弱，而主张尚故实，主情致，即认为内容要充实、深沉。从写作技巧和表现方法上来说，她批评张先、宋祁的词虽有佳句，但整体结构不完美，画面不统一，可见她主张词境必须浑成；她认为晏几道只工于以小令言情，可见她认为词家应当兼擅长调，以便发挥慢词适于铺叙描绘的特点。从词的音律方面来说，她认为歌词必须协律即能入乐歌唱，因此不仅要推敲平仄四声，还要讲究发音的部位，辨明清、浊、轻、重。在这方面，她自己确实下了一番苦功，例如她的《念奴娇》、《凤凰台上忆吹箫》就分了清浊，而《声声慢》则是辨了五音的。从其理论与实践来看，她对词的要求可以概括为高雅、典重、故实、情致、浑成、铺叙和协律这七点。

李清照为了维护词体的独特性，在《词论》中提出了一些中肯的有益的意见，这对宋词发展中发扬婉约派的传统风格有一定的积极作用。但她没有能理解到自苏轼以来词体革新和词风转变的新趋向及其意义。因此，其见解助成了她自己去追求当行本色的词，但却也同时局限了她的词作所反映的生活面，束缚了在题材和风格方面的多样化。这就使得她和苏轼以前的词人一样，没有敢突破成规把广泛的社会生活写入她所最擅长的词里。到了南渡以后，她的词情有所变化和深化，也曾表露了一些家国兴亡之感，但仍未能与其诗歌创作同步地直接地抒发她炽热的爱国感情。词别是一家的理论使她没有考虑到要用词这种样式去反映她所处的时代和人民，这就限制了《漱玉词》所能达到的思想高度。

《漱玉词》的内容及其艺术特色　李清照虽然是一位多面手，但最擅长的却是填词。她是以一位出类拔萃的女词人的身份而在中国文学史上永垂不朽的。她的词以靖康之乱为界，可分为前后两个时期。前期的词主要体现了一位少女、少妇悠闲风雅的生活情趣，如《如梦令》：

> 常记溪亭日暮，沉醉不知归路。兴尽晚回舟，误入藕花深处。争渡，争渡，惊起一滩鸥鹭。

这首小令着重描写了在藕花深处争渡时导致鸥鹭齐飞的生动画面。通过对人争渡、鸟齐飞的动态描写，我们可以体会到作者身心中洋溢着的青春活力。在一首《怨王孙》中，她又写道：

> 湖上风来波浩渺，秋已暮、红稀香少。水光山色与人亲，说不尽、无穷好。　　莲子已成荷叶老，清露洗、蘋花汀草。眠沙鸥鹭不回头，似也恨、人归早。

浩渺的波浪扩展了她的视野，大自然景色使她赏心悦目。明明是自己对水光山色怀有深厚的感情，却偏说“水光山色与人亲”；明明舍不得离开鸥鹭，却偏说“眠沙鸥鹭不回头，似也恨、人归早”。这些，都巧妙地表现了青年词人天真活泼、感情充沛、热爱生活的性格特征。

清照的婚后生活是美满幸福的，但明诚任职官府，有时不免有夫妇离别的情事，这又给她的词作抹上了一层淡淡的忧郁色彩：

> 萧条庭院，又斜风细雨，重门须闭。宠柳娇花寒食近，种种恼人天气。险韵诗成，扶头酒醒，别是闲滋味。征鸿过尽，万千心事难寄。
>
> 楼上几日春寒，帘垂四面，玉阑干慵倚。被冷香消新梦觉，不许愁人不起。清露晨流，新桐初引，多少游春意。日高烟敛，更看今日晴未。
>
> ——《念奴娇》

如果把这首词同上述的《如梦令》、《怨王孙》加以比较，我们就会清晰地看到作者由少女成为少妇过程中生活的变迁和感情的深化。少女时代，她的生活是无忧无虑的，其感情是单纯的、乐观的。婚后，她的生活与感情都在很大程度上同自己热爱着的丈夫紧密地融合在一起。当他不在身边时，她就感到闺中寂寞，精神无所寄托。为了消磨时间，排遣烦恼，她作诗选择险韵，饮酒至于沉醉，看到柳垂青眼，花展笑容，便想到不能和丈夫同游共赏；看到月光满楼，鸿雁掠空，也感到有许多知心话无法传递给他；在风雨天寒时，索性关起重门，垂下帘幕，一任愁绪来煎熬了。然而，李清照毕竟是李清照，即使在这样难堪的环境里，她那热爱生活、热爱自然的性格还是顽强地表现了出来。词的结尾为我们描绘了一幅无限清新的图画，透过这幅图画，我们可以感觉到词人渴望天晴、渴望春游的心灵在摇荡着。黄苏《蓼园词选》评论此词说："只写心绪落漠，遇寒食更难遣耳。陡然而起，便尔深邃。至前阕云'重门须闭'，后阕云'不许不起'，一开一合，情各戛戛生新。起处雨，结句晴，局法浑成。"的确，这首词通过由阴到晴的景物变化来表现词人由抑郁到欣快的内心变化，是很有特色的。

李清照是一位多愁善感的女性，赵明诚的出仕别离，常牵动着她的爱心。许多词人都长于谈情说爱，即使自己是男性，也往往能够对女性的心理状态刻画入微。而李清照却是以女性的身份来现身说法的，所以她写思妇离情的词就显得更其缠绵细腻、贴切真实了：

红藕香残玉簟秋，轻解罗裳，独上兰舟。云中谁寄锦书来，雁字回时，月满西楼。　　花自飘零水自流，一种相思，两处闲愁。此情无计可消除，才下眉头，却上心头。

——《一剪梅》

薄雾浓云愁永昼，瑞脑销金兽。佳节又重阳，玉枕纱厨，半夜凉初透。　　东篱把酒黄昏后，有暗香盈袖。莫道不销魂，帘卷西风，人比黄花瘦。

——《醉花阴》

香冷金猊，被翻红浪，起来慵自梳头。任宝奁尘满，日上帘钩。生怕离怀别苦，多少事、欲说还休。新来瘦，非干病酒，不是悲秋。

休休！这回去也，千万遍《阳关》，也则难留。念武陵人远，烟锁秦楼。惟有楼前流水，应念我、终日凝眸。凝眸处，从今又添，一段新愁。

——《凤凰台上忆吹箫》

这些作品所写的虽不外是生活中一些微小的波澜，但却是一位贤淑、温存的妻子，以女性所特有的缠绵宛转、一往情深的语言，对自己埋藏于内心底层的秘密的成功揭示。这种离怀别苦，虽为古往今来的作家成千上万次地描写过，然而无论在内容和形式上，李词仍然是富有新鲜感的。文字极其朴素，而感情却是无比的深沉和热烈。据说《一剪梅》是清照写在锦帕上送给即将远行的丈夫的。而《醉花阴》则是函寄给丈夫的，当赵明诚接读后，赞赏久之，为了想超过她，曾废寝忘食地另外写了五十阕，故意把清照的这一首夹在其中，拿去给朋友陆德夫评判。陆德夫细加玩味以后，指出只有"莫道不销魂"等三句最佳，而这三句恰恰是清照作的①。

《凤凰台上忆吹箫》也是一首具有特色的作品。一般写离别，多写临别之情或别后所感。而这首词妙在别前预写别后之情。起头五句从女词人自己的疏慵的心态落笔，一听到丈夫将要离别的消息便已经失去了生活的乐趣了。接着是非常复杂的心理描写，作者采用吞吐、曲折的方式表现了女性所特有的深婉而细腻的心态。此词的下片有两个念字，第一个念字设想到别后词人对丈夫的怀念，第二个念字设想楼前流水对终日凝眸的自己的同情，一属人，一属物，互相映衬。作者之所以能写出这种痴语，正因为她对丈夫有一片痴情。这些作品反映了古代妇女对她们应有的正常的爱情生活的追求，在客观上对封建道德观念是一种冲击。

金兵的南侵和北宋的灭亡结束了女词人平静而幸福的生活。这时，她的离愁别恨不仅是加重了份量，而且由于和国破家亡的巨大事变相联系，这使得女词人的作品有了新的内容。如《永遇乐》：

> 落日熔金，暮云合璧，人在何处？染柳烟浓，吹梅笛怨，春意知几许！元宵佳节，融和天气，次第岂无风雨？来相召、香车宝马，谢他酒朋诗侣。　　中州盛日，闺门多暇，记得偏重三五。铺翠冠儿，捻金雪柳，簇带争济楚。如今憔悴，风鬟雾鬓，怕见夜间出去。不如向、帘儿底下，听人笑语。

这首词根据语意当是李清照南渡后流寓临安时所作，上片写当前的景物

① 见伊世珍《瑯嬛记》卷中引《外传》。王学初《李清照集校注》卷一曾辨其不可信，但这些传说的产生，也正反映了后人对《漱玉词》的爱好和肯定。

和心情，下片从今昔对比中抒发出盛衰兴亡之感。在元宵佳节，她对着眼前的行都杭州，回忆已被金人侵占的汴京；对着今日的寂苦，回忆从前的欢愉，用淡淡的语言写出了极其难堪的哀伤。这种从寻常生活中所流露出来的家国之恨，在那样一个特定的历史时代中，是具有普遍意义的。过了一个半世纪之后，南宋末年的刘辰翁曾和此词，其小序说："余自乙亥（1275，恭帝德祐元年）上元，诵李易安《永遇乐》，为之涕下。今三年矣。每闻此词，辄不自堪，遂依其声，又托之易安自喻，虽辞情不及，而悲苦过之。"刘辰翁正是即小见大，从这首词中所写的个人过元宵节时的今昔之感，看到了国家的灭亡和广大人民丧乱流离的痛苦，因而与之同感的。

南渡以后，清照的爱国情绪在她的词中不时流露，是和她的丧夫之痛相联系的。国破、家亡、夫死的苦难，使她以一个流人和寡妇的身份辗转奔波在今浙江省境内，而且还不时受到一些无赖的恐吓和欺凌。她丧失了完整的、统一的国土和美好幸福的家园，丧失了自己费尽心血收集起来的珍贵文物。这种奇劫巨变使她的词风不能不发生变化。女词人终于以前所未有的低咽的调子为自己的不幸而唱出了使人惊心动魄的哀歌：

寻寻觅觅，冷冷清清，凄凄惨惨戚戚。乍暖还寒时候，最难将息。三杯两盏淡酒，怎敌他、晚来风急？雁过也，正伤心，却是旧时相识。

满地黄花堆积，憔悴损，如今有谁堪摘？守着窗儿，独自怎生得黑？梧桐更兼细雨，到黄昏、点点滴滴。这次第，怎一个愁字了得！

——《声声慢》

风住尘香花已尽，日晚倦梳头。物是人非事事休，欲语泪先流。

闻说双溪春尚好，也拟泛轻舟。只恐双溪舴艋舟，载不动、许多愁。

——《武陵春》

《声声慢》一篇自来是特别为人注目的。头三句以十四个叠字组成，曾被比为"公孙大娘舞剑手"（张端义《贵耳集》卷上）。它的艺术魅力不只在于形式的奇创，更是在于这些奇创的句式中包涵着作者丰富而微妙的心灵跃动。“寻寻觅觅”是孤独彷徨，若有所失的心情，“冷冷清清”是环境对于她的回答，“凄凄惨惨戚戚”则又是她在得到这个漠然的回答之后的悲苦。它们逐步深化地展开了作者的精神世界。构成这三句词的七组叠字，除开“觅觅”、“冷冷”之外，其余全属齿音。它们使人读起来就具有轻细而凄清的感觉，这就使得语言的音响更其成功地传达出生活的音响。从“乍暖还寒”以下，作者通过自己最平凡的生活写出了最难受的伤感。秋天，在她看来是分外的悲凉；本来是容易消逝的时光，对她来说，却又变得特别地难以打发。从自己极端痛苦的生活感受出发，她把这首词写得浅显而又深沉，寻常而又精警。它的诞生，只是由于作者处无可奈何之境，有万不得已之情，百转千回，终于不能不从内心喷薄而出，所以虽有奇思妙语，而并非刻意求工。不能不承认，李清照晚年的作品，虽然在风格上仍然保持了其早期那种朴素自然的特征，但正是由于生活的重大变化，已使得她的词情达到了前所未有的深度。

《武陵春》是女词人在绍兴五年(1135)避乱金华时所作。已经五十一岁的她，几经波折，流离失所，所以心情极其沉痛悲苦。首句写盛开的繁花受到狂风的袭击已委身于尘土，这正是自己身世的象征。次句写由于所见如彼，故所为如此。日色已高，头犹未梳，虽与她《凤凰台上忆吹箫》中“起来慵自梳头”语意全同，但那是生离之愁，这是死别之恨，深浅自别。三、四两句点明一切悲苦，都由于“物是人非”。而这种“物是人非”，又绝不是偶然的、个别的、轻微的变化，而是一种极为广泛的、剧烈的、带有根本性的、重大的变化。无数的事情，无尽的痛苦，都在其中，故以“事事休”概括。这些，真是不知从何说起，正想要说，眼泪已经扑簌簌地流下来了。下片“闻说”、“也拟”、“只恐”六个领字，极为传神地表现了词人内心的无穷往复与无限思量，而其归宿则在最后两句。李后主《虞美人》云：“问君能有几多愁？恰似一江春水向东流。”只是以愁之多比水之多而已。秦观《江城子》云：“便做春江都是泪，流不尽许多愁。”则愁已经物质化，变为可以放在江中，随水流尽的东西了。而李清照却进一步把它搬上了船，于是愁竟有了重量，不但可随水而流，并且可以用船来装载。由此可见，李清照在语言艺术方面既有继承，又有创新（参见沈祖棻《宋词赏析》第一百四十六页）。

李清照是善于向前人学习的。她在《词论》中虽然批评了李后主以下的许多词人，而实际上她还是接受了李后主、柳永、秦观和周邦彦等人的影响。在个别篇章中，甚至可以看出，她也受到了她最不满意的苏词豪放之风的影响：

天接云涛连晓雾，星河欲转千帆舞，仿佛梦魂归帝所，闻天语，殷勤问我归何处？　　我报路长嗟日暮，学诗谩有惊人句。九万里风鹏正举，风休住，蓬舟吹取三山去。

这首《渔家傲》一起写无限壮阔的天空，千帆竞发的水面，天水相连，亦真亦幻。以此为背景，接下去写了上苍同词人的问答。从答语中，我们可以看出她积极进取的精神实质。她不满足于自己在诗词创作中所取得的成就，也不满于现实生活，而想乘长风向更高更美的境界前进。李清照历来是被尊为婉约派的正宗词人的，但从这首作品来看，她的词也有豪放的一面，所以梁启超评为“此绝似苏辛派”（见《艺蘅馆词选》乙卷）。沈曾植更极力推崇说：“易安倜傥，有丈夫气，乃闺阁中之苏、辛，非秦、柳也。”（《菌阁琐谈》）从一些记载和李清照自己的创作中可以看出，这位词人不仅具有女性所共具的温柔和明慧，同时还具有为许多古代女性所缺乏的隽爽和开朗。她十分珍重她那个温暖的小家庭，却并非是那种对家庭以外的生活丝毫不加关注的闺阁中人。这种比较复杂的性格，影响了她的思想感情和创作风格，使她敢于而且善于从自己所认识的生活出发，从事富有独创性的文学活动。所以自来“堕情者醉其芳馨，飞想者赏其神骏”（《菌阁琐谈》），其成就被认为：“盖不徒俯视巾帼，直欲压倒须眉。”（李调元《雨村词话》卷三）

《漱玉词》在语言方面的成就是特别出色的。这位女词人善于运用浅近、清新的语句，创意出奇，善于提炼日常口语，采用白描手法，来表现自己真挚的感情。这一方面，她是可以和李后主比美的。如《孤雁儿》写丈夫死后的凄楚："小风疏雨萧萧地，又催下，千行泪。吹箫人去玉楼空，肠断与谁同倚。一枝折得，人间天上，没个人堪寄！"又如《声声慢》"守着窗儿，独自怎生得黑"，彭孙遹《金粟词话》评为"皆用浅俗之语，发清新之思，词意并工，闺情绝调"。她还善于自铸伟词，如《如梦令》之"绿肥红瘦"，《念奴娇》之"宠柳娇花"，《声声慢》之连用十四个叠字，都是前无古人的。和只知融化古人诗句以构成自己的语言的词人如贺铸、周邦彦等相较，李清照这种从生活中发掘出来的俊语，显然要可贵得多了。这可以说是李词最主要的艺术特色。

李清照的词在当时就产生了较大的影响，她清新自然的语言风格被称为易安体，成了后继者学习的楷模，如侯寘有《眼儿媚·效易安体》，辛弃疾也写过一首《丑奴儿近》，题为《博山道中效李易安体》，可见他们对她的推崇。《蕙风词话》卷四中曾将她与另一女词人朱淑真相比较，得出的结论是："李易安时代犹稍后于淑真，即以词格论；淑真清空婉约，纯乎北宋；易安笔情近浓至，意境较沈博，下开南宋风气。"这十分确切地指出了李清照在两宋词的发展中是过渡时期承先启后的作家之一，对南宋词的发展具有不可低估的影响。

第三节　南宋前期散文的发展

南宋前期散文渊源和各种评选本的出现　北宋古文运动发展到三苏，曾取得了出色的成绩，但在新旧党争中却遭到了挫折。徽宗时，新党严禁苏文，文苑颇形寂寞。南渡以后，苏文解禁，上自宫廷，下至士庶，在散文的写作方面都一致以苏文作为准绳，科举场中更是如此。陆游《老学庵笔记》卷八云："建炎以来，尚苏氏文章，学者翕然从之，而蜀士尤盛，亦有语曰：'苏文熟，吃羊肉；苏文生，吃菜羹。'"这则逸闻生动地说明了当时竞尚苏文的实况。为了适应士子习文的广泛需要，书坊便刊行了《三苏文粹》和《苏门六君子文粹》各七十卷，所选以策论为多。

当时讲学之风盛行，各学派之间的论争也促进了散文创作的繁荣和发展。南宋的理学源于北宋的二程，但体现在各地的学者身上，却又有分化和对立。先是张栻、吕祖谦和朱熹各持己见，互有异同，人称东南三贤。至孝宗乾道、淳熙年间，朱熹的道学派得到发展，而陆九渊的心学和陈亮、叶适的浙学也同时兴起，形成了南宋前期三大学派的鼎立。朱熹鼓吹的是客观唯心论，陆九渊宣扬的是主观唯心论，而浙学则特重事功，有较强的唯物论色彩。淳熙二年(1175)，吕祖谦邀集朱熹和陆九渊两方面的人在江西铅山的鹅湖寺举行了鹅湖之会，开展了道学与心学的一场大辩论，此后又用通信著论的方式继续争鸣。另一方面，陈亮和叶适的浙东永嘉学派从唯物主义的认识论出发，对程朱理学和陆氏心学都进行了批判，所谓"左袒非朱，右袒非陆"(见侯外庐《中国思想通史》第四卷第十六章第一节749页，人民出版社1960年版)。这实质上是唯物论与唯心论的斗争。在朱熹和陈亮之间，还展开了哲学上的义、利之辨和政治上的王、霸之争。陈亮的政论文锋芒锐利，深刻地揭露了道学派讳言功利的弱点。朱熹十分畏惧地说："陈同父学已行到江西，浙人信向已多。家家谈王霸，不说萧何、张良，只说王猛；不说孔、孟，只说文中子。可畏！可畏！"(《朱子语类》卷一百二十三)足见浙东学派的声势是不小的，他们的散文也有独特的成就。

南宋许多散文作家都接受北宋古文运动的影响，是北宋六大家的直接继承者。如胡铨、吕祖谦、陈傅良、陈亮、叶适、陆游等，在策论方面学三苏，在序记方面学欧阳修，而对于文章应当有补于世的认识方面，则受王安石的某些影响。朱熹专学曾巩文理缜密的特点，称之为南丰体，他说："欧公文字敷腴温润，曾南丰文字又更峻洁，虽议论有浅近处，然却平正好；到得东坡，便伤于巧。"(《朱子语类》卷一百三十九)然而，广大文士却是爱重苏轼的，因此苏文在南宋的影响仍居首位，其次，欧文的影响也不小。吴子良《林下偶谈》卷三云："淳熙间，欧文盛行，陈君举(傅良)、陈同甫(亮)尤宗之。"陈亮除了编过《苏门六君子文粹》外，又曾经编刊《欧阳文粹》二十卷，选录了一百三十篇欧文，其《书〈欧阳文粹〉后》说："公之文雍容典雅，纡余宽平，反覆以达其意，无复毫发之遗；而其味常深长于意言之外，使人读之蔼然足以得祖宗致治之盛。其关世教，岂不大哉！"同时，吕祖谦著有《古文关键》二卷，选录了韩愈、柳宗元、欧阳修、苏洵、苏轼、苏辙、曾巩和张耒的古文共六十二篇，一一标举其命意布局，评论其优劣得失，示学者以门径。他的学生楼昉在这个基础上更扩大选目，编刊了《崇古文诀》三十五卷，选录了秦汉至宋代的古文二百多篇，评语精当，学者称便。

吕祖谦还辑有《吕氏家塾增注三苏文选》二十七卷(注释者为蔡文子)和《宋文鉴》一百五十卷。《宋文鉴》原名《皇朝文鉴》，这是吕祖谦任秘书省著作佐郎时奉命编选的。临安书坊原先刊行过江钿所编的《圣宋文海》①，翰林学士周必大认为选择不精，遗漏甚多。孝宗乃命吕氏重选，"发三馆四库之所藏，裒缙绅故家之所录"②，除各体散文外，还选了诗、赋，共分六十一个门类，专录北宋的作品。此后，魏齐贤和叶棻又编刊了《五百家播芳大全文粹》一百十卷，卷首许开的序作于绍熙元年(1190)。此书所选，兼及骈散，自北宋扩展到南宋前期张栻、虞允文、陆游、杨万里、林之奇、辛弃疾、李焘、王十朋、林光朝、楼钥、陈亮、叶适等人的作品。此外，袁说友在宁宗庆元五年(1199)任四川安抚使时，主编了《成都文类》五十卷，选辑西蜀文人的作品，上起西汉，下迄南宋孝宗朝。评选风气的流行，正是南宋散文兴盛的一个侧面。这种选录宋文之风，至清不衰。如清初沈果庵、张云章、王西庄、蒋显谟等都曾分别有《南宋文鉴》之辑，但已散佚，仅存残本。道光年间，庄仲方编《南宋文范》七十四卷，今有苏州书局本，董兆熊所辑《南宋文录》经苏州书局删订为《南宋文录录》二十四卷，与《文范》并行。二书互相补充，可见南宋散文的大略。

民族危机中的创作潮流　汴京陷落，宋室南渡，在国家存亡的危急声中，反对投降主张抗战，成了当时一切文学作品的重大主题，政论性的散文则更是力主抗金、直接打击投降派的有效手段。围绕高宗时的绍兴和议(1141)、孝宗时的隆兴和议(1164)、宁宗时的嘉定和议(1208)所引起的和战之争，使南宋前期八十年之间的散文创作充满了昂扬的爱国主义精

---

①　在江钿以前，专选北宋散文的已有无名氏所编《圣宋文选》三十二卷，《四库全书》本题为《宋文选》。清顺治十八年(1661)顾宸所编《辟疆园宋文选》三十卷则选及了南宋的散文，可视为前者的续书。

②　周必大《〈皇朝文鉴〉序》语。按此序作于淳熙四年(1171)。

神，如实地反映了主战派对主和派的坚决斗争。尽管主战派一再受到封建统治者的打击和迫害，但他们文章中喷发的慷慨忠勇之气，可与日月争光，永远激励着人们的爱国斗志。如宗泽、岳飞、陆游、辛弃疾、陈亮、叶适等的散文作品，都是如此。特别是南渡初期抗金名将和爱国志士上书言事或誓师北伐的政论文，更是彪炳史册，激动人心。如宗泽的《乞毋割地与金人疏》、《请驾还汴疏》，岳飞的《南京上高宗书略》、《五岳祠盟记》，李纲的《论天下强弱之势》、《请立志以成中兴疏》，陈东的《上高宗第一书》、《答赵延康书》，胡铨的《戊午上高宗封事》（即《请诛王伦、秦桧、孙近疏》）、《上孝宗论兵书》，张浚的《论复人心张国势疏》、《论恢复事宜疏》，虞允文的《论尽去蠹国害治之事疏》、《论今日可战之机有九疏》等等，都是从肺腑中流出的谋国荩言。他们只是秉笔直书，义正辞严地表述崇正黜邪与抗敌救国的志愿和主张，而不暇斤斤计较文学理论和技巧。这种作风和思想特色，一直贯串到晚宋文天祥和郑思肖、谢翱、王炎午等人的作品中。这是南宋散文的一个鲜明特色。这一股炽热的创作潮流，自始至终体现着在民族危机中作家的、同时也是广大人民的心态。这里仅举岳飞的《五岳祠盟记》为例，以见一斑：

> 自中原板荡，夷狄交侵，余发愤河朔，起自相台，总发从军，历二百余战。虽未能远入荒夷，洗荡巢穴，亦且快国仇之万一。今又提一旅孤军，振起宜兴。建康之城，一鼓败虏，恨未能使匹马不回耳！
>
> 故且养兵休卒，蓄锐待敌。嗣当激励士卒，功期再战。北逾沙漠，蹀血虏廷，尽屠夷种。迎二圣归京阙，取故地上版图，朝廷无虞，主人奠枕，余之愿也。
>
> 河朔岳飞题

我们无妨认为：这是用散文写的《满江红》，其忠义慷慨之情，与词相较，毫无逊色。

古文家吕祖谦的文论和作品　吕祖谦（1137—1181），字伯恭，婺州金华（在今浙江省）人，曾祖东莱郡侯吕好问始居婺州，学者因称祖谦为东莱先生。他是隆兴元年(1163)的进士,又中博学宏词科,历任太学博士、严州教授,官至秘阁著作郎兼国史院编修,曾讲学于金华丽泽书院,有《东莱集》四十卷传世。

吕祖谦是南宋前期著名的古文家,对古文的鉴赏和创作具有独特的见解。他评选的《古文关键》卷首有题为《看古文要法》的导言,分《总论看文字法》、《看韩文法》、《看柳文法》、《看欧文法》、《看苏文法》、《看诸家文法》、《论作文法》和《论文字病》等八节,对怎样读和怎样写古文,提示了具体的法则。如其《总论看文字法》说:

> 学文须熟看韩、柳、欧、苏,先见文字体式,然后遍考古人用意下句处。苏文当用其意,若用其文,恐易厌人,盖近世多读故也①。第一看大概主张,第二看文势规模,第三看纲目关键,第四看警策句法。

关于怎样动笔来写,讨论尤为精详,其《论作文法》有云:

> 文字一篇之中,须有数行齐整处,须有数行不齐整处。或缓或急,或显或晦,缓急显晦相间,使人不知其为缓急显晦,常使经纬相通,有一脉过接乎其间,然后可。盖有形者纲目,无形者血脉也。
>
> 有用文字,议论文是也;为文之妙,在叙事状情。笔健而不粗,意深而不晦,句新而不怪,语新而不狂。常中有变,正中有奇。题常则意新,意常则语新。辞源浩渺而不失之冗,意思新转处多则不缓。结前生后,曲折斡旋,转换有力,反复操纵。

这是吕祖谦自己的心得体会。根据这些意见,他对入选文章,逐篇作了具体的讲评。如对曾巩《〈战国策〉目录序》的总评是:"此篇节奏从容和缓,且有条理,又藏锋不露,初读若太羹之酒,当仔细味之。若他练字好,过换

① 其《看苏文法》云:苏文"波澜出于《战国策》、《史记》,亦得关键法。当学他好处,当戒他不纯处"。可参看。

处不觉，其间又有深意存。”此外尚有批语，使读者既得其要领，又对行文的段落间架、开合变化之处均能体察入微。所以此书刊出后，风行一时，博得了文坛的一致推崇，但却遭到了朱熹的批评。

吕祖谦和朱熹是过从甚密的好朋友，但讲学论文的路子却各不相同，他不愿跟着朱熹空谈道统决定论，而欢喜琢磨具体作品的艺术技巧，《古文关键》就是为了给学习者指示门径而编写的，这就引起了朱熹的不满。他编《宋文鉴》，朱熹也批评说“编得泛”，甚至把他说成是浙东功利学派中的人（见《朱子语类》卷一百二十二）。其实，吕祖谦是把理学和文学合而为一的创新者，吴子良在《〈筼窗集续集〉序》中曾经指出：“自元祐后，谈理者祖程，论文者宗苏，而理与文分为二。吕公病其然，思融会之，故吕公之文，早葩而晚实[①]。”足见吕祖谦是兼重文学词章的人，所以他的古文创作取得了较高的成就。《四库全书总目》卷一百五十九《东莱集》提要说：“其文词闳肆辨博，凌厉无前。”如《武王论》、《汉舆地图序》、《薛常州墓志铭》、《重修钓台记》、《游赤松山记》，都是受到时人称赞的作品。朱熹知南康军州事，重建庐山白鹿洞书院，吕祖谦还为他这位持见有异同的友人写了著名的《白鹿洞书院记》。

> 淳熙六年，南康军秋雨不时，高仰之田告病。郡守新安朱侯熹行眂陂塘，并庐山而东，得白鹿洞书院废址，慨然顾其僚曰：是盖唐李渤之隐居，而太宗皇帝驿送《九经》俾生徒肄业之地也。
>
> 书院创于南唐，其事至鲜浅。我太宗于泛扫区宇、日不暇给之际，奖劝封殖，如恐弗及，规模远矣。中兴五十年，释老之宫圮于寇戎者，斧斤之声相闻，各复其初。独此地委于榛莽，过者太息，庸非吾徒之耻哉！
>
> 郡虽贫薄，顾不能筑屋数楹，上以宣布本朝崇建人文之大旨，下以续先贤之风声于方来乎？乃属军学教授杨君大法、星子县令王君

① 宋陈耆卿《筼窗集》及《筼窗续集》今均佚。四库馆臣从《永乐大典》辑得遗文，编为十卷，收入《四库全书》，吴序今见《全书》本。详本书第十章第三节。

仲杰董其事，又以书命某记其成。

某窃尝闻之诸公长者，国初，斯民新脱五季锋镝之阨，学者尚寡。海内向平，文风日起，儒先往往依山林，即间旷以讲授，大率多至数十百人。嵩阳、岳麓、睢阳及是洞为尤著，天下所谓四书院者也。祖宗尊右儒术，分之官书，命之禄秩，锡之扁榜，所以宠绥之者甚备。当是时，士皆上质实，下新奇。敦行义而不偷，守训诂而不凿，虽学问之渊源统纪或未深究，然甘受和、白受采，既有进德之地矣。庆历、嘉祐之间，豪杰并出，讲治益精。至于河南程氏、横渠张氏，相与倡明正学，然后三代孔孟之教，始终条理，于是乎可考。熙宁初，明道先生在朝，建白学制教养，考察宾兴之法，纲条甚悉。不幸王氏之学方兴，其议遂格。有志之士，未尝不叹息于斯焉！当建炎再造，典刑文宪，浸还旧观，关、洛绪言，稍出于毁弃翦灭之余。晚进小生骤闻其语，不知亲师取友以讲求用力之实，躐等凌节，忽近慕远，未能窥程、张之门庭，而先有王氏高自圣贤之病。如是洞之所传习，道之者或鲜矣！

然则，书院之复岂苟云哉！此邦之士，盍相与揖先儒淳固悫实之余风，服大学离经辨志之始教，由博而约，自下而高，以答扬熙陵开迪乐育之大德，则于贤侯之劝学斯无负矣！

至于考方志纪人物，亦有土者所当谨。若李渤之遗迹，固不得而略也。侯于是役，重民之劳，赋功已狭。率损其旧十七八，力不足而意则有余矣。兴废始末，具于当涂郭祥正所记者，皆不书①。

南康军治所在星子县，西向即庐山白鹿洞，唐德宗时白鹿先生李渤（字浚之）曾隐居于此。南唐时，就其遗迹建庐山国学。宋初改名为白鹿洞书院。太平兴国二年（977），诏赐国子监刊《九经》，声誉日隆，成为全国四大书院之一。经过北宋到南宋的丧乱变迁，白鹿洞书院已遭毁坏，朱熹访得

① 本文因版本的不同，在字句上颇有差异，现以《金华丛书》本《吕东莱先生文集》为底本，并以《五百家播芳大全文粹》、《古文渊鉴》和《南宋文录》参校写定。

废址，重加修建，招生讲学。本文郑重其事地历述理学的源流，昭示朱熹兴学的本意，风格详整，极有义法，颇能显出吕文的特色。

宋人的散文多议论，吕祖谦也是这样，但他并非不善于叙事抒情。对于描绘景色，他也是擅长的，如其《游赤松山记》有云：

> 复曳杖入小桃源，暝色已满岩谷矣。徙倚枕流，四际溟蒙，水天一色。泉声松韵，殆若暴风急雨之骤至；徐而察之，又若车驰卒奔而未有所止也。云间时有疏星点缀，林杪与水景相照，清澈无底。

写傍晚的山泉松涛，声色兼备，动中见静，和柳宗元永州诸记相近，而上接《水经注》。

和欧阳修一样，吕祖谦很乐意提携新人。《宋史》本传载："尝读陆九渊文喜之，而未识其人。考试礼部，得一卷，曰：'此必江西小陆之文也。'揭示，果九渊。人服其精鉴。"陆九渊（1139—1192），字子静，抚州金溪人，因讲学于贵溪的象山，人称象山先生。他提出"心即理"，反对朱熹的"性即理"。这实际上是唯心主义理学的内部分歧，所以他俩虽然争论得很激烈，而在思想学识方面却彼此渗透、互相尊重。陆九渊曾应朱熹的邀请，到白鹿洞书院讲过学，跟朱熹的交谊颇深。他虽不欲以文名，而如《与朱元晦书》、《与杨守书》、《王荆公祠堂记》、《送宜黄何尉序》、《刘晏知取予论》和《题翠云寺壁》等篇，也写得相当出色。

道学家朱熹的文论和作品　朱熹（1130—1200），字元晦，一字仲晦，晚年自号晦庵，原籍徽州婺源县（今属江西省），其地古为新安郡，有紫阳山，故自称新安人，别号紫阳。因他长期寄居福建建阳的考亭，所以人又称之为考亭先生，并称其学派为闽学。他是绍兴十八年（1148）的进士，孝宗时知南康军、提举浙东常平茶盐公事，做过几任地方官。但他一再辞官，把主要精力用在学术的研究和传授方面，著述宏富，门徒众多。宁宗时，他得到宰相赵汝愚的赏识，升任焕章阁待制、侍讲、秘阁修撰，但在庆元二年（1196）韩侂胄夺权当政后，他被列为赵党，他的学派被斥为伪学，七年之后才解禁。他的诗文后人编为《晦庵集》，或称《朱文公文集》，或称

《朱子大全集》。

朱熹是程颐的四传弟子(《宋元学案》说是三传),是宋代理学的集大成者。因理学又称道学,所以《宋史》特创《道学传》以位置程、朱诸人。本传载:"熹少时,慨然有求道之志。""其为学,大抵穷理以致其知,反躬以践其实,而以居敬为主。尝谓圣贤道统之传散在方册,圣经之旨不明,而道统之传始晦。于是竭其精力,以研穷圣贤之经训。"他跟吕祖谦不一样,仍然恪守北宋道学家周敦颐的"文以载道"说,斤斤计较道统与文统,明确地显露出重道轻文的倾向,表现了道学家和古文家文学思想差异的继续发展。吕祖谦的《古文关键》专讲作文方法和写作技巧,而没有讲文与道的关系,他就指责说:"伯恭有个文字腔子,才作文字时,便将来入个腔子做。"(《朱子语类》卷一百三十九)当吕氏稍为注重一点文学词章时,他又批评说:"伯恭是个宽厚底人,不知如何做得文字,却似个轻儇底人。"(《朱子语类》卷一百二十二)此外,他还批判了李汉、欧阳修和苏东坡的文学观点。《语类》卷一百三十九又云:

> 这文皆是从道中流出,岂有文反能贯道之理?文是文,道是道,文只如吃饭时下饭耳。若以文贯道,却是把本为末,以末为本,可乎?
>
> 道者文之根本,文者道之枝叶。惟其根本乎道,所以发之于文皆道也。三代圣贤文章皆从此心写出,文便是道。今东坡之言曰"吾所谓文,必与道俱",则是文自文而道自道,待作文时,旋去讨个道来,入放里面。此是他大病处。

可见他认为道与文同为一体,不可分割,而且道是主体,文只是从道中流出来的;作文时道是根本,绝不是某种临时加进去的事物。为此,他要求作者先明义理,而不应究心华采。他说:"义理既明,又能力行不倦,则其存诸中者,必也光明四达,何施不可?发而为言,以宣其心志,当自发越不凡,可爱可传矣。今执笔以习研钻华采之文,务悦人者,外而已,可耻也矣!"(《朱子语类》卷一百三十九)在这样一种观点笼罩之下,一些尊崇道学的人竟仿照禅宗的语录体来作文,鄙俚粗俗,毫无艺术价值可言,严重地阻碍了南宋古文的健康发展。

不过,朱熹本人的理论和实践也有自相矛盾的地方。尽管他在理论上重道轻文,并且对古文家进行了批判,但他无法否认从《诗》与《楚辞》以降的古典文学的价值与韩、柳、欧、苏等人文章的艺术成就。如他曾潜心玩索《诗经》、《楚辞》、韩文,并为之作了详审的笺注校勘①,也不得不承认:"东坡文字明快,老苏文雄浑,尽有好处,如欧公、曾南丰、韩昌黎之文岂可不看!"(《语类》卷一百三十九)他曾试图解释这种矛盾说:"人之才德偏有长短,其或意中了了而言不足以发明之,则亦不能传于远矣。"(《通书·文辞注》)因此,他在自己的写作实践中仍然讲求文辞技巧,他的散文与诗歌仍然不乏佳作。散文如《名堂室记》、《归乐堂记》、《江陵府曲江楼记》、《云谷记》、《卧龙庵记》和《百丈山记》等篇,或写山水风景,或叙游览见闻,都是传诵人口的。今录《百丈山记》如下:

登百丈山三里许,右俯绝壑,左控垂崖;叠石为磴十余级乃得度。山之胜盖自此始。

循磴而东,即得小涧,石梁跨于其上。皆苍藤古木,虽盛夏亭午无暑气。水皆清澈,自高淙下,其声溅溅然。度石梁,循两崖,曲折而上,得山门,小屋三间,不能容十许人。然前瞰涧水,后临石池,风来两峡间,终日不绝。门内跨池又为石梁。度而北,蹑石梯数级入庵。庵才老屋数间,卑庳迫隘,无足观,独其西阁为胜。水自西谷中循石罅奔射出阁下,南与东谷水并注池中。自池而出,乃为前所谓小涧者。阁据其上流,当水石峻激相搏处,最为可玩。乃壁其后,无所睹。独夜卧其上,则枕席之下,终夕潺潺,久而益悲,为可爱耳。

出山门而东,十许步,得石台。下临峭岸,深昧险绝。于林薄间东南望,见瀑布自前岩穴瀵涌而出,投空下数十尺。其沫乃如散珠喷雾,日光烛之,璀璨夺目,不可正视。台当山西南缺,前揖芦山,一峰独秀出;而数百里间峰峦高下,亦皆历历在眼。日薄西山,余光横照,

① 他著的《诗集传》、《楚辞集注》和《韩文考异》等书,迄今仍具有重要参考价值。

紫翠重叠，不可殚数。旦起下视，白云满川，如海波起伏；而远近诸山出其中者，皆若飞浮来往，或涌或没，顷刻万变。台东径断，乡人凿石容磴以度；而作神祠于其东，水旱祷焉。畏险者或不敢度。然山之可观者，至是则亦穷矣。

余与刘充父、平父、吕叔敬、表弟徐周宾游之。既皆赋诗以纪其胜，余又叙次其详如此。而其最可观者：石磴、小涧、山门、石台、西阁、瀑布也。因各别为小诗以识其处，呈同游诸君，又以告夫欲往而未能者。

年月日记。

百丈山位于建阳县东北七十里。此文作于淳熙二年(1175)，描写自然景物，十分生动传神，显示了这位道学家并不缺乏审美能力。此外，还应当附带指出，朱熹还是道学家中最有成就的诗人。他不少的作品，摆脱了以诗歌说教如邵雍《击壤集》那种恶道，清新活泼，形象鲜明。朱熹的文学观点与其创作实践之间的矛盾，正深刻地揭示了生活的魅力往往能够突破陈腐的观念。

浙东功利学派陈亮和叶适的政论文　南宋时，今江浙地区的商品经济已相当发达。当时有些中小地主已兼营手工业和商业，但却受到大地主大官僚的抑压。以陈亮和叶适为代表的功利学派，正是反映了工商业地主的利益而崛起的。他们在政治上主张改革内政，抗击金兵；在思想上则举起实事、实功的唯物主义旗帜，对唯心主义的道学派展开了理论上的斗争。他们的讲学注重于施之实用，举凡礼乐兵农、军事财政、地形水利等学问，他们都广泛涉猎，深下功夫。这引起了道学派的不满，讥讽地称之为功利之学。朱熹竭力反对讲功利，他只准讲仁义，曾经把董仲舒“正其义不谋其利，明其道不计其功”的说法(《汉书·董仲舒传》载其对江都易王语)，定为白鹿洞书院的学规。而陈亮针锋相对地展开了一场义利之辨，以事功说驳斥了朱熹的义理说，批判了道学家的虚伪和麻木不仁。讲求功利有时是唯物主义的一种粗浅的表现形式，它至少表明了对社会的一切现存关系和经济基础之间的联系的确认。

陈亮(1143—1194),字同甫,婺州永康(在今浙江省)人。他是一位思想家,在文学创作上也有突出的成就,有《龙川文集》三十卷传世。从青年时代起,陈亮就富有爱国思想,以其卓越的见解和犀利的政论文为时人所推重。他志在匡时济世,多次伏阙上书,力主恢复中原,反对苟安妥协。乾道五年(1169),他又写出《中兴五论》,全面地分析了当时的形势,论述了北伐图强的战略方针,从政治、经济和军事三方面提出了一系列的恢复大计,但都没有受到应有的重视。一直到绍熙四年(1193),他才考取进士第一名,由朝廷任命为佥书建康军判官厅公事,次年尚未到职就病死了。实际上他是以怀才不遇的布衣身份终其一生的。

陈亮是一个以政教事功和经济之才自负的人,对于当时的政治情况与社会风习,常有很深刻的认识和很精辟的分析。他对自己的评价是:"堂堂之阵,正正之旗,风雨云雷交发而并至,龙蛇虎豹变见而出没,推倒一世之智勇,开拓万古之心胸。"(《甲辰答朱元晦书》)假如把这几句话移来赞美他的作品,特别是赞美那些以爽朗的语言和纵横的气势言人所不敢言的政论文,也是十分合适的。这里将他淳熙五年(1178)《上孝宗皇帝第一书》节录其中的三段为例:

南师之不出,于今几年矣。河洛腥膻,而天地之正气抑郁而不得泄,岂以堂堂中国,而五十年之间无一豪杰之能自奋哉!其势必有时而发泄矣。苟国家不能起而承之,必将有承之者矣。不可恃衣冠礼乐之旧,祖宗积累之深,以为天命人心可以安坐而久系也。皇天无亲,惟德是辅;民心无常,惟惠之怀。自三代圣人,皆知其为甚可畏也。

今丑虏之植根既久,不可以一举而遂灭;国家之大势未张,不可以一朝而大举。而人情皆便于通和者,劝陛下积财养兵以待时也。臣以为通和者,所以成上下之苟安,而为妄庸两售之地,宜其为人情之所甚便也。自和好之成十有余年,凡今日之指画方略者,他日将用之以坐筹也;今日之击球射雕者,他日将用之以决胜也。府库充满,无非财也;甲胄鲜明,无非兵也。使兵端一开,则其迹败矣。何者?人才以用而见其能否,安坐而能者,不足恃也;兵食以用而见其盈虚,安坐而盈者，不足恃也。而朝廷方幸一旦之无事，庸愚龌龊之人，皆得以守格令，行文书，以奉陛下之使令，而陛下亦幸其易制而无他也。徒使度外之士，摈弃而不得骋，日月蹉跎，而老将至矣。臣故曰：通和者，所以成上下之苟安，而为妄庸两售之地也。

臣不佞，自少有驱驰四方之志，常欲求天下豪杰之士，而与之论今日之大计。盖尝数至行都，而人物如林，其论皆不足以起人意，臣是以知陛下大有为之志孤矣。辛卯、壬辰之间，始退而穷天地造化之初，考古今沿革之变，以推极皇帝王霸之道，而得汉、魏、晋、唐长短之由。天人之际，昭昭然可察而知也。始悟今世之儒士，自以为得正心诚意之学者，皆风痹不知痛痒之人也。举一世安于君父之仇，而方低头拱手以谈性命，不知何者谓之性命乎！

文中指出：隆兴和议以来士大夫苟且偷安的情绪造成了狂人庸人窃取权位，售奸误国，而那些有真才实学的人却被排斥，虚度光阴不能发挥作用；至于那些道学家在国难当头的时候，空谈性命，鼓吹正心诚意，则完全是瓦解人心、有害于抗金事业的谬论。这些文字见解深刻，笔锋犀利。显示他看出了，并以鲜明正确的态度揭露和讨论了人所不能言、或虽能言而不敢言的某些重大问题，具有很强的说服力。此外，其《中兴遗传序》、《送徐子才赴富阳序》、《酌古论·诸葛孔明》和《北山普济院记》等篇，也都贯穿了事功务实的议论。它们“意思挥霍，气象张大”，“针砭时弊，指画形势，自非绌于用者之比”。(《艺概》卷一)

永嘉学派的先驱者周行己原是程颐的弟子，后来传到郑伯熊、薛季宣，开始对程学有所突破。特别是薛季宣的思想具有反道学正统的异端倾向，成了程门的别派。“又得陈傅良继之，其徒益盛，此亦一时灿然学问之区也。然为考亭之徒所不喜，目之为功利之学。”(见黄百家《增补宋元学案》卷五十二《艮斋(薛季宣)学案》案语)叶适继郑、薛和陈亮之后，不仅是永嘉学派的集大成者，同时也是浙东学派的集大成者。清人全祖望在《增补宋元学案》卷五十四《水心(叶适)学案·序录》中评论说：“乾(道)、淳(熙)诸老既殁，学术之会总为朱、陆二派；而水心龂龂其间，遂称鼎足。

然水心工文，故弟子多流于辞章。”这说明以叶适为代表的浙东永嘉学派，是和朱学、陆学鼎足而三的，在哲学、史学和文学等各方面，都代表了当时的进步倾向，他们的散文创作也能卓然成家。

薛季宣(1134—1173)，字士龙，号艮斋，永嘉(今温州市)人，曾任大理寺主簿，出知湖州。平生著述甚多，现存《浪语集》三十五卷。《四库全书总目》卷一百六十《浪语集》提要说：“季宣少师事袁溉，传河南程氏之学，晚复与朱子、吕祖谦等相往来，多所商榷。然朱子喜谈心性，而季宣则兼重事功，所见微异，其后陈傅良、叶适等递相祖述，而永嘉之学遂别为一派。盖周行已开其源，而季宣导其流也。”他的政论文如《上张魏公书》、《与汪参政明远论岳侯恩数书》等篇，或陈说抗金方略，或颂扬爱国英雄，持论精审，条理明晰。他又擅长文赋的创作，如《雁荡山赋》末段云：

> 今夫天下之山，江东居最，永嘉富甲于江外，而雁荡为大焉，可以超群而拔萃矣。他山之秀，幺麽称妍；阳台十二，秋浦九莲；诗文振古，名字喧天。仅得此山之一丘一壑，犹拳石之细，夫何足言。所谓夷泰山而吞云梦者，惟雁荡之山为然。

这显然继承并发展了北宋欧、苏的文赋作风，信笔为之，不甚拘拘于字面体格。

当时永嘉学派中善作文赋的还有温州乐清人王十朋(1112—1171)，其《至乐斋赋》的句法也如同散体文。王氏字龟龄，好论恢复大计，有《梅溪集》五十四卷。其文如《望九华》：

> 九华之胜，不在山中。从江上望之，秀逸清远，夕波落日，邈然于怀。又得太白啸歌，为舟泊林岸，便觉九子依依向人。(见清顾宸辑《辟疆园宋文选》卷二十一)

短短四十四个字，就勾画出了九华山的风景特征，而且还顺带点明了诗人李白与九子的关系（相传九华山原名九子，李白以其九峰如九朵莲花，因为改名）。行文意态萧散，不假雕饰，使人想起苏轼《记承天寺夜游》之类的小品。

陈傅良（1137—1203），字君举，号止斋，温州瑞安人，师事郑伯熊和薛季宣，与张栻、吕祖谦友善。乾道八年（1172）登进士甲科，曾任福州通判；绍熙年间，除吏部员外郎。宁宗即位，召为中书舍人兼侍读，官至宝谟阁待制。有《止斋文集》五十一卷。《宋史》本传说他“初患科举程文之弊，思出其说为文章，自成一家，人争传诵，从者云合，由是其文擅当世”。他师法欧阳修，后来又学张耒，其政论文如《守令策》、《兵论》和《论人心可畏疏》等，从政治、军事和社会问题着眼，联系实际，指摘时弊，提出切实可行的建议，都是当时务实有用之作。其《怒蛙说》用寓言体揭露了封建统治集团内部的权势之争对人民的危害。甚至于墓志铭的文体，他也能用来议论时政，如《徐武叔墓志铭》有云：

> 乾道之庚寅、辛卯，州大饥，米斛直五六百钱。守丞讳言上，且讳人言，遇道殣即佯不省，众无与画此者。武叔以书抵行在所之旧，言之哀痛也。张公钦夫为右司郎，得其书，持白丞相虞公并父也。诘朝奏事，虞公出武叔书袖中，为孝宗诵之。孝宗矍然变玉色，曰：“永嘉故乐土，奈何使至于此，守丞为谁乎？”朝罢，趣上其名衔，即日罢去，更用贤守。出浙河东郡常平米以赡吾州，州人获免于死亡。当时识者颇乐道其事：有以都司肯赍人书诣政事堂白之丞相，丞相肯袖怀书至榻前奏上，上勿问所由来，从之不移日，可不谓盛时乎？而余窃又有感也：虞并父相，钦夫为宰，士微武叔，殆不得事情于千里之外！彼守丞何足道，所部官岂无其人？皆务自爱惜重于请事。武叔，书生也，枉于场屋，志不但已，竟以一介之微而动千乘之听，无尺寸之柄而全阖郡之民，呜呼，岂非贤哉！

这段文字通过这个生动的事例，雄辩地论述了下情上达和政治修明的重要性，体现了永嘉学派不尚空谈的文风。

叶适(1150—1223),字正则,永嘉人。淳熙五年(1178)进士,历任太常博士、尚书左选郎、吏部侍郎。宁宗开禧三年(1207),他在知建康府兼江淮制置使任内,曾经有效地组织了对抗金人的军事行动。他是坚决的主战派,晚年被夺去官职,退居温州城外水心村讲学,因自号水心居士。著有《水心文集》二十九卷和《水心别集》十六卷,《四库全书总目》卷一百六十《水心集》提要指出:"适文章雄赡,才气奔逸,在南渡卓然为一大宗。其碑版之作,简质厚重,尤可追配作者。"

叶适是永嘉学派中最有代表性的古文作家。他赞赏北宋元祐文章,反对骈偶时文;称赞陈亮的文章"紫映妙巧,极天下之奇险"(《书〈龙川集〉后》),皆可见其趋向。在《赠薛子长》一文中,他曾说:"读书不知接统绪,虽多无益也;为文不能关教事,虽工无益也;笃行而不合于大义,虽高无益也;立志不存于忧世,虽仁无益也。"吴子良《林下偶谈》卷三又载其言云:"譬之人家觞客,或虽金银器照座,然不免出于假借;自家罗列仅瓷缶瓦杯,然却是自家物色。"可见他对文学的社会性和创造性都是很重视的。他的政论文如《治势》、《民事》、《财计》、《兵权》、《法度》、《上西府书》、《上孝宗皇帝札子》和《上宁宗皇帝札子》诸篇,笔力雄放,读之令人振奋。特别是他在淳熙年间任太常博士时,为了向宰相推荐三十四位杰出人才而写的《上执政荐士书》,曾传诵一时,现移录如下:

国家之用贤才,必如饥渴之于饮食,诚心好之,求取之急惟恐不至,口腹之获惟恐不尽。及其醉饱之余,嗜好衰息,方复调适众味,和剂八珍,祈恳而后进,勉强而后餐,其不弃去者寡矣。故上有失士之患,而士有不遇时之悲,至使官职旷阙,治功夷陵,雅俗隳坏,遗风不接,由其使用之非诚心,善人之类遭厌薄而散漫也。

窃以近岁海内方闻之士,志行端一,才能敏强,可以卓然当国家之用者,宜不为少。而其间虽有已经选用,不究才能;尝预荐闻,未蒙旌擢;亦有已罹忧患,恐致沉沦,既得外迁,因不复入。以一疑而伤众信,用浮华而伤实能。又况其自安常分,无所扳援,复贻颓年,永绝荣进者乎!每一思之,深切痛悼!

> 伏惟丞相国公，晋当国柄，所宜察饥渴饮食之时，体尽诚好士之心，急求力取，博选亟用，以为国本民命永远之地，以报明主之遇，以塞多士之责。某等见闻所亲不相为比，所爱不相为私，疏以公相信，远以义相昭。昔班固奏记东平王苍，荐者六人，国为得才，不专幕府，而苍纳之；裴伯为李吉甫疏三十士，吉甫借以举用，而当时翕然称其得人。某等滥膺朝列，叨窃禄食，常愧听闻短狭，知贤不多，无以裨补万一，不胜惭愧！谨自陈傅良以下三十四人，冒昧以闻，伏候采择。(此下列举三十四人姓名，今从略)

叶适为人正直，他所推荐的包括了各种学派各种观点的人才，例如学术与之不同的陆九渊，就是被推荐者之一。此文丁宁周至，气象博大，虽切陈利害，而不为危耸之言，颇有两汉奏章风格。

除了政论文以外，叶适的记叙文也写得很出色，如《烟霏楼记》、《醉乐亭记》、《沈氏萱竹堂记》、《江陵府修城记》、《李氏中洲记》和《绩溪县新开塘记》诸篇，都能融合写景、抒情和发议为一体，而且也比较注重文采。如《醉乐亭记》中云：

> 永嘉多大山，在州西者独细而秀，十数步内，辄自为拱揖，高不孤耸，下亦凝止，阴阳附从，向背以情。水至城西南阔千尺，自峙岩私盐港，绿野新桥，陂荡纵横，舟艇各出菼莲中，棹歌相应和，已而皆会于思远楼下。土人以山水所到，斯吉祥也，益深其崦，百金一藏，赇匠施僧，阡垅交植。岁将寒食，丈夫洁巾袜，女子新簪珥，扫冢而祭，相与为遨嬉，城内外无居人焉，故西山之游为最著。(节录)

永嘉山明水秀，风景优美，自谢灵运以来，游赏之风不绝，所以当地作家写山水游记也都相当出色。叶适还编选过一部宋代散文集，名为《播芳集》，其书今佚。而序尚存。其书入选，以“意趣之高远，词藻之佳丽者”为准，足见他对思想和艺术是并重的，与道学派重道轻文的观点不同。

叶适是由南宋前期过渡到后期的作家，他的弟子如陈耆卿、吴子良等，均以能文著称，影响及于宋末。

史传文发展的新趋向 史传文在南宋也有新发展，其源当推溯到北宋诸家。在欧阳修写《五代史记》时，擅长史部之文的还有宋祁、刘敞和刘攽，宋祁曾撰《新唐书》的列传部分，刘攽则协助司马光完成了《资治通鉴》。司马光更是一位古文高手，才力宏富，所撰《资治通鉴》虽成于众手，而最后由他定稿，修饰，润色。此书叙事简明，语言精炼，而且对史料考订精审，剪裁适当，刻画的人物也栩栩如生，有一定的文学价值。南宋的史传文作者，大都接受了他的影响。其书多不出自官修，则又打破唐以来修史的格局，对史传文学的发展产生了良好的影响。

建安（在今福建省）人袁枢（1131—1205），字机仲。他把《通鉴》中分散在各卷的同一事件辑在一起，重加编次，于乾道九年（1173）完成《通鉴纪事本末》四十二卷，开创了以某一重要事件的起讫为主体的新史体，即纪事本末体。它比旧有的编年、纪传二体，自有其长处，虽然不能完全代替它们。全书共分二百三十九个题目，总括了宋以前一千三百六十余年的治乱兴衰之迹，其中不少篇都写得精炼生动，显示了史传文学的特色和新的发展。吕祖谦、朱熹和杨万里等所为序跋，一致推崇。纪事本末体对后世影响很大，明清两代仿作甚多。

眉州丹稜人李焘（1115—1184），仿照《通鉴》的体例，在淳熙九年（1182）编成《续资治通鉴长编》五百二十卷，专记北宋从太祖开国至徽、钦破国之间一百六十八年的史事，打开了宋人写宋史的新局面。这类史书中著名的还有王偁的《东都事略》一百三十卷，记载了北宋九朝的人物事迹；徐梦莘的《三朝北盟会编》二百五十卷，记述了徽宗、钦宗和高宗时与金人和战的史实；李心传的《建炎以来系年要录》二百卷，则是专记南宋高宗朝的当代史。此外关于文化通史方面的著作，又有南宋初年郑樵的《通志》和宋末元初马端临的《文献通考》。这两部书与唐代杜佑的《通典》合称为“三通”。

我国从经书起，就有文史不分的传统，史学家大多具有高度的文化修养，史书中不乏富有文学价值并能反映现实的篇章，这是优良文学传统的一个重要侧面（可以说，它一直影响到当代的报告文学和传记文学）。如

《三朝北盟会编》卷一百十三，记载建炎元年(1127)王彦与八字军抗金斗争的事迹，就写得十分精采：

> 王彦既得卫州新乡县，即传檄州郡。金人以为大兵至也，率数万众薄彦垒，围之数重，矢注如雨。彦兵寡，且器甲疏略，疾战，辄不利，彦决围以出，其众遂溃。金人见彦所乘甲马独异，复尽锐追击；彦与麾下数十人驰赴之，所向披靡。转战十数里，弓矢且尽，会日暮，得免。
>
> 他将往往复渡河以还。彦收散亡，得七百人，保共城县西山。常虑变生不测，夜则徙其寝所。其部曲曰："我曹所以弃妻子，冒万死以从公者，感公之忠愤，期雪国家之耻耳！今使公寝不安席，乃反相疑耶？我则非人矣！"遂皆面刺"赤心报国、誓杀金贼"八字，以示其诚。
>
> 彦益自感励，大布威信，与士卒同甘苦。未几，两河响应，招集忠义民兵首领如傅选、孟德、刘泽、焦文通等一十九寨，十余万众，绵亘数百里，金鼓之声相闻，自并、汾、相、卫、怀、泽间倡义讨贼者，皆受彦约束。禀朝廷正朔，威震燕代。金人患之，列戍相望，时遣劲兵，挠彦粮道。彦每勒兵以待之，且战且行，大小无虑数十百战，斩获银牌首领、金环女真及夺还河南被虏生口，不可胜计。(节录)

此文高度概括地记叙了八字军在战斗中由弱到强的成长过程，刻画了统领王彦英勇善战、能与士卒同甘苦的动人形象，深刻地反映了当时北方沦陷区人民群众的爱国热忱和誓雪国耻的豪迈气概。又如《建炎以来系年要录》卷十二记述刘汲邓州死难和宗泽却敌安民的事迹，也都十分感人，可歌可泣。总之，这一时期史传文的创作成果，卓有建树地为南宋的散文史增添了光辉的一页。它们是唐代以来设局官修历史那种垄断局面被突破后的成果，值得后人进行探讨和学习。

第四节　江西派诗风的转变和吕、陈、曾

形成于北宋末年的江西诗派影响了整个南宋的诗坛。自从吕本中在《江西诗社宗派图》中列举陈师道等二十五人的名单以后，南宋的评论家又不断地作了增补。如赵彦卫著《云麓漫钞》，把吕本中本人归入了诗派；杨万里作《〈江西续派二曾居士诗集〉序》，称曾纮、曾思父子为续派；刘克庄写《〈茶山诚斋诗选〉序》，又把曾几和杨万里也定为诗派中人；严羽《沧浪诗话·诗体》则说陈与义"亦江西之派而小异"。到了宋末元初，方回编《瀛奎律髓》，进一步作了总结，把陈与义尊奉为江西诗派的三宗之一，他在《送罗寿可序》中，更把尤袤、杨万里、范成大、陆游、萧德藻和余杭二赵（赵汝谠、赵汝谈）、上饶二泉（赵章泉、韩涧泉）都划入了派中。这种铨选和增补的江西诗派后期作家名单，今天看来不尽妥当，如尤、杨、范、陆、萧等虽曾受到江西诗派的影响，但他们已另外开辟了新的道路。曾纮父子和余杭二赵，则因其诗集早已失传，无从详辨。这里仅就吕本中、陈与义和曾几等人来进行研讨。他们都是目睹北宋沦亡、身经流落之苦的作家。宋室南迁，国难当头，激发了他们的爱国感情，促使他们成了转变江西派诗风的改革者。他们克服了前期作家的某些缺点，给江西派注入了新的活力。必须明确，后期江西派的作风，是与前期有所不同的。

吕本中与江西派诗风的转变　吕本中（1084—1145），字居仁，寿州（今安徽寿县）人，祖籍东莱，故学者称为东莱先生[①]。初以曾祖吕公著荫补承务郎。绍圣年间，新党执政，因吕公著是元祐宰相，于是他也被斥为旧党，南渡后流落到桂林、柳州一带。绍兴六年（1136）起用，赐进士出身，后迁中书舍人兼侍讲，在南宋初年的政治斗争中，他坚决站在主战派赵鼎一边，触怒秦桧，被黜。所著有《春秋集解》三十卷，其他杂著多种。其《东莱先生诗集》二十卷、《东莱外集》三卷（《外集》有庆元五年（1199）刊本，见

---

① 吕本中和吕祖谦因都是东莱郡侯吕好问之后，同被称为东莱先生，方回在《瀛奎律髓》中便称吕本中为大东莱先生，而将年辈较后的吕祖谦称为小东莱先生，以示区别。

傅增湘《藏园群书经眼录》卷十四)，今均存。

吕本中少年时代就刻苦学诗，虽然不及拜见黄庭坚，但却一贯以黄诗为学习的典范。他十六岁时曾写了“风声入树翻归鸟，月影浮江倒客帆”的句子。曾季狸《艇斋诗话》载：“作此诗尝呕血，自此遂得羸疾终其身。”可见其苦吟之状。他欢喜结交诗友，即使年辈稍长的韩驹、徐俯、潘大临、洪炎、夏倪、谢逸兄弟、晁冲之、汪革、李彭、饶节、江端本和王直方等人，也都和他有来往。对当时文坛的情况，他也很熟悉，对师法黄庭坚的一批诗人也有较深的了解，因而多获师友切磋之益。在这种基础上，他编出了著名的《江西诗社宗派图》。此图作于崇宁元年(1102)至二年之间，其时吕本中年届十九岁到二十岁(据莫砺锋《吕本中〈江西诗社宗派图〉考辨》)。当时诗派中二十五人除陈师道已经去世外，其他诸人都还在世，一些人对名次先后，不无意见。如夏倪“以在下为耻”，徐俯也不满地说：“吾乃居行间乎?”(见《云麓漫钞》卷十四)。其实，吕氏此图乃一时戏作，随意排列，并未对优劣高低详加考虑来序列先后。却不料名单一出，竟引起了一些人的误会，所以他不免如扬雄之悔其少作。

吕本中悔其少作的另一内在原因，是他对诗派的观点发生了变化。南渡以后，他已不满于少年时代雕章琢句的旧习，逐步认识到诗派中人一味地模仿黄诗已出现了某些流弊，于是开始倡导创新。绍兴元年(1131)，他写信给曾几说：“《楚辞》，杜、黄，固法度所在，然不若遍考精核，悉为吾用，则姿态横出，不窘一律矣。”“此事须令有所悟入，则自然越度诸子。悟入之理，正在功夫勤惰间耳。”“近世江西之学者，虽左规右矩，不遗余力，而往往不知出此，故百尺竿头，不能更进一步，亦失山谷之旨也。”(见胡仔《苕溪渔隐丛话》前集卷四十九所载《吕居仁与曾吉甫论诗》第一帖和第二帖)这说明他的思想认识已随着时代的变化而有所发展。他看出了许多追随黄庭坚的诗人束缚于旧规而不能自立。为了纠偏除弊，他要求诗人们悟入，在一定的规矩法度内自行变化，在形式和内容两方面有所创新。在绍兴三年(1133)写的《夏均父集序》中，他更进一步提出了著名的活法说：

学诗当识活法。所谓活法者，规矩备具，而能出于规矩之外；变化不测，而亦不背于规矩也。是道也，盖有定法而无定法，无定法而有定法。知是者，则可以与语活法矣。谢玄晖有言："好诗流转圆美如弹丸。"（见《南史·王筠传》）此真活法也。（引自刘克庄《江西诗派·吕紫微》，按唐开元元年曾改中书省为紫微省，中书舍人为紫微舍人。吕曾官中书舍人，故此称之为吕紫微。）

可见吕本中对于诗歌艺术是有自己的独特见解的。他所提倡的句律流转圆美的活法，与黄、陈的瘦硬或朴拙的诗风显然不能完全一致。他一方面学习黄、陈，一方面力图摆脱他们，因此在他笔下出现了一种与黄、陈和而不同的新风格，例如《柳州开元寺夏雨》：

风雨翛翛似晚秋，鸦归门掩伴僧幽。云深不见千岩秀，水涨初闻万壑流。钟唤梦回空怅望，人传书至竟沉浮。面如田字非吾相，莫羡班超封列侯。

方回在《瀛奎律髓》卷十七中选录了这首诗，并有评语说："居仁在江西派中最为流动而不滞者，故其诗多活。"再如《春晚郊居》：

柳外楼高绿半遮，伤心春色在天涯。低迷帘幕家家雨，淡荡园林处处花。檐影已飞新社燕，水痕初没去年沙。地偏长者无车辙，扫地从教草径斜。

语言清丽，音节和婉，亦与黄、陈有别。

值得指出的是，吕本中还创作了一些伤时感乱和主张抗战的爱国诗篇，如《城中纪事》和《怀京师》等。在《兵乱寓小巷中作》一诗中，他对饱经战祸的灾民表示了深切的同情：

城北杀人声彻天，城南放火夜烧船。江湖梦断不得往，问君此住何因缘？窜身穷巷米如玉，翁寻湿薪媪炊粥。明日开门雪到檐，隔墙更听邻家哭。

在《兵乱后杂诗五首》中,他一方面愤怒地把进犯者比作豺狼,一方面痛斥了那些祸国殃民的投降派:"万事多返复,萧兰不辨真;汝为误国贼,我作破家人。"他号召"同盟起义师","早晚复神京"。这些例子可以证明,他在创作实践中悟入活法从而矫正了瘦硬艰涩风格的同时,也在某种程度上矫正了以这种风格写成的作品脱离现实的弊病。与他同龄的曾几曾经向他请教句律诗法,陆游也自称:"某自童子时读公诗文,愿学焉。"(《〈东莱先生诗集〉后序》)曾几甚至对陆游说:"君之诗,渊源殆自吕紫微。"(陆游《〈吕居仁诗集〉序》载曾语)可见他在南宋初诗坛上的影响是不小的。方回《瀛奎律髓》卷二十四云:"老杜之后有黄、陈,又有简斋,又其次则吕居仁之活动,曾吉甫之清峭,凡五人焉。"吕本中创作的成就当然比不上一祖三宗,但他确实是江西诗派发展过程中的一个关键性的人物。

江西诗派的后起之秀陈与义　吕本中在崇宁初作《江西诗社宗派图》时,陈与义还只有十三岁光景,所以诗派未列其名。他年辈稍晚,与江西诗派前期的诗人没有师承关系,但服膺黄、陈,在诗歌创作上明显地接受这两位前辈的影响①。所以方回把他归入江西诗派是有其客观的依据的。如果陈与义不遇到靖康之变的话,他在诗歌创作上很可能是继续走黄、陈的老路。然而,战乱的灾难促使他走出了平静的书斋。南渡以后,他写出了许多爱国主义作品,无论在思想内容还是艺术手法上,他都对黄、陈的诗风有重大突破。《四库全书总目》卷一百五十六《简斋集》提要说:"其诗虽源出豫章,而天分绝高,工于变化,风格遒上,思力沉挚,能卓然自辟蹊径。"大体上说来,陈与义一方面是黄庭坚、陈师道诗风的继承者,另一方面又是其修正者和改革者。在字斟句酌,刻意求工,企图在自己的作品中排斥凡近庸俗的境界这些方面,他所受黄,陈的影响是很明显的。然而,他认识到"天下书虽不可不读,然慎不可有意于用事"(见《却

① 陈与义对黄、陈的评价很高,曾称赞"山谷措意也深",见晦斋《〈简斋诗集〉引》,载《简斋诗外集》卷首;又说,陈师道的诗"不可不读",见徐度《却扫编》卷中。

扫编》卷中)，所以他没有某些人过多地搬用成语典故来妆点门面的旧习气。很明显，他是江西诗派的后起之秀，是南渡之初最有成就的诗人。

陈与义(1090—1138)，字去非，号简斋，洛阳人。宣和五年(1123)任太学博士，因所作水墨梅诗得到徽宗的赏识，被召为秘书省著作佐郎，与张元干、吕本中等人交游。后来在符宝郎任内受到荐主王黼的牵累，谪监陈留酒税。在金兵大举进犯时，他自陈留避难南奔，流徙于今湖北、湖南、广西、广东、福建、浙江境内。建炎四年(1130)冬，当他在广西的时候，恰巧与避乱到贺州的吕本中相遇，有诗唱和。绍兴元年(1131)夏，他结束了五年多的流亡生活，抵达临安，重新担任了政府官职，由兵部员外郎、中书舍人、吏部侍郎一直升到参知政事的高位，但因早衰多病而辞职，绍兴八年冬去世，年仅四十九岁。

陈与义的诗可大致以靖康之变为界分前后两期。他前期的创作内容跟黄庭坚、陈师道等人差不多，不外是抒写个人怀抱，题咏周遭景物，虽然在艺术上不时有所创新，但还缺乏深刻的思想内涵。靖康乱起，诗人的生活和思想意识都发生了激变。这是他一生中的重大转折点，也是他在诗歌创作上的分水岭。所以楼钥《〈简斋诗笺〉叙》说："参政简斋陈公，少在洛下，已称诗俊。南渡以后，身履百罹，而诗益高，遂以名天下。"《后村诗话前集》卷三也指出，他"建炎以后，避地湖峤，行路万里，诗益清壮"。国破家亡的危机，迫使他从个人的小书斋里跑出来，接触到了广阔的、丰富的社会生活，扩大了视野，受到了激发，他终于唱出了爱国主义的战歌：

> 中兴天子要人才，要使生擒颉利来。正待吾徒红抹额，不须辛苦学颜回。
>
> ——《题继祖蟠室》三首之三

> 百尺阑干横海立，一生襟抱与山开；岸边天影随潮入，楼上春容带雨来。慷慨赋诗还自恨，徘徊舒啸却生哀。灭胡猛士今安在，非复当年单父台！
>
> ——《雨中再赋海山楼诗》

本来，黄庭坚、陈师道都以学杜相号召，但他们主要着眼于学习杜甫的艺术技巧。陈与义却经历了与杜甫相似的时代，山河破碎的形势和颠沛流离的遭遇，使他对杜诗的思想性的认识远较其前辈为深刻。他认为："要必识苏、黄之所不为，然后可涉老杜之涯矣。"（晦斋《〈简斋诗集〉引》）他勇于在苏、黄学杜的范围以外自辟蹊径，而重视继承杜诗的现实主义传统。从此以后，爱国主义的主题在陈与义的诗中占了主导地位。这些作品感时抚事，慷慨激越，寄托遥深，给宋诗增添了光辉的篇章。如《伤春》：

庙堂无策可平戎，坐使甘泉照夕烽。初怪上都闻战马，岂知穷海看飞龙！孤臣霜发三千丈，每岁烟花一万重。稍喜长沙向延阁，疲兵敢犯犬羊锋。

建炎三年（1129）十二月，金兵过江陷常州、临安，高宗自明州航海避兵；次年二月，金兵又攻长沙，帅臣向子𬤇曾率军民坚决阻击。这是本诗所反映的史实。诗中对高宗的逃跑政策进行了尖锐的讽刺，对国家的前途表示万分忧虑，并对敢于抗金的爱国将士给予了高度的赞颂。首联平叙，次联动荡，三联方叹烟花之无知，而尾联又赞疲兵之敢战。抑扬顿挫，章法变化；亦忧亦喜，情意深切。此诗在艺术技巧上明显地有学杜的痕迹，如"每岁烟花一万重"是借用杜诗《伤春》"烟花一万重"，尾联则在句法上仿效杜诗《诸将》"稍喜临边王相国，肯销金甲事春农"。此外，用拗体七绝来记叙时事或表示政见，是杜甫的特长，而陈与义也成功地继承了这种方式，如《邓州西轩书事》十首之五、六：

皇家卜年过周历，变故未必非天仁。东南鬼火成何事？终待胡锋作争臣。

杨刘相倾建中乱，不待白首今同归。只今将相须廉蔺，五月并门未解围。

乱离生活给陈与义的创作所带来的变化，不仅出现了前所未有的新的题材和新的内容，而且体现在使那些与前期作品题材相同的诗也发生了质的变化，如下列他写于丧乱之后的题画诗和咏物诗：

分明楼阁是龙门，亦有溪流曲抱村。万里家山无路入，十年心事与谁论！

——《题画》

一自胡尘入汉关，十年伊洛路漫漫。青墩溪畔龙钟客，独立东风看牡丹。

——《牡丹》

第一首写因看画而生乡思，第二首由赏花而感时局。这在他的前期作品中都是难以找到的。

伴随着爱国精神的发扬，陈与义在艺术上也有重大的发展。他的诗歌风格已从黄庭坚的奇巧和陈师道的朴拙而发展为雄浑沉郁。刘克庄曾指出其诗风转变的过程是“以简洁扫繁缛，以雄浑代尖巧”（《后村诗话前集》卷二），方回也说：“简斋诗气势浑雄，规模广大。”（《瀛奎律髓》卷二十四）

洞庭之东江水西，帘旌不动夕阳迟。登临吴蜀横分地，徙倚湖山欲暮时。万里来游还望远，三年多难更凭危。白头吊古风霜里，老木沧波无限悲。

——《登岳阳楼》二首之一

三分书里识巴丘，临老避胡初一游。晚木声酣洞庭野，晴天影抱岳阳楼。四年风露侵游子，十月江湖吐乱洲。未必上流须鲁肃，腐儒空白九分头。

——《巴丘书事》

在这些诗中，有诗人个人的身世之感，但占主导地位的则是对国家的关切之情，两者紧密地结合在一起，便形成了一种特有的悲壮慷慨情调。这一类诗篇，正是被《后村诗话》称为“造次不忘忧爱”的作品。它们成功地描绘了诗人国难当头时的抑郁而复杂的心情，塑造了诗人忧国爱民的自我形象。这使我们很自然地联想起杜甫在安史之乱以后所写的某些作品，壮阔的江山，著名的历史事件和历史人物，在这些诗篇里都为诗人忧深思远的爱国精神所摄取，所渗透，而熔铸成为富于奇情壮采的篇章。此时，陈与义已经不是江西派所能范围，而他对杜甫的学习，也已明显地超过其前辈而自成面目了。所以葛胜仲说他：“晚年赋咏尤工，搢绅士庶争传诵，而旗亭传舍摘句题写殆遍，号称新体。”（见《陈去非诗集序》，载《丹阳集》卷八）《沧浪诗话》也指出他“亦江西之派而小异”。这所谓新体和小异，实质上就是指突破黄、陈藩篱而自出机杼的创新。

江西派的诗人尤长于七律，陈与义也是如此。方回曾把他和杜甫、黄庭坚、陈师道、吕本中、曾几合称为擅长七律的六公①。陈与义的七律在技巧上有其显著的特色，那就是对仗非常灵活，已不完全注重字面的工稳精巧，而更着重于上下句之间的内在联系。如《怀天经智老因访之》的次联：“客子光阴诗卷里，杏花消息雨声中。”这是历来传诵的名句，但除了里与中二字外，其余的字都不是的对，以客子对杏花，以雨声对诗卷，是我与物、情与景的对仗，上句写客中无聊，唯有吟诗送日，下句也写了一个清冷的境界来衬托，这就摆脱过去诗人所追求的表面上的工整，而使全首的诗情画意更加交融圆转了。他的七律大都采用宽对法，有时用流水对：“如何南纪持竿手，却把西州破贼旗。”（《次韵谢周尹潜见赠》）有时用当句对：“暮霭朝曦一生了，高天厚地两峰闲。”（《小玉山》）这种对句的流动灵活，正是他的七律艺术特色的重要标识。

陈与义除了祖杜宗黄以外，在模写山水景物和表现闲适生活时，也曾受到前代诗人陶渊明、韦应物、柳宗元等辈的影响，其表侄张嵲在《陈公资

① 《瀛奎律髓》卷一陈与义《与大光同登封州小阁》评语云：“七言律，他人皆不敢望此六公矣。”

政墓志铭》中就曾指出："公尤邃于诗，体物寓兴，清邃超特，纡余闳肆，高举横厉，上下陶、谢、韦、柳之间。"由于生活经历的变化，其作品的内容和风格也相应地表现了差异。爱国主义的作品主要体现了雄浑沉郁的风格，而一部分以山水田园和闲适生活为题材的诗歌则体现了清远平淡的风格。如《夏日集葆真池上，以"绿阴生昼静"赋诗，得静字》：

> 清池不受暑，幽讨起予病。长安车辙边，有此荷万柄。是身唯可懒，共寄无尽兴。鱼游水底凉，鸟语林间静。谈余日亭午，树影一时正。清风不负客，意重百金赠。聊将两鬓蓬，起照千丈镜。微波喜摇人，小立待其定。梁王今何许？柳色几衰盛。人生行乐耳，诗律已其剩。邂逅一尊酒，他年《五君咏》。重期踏月来，夜半啸烟艇。

这是他前期作品的名篇，陈衍《宋诗精华录》卷三评之云："宋人罕学韦、柳者，有之，以简斋为最。"这种由韦、柳来的诗风，在他前后期作品中都有所体现：

> 自读西湖处士诗，年年临水看幽姿；晴窗画出横斜影，绝胜前村夜雪时。
>
> ——《和张规臣水墨梅五绝》之五

> 沙岸残春雨，茅檐古镇官。一时花带泪，万里客凭阑。日晚蔷薇重，楼高燕子寒。惜无陶谢手，尽力破忧端。
>
> ——《雨》

> 虽愧荷锄叟，朝来亦不闲。自剪墙角树，尽纳溪西山。经行天下半，送老此窗间。日暮烟生岭，离离飞鸟还。
>
> ——《山斋》二首之二

咏梅一绝，遗貌取神，真实地写出了梅花的高洁风神。咏雨一律，以淡远的风格曲折地传出了羁臣的心境。而《山斋》一首，造境遣词都与陶诗相近。这第一、二首是前期作品，而第三首则是后期作品，正显示了陈诗所具有的风格多样性的特点。

陈与义不以词名，但在他所写的为数不多的词中，却有非常精采的作品：

> 张帆欲去仍搔首，更醉君家酒。吟诗日日待春风，及至桃花开后却匆匆。　　歌声频为行人咽，记著尊前雪。明朝酒醒大江流，满载一船离恨向衡州。
>
> ——《虞美人·大光祖席醉中赋长短句》

> 高咏楚辞酬午日，天涯节序匆匆。榴花不似舞裙红。无人知此意，歌罢满帘风。　　万事一身伤老矣！戎葵凝笑墙东。酒杯深浅去年同。试浇桥下水，今夕到湘中。
>
> ——《临江仙》

> 忆昔午桥桥上饮，坐中多是豪英。长沟流月去无声。杏花疏影里，吹笛到天明。　　二十余年如一梦，此身虽在堪惊。闲登小阁看新晴。古今多少事，渔唱起三更。
>
> ——《临江仙·夜登小阁忆洛中旧游》

这都是诗人在汴京板荡以后，湖南流落之余的作品，抚今追昔，感慨横生。陈与义写国破以后天涯沦落的感受虽很真切，但并无颓废失望的情绪。这种生活态度和创作作风，显然与苏轼接近。故《四库全书总目》卷一百九十八《无住词》提要对陈与义词的评价很高，除了引黄昇《花庵词选》语称其语意超绝"可摩坡仙之垒"以外，又说："吐言天拔，不作柳亸莺娇之态，亦无蔬笋之气，殆于首首可传。"

陈与义生前没有编过文集，他去世后，其家藏诗稿由门生周葵编成《陈去非诗集》，但已失传。后来通行的《增广笺注简斋诗集》三十卷附《无住词》一卷，是南宋胡穉笺注本。另有宋末刘辰翁《须溪先生评点简斋诗集》十五卷及元人写本《简斋诗外集》一卷。中华书局一九八二年出版的《陈与义集》，就是以这些版本为基础整理而成的，计赋三篇，杂文四篇，古今体诗六百二十六首，词十八首。

承先启后的曾几 曾几(1084—1166)，字吉甫，江西赣州人，徙居河南府河南县。早年得到舅祖孔平仲的指教。徽宗时，由太学博士升任秘书省校书郎，与徐俯、吕本中等人交游。高宗时，历任广南西路转运司、江南西路提点刑狱。绍兴八年(1138)，因与兄礼部侍郎曾开反对秦桧议和，同时罢官。曾几寓居上饶茶山寺七年，自号茶山居士。秦桧死后，复为浙东提刑，迁秘书少监、敷文阁待制。陆游《跋曾文清公(文清，曾几谥号)奏议稿》云："绍兴末，贼亮入塞时，茶山先生居会稽禹迹精舍。某自敕局罢归，略无三日不进见，见必闻忧国之言。先生时年过七十，聚族百口，未尝以为忧，忧国而已。"足见他是一个坚定的爱国者，而且还曾以爱国思想不倦地教育陆游。在《雪中，陆务观数来问讯，用其韵奉赠》一诗中，诗人写道：

> 江湖迥不见飞禽，陆子殷勤有使临。问我居家谁暖眼？为言忧国只寒心！官军渡口战复战，贼垒淮壖深又深。坐看天威扫除了，一壶相贺小丛林(原注："务观所结庐号小丛林")。

这首诗一方面抒发了忧国的情怀，一方面又表现了对抗金斗争必胜的信心，是和其同时代人吕本中、陈与义、陆游等人的这类作品息息相通的。又《寓居吴兴》云：

> 相对真成泣楚囚，遂无末策到神州。但知绕树如飞鹊，不解营巢似拙鸠。江北江南犹断绝，秋风秋雨敢淹留？低回又作荆州梦，落日孤云始欲愁。

此诗主题正同陈与义《伤春》。首联写南渡的臣子们虽然未忘中原，但却没有恢复之志；颔联表面上是写自己飘泊不定的生涯，暗中则是讽刺高宗的逃跑主义，跟陈诗的名句“初怪上都闻战马，岂知穷海看飞龙”用意亦近，不过更为含蓄；后半两联则写了自己对山河破碎、风雨飘摇的局势的忧虑，虽然情调低沉了些，但却非常感人。

曾几卒于乾道二年(1166)，终年八十三岁。《直斋书录解题》卷二十著录《曾文清集》十五卷，惜已失传。现存《茶山集》八卷，是清代乾隆时四库馆臣从《永乐大典》中辑出的，收诗五百六十一首。今人栾贵明《四库辑本别集拾遗》又辑得其佚诗九首，共五百七十首。

曾几以江西诸老的继承者自居。“老杜诗家初祖，涪翁句法曹溪，尚论渊源师友，他日派到江西。”(见《李商叟秀才求斋名于王元渤，以“养源”名之，求诗》三首之二)这四句诗虽然是他题别人书斋的，实际上却是夫子自道。因此，他对杜甫和黄、陈备极推崇，在《东轩小室即事》中，他说：“工部百世祖，涪翁一灯传。”在《次陈少卿见赠韵》中，又说：“华宗有后山，句律严七五；豫章乃其师，工部以为祖。”另外，他与江西派前期作家韩驹也有师承关系，他在《挽韩子苍待制》诗中说：“忽惊地下修文去，太息门边问字谁?”俨然以韩驹弟子自命。魏庆之《诗人玉屑》卷十九云：“陆放翁诗，本于茶山”，“然茶山之学，亦出于韩子苍，三家句律大概相似”。很清楚地指明了这种渊源关系。

曾几与吕本中是同龄好友，在广西时，他曾经向吕氏请教诗法。乾道二年(1166)，八十三岁的曾几在《〈东莱先生诗集〉后序》中回忆说：“窃自伏念与公皆生于元丰甲子(1084，七年)，又相与有连，雅相好也。绍兴辛亥(1131，元年)，几避地柳州，公在桂林。是时年皆未五十，公之诗固已独步海内，几亦妄意学作诗。公一日寄近诗来，几次其韵，因作书请问句律。公察我至诚，教我甚至。”又在《读吕居仁旧诗，有怀其人，作诗寄之》说：“学诗如参禅，慎勿参死句。”“居仁说活法，大意欲人悟。”“其圆如金弹，所向若脱兔；风吹春空云，顷刻多态度。”可见吕本中给曾几指点的诗法，就是“流转圆美如弹丸”的活法。曾几在这个基础上进一步发展，从而形成了自己的清新活泼的诗风：

一夕骄阳转作霖，梦回凉冷润衣襟。不愁屋漏床床湿，且喜溪流岸岸深。千里稻花应秀色，五更桐叶最佳音。无田似我犹欣舞，何况田间望岁心！

——《苏、秀道中自七月二十五日夜大雨三日，秋苗以苏，喜而有作》

年年岁岁望中秋，岁岁年年雾雨愁。凉月风光三夜好，老夫怀抱一生休。明时谅费银河洗，缺处应须玉斧修。京洛胡尘满人眼，不知能似浙江否？

——《癸未八月十四日至十六夜，月色皆佳》

这两首诗蕴含的情绪是有区别的，前者愉悦而后者低沉，但它们在艺术上却有共同的特点：即于文字明快、风韵流美之外，清而能腴，圆而不滑，读来毫不费力，细味却有情致。曾几的这一类诗实际上已脱去黄、陈风格，而树立了自己的特点了。赵庚夫在《读曾文清公集》诗中评论说："新如月出初三夜，淡比汤煎第一泉。"（《江湖后集》卷八）这形象地说明了曾几诗风清新而又活泼的艺术特色。

曾几在后期江西派中占有重要的地位，南宋的大诗人陆游和杨万里都受到他的影响，萧德藻"亦师茶山"（见《贵耳集》卷上）。而且曾几的诗法还直接传给了宁宗时的上饶二泉。二泉都是信州上饶人，都推崇吕本中和曾几。赵蕃（1143—1229）号章泉，现存《乾道稿》一卷、《淳熙稿》二十卷，《章泉稿》五卷。韩淲（1160—1224）号涧泉，现存《涧泉集》二十卷。谢枋得曾经论述他俩的师承关系说："诗有江西派，而文清昌之，传至章泉、涧泉二先生，诗与道俱隆。"（见谢枋得《萧冰涯诗卷跋》）方回也说："曾茶山得吕紫微诗法，传至嘉定中赵章泉、韩涧泉，正脉不绝。"（见方回《次韵赠上饶郑圣予沂序》，《桐江续集》卷十五）可见二泉是当时所公认的江西诗派的继承者。

吕本中、陈与义和曾几都是江西派诗风转变的关键人物。吕本中是最早提出活法说的，在创作中形成新风格也比曾几为早，但曾几后来居上，在艺术上取得了比吕本中更高的成就。陈与义的一些鼓吹爱国思想、反对民族侵略的作品虽比曾几出色，但他去世太早，不能像曾几那样，下接陆游和二泉。正因为如此，曾几对南宋诗坛的影响也更大一些。他是一位承先启后，影响较大的诗人。

第七章　爱国诗人陆游及其并世名家

随着南渡以后江西派诗风的转变，在反映抗金斗争现实的创作巨流中，南宋前期的诗苑中终于绽开了灿烂绚丽的花朵，出现了陆游等中兴四大诗人。他们都能冲决江西诗派的樊篱，开辟新的途径。姜夔《〈白石道人诗集〉自序》引尤袤的话说："近世人士喜宗江西，温润有如范致能者乎？痛快有如杨廷秀者乎？高古如萧东夫，俊逸如陆务观，是皆自出机轴，亶有可观者，又奚以江西为？"可见当时的有识之士已经体味到范、杨、萧、陆诸家的作品各具独创精神，均能自成体格，自开生面。后来，方回《跋遂初尤先生尚书诗》也指出："宋中兴以来，言治必曰乾、淳，言诗必曰尤、杨、范、陆。其先或曰尤、萧，然千岩（萧德藻）早世不显，诗刻留湘中，传者少，尤、杨、范、陆特擅名天下。"（见《桐江集》卷三）其《送罗寿可诗序》又说："乾、淳以来，尤、范、杨、陆、萧其尤也。"（见《桐江续集》卷三十二）因此，史家遂称尤、杨、范、陆，或范、杨、萧、陆为中兴四大诗人，或以尤、范、杨、陆、萧为五大家。但其中尤、萧二人留存下来的作品很少，难以深论。陆游、杨万里、范成大三家，则显然在诗风的变革中作出了卓越的贡献，特别是陆游的成就最为杰出，不愧为南宋诗坛的盟主。

我们注意到中兴诸家都曾和江西诗派有过密切的关系，但这只能说明江西派在当时是仍有影响和势力的，却并不能据此就把他们说成是派中人。相反地，正是由于逐步摆脱了江西诗派的束缚，他们才在其作品中呈现出各自的和时代的独特面貌。

第一节　陆游的生活经历和创作道路

时代的见证人　南宋时代最杰出的诗人陆游及其创作，是从爱国主义的肥沃土壤中生长出来，而又反过来以其业绩使得这一广大的精神生活土壤变得更加肥沃的。活了八十五岁的陆游，生于靖康事变的前两年，而死于蒙古族已经在北方代女真族而兴起的时代。他亲身经历了南宋帝国前半期，并且以其诗歌如实地反映了这个时代。他，是这个时代一位忠实的见证人。

陆游（1125—1210），字务观，号放翁，越州山阴（今浙江绍兴市）人①。他的祖父陆佃是王安石的学生、新政的赞助者，父亲陆宰是一位学者和藏书家。当绍兴初年陆游还是一个孩子的时候，他已经从自己的父亲和父亲的朋友那里接受了爱国主义教育，这些长辈“相与言及国事，或裂眦嚼齿，或流涕痛哭，人人自期以杀身翊戴王室”。（《跋傅给事帖》）这对少年陆游的思想影响非常深刻，使他从小就立下了“上马击狂胡，下马草军书”（《观〈大散关图〉有感》）的雄心大志。同时，在这个有教养的家庭中成长起来的他，又从小就表现了对文学的热爱，在十三四岁的时候，他“偶见藤床上有渊明诗，因取读之，欣然会心。日且暮，家人呼食，读诗方乐，至夜，卒不就食”（《跋渊明集》）。这些，对于他后来成为一个伟大的爱国诗人所起的良好的熏陶作用，是十分清楚的。

绍兴二十三年（1153），陆游二十九岁时到临安参加进士考试，名列第一，但因秦桧的孙子秦埙只考到第二，于是遭到秦桧的忌恨，在次年礼部复试时，被黜落第。直到秦桧死后第三年（绍兴二十八年），他才得到起用，出任福州宁德县主簿，不久又调回朝廷，历任敕令所删定官、大理寺司直、枢密院编修官。孝宗即位，主战派稍受重视，陆游被皇帝召见，赐进士

---

①　据《山阴梅湖陆氏宗谱》、《会稽陆氏族谱》和《嘉泰会稽志》等书记载，陆游祖先的故居在山阴县鲁墟，但其父陆宰已迁居于会稽县东城内斜川桥之中山坊，而在城内镜湖有别墅名为小隐山园。按：绍兴从南朝以来析为两县，西部为山阴县，东部为会稽县。

出身。他乘机提出了许多抗敌复国的军事策略和政治措施，但由于张浚北伐失利，统治集团又走上了屈膝求和的老路，隆兴和议之后不久，他被诬"交结台谏，鼓唱是非，力说张浚用兵"（《宋史》本传）而罢官回到故乡，闲居了四年多时间。

乾道六年（1170），陆游四十六岁，出任夔州通判。入蜀的壮游，对于这位已经成熟的诗人来说，实在是赏心乐事。他沿着长江西上，经过今江苏、安徽、江西、湖北、湖南，穿过三峡到了四川。一路上饱览了雄丽的山川景色，凭吊了屈原、李白、杜甫等诗人的遗迹，考察了各地的风俗民情，真是"道路半年行不到，江山万里看无穷"（《水亭有怀》）。他把这次旅途的见闻写成《入蜀记》六卷，记古迹，叙风俗，有关政事的兴废和个人的感慨，也都笔之于书，是一部很有价值的著作。

乾道八年二月，王炎出任四川宣抚使，聘请他为干办公事。王炎宣抚的部队，是抗金名将张浚及其部下吴玠、吴璘所训练出来的，以忠勇善战著名。这年三月，陆游到达南郑前线。从此，他的生活开辟了一个崭新的天地。他置身忠勇的官兵中间，感受到了广大军民对国家的无比忠诚，激发了他的壮心奇志，也丰富了他的创作内容。

陆游在南郑不到一年，朝廷把王炎调离川陕，他自己也被调任成都府路安抚司参议官，先后到蜀州、嘉州、荣州代理地方官的职务。淳熙二年（1175），范成大任成都府路安抚使兼四川制置使，请陆游担任参议官。他们原是文字之交，这次在成都聚会，主宾唱酬，甚为欢快。他因不拘礼法，被同僚讥为颓放，就索性从此自号放翁。

淳熙五年陆游奉诏回朝，出川东归。这时，他已经五十四岁了。在其后的十多年中，他在福建、江西和浙江等地担任着不能舒展自己抱负的地方官。孝宗传位于光宗时，陆游被任为朝议大夫、礼部郎中兼实录院检讨官。由于他一贯坚持抗金复地的主张，并不断地把它表现在诗歌创作里，因此再度为当局者所黜。

从绍熙元年（1190）陆游六十六岁以后，直到嘉定二年（1210）十二月去世的二十年之间，诗人在故乡贫困而又宁静的生活中度过了他的晚年。这时，他与普通人民有了更多更广泛的接触。因而写出了大量的反映农民生活和描绘农村风光的诗篇。

人民和一切爱国者力图抗金,恢复中原,而统治阶级当权派却苟且偷安,扼杀了爱国者神圣的意愿,终于使得不仅中原的恢复成为不可能,就是江南偏安的局面也难以保持,这就是陆游所生活着的时代的基本局势。陆游的诗歌正是充分地反映了这种局势的。同时,他还以其诗歌作为武器,始终如一地为扭转和改变这种局势而斗争,至死不渝。在著名的临终绝笔《示儿》一诗中,陆游写道:

死去元知万事空,但悲不见九州同!王师北定中原日,家祭无忘告乃翁。

这正是陆游个人的,也是当时全体人民的庄严的誓言。诗人这些洋溢着爱国主义的深厚感情的创作,在其后中国人民的抗敌斗争中,发挥了巨大的持久的战斗作用。

创作道路和诗学渊源 陆游是一个豪放不羁、富有热情的人。他这种性格和当时朝廷上的政治风尚是相互抵触的。因此,他虽然生活在这样一个时代里,又享有高寿,但其才能在政治上始终没有得到充分的发挥,反而一再受到排挤和打击。而在创作中,他受到抑压的爱国主义激情却通过多种角度得到了充分的表现。

经历了一个漫长的创作道路,篇章异常丰富的陆游,其作品风格前后是有所不同的。概括起来,可分三期:早年以藻绘为工,颇重技巧;中年入蜀以后,开拓诗境,务求博大宏肆;晚年退隐家居,风格转趋平淡。

陆游学诗,和当时多数人一样,是从江西派入手的。他童年时代喜读吕本中的诗,私淑吕氏,从十八岁开始,又师事曾几,但其富于浪漫情趣的性格却使他只能为江西派的清新而不能为其瘦硬,只能为江西派的绚烂而不能为其生涩。他终于以明朗瑰丽的语言、悲壮磊落的情调,发为激越豪迈的声音,而将自己和江西诸公区别开来,自成一家。正如他在《示子遹》诗中所说的:“我初学诗日,但欲工藻绘,中年始稍悟,渐欲窥宏大。”这说明了他从江西入而不从江西出的变化过程。特别是入蜀以后的壮游和南郑的军旅生活，更助长了诗人在这一方面的发展，这是他变革诗风的关键时期，其名作《九月一日夜读诗稿有感，走笔作歌》曾表述了此种体会：

> 我昔学诗未有得，残余未免从人乞。力孱气馁心自知，妄取虚名有惭色。四十从戎驻南郑，酣宴军中夜连日。打球筑场一千步，阅马列厩三万匹；华灯纵博声满楼，宝钗艳舞光照席；琵琶弦急冰雹乱，羯鼓手匀风雨疾。诗家三昧忽见前，屈贾在眼原历历。天机云锦用在我，剪裁妙处非刀尺。世间才杰固不乏，秋毫未合天地隔，放翁老死何足论，《广陵散》绝还堪惜。

诗中深刻地全面地指出：学诗与实际生活的体验密切相关，也与其他艺术相通；没有生活，诗就没有了内容，而不从其他艺术得到借鉴，也会使技巧受到限制。从诗人这种对于自己所达到的创作意境的精确总结中，我们可以窥见他中期作品成就的一斑。

从十八岁到四十六岁是陆游跟江西派由合而离的创作前期。从四十六岁到六十六岁之间是中期，他入蜀之行接触了奇丽的山水，从军后又亲历了战斗生涯，从此便完全跨越了江西派的藩篱。这一时期的作品，所具有的忠爱激情与豪迈气概显得特别突出，技巧也日臻成熟。至于他创作道路的晚期则可从六十六岁算起，直到其生命的结束。这一时期的作品虽然仍在一定程度上保持其中期的豪壮风格，但退居生活的各个方面却成了他最习见的诗题，再加他这时所受佛道思想的影响，风格日益趋于闲适淡泊。对于陆游来说，这正是“志士仁人，抱恨入地”（《跋傅给事帖》）的悲愤的另外一种表现方式。郑燮论及陆游诗多题少的缘故，认为这是由于“南宋时君父幽囚，栖身杭、越，其辱与危亦至矣。讲理学者，推极于毫厘分寸，而卒无救时济变之才。在朝诸大臣，皆流连诗酒，沉溺湖山，不顾国之大计。是尚得为有人乎？是尚可辱吾诗歌而劳吾赠答乎？直以《山居》、《村居》、《夏日》、《秋日》了却诗债而已。”（见郑燮《范县署中寄舍弟墨第五书》，载《郑板桥全集》）这是一个有见解的论点，用之于说明陆游被迫退居的最后二十年的创作，尤为适合。

陆游是我国文学史上继屈原、杜甫之后最为杰出的爱国诗人，也是作品数量最为丰富的诗人。陆游创作的基本倾向是现实主义的，但其气魄雄浑，热情洋溢，又富有浪漫主义的色彩，他的成就在很多方面得力于学习古典诗歌的优良传统，他从小就爱读前贤作品，对屈原、陶渊明、王维、李白、杜甫、岑参等尤其推崇。他所以推崇这几位诗人，是和他的思想与创作有着深刻的内在联系的。屈、杜忧国忧民的精神品质，直接给他以丰富的思想营养；陶渊明和王维的高洁恬静，又和他不慕荣利的性格与隐居自适的生活有精神上的契合；而岑参在边塞诗中所表现的那种雄伟壮阔的气概，对他的从军南郑的生活在很多方面精神相通；至于李白独往独来，鄙视流俗的生活态度与天马行空，变化莫测的创造能力，则不仅和他在思想上发生共鸣，而且也在艺术上给他带来极大的启发。陆诗的浪漫气息，是和李白近似的。

陆游对于同时代的诗人也很重视。他称赞梅尧臣、苏轼和黄庭坚的成就，并继承了梅尧臣同情人民的生活疾苦、感慨时事的创作传统；也接受了吕本中、陈与义和曾几的影响，进而发扬光大，取得了更高的成就。曾几是他的业师，他三十七岁那年，曾几正好寓居会稽，“略无三日不进见，见必闻忧国之言”（《跋曾文清公奏议稿》）。除了受到爱国思想的教育外，又从曾几得到诗法。其《追忆曾文清公呈赵教授，赵近尝示诗》云：

> 忆在茶山听说诗，亲从夜半得玄机。常忧老死无人付，不料穷荒见此奇。律令合时方帖妥，工夫深处却平夷。人间可恨知多少，不及同君叩老师！

所谓“律令合时方帖妥，工夫深处却平夷”，正是江西诗派从黄庭坚以来一脉相承的理论。他对陈师道的“学诗如学仙，时至骨自换”（《次韵答秦少章》）的说法也很信奉，曾说：“文能换骨余无法，学但穷源自不疑。”（《示儿》）对于吕本中提出而为曾几所接受的活法，他同样是推许的：“我得茶山一转语，文章切忌参死句。”（《赠应秀才》）这说明在艺术方法上他和江西诗派的渊源关系很深，但由于重视社会生活的实践，使他重新探索并走上了诗歌创新的道路。他在《示子遹》诗中说:"汝果欲学诗,工夫在诗外",所谓诗外工夫,主要是指体验广阔的生活,参加丰富的社会实践。在《题萧彦毓诗卷后》中,诗人又说:"法不孤生自古同,痴人乃欲镂虚空;君诗妙处吾能识,正在山程水驿中。"也是这个意思。另外,他还认为,有了"愤世疾邪之气",才能写出好诗来:"盖人之情,悲愤积于中而无言,始发为诗;不然,无诗矣。"(《澹斋居士诗序》)这气指的是个人的道德品质和精神状态。所以他又说:"诗岂易言哉!才得之天,而气者我之所自养。有才矣,气不足以御之,淫于富贵,移于贫贱,得不偿失,荣不盖愧。诗由此出,而欲追古人之逸驾,讵可得哉!"(《方德亨诗集序》)这进一步阐明了孟子"养吾浩然之气"的传统论点和德才兼备的重要性。这些诗论,是他从创作实践中总结出来的经验之谈,直到现在,仍然是有价值的。

第二节 陆诗的思想和艺术

陆游的创作,不仅质量很高,数量也非常丰富。他自己说过:"六十年间万首诗。"(《小饮梅花下作》)这在中外古今的诗史上都是少有的纪录。他在编集时删削了一些早年的习作,现传《剑南诗稿》八十五卷,尚存九千三百多首,《放翁词》一卷,存一百三十多首①。

陆游诗中的爱国主义精神 作为一个伟大的诗人,陆游对于当时时代的要求和人民的愿望,是有着深切的理解的。那是一个爱国精神高涨的时代。收复国土是人民群众最普遍和最迫切的愿望。这种愿望,也正是陆诗最重大的主题和题材。在诗人六十多年的创作生活中,对于国家命运的无限关怀,像一道不竭的流泉,从头到尾贯注在他的诗篇里。尽管从数量上来说,这类作品不是最多的;但从质量上来说,它们却是最高的。爱国主义给与了陆游以强大的力量,使之成为一个永垂不朽的伟大作家。

---

① 陆游另有《渭南文集》五十卷,末二卷也收了歌词。中华书局根据《剑南诗稿》、《渭南文集》和《放翁逸稿》整理合编,于 1976 年新出了校点本《陆游集》五册,并附《陆游佚著辑存》,较为完备。

陆游是从不同的角度来迫近爱国主义这个重大主题的。首先，他对抗金斗争作了正面的歌颂。在南渡初年的宋、金战争中，宋军曾打过几次大胜仗，如韩世忠黄天荡之捷、吴玠兄弟和尚原及仙人关之捷，对南宋政权都起了积极的巩固作用。那时，诗人还在童年，没有能将那些振奋人心的事迹写入诗篇。可是，当均州知府武钜在绍兴三十一年（1161）十二月初九日收复西京洛阳的消息传来后，三十七岁的陆游立刻就写出了如下的名篇：

白发将军亦壮哉，西京昨夜捷书来。胡儿敢作千年计，天意宁知一日回。列圣仁恩深雨露，中兴赦令疾风雷。悬知寒食朝陵使，驿路梨花处处开。

——《闻武均州报已复西京》

不可遏止的欢欣鼓舞使得这篇作品具有非常愉快的情调。它几乎可以和杜甫的《闻官军收河南河北》相比。特别值得注意的是，诗中不仅歌颂了目前的胜利，而且充满了对今后北伐取得更大胜利的信心。诗的末二句预祝朝陵使者将在次年寒食节梨花盛开的大好春光中到达洛阳，扫除陵寝。想像届时必有一番盛况。这种在现实生活的描绘中掺和着丰富而生动的想像的手法，正是陆游爱国诗篇的特征之一。

不幸的是，在此后的年代里，值得诗人正面歌颂的胜利却并不多见。因而往往只是一点传闻，也能够引起他的激动。如在六十岁的时候，他曾有《闻虏酋遁归漠北》诗。在六十一岁所写的《秋夜泊舟亭山下》诗中，则有“羽檄未闻传塞外，金椎先报击衙头”的句子，并自注道：“闻虏酋行帐为壮士所攻，几不免。虏语谓酋所在为衙头。”其实，这些消息都只是道路传闻，但他渴望胜利、渴望自己有机会歌颂胜利的迫切心情，却使得这些传闻也成了他创作的动力。

像神话中被巨灵的手掌劈开的两座山永远强烈地要求着复合在一起一样，在南宋政权下生活的人民和在女真统治下的人民，都为国家的胜利和统一而不懈地斗争着。但在金兵压迫下过着水深火热生活的沦陷区人民，却是更其痛苦的。他们对国家是那么忠诚，然而偏安的小朝廷却对他们漠然处之。陆游于是不得不代他们宣泄心声，尽情地颂扬着他们对于国家的深厚无比的情感：

> 三万里河东入海，五千仞岳上摩天。遗民泪尽胡尘里，南望王师又一年！
>
> ——《秋夜将晓，出篱门迎凉，有感》

> 公卿有党排宗泽，帷幄无人用岳飞。遗老不应知此恨，亦逢汉节解沾衣。
>
> ——《夜读范致能〈揽辔录〉，言中原父老见使者多挥涕，感其事，作绝句》

> 忆昨王师戍陇回，遗民日夜望行台。不论夹道壶浆满，洛笋河鲂次第来。(原注："在南郑时，关中将吏有献此二物者。")
>
> 关辅遗民意可伤，蜡封三寸绢书黄。亦知虏法如秦酷，列圣恩深不忍忘。(原注："关中将校密报事宜，皆以蜡书至宣司。")
>
> ——《追忆征西幕中旧事》四首之二

这些小诗非常真实地写出了沦陷区普通人民的感情。壮丽雄峻的祖国河山，本来就随时随地能够激发人们的爱国情怀，使人对之发生无条件的向往，何况还看到了北来的使节呢？这些生活在敌人铁蹄下的遗民，却还不知道那个苟且偷生的小朝廷是如何地倒行逆施，残害忠良，谄事敌寇，"竭民膏血而不恤，忘国大仇而不报"(胡铨《请诛王伦、秦桧、孙近疏》语)，如果知道了，更不知会陷于怎样的痛苦中呢。陆游在上述前两篇诗中所写的，是遗民的感情，更是自己的感情。因为他是生活在小朝廷所在的南中国，对于这些可悲的事实，比北中国的遗民知道得更多，因而更加伤痛。至于后面两首，则写出了另外一个历史真实，即许多人民虽然被迫屈身生活于沦陷区，可是他们十分盼望王师的到来，甚至冒着生命的危险，不断地提供敌方的军事情报，但赵宋王朝同样地辜负了他们。当诗人晚年想起这些情况的时候，不只是慨叹，而且是愤怒的。所以在这一组追忆西征绝句的第一篇中，诗人曾忿激地说："大散关头北望秦，自期谈笑扫胡尘，收身死向农桑社，何止明明两世人！"

有忠勇善战的将士，有成千上万心甘情愿为国献出生命的爱国者，为什么还不能使破碎的河山重归一统呢？陆游不能不指出：统治阶级应该负责！他在诗中严厉地谴责道：

和戎诏下十五年，将军不战空临边；朱门沉沉按歌舞，厩马肥死弓断弦！戍楼刁斗催落月，三十从军今白发。笛里谁知壮士心，沙头空照征人骨。中原干戈古亦闻，岂有逆胡传子孙？遗民忍死望恢复，几处今宵垂泪痕！

——《关山月》

客从城中来，相视惨不悦。引杯抚长剑，慨叹胡未灭。我亦为悲愤，共论到明发。向来酣斗时，人情愿少歇；及今数十秋，复谓须岁月。诸将尔何心，安坐望旄节？

——《客从城中来》

诸公可叹善谋身，误国当时岂一秦？不望夷吾出江左，新亭对泣亦无人。

——《追感往事》

《关山月》托为老军士的自白，揭露了那些放弃保卫国土的神圣责任而沉溺于声色之好的将军们。与此相对照，诗中也写出了普通战士恢复中原的壮志和中原人民的殷切期望。《客从城中来》可以和前一篇互相补充，由"和戎诏下十五年"到"及今数十秋"，对于任何一个爱国者来说，都不能不是一个难堪的漫长过程。陆游从这一点出发，尖锐地抨击了那些拥兵自重，只图自己升官发财的将帅。《追感往事》指陈的是：秦桧虽然在其死后受到了应有的谴责，然而实际上只知全躯屈膝的误国大臣并不止秦桧一人。同时，诗人还想到：东晋之初还有为国土沦丧而流泪的周颢等人，更有不屑于掉泪而一心一意要“戮力王室，克复神州”的江左夷吾王导（见《世说新语·言语》），可是，现在却连落泪的人都找不着了，难道这不是更可悲的吗？事实上，南宋政权稳定之后，贵族官僚们都在南方置了良田美宅，买了歌儿舞女，同样地过着奢侈荒淫的生活，早把恢复中原的大计抛在脑后了。很明显，诗中这些愤怒的控诉和深沉的叹息，与现实局势有着强烈的针对性。

陆游恢复中原的雄心大志，他对于人民愿望和现实政治局势之间的矛盾的深刻体会，都使得他不能不产生一种悲愤的情绪。随着年龄的日益增长而生的英雄迟暮之感，也掺和在这一种悲愤里。它是强烈的，同时又是低沉的。以这种感情为原料，陆游给自己塑造了一个寂寞的，可又不甘于寂寞的英雄形象：

> 蜀栈秦关岁月遒，今年乘兴却东游。全家稳下黄牛峡，半醉来寻白鹭洲。黯黯江云瓜步雨，萧萧木叶石城秋。孤臣老抱忧时意，欲请迁都涕已流。
>
> ——《登赏心亭》

> 夷甫诸人骨作尘，至今黄屋尚东巡。度兵大岘非无策，收泣新亭要有人。薄酿不浇胸垒块，壮图空负胆轮囷。危楼插斗山衔月，徙倚长歌一怆神！
>
> ——《夜登千峰榭》

> 早岁那知世事艰，中原北望气如山。楼船夜雪瓜洲渡，铁马秋风大散关。塞上长城空自许，镜中衰鬓已先斑。《出师》一表真名世，千载谁堪伯仲间！
>
> ——《书愤》

买醉村场半夜归，西山落月照柴扉。刘琨死后无奇士，独听荒鸡泪满衣。

——《夜归偶怀故人独孤景略》

在这些作品中，我们分明地看出了他对恢复事业的由追求而幻灭的过程。早年的陆游，也和南渡初年的许多作家一样，对抗金斗争的胜利满怀着信心，抱着无限的希望，但事实的教训却不能不使他感到哀伤。他所经历的，乃是一个由激昂而消沉的时代。他几十年的生命就暗暗地被迫消磨在投闲置散的命运当中。他十分企羡诸葛亮、祖逖、刘琨、王导、刘裕、檀道济这些能有机会为国效命的历史人物。他对历史上王业偏安的局面感到由衷的怅恨。然而诗人的遭遇却还不如那些古人，他改变当时偏安局面的崇高愿望，也始终没有可能实现，结果就只有闻鸡落泪，对月长歌了。在这些诗篇里，陆游不仅刻画了自己沉重的心境，并且透过这种心境将当时社会政治情况也很典型地反映了出来。

在诗人为爱国而歌唱的诗篇中，这一类抒写自己悲愤的作品占有很大的比重。它们多半是陆游入蜀以后的作品。值得注意的是：这种作品是悲愤的，感慨的，却不是消极颓唐的。存在于陆游创作中的强大的爱国精神使得他与悲观主义绝了缘，因此，即使是在他极其难堪的心情之下写出的作品，也依旧能够鼓舞我们前进。

陆游的一部分诗篇是具有强烈的浪漫色彩的。诗人对现实的深刻不满迫使他驰骋着美好的想像，来满足自己的也同时是人民的合理愿望。这是他企盼胜利、迫切地要求早日恢复失地的一种特殊表现形式。如：

人生不作安期生，醉入东海骑长鲸；犹当出作李西平，手枭逆贼清旧京。金印煌煌未入手，白发种种来无情。成都古寺卧秋晚，落日偏傍僧窗明。岂其马上破贼手，哦诗常作寒螀鸣？兴来买尽市桥酒，大车磊落堆长瓶。豪竹哀丝助剧饮，如巨野受黄河倾。平时一滴不入口，意气顿使千人惊。国仇未报壮士老，匣中宝剑空有声。何当凯旋宴将士，三更雪压飞狐城。

——《长歌行》

天宝胡兵陷两京，北庭安西无汉营。五百年间置不问，圣主下诏初亲征。熊罴百万从銮驾，故地不劳传檄下。筑城绝塞进新图，排仗行宫宣大赦。冈峦极目汉山川，文书初用淳熙年。驾前六军错锦绣，秋风鼓角声满天。苜蓿峰前尽亭障，平安火在交河上。凉州女儿满高楼，梳头已学京都样。

——《五月十一日夜且半，梦从大驾亲征，尽复汉唐故地。见城邑人物繁丽，云：西凉府也。喜甚，马上作长句，未终篇而觉，乃足成之》

前一篇《长歌行》曾被前人推为陆诗的压卷之作（见方东树《昭昧詹言》卷十二），它表露了陆游的牢骚和希望，也体现着他在抑郁难堪的境遇中仍然不屈不挠的精神。诗中所显示的内心矛盾是尖锐的，但希望的火焰也不停息地在他心中熊熊地燃烧着，而转折变幻的布局、一气贯注的节奏和清壮顿挫的笔力，都是这首诗在艺术上的成功之处。后一篇是记梦的诗，作为对于现实不满的一种补偿，他是常常梦到自己的投笔从戎，梦到北伐中原的胜利的。凉州的收复，正是诗人美梦之一。这首诗写得如火如荼，其中洋溢着渴望故国复兴的激情和崇高美丽的想像，而广大人民无比深厚的反压迫精神，则正是诗人的激情和想像的根源。结尾两句，出人意外地给人以温柔绮丽的感觉，从凉州女儿生活中一个细小的变化，反映出时局的重大变化，有一粒粟中藏世界之妙，充分显示了陆游诗笔的超卓。

这些带有浪漫色彩的诗篇，从某一方面来说，也是诗人寂寞心情的反映。自然，在事实上，陆游并不是一个孤独者，和他的思想感情一致的，还有千千万万的人民。但在当时的士大夫中间，随着时局的发展，他的确是愈来愈寂寞了。在这种时候，他不能不尚友古人。古代的一些爱国者，就很自然地成了他追怀的对象。如前面所已指出的，古代的许多忠臣义士，就曾经反复地出现在他的诗作中，而下列这几篇小诗，则是他对另一些爱国者的歌颂和吊念：

> 豪杰何心后世名，材高遇事即峥嵘。巴东诗句澶州策，信手拈来尽可惊。
>
> ——《秋风亭拜寇莱公遗象》二首之二

> 中原草草失承平，戍火胡尘到两京。扈跸老臣身万里，天寒来此听江声。
>
> ——《龙兴寺吊少陵先生寓居》

> 江上荒城猿鸟悲，隔江便是屈原祠。一千五百年间事，只有滩声似旧时。
>
> ——《楚城》

在这些诗篇里，陆游怀念着寇准、杜甫和屈原。他赞美寇准力请真宗亲临前线以激励士气，后来果然迫使契丹请盟的澶州决策；他同情流亡西蜀对朝廷不胜眷恋的杜甫，他也为有志未伸而终于悲愤自沉的屈原发出深重的叹息。分明可以看出，陆游的吊古，也就是伤今。在对三位古人的歌咏中，陆游同时向读者显示了自己的忠肝义胆。

在淳熙十六年(1189)自订词集时，陆游曾作《长短句序》说："予少时汩于世俗，颇有所为，晚而悔之。然渔歌菱唱，犹不能止，今绝笔已数年，念旧作终不可掩，因书其首以识吾过。"措语非常谦虚，但事实上，他在这方面仍然是有成就的。《后村诗话续集》卷四云："放翁长短句，其激昂感慨者，稼轩不能过；飘逸高妙者，与陈简斋、朱希真相颉颃；流丽绵密者，欲出晏叔原、贺方回之上。"《宋六十一家词选·例言》云："剑南屏除纤艳，独往独来，其逋峭沉郁之概，求之有宋诸家，无可方比。"刘克庄与冯煦所评，或许过当，然颇能道出陆词的特色。在以词的文学样式来宣扬爱国主义方面，陆游和辛弃疾是一致的。他的这类作品大多以表现壮志未遂、雄心不死之情为其基本主题，例如：

雪晓清笳乱起，梦游处，不知何地？铁骑无声望似水，想关河：雁门西，青海际。　　睡觉寒灯里，漏声断，月斜窗纸。自许封侯在万里，有谁知：鬓虽残，心未死！

——《夜游宫·记梦，寄师伯浑》

壮岁从戎，曾是气吞残虏。阵云高，狼烽夜举。朱颜青鬓，拥雕戈西戍。笑儒冠、自来多误。　　功名梦断，却泛扁舟吴楚。漫悲歌，伤怀吊古。烟波无际，望秦关何处？叹流年、又成虚度。

——《谢池春》

家住苍烟落照间，丝毫尘事不相关。斟残玉瀣行穿竹，卷罢黄庭卧看山。　　贪啸傲，任衰残，不妨随处一开颜。原知造物心肠别，老却英雄似等闲。

——《鹧鸪天》

《夜游宫》写的是诗人对自己又一次豪壮的梦的感受，在南郑前线的经历是其生活基础。那次参军的时间并不长，但他却将其看作是毕生难忘的最有意义的一段生涯。那时候，他很想从事恢复中原的伟业，到老都念念不忘这个志愿。《谢池春》“望秦关何处？叹流年、又成虚度”的感慨，正如曹操《短歌行》所说的：“烈士暮年，壮心不已。”他执着地、反复地怀念那些“气吞残虏”的旧梦，写出了这样一些慷慨悲歌。从《鹧鸪天》中，我们看到了一位被迫成为隐士的英雄，这正是陆游晚年真实的写照。

陆游的爱国诗词是其全部创作中最重要的组成部分。在上举具有代表性的作品中，他对于祖国和人民的热爱，对统治者的谴责，对进犯者的憎恨，都是非常清楚的。但我们还应当注意到：陆游所以这样地感受和抒写，主要是因为国家神圣的主权、人民和平的生活受到破坏。陆游写了许多鼓吹爱国主义、主张抗金战斗的作品，但它们并不是大汉族主义和穷兵黩武等错误思想的宣传品。诗人要求的只是国家的统一强盛、人民的安居乐业，而绝不是将金人斩尽杀绝。所以他曾经说：“尽诛非无名，不足烦戈铤，还汝以旧职，牧羊辽海边。”（《长歌行》）又说：“不须绝漠追败亡，亦勿分兵取河湟，但令中夏歌时康，千年万年无馈粮。”（《观运粮图》）由此可见，陆游是不仅以其崇高的爱国主义，也以其崇高的人道主义教育着我们一代又一代的。

作品中广泛的生活画面　除了服务于当时抗金斗争的作品之外，陆游还给读者留下了其他题材的许多好诗，展示了广泛的生活画面。例如陆游笔底下的农村生活、农民形象，就是我们应当注意的：

> 春深农家耕未足，原头叱叱两黄犊。泥融无块水初浑，雨细有痕秧正绿。绿秧分时风日美，时平未有差科起。买花西舍喜成婚，持酒东邻贺生子。谁言农家不入时，小姑画得城中眉。一双素手无人识，空村相唤看缫丝。农家农家乐复乐，不比市朝争夺恶。宦游所得真几何？我已三年废东作。
>
> ——《岳池农家》

> 有山皆种麦，有水皆种粳。牛领疮见骨，叱叱犹夜耕。竭力事本业，所愿乐太平。门前谁剥啄，县吏征租声。一身入县庭，日夜穷笞搒。人孰不惮死，自计无由生。还家欲具说，恐伤父母情。老人倘得食，妻子鸿毛轻。
>
> ——《农家叹》

这两首诗分别描写了生活在不同环境中的农民。善良纯朴的农民的劳动是极度辛勤的，只有当统治阶级所加于他们的负担比较地轻微时，才能得到一些人生乐趣。但这样机会并不是很多的。诗人把在四川岳池所看到的农民们难得的欢乐收入诗囊，并且对他们自耕而食、自织而衣的平静生活发生企羡之情，也正是同情他们，尊重他们，庆幸他们能够获得较为愉快的生活的表现。不幸的是，当时的多数情况却是如《农家叹》所写的那样。于是诗人的“农家农家乐复乐”的歌声也只好收拾起来，而在更多的诗篇中发出了“有司或苛取，兼并亦豪夺，正如横江网，一举孰能脱”（《书叹》)的慨叹。在陆游的诗集中,反映农民生活的作品并不太多,但仍然可以看出,他对农民的命运是十分关切的。

陆游平生的行踪相当广阔,他半世的游历使他有机会从多方面接触到各种名胜古迹和自然风物。诗人的内心世界便也往往透过对于这些事物的题咏而呈露出来:

> 我来访古涪之滨,不辞百罔冀一真。走马朝寻海棕馆,斫脍夜醉鲂鱼津。越王高楼亦已换,俯仰今古堪悲辛。督邮官舍最卑陋,栋挠楹腐知几春?巍然此壁独无恙,老槎劲翮完如新。向来劫火何自免,叱呵守护疑有神。狐狸九尾穴中国,共置不问如越秦。天时此物合致用,下鞲指呼端在人。会当原野洒毛血,坐令万里清烟尘。老眼还忧不及见,诗成肝胆空轮囷。
>
> ——《绵州录参厅观姜楚公画鹰,少陵为作诗者》

当年杜甫避难入蜀,曾经到过绵州,在这个地方写过《海棕行》、《观打鱼歌》、《越王楼歌》、《姜楚公画角鹰歌》等著名作品以纪游踪、抒怀抱。现在,陆游也来到自己所敬爱的和自己的境遇相类似的前辈所流连过的地方了。他追随着、寻觅着杜甫的遗踪,居然找到了姜楚公画的角鹰图,怎能不引起思古之幽情呢?但诗人并没有将自己的感情停顿在这一点上,他的诗笔也没有局限在壁画的描写上,而是在诗的后半部生发了绝大的感慨:"会当原野洒毛血,坐令万里清烟尘。"仍然是念念不忘国家的统一大业。

陆游的景物诗也很出色,例如:

> 层台缥缈压城闉,倚杖来观浩荡春。放尽樽前千里目,洗空衣上十年尘。萦回水抱中和气,平远山如酝藉人。更喜机心无复在,沙边鸥鹭亦相亲。
>
> ——《登拟岘台》

行遍梁州到益州，今年又作度泸游。江山重复争供眼，风雨纵横乱入楼。人语朱离逢峒獠，棹歌欸乃下吴舟。天涯住稳归心懒，登览茫然却欲愁。

——《南定楼遇急雨》

这两首登临名胜的诗歌给人的印象是完全不同的，《登拟岘台》充满了愉快的气氛，显示着诗人与面对着的景物融洽无间的契合。萦回的水，平远的山，浩荡的春光，忘机的鸥鹭，对于他来说，都是可喜可亲的。《登南定楼》一首写于淳熙五年(1178)准备出川的时候，他乡风物之美和客游怀土之情，在诗人心中是有矛盾的。他的立功立业的壮怀和投闲置散的遭遇也是有矛盾的。在这座楼上，他看到重复的江山、纵横的风雨和烟波浩渺的归途，很自然地产生了一种茫然的心情。诗中恰如其分地刻画了不同的景物，也通过不同的景物恰如其分地披露了作者的精神世界。再如下列二题：

看花南陌复东阡，晓露初干日正妍。走马碧鸡坊里去，市人唤作海棠颠。

为爱名花抵死狂，只愁风日损红芳；绿章夜奏通明殿，乞借春阴护海棠。

丝丝红萼弄春柔，不似疏梅只惯愁；常恐夜寒花索寞，锦茵银烛按《凉州》。

——《花时遍游诸家园》十首之一、二、八

东湖仲夏草树荒，屋古无人亭午凉。萱房微呀不见日，笋箨自解时吹香。野藤蟠屈入窗罅，湿菌扶疏生屋梁。跨沟数椽最幽翳，涨水及槛雨败墙。静涵青苹舞藻荇，闲立白鹭浮鸳鸯。芙蕖虽瘦亦弥漫，照眼翠盖遮红妆。水纹枕簟欲卷却，团团素扇懒复将。天风复送塔铃语，唤觉清梦游潇湘。

——《怡斋》

这些诗对于花木禽鸟的描绘，也各有其特征。在几篇绝句中，诗人的感情是狂热的，诗境是绚烂的。《怡斋》虽写得那么冷僻荒凉，却又非常奇妙地显示了：自然界的一些小生命，即使在寂寞当中，仍然那么生气勃勃。这诗意是有寄托的，寄托了作者虽处逆境而意气仍然不衰的壮阔胸怀。

爱情在陆游的创作中似乎不是很重要的主题。但他为其前妻唐氏所写的一些诗词，却使得祖国文学宝库中这类作品增加了分量。唐氏和陆游的母亲本是族姑侄，婚后夫妻的感情极好，而翁姑却不喜欢这个媳妇。陆游终于被迫和她离异，唐氏改嫁了赵士程。这一不幸的爱情悲剧，在其后漫长的岁月里，一直折磨着诗人的心灵。绍兴二十五年(1155)春天，陆游到故乡禹迹寺南边的沈园去玩，恰巧遇着赵、唐夫妇。唐氏告诉了后夫，还特地送给了陆游一份酒食。诗人为此感慨万分，就在园壁上题了一首《钗头凤》词，申诉了自己的哀伤：

> 红酥手，黄縢酒，满城春色宫墙柳。东风恶，欢情薄，一怀愁绪，几年离索。错！错！错！　　春如旧，人空瘦，泪痕红浥鲛绡透。桃花落，闲池阁。山盟虽在，锦书难托。莫！莫！莫！

不久，唐氏就因愁怨而死去了。这，当然使陆游陷入了更深的悲痛。特别是在他晚年退居故乡后，每逢到城南时，必然到沈园去凭吊一番，旧地的重游，使这些前尘影事，更加鲜明地浮上了心头，于是他写出了一些回肠荡气的作品，例如绍熙三年(1192)他六十八岁时写的《禹迹寺南有沈氏小园，四十年前，尝题小阕壁间，偶复一到，而园已易主，刻小阕于后，读之怅然》：

> 枫叶初丹槲叶黄，河阳愁鬓怯新霜。林亭感旧空回首，泉路凭谁说断肠？坏壁醉题尘漠漠，断云幽梦事茫茫。年来妄念消除尽，回向禅龛一炷香。

还有庆元五年(1199)他七十五岁时写的《沈园》二首：

城上斜阳画角哀，沈园非复旧池台；伤心桥下春波绿，曾是惊鸿照影来！

梦断香消四十年，沈园柳老不吹绵；此身行作稽山土，犹吊遗踪一泫然！①

近人陈衍在《宋诗精华录》卷三中对上引这几首诗曾评论说："古今断肠之作，无如此前后三首者。""无此绝等伤心之事，亦无此绝等伤心之诗。就百年论，谁愿有此事？就千秋论，不可无此诗。"所论极为精当。这些无比深挚的作品，反映了诗人爱情生活中的悲剧和他对于这种悲剧的抗议，从而使读者透过他的哀伤认清了封建社会的黑暗。

陆游不仅是诗人、词人，而且也是一位散文家，其友杜旃在《陆务观赴召》诗中曾称之为"四海文章陆放翁"。他作文学苏轼，崇尚自然，有《文章》诗说："文章本天成，妙手偶得之。"而他的小儿子子遹则认为其文取法于韩愈和曾巩，其《〈渭南文集〉跋》云：

先太史之文，于古则《诗》、《书》、《左氏》、《庄》、《骚》、《史》、《汉》；于唐则韩昌黎；于本朝则曾南丰：是所取法。然禀赋宏大，造诣深远，故落笔成文，则卓然自为一家，人莫测其涯涘。

陆文如直陈时政方略、畅谈国计民生的《代乞分兵取山东札子》、《上二府论都邑札子》和《静镇堂记》、《铜壶阁记》等篇，记叙个人生活细事的《书巢记》、《居室记》和《东篱记》等篇，大都修洁可诵。其《入蜀记》描写沿江风物，更是引人入胜。如该书卷六记入瞿唐峡云：

二十六日，发大溪口，入瞿唐峡。两壁对耸，上入霄汉，其平如削

① 有关陆游爱情悲剧的诗词本事，见周密《齐东野语》卷一及刘克庄《后村诗话续集》卷二。陈鹄《耆旧续闻》卷十所记略同，但谓是绍兴二十一年(1151)事。按：唐氏本无名字流传，或云其名曰琬或蕙仙，以及所作和词，皆不足信，详于北山《陆游年谱》(增订本)，上海古籍出版社 1985 年出版。

> 成。仰视天如匹练然。水已落，峡中平如油盎。过圣姥泉，盖石上一罅，人大呼于旁则泉出，屡呼则屡出，可怪也。晚至瞿唐关，唐故夔州，与白帝城相连。杜诗云“白帝夔州各异城”，盖言难辨也。关西门正对滟滪堆。堆，碎石积成，出水数十丈。土人云：“方夏秋水涨时，水又高于堆数十丈。”肩舆入关，谒白帝庙，气象甚古，松柏皆数百年物，有数碑，皆孟蜀时所立。庭中石笋，有黄鲁直建中靖国元年题字。又有越公堂，隋杨素所创，少陵为赋诗者，已毁。今堂，近岁所筑，亦甚宏壮。自关而东，即东屯，少陵故居也。

陆游还具有史才，《宋史》本传载：“嘉泰二年（1202），以孝宗、光宗两朝实录及三朝史未就，诏游权同修国史、实录院同修撰，免奉朝请，寻兼秘书监，三年，书成。”除了纂修官书外，他还私撰《南唐书》十八卷，以推尊偏安江南的南唐来寄托和暗示南宋虽已偏安仍为正统的观点。叙述简核有法，不失为史传文的名作。

战斗者的成就和影响　对生活广阔的体验和深刻的理解，出色的才华和认真的创作劳动，都使得陆游成为一个值得后人效法的大作家。但这位作家更其值得我们效法和称颂的，还在于他对祖国对人民的至死不渝的忠诚，及其燃烧在内心深处的永不熄灭的战斗精神。就这一点来说，陆游首先是一个战斗者。的确，他的诗歌在当时就是起了战斗作用的。在一首诗的题目里，他写道：“予十年间两坐斥，罪虽擢发莫数，而诗为首。”在谈到苏轼的一篇文章时，他又说：“士抱奇材绝识，沉压摈废，不得少出一二，则其肝心凝为金石，精气去为神明，亦乌足怪！”（《跋东坡〈祭陈令举文〉》）陆游的诗，也正是一位奇材绝识之士被压抑的肝心精气所铸成的。只有理解到这一点，我们才能从他极其繁富的创作中把握住他最主要的精神。

陆诗的艺术成就是多方面的，首先是他在创作方法上兼具长期以来就并存于古代文学中的现实主义和浪漫主义传统。杨万里在《跋陆务观〈剑南诗稿〉》中曾说他“重寻子美行程旧，尽拾灵均怨句新”，不妨认为，这也就是指出，陆游从杜甫和屈原身上分别汲取了现实主义和浪漫主义的力量。而这种精神力量和创作方法又多方面地服务于爱国主义主题，与爱国的激情相结合。他在日常生活诸如看画（《龙眠画马》），喝酒（《江上对酒作》），赏花（《赏山园牡丹有感》），写字（《醉中作草书数行》）中，都会引起报国仇、雪国耻的心情。这种心情，甚至形之梦境，发于幻想，如《楼上醉书》："三更抚枕忽大叫，梦中夺得松亭关。"《十一月四日风雨大作》："夜阑卧听风吹雨，铁马冰河入梦来。"这种长期保持着的、无时不在无地不在的激情，是在其他诗人作品中所罕见的。

取材广，命意新，是陆诗另外一个特色。广阔的社会生活，给他的创作提供了无比丰富的多样化的题材，正如《瓯北诗话》卷六所说："凡一草一木，一鱼一鸟，无不裁剪入诗。"姚鼐《今体诗钞・序目》也赞赏他"裁制既富，变境亦多"的成就。

陆诗的体裁也很完备，而运用得最多、最有成就的，当推七言古体和七言律诗，其次是五言古体和七言绝句。陆游运用古体诗来抒发爱国激情的成就是巨大的。在七律上的成就，博得了不少人的称赏。如沈德潜曾说："放翁七言律，对仗工整，使事熨贴，当时无与比埒。"（《说诗晬语》卷下）

清代乾隆十五年（1750）梁诗正等奉敕编成的《御选唐宋诗醇》，曾对陆游诗歌的成就作出总评说：

> 宋自南渡以后，必以陆游为冠。当时称大家者，曰萧、杨、范、陆；杨万里则曰尤、萧、范、陆。至刘克庄乃曰："放翁学力似杜甫。"又曰："南渡而下，放翁故为一大宗。"朱子《与徐赓载书》："放翁诗读之爽然，近代惟见此人为有诗人风致。"今诸家诗具在，可与游匹者谁也？
>
> 观游之生平，有与杜甫类者：少历兵间，晚栖农亩，中间浮沉中外，在蜀之日颇多。其感激悲愤忠君爱国之诚，一寓于诗，酒酣耳热，跌荡淋漓。至于渔舟樵径，茶碗炉熏，或雨或晴，一草一木，莫不著为歌咏，以寄其意。此与甫之诗何以异哉？诗至万首，瑕瑜互见，评者以为譬之深山大泽，包含者多，不暇翦除荡涤，非如守半亩之宫，一木一石可屈指计数，可谓知言矣。若捐疵颣，存英华，略纤巧可喜之词，

> 而发其闳深微妙之旨，何尝不与李、杜、韩、白诸家异曲同工，可以配东坡而无愧者哉！

这些见解是中肯的。

陆游，作为一位大诗人，对当时和后世都发生过积极的影响，与陆游交往相接而在诗法上有渊源关系的，是称为上饶二泉的赵蕃和韩淲。稍后的永嘉四灵虽学唐人而实际上是“用陆之法度”，“多酷似处”（《诗人玉屑》卷十九）。至于江湖派中的苏泂、戴复古和刘克庄，则更是直接师承陆游的。苏、戴二人是陆游的弟子。《四库全书总目》卷一百六十三《泠然斋集》提要云：“泂本从学于游，诗法流传，渊源有自，故其所作，皆能镵刻淬炼，自出清新。”戴复古受学于陆游晚年，楼钥序戴氏的《石屏集》说他“登三山陆放翁之门而诗益进”。刘克庄虽然没有得到陆游的亲自指教，但他却倾心学陆，自称“由放翁入”（《〈刻楮集〉自序》），他和宋末的林景熙等诗人，都能继承并发扬陆诗的爱国主义精神。

到了清代，出现了许多学习或研究陆游的诗人和学者，如汪琬、王士祯、查慎行、郑燮、赵翼、方东树等，都欢喜把陆游和杜甫相提并论。陆游的爱国主题，对后人的教育意义很大。清末的爱国志士愤恨帝国主义侵略者的凶残，痛感国势之危弱，纷纷诵读和提倡陆游的作品，以寄托发愤图强之心。梁启超就曾经热烈地歌颂陆游说：“诗界千年靡靡风，兵魂销尽国魂空；集中什九从军乐，亘古男儿一放翁！”（《读陆放翁集》）这种推崇正好说明陆游的作品在清末反侵略斗争中也起了巨大的作用。

第三节　杨万里的诚斋体

杨万里的生平和他的诗集　和陆游同时的另外两位著名诗人是杨万里和范成大。杨万里（1127—1206），字廷秀，吉州吉水（在今江西省）人，绍兴二十四年（1154）进士。当他任永州零陵丞时，曾拜谒谪居永州的名将张浚。张浚以正心诚意之学勉励他，因而他将自己的书房取名诚斋，并以自号。他青年时代曾随王庭珪和胡铨学习，后来又受到张浚的启发教导，这使他成了一个热爱祖国、立身不苟的人。乾道三年（1167），他上书《千虑策》三十道给宰相陈俊卿，其中有国势、人才、论将、论兵、刑法、民政等项目，虞允文见到后赞叹说："东南乃有此人物！"（见《鹤林玉露》乙编卷四"雍公荐士"条）就推荐他为国子博士和侍讲、兼吏部侍右郎官，并曾出知漳州、常州，提举广东常平茶盐公事。杨万里在这一段时间里，屡次上疏指摘时弊。淳熙十二年（1185）他给宰相王淮献上《荐士录》，举荐朱熹、袁枢和萧德藻等六十人。光宗即位，召为秘书监，特任接伴金国贺正旦的使者，兼实录院检讨官。由于刚直不阿，为当权者所忌，在光宗末年，他就没有再担任实际的行政职务了。宁宗即位后，特授他为焕章阁待制、宝谟阁直学士，但他没有接受，家居十五年不出。当时韩侂胄执政专权，他忧愤成病。韩想请他为自家所筑的南园作记，他坚决拒绝。韩后来另请陆游写了《南园记》和《阅古泉记》，他因此还写诗批评了陆游（见《寄陆务观》）。当他知道韩侂胄为了巩固权位，要在准备不足的情况下冒险发动对金的战争时，不禁痛哭失声，提笔写道："韩侂胄奸臣，专权无上，动兵残民，谋危社稷，吾头颅如许，报国无路，惟有孤愤！"（《宋史》本传）等到放下笔来，就离开了人世，终年八十岁。

杨万里是一位通儒学讲品节的人，其言论大抵本于孔、孟、周、程，所以《宋史》把他列入了《儒林传》。其实，他并没有盲从周、程诸家之说。他在《庸言》第五节中说："惟有是物也，然后是道有所措也。"鲜明地提出了存在决定意识的唯物论观点，在《〈天问〉、〈天对〉解》中，他反对天人感应的唯心论。在《诚斋〈易〉传》卷一中，他指出："易之为言变也，《易》者，圣人通变之书也。"即认为上自天体、下至人类万物都是变化和发展的。他肯定人的认识来源于客观世界，强调后天学习的重要性。这种先进的思想认识决定了他在诗歌创作上不断地变革，开创了新的诗风。

杨万里一生以诗擅名，他曾把自己的诗作编为九种专集，我们可以由此窥见他诗风变化的轨迹。一、《江湖集》。此集收诗七百三十八首，作于绍兴三十二年（1162，壬午）至淳熙四年（1177）之间。自序说："予少作有诗千余篇，至绍兴壬午七月皆焚之，大概江西体也。今所存曰《江湖集》者，盖学后山及半山及唐人者也。"二、《荆溪集》。此集收诗四百九十二首，作于淳熙四年至六年(1177—1179)知常州期间，这是他诗风大转变的时期，他改变过去的模仿作法，开始步入独创阶段。三、《西归集》。此集收诗二百首，作于淳熙六年他离开常州西归返里时，皆旅途中作。四、《南海集》。此集收诗四百首，作于淳熙七年至九年在广州、潮州、惠州期间，时任广东常平茶盐使和提点刑狱。自序说："予老矣，未知继今诗犹能变否？延之尝云予诗每变每进，能变矣，未知犹进否?"五、《朝天集》。此集收诗四百首，作于淳熙十一年至十四年，当时他在朝廷内任东宫侍读，故名《朝天集》。六、《江西道院集》。此集收诗二百五十首，作于淳熙十五、十六年出知江西筠州期间。七、《朝天续集》。此集收诗三百五十余首，作于绍熙元年(1190)被召回京以后，自序说："昔岁自江西道院召归册府，未几而有廷劳使客之命，于是始得观江涛，历淮楚，尽见东西之奇观。于渡扬子江二诗，予大儿长孺举似于范石湖、尤梁溪二公间，皆以予诗又变，予亦不自知也。"八、《江东集》。此集收诗五百首，作于绍熙元年(1190)至三年间。绍熙元年十月以后，他出任江东转运副使、权总领淮西江东军马钱粮官，经过金陵、广德、宣、池、徽、歙、饶、信、南康、太平等地时，写下了这些作品。九、《退休集》。此集收诗八百多首，作于绍熙三年以后，直到宁宗开禧二年(1206)五月去世前为止，是他晚年引退家居时所作。《瀛奎律髓》卷一云："杨诚斋诗一官一集，每一集必一变。"方回指出了他的诗风是随着时代、地域的生活经历的不同而发生变化的，十分确切。

杨万里的诗文集现在传世的主要有两种版本，一是嘉定元年(1208)其子长孺编定的《诚斋集》一百三十三卷，前面四十二卷是九种诗集，其他是文集；除了《退休集》无序外，其他八个诗集的自序另外收录在文集第八十、八十一卷中。第二种版本是单刻的《诚斋诗集》(又名《杨文节公诗集》)四十二卷，实际上就是《诚斋集》前面的九个诗集的合刊，篇目基本上相同，但编次分卷不同，字句也与《诚斋集》间有差异。

诚斋体的形成　杨万里在《〈江湖集〉序》中曾自述早年学诗是从江西派入手的，这是当时诗坛流行的风气。他也跟着学步，用力很勤，但到绍兴三十二年(1162)即他三十六岁那年，忽然觉悟到这种方向不对头，便把旧作全部烧掉，表示了变革的决心。在《〈荆溪集〉序》中，杨万里很坦率地阐述了他自己在探索中不断变化的创作道路：

> 予之诗始学江西诸君子，既又学后山五字律，既又学半山老人七字绝句，晚乃学绝句于唐人，学之愈力，作之愈寡。……戊戌（淳熙五年，1178）三朝，时节赐告，少公事。是日即作诗，忽若有悟，于是辞谢唐人及王、陈、江西诸君子皆不敢学，而后欣如也。试令儿辈操笔，予口占数首，则浏浏焉无复前日之轧轧矣。自此每过午，吏散庭空，即携一便面，步后园，登古城，采撷杞菊，攀翻花竹，万象毕来，献予诗材，盖麾之不去，前者未应，而后者已迫，涣然未觉作诗之难也。

在《〈南海集〉序》中，他又叙述了模仿期诗风变化的时间历程：

> 予生好为诗，初好之，既而厌之。至绍兴壬午，予诗始变，予乃喜。既而又厌。至乾道庚寅（六年，1170），予诗又变；至淳熙丁酉（四年），予诗又变。

所谓厌，就是不满意。因为几度尝试都不满意，所以就一变再变。直到五十二岁时，他对过去师法古人的几种办法都不满意了，于是便自己开拓新的道路，从此感到写起来得心应手，挥洒自如："浏浏焉无复前日之轧轧矣。"这是在以前几次变化的基础上发生的一次飞跃。以前是模仿期的量变，最后才是进入创造期的质变。由此可见，杨万里独具风格的诚斋体，是有一段漫长的形成过程的，而其正式形成则在他五十二岁以后。从此，他摆脱了传统的束缚，不再一味求之古人，而自成一格了。在《跋徐恭仲省干近诗》中，他很明确地提出：

> 传派传宗我替羞，作家各自一风流。黄、陈篱下休安脚，陶、谢行前更出头。

这种见解对于当日盛行一时的江西派诗风来说，不能不说是一种大胆的冲击,而对于后代一切有才能的作家来说,又确是引发了十分有益的启示。杨万里破除了诗人们对黄庭坚和陈师道的迷信,但没有完全排斥和菲薄江西派。他在淳熙十一年(1184)五十八岁时,作《江西宗派诗序》,嘉泰三年(1203)七十七岁时,又作《〈江西续派二曾居士诗集〉序》,都对江西派作了比较公正的评价。在其晚年完成的《诚斋诗话》中,也很重视黄庭坚的艺术经验。如说:"诗家用古人语,而不用其意,最为妙法,如山谷《猩猩毛笔》是也。"更其值得注意的是他创造性地继承并发展了吕本中和曾几的活法。周必大说"诚斋万事悟活法"(《次韵杨廷秀待制寄题朱氏涣然书院》),刘克庄在《江西诗派总序》中也说:"后来诚斋出,真得所谓活法、所谓流转圆美如弹丸者,恨紫微公不及见耳。"足见诚斋体的形成,是与江西派有某种渊源的。

此外,诚斋体和晚唐诗的关系也应当重视。在《〈颐庵诗稿〉序》中,他特别强调诗不独要尚词尚意,更重要的是要有诗味,而其所谓诗味,则是指风雅比兴的传统。他说:"《三百篇》之后,此味绝矣,惟晚唐诸子差近之。"我们知道,黄庭坚等江西派诸公对晚唐诗是轻视的[①],连陆游也是如此[②],但杨万里却针锋相对地提出异议,说:"晚唐异味同谁赏?近日诗人轻晚唐。"(《读〈笠泽丛书〉》)其《周子益〈训蒙省题诗〉序》亦云:"唐人未有不能诗者,能之矣,亦未有不工者,至李、杜极矣。后有作者,蔑以加矣。而晚唐诸子虽乏二子之雄浑,然好色而不淫,怨诽而不乱,犹有《国风》、《小雅》之遗音。"不难看出,这位诗人对晚唐某些诗人如李商隐、杜牧、韩偓等反映时事的忠愤讽谕之作是有所会心的。这对诚斋体所具有的思想内容,不能没有影响。

杨万里的创作 正因为杨万里对诗歌有自己新的见解和艺术体验,所以他的作品现实性较强,写出了一些热爱祖国、同情人民的作品。这是他关心时政、深入生活的结果,也与他重视《诗》教有关。我们试看下面两

---

① 黄庭坚《与赵伯充》:"学晚唐诸人诗,所谓作法于凉,其弊犹贪;作法于贪,弊将若何?"载《山谷老人刀笔》卷四。

② 陆游《宋都曹屡寄诗且督和答作此示之》:"陵迟至元白,固已可愤疾,及观晚唐作,令人欲焚笔。"

首《过扬子江》：

只有清霜冻太空，更无半点荻花风。天开云雾东南碧，日射波涛上下红。千载英雄鸿去外，六朝形胜雪晴中。携瓶自汲江心水，要试煎茶第一功！

天将天堑护吴天，不数殽函百二关。万里银河泻琼海，一双玉塔表金山。旌旗隔岸淮南近，鼓角吹霜塞北闲。多谢江神风色好：沧波千顷片时间！

这是他在绍熙元年（1190）担任金国贺正旦使的接伴使北行过长江时所作，诗中表面上是写江面的壮丽景色，但实际上是寄寓了诗人忧国虑敌的情怀。婉而多讽，用意颇深。在《朝天续集》的自序中，诗人特别举出这两篇，可见是其用意之作。又如《初入淮河四绝句》：

船离洪泽岸头沙，人到淮河意不佳。何必桑干方是远，中流以北即天涯。

刘岳张韩宣国威，赵张二将筑皇基。长淮咫尺分南北，泪湿秋风欲怨谁？

两岸舟船各背驰，波痕交涉亦难为。只余鸥鹭无拘管，北去南来自在飞。

中原父老莫空谈，逢着王人说不堪。却是归鸿不能语，一年一度到江南。

诗人奉命到国境线上迎接金朝派来的贺正使，来到淮河边上，不禁百感交集，写下了这组沉痛忧伤的诗篇。桑干河曾经是唐朝的边防前线，那时人们提到它都会感到远在天涯，可是到了南宋，不仅桑干河流域早已沦入金人的统治区，而且腹地的淮河竟成宋、金两国的分界线了。面对这种局势，怎么能不感到哀伤并且追问谁该负这个责任呢？当时主和派在朝廷得势，广大人民收复中原的正当意愿受到压抑，所以诗中情调是很低沉的。

杨万里还有一些关怀劳动人民和普通妇女的诗篇，如《视旱遇雨》、《悯农》、《农家叹》、《插秧歌》、《发孔镇，晨炊漆桥道中纪行》、《秋雨叹》和《至后入城，道中杂兴》等。兹举数例如下：

吴侬一队好儿郎，只要船行不要忙。着力大家齐一拽，前头管取到丹阳。

莫笑楼船不解行，识侬号令听侬声。一人唱了千人和，又得蹉前五里程。

岸旁燎火莫阑残，须念儿郎手脚寒，更把绿荷包热饭，前头不怕上高滩。

幸自通宵暖更晴，何劳细雨送残更。如依笠漏芒鞋破，须遣拖泥带水行。

——《竹枝歌》七首之一、二、五、七①

稻云不雨不多黄，荞麦空花早着霜。已分忍饥度残岁，更堪岁里闰添长！

——《悯农》

阿婆辛苦住西邻，岂爱无家更愿贫？秋月春风担阁了，白头始嫁不羞人。

——《和王道父山歌》二首之一

《竹枝歌》是拟民歌，《南海集》自序称，曾得到尤袤的称赞，“以为有刘梦得之味”。后二绝是替农民贫女诉苦的作品，诗人写出了这些生活在社会底层的卑微人物的苦难，感情是真切的。

但从杨万里的全部创作实践看来，征行离别之情，江山花木之美，似

① 诗序云：“晚发丹阳馆，五更至丹阳县。舟人与牵夫终夕有声，盖吟讴啸謼以相其劳者。其辞亦略可辨，有云：‘张哥哥，李哥哥，大家着力一齐拖。’又云：‘一休休，二休休，月子弯弯照几州。’其声凄婉，一唱众和，因櫽括之为《竹枝》云。”

乎比一些其他的题材更其吸引着这位有才华的诗人。因此，他本人虽然具有崇高的气节和坚贞的品德，但他主要的诗兴却在自然风物方面，这就使得他关心国家大事的作品不如陆游，而同情民生疾苦的作品又不及范成大。他对当时人民生活中最重要的问题发掘得不够深广，乃是他创作中的弱点。

基于自己的爱好，杨万里创作了大量描绘自然景物的诗歌，确实给读者带来了新生的意境：

莫言下岭便无难，赚得行人错喜欢。正入万山圈子里，一山放出一山拦。

——《过松源，晨炊漆公店》

去时数点雨，归时数片雪；雨雪两不多，山路双清绝。
城中雪一尺，山中雪一丈；地上都已消，却在松梢上。

——《人日出游湖上》二首

雨来细细复疏疏，纵不能多不肯无；似妒诗人山入眼，千峰故隔一帘珠。

——《小雨》

下水船逢上水船，夕阳仍更涩沙滩。雁来野鸭却惊起，我与舟人俱仰看。回望雪边山已远，如何蓬底暮犹寒？今朝莫说明朝路，万石堆心一急湍。

——《暮泊鼠山，闻明朝有石塘之险》

这便是一些诚斋体诗的样本。可以看出，在这些作品中，杨万里确曾给我们带来了一些新的东西。他善于选择日常生活中一些富于诗意而往往为人所忽略的细节，以风趣而又通俗流畅的语言表达出来。其中一部分还特别鲜明地体现了诗人的个性。这种风格在古典诗歌中确是少见的。他对于口语的大胆吸收，也和当时流行的江西派造语生涩隐晦的诗风全然异趣，因而也同样是对江西派末流之弊的一种矫正。无怪乎它在当时就博得了诚斋体的美称。

诚斋体另一鲜明的特点是富于幽默感。如下列绝句：

才近中秋月已清，鸦青幕挂一团冰。忽然觉得今宵月，元不粘天独自行。

——《八月十三日望月》

雨里船中不自由，无愁稚子亦成愁。看渠坐睡何曾醒，及至教眠却掉头。

——《嘲稚子》

稚子金盆脱晓冰，彩丝穿取当银钲。敲成玉磬穿林响，忽作玻璃碎地声！

——《稚子弄冰》

闭轿那知山色浓，山花影落水田中。水中细数千红紫，点对山花一一同。

——《水中山花影》

他极力从寻常的生活小事中找寻诗料，并在很大的程度上发现它，表现它。这种诙谐和机趣，往往使得不习惯杨万里这种独特风格的人觉得可笑，而能够赏识的人则又必然在读后的回味中发出会心之笑，所以吴之振曾巧妙地说："不笑不足以为诚斋之诗。"(《宋诗抄》:《〈诚斋诗抄〉小序》)

他对生活极为广泛的兴趣使得他无事不可入诗，与苏轼相近。除上所举例外，如《嘲蜂》、《嘲蜻蜓》、《戏嘲星月》、《戏笔》等都能涉笔成趣，使人读之兴味盎然。有些诗则是小中见大，往往寓感愤和讽刺于诙谐嘲笑之中，如《嘲淮风进退格》：

絮帽貂裘莫出船，北窗最紧且深关。颠风无赖知何故，做雪不成空自寒。不去扫清天北雾，只来卷起浪头山。便能吹倒僧伽塔，未直先生一笑看①。

这是借淮风比喻投降派，讽刺他们不知抵抗北方的敌人，却只会在内部兴风作浪。可谓“微而显”，“志而晦”（杜预《〈春秋〉序》语，载《〈春秋左传〉注疏》卷一）。

构思新巧、想像奇妙是诚斋体的又一个特点。杨万里善于描摹大自然中的各种物态，捕捉它们的特征，并用奇巧的构思和多变的手法表现出来，所以姜夔说他“年年花月无闲日，处处山川怕见君”（《送〈朝天续集〉归诚斋，时在金陵》）。这种特征，可从下列两首诗中窥见一二：

仰头月在天，照我影在地；我行影亦行，我止影亦止。不知我与影，为一定为二？月能写我影，自写却何似？偶然步溪旁，月却在溪里。上下两轮月，若个是真的？为复水是天？为复天似水？

——《夏夜玩月》

动地风来觉地浮，拍天浪起带天流，舞翻柳树知何喜，拜杀芦花未肯休！两岸万山如走马，一帆千里送归舟。出笼病鹤孤飞后，回首金笼始欲愁！

——《发赵屯得风宿杨林池，是日行二百里》

这些作品都想像丰富，层次曲折，意态生动，体现了作者的活法。

语言通俗流畅，明白如话，也是诚斋体的特点。他继承了白居易、张籍和杜荀鹤等唐代诗人的优良传统，从人民群众口语中提炼出明快活泼、雅俗共赏的语言入诗，就显得特别富于表现力。如下列诸篇，就是如此：

---

① 进退格是律诗用韵的一种方式，即隔句换韵，一进一退，见魏庆之《诗人玉屑》卷二，按：本诗韵脚，关、山同韵部，寒、看同韵部。

梅子留酸软齿牙，芭蕉分绿与窗纱。日长睡起无情思，闲看儿童捉柳花。

——《闲居初夏午睡起》

篱落疏疏一径深，树头新绿未成阴。儿童急走追黄蝶，飞入菜花无处寻。

——《宿新市徐公店》

行尽牛蹊兔径中，忽逢平野四连空。意随白鹭一双去，眼过青山千万重。近岭已看看远岭，连峰不爱爱孤峰。一丘一壑知何意，疏尽官人着牧童。

——《过谢家湾》

上述几点交织在一起，构成了诚斋体鲜明的独特面貌。当时周必大就评论说："今时士子见诚斋大篇巨章，七步而成，一字不改，皆扫千军、倒三峡、穿天心、透月窟之语，至于状物姿态，写人情意，则铺叙纤悉，曲尽其妙，遂谓天生辩才，得大自在。"（见《跋杨廷秀石人峰长篇》，载《周益国文忠公集·平园续稿》卷九）葛天民也称赞他"死蛇解弄活泼泼"（见《寄杨诚斋》，载《葛无怀小集》）。当然，也有相反的意见，叶燮就指责杨诗"几无一言一句可采"（《原诗》外篇），翁方纲也说："诚斋以轻儇佻巧之音，作剑拔弩张之态，阅至十首以外，辄令人厌不欲观，此真诗家之魔障。"（《石洲诗话》卷四）这些意见显然不免主观片面。陈衍的评论则比较公允，其《石遗室诗话》卷十六云："宋诗人工于七言绝句，而能不袭用唐人旧调者，以放翁、诚斋，后村为最。大抵浅意深一层说，直意曲一层说，正意反一层、侧一层说。诚斋又能俗语说得雅，粗语说得细，盖从少陵、香山、玉川、皮、陆诸家中一部脱颖而出。"所论虽只限于七绝，但也指出了杨万里诗能自辟蹊径，不落前人窠臼的特点。

杨氏在当时诗坛上的声誉很高，有些人就仿照诚斋体作诗，如王迈有《读诚斋〈新酒歌〉仍效其体》（《臞轩集》卷十三）。刘克庄认为他发展了曾几流转圆美的诗法，特地编出《茶山、诚斋诗选》，以供世人学习。他推崇晚唐诗的论点，对永嘉四灵和江湖派都有影响。清代性灵派诗人袁枚也是服膺诚斋体的，所著《随园诗话》卷八载，汪大绅曾指出袁诗“似杨诚斋”，袁氏表示首肯，并推称诚斋是“一代作手”，“天才清妙，绝类太白”。可见其影响是不小的。

尤袤和萧德藻　杨万里《〈千岩摘稿〉序》说：“余尝论近世之诗人，若范石湖之清新，尤梁溪之平淡，陆放翁之敷腴，萧千岩之工致，皆余之所畏者。”可见在当时尤、萧二人的诗也很有成就，因而获得较大的名声。

尤袤(1127—1194)，字延之，无锡人。绍兴十八年(1148)进士及第，始任泰兴县令、江阴学官，旋内召为大宗正丞兼国史院编修。淳熙五年(1178)出知台州府，迁江西运判兼知隆兴府。十四年，由太常少卿转礼部侍郎，绍熙三年(1192)升任礼部尚书。他嗜好收藏图书，在无锡家中造起藏书楼，名遂初堂，有《遂初堂书目》行世。《宋史》本传称其有《遂初小稿》六十卷、内外制三十卷，《直斋书录解题》著录其《梁溪集》五十卷，都早已失传。清康熙中，其十八世孙尤侗收辑散佚，仅得百分之一，编成《梁溪遗稿》，录诗四十七首，文二十六篇。一九三五年，其二十五世孙尤桐据盛宣怀等人的辑本重加补录，为《梁溪遗稿》二卷、补遗二卷。另有《全唐诗话》六卷，旧题尤袤撰，尤侗在《艮斋续说》卷八中考证为袤孙尤焴撰，而《四库全书总目》卷一百九十七《全唐诗话》提要则认为是贾似道假手廖莹中所作，“后人恶似道之奸，改题袤名，以便行世”，则此书作者尚待进一步研究。

尤袤早年学于汪应辰，而汪应辰是师事吕本中的，可见其与江西派有渊源。但其诗风细润圆转，饶有风致，与江西诸公不同。如《青山寺》：

> 峥嵘楼阁插天开，门外湖山翠作堆。荡漾烟波迷泽国，空濛云气认蓬莱。香销龙象辉金碧，雨过麒麟剥翠苔。二十九年三到此，一生知有几回来！

此寺在无锡惠山头茅峰南坡，居高可见太湖波光，临下则为绿树成荫的青山湾。这首诗所写该处风光,历历如画。

其六世孙尤玘《万柳溪边旧话》载,尤袤晚年退休归里,造圃于梁溪之上,曾填《瑞鹧鸪·落梅》词云:

梁溪西畔小桥东,落叶纷纷水映空。五夜客愁花片里,一年春事角声中。　　歌残《玉树》人何在?舞破《山香》曲未终。却忆孤山醉归路,马啼香雪衬东风。

方回《瀛奎律髓》卷二十将这首词选作七言律诗,同卷还选了他的另二首梅花诗,有评语说:"尤遂初诗初看似弱,久看却自圆熟,无一斧一斤痕迹也。"

尤袤也有关怀国计民生的作品,如五律《雪》:

睡觉不知雪,但惊窗户明。飞花厚一尺,和月照三更。草木浅深白,丘塍高下平。饥民莫咨怨,第一念边兵。

见雪而想到饥民,但更应关切的是守卫边疆的战士。这与欧阳修的诗句"可怜铁甲冷彻骨,四十余万屯边兵"(《晏太尉西园贺雪歌》)的寓意是一脉相承的。又徐梦莘《三朝北盟会编》卷二百四十载,绍兴三十一年(1161)十一月二十五日,"金人寇泰兴县","是时,泰兴县知县尤袤守泰兴,不去","尝以淮南置山水寨扰民,不能保其家属,窃悲哀之,作淮南民谣一篇"。

东府买舟船,西府买器械。问侬欲何为?团作山水寨。寨长过我庐,意气甚雄粗。青衫两承局,暮夜连勾呼。勾呼且未已,推剥到鸡豕。供应稍不如,向前受笞箠。驱东复驱西,弃却锄与犁。无钱买刀剑,典尽浑家衣。去年江南荒,趁熟过江北;江北不可住,江南归未得!父母生我时,教我学耕桑;不识官府严,安能事戎行?执枪不解刺,执弓不能射;团结我何为,徒劳定无益。流离重流离,忍冻复忍饥；谁谓天地宽，一身无所依！淮南丧乱后，安集亦未久。死者积如麻，生者能几口？荒村日西斜，破屋两三家。抚摩力不给，将奈此扰何？

这首《淮民谣》极力抨击了恶吏借口团结训练，以资防守，而实际上却搜括民财、残害百姓的劣迹。它上承杜甫、白居易新乐府的传统，而在宋代作品中，则与梅尧臣《田家语》等篇相近。细节鲜明，语言朴素，很能体现诗人的思想和艺术水平。

萧德藻，生卒年无考，字东夫，福建闽清人，绍兴二十一年(1151)的进士，因曾任乌程县令，卜宅乌程屏山，自号千岩老人。他和杨万里是知交，杨氏在《〈千岩摘稿〉序》中记载二人初次见面的情形说："余初识之于零陵，一语意合，即襆被往其馆，与之对床。时天暑，东夫诘朝欲早行，五鼓，东夫先起，吹灯明灭，搔首若有营者。余亦起，视之，盖东夫作诗一章以赠余别也。余即和以答赋。"足见其倾盖如故之状。其后杨万里作《淳熙荐士录》，向朝廷推荐人才，萧德藻又列名其中。评语说他"文学甚古，气节甚高。其志常欲有为，其进未尝苟合。老而不遇，士者屈之"。《〈千岩摘稿〉序》中也说："盖东夫既不达，又贫又疾。"可知在仕途上，萧氏是一位困顿沦落者。《直斋书录解题》著录其《千岩摘稿》七卷、外编三卷、续编四卷，早佚。清末光聪谐辑其诗十一首，刻入《稼墨轩集·有不为斋随笔》丁集中。尝鼎一脔，可以略见其风格。

萧德藻学诗于曾几，但能超越江西派的论点，提出自己新的见解。如云："诗，不读书不可为；然以书为诗，不可也。"(见范晞文《对床夜语》卷二)可见他绝不是《沧浪诗话·诗辨》所指摘的近代诸公"以文字为诗，以才学为诗"的路子。《瀛奎律髓》卷六选载了他的七律《次韵傅惟肖》：

竹根蟋蟀太多事，唤得秋来篱落间。又过暑天如许久，未偿诗债若为颜？肝肠与世苦相反，岩壑嗔人不早还。八月放船飞样去，芦花丛外数青山。

此诗从蟋蟀起兴，写目下情况，后幅披露了倦游希隐之怀。方回评云："不早死，虽诚斋诗格犹出其下。其诗苦硬顿挫，而极其工。五、六一联，诸公并不能及。起句奇峭。"这虽未免有些过誉，但其奇峭工致的作风确是别具一格，而且还影响了他的侄婿姜夔。

第四节　范成大的爱国诗和田园诗

范成大的经历和创作特点　范成大(1126—1193)，字致能，号石湖居士，吴郡(今江苏苏州)人。他和杨万里是同年进士，在仕途上，他是比较得意的，曾四任疆臣大吏，拜参知政事，是南宋前期政治地位较高的著名作家之一。

范成大出身于官僚家庭，父亲范雩是宣和六年(1124)进士，官至秘书郎。在他四岁那年，金兵渡江，苏州一带也遭到焚掠。在十四五岁时，又逢母、父之丧，从此杜门不出，无意仕进，取唐诗"只在此山中"之语，自号此山居士。国忧家难，集于一身，对他的思想性格的成型有直接的影响。由于他父亲的密友王葆劝他仕进，他终于在绍兴二十四年(1154)二十九岁时考中进士，出任徽州司户参军。从京城临安经过建康到达徽州，行旅开拓了他的眼界，丰富了他的生活。司户参军担任的是处理日常公务的工作，但这却使他有更多的机会接触到下层人民。这一时期，他写了不少有关行旅、风土、名胜的作品，特别是写了一组悯农诗，标明"效王建"，共有《乐神曲》、《缫丝行》、《田家留客行》和《催租行》四首，都真实地反映了农民生活。后来他又写了更其出色的《后催租行》：

> 老父田荒秋雨里，旧时高岸今江水。佣耕犹自抱长饥，的知无力输租米。自从乡官新上来，黄纸放尽白纸催。卖衣得钱都纳却，病骨虽寒聊免缚。去年衣尽到家口，大女临歧两分首；今年次女已行媒，亦复驱将换升斗；室中更有第三女，明年不怕催租苦。

这首诗揭露了统治者压榨农民的罪恶，极端的愤怒却通过冷隽的反语表达出来，所以显得格外深刻。

绍兴三十一年(1161)冬，范成大回临安做京官，由圣政所检讨官历枢密院编修、著作佐郎，升到吏部员外郎，乾道四年(1168)出任处州知州。五年召回朝廷，任礼部员外郎兼崇政殿说书。六年夏，孝宗任命他以起居郎借资政殿大学士头衔出使金国，这是他一生中最光辉的经历。他在金主面前表现得十分坚强，而且在往返途中写出了七十二首纪行诗和一卷《揽辔录》。回来后，他以不辱使命升任中书舍人。后因反对孝宗重用奸佞和外戚，自动引退。八年冬，出知静江府兼广西经略安抚使。淳熙元年(1174)十月，调任四川制置使、知成都府；四年五月，以病东归，十一月，入朝为吏部尚书。五年正月，知贡举，四月，以中大夫参知政事，仅两月即遭谗谢职归里。六年二月，复起知明州兼沿海制置使；七年，改知建康府兼行宫留守；九年，因积劳成疾，五次上书请求退休。

从乾道八年到淳熙九年这一段时间里他的作品产量最多，而以山川行旅诗为主。因为这个时期他四任疆臣大吏，不时出巡各地，因而周知风土人情，边防阨寒，民生疾苦，所以诗中反映的生活面就比较广阔，而且写得真切清新。例如：

三日晴泥尚没靴，几将风雨过年华。湘东二月春才到，恰有山樱一树花。

——《初见山花》

谁将玉笛弄中秋，黄鹤飞来识旧游。汉树有情横北渚，蜀江无语抱南楼。烛天灯火三更市，摇月旌旗万里舟。却笑鲈乡垂钓手，武昌鱼好便淹留。

——《鄂州南楼》

除了这些即景诗以外，他也写出了一批同情各地贫民和妇女的诗篇，如《劳畬耕》、《夔州竹枝歌》等，都很有特色。

根据宦游见闻，范成大在这个时期还写了三部笔记：《骖鸾录》一卷，作于赴桂林的旅途中,书名取义于韩愈诗句"远胜登仙去,飞鸾不假骖"(见《送桂州严大夫》,载《全唐诗》卷三百四十四);《桂海虞衡志》一卷,作于自广西进四川的途中,凡经历之地的风土物产,以至少数民族的情况,都有所纪述;《吴船录》二卷,作于淳熙四年(1177)五月至十月自四川沿江东归的途中,取杜甫诗句"门泊东吴万里船"(见《绝句》四首之三,载《全唐诗》卷二百二十八)之意题名。全书采用日记体,记古迹形胜甚为细致,并加考证,与陆游的《入蜀记》有异曲同工之妙。

淳熙九年秋,他回到苏州灵岩山南的石湖别墅,过了十年的田园生活。其间虽两次奉诏出知福州和太平州,但他或坚辞,或到任一个月即告归。这十年中,他生活在农村,创作了一批农家诗和风土节序诗,使他成了著名的田园诗人。另外,又编著了《吴郡志》五十卷,留下了宝贵的乡邦文献。

范成大自桂林入蜀时,曾有诗百余篇,自题为《西征小集》,在淳熙三年三月初请陆游写了序。他临终前将自己的全部诗文编定为《石湖诗文集》一百三十卷,遗命其子请杨万里作了序。原刻本至清康熙时尚存,藏书家顾嗣立抽取诗歌部分单刻为《石湖居士诗集》三十三卷,而文集部分后来就湮没失传了。此外,尚有《石湖词》一卷。范诗今存一千九百余首。今人孔凡礼编《范成大佚著辑存》又收散文一百三十五篇,诗九首,词八首。范成大的散文和词的成就较次,他是以诗见重于世的。

从范成大的诗学渊源来看,他受张籍、王建和晚唐诗的影响较大。他和江西派并无直接师承关系,但在有意无意中也不免受到这个势力很大的诗派的影响、浸润。如律诗好用拗格,于古体每用奇字,又喜用佛家禅语等。他在进川入峡时,在归州写了一首描摹江边险滩的《人鲊瓮》:

> 怀沙祠下铁色矶,中流束湍张祸机。与赍俱入彼可吊,乘流而下吾亦危。江河难犯一至此,天地好生安取斯?朝歌胜母古尚讳,我其覆醢航秭归。

清代纪昀评论说:"恣而不野,峭而有韵,江西派中之佳者。"(见李庆甲编

《〈瀛奎律髓〉汇评》卷四，上海古籍出版社 1986 年出版）又如《重九日行营寿藏之地》“纵有千年铁门限，终须一个土馒头。三轮世界犹灰劫，四大形骸强首丘”等句，也是受了黄庭坚好用禅语和僻典的影响。这些作品，学的却是黄氏的短处，它们构成了范诗的某些缺陷。

范成大那些反映社会现实和民生疾苦的作品，主要是继承了唐代杜甫以及元、白、张、王新乐府的传统。如《姑恶》谴责恶婆，《黄罴岭》同情山农，《咏河市歌者》为优伶鸣不平，《荆渚堤上》反映兵灾后人民的苦难等，都是明显的例子。这种创作上的倾向性一直贯穿到他退隐后的晚年。丰富的政治经历和对人民疾苦的关心，使得范诗具有比较充实的社会内涵。在这方面，他表现得比其好友杨万里要突出一些。南宋时代人民的苦难，在他笔下是有着较深刻而真实的反映的。

范成大在艺术手法上所受诸家的影响是多方面的。杨万里《〈石湖集〉序》评他为“清新妩丽，奄有鲍、谢；奔逸俊伟，穷追太白”。而《四库全书总目》卷一百六十《石湖诗集》提要则云：

> 初年吟咏，实沿溯中唐以下，观第三卷《夜宴曲》下注曰：“以下二首效李贺。”《乐神曲》下注曰：“以下四首效王建。”已明明言之。其他如《西江有单鹄行》、《河豚叹》，则杂长庆之体。《嘲里人新婚》诗、《春晚》三首、《隆师四图》诸作，则全为晚唐五代之音，其门径皆可复案。自官新安掾以后，骨力乃以渐而遒，盖追溯苏、黄遗法，而约以婉峭，自为一家，伯仲于杨、陆之间，固亦宜也。

这些意见说明了这位诗人曾经多方面地向前辈作家学习，其作品的风格也随着年代的不同而有所变迁和发展。就他中年以后已经自成一家的作品来说，则清新流畅、婉而能峭是其特征。

使金纪行诗　范成大在乾道六年（1170）六月出使金国，当时孝宗皇帝下达的外交任务有两项：一是要求收复河南陵寝之地，二是想改变接受金国书信的仪节。原来，高宗绍兴和议时，规定宋向金称臣，金国使者向宋廷递送国书时，宋朝皇帝必须跪拜受书。孝宗接位后，觉得这是奇耻大辱，在订立隆兴和议时，争取将君臣之称改成了叔侄相称，但跪拜受书一节未能改变。孝宗为此耿耿于怀，总想派遣专使到金国要求修改。右相虞允文推荐李焘和范成大作为使者的候选人。李焘不敢应承，而范成大则无所畏惧地接受了这一艰巨的任务，并且作好了为国献出生命的准备。这年闰五月，皇上任命他充金国祈请国信使。范成大要求在国书中把两项大事都写清楚，但执笔朝臣只载明索取陵寝之地的事，却不敢把改变受书礼仪的要求写上，要他到金国后自己想办法去交涉。他在八月中到达金国燕京。在向金世宗递交国书后，出现了一个戏剧性的场面：范成大突然拿出自己写的要求改变受书仪式的奏疏。金朝法律甚严，是不许使者这么做的；为此，金世宗大为恼怒，厉声呵斥，赶他出殿；但他屹然不动，坚持提出要求后才肯退出；当时太子完颜允恭准备杀他，情势十分紧张，经旁人劝阻才未下毒手。过去，宋朝的使臣大多是卑躬屈节的，从来没有像范成大这样大节凛然的人。因此，金世宗虽然不准改变仪式，但对他的忠贞反倒表示嘉许。七天之后，他启程南返，于九月中回到临安，得到了朝廷上下的一致赞扬。他的七十二首纪行诗就是在这个背景下创作出来的，这一卷诗后来编为《石湖诗集》卷十二。

范成大的这组以七言绝句写成的诗是使金北上途中的纪行之作。从渡淮经南京、东京、相州、邯郸、涿州到燕京为止，他每到一地即写一诗。出使金邦使范成大有机会看到从靖康之祸以后长期被占领着的北中国的山河风土，并接触到敌人统治下年深月久仍然心心念念不忘故国的人民，因此其感发吟咏是多方面的。他在《雷万春墓》、《蔺相如墓》等诗中颂扬了忠臣义士，《出塞路》、《会同馆》等诗写了万里孤臣的报国决心。而暴露金人统治区的荒凉残破的几篇，则尤其使人感到惊心动魄：

狐冢獾蹊满路隅，行人犹作御园呼。连昌尚有花临砌，肠断宜春寸草无！

——《宜春苑》(原注："在旧宋门外，俗名东御园。")

梳行讹杂马行残，药市萧骚土市寒。惆怅软红佳丽地，黄沙如雨扑征鞍！

——《市街》(原注："京师诸市皆荒索，仅有人居。")

靖康之祸到当时已过去了将近半个世纪，而汴京仍然残破不堪。广大人民在侵略者铁蹄下的生活也就可想而知了。这使诗人更加了解他们对祖国的深情，对解放的渴望：

女僮流汗逐毡軿，云在淮乡有父兄。屠婢杀奴官不问，大书黥面罚犹轻。

——《清远店》(原注："定兴县中客邸前，有女婢两颊刺逃走二字，云是主家私自黥涅，虽杀之不禁。")

州桥南北是天街，父老年年等驾回。忍泪失声询使者："几时真有六军来？"

——《州桥》(原注："南望朱雀门，北望宣德楼，皆旧御路也。")

连衽成帷迓汉官，翠楼沽酒满城欢。白头翁媪相扶拜，垂老从今几度看！

——《翠楼》(原注："在秦楼之北，楼上下皆饮酒者。")

诗中唱出了沦陷区千千万万苦难人民的心声，他们迫切盼望着故国军队的胜利到来，甚至因为看到一次南宋派来的使节而满城欢腾、热泪盈眶，这是多么令人感动的场面呵！《揽辔录》记载作者自己过相州时，"遗黎往往垂涕嗟啧，指使人云：'此中华使国人也。'老妪跪拜者尤多"。这可以与《翠楼》诗参证。至于《州桥》一首所写在当时敌人镇压之下，也许并不是真实的场面，但却是沦陷区广大人民真实而强烈的心声。

范成大的使金纪行诗从一些比较特殊的角度反映了人民的爱国心情，为沦陷区广大人民的苦难与希望留下了实录；同时，通过这样一些作品，诗人也宣布了自己是一位爱国主义者。

田园杂兴及其他　和陆游、杨万里一样，范成大晚年退休以后，也有一段隐居田园的生活，并且特别热衷于对这种生活的描写。如在淳熙十三年(1186)这一年当中，他在石湖就写出了《四时田园杂兴》达六十首之多。这一组诗在相当广阔的范围内反映了江南水乡农民的劳动场景、日常生活和他们的乐趣和苦处，这在古代田园诗中是别具一格的。

范成大的田园诗有他自己独特的发展历程。他早年学陶渊明，抱着欣赏自然风光的态度来写农村，表现的是“信步随芳草，迷途问小童”(《寒食郊行书事》)，“桑叶露枝蚕向老，菜花成荚蝶犹来”(《初夏》)之类的意境，后来逐渐了解到农民的疾苦，便改学白居易、王建的新乐府风格，创作了许多知稼穑之艰难、悯农民之辛苦的作品。这个倾向一直发展到他晚年退居石湖时期。正是因为有了这样的长期生活积累，他才能创造性地写出了富有特色的新的田园诗。从《梅雨五绝》、《芒种后积雨骤冷三绝》发展到《四时田园杂兴》和《腊月村田乐府》，标志了范成大田园诗的成熟。

《四时田园杂兴》六十首作于淳熙十三年(1186)，分春日、晚春、夏日、秋日、冬日五组，各十二首，都是七言绝句。这一组诗相当全面地反映了农民的劳动生活和农村的风土人情，还在一定程度上触及了农民所受到的压迫剥削的苦难。如云：

柳花深巷午鸡声，桑叶尖新绿未成。坐睡觉来无一事，满窗晴日看蚕生。

——《春日田园杂兴》之一

高田二麦接三青，傍水低田绿未耕。桃杏满村春似锦，踏歌椎鼓过清明。

——《春日田园杂兴》之三

胡蝶双双入菜花，日长无客到田家。鸡飞过篱犬吠窦，知有行商来买茶。

——《晚春田园杂兴》之三

污莱一棱水周围，岁岁蜗庐没半扉。不着茭青难护岸，小舟撑取葑田归。

——《晚春田园杂兴》之七

昼出耘田夜绩麻，村庄儿女各当家。童孙未解供耕织，也傍桑阴学种瓜。

——《夏日田园杂兴》之七

采菱辛苦废犁钼，血指流丹鬼质枯。无力买田聊种水，近来湖面亦收租！

——《夏日田园杂兴》之十一

垂成穑事苦艰难，忌雨嫌风更怯寒。笺诉天公休掠剩，半偿私债半输官。

——《秋日田园杂兴》之五

新筑场泥镜面平，家家打稻趁霜晴。笑歌声里轻雷动，一夜连枷响到明。

——《秋日田园杂兴》之八

租船满载候开仓，粒粒如珠白似霜。不惜两钟输一斛，尚赢糠核饱儿郎。

——《秋日田园杂兴》之九

炙背檐前日似烘，暖醺醺后困蒙蒙。过门走马何官职？侧帽笼鞭战北风。

——《冬日田园杂兴》之二

黄纸蠲租白纸催，皂衣旁午下乡来。长官头脑冬烘甚，乞汝青钱买酒回。

——《冬日田园杂兴》之十

村巷冬年见俗情，邻翁讲礼拜柴荆。长衫布缕如霜雪，云是家机自织成。

——《冬日田园杂兴》之十二

这些诗歌比较有特色地和鲜明地反映了农民的勤劳朴实，他们短暂的欢乐和经常的苦恼忧伤。题材新颖，风格安详和雅，即使对一些他认为不合理的社会现象的暴露，也无疾言厉色，不同于其他写农民生活的诗人。

他晚年写的另一组诗《腊月村田乐府》十首也值得我们重视：

岁朝爆竹传自昔，吴侬政用前五日。食残豆粥扫罢尘，截筒五尺煨以薪。节间汗流火力透，健仆取将仍疾走。儿童却立避其锋，当阶击地雷霆吼。一声两声百鬼惊，三声四声鬼巢倾。十声百声神道宁，八方上下皆和平。却拾焦头叠床底，犹有余威可驱疠。屏除药裹添酒杯，昼日嬉游夜浓睡。

——《爆竹行》

乡村腊月二十五，长竿燃炬照南亩：近似云开森列星，远如风起飘流萤。今春雨雹茧丝少，秋日雷鸣稻堆小。侬家今夜火最明，的知新岁田蚕好。夜阑风焰西复东，此占最吉余难同：不惟桑贱谷芃芃，仍更苎麻无节菜无虫！

——《照田蚕行》

这组歌咏江南村俗的乐府诗，反映了人民世世代代追求幸福美好生活的愿望。他们希望赶走侵扰自己和平生活的恶鬼（《爆竹行》），希望有给自己带来温饱的好年成（《照田蚕行》），还希望变得聪明（《卖痴呆词》），变得富裕（《打灰堆词》）。这些风俗是我们民族在童年时代所产生，并流传到后世的，它们是幼稚的，可也是极其淳朴可爱的。在这组风俗诗里，范成大为我们记录了祖先们优美的感情。

由于范成大长期住在石湖农村，对农村生活有亲切的观感，这些田园诗就得以将农民的整个劳动过程，他们的日常生活以及他们的哀乐，鲜明地刻画出一个比较完全的面貌。这样，他便与自来诗人之写农民，或寄托自己闲逸的感情，或嗟叹农民艰辛的生活，却始终处在一个旁观者的地位有所不同。这也正是范成大对田园诗的独特贡献。

第八章　辛弃疾与南宋的豪放派爱国词

辛弃疾是中国文学史上最杰出的词人之一。他和陆游同时，也同样在自己的创作中极其成功地体现了崇高的爱国精神。他继承了苏轼以来的豪放词风和张孝祥等作家的爱国主义的创作思想，使词境变得更为雄奇阔大，彻底打破了词为艳科的传统观念，进一步提高了词的社会功能和在文学史上的地位。无论是思想内容还是艺术形式，辛词都比其前辈的作品提供了更多更新的东西。

辛词的豪放雄杰之美是显著的，为人所乐道的。这种词风不仅影响了同时代的陈亮、刘过等作家，而且影响了南宋后期整个的爱国词坛。当然，辛弃疾是一位具有复杂的生活经历和性格的词人，同时他又是一位以全力写词的作家，所以辛词的特色就远非这一点所能概括。以下，我们将论述这些问题。

第一节　辛弃疾的生平和著作

战士，词人　辛弃疾（1140—1207），字幼安，号稼轩，济南历城人。他诞生前十三年，金兵攻陷汴京，北宋王朝覆亡，所以辛弃疾是在沦陷区出生的。当金人占据济南时，辛弃疾的祖父辛赞由于家中人口众多，无法脱身南下，后来就只得出仕金国。但这却不是他的本心，所以他常常带着自己的孙儿“登高望远，指画山河”，并曾两次教青年辛弃疾去游历燕山（当时是金人的腹地），以观察山川形势，希望能有机会“投衅而起，以纾君父所不共戴天之愤”(见辛弃疾《进〈美芹十论〉札子》),可惜有志未伸,辛赞就去世了。

祖父的教育,在辛弃疾青少年时代的心田里播下了爱国思想的种子,而沦陷区人民的痛苦生活则更加深了他对敌人的憎恨。正如他后来在《美芹十论》中所指出的,当时的情况是:“彼视吾民,如晚妾之御嫡子,爱憎自殊,不复顾惜。”“民有不平,讼之于官,则胡人胜而华民则饮气以茹屈。田畴相邻,胡人则强而夺之,孳畜相杂,胡人则盗而有之。”在这样惨痛的种族压迫的环境中成长起来而又受过祖父教育的辛弃疾,便自然地渴望有一个统一强盛的国家,渴望能早日恢复中原。

绍兴三十一年(1161),金主完颜亮大举南犯。由于当时敌后义军的牵制,南宋名将虞允文的阻击,以及金国统治阶级内部冲突的扩大,完颜亮被部下所杀,进犯者可耻地失败了。金人的内乱和败北,激励了沦陷区人民反抗敌人的决心和信心,一时义军风起云涌,声势大盛。这时,辛弃疾只二十二岁,也毅然举起了抗金的旗帜,纠集了一支两千人的队伍,加入了耿京领导的农民起义军。耿京所率领的农民军以泰山周围为根据地,人数多达二十五万,是义军中最强大的力量。深通敌情和兵机的辛弃疾和他合作,担任了“掌书记”的职务,参与机密。

为了更有力地打击进犯者,耿京采纳辛弃疾的建议,并于次年派弃疾到建康,洽商义军如何接受南宋政府的领导和协同作战的问题。义军的忠勇感动了高宗,朝廷正式任命耿京为天平军节度使,并授予辛弃疾以承务郎的官职。在北中国出生的战士辛弃疾,愉快地完成了耿京交托的任务,第一次为国家的统一事业作出了贡献。可是,一个突如其来的事变发生了。叛徒张安国乘辛弃疾出使的时候谋杀了耿京,投降了敌人,义军也因此溃散了。在归途中的辛弃疾听到了这个不幸的消息,立即带领五十多位勇士,出其不意地袭击了有五万大军的金营,抓获了叛徒张安国,迅速地奔回了南方,将叛徒解赴建康,斩首示众。这一机智勇敢的壮举,打击了金人的凶焰,伸张了抗敌正气,辛弃疾也由此名重一时,“壮声英概,懦士为之兴起,圣天子一见三叹息。”(洪迈《稼轩记》)这一段火热的斗争经历,使他终生难忘,而且始终是他重要的创作源泉之一。

张安国叛变事件的结束，也同时结束了辛弃疾在沦陷区的活动。他在南方留下来了。但是，偏安的统治者是怯懦的，要期待他们将恢复大计提到日程上来是十分困难的。在这种气氛中，辛弃疾自然难得有所作为。因此，从他二十三岁到三十二岁这整整十年中，他所担任的只不过是江阴军签判、建康府通判、司农寺主簿等与恢复大业无关的官职。在这一时期里，值得注意的是他先后写出了政论名著《美芹十论》(又名《御戎十论》)和《九议》。前者是乾道元年(1165)献给孝宗的，后者是乾道六年(1170)上给宰相虞允文的。这两部著作很全面、很精辟地分析了当时的敌我形势，并提出了进取的方略，“笔势浩荡，智略辐凑，有《权书》、《衡论》之风”(刘克庄《辛稼轩集序》)，显示了辛弃疾的经纶济世之才。这些著作虽然在政府中没有受到应有的重视，然而在它传播四方之后，却使得不甘屈辱的士大夫从其中获得了希望、信心和力量，也使更多的人更全面地认识到作者的才能。

乾道八年(1172)春天，辛弃疾终于碰到一个能够舒展自己才能的机会，他被派到邻近金国的边郡滁州做太守了。滁州当时属淮南东路，是宋金战争中双方必争之地，久遭兵燹，“其民编茅藉苇，寄于瓦砾之场”，“市无鸡豚，晨夕之须无得”，但经过辛弃疾的一番整顿之后，不久就“流逋四来，商旅毕集，人情愉愉，上下绥泰”(见崔敦礼《代严子文滁州奠枕楼记》，载《宫教集》卷六)。他开辟了新的市场，命名为繁雄馆，又创建一座奠枕楼，供市民登临游赏，使滁州顿改旧观，呈现了兴旺发达的景象。

淳熙二年(1175)，辛弃疾由仓部郎官出任江西提点刑狱，平定了以赖文政为首的茶商军。四年，他升任荆湖北路安抚使、马步军都总管、知洪州隆兴府。此后又改任湖北、湖南的转运副使。在这一时期内，他曾在南宋王朝的派遣下，镇压了茶民和农民的暴动。辛弃疾当然不可能对这种暴动的正义性有所认识，但作为一个有远见的而且同情人民的政治家，他已经体察到这些事变产生的原因，也知道这种暴动不是单纯用武力所能扑灭的。所以在《淳熙己亥论盗贼札子》中坦率地指出：“田野之民，郡以聚敛害之，县以科率害之，吏以取乞害之，豪民大姓以兼并害之，而又盗贼以剽杀攘夺害之，臣以谓：不去为盗，将安之乎?”他希望皇帝能“深思致盗之由，讲求弭盗之术，无恃其有平盗之兵”。这些意见证明，辛弃疾虽然执行了朝廷所交给他的镇压那些反抗朝廷的群众的任务，但他并不完全同意这种做法，这样，辛弃疾就将自己和统治阶级中一般的将军们区别开来了。从淳熙六年(1179)到七年，辛弃疾在湖南和江西安抚使任内，也做了许多有益于人民的工作，特别是训练新军和举办荒政，成效卓著。他在湖南创建的飞虎军，是一支国防劲旅，在其后的四十年中，在北方边防上发挥了重要的作用。然而，辛弃疾在地方上大刀阔斧地进行的整顿改革，却引起了豪强和一些官僚的不满。淳熙八年冬，谏官王蔺诬告他“用钱如泥沙，杀人如草芥①”，使他遭到了罢官的处分。

在这之前，辛弃疾已经感到“生平则刚拙自信，年来不为众人所容，顾恐言未脱口而祸不旋踵”(《论盗贼札子》)。事实上也正是如此，他在各地任内所推行的一些政令，如果是对人民有利的，那在客观效果上就不能不抑制地方的豪强，妨碍某些特权阶级的利益。这种矛盾是不可避免的。在被削职之后，他就立刻回到了事先在江西上饶买好的庄园里。这地方名叫带湖，有一大片土地。他认为，“人生在勤，当以力田为先”(《宋史》本传)，因此便把新造的房子题名为稼轩，并自号为稼轩居士。自淳熙九年(1182)以后，除了绍熙三年(1192)和四年曾一度出任福建提点刑狱和安抚使之外，前后共有十八年之久，辛弃疾一直退居江西。前十年住在带湖，庆元二年(1196)以后的八年则迁居于铅山县的瓢泉。

辛弃疾被罢官时只有四十二岁。青年时代曾经跃马横戈，壮年时代曾经理繁治剧的英雄人物，在四十岁刚出头就被迫退隐，这难道不是命运对于他的嘲弄吗？在带湖和瓢泉，辛弃疾开始更广阔地和更深刻地注视着人生，也很自然地产生了一些更其复杂的思想感情，这都表现在他的词作中。他和韩元吉、范开等唱和，特别是与陈亮在鹅湖相会，都写出了一系列奋发激越、寓意高远的作品。这是辛弃疾从事文学创作的高潮时期。这一时期的作品奠定了他在文学史上的地位。

---

① 语见《宋史》本传，但误将此事系于绍熙五年，据邓广铭《辛稼轩先生年谱》考定，当为淳熙八年冬。

宁宗嘉泰三年(1203),辛弃疾已经六十四岁了,朝廷忽然起用他为两浙东路安抚使,出知绍兴府。这主要是因为宰相韩侂胄正想发动北伐,为了笼络著名的主战派以博取时誉,所以有此任命。在抗金大业上,辛弃疾是赞同韩侂胄的,虽然明明知道韩侂胄并不是一个可以共事的人,但想到自己已届老年而报国无门,这次既然有机会参与恢复大计,便也应召出山了。他到绍兴后,特地拜访了七十九岁高龄的爱国诗人陆游,常相往来。嘉泰四年皇帝召见他时,陆游还写了一首长诗《送辛幼安殿撰造朝》,诗中高度赞扬他的文学才华和政治魄力,勉励他担当复兴的重任。辛弃疾入朝后,"言敌国必乱必亡,愿属元老大臣预为应变计"(见《宋史·韩侂胄传》)。他指出必须做好充分的准备,不可草率冒进,但韩侂胄并不肯信用他,却把他改任为镇江知府。为了配合备战,他到镇江后在训练部队、侦察敌情、储备物资等方面做了很多工作。可惜为时不过两年,他又被人诬告而丢了官。开禧元年(1205)七月,他回到铅山瓢泉,他为恢复事业所做的最后努力和希望仍然落空了。而韩侂胄急功好利,在准备不足的情况下于次年出兵,结果是大败而归,丧师辱国。当时竟有人因为他曾接近韩侂胄而攻击他。他不胜感慨地说:"侂胄岂能用稼轩以立功名乎?稼轩岂肯依侂胄以求富贵者乎?"(见谢枋得《祭辛稼轩先生墓记》)这些话是沉痛的、悲凉的。开禧三年(1207)秋,这位杰出的爱国者以六十八岁之年病逝于铅山,抱恨入地,赍志以殁。

辛弃疾的经历又一次地显示了一个优秀人物在那个可悲的时代里走完他被迫无为的道路的完整过程。他是一个富有爱国思想的战士,也是一个有远见有才能的政治家。诚如钱士升所云:"使稼轩得握生杀之权,予之以不中制之任,忠义慷慨,必能鼓舞一世。进则为折冲,退则为保障,精采规模,自有大可观者。"(《南宋书·辛弃疾传论》)但他却受到南宋统治集团的排挤打击,"入仕五十年,在朝不过老从官,在外不过江南一连帅"(谢枋得《祭辛稼轩先生墓记》)。这不只是他个人的悲剧,也正是那个时代的悲剧。幸而他的才华在文学上表现了出来。作为一个大词人,辛弃疾在自己的创作中展示了时代悲剧,也反映了他自己昂扬的战斗意志,教育了当代和后代的读者。

辛弃疾死后一百多年，张埜经过江西铅山的辛氏坟地，写了一言《水龙吟·酹辛稼轩墓》：

岭头一片青山，可能埋没凌云气？遐方异域，当年滴尽，英雄清泪。星斗撑肠，云烟盈纸，纵横游戏。谩人间留得，阳春白雪，千载下，无人继。　不见戟门华第，见萧萧竹枯松悴。问谁料理，带湖烟景，瓢泉风味。万里中原，不堪回首，人生如寄！且临风高唱，逍遥旧曲，为先生酹。

这首词写出了辛弃疾既是战士又是词人的精神风貌，并充分反映了后人对于他的追怀和仰慕。

辛弃疾的著作　辛弃疾除了工于填词外，诗歌和散文也写得很好。据刘克庄《辛稼轩集序》记载："辛公文墨议论尤英伟磊落"，"世之知公者，诵其诗词"。元人抄本《诗渊》所录辛诗均标明出自《宋稼轩集》，可知辛弃疾的作品原已成集，收有诗歌。此外，《宋史·艺文志》曾著录《稼轩奏议》一卷。可惜自明代以后，这些本子都湮没失传了。直到清朝嘉庆年间，辛启泰才注意收集其遗文佚诗，编成《稼轩集抄存》一书，但其中有误收，有缺失，邓广铭先生重加厘定，剔除误收，更进一步从《诗渊》等文献中补录校订，完成《辛稼轩诗文钞存》一书，得诗一百二十四首，散文十七篇，为研究辛弃疾的思想和创作道路提供了方便。

辛弃疾的诗风略近其词。如《送别湖南部曲》：

青衫匹马万人呼，幕府当年急急符。愧我明珠成薏苡，负君赤手缚於菟。观书到老眼如镜，论事惊人胆满躯。万里云霄送君去，不妨风雨破吾庐。

刘克庄《后村诗话》后集卷二认为"此篇悲壮雄迈，惜为长短句所掩"。此外，他还有一些写景寓意的诗，也是言之有物，不作无病之呻的：

书窗夜生白，城角晓增悲。未奏蔡州捷，且歌梁苑诗。餐毡怀雁使，无酒羡羔儿，农事勤忧国，明年喜可知。

——《咏雪》

三峰一一青如削，卓立千寻不可干。正直相扶无倚傍，撑持天地与人看。

——《江郎山和韵》

辛弃疾的政论文风格近于苏氏父子，见事明审，说理透辟，气势凌厉，所以刘克庄认为他是继承了苏洵《权书》、《衡论》的文风。试看《九议》第一篇中的前两段：

恢复之道甚简且易，不为则已，为则必成。然而某有大患：天下智勇之士未可得而使也。人固有以言为智勇者，有以貌为智勇者，又有以气为智勇者。言与貌为智勇，是欺其上之人，求售其身者也，其中未必有也；以气为智勇，是真足办天下之事而不肯以身就人者，叩之而后应，迫之而后动，度其上之人果足以有为，于是乎出而任天下之事，其规模素定，不求合于人者。

且恢复之事，为祖宗、为社稷、为生民而已，此亦明主所与天下智勇之士之所共也，顾岂吾主吾相之私哉。然而特怵于天下之士不乐于吾之说，故切切然议之，遂使小人乘间投隙，持一偏可喜之论以谋己私利，上之人幸其不徇流俗而肯为是论也，亦稍稍而听之，故施于事者或骇，用于兵者有未可知。此某之所以为大患欤。

辛弃疾的词现存六百多首，是宋代词人中作品最多的一家。他的词集有两种版本，第一种是四卷本，称为《稼轩词》，分甲乙丙丁四集，在辛弃疾生前就编成了。《直斋书录解题》及《文献通考·经籍考》均曾著录，现有涵芬楼影印本。另一种是十二卷本，称为《稼轩长短句》，是辛氏去世后编成的，共收词五百七十三首。《直斋书录解题》中所说信州本十二卷，

《宋史·艺文志》著录《辛弃疾长短句》十二卷，就是指的这个系统的本子，现在传世的有元成宗大德三年(1299)广信书院的刻本，这是辛词中较为完备的版本，现有中华书局影印本行世。以四卷本与十二卷本相比较，彼此都有传世的价值。四卷本所收辛词虽然不全，但其中题语和小序等未经改动，其中甲集并带有编年的意味；十二卷本收词较全，以词调长短为次，同调之词集中汇录，但题语及词中字句多经改动，在修辞上则较胜于四卷本，可能是辛氏晚年自己改定的。

但这两个本子所收辛词也还有遗漏。辛启泰从《永乐大典》等文献中已辑得三十六首，其后朱祖谋、梁启超和启勋兄弟、唐圭璋又有所增补。邓广铭撰《稼轩词编年笺注》，将四卷本、十二卷本和"补遗"合为一集，去其重复，另行辑佚考订，共收辛词六百二十六首，是现在较完善的本子。(按：依据辑佚新发现，辛词共为六百二十九首。)

第二节　辛词的独创性

辛弃疾的词，在质量上很高，在数量上也很多。对于创作问题，他没有留下多少意见，但从其个别词句中，我们可以知道，他反对那些无病呻吟和吟风弄月的作品，所以说："老无情味到篇章，诗债怕人索；却笑近来林下，有许多词客。"(《好事近·和城中诸友韵》)他也反对那些只写个人感情，不注意社会生活的作品，所以说："人散后，月明时，试弹《幽愤》泪空垂。不如却付骚人手，留和《南风》解愠诗"(《鹧鸪天·徐衡中抚干惠琴不受》)。同时，在另外一些记载中，我们也可以知道，他是一个写作得很快，但是又肯反复修改自己作品的人。岳珂《桯史》卷三载，辛氏在有一次宴席上曾自诵《贺新郎》、《永遇乐》两首词，"遍问客，必使摘其疵"。青年岳珂表示愿意提点意见，"稼轩喜促膝，亟使毕其说"。岳珂指出《贺新郎》首尾语句雷同，《永遇乐》用典太多，他听了很高兴，就根据岳珂的意见，反复地进行修改，"日数十易，屡月犹未竟"。这些零星的记事使我们认识到：辛弃疾确是一位具有进步的文艺观点、富有才华而又很谦逊的作家。

不平凡的生活以及坚强、勇敢、淡泊而又乐观的性格给辛弃疾的创作提供了异常丰富的内容，同时，这种内容也要求着与之相适应的独特的形式。于是，辛弃疾将我们带进了词史上一个新的时代，同时也显示了他自己作品的独创性。

爱国思想和战斗精神　辛弃疾在词史上开辟了一个新的时代，具体表现在他的创作给与了我们许多另外一些词人所没有能给与我们的，或至少没有能那么丰富地给与我们的东西。同时，词人这种慷慨的给与，又是通过了他独特的艺术手段来完成的。这就使读者不只是从他的创作中受到了思想教育，也获得了丰富的美感。

在现存辛词中，没有留下他早年直接描写自己参加义军那段生活经历的作品，这是非常可惜的。所幸的是在另外一些词作中，他却通过对于往事的回忆，画出了自己青年时代的面影：

> 落日塞尘起，胡骑猎清秋。汉家组练十万，列舰耸层楼。谁道投鞭飞渡，忆昔鸣髇血污，风雨佛狸愁。季子正年少，匹马黑貂裘。
> 今老矣，搔白首，过扬州。倦游欲去江上，手种橘千头。二客东南名胜，万卷诗书事业，尝试与君谋。莫射南山虎，直觅富民侯。
>
> ——《水调歌头·舟次扬州，和人韵》

> 壮岁旌旗拥万夫，锦襜突骑渡江初。燕兵夜娖银胡𬮟，汉箭朝飞金仆姑。　　追往事，叹今吾，春风不染白髭须。都将万字平戎策，换得东家种树书。
>
> ——《鹧鸪天·有客慨然谈功名，因追念少年时事，戏作》

这两首词都是怀旧伤今之作，如实地描写了词人对青年时代战斗生活的回忆和向往。绍兴三十一年(1161)，虞允文采石之捷使词人多年后仍为之神往。那一次战役奇迹般地挫折了金主亮的凶焰。长江上战舰林立，军容很盛。而辛弃疾恰好是在胜利之后被耿京派到南京来的。这位才从北方沦陷区过来的青年，面对着这样激动人心的胜利，面对着这支击溃了敌人的英雄队伍，又怎么能不兴奋呢？《水调歌头》上片中所写的，正是这样一种情景。词人虽然只用“季子正年少，匹马黑貂裘”这样简单的两句来描写自己的外形，但联系到整个的画面，我们确实感觉得到他的雄姿英发。至于《鹧鸪天》的上片，则是辛弃疾由起义到归宋那一段生活的抒情性的概括。义军声势的浩大，双方战斗的紧张，南归时场面的惊险，在短短的四句中，都给鲜明地表现出来了。但如我们所已经知道的，词人将整个生命献给抗金斗争的愿望并没有能实现，相反地，他在更多的岁月里，过的却是陆游在《病起》诗中所感叹的“志士凄凉闲处老”那种难堪的生活，这两首词下片所写的，也正是如此。这样，老去的辛弃疾就不只是对早年战斗生活表示无限的追怀，愿意永远保持着对于它的鲜明记忆，而且还往往以想像来补充它，丰富它。如像他写给好友陈亮的一首小词，可以说就是在这种心情之下产生的：

> 醉里挑灯看剑，梦回吹角连营。八百里分麾下炙，五十弦翻塞外声，沙场秋点兵。　　马作的卢飞快，弓如霹雳弦惊。了却君王天下事，赢得生前身后名，可怜白发生。
>
> ——《破阵子·为陈同甫赋壮语以寄之》

在这首词里，辛弃疾以纳须弥于芥子的手段，描写了抗金部队非常壮阔的斗争图景，以及和陈亮所共同具有的豪迈情怀。上片追叙年轻时在山东义军中驰骋沙场抗击金兵的英雄气概和战斗经历，下片抒发了当时为国立功的远大抱负，但是，他恢复河山的理想却被“可怜白发生”的现实碾碎了。这最后一句极其沉痛，充满了无可奈何的悲愤之情。

早年的战斗生活是辛弃疾的政治事业和文学事业的起点。它锻炼了词人的性格和感情。对于在耿京义军中战斗生活的回忆和向往的词篇，是辛弃疾创作中爱国精神表现的一个重要方面。

辛弃疾始终是以一个生活的积极干预者的身份出现在人生舞台上的。南归以后，虽然被人屡次地、长期地排挤，但他并没有放弃自己作为一个政治家和作家应尽的责任，相反地，却是“不平之鸣，随处辄发”（周济

《介存斋论词杂著》)。通过各种不同的主题和表现手段,他成功地抒发着自己的政治感情,从而顽强地宣传了自己的政治见解。如:

老来情味减,对别酒,怯流年。况屈指中秋,十分好月,不照人圆。无情水,都不管,共西风只管送归船。秋晚莼鲈江上,夜深儿女灯前。　　征衫便好去朝天,玉殿正思贤。想夜半承明,留教视草;却遣筹边。长安故人问我,道愁肠殢酒只依然。目断秋霄落雁,醉来时响空弦。

——《木兰花慢·滁州送范倅》

渡江天马南来,几人真是经纶手?长安父老,新亭风景,可怜依旧。夷甫诸人,神州沉陆,几曾回首!算平戎万里,功名本是,真儒事,公知否?　　况有文章山斗,对桐阴,满庭清昼。当年堕地,而今试看,风云奔走。绿野风烟,平泉草木,东山歌酒。待他年,整顿乾坤事了,为先生寿。

——《水龙吟·甲辰岁寿韩南涧尚书》

绿树听鹈鴂。更那堪、鹧鸪声住,杜鹃声切。啼到春归无寻处,苦恨芳菲都歇。算未抵、人间离别。马上琵琶关塞黑,更长门、翠辇辞金阙。看燕燕,送归妾。　　将军百战身名裂。向河梁、回头万里,故人长绝。易水萧萧西风冷,满座衣冠似雪,正壮士、悲歌未彻。啼鸟还知如许恨,料不啼、清泪长啼血。谁共我,醉明月。

——《贺新郎·别茂嘉十二弟》

这三篇赠人之作,其对象的具体情况各不相同,作者对这些情况的感受也不一样。但它们之间却有一个容易察觉的、基本的共同点:在这些作品里,辛弃疾力图以自己的战斗精神影响他的友人和亲人。

《木兰花慢》是乾道八年(1172)秋作者在滁州任上为送别通判范昂赴临安而作。范昂一向和他相处得很好,这次被召赴京,作者对他寄予了殷切的期望，祝愿他受到朝廷的重用，能够参与军事筹划，为恢复大业作出贡献。江上莼鲈，灯前儿女，诚然是令人留恋的，但视草筹边，不更是需要人吗？词中最后透露了自己的抑郁之情。因为滞留滁州，虽然也可以小试牛刀，可对于自己所追求的事业，却还是距离太远了。

辛弃疾闲居上饶期间，韩元吉也住在那里。《水龙吟》就是他在淳熙十一年(1184)写来祝贺他的这位好友六十六岁寿辰的。韩元吉也是一位爱国志士。正因为所祝贺的是这样一个人，所以词中激励之情，更多于祝贺。辛弃疾要求他的好友像历史上杰出的政治家裴度、李德裕、谢安等人一样，为国家建功立业，功成然后身退。他坚信中原能恢复，国家能统一，“整顿乾坤”是他终生的奋斗目标，而在词中则提出这一点来与韩元吉共勉。这篇作品不仅体现了词人的豪情壮志，也反映了辛、韩两人深挚的交谊。它和南宋时代已经泛滥起来的庸俗应酬的寿词有着根本的区别。

与上述两篇不同，辛弃疾在《贺新郎》中并没有正面宣传自己的主张，他只是出其全力来描写他和族弟茂嘉的离别之恨，从而曲折地体现了他的忧国之情。此词写于庆元三年(1197)闲居铅山时期，其中运用了江淹《别赋》的手法，描绘了古来五个有代表性的离别悲剧，熔铸成一幅惊心动魄的人间离别图，风格沉郁苍凉，笔势跳跃动荡，给予读者以强烈的感受。在刘过的《龙洲词》中，有一首题为《送辛幼安弟赴桂林官》的《沁园春》，其中写道：“正三齐盗起，两河民散；势倾似土，国泛如杯。猛士云飞，狂朋灰灭，机会之来人共知。何为者？望桂林西去，一骑星驰。”如果刘词中的辛弟所指就是茂嘉，那么，辛弃疾这一次的别恨何以有如此之深，便不难理解了。他惋惜的不是和族弟的分别，而是这位有志于恢复大业的族弟正当有机会北击狂胡之时，朝廷却反而将他从北方南调，丧失了投身于这种英雄事业的可能性。自然，这首词所具有的史实基础，一定比现在知道的要丰富得多。但即使我们对它的本事毫无所知，也能在词人悲壮慷慨的声音里察觉到：使他感到如此激动的，乃是一种深厚的政治感情，而决不是寻常的单纯的“人间离别”。

辛弃疾这种深厚的政治感情，是作为一种基调而反复出现在其全部创作中的。因此，它不仅表现在如上所举的一些赠答唱酬的篇章中，而更多地是表现在广阔多样的题材里。如《菩萨蛮·书江西造口壁》，就是他抒发这种感情非常成功的作品之一：

> 郁孤台下清江水，中间多少行人泪！西北望长安，可怜无数山。青山遮不住，毕竟东流去。江晚正愁余，山深闻鹧鸪。

此词写于淳熙三年(1176)春，当时作者任江西提点刑狱公事，驻赣州。郁孤台在赣州西北角文璧山上，赣江由此流经万安县的造口，朝东北方向入鄱阳湖。建炎三年(1129)十月，正当南宋政权初建，局势很不稳定的时候，金兀术分兵南下，东路攻陷临安，并向逃往浙江的高宗追击，西路则沿赣江穷追隆祐太后(即哲宗的孟后，高宗的婶母)，直到江西造口一带。四十多年后，辛弃疾来到了这烙上了羞耻的印记的地方，抚今追昔，就填了这首词。上片从赣江的流水联想到人民遭受苦难的血泪，对沦陷的北方领土和抗战军民表示了深切的怀念。虽然字面上并未直接提出金兵穷追隆祐太后的史实，然而在点明地方的起句之后，紧接着写了一句饱含忧愤的"中间多少行人泪"，就使得读者对于词人的言外之意完全理解了。敌人的南犯，乃是汴京倾覆的结果。但过了几十年，长安(指汴京)仍然是可望而不可即，这就更不能不引起他的无限感叹。下片即景抒情，青山虽然能遮断人们瞭望中原故都的视线，又怎能挡住赣江的奔流呢？大江东去，正如不可抗拒的历史潮流，人民抗战的意志是不可阻挡的。词人最后以鹧鸪"其志怀南"的形象和"但南不北"的鸣声比喻自己①，隐喻阻碍虽多，而自己力图恢复的主张绝不改变。此词在健拔的笔锋中掺和着极为含蓄的感叹情调，具有一种特别沉雄的风格。

和《菩萨蛮》的主题近似的，还有以京口北固亭为题的两首：

> 千古江山，英雄无觅，孙仲谋处。舞榭歌台，风流总被，雨打风吹

---

① 关于鹧鸪怀南的传说，见《太平御览》卷九百三十五引汉杨孚《异物志》。

去。斜阳草树，寻常巷陌，人道寄奴曾住。想当年，金戈铁马，气吞万里如虎。　　元嘉草草，封狼居胥，赢得仓皇北顾。四十三年，望中犹记，烽火扬州路。可堪回首，佛狸祠下，一片神鸦社鼓。凭谁问，廉颇老矣，尚能饭否？

——《永遇乐·京口北固亭怀古》

何处望神州？满眼风光北固楼。千古兴亡多少事，悠悠，不尽长江滚滚流。　　年少万兜鍪，坐断东南战未休。天下英雄谁敌手？曹刘，生子当如孙仲谋。

——《南乡子·登京口北固亭有怀》

嘉泰四年(1204)，辛弃疾以六十五岁的高龄出知镇江府，希望能为祖国的统一事业作出最后的努力。这两首词就是这个时候写的。镇江(京口)是长江下游的军事重镇，形势冲要，自来为兵家必争之地。北固山濒临大江，以险固得名，三国时代，与曹魏争衡的孙权曾在这里屯兵。南北朝时代，曾经北伐中原取得胜利的宋武帝刘裕也是在这里起家的；但刘裕的儿子文帝在没有充分准备的情况下举兵伐魏，结果被打败了，北魏太武帝佛狸反攻过来，曾一直进到镇江对岸的瓜洲。到了南宋绍兴三十一年(1161)，金主亮攻陷扬州直逼采石，又使得镇江一度面临严重的危机，幸亏虞允文在采石矶打了一个大胜仗，才解除了敌人的威胁。而作者自己也正是那时候初次来到南方，如他在《水调歌头》(“落日塞尘起”)中所描写的。这些旧事，远的已有千年，近的也快半个世纪了，但在作者的脑海中都被这一座饱经沧桑的名城联系了起来。命运有点和廉颇一样的迟暮的英雄辛弃疾，当他想起这一切的时候，又怎么能不引起无限沉重的成败兴亡之感呢？《南乡子》中用曹操、刘备和孙权对照，突出地歌颂了孙权能够保卫东南，战胜强敌。明显地含有借古喻今的意味。这两首词，和一般的怀古作品不同，词人在这里抒发的，不是对往昔如梦的繁华的惦念以及由之而产生的淡淡的哀愁，而是对正义斗争的胜利和“气吞万里如虎”的英雄的热烈向往，对自己长期受到抑制的慷慨壮怀的有力宣泄，风格明快，情调昂扬，充满了鼓舞人心的力量。

辛弃疾由于自己的救国抱负不能伸展，所以作品中经常流露出勃郁不平之气。享年六十八岁的辛弃疾是二十三岁回到南方的，他事实上只在南宋生活了四十五年。而在这四十五年当中，又整整有十八年被迫在江西隐居。在另外的二十余年中，虽然出任一些大小官职，但能够畅行其志的时候也极少，遭到打击的时候却很多。可以说，他基本上是在无所遇合、无所作为的环境中度过了他一生的。作为一个爱国者，对于这种情况，他不能不感到苦闷、愤慨、寂寞；作为一个词人，他不能不将这种苦闷、愤慨和寂寞反映在自己的作品中。于是，跟其前辈王安石、同辈陆游一样，他写了许多寓悲壮于闲淡中的歌词：

> 楚天千里清秋，水随天去秋无际。遥岑远目，献愁供恨，玉簪螺髻。落日楼头，断鸿声里，江南游子，把吴钩看了，栏杆拍遍，无人会，登临意。　　休说鲈鱼堪鲙，尽西风、季鹰归未？求田问舍，怕应羞见，刘郎才气。可惜流年，忧愁风雨，树犹如此！倩何人唤取，红巾翠袖，揾英雄泪！
>
> ——《水龙吟·登建康赏心亭》

> 举头西北浮云，倚天万里须长剑。人言此地，夜深长见，斗牛光焰。我觉山高，潭空水冷，月明星淡。待燃犀下看，凭栏却怕，风雷怒，鱼龙惨。　　峡束苍江对起，过危楼，欲飞还敛。元龙老矣，不妨高卧，冰壶凉簟。千古兴亡，百年悲笑，一时登览。问何人又卸，片帆沙岸，系斜阳缆？
>
> ——《水龙吟·过南剑双溪楼》

将这两篇《水龙吟》放在一起考察，发人深思。前一篇大约写于淳熙元年(1174)。作者本是意气风发的抗金战士，自从二十三岁南归以来，至此已过去了十二年。尽管他多次向朝廷提出收复失地的意见，但始终没有得到重视和采纳。现在登高望远，想起北方沦陷的广大国土，不由他不激动得伤心落泪。因为即使是在这种报国无路的情况下，他也仍然关怀国家的存亡。而对于那些贪图个人享乐，一味地求田问舍的庸人则不能不加以鄙视。最后，词人发出了感到寂寞同时又以激越之情去抗拒寂寞的声音。后一篇写于他卸任福建安抚使以后，这时是绍熙五年(1194)，作者已五十五岁了。安抚使不失为一个可以一试身手的官职，但辛弃疾到福建不过两年多，却仍然遭到排挤，被诬告而落职。在归附上饶的途中，他登览了南剑州的双溪楼。故老相传，楼前的潭水在夜间常常现出宝剑的光华。这一传说吸引着他，使他沉入了非常奇幻的想象里。他想取出潭中的宝剑去扫荡金兵，收复国土，可又害怕“风雷怒，鱼龙惨”。这种想象，事实上正是他的激情在现实生活中受到压抑的曲折反映。所以他接着就清醒地指出：面对着投降派的打击迫害，他只有自甘淡薄凄清，高卧百尺楼头而已！这同样是一种抗拒寂寞的声音，但它却发之于辛弃疾久历沧桑、饱经忧患之后，因而更其悲壮苍凉。这两篇所表现的忧念国事的思想感情是完全一致的，但风格却有一些细微的差别。

艺术手段和艺术特色　以上简略地加以论述的一些作品，在艺术上有一个基本的共同点，即它们大都是以直陈其事的赋体来写的。可是，这并不意味着辛词的表现手法只限于这一个方面。实际上，比兴也是他常用的。如《摸鱼儿·淳熙己亥自湖北漕移湖南，同官王正之置酒小山亭，为赋》：

> 更能消、几番风雨，匆匆春又归去。惜春常怕花开早，何况落红无数。春且住，见说道、天涯芳草无归路。怨春不语，算只有殷勤画檐蛛网，尽日惹飞絮。　　长门事，准拟佳期又误。蛾眉曾有人妒。千金纵买相如赋，脉脉此情谁诉？君莫舞，君不见，玉环飞燕皆尘土！闲愁最苦。休去倚危栏，斜阳正在，烟柳断肠处。

这首词，上片写自己对春天消逝的惋惜，下片写宫廷妇女失宠后的幽怨。这两种情事本来没有必然的联系，但经作者熔铸成为一个整体，其令人怅惋之情就更加突出了。据罗大经《鹤林玉露》记载，孝宗看到了这首词后，很不高兴。① 这是什么缘故呢？原来，这位皇帝也看出了《摸鱼儿》是用比兴的手法创作的。词中对春光零落的惋惜，也就是对国事衰微的惋惜；对陈皇后失宠于汉武帝的慨叹，也就是对英雄见弃于朝廷的慨叹。通过惜春、失宠这两种互不相同但却可以类比的情事，作者将忧国深衷和投闲孤愤都表现了出来。远在战国时代，屈原就已经发出"日月忽其不淹兮，春与秋其代序，谁草木之零落兮，恐美人之迟暮"的咏叹调，辛弃疾继承了这种用美人香草作比的传统，极其深刻地、凄楚地抒写了自己报国无门的身世之感。所以梁启超赞美这首词说："回肠荡气，至于此极，前无古人，后无来者。"（见梁令娴《艺蘅馆词选》丙卷，广东人民出版社 1981 年版）

《摸鱼儿》是辛词中可以肯定为具有深长的言外之意的名作。此外，还有一些篇章也是公认为属于同一类型的。如《汉宫春·立春日》：

春已归来，看美人头上，袅袅春幡。无端风雨，未肯收尽余寒。年时燕子，料今宵，梦到西园。浑未办、黄柑荐酒，更传青韭堆盘。

却笑东风从此，便薰梅染柳，更没些闲。闲时又来镜里，转变朱颜。清愁不断，问何人、会解连环。生怕见、花开花落，朝来寒雁先还。

这首词也是另有寄托的。周济在《宋四家词选》中曾解释说："'春幡'九字，情景已极不堪。燕子犹记年时好梦。'黄柑'、'青韭'，极写宴安酖毒。换头又提动党祸。结用雁与燕激射，却捎带五国城旧恨。辛词之怨，未有甚于此者。"在文艺作品中，形象总是大于思想的。丰富复杂的艺术形象，往往会引起不同的看法和解释。我们不完全同意周济将它的寓意说得这么确凿，但周氏敏感到这首带有感伤情调的词很富于暗示性，它暗示了词人的感伤不只是为了春光易老，良辰不再，这一点仍是值得我们深思的。

---

① 《鹤林玉露》甲编卷一：辛幼安晚春词"更能消、几番风雨"云云，"词意殊怨。'斜阳烟柳'之句，其与'未须愁日暮，天际乍轻阴'者异矣。便在汉、唐，宁不贾种豆、种桃之祸哉？愚闻寿皇（孝宗）见此词，颇不悦，然终不加罪，可谓至德也已。"按："未须"二句，程颐和司马光等禊饮诗，阮阅《诗话总龟后集》卷三十七引《龟山语录》谓其温厚，"闻者自然感动"。

辛弃疾笔下的语言非常丰富，他在突破散文、诗、词等不同样式的语言界限上，比苏轼更为大胆。在他的作品中，我们不仅看到了为前辈作家所使用过的语言和词人自己所提炼的口语，而且还看到了他从群经、子、史、小说中所选择出来的语言。这些风格上存在着显著差别的材料，经过他熔铸以后，就形成了一种富有特色的辛弃疾式的语言，呈现了辛词五光十色的风格。《白雨斋词话》卷七说："辛稼轩词，运用唐人诗句，如淮阴将兵，不以数限，可谓神勇。"这准确地指出了辛氏熔铸书面语言的能力。如《沁园春·带湖新居将成》：

> 三径初成，鹤怨猿惊，稼轩未来。甚云山自许，平生意气；衣冠人笑，抵死尘埃。意倦须还，身闲贵早，岂为莼羹鲈鲙哉！秋江上、看惊弦雁避，骇浪船回。　　东岗更葺茅斋，好都把、轩窗临水开。要小舟行钓，先应种柳；疏篱护竹，莫碍观梅。秋菊堪餐，春兰可佩，留待先生手自栽。沉吟久，怕君恩未许，此意徘徊。

这是词人发自内心深处的自白。他在带湖营建园田住宅，正和江上的雁和船一样，只是为了躲避弓箭与风浪。既然国家大事插不上手，荣华富贵之于自己又正如腐鼠之于鹓雏，那么，又何必老是在崎岖的仕途上奔波呢？还不如归隐吧！这，原是他预感到不为庸人所容时一种无可奈何的想法和做法。然而祖国和人民却不断地在召唤着他，所以他既感到不能使"鹤怨猿惊"，可又怕"君恩未许"。这就深刻地揭示了他内心矛盾所形成的苦闷和悲愤。这首词的深刻用意是用富有特色的语言表达出来的。它融合汉代蒋诩三径、晋朝张翰莼鲈的故事，《楚辞·离骚》中春兰秋菊，《北山移文》中鹤怨猿惊的成语，以及从口语中提炼出来的明白晓畅而又富于感染力的语言，构成了一个和谐的整体。这正是辛词在这方面具有独特性的一个好例。

内容广泛，风格多样，是辛词的又一特色。在《稼轩词》中，他发抒了人生哲理，幽怨闲情，评量了成败兴亡，刻画了田园山水，而更主要的则是写出了自己爱祖国爱人民的政治激情。对于这位词人来说，凡是可以写进其他文学样式的内容,无一不可写进词里。苏轼是以诗为词,而辛弃疾则可以说是以文为词。词到了他手中,才算是将一切藩篱都抉破了。与广泛的内容相适应,他的笔下出现的风格也是多样的。慷慨雄奇、沉郁苍凉、豪放悲壮之作是其主流,而委婉缠绵、回肠荡气、高朗空灵、清雅平淡之篇,也时时在他笔下出现。辛词能摧刚为柔,柔中有刚,兼擅壮美与柔美,而这种变化,又往往和他生活的变化相关。例如在带湖和瓢泉的十八年隐居生活,对于辛弃疾的英雄事业是一种损失,但对于他的文学事业却并非全然没有益处。在这一段时期中,他熟悉了乡村生活,加深了对农民的感情,也更多地接近了大自然,从而写出了许多优美的田园词,在词中开辟了一个新天地:

茅檐低小,溪上青青草。醉里吴音相媚好,白发谁家翁媪?大儿锄豆溪东,中儿正织鸡笼。最喜小儿亡赖,溪头卧剥莲篷。

——《清平乐·村居》

明月别枝惊鹊,清风半夜鸣蝉。稻花香里说丰年,听取蛙声一片。　　七八个星天外,两三点雨山前。旧时茅店社林边,路转溪桥忽见。

——《西江月·夜行黄沙道中》

叠嶂西驰,万马回旋,众山欲东。正惊湍直下,跳珠倒溅;小桥横截,缺月初弓。老合投闲,天教多事,检校长身十万松。吾庐小,在龙蛇影外,风雨声中。　　争先见面重重。看爽气、朝来三数峰。似谢家子弟,衣冠磊落;相如庭户,车骑雍容。我觉其间,雄深雅健,如对文章太史公。新堤路,问偃湖何日,烟水濛濛?

——《沁园春·灵山齐庵赋,时筑偃湖未成》

《清平乐》和《西江月》是当时比较安定的农村和比较欢快的农民生活的生动写照,笔调清新活泼,浸染了作者爱好大自然的心情。《沁园春》则以雄健的诗句描写了绚烂多姿的自然风物，将起伏的群山和参天的长松比作万马回旋的战场和太史公雄深雅健的文章。这体现了作者生活与思想的开阔和艺术上不拘一格的创造。刘辰翁对于辛词，特别注意这种流连光景的作品。在《辛稼轩词序》中，他说："斯人北来，喑呜鸷悍，欲何为者？而谗摈销沮，白发横生，亦如刘越石，陷绝失望，花时中酒，托之陶写，淋漓慷慨，此意何可复道？而或者以流连光景、志业之终恨之，岂可向痴人说梦哉！"这一精辟的见解，乃是我们理解辛弃疾这类作品的钥匙。我们不仅能从其中认识到这些貌似消极的作品的积极意义，也可从其中认识辛词题材风格的复杂性。

关于辛词的题材风格复杂性这一点，刘克庄也曾有过很好的意见，他说："公所作大声鞺鞳，小声铿鍧，横绝六合，扫空万古，自有苍生以来所无。其秾纤绵密者，亦不在小晏、秦郎之下。"（《辛稼轩集序》）这段话告诉我们，必须全面地了解辛弃疾这位作家。事实上，彭孙遹《金粟词话》所赞赏的"激昂排宕，不可一世"，固然是豪放派辛词最基本的风格特征，但这绝不意味着他没有缠绵悱恻的婉约之作，辛弃疾本是一位集英雄豪气与儿女柔情于一身的人物，所以他在"无人会登临意"的时候，会出人意外地想到要"唤取红巾翠袖揾英雄泪"。这种既豪迈又秾丽的艺术特色，可能与贺铸有些渊源。像下面的一些作品，就可以明显地看出他表达儿女之情的成就：

> 宝钗分，桃叶渡，烟柳暗南浦。怕上层楼，十日九风雨。断肠片片飞红，都无人管，更谁劝啼莺声住！　　鬓边觑，试把花卜归期，才簪又重数。罗帐灯昏，哽咽梦中语：是他春带愁来，春归何处，却不解、带将愁去！
>
> ——《祝英台近·晚春》

> 野棠花落，又匆匆过了，清明时节。刬地东风欺客梦，一枕云屏寒怯。曲岸持觞，垂杨系马，此地曾轻别。楼空人去，旧游飞燕能说。　　闻道绮陌东头，行人曾见，帘底纤纤月。旧恨春江流不尽，新恨

云山千叠。料得明朝，尊前重见，镜里花难折。也应惊问：近来多少华发？

——《念奴娇·书东流村壁》

《祝英台近》代一位女子自述伤春伤别之情，十分宛转凄惶，惊人地表现了作者对于女性心理和口吻的深刻把握。所以沈谦《填词杂说》曾说：“稼轩词以激扬奋厉为工，至‘宝钗分，桃叶渡’一曲，昵狎温柔，魂销意尽，才人伎俩，真不可测。”《念奴娇》在秾丽婉约之中仍兼有豪逸英俊的本色，词中写他旧地重游，勾起了对往事的回忆，可是楼空人去，镜花难折，剩下的便只有自己的迟暮之感了。全词风格刚柔相济，于婉约中参以豪放。这首《念奴娇》是如此，前举《摸鱼儿》和《汉宫春》也是如此。这种特色，一般地并不表现在对辛弃疾说来是本色的豪放之作中，而是表现在对于他来说是变腔的婉约之作中，因为辛词最主要的风格终究是豪放。

辛弃疾在词史上是一位划时代的作家。正如《四库全书总目》卷一百九十八《稼轩词》提要所云：“其词慷慨纵横，有不可一世之概，于倚声家为变调，而异军特起，能于翦红刻翠之外，屹然别立一宗。迄今不废。”他的成就不仅影响了南宋的爱国词坛，而且一直影响到晚清和现代。当然，他在思想上也具有一般封建士大夫的弱点；艺术上有时也不免矜才使气，或滥用典故，但这些比起他的贡献来，终究是次要的。

第三节　辛派词人

与辛弃疾同时的作家们　辛弃疾的艺术实践给词坛带来了深远的影响。他启发了作家们如何从事生活实践，从而使自己的作品为进步的政治理想服务；如何从事艺术实践，从而打破传统的束缚，有胆有识地进行创造性的新变。

关于辛词的成就和影响，周济曾说：“苏、辛并称，东坡天趣独到处，殆成绝诣，而苦不经意，完璧甚少。稼轩则沉着痛快，有辙可循，南宋诸公，无不传其衣钵，固未可同年而语也。”(《宋四家词选·目录序论》)这指出了辛词在影响上超过了苏词，南宋的豪放派爱国词都是“传其衣钵”者。和辛弃疾同时或稍晚的时代里，受辛词影响的词人约五十多家，著名的如陆游、韩元吉、陈亮、刘过、袁去华、杨炎正、刘仙伦，赵善括、黄机、岳珂、程珌和稍后的刘克庄、戴复古、吴潜、陈人杰、文天祥、刘辰翁等，都在其内。除了陆游的词已在上章论及外，这里先将与辛弃疾同时代的词人择要评介如下：

韩元吉（1118—1187），字无咎，许昌（在今河南省）人，官至吏部尚书，晚年退居上饶信江之南涧，自号为南涧翁。黄昇在《中兴以来绝妙词选》中称赞他“政事文学为一代冠冕”。其著作现存《南涧甲乙稿》二十二卷。其词集曾别行，自题为《焦尾集》，已佚，朱孝臧辑本题为《南涧诗余》。他是积极主张抗金的大臣，乾道九年（1173），他以礼部尚书的身份出使金国，留意敌国内情和中原民心，得出了金兵虽强而人心不附的结论，建议朝廷加强军备，俟机北伐。在沦陷区的汴京，金主曾设宴招待他。他为此百感交集，写了一首题为《汴京赐宴，闻教坊乐有感》的《好事近》，极为沉痛：

凝碧旧池头，一听管弦凄切。多少梨园声在，总不堪华发。
杏花无处避春愁，也傍野烟发。惟有御沟声断，似知人呜咽。

韩元吉晚年乡居期间，正值辛弃疾被迫退隐到带湖。他俩原是建康游宦时期的旧交，又是志同道合的朋友，这时都到了上饶，便更加接近起来。辛弃疾在淳熙十一年（1184）曾写了一首贺词向韩祝寿（已见前引），韩在次年便也步辛词原韵填了一首《水龙吟·寿辛侍郎》：

南风五月江波，使君莫袖平戎手。燕然未勒，渡泸声在，宸衷怀旧。卧占湖山，楼横百尺，诗成千首。正菖蒲叶老，芙蕖香嫩，高门瑞，人知否？　　凉夜光躔牛斗，梦初回，长庚如昼。明年看取，纛旗南下，六骡西走。功画凌烟，万钉宝带，百壶清酒。便留下，剩馥蟠桃分我，作归来寿。（原注：“仆贱生后一日也，故有分我蟠桃之戏。”）

这首词虽系应酬之作，但思想境界较高，词中用窦宪北击匈奴、诸葛南征孟获的故事来比喻抗金大业，激励辛弃疾将来能承担恢复中原的重任，在为国立功以后再归来庆寿。这就不是当年流行的寿词可比了。

我们在第六章中已经介绍过陈亮的生平事迹和散文创作。至于他的《龙川词》，今存七十四首，都是直抒胸臆、意气豪纵之作，所以毛晋《〈龙川词〉跋》赞赏说："读至终卷，不作一妖语媚语。"其名篇如《水调歌头·送章德茂大卿使虏》：

不见南师久，漫说北群空！当场只手，毕竟还我万夫雄。自笑堂堂汉使，得似洋洋河水，依旧只流东。且复穹庐拜，会向藁街逢。

尧之都，舜之壤，禹之封，于中应有，一个半个耻臣戎。万里腥膻如许，千古英灵安在，磅礴几时通？胡运何须问，赫日自当中！

这首词是为送章森使金而作的。作者借此抒发了强烈的民族自豪感和抗战必胜的坚定信心，词旨锐利，就像匕首一样刺向了投降主义者的心窝。他还善于以议论入词，并喜欢用与此相适应的散文化句法，如《念奴娇·登多景楼》：

危楼还望，叹此意、今古几人曾会？鬼设神施，浑认作天限南疆北界。一水横陈，连岗三面，做出争雄势。六朝何事，只成门户私计！

因笑王谢诸人，登高怀远，也学英雄涕。凭却江山，管不到、河洛腥膻无际。正好长驱，不须反顾，寻取中流誓。小儿破贼，势成宁问强对！

这首词写于淳熙十五年(1188)。当时高宗逝世，有志恢复的孝宗即位。作者认为这正是北伐的好机会，于是便前往金陵和京口两处考察军事地形，然后上书给孝宗，指出"京口连岗三面，而大江横陈，江傍极目千里，其势大略如虎之出穴，而非若穴之藏虎也"，"天岂使南方自限于一江之表，而不使与中国而为一哉"(《戊申再上孝宗皇帝书》)。在上书的同时，他写下了这首气壮山河的《念奴娇》，在歌词中发表了同样的议论。向来写怀古词总不免夹杂一些抚今追昔的伤感成分，而陈亮却一扫旧习，以忧时报国之心替代了怀古词中传统的情调。

陈亮在以议论入词，以散文为词，用来表达激昂慷慨的情调这些方面，较辛弃疾有过之而无不及。他俩的思想感情原是共通的，在创作方面也是互相启发、互相影响的。淳熙十五年(1188)，陈亮到铅山瓢泉拜会辛弃疾，两人同游鹅湖，共商抗金恢复的大计。“长歌相答，极论世事”(辛弃疾《祭陈同甫文》)，十分投机。分别以后，辛弃疾填《贺新郎》一词寄赠陈亮，赞扬他是“卧龙诸葛”，希望能共同为国出力。陈亮读后，当即步韵和了一首：

老去凭谁说？看几番、神奇臭腐，夏裘冬葛。父老长安今余几，后死无仇可雪，犹未燥、当时生发。二十五弦多少恨，算世间那有平分月！胡妇弄，汉宫瑟。　　树犹如此堪重别！只使君、从来与我，话头多合。行矣置之无足问，谁换妍皮痴骨？但莫使、伯牙弦绝！九转丹砂牢拾取，管精金、只是寻常铁。龙共虎，应声裂。

——《贺新郎·寄辛幼安，和见怀韵》

此词上片深切地诉说了对国家危难局面的忧虑，以及对中原父老在女真奴隶主统治下悲惨处境的惦念；下片则是对辛弃疾的激励，以寻常铁可以炼就精金的比喻，表达了为实现恢复中原而共同努力的良好祝愿。辛弃疾在收到这首和词后，于次年春天再和寄陈，中有“我最怜君中宵舞，道男儿到死心如铁；看试手，补天裂”诸句，鼓励继续为统一贡献力量。陈亮因此又用原韵写了两首来赠答。其一云：

离乱从头说：爱吾民、金缯不爱，蔓藤累葛。壮气尽消人脆好，冠盖阴山观雪，亏杀我、一星星发！涕出女吴成倒转，问鲁为齐弱何年月？丘也幸，由之瑟。　　斩新换出旗麾别，把当时、一桩大义，拆开收合。据地一呼吾往矣，万里摇肢动骨，这话霸、只成痴绝！天地洪炉谁扇鞴，算于中、安得长坚铁？淝水破，关东裂。

词中愤慨于朝廷不能振作，致使官员萎靡，壮气消尽，而希望“斩新换出旗麾别”，开创一个像淝水之战那样的大获全胜的新局面。接着他又用前韵写了一首，自抒抗战的怀抱和激情。这一组《贺新郎》赠答词共五首，辛写了二首，陈和了三首，构思奇特，层次井然，既唱出了爱国志士的壮烈心声，又显示了他俩诚挚的友谊，虽然在艺术上不无疵病，但仍是不可多得的英雄乐章。

叶适《书〈龙川集〉后》载，陈亮每写成一首词，往往就感慨地说：“平生经济之怀，略已陈矣！”这正说明了他的填词绝不是娱宾遣兴，而是直接披露个人的政治抱负，抒发抗战救国的雄心壮志的。这种创作思想是陈亮词突出地显现政论风格的根本原因。试看《满江红·怀韩子师尚书》：

曾洗乾坤，问何事、雄图顿屈？试着眼、阶除当下，又添英物。北向争衡幽愤在，南来遗恨狂酋失。算凄凉部曲几人存，三之一。诸老尽，郎君出；恩未报，家何恤！念横飞直上，有时还戢。笑我只知存饱暖，感君原不论阶级。休更上百尺旧家楼，尘侵帙。

此词写于淳熙十六年(1189)，作者通过对韩子师之父中兴名将世忠的追怀，赞扬了“曾洗乾坤”的老一辈爱国将领；同时表达了对国家统一的强烈渴望，热望后辈能够继承先烈未竟之志，担当起恢复中原的重任。在这里，作者把改变屈辱苟安的局面和统一中原的大业寄希望于一代新人的身上。

陈亮也颇善于引用通常的口语来填词。他在《与郑景元提干书》中说：“欲为一世故旧朋友作近拍词三十阕，以创见于后来。本之以方言俚语，杂之以街谈巷歌，抟搦义理，劫剥经传，而卒归之曲子之律，可以奉百世豪英一笑。”这三十首词不知道后来做成了没有，但集中如《三部乐·七月送丘宗卿使虏》，即是以平常口语入词的好例：

小屈穹庐，但二满三平，共劳均佚。人中龙虎，本为明时而出。只合是端坐王朝，看指挥整办，扫荡飘忽。也持汉节，聊过旧家宫室。

西风又还带暑，把征衫著上，有时披拂。休将看花泪眼，闻弦酸骨。对遗民有如皎日，行万里依然故物。入奏几策，天下里，终定于一。

作于绍熙元年(1190)的这首词，通篇接近口语，其中“二满三平”是当时的俚语。陈昉《颍川语小》卷下云：“俗言‘三平二满’，盖三遇平，二遇满，皆平稳得过之日。”黄庭坚《四休居士诗序》也说：“三平二满过即休。”宋人以方言俚语、街谈巷歌入词的不少，但像陈亮这样公然提倡的，却不多见。这种主张对于后来文士插手远比歌词更为俚俗的南北曲，应当是不无影响的。我们知道，比陈亮迟生约半个世纪的元好问，集中已有散曲小令了。

龙川词多用赋体，但其运用比兴手法所写的词，也有极为成功的，如《水龙吟·春恨》：

闹花深处层楼，画帘半卷东风软。春归翠陌，平莎茸嫩，垂杨金浅。迟日催花，淡云阁雨，轻寒轻暖。恨芳菲世界，游人未赏，都付与，莺和燕。　　寂寞凭高念远，向南楼一声归雁。金钗斗草，青丝勒马，风流云散。罗绶分香，翠绡封泪，几多幽怨！正销魂，又是疏烟淡月，子规声断。

这首词就是用伤春惜别来隐喻对于国事的忧虑，《艺概》卷四评云：“同甫《水龙吟》云：‘恨芳菲世界，游人未赏，都付与，莺和燕。’言近指远，直有宗留守大呼渡河之意。”《蓼园词选》也说：“‘念远’者，念中原也；‘一声归雁’谓边信至，乐者自乐，忧者徒忧也。”足见陈亮和辛弃疾一样，也有寄托遥深之作。

刘过(1154—1206)，字改之，号龙洲道人，吉州太和(在今江西省)人。“少有志节，以功业自许，博学经、史、百氏之书，通知古今治乱之略，至于论兵，尤善陈利害。”(见上海古籍出版社 1978 年出版《龙洲集》附录殷奎《复刘改之先生墓事状》)他在光宗朝曾上书宰相，请求出师北伐，但无下文；由于应举不中，无从入仕，因此落拓江湖，潦倒终身。在《沁园春》词里，他自称为“四举无成，十年不调，大宋神仙刘秀才”，表现了怀才不遇的愤懑。刘过豪放不羁的生活态度和卓越的文才受到了陆游、辛弃疾和陈亮等人的激赏。陆游在《赠刘改之秀才》诗中描绘他的风貌是：“胸中九渊蛟龙蟠，笔底六月冰雹寒。有时大叫脱乌帻，不怕酒杯如海宽。”陈亮《赠刘改之》也说：“合骑快马健如龙，少年追逐曹景宗，弓弦霹雳饿鸮叫，鼻尖出火耳生风。安能规行复矩步，敛袂厌厌作新妇！黄金挥尽唯空囊，男儿虎变那能量！”这些诗句写出了刘过的侠烈精神和潦倒情况。后来他的好友潘友文在昆山做官，把他接去留住成家，死后即葬于昆山县的马鞍山东麓。其著作有今人杨明所辑《龙洲集》，词集旧曾别行，名《龙洲词》①。

刘过曾一度做过辛弃疾的座上客。他在《沁园春·寄辛稼轩》中说：“古岂无人，可以似吾稼轩者谁！”可见他对辛的推重，其词也是道地的辛派。嘉泰三年(1203)，辛弃疾在浙东安抚使任上，曾邀请他赴绍兴聚会，他恰好有事不能去，因仿效辛体，填了一首《沁园春》寄给辛弃疾：

> 斗酒彘肩，风雨渡江，岂不快哉！被香山居士，约林和靖，与东坡老，驾勒吾回。坡谓“西湖，正如西子，浓抹淡妆临镜台”。二公者，皆掉头不顾，只管衔杯。　　白云“天竺飞来，图画里峥嵘楼观开。爱东西双涧，纵横水绕；两峰南北，高下云堆”。逋曰“不然，暗香浮动，争似孤山先探梅。须晴去，访稼轩未晚，且此徘徊”。

这是一篇有意模仿辛词而且学得十分逼真的作品。它用古赋之体，以三位古人的对话组织成篇，布局奇特，充分表达了自己横溢的才气。但这篇使得辛弃疾大为欣喜的词，终究只是游戏之作。真正能代表刘过的思想

① 《龙洲词》汲古阁本存词四十八首，彊村丛书本有五十一首，蟫隐庐丛书本收辑较全，共得八十六首。

感情的壮词，则是他凭吊爱国英雄岳飞的《六州歌头·题岳鄂王庙》：

> 中兴诸将，谁是万人英？身草莽，人虽死，气填膺，尚如生。年少起河朔，弓两石，剑三尺，定襄汉，开虢洛，洗洞庭。北望帝京，狡兔依然在，良犬先烹。过旧时营垒，荆鄂有遗民，忆故将军，泪如倾。
> 说当年事，知恨苦。不奉诏，伪耶真？臣有罪，陛下圣，可鉴临，一片心。万古分茅土，终不到，旧奸臣。人世夜，白日照，忽开明。衮珮冕圭百拜，九泉下、荣感君恩。看年年三月，满地野花春，卤簿迎神。

刘过曾抱着"不斩楼兰心不平"（《沁园春·张路分秋阅》）、"算整顿乾坤终有时"（《沁园春·寄辛稼轩》）的壮志和信心，渴望恢复中原。这首写得特别有感情的凭吊英雄之作亦复如此。此外，还有一首《贺新郎》也是值得重视之作。

> 弹铗西来路，记匆匆、经行数日，几番风雨。梦里寻秋秋不见，秋在平芜远树。想雁信、家山何处？万里西风吹客鬓，把菱花、自笑人憔悴。留不住，少华去。　　男儿事业无凭据，记当年、击筑悲歌，酒酣箕踞。腰下光芒三尺剑，时解挑灯夜语，谁更识、此时情绪？唤起杜陵风雨手，写江东渭北相思句。歌此恨，慰羁旅。

这是针对着一己的飘泊生涯和国家的衰微局势而发出的深切的感慨，上片写江湖游士的处境，下片写无缘报国的哀愁。刘过依人作客，身世飘零，但在这些作品中并没有把自己个人的牢骚完全替代了对于国事的关注，这是他的卓异之处，他与那种沉溺于叹老嗟贫之感中的作家们是不同的。

刘过词以长调为胜，但小令也有写得很成功的，如：

> 芦叶满汀洲，寒沙带浅流。二十年重过南楼。柳下系船犹未稳，能几日，又中秋。　　黄鹤断矶头，故人曾到否？旧江山浑是新愁。

欲买桂花同载酒,终不似,少年游。

——《糖多令》(安远楼小集,侑觞歌板之姬黄其姓者,乞词于龙洲道人,为赋此《糖多令》,同柳阜之、刘去非、石民瞻、周嘉仲、陈孟参、孟容,时八月五日也。)

此词情调凄怆而又含蓄,缅怀夙昔,感人至深。《蓼园词选》云:“按宋当南渡,武昌系与敌分争之地,重过能无今昔之感。”颇能道出词人用意。《艺概》卷四总评刘词云:“狂逸之中自饶俊致,虽沉着不及稼轩,足以自成一家。”可谓不易之论。

除上述各家之外,如袁去华、杨炎正等,都和辛弃疾的词风相近。袁去华字宣卿,豫章奉新(在今江西省)人。绍兴十五年(1145)中进士,曾任善化知县,现存《宣卿词》一卷,共九十八首。其佳作如《水调歌头·定王台》:

雄跨洞庭野,楚望古湘州。何王台殿,危基百尺自西刘。尚想霓旌千骑,依约入云歌吹,屈指几经秋!叹息繁华地,兴废两悠悠。

登临处,乔木老,大江流。书生报国无地,空白九分头。一夜寒生关塞,万里云埋陵阙,耿耿恨难休。徙倚霜风里,落日伴人愁。

这是一首怀古伤今的词,下片所说“书生报国无地,空白九分头”,正代表着当时所有爱国知识分子的满腔忠愤。所以下引杨炎正词中也有几乎完全相同的话。

杨炎正字济翁,庐陵人,庆元二年(1196)进士及第,曾知藤州。他是杨万里的族弟。其《水调歌头·登多景楼》云:

寒眼乱空阔,客意不胜秋。强呼斗酒,发兴特上最高楼。舒卷江山图画,应答龙鱼悲啸,不暇顾诗愁。风露巧欺客,分冷入衣裘。

忽醒然,成感慨,望神州。可怜报国无路,空白一分头。都把平生意气,只做如今憔悴,岁晚若为谋!此意仗江月,分付与沙鸥。

作者在另一首《水调歌头·呈赵总领》中也说:"英雄事,千古意,一凭阑;惜今老矣,无复健笔写江山。"都表现了壮志未达、此身已老的感慨,与辛词相似。《四库全书总目》卷一百九十八《西樵语业》提要评论说:"其纵横排奡之气,虽不足敌弃疾,而屏绝纤秾,自抒清俊,要非俗艳所可拟。"毛晋《〈西樵语业〉跋》也说:其词"俊逸可喜,不作妖艳情态"。都给予了较高的评价。事实上,他正是一位辛弃疾的崇拜者。今存词五十八首,赠辛之作,就有六首之多。

刘仙伦也是庐陵人,有《招山乐章》一卷,其词亦多感慨时事之作,如《念奴娇·送张明之赴京西幕》:"勿谓时平无事也,便以言兵为讳。眼底山河,楼头鼓角,都是英雄泪。"同调《感怀呈洪守》:"追念江左英雄,中兴事业,枉被奸臣误。"悲愤之情,溢于言表!

与辛弃疾直接交往唱和的,还有一些词人。如赵善括的《应斋词》中,有《沁园春·和辛帅》、《摸鱼儿·和辛幼安韵》。韩玉《东浦词》中有《水调歌头·上辛幼安生日》。张镃《南湖诗余》中有《贺新郎·次辛稼轩韵寄呈》、《八声甘州·秋夜奉怀浙东辛帅》、《汉宫春》(稼轩帅浙东,作秋风亭成,以长短句寄余,欲和久之,偶霜晴小楼登眺,因次来韵,代书奉酬)。黄机《竹斋诗余》中有《乳燕飞·次徐斯远韵寄稼轩》。程珌《洺水词》有《六州歌头·送辛稼轩》。《四库全书简明目录》卷二十评《竹斋诗余》云:"才气磊落,多与岳珂以长调唱酬,极激楚苍凉之致。"又《四库全书总目》卷一百九十九《洺水词》提要说:"其所作词,亦出入苏辛二家之间。"足见当时的爱国词人都是受苏、辛豪放派影响的。

南宋后期的辛词继承者　在辛弃疾和陆游逝世以后,能够继承英雄词风的作家,有刘克庄和戴复古等。刘、戴作为南宋后期江湖派的重要诗人,我们将在第十章第一节中详加叙及,这里先谈他们的歌词。

刘克庄的词集现存三种版本,以《彊村丛书》本《后村长短句》收词最多,《全宋词》又加补辑,共存二百六十四首。他自小酷爱辛词,曾受弃疾之孙辛肃的嘱托,为辛集作序,对辛氏的事功和创作给予了极高的评价,也倾吐了对这位前辈英雄的倾慕。在南宋后期的词坛上,姜夔的影响是比较大的,只有少数作家仍然遵循着辛弃疾等辛勤开创的道路前进,刘克庄便是其中重要人物之一。他在一篇题为《席上闻歌有感》的《贺新郎》中写道:“粗识《国风·关雎》乱,羞学流莺百啭,总不涉闺情春怨。”所以反映在他词中的主要都是国家大事:

> 北望神州路,试平章、这场公事,怎生分付?记得太行山百万,曾入宗爷驾驭。今把作握蛇骑虎。君去京东豪杰喜,想投戈下拜真吾父。谈笑里,定齐鲁。　　两河萧瑟惟狐兔,问当年祖生去后,有人来否?多少新亭挥泪客,谁梦中原块土?算事业须由人做。应笑书生心胆怯,向车中闭置如新妇。空目送,塞鸿去。
>
> ——《贺新郎·送陈真州子华》

> 年年跃马长安市,客舍似家家似寄。青钱换酒日无何,红烛呼卢宵不寐。　　易挑锦妇机中字,难得玉人心下事。男儿西北有神州,莫滴水西桥畔泪。
>
> ——《玉楼春·戏呈林节推乡兄》

> 何处相逢?登宝钗楼,访铜雀台。唤厨人斫就,东溟鲸脍;圉人呈罢,西极龙媒。天下英雄,使君与操,余子谁堪共酒杯?车千辆,载燕南赵北,剑客奇才。　　饮酣画鼓如雷,谁信被晨鸡轻唤回。叹年光过尽,功名未立;书生老去,机会方来。使李将军,遇高皇帝,万户侯何足道哉!披衣起,但凄凉感旧,慷慨生哀。
>
> ——《沁园春·梦方孚若》

无论是勉励友人为祖国做出一番事业的《贺新郎》和《玉楼春》,或是描述自己壮怀未得伸展的《沁园春》,气象都是开阔的,情绪都是振奋的。在辛弃疾以后的词坛上,这乃是一种稀有的、令人激动的充满希望的声音。它的根柢是广大人民即使在最困难的岁月中也从不丧失的对祖国统一大业的信心。刘克庄正是在这些地方显示了他和人民较为紧密的联系。在《贺新郎》上阕中,作者特别叮嘱出知真州的陈子华要注意联络被当时主和派所排斥的忠义民兵，希望能够发挥他们的积极作用，使之成为抗金杀敌、收复失地的力量。这显示了作者卓越的政治见解和对时事的关切。

刘克庄词的主导风格是豪迈奔放，雄健疏宕。毛晋《〈后村别调〉跋》说："所撰《别调》一卷，大率与辛稼轩相类，杨升庵谓其壮语足以立懦，余窃谓其雄力足以排奡云。"冯煦在《宋六十一家词选·例言》中更加详尽地指出：

> 后村词与放翁、稼轩犹鼎三足。其生丁南渡，拳拳君国似放翁，志在有为、不欲以词人自域似稼轩。如《玉楼春》云："男儿西北有神州，莫滴水西桥畔泪。"《忆秦娥》云："宣和宫殿，冷烟衰草。"伤时念乱，可以怨矣。又其宅心忠厚，亦往往于词得之。《满江红·送宗惠父入江西幕》云："帐下健儿休尽说，草间赤子俱求活。"《贺新郎·寿张史君》云："不要汉廷夸击断，要史家编入循良传。"《念奴娇·寿方德润》云："须信谄语尤甘，忠言最苦，橄榄何如蜜？"胸次如此，岂剪红刻翠者比耶？

在辛派的旗帜下，刘克庄和较早的刘过是两个重要的代表作家，世称二刘。当然，二刘也都存在着粗疏的缺点，与辛词相较，气势稍弱，骨力略逊。张炎《词源》说刘克庄是"效稼轩而不及者"。这是实事求是的说法。

与刘克庄同时的辛派词人，还有戴复古、吴潜和陈人杰等等。戴复古有《石屏词》，其《大江西上曲》吐露了"一片忧国心"；《水调歌头》"直把气吞残虏，西北望神州"之句，则反映了他热望恢复中原的思想。吴潜有《履斋先生诗余》，他在《满江红·送李御带珙》中说："报国无门空自怨，济时有策从谁吐！"抒发了抱负无法实现的悲愤，情调激昂凄断。在这辈人当中，陈人杰的词似乎更值得重视。

陈人杰（？—1243），字经国[①]，号龟峰，福建长乐（今福州市）人。他

① 据理宗宝祐四年（1256）登科录，另有广东海阳县人陈经国，字伯夫，又字定夫，这与《龟峰词》的作者陈经国时代不合，并非一人。（见缪荃孙《云自在龛随笔》卷四和《艺风堂友朋书札·吴昌绶致缪荃孙》第二十九札）

二十岁时，曾到建康参加江东漕试，后以幕客身份浪迹于两淮、荆襄之间，卒于淳祐三年(1243)，终年在二十六岁左右。他的《龟峰词》三十一首，全用《沁园春》一个调，颇有特色。其词风逼近辛弃疾，笔力豪宕，风格沉郁。如《丁酉岁感事》：

谁使神州，百年陆沉，青毡未还？怅晨星残月，北州豪杰，西风斜日，东帝江山。刘表坐谈，深源轻进，机会失之弹指间。伤心事，是年年冰合，在在风寒。　　说和说战都难，算未必江沱堪宴安。叹封侯心在，鳣鲸失水；平戎策就，虎豹当关。渠自无谋，事犹可做，更剔残灯抽剑看。麒麟阁，岂中兴人物，不画儒冠？

此词作于理宗嘉熙元年(1237)，当时蒙古奴隶主贵族在灭金以后，正兵分三路，大举南犯。南宋政权岌岌可危，其统治者却依然沉溺于宴安之中。此词正是作者面对这种局面，有感而发的。

文天祥和刘辰翁　在南宋末年的抗元斗争中，文天祥、邓剡和刘辰翁等人都继承了辛词的传统，写出了慷慨悲凉的作品。

文天祥的诗文，我们将在第十章论述。其词存十余首，但经过考证，可信者只七首。其中名篇是与挚友邓剡唱和的《酹江月》(即《念奴娇》)。他俩同时被元军押解北行，帝昺祥兴二年(1279)夏秋之间路过建康时，邓剡因病留居天庆观就医①，两人分手时，邓氏写了一首题为《驿中言别》的《念奴娇》送给文天祥，以壮行色，词云：

水天空阔，恨东风不借、世间英物。蜀鸟吴花残照里，忍见荒城颓壁。铜雀春情，金人秋泪，此恨凭谁雪。堂堂剑气，斗牛空认奇杰。
那信江海余生，南行万里，属扁舟齐发。正为鸥盟留醉眼，细看涛生云灭，睨柱吞嬴，回旗走懿。千古冲冠发。伴人无寐，秦淮应是孤月。

---

①　邓剡字光荐，号中甫，理宗景定三年(1262)进士。文天祥在《指南后录・和中甫》诗题下自注说：“时中甫以病留金陵天庆观。”

邓剡这首词写得极其悲壮，文天祥便也次韵和答：

> 乾坤能大，算蛟龙、元不是池中物。风雨牢愁无著处，那更寒虫四壁。横槊题诗，登楼作赋，万事空中雪。江流如此，方来还有英杰。
> 堪笑一叶飘零，重来淮水，正凉风新发。镜里朱颜都变尽，只有丹心难灭。去去龙沙，江山回首，一线青如发。故人应念，杜鹃枝上残月。

此词虽是和作，但思想境界似比原作更高。词中表示了宁死不屈的决心，并深信必有后继者来进行抗元的正义事业。

文天祥在《指南后录》卷一下收录王夫人《满江红》词一首，注云："王夫人至燕题驿中云云，中原传诵，惜末句少商量。"王夫人指王清惠，南宋末年被选入宫，是度宗的昭仪。恭帝德祐二年(1276)临安沦陷后，她被元军掳到燕京，在途中驿馆的墙壁上题写了一首《满江红》，抒发了对南宋的依恋之情和亡国之痛。文天祥认为最后两句"问嫦娥于我肯从容，从圆缺"的斗争性不够坚强，因此就代她填了一首：

> 试问琵琶，胡沙外、怎生风色。最苦是、姚黄一朵，移根仙阙。王母欢阑琼宴罢，仙人泪满金盘侧。听行宫、半夜雨淋铃，声声歇。
> 彩云散，香尘灭。铜驼恨，那堪说。想男儿慷慨，嚼穿龈血。回首昭阳离落日，伤心铜雀迎秋月。算妾身、不愿似天家，金瓯缺。
>
> ——《满江红·代王夫人作》

这最后两句表示了即使国破家亡也决不失节屈从的坚贞态度，正是作者的自我写照，"比兴悠长，意在言外"(《指南录》载文天祥自评其《宫词》的话)，显示了他在这方面的特殊成就。所以《艺概》卷四说："文文山词有'风雨如晦，鸡鸣不已'(《诗经·郑风·风雨》句)之意，不知者以为变声，其实乃变之正也。故词当合其人之境地以观之。"王国维在《人间词话(删稿)》中也认为"文文山词风骨甚高，亦有境界，远在圣与(王沂孙)、叔夏(张炎)、公谨(周密)诸公之上"。

在宋末元初的词坛上，还有不少承续辛派余绪的作家和作品，如文及翁的《贺新郎》"余生自负澄清志，更有谁、磻溪未遇，傅岩未起"，徐一初的《摸鱼儿》"对茱萸一年一度，龙山今在何处"，陈德武的《水龙吟》"借钱塘潮汐，为君洗尽，岳将军泪"。这些名句写个人抱负十分慷慨悲壮，抒兴亡感慨极为愤激沉痛。在这群词人中，最有代表性的作家是刘辰翁。

刘辰翁(1232—1297)，字会孟，号须溪，庐陵人。青年时代，他曾受学于陆九渊。景定三年(1262)，因廷试对策中极言"忠良残害可伤，风节不竞可感"，触犯了奸相贾似道，被列入丙等，以鲠直得名。后任濂溪书院山长，宋亡后隐居不出。他擅长评点诗文，有《班马异同评》三十五卷，《须溪先生校本唐王右丞集》六卷，《笺注评点李长吉歌诗》四卷，《王孟诗评》九卷，《须溪精选放翁诗选后集》八卷等等，流传颇广。他自己创作的诗文词曾结集为一百卷，但明代已经失传。清乾隆时，四库馆臣据《永乐大典》辑得《须溪集》十卷。《四库全书总目》卷一百六十四《须溪集》提要评之云："其于家邦沦变之后，眷怀麦秀，寄托遥深，忠爱之忱，往往形诸笔墨，其志亦多有可取者。"他的《须溪词》现存三百五十多首。况周颐《蕙风词话》卷二说："《须溪词》风格遒上似稼轩，情辞跌宕似遗山。有时意笔俱化，纯任天倪，竟能略似坡公。往往独到之处，能以中锋达意，以中声赴节。"可谓推许备至。由于他身受亡国之痛，所以其词有辛弃疾的真率而无其超逸，有辛之蕴藉而无其豪迈。但在遗民词人中，刘辰翁毕竟是有辛词余风的。如他的《青玉案·用辛稼轩元夕韵》就是直接学辛词的。他的词充满着眷怀故国之思，现举两例如下：

送春去，春去人间无路。秋千外、芳草连天，谁遣风沙暗南浦？依依甚意绪，漫忆海门飞絮。乱鸦过，斗转城荒，不见来时试灯处。

春去，最谁苦？但箭雁沉边，梁燕无主，杜鹃声里长门暮。想玉树凋土，泪盘如露。咸阳送客屡回顾，斜日未能度。　　春去，尚来否？正江令《恨·别》，庾信《愁赋》，苏堤尽日风和雨。叹神游故国，花记前度。人生流落，顾孺子，共夜语。

——《兰陵王·丙子送春》

春汝归欤，风雨蔽江，烟尘暗天。况雁门阨塞，龙沙渺莽，东连吴会，西至秦川。芳草迷津，飞花拥道，小为蓬壶借百行。江南好，问夫君何事，不少留连？　　江南正是堪怜！但满眼杨花化白毡。看兔葵燕麦，华清宫里；蜂黄蝶粉，凝碧池边。我已无家，君归何里？中路徘徊七宝鞭。风回处，寄一声珍重，两地潸然！

——《沁园春·送春》

丙子是德祐二年(1276)，这年三月，元军入临安，掳帝㬎和后妃北去。《兰陵王》题为“丙子送春”，实即悲悼故国沦亡。在其后的数年中，爱国军民虽然仍在闽广一带继续抵抗入侵的元军，但敏感的词人已察觉到狂澜既倒，无可挽回。起笔的“送春去，春去人间无路”两句，正深刻地表现了绝望的悲哀。它和同一主题的《沁园春》，也以对春光消逝的感伤暗喻对南宋王朝灭亡的哀悼，并且特别着重倾吐了对帝后北迁的怀念之情。已经有过靖康之祸那种历史体验的晚宋作家，看到他们的天然尊长——皇帝，在相距不到两个世纪的岁月中，竟又重蹈覆辙，因而比起南渡之初的前辈来，更加痛苦。这种感情，刘辰翁在祥兴元年(1278)写的《永遇乐》词序中直率地表达了出来：“余自乙亥(1275)上元诵李易安《永遇乐》，为之涕下。今三年矣，每闻此词，辄不自堪。遂依其声，又托之易安自喻。虽词情不及，而悲苦过之。”在这首词中，他对照李清照时代“临安南渡，芳景犹自如故”，而目下南宋政权却被元军消灭，则连退守之地也没有了：“江南无路，鄜州今夜，此苦又谁知否？”感恨之深，确是超过了李词。

《须溪词》大部分作品写于宋亡之后，因为复国的希望已经幻灭，所以其中充满了亡国哀音：

铁马蒙毡，银花洒泪，春入愁城。笛里番腔，街头戏鼓，不是歌声。　　那堪独坐青灯，想故国、高台月明。辇下风光，山中岁月，海上心情。

——《柳梢青·春感》

红妆春骑，踏月影、竿旗穿市。望不尽、楼台歌舞，习习香尘莲步底。箫声断、约彩鸾归去，未怕金吾呵醉。甚辇路、喧阗且止，听得念奴歌起。　　父老犹记宣和事，抱铜仙、清泪如水。还转盼、沙河多丽，滉漾明光连邸第。帘影冻、散红光成绮。月浸葡萄十里。看往来、神仙才子，肯把菱花扑碎？　　肠断竹马儿童，空见说、三千乐指。等多时春不归来，到春时欲睡。又说向、灯前拥髻，暗滴鲛珠坠。便当日、亲见《霓裳》，天上人间梦里！

——《宝鼎现·春月》

这些作品深刻地体现了词人在亡国之后凄凉的境遇和忧郁的心情。现实生活中的一切，都只能引起他无穷无尽的感伤，即使沉湎于故国繁华的回想中，也难以给他带来任何欢乐。所以他一方面觉得番腔戏鼓“不是歌声”，而另一方面又有“便当日亲见《霓裳》，天上人间梦里”的慨叹。《宝鼎现》作于元成宗大德元年(1297)，是他逝世前的一年，那时距临安失陷已二十年了。

第九章　姜夔和南宋的婉约词

南宋统治集团苟且偷安的心理与屈膝求和的活动，扼制了广大人民和各阶层爱国人士“还我河山”的神圣愿望，使得恢复中原的呼声逐渐被粉饰太平的歌管所淹没。诗人讽刺道：“山外青山楼外楼，西湖歌舞几时休？暖风熏得游人醉，便把杭州作汴州[①]！”这首诗正如实地揭示了当时统治阶级只知偏安享乐而不思抗金北伐的情况。既然如此，一般词人也就逐渐变得沉酣于清歌妙舞之中，游离于政治斗争之外。于是在以辛弃疾为代表的爱国词派以外，便很自然地出现了以姜夔为代表的专门追求艺术上的完美的另一个流派。这两个流派各具特色，也各有渊源。姜派主要是继承了北宋周邦彦的词法，又受到李清照“别是一家”和必须协律的词论影响，恪守歌词必须合乐的准则，力求保持雅正婉约的传统格调。但由于社会环境已与北宋不同，他们也不能完全超脱现实，不能不受到辛派词风的影响。因此，其作品中也多少带有一点家国兴亡的感叹与哀伤。尽管这种声息是细微柔弱的，不能与辛派的大声疾呼相比，可也毕竟标志着婉约派在南宋有了新发展，词坛上出现了新局面。

白石道人姜夔是从南宋前期跨越到后期的作家。他与范成大、杨万里、辛弃疾、刘过、朱熹等人都有交往。在文学艺术方面，他是一位多面手，而以词为最有成就。姜词对南宋后期词坛产生过很大的影响，朱彝尊

---

① 林升《题临安邸》，见田汝成《西湖游览志余》卷二。林升是淳熙（1174—1189）时的士人。《宋诗纪事》录此诗，“便把”作“直把”。

在《〈黑蝶斋诗余〉序》中说:“词莫善于姜夔,宗之者张辑、卢祖皋、史达祖、吴文英、蒋捷、王沂孙、张炎、周密、陈允平、张翥、杨基,皆具夔之一体。”当然,这些词人是否都取法于姜,是可以讨论的,如《白雨斋词话》卷十就认为吴文英“才情横逸,斟酌于周、秦、姜、史之外,自树一帜,亦不专师白石”。但他们的风格是相近的,都源本于周邦彦。所以戈载《宋七家词选》曾有意识地以周邦彦、姜夔、史达祖、吴文英、周密、王沂孙、张炎为七大家,其中王沂孙和张炎是将姜氏词法带入元代的传人。

第一节 姜夔的创作道路和词风

身世和著作 姜夔(1155—1221?),字尧章,饶州鄱阳(今江西波阳县)人。他从小随着游宦的父亲住在湖北汉阳,十四岁那年,其父卒于汉阳知县任上,他便寄寓在大姊家。淳熙三年(1176),他二十二岁,为了生活,出游扬州、合肥,旅食于江淮一带,虽已颇有文名,但却未能得到知遇。正如他自己在诗中所嗟叹的:“少小知名翰墨场,十年心事只凄凉。”(《除夜自石湖归苕溪》)在飘泊江湖十年以后,他在淳熙十三年又回到了湖北汉川的大姊家。这一年,他游长沙,结识了诗人萧德藻,萧氏很赏识他的文才,把侄女嫁给了他,并带他同往湖州,卜居于苕溪弁山的白石洞下,友人潘柽便给他取了个白石道人的别号。这期间,萧德藻介绍他到杭州向杨万里请教诗学,杨氏又介绍他到苏州石湖谒见范成大,互相唱和,结成了忘年交。此后,他常来往于苏、杭、金陵、合肥和无锡等地,与张鉴(字平甫)、张镃(字功甫)及尤袤等名流交游。张氏兄弟是南宋初年名将张俊的孙子,在杭州和无锡等地拥有庄园田宅。张鉴曾经想以锡山的田庄送给他养老,甚至还想出资为他买取官爵,但他都辞谢了,只是在生活和旅游上接受了张氏兄弟的长期资助。四十二岁时,他率性移家杭州西湖之滨,依张鉴而居。在张氏兄弟去世以后,他便失去了依傍,晚年十分贫困,死无以殓,幸得吴潜料理丧事,葬于钱塘门外的西马塍。

姜夔除了擅长诗、词外,对于诗歌理论、书法和音乐等都很有研究,但在政治上却是个落魄失意者,在生活上始终寄人篱下。他曾在庆元三年

(1197)向朝廷上书论雅乐，进《大乐议》一卷，《琴瑟考古图》一卷，但朝廷乐官妒忌他的才能，未予采纳。庆元五年，他又向朝廷献上《圣宋铙歌鼓吹曲》十二章，这一次幸得诏令，特准他免去地方考选的手续，直接参加礼部的进士考试，但却没有考中。他从此以布衣终老。嘉泰三年(1203)，辛弃疾起知绍兴府兼浙东安抚使，召赴行都，他俩曾经酬唱赠答，辛氏很器重他的文才。姜夔且欲"借秋风一榻"，与稼轩朝夕相处，并说"公歌我亦能书"(《汉宫春·次韵稼轩》)，表示了交游之乐。当稼轩为筹划北伐事宜转知镇江府后，姜夔又赋《永遇乐》相勉。在涉及国家民族的关键问题上，他是倾向于抗战派的。

姜夔除了两次上书朝廷议论乐曲之外，几乎没有与政府发生过关系。他一辈子没有做过官吏或幕僚，也无正式职业，只是依仗社会地位比他高、经济情况比他好的友人资助为生，所以他过的是一种典型的江湖游士或清客的生活。

绍熙二年(1191)，他三十七岁时，曾在冬天冒雪赶赴范成大的石湖别墅作客，住了一个多月。创作了咏梅名篇《暗香》、《疏影》两阕的歌词和乐曲①。当他辞别回归湖州时，范氏慨然将家伎小红嫁给了他。在过垂虹桥时，姜夔赋诗说："自作新词韵最娇，小红低唱我吹箫；曲终过尽松陵路，回首烟波十四桥。"(《过垂虹》)然而，这种风流际遇并不能改善他困顿飘零的境遇。在《自述》中，他曾历数和他交往的当世贤豪，但又致慨于"四海之内，知己者不为少矣，而未有能振之于困踬无聊之地者"。其实，他这种困踬无聊，也和他孤标清高的性格、癖好、生活态度有关系。他的《石湖仙》词说："浮云安在？我自爱绿香红舞，容与，看世间几度今古。"这种个性当然是不合时宜的，是与官场格格不入的。他"家无立锥，而一饭未尝无食客；图史翰墨之藏汗牛充栋，襟期洒落如晋宋间人"(见《适园丛书》本陈郁《藏一话腴》甲集卷下)。这样，就当然使得他在功名富贵方面难得有所收获，不能不发出"沉思只羡'天随子'，蓑笠寒江过

① 林逋《山园小梅》诗有"疏影横斜水清浅，暗香浮动月黄昏"之句。词调以《暗香》、《疏影》为名，出此。

一生”(《三高祠》)的感叹了。

姜夔既不能像陆游、辛弃疾那样匡时济世,以改变现实为己任,又不愿跟那些追名逐利、趋炎附势的钻营者同流合污,他于是走上了一个有所不为的高人雅士的道路。这使得他的创作具有一种比较真诚高洁的感情,但又严重地局限了他反映生活的深度和广度。

姜夔的著作可考者有十多种,现存《白石道人诗集》、《诗说》和词集《白石道人歌曲》。其书学论著则有《续书谱》和《绛帖平》传世。他的音乐论著《大乐议》和《琴瑟考古图》,从《庆元会要》和《宋史・乐志》中可见其大略。

姜夔的词,嘉泰二年(1202)曾由钱希武刊刻为《白石道人歌曲》六卷,祥兴元年(元世祖至元十五年,1278)陶宗仪的传钞本增加了别集一卷。明崇祯三年(1630),毛晋汲古阁汇刻《宋六十名家词》,另从《花庵词选》辑刊《白石词》一卷,皆非全豹。现宋刻原本虽不可得见,幸而陶钞本在清代乾隆年间曾分四支流传:一为江炳炎转钞本,后由朱孝臧刻入《彊村丛书》;二为厉鹗过录本;三为陆钟辉诗词合刻本;四为张奕枢仿宋刊本。江、厉、张三本皆依陶钞本作六卷附别集一卷,惟陆本合并为四卷加别集一卷。1960年,夏承焘根据各本整理为《姜白石词编年笺校》,是姜词迄今最完善的版本。

诗学和词法 姜夔最初以能诗在文坛上崭露头角,杨万里很推崇他的诗才,在《进退格寄张功甫、姜尧章》诗中说:“尤萧范陆四诗翁,此后谁当第一功。新拜南湖(张镃)为上将,更推白石作先锋。”可见他在杨万里心目中的位置。姜夔早年学江西派,虔诚地师法黄庭坚,但后来却跳出这个圈子,另辟蹊径。他在《白石道人诗集自叙》中讲述了这一变化过程:

近过梁溪,见尤延之先生,问余诗自谁氏?余对以异时泛阅众作,已而病其驳如也,三薰三沐,师黄太史氏。居数年,一语噤不敢吐,始大悟学即病,顾不若无所学之为得。虽黄诗亦偃然高阁矣。

他要摆脱黄诗的影响，追求创造性，这正好与尤、萧、杨、范的路子合拍。又其《诗集自叙》说："余识千岩于萧湘之上，东来识诚斋、石湖，尝试论兹事，而诸公咸谓其与我合也。岂见其合者而遗其不合者耶，抑不合乃可？"他并不满足于与四大家相合，而力图进一步发展为不合，即独创出自己的风格来。他提出"作者求与古人合，不若求与古人异"，"不求与古人合而不能不合，不求与古人异而不能不异"（《诗集自叙二》）。于是，他跨出江西诗派转而学晚唐隐逸诗人陆龟蒙①，以晚唐诗风来改造江西派，再创造出自己的清新秀逸的风格。这也正是其后永嘉四灵及江湖派中某些诗人所遵循的途径（后来陈起编《江湖集》，便因此推他为江湖诗派的先导者）。他著有《诗说》一卷，其中除继承江西派黄庭坚和吕本中等的论点，讲究句法、活法之外，还探讨立意、措辞用事、风味等问题，并提出了四高妙之说："一曰理高妙，二曰意高妙，三曰想高妙，四曰自然高妙。"总的精神是要求天机自得，摆落凡近地吟咏性情。姜夔的这种诗论，直接影响了他的词风。正如谢章铤《赌棋山庄词话》卷十二所说："读其说诗诸则，有与长短句相通者。"

姜词在讲究格律、炼字琢句和用典咏物等方面是跟周邦彦一脉相承的。但由于他主张独创求异，再加上他学过江西派和晚唐派的诗，因而善于以清峭瘦劲的语言来表达缠绵宛转的情思，这也就是以江西派和晚唐派的诗风与传统的周、柳婉约词风相融合。一方面用晚唐体的圆活补救了江西诗派枯涩之弊，另一方面又用江西诗风清劲瘦硬的优点革除了柳、周词中绮靡软媚之病。这就是姜夔词风的独特性。如"淮南皓月冷千山，冥冥归去无人管"（《踏莎行》），"数峰清苦，商略黄昏雨"（《点绛唇》），"嫣然摇动，冷香飞上诗句"（《念奴娇》），"虚阁笼寒，小帘通月"（《法曲献仙音》），"阅人多矣，谁得似长亭树；树若有情时，不会得青青如此"（《长亭怨慢》），"金陵路，莺吟燕舞，算潮水知人最苦"（《杏花天影》），"伤心重见，依约眉山，黛痕低压"（《庆宫春》）。这些都是姜夔在

① 陆龟蒙，唐末隐居于松江、吴江一带，常泛舟太湖，自号江湖散人，又号天随子。姜夔诗词中多次提及陆氏，杨万里也是提倡学晚唐的，曾称赞姜夔说："文无所下工，甚似陆天随。"见姜夔《自述》。

江西诗派影响下铸造出来既清新、又峭拔的词句，由此表现了姜词出于周而又不同于周的一种新的意境①。

姜词的主要内容　姜词现存八十四首，几乎篇篇皆为精思力作。尽管他在诗文创作方面也曾显出才能，但在中国文艺史上，姜夔还是以一个出色的词人而著称的。

在姜词中，个人生活的描述以及身世之感的抒发占了最大的比重。他早年孤露无依，备受飘零流落之苦。其《江梅引》有云："漂零客，泪满衣。"这种凄婉低沉之情，乃是他毕生创作中的基调。但他既为奔走衣食所苦，却也有游览胜迹之乐。正是从这种苦乐相寻的生活中，词人酿造出了他的歌吟：

> 古城阴，有官梅几许，红萼未宜簪。池面冰胶，墙腰雪老，云意还又沉沉。翠藤共、闲穿径竹，渐笑语、惊起卧沙禽。野老林泉，故王台榭，呼唤登临。　　南去北来何事？荡湘云楚水，目极伤心。朱户粘鸡，金盘簇燕，空叹时序侵寻？记曾共、西楼雅集，想垂杨、还袅万丝金。待得归鞍到时，只怕春深。
>
> ——《一萼红》（丙午人日，予客长沙别驾之观政堂。堂下曲沼，沼西负古垣，有卢桔、幽篁，一径深曲。穿径而南，官梅数十株，如椒如菽，成红破白露，枝影扶疏。著屐苍苔细石间，野兴横生。亟命驾登定王台，乱湘流，入麓山。湘云低昂，湘波容与，兴尽悲来，醉吟成调。）

> 燕雁无心，太湖西畔随云去。数峰清苦，商略黄昏雨。　　第四桥边，拟共天随住。今何许？凭阑怀古，残柳参差舞。
>
> ——《点绛唇·丁未冬，过吴淞作》

> 叠鼓夜寒，垂灯春浅，匆匆时事如许！倦游欢意少，俯仰悲今古。

---

① 以上参考夏承焘《论姜白石的词风》，载《姜白石词编年笺校》卷首。

江淹又吟《恨赋》，记当时、送君南浦。万里乾坤，百年身世，惟有此情苦。　　扬州柳，垂官路。有轻盈换马，端正窥户。酒醒明月下，梦逐潮声去。文章信美知何用？漫赢得、天涯羁旅。教说与，春来要寻花伴侣。

——《玲珑四犯·越中岁暮闻箫鼓感怀》

这些词为我们画出了姜夔作为一个襟怀潇洒的名士形象，但同时也露出了在这种潇洒胸怀里一个贫困疲惫的流落者所具有的淡淡的哀愁。他流连于胜水名山、良辰佳节之中，向往着轻盈而又端正的情侣。然而，这并不能使他无止境的飘泊生涯有所改变。他的性格品行和艺术才能是为人所爱重的，但这也并不能将他从贫困中拯救出来。他羡慕像陆龟蒙那样的隐士，有时自己也觉得已经成了那样的隐士，然而随即发现自己还没有完全忘情于现实人生，还不能真正地以披蓑戴笠独钓寒江的生活来度过一生。他的高致既往往不能超脱俗情，于是，他的快乐也就同时是他的苦恼。如我们所看到的，这些矛盾便集中统一在他的作品里了。我们读了他三十二岁在长沙写的《一萼红》、三十三岁过太湖写的《点绛唇》和三十九岁在绍兴写的《玲珑四犯》，是大致可以了解到这位词人的内心世界的。

在青少年时代，姜夔游合肥时曾有过一次情遇，对方似乎是一个妙擅筝琶的歌女。由于萍踪浪迹的生活或其他原因，他俩终于未能结合。这短期的合离，竟在他的心灵上刻下了一条深深的伤痕，变成了词人一种难以排遣的痛苦。在别后二十多年的不少怀人词中，那位姑娘妙丽的形象常常在他的笔端涌现：

燕燕轻盈，莺莺娇软，分明又向华胥见。夜长争得薄情知，春初早被相思染。　　别后书辞，别时针线，离魂暗逐郎行远。淮南皓月冷千山，冥冥归去无人管。

——《踏莎行·自沔东来，丁未元日至金陵，江上感梦而作》

肥水东流无尽期，当初不合种相思。梦中未比丹青见，暗里忽惊山鸟啼。　　春未绿，鬓光丝，人间别久不成悲。谁教岁岁红莲夜，两处沉吟各自知！

——《鹧鸪天·元夕有所梦》

这两首词是历来为人们传诵的。作者为梦中的欢会和醒后的孤凄而烦恼着，他倾吐了自己的心声，使我们感到了他的悔恨，又同时看到了他的执着。水流不尽，重见无期，因此也会为“当时不合种相思”感到后悔，但诚挚的感情却偏偏引人入梦，而依稀短促的梦境又为山鸟惊破，醒后唯见千山冷月，独照归踪，这是多么使人难以为情啊！这一类词还有《琵琶仙》、《淡黄柳》、《解连环》、《鬲溪梅令》和《长亭怨慢》等篇。它们的情境都是缠绵宛转、恍惚凄迷的，而其语言却具有高远挺拔的特色。在写爱情的词中出现了“淮南皓月冷千山，冥冥归去无人管”这样的艺术构思，应该承认是对婉约词的一种新的充实。

托事咏物是姜词的另一重要内容，其中咏梅的有二十八首，咏柳的有二十五首。此外如咏蟋蟀的《齐天乐》、咏荷花的《念奴娇》，都是受人赞赏的。其中最为知名的则是《暗香》、《疏影》：

旧时月色，算几番照我，梅边吹笛。唤起玉人，不管清寒与攀摘。何逊而今渐老，都忘却、春风词笔。但怪得、竹外疏花，香冷入瑶席。

江国，正寂寂。叹寄与路遥，夜雪初积。翠尊易泣，红萼无言耿相忆。长记曾携手处，千树压、西湖寒碧。又片片、吹尽也，几时见得？

——《暗香》(辛亥之冬，予载雪诣石湖，止既月，授简索句，且征新声，作此二曲。石湖把玩不已，使工妓隶习之，音节谐婉，乃名之曰《暗香》、《疏影》。)

苔枝缀玉，有翠禽小小，枝上同宿，客里相逢，篱角黄昏，无言自倚修竹。昭君不惯胡沙远，但暗忆、江南江北。想佩环、月夜归来，化作此花幽独。　　犹记深宫旧事，那人正睡里，飞近蛾绿。莫似春风，不管盈盈，早与安排金屋。还教一片随波去，又却怨、玉龙哀曲。等恁时、重觅幽香，已入小窗横幅。

——《疏影》

这两篇作品是咏梅的，但如前人所一致肯定的，它们绝不是单纯的咏物之作。词中当然也刻画了梅花，但在更多的地方却表达了由梅花而引起的联想。它们的确是如张炎《词源》卷下所说的那样，是“不留滞于物”的。问题是在它们的寄托即题外之意是什么？这个问题曾引起前人截然相反的评价和争议。赞赏的认为它是“前无古人后无来者”的“绝唱”（《词源》），否定的又认为它“无一语道着”（《人间词话》）。这种不同的评价是由于对它们所反映的内容和表现手法存在着分歧的看法而产生的。平情而论，虽然《暗香》和《疏影》都是借梅托意，但它们所托之意却并不是一致的。如果不求之过深，也不强求这两个姊妹篇必须有统一的主题，那就比较容易看出:《暗香》写的是自己身世飘零之恨和伤离念远之情，《疏影》则是披露了作者对国家衰危的关切和感触。前者的慨叹是属于个人的，而后者扩展到整个家国的旧恨新愁上面来了。

从旧日在梅香月皎中自己吹笛、玉人摘花的欢乐写起，陡然转折到自己而今见老，甚至连嗅到梅香，看到月影，也引起一种生疏的感觉，这就是词人在《暗香》上片中写出的自己环境和心情上的巨大变迁。接着，在下片里，他刻画了和那位玉人离别以后的孤独，想到古人还能折梅寄远，但现在因为路遥雪积，却不可能这样，结果就只有以今天独自在梅花下的寂寞，来苦忆昔日携手在梅花下的欢愉了。可是，不久梅花又要凋零，无论是花还是人，几时才得重见呢？在结尾，词人以其决绝的口吻表达了自己无从决绝的缠绵情意。

《疏影》是从正面描绘梅花入手的。词人写了她冷艳幽香和孤芳自赏的特征。但接着，他由这一意象引起的联想飞跃到了远嫁匈奴的王昭君身上。如果宋徽宗那篇在北行途中所写的《眼儿媚》没有流传下来，这就会使我们更加困惑难解了，幸而今天还可以读到这首词。从《眼儿媚》下片所写的“花城人去今萧索，春梦绕胡沙，家山何处，忍听羌管，吹彻梅花”诸句，我们可以断定，郑文焯说这首词“盖伤心二帝蒙尘，诸后妃相从北辕，沦落胡地，故以昭君托喻”（郑氏校订《白石道人歌曲》批语）的意见是不错的（参见《宋词赏析》第一百六十六页）。所以换头接着再由梅花而联想到寿阳公主梅花点额的故事，他希望那位娇小的公主获得比梅花较好的命运，莫等花落香消，空余陈迹。事实上，这也就是希望南宋获得比北宋较好的命运，不要日趋衰弱，渐至沦亡。比起《暗香》来，《疏影》确实是更其晦涩一些，然而，它却并非是不可理解的。

姜夔这两首咏物词的代表作大体含意就是如此。很显然，我们不能认为这是最好的词，甚至也不能认为这是姜夔最好的词，但说它们没有价值也是不够公正的。正如张炎所指出的，咏物词要在若即若离、不即不离之间，“体认稍真，则拘而不畅；摸写差远，则晦而不明”（《词源》卷下）。而这两篇作品，则基本上符合了这些合理的意见，同时，它们还使得咏物词寄托的内容有所扩大，为晚宋诸词人以咏物词写其爱国情感和亡国哀思作出了榜样。

姜夔跟现实斗争游离的生活态度决定了他不是那种把自己的作品当作武器去干预政治的作家。从另外一个角度来看，则像姜夔这样的作家之所以产生，也正是当时的抗金斗争在南宋小朝廷的压制下走向低潮的反映。所以姜词中虽然也接触到一些时事，但只是像《疏影》那样隐晦曲折的托事寓意。姜词中对现实的反映，没有使人振奋的号呼，而只有使人伤感的叹息：

淮左名都，竹西佳处，解鞍少驻初程。过春风十里，尽荠麦青青。自胡马窥江去后，废池乔木，犹厌言兵。渐黄昏，清角吹寒，都在空城。　　杜郎俊赏，算而今、重到须惊。纵豆蔻词工，青楼梦好，难赋深情。二十四桥仍在，波心荡、冷月无声。念桥边红药，年年知为谁生！

——《扬州慢》（淳熙丙申至日，予过维扬。夜雪初霁，荠麦弥望。入其城，则四顾萧条，寒水自碧，暮色渐起，戍角悲吟。予怀怆然，感慨今昔，因自度此曲。千岩老人以为有《黍离》之悲也。）

写这首词的时候，姜夔只有二十二岁。词人这一少作显示了他非凡的才华，但也露出了他创作中自始就具有的感伤消沉的倾向。如词序中所说，本篇是淳熙三年（1176）有感于兵后残破的扬州而作的。绍兴三十一年（1161），金主完颜亮曾发兵南犯，扬州道上燃起了漫天烽火，昔日繁华的都市顿成了荒芜的空城。词人在十五年后来到这里，感慨今昔，既神往于唐代杜牧在扬州的风流生活，又为眼前名城遭受敌人蹂躏后的一片萧条而感叹万分。他所能表达的，只是，也只能是触目伤怀的悲凉情调。由此可见，他对国家的命运并非漠不关心的，但由于世界观及个性、生活环境诸因素的制约，只能以哀音秀句表达其精神负担而已。

姜夔晚年受了辛词的影响，曾写过一些比较雄健的作品，如与辛弃疾唱和的四篇即是。试举一篇如下：

云隔迷楼，苔封很石，人向何处？数骑秋烟，一篙寒汐，千古空来去。使君心在，苍崖绿嶂，苦被北门留住。有尊中酒差可饮，大旗尽绣熊虎。　　前身诸葛，来游此地，数语便酬三顾。楼外冥冥，江皋隐隐，认得征西路。中原生聚，神京耆老，南望长淮金鼓。问当时依依种柳，至今在否？

——《永遇乐·次稼轩北固楼词韵》

这是开禧元年（1205）姜夔五十一岁时的作品。当时辛弃疾驻节镇江，曾赋《永遇乐·京口北固亭怀古》，抒发了“金戈铁马”的壮志豪情。姜夔依调奉和，工力悉敌。词中“北门”指裴度，“三顾”指诸葛亮，“征西”“种柳”指桓温。词人以三位古代名臣的盖世功业来激励辛弃疾。上片称颂他有声有色的备战工作，下片以中原父老盼望南师北伐之情，来隐刺南宋君臣的苟安。这是姜词中感慨国事，抒发爱国思想最为明显的一篇。可见他晚年确曾接受了辛词的影响，在风格上有所更新。清人周济在《宋四家词选·序论》中指出:“白石脱胎稼轩,变雄健为清刚,变驰骤为疏宕。”所论辛姜异同,极为精辟。

姜词的艺术特征及其影响 音节谐婉是姜词艺术特征之一。这位词人精通音乐理论,对于审音协律非常重视。在一些词序中,他曾经特别指出其创作在音律上的特点,如将《满江红》由仄韵改为平韵之类。他继承周邦彦的传统,善于创调,但周的创调重在唱腔流美,而他的创调重在声情吻合。他把词意放在第一位,让格律服从于自己的情趣,如在《长亭怨慢》小序中说:“予颇喜自创曲,初率意为长短句,然后协以律。”这就是说,先根据需要表达的内容写出歌词来,然后再推敲格律,配制歌谱,而非以律害词、以词害意,所以《四库全书总目》卷一百九十八《白石道人歌曲》提要说他的词“精深华妙,尤善自度新腔,故音节文采并冠绝一时”。

姜夔审音创调的典型作品是十七首带有旁谱的歌词。在《白石道人歌曲》张刻本卷五和卷六(陆刻本合为卷四)中,标为自度曲(又名自制曲)的计有十三首,除《湘月》一首无谱外,旁缀音谱的有十二首,这都是姜夔自己创制的新声。它们是《扬州慢》、《长亭怨慢》、《淡黄柳》、《石湖仙》、《暗香》、《疏影》、《惜红衣》、《角招》、《征招》、《秋宵吟》、《凄凉犯》、《翠楼吟》。

另外,在张刻本卷三、卷四(陆刻本卷二、卷三)中,又有五首作品附有旁谱,这是姜夔改订旧调重新谱曲的成品。它们是《鬲溪梅令》、《杏花天影》、《醉吟商小品》、《玉梅令》、《霓裳中序第一》。

这十七首旁谱是八百年前传承下来的惟一的宋代词乐,在我国的音乐文学史上有极其重大的价值。当代学者在清人著述的基础上继续精心研究①,已能译为今谱歌唱。这里根据各家研究的成果,综合整理,选载《鬲溪梅令》和《暗香》两曲并附原谱如下,以见一斑。

---

① 见夏承焘《白石十七谱译稿》(《唐宋词论丛》上海古典文学出版社 1956 年出版),杨荫浏、阴法鲁《宋姜白石创作歌曲研究》(音乐出版社 1957 年出版),丘琼荪《〈白石道人歌曲〉通考》(音乐出版社 1959 年出版)。

鬲溪梅令　　姜夔　词曲

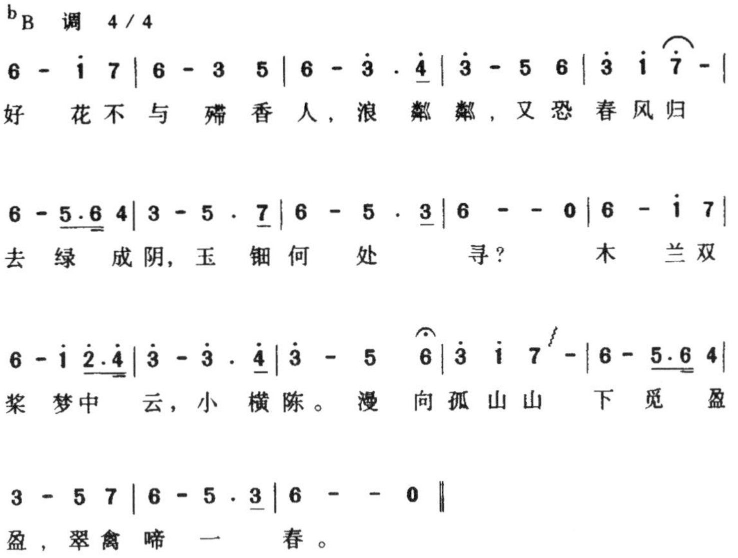

姜词的语言清刚峭拔、瘦硬凝炼，不媚，不艳，不熟，不滥。这是姜夔以江西派诗法来填词的结果。在用典时，他也能做到"僻事实用，熟事虚用"(《白石道人诗说》)，使用活法，重加熔铸，创造自己独特的修辞手法。即使是写爱情，也从来不用华丽秾密的语句，而出之以淡雅疏宕的笔触。如《琵琶仙》云："双桨来时，有人似、旧曲桃根桃叶。歌扇轻约飞花，蛾眉正奇绝。"又《淡黄柳》云："燕燕飞来，问春何在，唯有池塘自碧。"又《长亭怨慢》云："韦郎去也，怎忘得、玉环分付：'第一是早早归来，怕红萼无人为主！'算空有并刀，难剪离愁千缕。"都是有效地用硬笔淡墨来写柔情，含而不露。这又使婉约派的词展现了一种新的风貌。这一艺术特征也是很显著的。

姜词在艺术上另一个特征是往往配有韵味绝佳的小序，有独立的文学价值。前引《一萼红》、《暗香》诸序，已可概见，今更举二例如下：

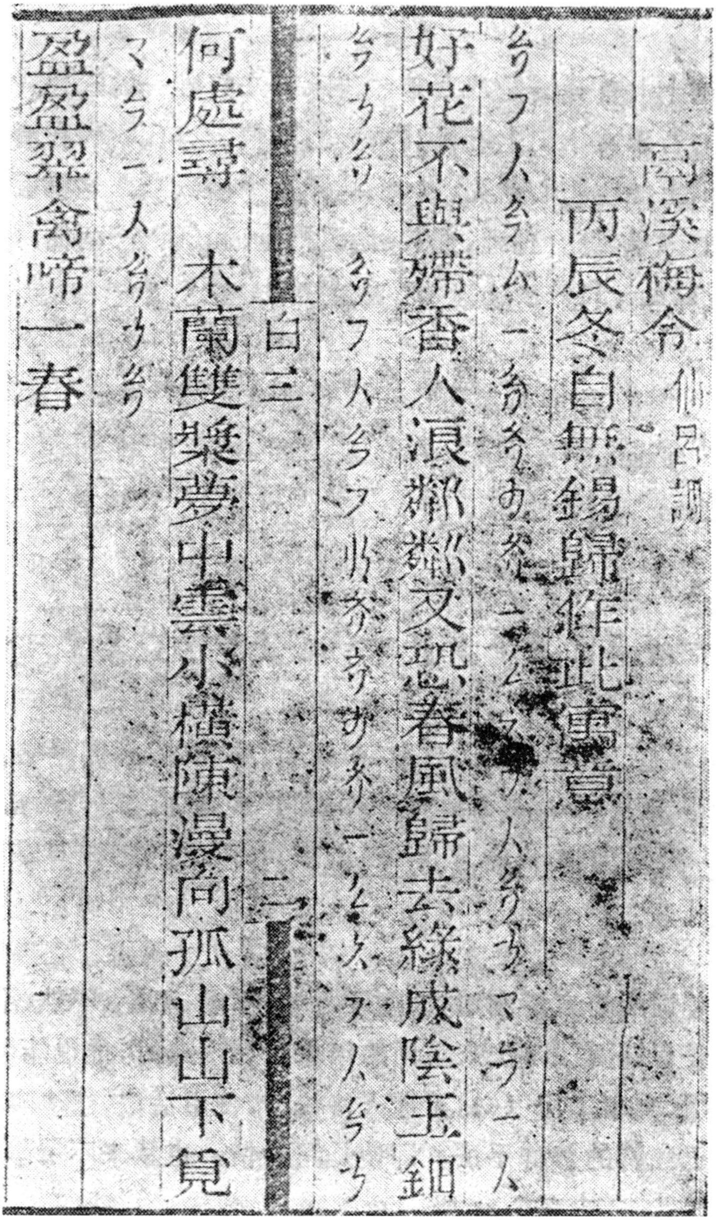

《彊村丛书》本《白石道人歌曲》卷三所载《鬲溪梅令》旁谱

暗　香

姜　夔　词曲

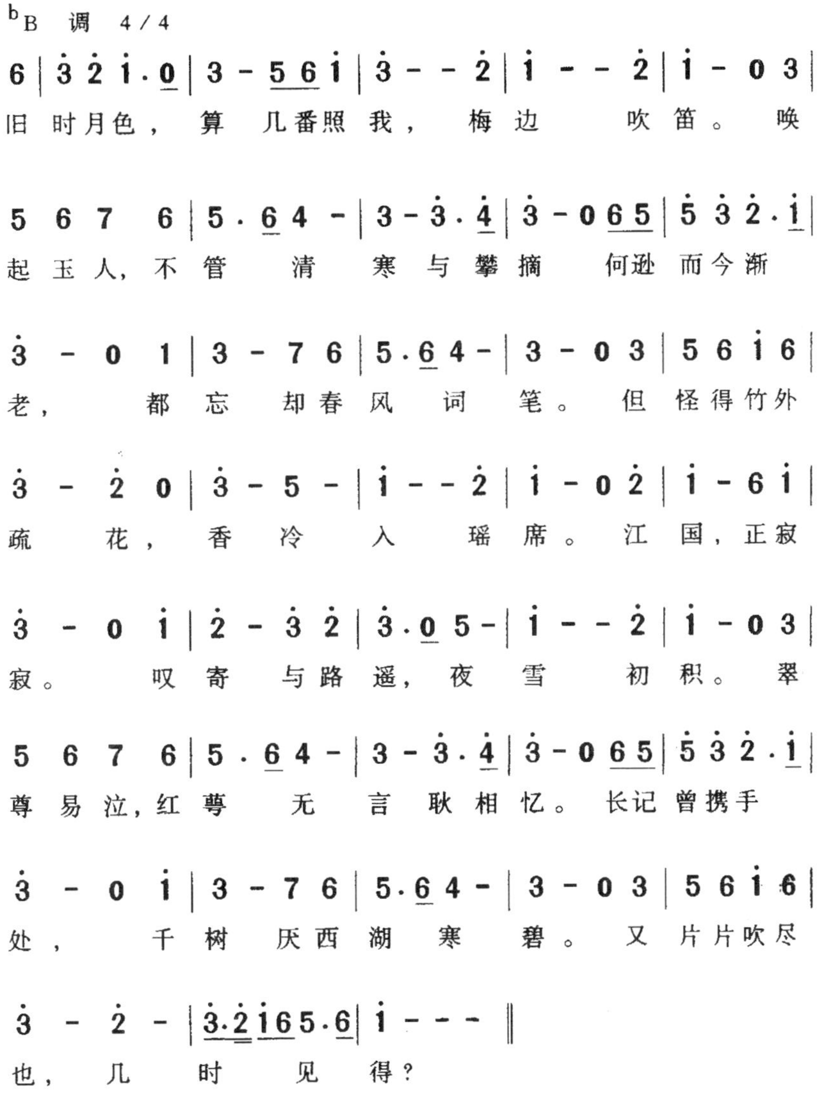
♭B 调 4/4
旧时月色，算几番照我，梅边吹笛。唤
起玉人，不管清寒与攀摘何逊而今渐
老，都忘却春风词笔。但怪得竹外
疏花，香冷入瑶席。江国，正寂
寂。叹寄与路遥，夜雪初积。翠
尊易泣，红萼无言耿相忆。长记曾携手
处，千树压西湖寒碧。又片片吹尽
也，几时见得？

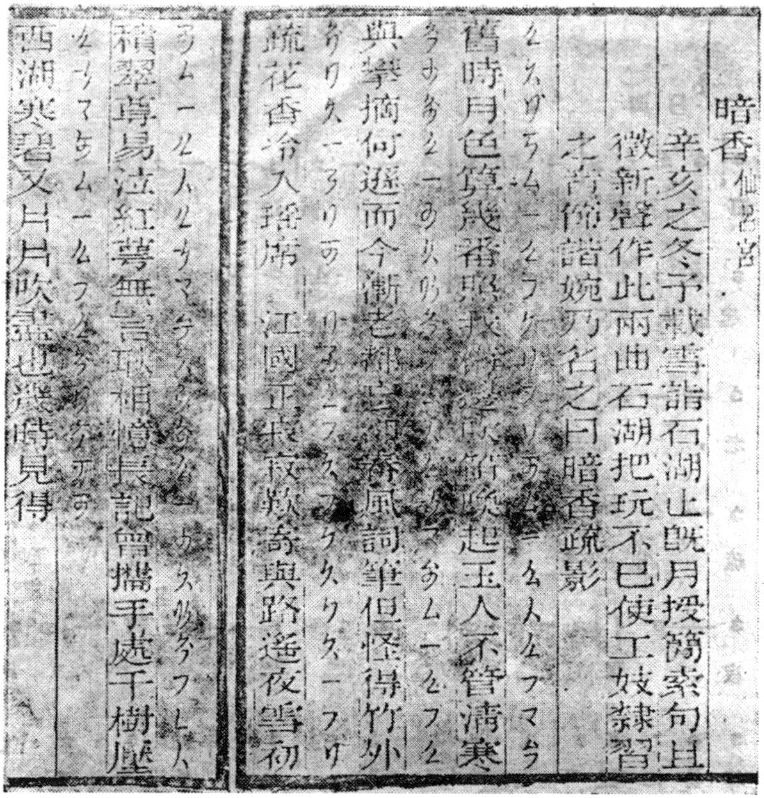
暗香 仙吕宫

辛亥之冬予載雪詣石湖止既月授簡索句且徵新聲作此兩曲石湖把玩不已使工妓隸習之音節諧婉乃名之曰暗香疏影

舊時月色算幾番照我梅邊吹笛喚起玉人不管清寒與攀摘何遜而今漸老都忘却春風詞筆但怪得竹外疏花香冷入瑤席 江國正寂寂歎寄與路遙夜雪初積翠尊易泣紅萼無言耿相憶長記曾攜手處千樹壓西湖寒碧又片片吹盡也幾時見得

《彊村丛书》本《白石道人歌曲》卷五所载《暗香》旁谱

予客武陵，湖北宪治在焉。古城野水，乔木参天，予与二三友日荡舟其间，薄荷花而饮，意象幽闲，不类人境。秋水且涸，荷叶出地寻丈。因列坐其下，上不见日，清风徐来，绿云自动，间于疏处窥见游人画船，亦一乐也。朅来吴兴，数得相羊荷花中。又夜泛西湖，光景奇绝，故以此句写之。

——《念奴娇》序

甲寅春，予与俞商卿燕游西湖，观梅于孤山之西村，玉雪照映，吹香薄人。已而商卿归吴兴，予独来，则山横春烟，新柳被水，游人容与

> 飞花中，怅然有怀，作此寄之。商卿善歌声，稍以儒雅缘饰。予每自度曲，吟洞箫，商卿辄歌而和之，极有山林缥缈之思。今予离忧，商卿一行作吏，殆无复此乐矣。
>
> ——《角招》序

这是非常优美的小品，与歌词有珠联璧合之妙。虽然有时也不免有语意和本词重复之病，但其中大多数终究是相映成趣，相得益彰的。

张炎在《词源》中曾概括姜词兼具清空、骚雅之长，这当然是其艺术风格上最主要的特征。所谓清空是指意念的空灵含蓄，对事物的描写避免直接刻画，而是遗貌取神，虚处着笔，从侧面烘托出来。如《小重山令》“九疑云杳断魂啼，相思血，都沁绿筠枝”，是见梅怀人之作，但作者不直接写人，却用典咏物，以湘妃之血泪染红了梅花的枝条作比，来暗喻对情人的刻骨相思。这种技巧，张炎比之为“如野云孤飞，去留无迹”。但因为琢句过甚，也有如《人间词话》所说，“虽格韵高绝，然如雾里看花，终隔一层”之弊。评家的不同见解，使我们辩证地看出了这种笔法的优缺点。至于骚雅，主要是指姜词继承《诗经》、《楚辞》的传统，能寓意见志，有比兴，有寄托。如《八归》“送客重寻西去路，问水面琵琶谁拨？最可惜一片江山，总付与啼鴂”，暗示了哀时之感。宋翔凤《乐府余论》说：“其流落江湖，不忘君国，皆借托比兴于长短句寄之。如《齐天乐》，伤二帝北狩也。《扬州慢》，惜无意恢复也。《暗香》、《疏影》，恨偏安也。盖意愈切则辞愈微，屈、宋之心，谁能见之？乃长短句中复有白石道人也。”《白雨斋词话》卷二中更进一步表彰说：

> 姜尧章词，清虚骚雅，每于伊郁中饶蕴藉，清真之劲敌，南宋一大家也。梦窗、玉田诸人，未易接武。
>
> 南渡以后，国势日非，白石目击心伤，多于词中寄慨，不独《暗香》、《疏影》二章，发二帝之幽愤，伤在位之无人也。特感慨全在虚处，无迹可寻，人自不察耳。感慨时事，发为诗歌，便已力据上游。特不宜说破，只可用比兴体，即比兴中亦须含蓄不露，斯为沉郁，斯为

忠厚。

在这里，陈廷焯简要地说明了骚雅的特征及其与清空（结体于虚）的内在关系，就是要求作者能把形象刻画、环境烘托、心理描写和比兴寄托熔于一炉，虚而不实地运用夸张、比喻、象征和联想等手法来渲染气氛，造成虽起伏跌宕而仍然含蓄不露的艺术效果。这在上节所举的例子中是体现得很清楚的。

姜词的艺术特征，使宋词特别是婉约词发生了新的变化。其影响所及，不仅南宋后期的词人纷纷起而追踪效法，一直到清代，浙西词派还掀起了学姜的高潮。所以清人汪森在《〈词综〉序》中云："鄱阳姜夔出，句琢字炼，归于醇雅。于是史达祖、高观国羽翼之，张辑、吴文英师之于前，赵以夫、蒋捷、周密、陈允衡、王沂孙、张炎、张翥效之于后，譬之于乐，舞箾至于九变，而词之能事毕矣。"

从总体上看，南宋词坛影响最大的作家，辛弃疾外，就数姜夔。稼轩词和白石词正好代表了两种不同的风格流派和发展趋向。《艺概》卷四云："白石才子之词，稼轩豪杰之词。才子豪杰，各以其类爱之，强论得失，皆偏辞也。"这里指出辛姜之别，主要在于阳刚阴柔或壮美优美，读者应当对异量之美有所理解，各从所好，可谓一语破的。

第二节　南宋后期的姜派词人

姜夔这种重视艺术技巧而又在一定程度上抒发了家国兴亡之感的创作实践，为婉约词在南宋的发展打开了新局面，其影响之深远较辛词有过之而无不及。所以郭麐《灵芬馆词话》卷一说："姜、张诸子，一洗华靡，独标清绮，如瘦石孤花，清笙幽磬，入其境者疑有仙灵，闻其声者人人自远；梦窗、草窗或扬或沿，皆有新俊，词之能事备矣。"

姜派词人约有如下的共同点：首先，就渊源论，他们都远祖周邦彦，近宗姜夔，然后自出机杼，各有新变。其次，就格律论，他们都强调歌词的音乐效果，精通音律，能自制新曲，尤善于谱写长调慢词，所以又被称为格律派。再次，就艺术特点论，他们都欢喜而且擅长琢句炼字，使事用典，融化前人诗句入词。最后，就地位论，他们都是《宋史》无传的小人物，或流落江湖，或浮沉宦海，其中有些人还经历了国破家亡的苦难。其表现在作品中的情思大多旨隐词微，迷离惝恍，每以比兴寄托之法，抒伤时感世之情。总的看来，音律和谐，技巧精湛，风格清高，比兴深婉，都是这些词人值得肯定的地方。但他们作品中缺少辛派诸家那种时代的强音，其所反映的生活面比较狭窄，又往往因谐协音律而限制内容，因雕琢字句而损伤意趣，因追求雅正而脱离大众。这些缺点也显然是存在的。

南宋后期的姜派词人可分为两组：一是活动在宁宗时期或稍后的一群，主要作家有史达祖、高观国、卢祖皋、张辑和吴文英等；二是宋末元初的遗民词人，如蒋捷、陈允平、周密、王沂孙和张炎等。他们受姜夔的影响或深或浅，情况并不完全一样。而且纵向和横向之间的关系也互有交叉，如吴文英就受到过史达祖的影响，陈允平和周密又接受了吴文英的影响，蒋捷则曾接受辛弃疾的影响。从微观的角度看，吴文英自是独树一帜的作者，显示了一种质实密丽的作风，与姜夔之清空疏宕不同。但从宏观的角度来考察，不能说他没有受到姜词的影响。吴文英的出现只是婉约派内产生了一位出于姜夔，而其所发展的风格与所达到的成就却可与姜氏分庭抗礼的作家，而不能说吴与姜分属两个不同的流派。当然，作为姜词的嫡派真传者，则如李调元《雨村词话》卷二所说，要算是王沂孙和张炎。特别是张炎，除其创作步趋姜氏之外，其理论著作《词源》也竭力宣扬姜夔的艺术成就。所以清代的浙西词派以姜、张并列为宗师，出现了"家白石而户玉田"的盛况①。由于传统观念历来以婉约词为正宗，所以姜、张后学的声势，在相当长的历史阶段内，竟超过了苏、辛一派。

史达祖　史达祖，字邦卿，号梅溪，汴（今开封市）人，有《梅溪词》一卷，存词一百十二首。他大约比姜夔小十多岁。姜夔爱重他的作品，曾为

① 朱彝尊序曹溶《静惕堂词》云："数十年来，浙西填词者，家白石而户玉田。"同治三年(1864)，张文虎自序其《索笑词》也说："二十年前言长短句者，家白石而户玉田，使苏、辛不得为词，今则俎豆二窗而祧姜、张矣。"朱、张时代相距很远而所言略同，可见清代宗法姜、张之风甚盛且久。

其词集作序，认为他能够“融情景于一家，会句意于两得”，具有“奇秀清逸”的风格（姜序的全文已佚，这几句见黄昇《花庵词选·中兴以来绝妙词选》卷七）。他和张镃也有交往，嘉泰元年（1201），四十九岁的张镃作《〈梅溪词〉序》，称他为“汴人史生邦卿”，又说“余老矣，生须发未白”，可见史达祖的年辈比张镃稍小，估计他在嘉泰元年时约三十岁左右。张序称赞其词说：“盖生之作，辞情俱到，织绡泉底，去尘眼中，妥帖轻圆，特其余事。至于夺苕艳于春景，起悲音于商素，有瑰奇、警迈、清新、闲婉之长，而无訑荡、污淫之失。端可以分镳清真，平睨方回；而纷纷三变行辈，几不足比数。”（张序全文尚存，载于汲古阁本及四印斋本《梅溪词》卷首）张镃的话，不无溢美，但史达祖的确善于塑造形象、摹写物态。特别是其咏物词，达到了很高的艺术水平：

过春社了，度帘幕中间，去年尘冷。差池欲住，试入旧巢相并。还相雕梁藻井，又软语、商量不定。飘然快拂花梢，翠尾分开红影。　芳径，芹泥雨润。爱贴地争飞，竞夸轻俊。红楼归晚，看足柳昏花暝。应自栖香正稳，便忘了、天涯芳信。愁损翠黛双蛾，日日画阑独凭。

——《双双燕·咏燕》

做冷欺花，将烟困柳，千里偷催春暮。尽日冥迷，愁里欲飞还住。惊粉重、蝶宿西园，喜泥润、燕归南浦。最妨它、佳约风流，钿车不到杜陵路。　沉沉江上望极，还被春潮晚急，难寻官渡。隐约遥峰，和泪谢娘眉妩。临断岸、新绿生时，是落红、带愁流处。记当日、门掩梨花，剪灯深夜语。

——《绮罗香·咏春雨》

这两篇是被公认为南宋咏物词的代表作的，其妙处在于通篇都不正面着题，只从侧面烘托，而物象情景，宛在目前。第一篇咏燕，却没有一句提及“燕”字，然而刻画燕子的形态特征却非常逼真。第二篇描写春雨，也没有一个“雨”字，但却把连绵不断的雨丝引起的春愁披露了出来。两篇作品都以工巧的构思和俊秀的语言描摹自然景物，并注入了对于人世间离别之恨的同情，物态被刻画得栩栩如生，离情也被抒写得凄怨欲绝，充分显示了作者的巧妙的构思。此外如《玉楼春·赋梨花》、《隔浦莲·荷花》、《祝英台近·咏蔷薇》等篇，都能做到形神兼备，虚实并用。张炎在《词源》卷下说：“诗难于咏物，词为尤难。体认稍真，则拘而不畅；模写差远，则晦而不明。要须收纵联密，用事合题，一段意思，全在结句，斯为绝妙。”并举史达祖《东风第一枝·咏春雪》、《绮罗香·咏春雨》和《双双燕·咏燕》为例，评为“此皆全章精粹，所咏了然在目，且不留滞于物”。在史达祖之前，姜夔和张镃曾同赋《齐天乐》咏蟋蟀，用笔运思，已很工细，而史氏吸收周邦彦和姜夔诸家的长处，在虚实结合、咏物而不滞于物等方面又进一步取得了新的成就。《中兴以来绝妙词选》卷七云：“‘临断岸’以下数语，最为姜尧章所赏。”正是因为这几句没有留滞于春雨本身，而能扩展境界，写出了大自然节候的变迁，以及词人在这种不知不觉的变迁中的细致感受。

史达祖写爱情的词，如《玉胡蝶》、《临江仙》、《寿楼春》和《换巢鸾凤》等，都很动人。但那些表现爱国精神和身世之感的作品似乎更值得我们重视。这牵涉到他政治生活中的一段公案。

原来，史达祖出身低微，没有科名，未能进入仕途。开禧年间，他投奔权相韩侂胄，作了韩的门客。当时韩侂胄正筹划出兵伐金，乃任用他为堂吏。当时很有权势，“奉行文字，拟帖撰旨，俱出其手，权炙缙绅”（见叶绍翁《四朝闻见录》戊集）。不料韩氏北伐失败，于开禧三年（1207）十一月被史弥远诛杀，并把韩的首级送到金营议和。这场政变株连到史达祖，使他受到了黥面的刑罚。这时候，他大约是四十岁。这样，他在周密《浩然斋雅谈》等笔记中就被描绘成一个人品不高的失志者，而为后人所诟病。如《白雨斋词话》卷五（足本卷七）说：“独怪史梅溪之沉郁顿挫，温厚缠绵，似其人气节文章，可以并传不朽；而乃甘作权相堂吏，致与耿柽、董如璧辈并送大理，身败名裂。其才虽佳，其人无足称矣！”但平心而论，主张北伐抗金收复失地的韩侂胄，毕竟与秦桧、贾似道等卖国投降者不同。他重用了史达祖，史不免借此弄权，也是事实。但史的为人也并非全无足取，在他的词中，就有伤痛南宋偏安的咏叹。在保卫国家，抵抗金人的想法上，他和韩侂胄是一致的。（以上参看缪钺《灵谿词说》，载《四川大学学报》1984年第3期）例如他随从李壁使金时所写的一组词，便表现了平戎报国的壮怀。《四库全书总目》卷一百九十九《梅溪词》提要曾列举这组作品是《龙吟曲·陪节欲行，留别社友》、《鹧鸪天·卫县道中，有怀其人》、《齐天乐·中秋宿真定驿》、《惜黄花·九月七日定兴道中》以及《满江红·九月二十一日出京怀古》。并推断说："核其词意，必李壁使金之时[①]，侂胄遣之随行觇国，故有诸词。"《龙吟曲》是他从临安出发时所作，"楚江南，每为神州未复，栏干静，慵登眺"的歌唱明白地宣示了他"壮怀无挠"的爱国思想。《满江红》则是使金回来途经北宋旧都汴京时写的："天相汉，民怀国。天厌虏，臣离德。趁建瓴一举，并收鳌极。老子岂无经世术，诗人不预平戎策。办一襟，风月看升平，吟春色。"也对敌人虽有机可乘，自己却报国无路发抒了孤愤。他获罪被贬后的情况无考，从所作《满江红·书怀》"三径就荒秋自好，一钱不直贫相逼"看来，他后来的生活是穷愁潦倒的。

史达祖晚期的作品风格遒劲，充满了苍凉激楚之音，如《满江红·中秋夜潮》云：

> 万水归阴，故潮信、盈虚因月。偏只到、凉秋半破，斗成双绝。有物揩磨金镜净，何人拏攫银河决？想子胥、今夜见嫦娥，沉冤雪。
>
> 光直下，蛟龙穴。声直上，蟾蜍窟。对望中天地，洞然如刷。激气已能驱粉黛，举杯便可吞吴越。待明朝、说似与儿曹，心应折。

词中对历史上"信而见疑，忠而被谤"最后甚至就戮的著名人物伍子胥，寄予了深切的同情，借古喻今，隐约地抒发了他对南宋统治集团强烈的愤慨，气势颇为豪宕。它如《秋霁》、《八归》、《湘江静》等也是此类之作。现存《梅溪词》包括了史达祖晚年的作品，可见自张镃在嘉泰元年(1201)作序以后，其词集又经过重编。

---

① 礼部侍郎李壁出使金国，事在开禧元年(1205)。

史达祖妙解音律，也能自度曲，如著名的《双双燕》和《东风第一枝》等词调，就是他独创的。吴文英受其影响，曾依此填词。

历来评家对《梅溪词》的艺术成就都是赞赏的。元代陆行直在《词旨》中肯定了"姜白石之骚雅，史梅溪之句法"，可见史氏在遣辞造句方面有突出的造就。如《秋霁》"露蛩悲、清灯冷屋，翻书愁上鬓毛白"，显示书生失意的怀乡悲秋之情，颇为深挚；又如《玉胡蝶》"一笛当楼，谢娘悬泪立风前"，乃融化晚唐赵嘏《长安秋望》"长笛一声人倚楼"的诗意而重行铸造的名句；再如《齐天乐》"画里移舟，诗边就梦"，《八归》"秋江带雨，寒沙索水"等对句，都具有生动的形象性和高度的概括力。《雨村词话》卷三曾作《史梅溪摘句图》说："史达祖《梅溪词》最为白石所赏，炼句清新，得未曾有，不独《双双燕》一阕也。余读其集，爱不释手，闲书佳句，汇为摘句图。"李氏共摘录了五十多条警句，作为学习的范本。此外，谭献《复堂词话》中也记有时人"轨循姜史"、"亦表正宗"的话头，都可见这位词人对后世的影响是不小的。

高观国、卢祖皋和张辑　高观国，字宾王，号竹屋，山阴人，有词集《竹屋痴语》一卷，史达祖和陈造为之作序。史序今佚。陈序云："高竹屋与史梅溪皆周、秦之词，所作要是不经人道语，其妙处少游、美成亦未及也。"（见汲古阁本《竹屋痴语》）如《齐天乐》云：

> 碧云阙处无多雨，愁与去帆俱远。倒苇沙闲，枯兰溆冷，寥落寒江秋晚。楼阴纵览。正魂怯清吟，病多依黯。怕挹西风，袖罗香自去年减。　风流江左久客，旧游得意外，朱帘曾卷。载酒春情，吹箫夜约，犹忆玉娇香软。尘栖故苑，叹璧月空檐，梦云飞观。送绝征鸿，楚峰烟数点。

这是一首抒写怀乡惜别之词，风格与周邦彦接近。景物烘托，极有层次，也正是周词的手法，而思力沉厚则微有不及。"倒苇沙困，枯兰溆冷"是写荒寒景色的名句。

他警策的句子是较多的，例如："香心静，波心冷，琴心怨，客心惊。"

(《金人捧露盘·水仙花》)"烟明花似绣,且醉旗亭酒。斜日照花西,归鸦花外啼。"(《菩萨蛮》)"凉云归去,再约著,晚来西楼风雨。水静帘阴,鸥间菰影,秋到露汀烟浦。"(《喜迁莺》)"开遍西湖春意烂,算群花,正作江山梦。吟思怯,暮云重。"(《贺新郎·赋梅》)其咏物词刻画精巧,善于渲染,也有一定的成就。张炎在《词源》卷下的序言中曾将竹屋与白石、梅溪、梦窗并列,评为"句法挺异,俱能特立清新之意,删削靡曼之词,自成一家"。

高观国的行年和事迹均无考,从他现存的作品中看,得知他常游西湖,往来于杭州、苏州一带,到过淮南。他和陆游都是山阴人,陆游晚年退居故里,他曾赋《水龙吟·为放翁寿》,可知他曾以同乡晚辈的身份与陆游有过交往。同时他也是史达祖的挚友,集中颇有与史唱和之词,故作风亦近。《齐天乐·中秋夜忆梅溪》云:

> 晚云知有关山念,澄霄卷开清霁。素景分中,冰盘正溢,何啻婵娟千里。危阑静倚,正玉管吹凉,翠觞留醉。记约清吟,锦袍初唤醉魂起。　　孤光天地共影,浩歌谁与舞,凄凉风味!古驿烟寒,幽垣梦冷,应念秦楼十二。归心对此,想斗插天南,雁横辽水。试问姮娥,有谁能为寄。

此词可能作于梅溪北去金国之时,所以有"古驿烟寒,幽垣梦冷"以下诸句。

《四库全书总目》卷一百九十九《竹屋痴语》提要说:"观国与达祖叠相酬唱,旗鼓俱足相当。"但也有人认为他的成就在史氏之下,如冯煦《蒿庵论词》所云:"平心论之,竹屋精实有余,超逸不足;以梅溪较之,究未能旗鼓相当。今若求其同调,则惟卢蒲江差足肩随耳。"

蒲江居士卢祖皋,字申之,又字次夔,永嘉人。他是当时骈文名家楼钥的外甥,学有渊源。庆元五年(1199)中进士,嘉定十三年(1220)任秘书省正字,十五年(1222)为军器少监,十六年(1223)权直学士院。有《蒲江词》一卷。汲古阁本毛晋跋云:"字字可入律吕,浙人皆唱之。"

柳色津头泫绿，桃花渡口啼红。一春又负西湖醉，离恨雨声中。客袂迢迢西塞，余寒翦翦东风。谁家拂水飞来燕，惆怅小楼东。

——《乌夜啼》

翠楼十二阑干曲，雨痕刻染蒲桃绿。时节又黄昏，东风深闭门。玉箫吹来彻，窗影梅花月。无语只低眉，闲拈双荔枝。

——《菩萨蛮》

这两首纤雅的小令，也极为毛晋所赞美，认为“柳色津头泫绿”二句比秦观《如梦令》“莺嘴啄花红溜”二句更鲜秀，又指出《菩萨蛮》下片是步趋南唐中主李璟“小楼吹彻玉笙寒”的意境。《介存斋论词杂著》云：“蒲江小令，时有佳趣；长篇则枯寂无味，此才小也。”其实，卢祖皋的长调也有一些名篇。如《诗人玉屑》卷二十一就很称赞他的《贺新郎》，评为“无一字不佳，每一咏之，所谓如行山阴道中，山水映发，使人应接不暇”。其词云：

挽住风前柳。问鸱夷、当日扁舟，近曾来否？月落潮生无限事，零乱茶烟未久。漫留得、莼鲈依旧。可是从来功名误，抚荒祠、谁继风流后。今古恨，一搔首。　　江涵雁影梅花瘦。四无尘、雪飞风起，夜窗如昼。万里乾坤清绝处，付与渔翁钓叟。又恰是、题诗时候。猛拍阑干呼鸥鹭，道他年、我亦垂纶手。飞过我，共尊酒。

——《贺新郎》（彭传师于吴江三高堂之前作钓雪亭，盖擅渔人之窟宅以供诗境也。赵子野约余赋之。）

卢祖皋的生卒无考，从词集中《渔家傲·寿白石》一首看来，他是见到过姜夔的。

与姜夔的时代相接而年辈较晚的张辑，字宗瑞，号东泽，鄱阳人，词集现存《东泽绮语债》（或称《东泽绮语》）、《清江渔谱》各一卷。他也是一个江湖游士，其《沁园春》词序载：

予顷游庐山，爱之，归结屋马蹄山中，以庐山中堂为匾。包日庵作记，见称庐山道人，盖援涪翁山谷为例。黄叔豹谓予居鄱，不应舍近取远，为更东泽。黄鲁庵诗帖往来，于东泽下加以诗仙二字。近与冯可迁遇于京师，又能节文，号予东仙，自是诗盟遂以为定号。十年之间，习隐事业，略无可记，而江湖之号凡四迁，视人间朝除夕缴者，真可付一笑。

这位爱好山水的词人，因与姜夔是同乡，曾执贽为弟子。《中兴以来绝妙词选》卷九说他"有词二卷，名《东泽绮语债》，宋湛卢为序，称其得诗法于姜尧章"。其诗名《欸乃集》。陈郁《藏一话腴外编》卷下云："惟鄱阳张东泽受诀白石，攻研澄洁，骎骎欲溯太白而上之。"其词风亦接近白石，佳作如《疏帘淡月》寓《桂枝香·秋思》①：

梧桐雨细，渐滴作秋声，被风惊碎。润逼衣篝，线袅蕙炉沉水。悠悠岁月天涯醉，一分秋、一分憔悴。紫箫吟断，素笺恨切，夜寒鸿起。　　又何苦、凄凉客里，负草堂春绿，竹溪空翠。落叶西风，吹老几番尘世。从前谙尽江湖味，听商歌、归兴千里。露侵宿酒，疏帘淡月，照人无寐。

《词旨》曾列举这首词中的三处警句："悠悠岁月天涯醉，一分秋、一分憔悴"；"落叶西风，吹老几番尘世"；"露侵宿酒，疏帘淡月，照人无寐"。这当然是因为这些句子精确地刻画了江湖游士落寞凄凉的心境。

他也有一些忧心国事的歌词，如《月上瓜洲》寓《乌夜啼·南徐多景楼作》：

江头又见新秋，几多愁！塞草连天，何处是神州？　　英雄恨，

---

① 贺铸的词集《东山寓声乐府》，皆以摘自词中语意的新名代替原有词调名。此云《疏帘淡月》寓《桂枝香》，即本贺氏。《桂枝香》是旧调，张辑取词中"疏帘淡月"一句另立新名。

古今泪，水东流。惟有渔竿明月、上瓜洲！

张辑的生卒年不详，据其《淮甸春》题“丙申岁游高沙，访淮海事迹”，知端平三年(1236)时他尚健在。

第三节　吴文英别开生面的《梦窗词》

吴文英是继姜夔之后与之并峙于南宋婉约词派中的代表作家。如前所述，他虽然也曾受到姜夔的影响，但其在艺术上的独创性却足以与姜夔抗衡而别树一帜。

吴文英的生平　吴文英(1212？—1272？)①，字君特，号梦窗，晚年别号觉翁，四明(今浙江宁波市)人。本姓翁，出嗣吴姓。胞兄翁逢龙，字际可，号石龟，胞弟翁元龙，字时可，号处静，均工词。翁逢龙于嘉定十年(1217)考中进士，吴潜为榜首，尹焕为同榜进士。因此，吴文英成年后得与吴潜、尹焕交游，赋词唱和，过从甚密。

吴文英也是一位以布衣终其一生的江湖游士，但与姜夔不同的是，他欢喜结交显贵，乐意充当他们的幕僚。理宗绍定五年(1232)，他游幕于苏州转运使署，为提举常平仓司的门客，长达十年之久。淳祐四年(1244)以后到杭州，当时尹焕任两浙转运判官，吴潜(字履斋)为参知政事，后升左丞相，史宅之(弥远子)任签书枢密院事，贾似道任荆湖制置使，后升右丞相。他先后游于四人之幕，皆有酬答投赠之作。景定元年(1260)，在绍兴，旅食于理宗之弟、度宗之父嗣荣王赵与芮府中。以词章曳裾侯门，本是当时江湖游士风气，他虽以此为生，却并不希求仕禄，也不肯趋附钻营，所以虽与达官贵人来往，仍然潦倒终身，在当时这类人物中，还算得上是一个狷介自好之士。

吴文英的游踪以今江苏、浙江两地为主，南到绍兴，北及淮安，而以

---

①　吴文英的生平事迹，缺乏详细记载，生卒年也众说纷纭，据今人陈邦炎说，推定吴氏约生于嘉定五年(1212)左右，卒于咸淳八年(1272)到德祐二年(1276)之间。陈说见《吴梦窗生卒年管见》，载《文学遗产》1983年第1期。

苏、杭为中心，旁及常州、无锡、吴江、常熟一带。他曾与市民、手工业者结交，如《瑞鹤仙》词是赠给丝鞋局中的庄生的，《一寸金》是赠笔工刘衍的，此外交游可考者，尚有陈起、陈郁、施枢、沈义父、方万里、李彭老、冯去非和姜石帚诸人①，则皆为缔结墨缘之友。

他与吴潜的交谊较深，有赠词四首。嘉熙三年(1239)正月所作《金缕歌·陪履斋先生沧浪看梅》中有云："重唱梅边新度曲，催发寒梢冻蕊，此心与东君同意。后不如今今非昔，两无言、相对沧浪水。怀此恨、寄残醉。"以冬去春来喻指吴潜长存的忠爱之心，同时也写出了对国事日非的忧伤。淳祐九、十年(1249—1250)间，吴潜知绍兴府兼浙东安抚使，他又有《绛都春·题蓬莱阁灯屏，履翁帅越》之作，也是发抒盛衰兴亡之感的作品，足见他与吴潜眷怀宗国，具有同心。

吴文英晚年的行事缺乏记载，只知道周密与他结为忘年交，在景定四年(1263)还写了《拜星月慢》寄赠给他。另外，他自己曾有"早白发、缘愁万缕"(《霜叶飞》)之句，可见全祖望说他"晚年困踬以死"②，是大致可信的。

吴文英的词法　《梦窗词》主要师承周邦彦，同时也受到姜夔的影响。在重视格律方面，他们是一脉相承的。最明显的迹象是他喜欢用周、姜二家创制的新腔，其词集中与周词同调者多达七十余首，用姜夔自度曲的也有《暗香》、《疏影》、《凄凉犯》、《惜红衣》和平韵《满江红》等。和周、姜一样，他也精通音律，能够自制新腔，如《古香慢》、《霜花腴》、《江南春》、《玉京谣》、《西子妆慢》等十阕皆是。其中《玉京谣》是为友人陈郁创作的，词序说："陈仲文自号藏一，盖取坡诗中'万人如海一身藏'语，为度夷则商犯无射宫腔制此赠之。"这显然是效法姜夔的作法。在《还京乐》序中，他还有"命乐工以筝、笙、琵琶、方响迭奏"的记载，均可证其精于词乐，重视声情。

---

① 《梦窗词集》中有赠姜石帚词六首，朱彝尊、陆钟辉诸人失察，误认石帚、白石为一人。实则石帚乃宋末元初杭州士子，别为一人。详夏承焘《姜白石行实考·石帚辨》，附载于《姜白石词编年笺校》(中华书局 1958 年出版)。

② 见《奉寄万九沙编修论〈宁志〉补遗杂目》，载《鲒埼亭集外编》卷四十七。

吴文英曾向友人沈义父讲论他的词法。义父字伯时，震泽（今属江苏吴县）人，所著《乐府指迷》颇能阐述吴文英的词学。其书首云："余自幼好吟诗。壬寅（淳祐二年，1242）秋，始识静翁（指吴弟翁处静）于泽滨。癸卯，识梦窗。暇日相与唱酬，率多填词。因讲论作词之法，然后知词之作难于诗。"关于梦窗所讲，义父概括为四点：一、音律欲其协，不协则成长短之诗；二、下字欲其雅，不雅则近乎缠令之体；三、用字不可太露，露则直突而无深长之味；四、发意不可太高，高则狂怪而失柔婉之意。第一条是协律，第二条是求雅，其所树立的准则则是《清真词》。沈义父解释说："凡作词，当以清真为主，盖清真最为知音；且无一点市井气，下字运意，皆有法度。"又说："姜白石清劲知音。"可见也是榜样。第三条讲琢句炼字、含蓄不露。这也是受了姜夔的影响，但吴文英在这方面却走得更远，所以沈义父也指出："梦窗深得清真之妙。其失在用事下语太晦处，人不可晓。"第四条是主张柔婉，反对狂怪，而且认为这应当从发意即立意着眼，这是婉约派词人的传统观点，表明他恪守"别是一家"的准则，不愿失去词的本色，因而也不可能像豪放派那样，以词来反映重大主题。吴文英的词法总结了周、姜以下婉约派的艺术特点，也明显地暴露了这种词风的短处。

吴词中的生活画面　《梦窗词》有多种版本，通行的主要有两个版本系统，一是明末崇祯年间常熟毛晋汲古阁《宋六十名家词》本，题为《梦窗甲乙丙丁稿》四卷，补遗一卷；另一种是涵芬楼所藏明万历二十六年（1598）太原张廷璋所藏《梦窗词集》旧钞本，不分卷。这两种本子都杂有他人的作品，汲古阁本讹字尤多。近人朱祖谋治梦窗词二十多年，经过三次精校，最后以涵芬楼所藏明钞本为底本，订为《梦窗词集》一卷，辑录《梦窗词集补》一卷，另著《梦窗词集小笺》一卷，于一九二二年刻入《彊村丛书》①；其第四次校订定本《梦窗词集》，则由龙榆生于一九三二年刻入《彊村遗书》，尤为精善。

---

① 江苏广陵古籍刻印社 1980 年出版的《梦窗词萃》，实际上就是根据《彊村丛书》原板刷印的。

吴词现存三百四十首，以数量而言，在南宋词家中仅次于辛弃疾。其中除了部分应酬之作，以感旧怀人及伤今怀古之作为多，其词中的生活画面是不宽广的。

吴文英感旧怀人之作约有五十首左右，大多是写恋情，其中一部分是怀念他的去姬和夭亡的恋人的。他对已经消逝的美好时光的回忆和留恋，写得非常动人。如下面两首，就是其追念去姬之作：

> 时霎清明，载花不过西园路。嫩阴绿树，正是春留处。　燕子重来，往事东流去。征衫贮，旧寒一缕，泪湿风帘絮。
>
> ——《点绛唇》

> 听风听雨过清明，愁草瘗花铭。楼前绿暗分携路，一丝柳、一寸柔情。料峭春寒中酒，交加晓梦啼莺。　西园日日扫林亭，依旧赏新晴。黄蜂频扑秋千索，有当时、纤手香凝。惆怅双鸳不到，幽阶一夜苔生。
>
> ——《风入松》

两首词中都提到了清明节和苏州故居西园。《点绛唇》是回忆第一次识面正是在清明时节的绿阴之中，如今伊人已去，“往事”、“旧寒”皆成陈迹，即使是“燕子重来”，也不会再过西园，惟一可见的，只有征衫上的泪痕而已。《风入松》所写则是分离以后次年的清明情景，自己仍寓西园，痴心地盼望伊人能够归来。看到垂柳和秋千，就勾起了当年与伊人相处的柔情蜜意，可惜她仍是踪迹渺然，而门前阶上的青苔却经夜丛生，隔断了来往的路径。伴随孤独的自己的，终于只剩有满怀愁绪了。

吴文英三十二岁以后，居留杭州，曾眷恋一位歌女，但其人不幸夭亡。他为此写了许多悲悼之作，如《渡江云三犯》、《西子妆慢》、《定风波》、《昼锦堂》等，而以《莺啼序·春晚感怀》最为人所传诵：

> 残寒正欺病酒，掩沉香绣户。燕来晚、飞入西城，似说春事迟

暮。画船载、清明过却，晴烟冉冉吴宫树。念羁情、游荡随风，化为轻絮。　　十载西湖，傍柳系马，趁娇尘软雾。溯红渐、招入仙溪，锦儿偷寄幽素。倚银屏、春宽梦窄，断红湿、歌纨金缕。暝堤空，轻把斜阳，总还鸥鹭。　　幽兰旋老，杜若还生，水乡尚寄旅。别后访、六桥无信，事往花委，瘗玉埋香，几番风雨。长波妒盼，遥山羞黛，渔灯分影春江宿。记当时、短楫桃根渡。青楼仿佛，临分败壁题诗，泪墨惨淡尘土。　　危亭望极，草色天涯，叹鬓侵半苎。暗点检、离痕欢唾，尚染鲛绡，亸凤迷归，破鸾慵舞。殷勤待写，书中长恨，蓝霞辽海沉过雁，漫相思、弹入哀筝柱。伤心千里江南，怨曲重招，断魂在否。

这首词分四叠，计二百四十字。作者以大开大阖、大起大落之笔，深入细致地铺叙了悲欢离合、生离死别之情。第一段从当前暮春的景色起兴，引起羁旅相思之情；第二段回顾西湖十年旧游，遥想当初与其人在欢场中遇合而又分手的难忘往事；第三段写别离以后，自己漂泊他乡，萍踪无定，如今追寻旧迹，惊悉玉殒香消，仅存败壁题诗，徒增悲泪；第四段总结离合情事，极言相思之苦，人生易老，芳魄难招。这既与第一段前后呼应，又是二、三段发展的必然结果。全篇措词新妙，结构绵密，修辞用典，更是刻意求工。因而在古今征调中，享有崇高声誉。

吴文英生活在南宋后期。当时元已代金而起，成为最大威胁。南宋国力不振，日趋危殆。他面临这种风雨飘摇的时局，虽无投笔奋起的壮心，但也没有完全置身于现实环境之外。通过写景咏物诸作，伤今感昔，词人隐约曲折地表达了自己的忧患之情。这类作品在其集中约有二百多首，《八声甘州·陪庾幕诸公游灵岩》一首可算是其代表作：

渺空烟四远，是何年、青天坠长星。幻苍崖云树，名娃金屋，残霸宫城。箭径酸风射眼，腻水染花腥。时靸双鸳响，廊叶秋声。　　宫里吴王沉醉，倩五湖倦客，独钓醒醒。问苍天无语，华发奈山青。水涵空、阑干高处，送乱鸦、斜日落渔汀。连呼酒，上琴台去，秋与云平。

此词上片吊古，以对馆娃宫、响屧廊和采香泾等西施遗迹的咏叹，引发了千古盛衰兴亡之感；下片伤今，以吴王夫差沉湎酒色而导致身败国灭为鉴，对照徽、钦二帝荒嬉亡国之痛，隐喻当时君臣的逸乐苟安，又将岌岌可危（以上参考陈洵《海绡说词》）。作者蒿目时艰，以吊古的慨叹和自己的身世之感融为一体，寄情于苍天青山、秋风落日的景色中。结语意境高远，冲淡了全词的低沉气氛。

吴文英这类作品还有《木兰花慢·虎丘陪仓幕游》"开尊，重吊吴魂"，写孤怀之独抱；《古香慢·赋沧浪看桂》"把残云剩水万顷，暗熏冷麝凄苦"，伤宗室之衰微；《齐天乐·与冯深居登禹陵》"三千年事残鸦外，无言倦凭秋树"，感叹人世沧桑；《高阳台·丰乐楼分韵得如字》"飞红若到西湖底，搅翠澜怎是愁鱼"，伤悼个人身世等等。再如《西平乐慢·过西湖先贤堂》，表面上是缅怀先贤，而实际上很可能就是悼念被迫害致死的吴潜。因词中末句说："冷落山丘，到此徘徊，细雨西城，羊昙醉后花飞。"引用了羊昙因悼念谢安醉中误过西州门而痛哭的典故以自况，而当时身份可与谢安相比且对作者有知遇的逝者，则非曾任左相的吴潜莫属（参见前举陈邦炎文）。在他晚年，更有一首极其沉郁哀伤的作品：

> 湖山经醉惯，渍春衫、啼痕酒痕无限，又客长安。叹断襟零袂，涴尘谁浣？紫曲门荒，沿败井、风摇青蔓。对语东邻，犹是曾巢，谢堂双燕。　　春梦人间须断，但怪得、当年梦缘能短。绣屋秦筝，傍海棠偏爱，夜深开宴。舞歇歌沉，花未减、红颜先变。伫久河桥欲去，斜阳泪满！
>
> ——《三姝媚·过都城旧居有感》

这首词虽写重过旧居所感，但同时也反映了杭州在宋室覆亡前夕凋敝荒凉的情景，与身世家国之感打成一片。当时蒙古贵族南侵的威胁日益严重，"春梦人间须断"与"梦缘能短"之句，宛转地表现了词人忧国之心，以及对政局的确切预感。元军攻入临安是在德祐二年（1276）三月，此篇当是写于危亡之前，词情极为沉痛①。

吴词的艺术造诣及其评价问题　根据前述吴文英所标举的词法及其创作实践，可知他作词讲究音律和修辞，善于用典和檃括唐诗句意；在手法上，还打破了传统的层次结构方式，句法前后交叉，转换自由，时空跨度很长，跳跃性也很大。对于他这种独特的艺术造就，历来就有两种不同的意见，在评价问题上存在着争议。《乐府指迷》曾赞"梦窗深得清真之妙"，但也指出"其失在用事下语太晦处，人不可晓"。张炎则把他和姜夔作了对比，《词源》卷下说：

> 词要清空，不要质实；清空则古雅峭拔，质实则凝涩晦昧。姜白石词如野云孤飞，去留无迹；吴梦窗词如七宝楼台，眩人眼目，碎拆下来，不成片段。

自此以后，论梦窗词者大多引用张炎的论断。但对梦窗词也是有肯定的意见的，如尹焕《〈梦窗词〉序》说："求词于吾宋者，前有清真，后有梦窗，此非焕之言，四海之公言也。"（见《中兴以来绝妙词选》卷十）到了清代道光年间，常州词派的周济反对浙西词派宗法姜夔，便把吴文英抬举出来。在《宋四家词选》中，他参酌尹焕的说法，以周、吴为师，辛、王为友，选录的次序是周邦彦居首，辛弃疾和王沂孙两家继之，而以吴文英为殿军，并在《序论》中说："梦窗立意高，取径远，皆非余子所及。惟过嗜饾饤，以此被议。若其虚实并到之作，虽清真不过也。"周济一方面表彰吴氏，另一方面也指出他堆砌的缺点。但当时戈载却不承认梦窗词有缺点，其所编《宋七家词选》卷四云：

> 梦窗从吴履斋诸公游，晚年好填词，以绵丽为尚。运意深远，用笔幽邃，炼字炼句，迥不犹人。貌观之雕绘满眼，而实有灵气行乎其

---

① 《海绡说词》云："过旧居，思故国也。""此盖觉翁晚年之作，读草窗'与君共是承平年少'及玉田'独怜水楼赋笔，有斜阳还怕登临'，可与知此饲。"其说甚是，然词题犹称都城，似宋亡前作。故采陈说而小变之。

间。细心吟绎，觉味美方回，引人入胜，既不病其晦涩，亦不见其堆垛，此与清真、梅溪、白石并为词学之正宗，一脉真传，特稍变其面目耳。犹之玉溪生（李商隐）之诗，藻采组织，而神韵流转，旨趣永长，未可妄讥其獭祭也。

嗣后，陈廷焯也认为“梦窗精于造句，超逸处则仙骨珊珊，洗脱凡艳，幽索处则孤怀耿耿，别缔古欢”，并针对张炎的见解提出驳议说：“梦窗在南宋，自推大家，惟千古论梦窗者，多失之诬。”“梦窗才情超逸，何尝沉晦！”“若梦窗词，合观通篇，固多警策，即分摘数条，亦自入妙，何尝不成片段耶！”（《白雨斋词话》卷二）从上述两种对立的意见看来，评家对吴词或贬或褒，恰恰是走向了两个相反的极端。现在，我们分成几个问题，试加评析：

首先，关于虚实结合的问题，张炎是把清空与质实对举的，清空是指因情造境，疏淡空灵，抒情的语意和线索较明显；质实是指就景寓情，色彩丽密，措意隐晦，往往掩盖了抒情的脉络。如下列诸语，即可视为质实：“檀栾金碧，婀娜蓬莱，游云不蘸芳洲。”（《声声慢·陪幕中饯孙无怀于郭希道池亭》）“幽云怪雨，翠萍湿空梁，夜深飞去。”（《齐天乐·与冯深居登禹陵》）“藻国凄迷，麴尘澄映，怨人粉烟蓝雾。香笼麝水，腻涨红波，一镜万妆争妒。”（《过秦楼·芙蓉》）“堆枕香鬟侧，骤夜声、偏称画屏秋色。风碎串珠，润侵歌板，愁在眉窄。动罗箑清商，寸心低诉叙怨抑。映梦窗，零乱碧。”（《秋思·荷塘为括苍名姝求赋其听雨小阁》）——《声声慢》是描绘郭氏园林之作，檀栾形容翠竹，语出汉代枚乘的《菟园赋》“修竹檀栾夹池水”，金碧形容色彩辉煌的建筑，婀娜形容轻盈柔美的柳丝，蓬莱则借仙岛以喻水涯。所以此两句实即翠竹楼台，垂柳池塘，游云句则谓天气晴朗无云。但这些寻常景物，在吴文英笔下，却显得十分光怪陆离了。《齐天乐》写会稽山上的禹庙，引用了一个非常冷僻的关于梅梁的神话故事。《四明图经》载：“鄞县大梅山顶有梅木，伐为会稽禹庙之梁，张僧繇画龙于其上，夜或风雨，飞入镜湖与龙斗，后人见梁上水淋漓，始骇异之，以铁索锁于柱。”又《嘉泰会稽志》卷六《禹庙》下云：“梁时修庙，唯欠一梁，俄风雨大至，湖中得一木，取以为梁，即梅梁也。夜或大雷雨，梁辄失去，比复归，水草被其上。”这就是“翠萍湿空梁，夜深飞去”这句的来历，如果不知晓梅梁的典故，那就无法理解它的意思。《过秦楼》是咏水中荷花，《秋思》是描写荷塘小阁，虽没有用事，但辞藻华丽，雕绘满眼，装饰性的字句特多。这都给人以堆砌甚至晦涩的感觉，不过，吴词并非全都如此，张炎在《词源》中就曾举出《唐多令》“何处合成愁”一首，承认“此词疏快却不质实”。又如《高阳台》“修竹凝妆，垂阳驻马”一首，麦孺博评为“秾丽极矣仍自清空，如此等词，安能以七宝楼台诮之！”（《艺蘅馆词选》丙卷）可见其手法也不是千篇一律，而是丰富多样的，即使是字面秾丽之作，也可达到清空的境界，更何况他确有许多并不晦涩的歌词。

我们试看其另一种风格的作品：“三月暮，花落更情浓。人去秋千闲挂月，马停杨柳倦嘶风，堤畔画船空。”（《望江南》）“小桃谢后，双双燕，飞来几家庭户。轻烟晓暝，湘水暮云遥度。帘外余寒未捲，共斜入、红楼深处。相将占得雕梁，似约韶光留住。”（《双双燕》）“池上红衣伴倚阑，栖鸦常带夕阳还。殷云度雨疏桐落，明月生凉宝扇闲。”（《鹧鸪天·化度寺作》）“乔木生云气，访中兴英雄陈迹，暗追前事。战舰东风悭借便，梦断神州故里。”（《金缕歌·陪履斋先生沧浪看梅》）——这些作品都写得流美空灵，如前引戈载所说，读时“既不病其晦涩，亦不见其堆垛”。

总之，关于虚与实的关系应辩证地予以理解。清空与质实既是对立的，也可以互相依存、可以转化的。一位有成就的作家的作品不会绝对的清空，也不可能绝对的质实。白石词主要是清空的，但也偶有质实之处；梦窗词主要是质实的，也间有疏快之作。虚实结合是吴文英词的一个重要的艺术特征。况周颐《蕙风词话》卷二说：“梦窗密处，能令无数丽字一一生动飞舞，如万花为春，非若琱璓蹙绣毫无生气也。”蔡桢《乐府指迷笺释》对这一点更进一步作了详细而中肯的阐述：

玉田以凝涩晦昧评梦窗，至有七宝楼台之喻。后人惑于其说，以为梦窗全集莫不如是，未免大误。夫梦窗用事下语，诚有深入而未能显出者。然《四稿》中不晦涩之作，细绎之亦实在不少。以其含思高远，琢语幽邃，读者不易得其端倪，遂概以晦涩目之，岂得为持平之论？昔人论词，每好执人集中一二首以概其余，宗派不同，尤易陷于此等偏见，不独评梦窗者为然也。

其次，关于词的结构问题。为什么有人认为吴词有一部分作品难于索解的呢？这是因为，词人在创作方法上打破了传统的结构方式，他的叙述往往使时间与空间交错杂糅。按照中国传统的方式，无论叙事、抒情或写景，习惯上都以合于理性的层次与解说为主，但《梦窗词》往往从自己极为活泼的想像与极为丰富的联想出发，表现为不拘拘于理性的层次或途径，因此也显示不出明确的段落或呼应的线索。如《霜叶飞·重九》"彩扇咽寒蝉，倦梦不知蛮素"两句，竟将今日实有之寒蝉，与昔日实有之彩扇作现实的时空的混淆，而将原属于寒蝉的动词咽字移到彩扇之下，使时空作无可理喻之结合；而次句之倦梦则今日寒蝉声中之所感，蛮素则昔日持彩扇之佳人。只将两句情景合而为一，全不作理性的说明，而其脉络神理却自然融会贯通。这种将时间与空间、现实与想像错综杂糅起来叙述的方法，是过去所少见的。这也正是使一般读者对之不能了解和难以接受的主要原因。（以上参考叶嘉莹《拆碎七宝楼台·谈梦窗词之现代观》，载《迦陵论词丛稿》，上海古籍出版社1980年出版。）

由于作者的思维并非直线发展的，而是随着自己潜在的意识流的起伏跳跃，意脉前后旋转，因而在结构上也能充分发挥想像力，写景抒情都不受时间和空间的限制，转换自由。词人就有可能把远近高低、上下古今的不同时空的各种景物摄取在同一幅画面里，自由地组成完整的形象①。如其平韵《满江红·淀山湖》：

云气楼台，分一派、沧浪翠蓬。开小景、玉盆寒浸，巧石盘松。风

① 吴文英所采取的这种结构方式，追溯渊源，可上至温庭筠。俞平伯《读词偶得》（开明书店1934年出版）评温氏《菩萨蛮》"水精帘里玻璃枕"一首有云："飞卿之词，每截取可以调和的诸印象而杂置一处，听其自然融合，在读者心眼中仁者见仁，智者见智，不必问其脉络神理如何，而脉络神理则按之则俨然自在。譬之双美，异地相逢，一朝绾合，柔情美景并入毫端，固未易以迹象求也。"此亦可移评吴词。

送流花时过岸，浪摇晴练欲飞空。算鲛宫、只隔一红尘，无路通。
　神女驾，凌晓风；明月佩，响丁东。对两蛾犹锁，怨绿烟中。秋色未教飞尽雁，夕阳长是坠疏钟。又一声欸乃过前岩，移钓篷。

这是梦窗从吴江瓜泾乘船到杭州经过淀山湖时的作品。上片写湖山景色，先总叙淀山的一片大好风光，然后展延到传说中的神仙故事。下片借景寓情，暗寓了作者漂泊江湖的身世之感。整首词以写景为主，而作者的感情则被有意识地覆盖于景物之中。词中视角随着跨度极大的空间而不断转换，从山上到山下，从湖中到岸边，从龙宫到神庙，从天上到人间，甚至从淀山湖跨到太湖，进行了多角度的回环描写。周济在《介存斋论词杂著》中说："梦窗每于空际转身，非具大神力不能。"正是指的这种独特的艺术手法。

综上所述，吴文英词的艺术上承周、姜，但勇于独创，不守成法；摆脱传统，别开生面。他和姜夔一实一虚，一密一疏，如双峰并峙，各极其妙。吴文英继周、姜之后，对南宋婉约词作出了新的贡献，当时追随其后的有尹焕、黄孝迈、楼采、李彭老和沈义父诸人，周密、张炎等也受到他一些影响。清代的浙西词派是将吴文英划归姜派的，朱彝尊编《词综》选吴词四十五首，汪森又补选十二首。常州词派的创始人张惠言反对朱彝尊推崇姜派，在编《词选》时竟不录吴词。而周济则有意把他从姜派中分出来，竭力抬高吴词的声价，在《宋四家词选序论》中称赞说："梦窗奇思壮采，腾天潜渊，返南宋之清泚，为北宋之秾挚。"接着是戈载、陈廷焯等人对吴词都大力宣扬。晚清朱祖谋、王鹏运、郑文焯、况周颐和陈洵诸人都赞同周济的论点，在《梦窗词》的校勘、整理和研究工作方面有所推进。而与他们同时的王国维则以"凌乱"贬之①。对吴文英的不同评价，也是从清初到现代文艺思想和词学风会变迁的一种反映。

---

① 《人间词话》："梦窗之词，吾得取其词中之一语以评之，曰：'映梦窗，凌乱碧'。"

第四节　宋元之际的姜派词人

生活在宋元易代之际的姜派词人，在经历了沧桑巨变之后，创作中都发为凄凉怨慕的哀音，普遍地表现了遗民清正的志节和沉痛的故国之思。如《白雨斋词话》卷二所标举的，蒋捷之“人品高绝”，“草窗（周密）、西麓（陈允平）、碧山（王沂孙）、玉田（张炎）同时并出，人品亦不甚相远。四家之词，沉郁至碧山止矣。而玉田之超逸，西麓之淡雅，亦各出其长以争胜，要皆以忠厚为主，故足感发人之性情。”今将诸家略述如次。

蒋捷　蒋捷，字胜欲，号竹山，阳羡（今江苏宜兴县）人，他在咸淳十年（1274）参加了南宋的最后一次科考，中了进士。但不到三年，元军就占领了杭州。蒋捷的民族意识十分强烈，宋亡后，他隐居于太湖中的竹山，以竹节之劲直坚贞自砺，因以为号。元成宗大德九年（1305），“诏求山林间有德行、文学、识治道者”（《续文献通考》卷三十七），“宪使臧梦解、陆垕交章荐其才，卒不就博学。”（《嘉庆宜兴县志》卷八《隐逸传》）抱节终身。所作有《竹山词》一卷。

蒋捷赋性孤洁，不喜交游，不仅在宋亡以后不与元朝的官员接触，甚至和同时代同地区的词人如陈允平、周密、王沂孙、张炎等人也均无来往。其创作自辟蹊径，斟酌于周、姜与苏、辛之间，往往能融合姜、辛两家的长处，含蓄而又明快，典雅而不晦涩。《艺概》卷四说：“蒋竹山词，未极流动自然，然洗炼缜密，语多创获。其志视梅溪较贞，其思视梦窗较清。刘文房为五言长城，竹山其亦长短句之长城欤！”这一评价是有道理的。

蒋捷亲身经历的时代动乱和亡国痛苦，在其作品中鲜明地反映了出来。《贺新郎·兵后寓吴》：

深阁帘垂绣，记家人、软语灯边，笑涡红透。万叠城头哀怨角，吹落霜花满袖。影厮伴，东奔西走。望断乡关知何处？羡寒鸦、到着黄昏后，一点点，归杨柳。　相看只有山如旧，叹浮云、本是无心，也成苍狗。明日枯荷包冷饭，又过前头小阜。趁未发，且尝村酒。醉探枵囊毛锥在，问邻翁、要写牛经否？翁不应，但摇手。

这首词写出了作者在国破家亡后逃难到苏州的沉痛感受。上片以回顾亡国前的平静生活与行都陷落的现实窘境对比。下片进一层发抒逃亡途中的感触，表明自己要像青山那样巍然挺立，刻画了作者甘愿颠沛流离而决不变节的志气。末句反映了农村在动乱中的破败和贫困。又如《行香子·舟宿兰湾》：

红了樱桃，绿了芭蕉。送春归、客尚蓬飘。昨宵谷水，今夜兰皋。奈云溶溶，风淡淡，雨潇潇。　　银字笙调，心字香烧。料芳悰、乍整还凋。待将春恨，都付春潮。过窈娘堤，秋娘渡，泰娘桥。

这是一篇国忧家恤交织在一起的作品。窈娘堤、秋娘渡与泰娘桥这一连串地名，表面上是写对古代风流女子的怀念，实质上却是词人借感到春光流逝之可叹惋，以表达其对世事的烦忧。还有《贺新郎》：

梦冷黄金屋，叹秦筝、斜鸿阵里，素弦尘扑。化作娇莺飞归去，犹认纱窗旧绿，正过雨、荆桃如菽。此恨难平君知否？似琼台、涌起弹棋局。消瘦影，嫌明烛。　　鸳楼碎泻东西玉，问芳踪、何时再展，翠钗难卜。待把宫眉横云样，描上生绡画幅，怕不是、新来妆束。彩扇红牙今都在，恨无人、解听开元曲。空掩袖，倚寒竹。

这是一首以比兴手法寄托亡国哀思的作品。起句以黄金屋象征南宋故国，“此恨难平君知否”点出了题旨。下片借对情人的怀念来喻指对故国的眷恋，“彩扇红牙今都在”以下二句，则表露了山河依旧，人事已非的感叹，《黍离》、《麦秀》之悲是极为明显的。

陈允平　陈允平，生卒不详，字君衡，一字衡仲，号西麓，四明人，有

《日湖渔唱》一卷，另有和周邦彦词一百二十余首的专集《西麓继周集》一卷①，合计存词二百零九首。《日湖渔唱》署名为“句章陈允平”，句章指明州故城，日湖在城郊，源出四明山。《西麓继周集》署名为“莆郧澹室后人”，可知其祖先是从福建莆田迁到浙江鄞县（今浙江宁波）来的。德祐年间，他曾任沿海制置司参议官。在元军攻陷临安、四明等地以后，他于祥兴元年（1278）在敌占区写信约南宋都统苏刘义反攻，事为仇家告发，被捕入狱。宋亡后，曾被征召北上大都，不久告病辞归，隐居乡里，与周密、张炎等交往。他死后，张炎写有《解连环·拜陈西麓墓》以怀念这位亡友。

陈廷焯对陈允平很推崇，其《云韶集》卷八云：“西麓词风神绰约，丽而有则，亦是效法白石，而低徊宛转，深得《骚》、《雅》之遗，盖其取法也近，其祖述也远。”《白雨斋词话》卷二又说：“陈西麓词，和平婉雅，词中正轨。”这些好评是从艺术技巧上着眼的。如果从思想内容来看，则陈词的反映面颇窄，即使偶有感叹身世之作，也未能联系宋末元初的社会现实，抒发深至之情。南宋的危亡和他北上大都、以病免归等重大时事，在他现存的作品中都未见触及，这是很可惜的。

陈允平服膺周邦彦，兼宗姜夔，也受到吴文英的一些影响。其言情之作颇有工者，如《绛都春》：

> 秋千倦倚，正海棠半坼，不耐春寒。殢雨弄晴，飞梭庭院绣帘间。梅妆欲试芳情懒，翠颦愁入眉湾。雾蝉香冷，霞绡泪揾，恨袭湘兰。
>
> 悄悄池台步晚，任红熏杏靥，碧沁苔痕。燕子未来，东风无语又黄昏。琴心不度春云远，断肠难托啼鹃。夜深犹倚，垂杨二十四阑。

这首词刻画了一个思妇的悲愁形象，写出了她从早到晚的心理变化，用笔丽密。又如《摸鱼儿·西湖送春》、《恋绣衾》（“多情无语敛黛眉”）、《绮罗香·秋雨》等阕，都写得缠绵宛转。他也善于写景，景定四年（1263），他应

① 宋人和《清真词》成集者，在陈允平之前，尚有方千里、杨泽民二家。近人杨易霖在邵次公指导下，将三家和词与周邦彦原作详加斠校，成《周词订律》一书，颇足供研究周词音律者之参考。

周密之约与之同赋的西湖十景词便是著例。如《秋霁·平湖秋月》云：

> 千顷玻璃，远送目斜阳，渐下林阒。题叶人归，采菱舟散，望中水天一色。碾空桂魄，玉绳低转云无迹。有素鸥，闲伴夜深，呼棹过环碧。　　相思万里，顿隔婵媛；几回琼台，同驻鸾翼。对西风、凭谁问取，人间那得有今夕！应笑广寒宫殿窄。露冷烟淡，还看数点残星，两行新雁，倚楼横笛。

上片写皎月东升的湖上景色，下片写对友人的怀念之情，融情入景，自然妥帖，不失为佳作。

周密　周密（1232—1308?），字公谨，号草窗，其先济南人，自曾祖起始迁湖州。周密所居在吴兴弁山，所以别署弁阳啸翁，又因湖州霅川乃四水合流而成，故又自号四水潜夫。词集名《草窗词》，一名《蘋洲渔笛谱》。根据不同的版本合计，共存词一百五十二首。另外，他曾选录南宋词人的作品为《绝妙好词》七卷，流传甚广。

周密自幼随父宦游福建、浙江各地。景定二年（1261），他三十岁，任临安府幕僚。此后数年，常与都中词家交往唱和。又向素霞翁杨缵（守斋）请教有关词乐音律的问题。景定五年夏，杨缵结吟社于西湖环碧园，周密也应邀参加，填《塞垣春》一首，“翁为翻谱数字，短箫按之，音极谐婉。”（《采绿吟》序）德祐二年（即端宗景炎元年，1276）初，官义乌令，但不久即遭国难。元军破杭后，番僧杨琏真伽（即嘉木扬喇勒智）在元世祖至元十五年（1278）发掘了南宋帝后陵墓，抛尸荒野，甚至以理宗的头骨为饮器。这种野蛮行为激起了广大遗民的义愤。次年，周密与王沂孙、张炎、陈恕可、李彭老，仇远、唐珏等十四人相聚，填词分咏龙涎香、白莲、莼、蝉、蟹五物，隐寓此事，后来这些作品编成了《乐府补题》一卷（详夏承焘《〈乐府补题〉考》，附载于《唐宋词人年谱·周草窗年谱》后，上海古籍出版社1979年版），成为残暴进犯者永远不可磨灭的罪证。宋亡以后，周密以遗民终老。他平生交游甚广，博学多闻。晚年寓居杭州癸辛街，潜心收集晚宋的掌故轶事、社会习俗和文艺评论等资料，先后完成《癸辛杂识》、《齐东野语》、《武林旧事》、《浩然斋雅谈》、《云烟过眼录》、《志雅堂杂抄》等著述，为保存故国文献作出了重大的贡献。

周密的词风，本和以骚雅为宗的姜夔接近，但因他与吴文英有直接的交往，也受到吴的影响，所以世人合称之为二窗。周济《宋四家词选》云："草窗最近梦窗，但梦窗思沉力厚，草窗则貌合耳，若其镂新斗冶，固自绝伦。"戈载《宋七家词选》卷五也说："其词尽洗靡曼，独标清丽，有韶倩之色，有绵渺之思，与梦窗旨趣相侔，二窗并称，允矣无忝。其于律亦极严谨，盖交游甚广，深得切劘之益。"不过，由于时世有先后，其体现亡国哀思之作却更和张炎、王沂孙相与一致，而不像吴文英那样，只在作品中流露一种无可奈何的淡淡哀愁。特别是宋亡以后，风格一变而为苍凉幽咽。如《一萼红·登蓬莱阁有感》，可视为此类作品的代表：

> 步深幽，正云黄天淡，雪意未全休。鉴曲寒沙，茂林烟草，俯仰千古悠悠。岁华晚、飘零渐远，谁念我，同载五湖舟。磴古松斜，崖阴苔老，一片清愁。　　回首天涯归梦，几魂飞西浦，泪洒东州。故国山川，故园心眼，还似王粲登楼。最怜他、秦鬟妆镜，好江山、何事此时游！为唤狂吟老监，共赋销忧。

这首词以绍兴佳景起兴，引出"好江山、何事此时游"的感慨。在这里，词人自己是一个孤独的、寂寞的登临者。而他的登临又使得藏在心底的家国之恨更加浓重起来。虽然为了要排愁遣闷，他希望有像"狂吟老监"贺知章那样的人出来"共赋销忧"，但这种希望当然是不可能的。于是，"故国山川"和"故园心眼"的感触，不能不使他魂飞泪洒，陷入更其沉痛的哀伤之中了。这种凄惋的故国之思，使他在词中不断地出现一连串感寓深沉的警句，如"一样归心，又唤起、故园愁眼。立尽斜阳无语，空江岁晚"(《三姝媚·送圣与还越》)，"雪霁空城，燕归何处人家？梦魂欲渡苍茫去，怕梦轻、还被愁遮"(《高阳台·寄越中诸友》)，都是刻骨镂心，使人读后感到惊心动魄的。

基于这种对故国的眷恋忠忱，他对陈允平被召北上是有所讽喻的，

《高阳台·送陈君衡被召》云:"东风渐绿西湖柳,雁已还、人未南归。最关情,折尽梅花,难寄相思。"言外之意是希望陈允平不要留在元都而忘掉江南遗民。陈不久终于南归,周氏此词,应当不无影响。周密的这类作品在艺术风格上都比较含蓄沉郁,在技巧上善于借自然景物来寄寓所要表示的思想感情,使景语也成为情语。如《献仙音·吊雪香亭梅》:

> 松雪飘寒,岭云吹冻,红破数椒春浅。衬舞台荒、浣妆池冷,凄凉市朝轻换。叹花与人凋谢,依依岁华晚。　　共凄黯。问东风、几番吹梦,应惯识当年,翠屏金辇。一片古今愁,但废绿、平烟空远。无语销魂,对斜阳、衰草泪满。又西泠残笛,低送数声春怨。

雪香亭是南宋御园之一聚景园中的遗迹。词人在亡国之后来到园中,在废绿荒烟中看到亭前的先朝老树,于是通过歌咏在风欺雪压中犹能开花的古梅,抒发了怀念故国的愁思。词人所赋予古梅的饱历沧桑之感,以及无语销魂的亡国隐痛,正是他自己心灵悸动的表现。

王沂孙　王沂孙(1240? —1310?),字圣与,号碧山,又号中仙,会稽(今浙江绍兴市)人。因家住绍兴玉笥山(即宛委山)下,因别号玉笥山人。其生平事迹传世甚少,仅知他在元世祖至元年间,曾担任庆元路儒学的学正。基本上是以遗民终其生的。其词集名《碧山乐府》,又名《花外集》或《玉笥山人词集》,存词六十四首。

王沂孙与并世词人颇有交游。如他与周密订交于咸淳十年(1274),其后续有交往唱和之作。他的《踏莎行·题草窗词卷》中"紫霞凄调"之句,是指周密词律师承杨缵;而周密的《踏莎行·题中仙词卷》中"锦囊昌谷"之句,则称赞王沂孙文采近于李贺。均可概见。

张炎在《琐窗寒》词序中说他"琢语峭拔,有白石意度"。他不仅取法白石,也博采周邦彦、吴文英等诸家的长处,从而形成自己独特的风貌。他最大的特点就是善于使事用典以寄托兴亡之感。清代常州词派对之评价极高,如张惠言在《词选》卷二中说:"碧山咏物诸篇,并有君国之忧。"周济更推之为四大家之一,在《宋四家词选·序论》中说:"咏物最争托意,隶事处以意贯串，浑化无痕，碧山胜场也。”甚至标榜学词的门径应“问涂碧山”。陈廷焯《白雨斋词话》卷二也说：“王碧山词，品最高，味最厚，意境最深，力量最重；感时伤世之言，而出以缠绵忠爱。”如下列二首：

晓霜初著青林，望中故国凄凉早。萧萧渐积，纷纷犹坠，门荒径悄。渭水风生，洞庭波起，几番秋杪。想重崖半没，千峰尽出，山中路，无人到。　　前度题红杳杳，溯宫沟、暗流空绕。啼螀未歇，飞鸿欲过，此时怀抱。乱影翻窗，碎声敲砌，愁人多少？望吾庐甚处，只应今夜，满庭谁扫！

——《水龙吟·落叶》

渐新痕悬柳，淡彩穿花，依约破初暝。便有团圆意，深深拜，相逢谁在香径？画眉未稳，料素娥犹带离恨。最堪爱、一曲银钩小，宝帘挂秋冷。　　千古盈亏休问，叹慢磨玉斧，难补金镜。太液池犹在，凄凉处、何人重赋清景。故山夜永，试待他窥户端正。看云外山河，还老尽、桂花影。

——《眉妩·新月》

这两首词都写得极其精丽绵密，《水龙吟》以落叶隐喻亡国的局面之不可收拾。《眉妩》指出“慢磨玉斧，难补金镜”，是借用李贺《七夕》诗“天上分金镜，人间望玉斧”词意，暗示山河破碎、缺月难圆。落叶和新月之喻，确实隐晦地表露了亡国遗民的无可奈何之境与吞吐难言之苦。再如载于《乐府补题》的咏蝉名篇《齐天乐》：

一襟余恨宫魂断，年年翠阴庭树。乍咽凉柯，还移暗叶，重把离愁深诉。西窗过雨，怪瑶佩流空，玉筝调柱。镜暗妆残，为谁娇鬓尚如许？　　铜仙铅泪似洗，叹移盘去远，难贮零露。病翼经秋，枯形阅世，消得斜阳几度？余音更苦，甚独抱清高，顿成凄楚？漫想熏风，柳丝千万缕。

词中凄咽的寒蝉，象征了宋室的衰亡。上片的“宫魂断”、“移暗叶”，暗示了朝廷的崩解；下片的“病翼惊秋，枯形阅世，消得斜阳几度”，则自寓身世的凄凉。托物喻志，用意遣词，都在若即若离之间，是十分感人的。王词托物寓志，无可置疑，但若求之过深，则不免凿开浑沌，欲益反损，这是我们所应当注意的①。

张炎　张炎（1248—1322?），字叔夏，号玉田，晚号乐笑翁，祖籍秦州成纪（今甘肃天水市），后居临安。其词集名《山中白云》或《山中白云词》（与《白石道人歌曲》合称为双白词），存词三百零二首。

他是南渡功臣循王张俊的六世孙，家世富厚，曾祖张镃和曾伯祖张鉴、父亲张枢均工诗善词，通晓音律。张镃兄弟与姜夔，张枢与周密，均为文酒之交。张氏门第豪华，家有园林、声伎，宾朋游宴之盛，甲于都下。张炎从小便生活在这种环境里。在宋亡以前，他沉酣于西子湖畔，“翩翩然飘阿锡之衣，乘纤离之马，于时风神散朗，自以为承平故家贵游少年不翅也”（见戴表元《送张叔夏西游序》，载《剡源集》卷十三）。然而，忽必烈南犯的铁骑踏破了他的繁华春梦。在临安陷落时，其祖父张濡被杀，家产全被抄没②。这一年，张炎二十九岁，国难家祸，使他的生活道路发生了根本性的变化。他只能避世隐居，用回忆来打发凄凉的岁月，曾赋《高阳台·西湖春感》云：

接叶巢莺，平波卷絮，断桥斜日归船。能几番游，看花又是明年。东风且伴蔷薇住，到蔷薇、春已堪怜。更凄然，万绿西泠，一抹荒烟。

---

① 四印斋本《花外集》王鹏运跋引端木埰论《齐天乐》云：“详味词意，殆亦《黍离》之感。‘宫魂’字点出命意，‘乍咽’、‘还移’，慨播迁也。‘西窗’三句，伤敌骑暂退，燕安如故。‘镜暗’二句，残破满眼，而修容饰貌，侧媚依然，衰世臣主，全无心肝，千古一辙也。‘铜仙’三句，宗器重宝，均被迁败，泽不下究也。‘病翼’二句，更是痛哭流涕，大声疾呼，言海岛栖流，断不能久也。‘余音’三句，遗臣孤愤，哀怨难论也。‘漫想’二句，责诸臣到此，尚安危利灾，视若全盛也。”我们很难同意这种逐字逐句比附的评论方式，但端木埰说这首词有《黍离》之感，却是可信的。

② 张濡原任浙西安抚使参议，德祐元年（1275）镇守广德军独松关时，曾执杀元使严忠范等，因此元军于次年三月攻入临安后，寻仇报复。

当年燕子知何处？但苔深韦曲，草暗斜川。见说新愁，如今也到鸥边。无心再续笙歌梦，掩重门、浅醉闲眠。莫开帘，怕见飞花，怕听啼鹃。

这是对南宋故都和自己作为一个遗民的深沉的悲感，它体现了即使是力求成为一个现实的逃避者，也仍然逃避不了现实的伤痛，他曾参与《乐府补题》的唱和活动，借咏白莲等题材抒写哀思。元世祖至元二十七年(1290)秋，他与沈尧道、曾心传等被征召北上，到大都缮写金字藏经。按照当时规定，写完之后，是可以得到一官半职的，但他却在第二年春天就匆匆南返了，词人后来所作《甘州》"辛卯岁(至元二十八年，1291)，沈尧道同余北归，各赴杭、越。逾岁，尧道来问寂寞，语笑数日，又复别去。赋此曲，并寄赵学舟"云：

记玉关、踏雪事清游，寒气脆貂裘。傍枯林古道，长河饮马，此意悠悠。短梦依旧江表，老泪洒西州。一字无题处，落叶都愁。　载取白云归去，问谁留楚佩，弄影中洲？折芦花赠远，零落一身秋。向寻常野桥流水，待招来、不是旧沙鸥。空怀感、有斜阳处，却怕登楼。

词中先写北游情事，然后归结到沉挚的故国之思，可见他是在感情上经过一番挣扎才没有出仕元朝的。舒岳祥《赠玉田序》说他"自社稷变置，凌烟废堕，落魄纵饮，北游燕、蓟，上公车，登承明有日矣。一日，思江南菰米莼丝，慨然襆被而归"。这一段记载，对于我们了解《甘州》乃至于全部张词，都有重要的关系。正如他另一首《清平乐》中所写的"只有一枝梧叶，不知多少秋声"一样，张炎对于故国的怀念是作为一种最重要的感情，经常地反复地出现在其作品当中的。他从大都回杭州那年是四十四岁，从此以后，他便漫游吴越，也曾卖卜为生，并与郑思肖、邓牧等遗民野老唱和。元仁宗延祐二年(1315)，他以六十八岁的高龄，终老杭州。

张炎的词学，标榜清空，但他在推尊姜夔的同时，并没有全然否定吴文英。他的弟子陆行直在《词旨》中曾记载其作词要诀，是重视"周清真之典丽，姜白石之骚雅，史梅溪之句法，吴梦窗之字面，取四家之所长，去四家之所短”。郑思肖《〈玉田词〉题辞》也说：“吾识张循王孙玉田先辈，喜其三十年汗漫南北数千里，一片空狂怀抱，日日化雨为醉。自仰扳姜尧章、史邦卿、卢蒲江、吴梦窗诸名胜，互相鼓吹春声于繁华世界。”这说明他转益多师，从而形成了多样化的艺术风格。例如他北行途中经过黄河时，曾写出了一首很有气魄的雄健之作《壶中天·夜渡古黄河，与沈尧道、曾子敬同赋》：

扬舲万里，笑当年底事，中分南北。须信平生无梦到，却向而今游历。老柳官河，斜阳古道，风定波犹直。野人惊问：泛槎何处狂客？　迎面落叶萧萧，立流沙共远，都无行迹。衰草凄迷秋更绿，惟有闲鸥独立。浪挟天浮，山邀云去，银浦横空碧。扣舷歌断，海蟾飞上孤白。

作者受了北方河山苍莽气象的感发，竟写出了如此豪健的歌词，上片“笑当年”二句，即张孝祥《六州歌头》“追想当年事，殆天数，非人力”之意，下片“浪挟天浮”等句，意态雄杰，结句也警策有力。还有《凄凉犯·北游道中寄怀》和《摸鱼子·高爱山隐居》诸篇，也是这一类风格的作品。

当然，在《山中白云》里，主要内容仍是身世之感，亡国之痛。如《月下笛》“万里孤云，清游渐远，故人何处”；《台城路》“荒台只今在否，登临休望远，都是愁处”；《长亭怨》“望花外小桥流水，门巷愔愔，玉箫声绝”；《忆旧游》“叹江潭树老，杜曲门荒，同赋飘零”，这些作品都觉孤愁独抱，凄怆缠绵。他这种思想感情，也往往见于咏物诸作，如：

波暖绿粼粼，燕飞来、好是苏堤才晓。鱼没浪痕圆，流红去、翻笑东风难扫。荒桥断浦，柳阴撑出扁舟小。回首池塘青欲遍，绝似梦中芳草。　和云流出空山，甚年年净洗，花香不了。新绿乍生时，孤村路、犹忆那回曾到。余情渺渺，茂林觞咏如今悄。前度刘郎归去后，溪上碧桃多少！

——《南浦·春水》

楚江空晚，怅离群万里，恍然惊散。自顾影，欲下寒塘，正沙净草枯，水平天远。写不成书，只寄得、相思一点。料因循误了，残毡拥雪，故人心眼。　　谁怜旅愁荏苒？漫长门夜悄，锦筝弹怨。想伴侣、犹宿芦花，也曾念春前，去程应转。暮雨相呼，怕蓦地、玉关重见。未羞他、双燕归来，画帘半卷。

——《解连环·孤雁》

这两篇都是张炎咏物词的上乘作品，他因此而博得了张春水和张孤雁的美名（见邓牧《伯牙琴》所载《张叔夏词集序》及孔行素《至正直记》卷四“钱唐张炎”条）。咏春水的“云和流出空山，甚年年净洗，花香不了”，与咏孤雁的“写不成书，只寄得、相思一点”，都是匠心独运的警句。特别是《解连环》“写不成书”二句，以雁飞成字和雁足传书两事融化为一，不仅精巧绝伦，亦自情思宛转。“料因循误了”三句，苍凉悲壮，用苏武吞毡饮雪的典故，隐喻在艰难困苦的条件下仍然守节不屈的志士。作者以失群的孤雁自比，一方面写出了自己飘零潦倒的心理状态，另一方面也寄托了失去家园故国的沉痛哀思。《四库全书总目》卷一百九十九《山中白云词》提要说：“所作往往苍凉激楚，即景抒情，备写其身世盛衰之感，非徒以剪红刻翠为工。至其研究声律，尤得神解，以之接武姜夔，居然后劲。宋元之间，亦可谓江东独秀矣。”这指出了张炎作品的基本特征，并肯定了它的艺术成就。

张炎在创作上实践了自己提出的理论，笔墨疏宕，意趣高远，矫正了吴文英晦涩堆砌之弊。所以《白雨斋词话》卷二说：“张玉田词，如并剪哀梨，爽豁心目，故诵之者多，至谓可与白石老仙相鼓吹。”玉田词所具有的清虚俊爽的风格，凄怆缠绵的情调，确实和姜白石最为接近。张炎的出现，扩大了姜夔的影响，不愧为宋词三百年发展的最后殿军。当时从张炎受业习词者，有仇远、韩铸、陆行直诸人，而张翥又出于仇远门下，因此张炎词法也传入了元代。在词坛上，姜、张乃是一个有势力的流派。清朝的浙派词人奉清空骚雅之说为最高准则，对姜、张推崇备至。江藩在《〈词源〉跋》中曾说：“人人以姜、张自命。”其影响之深远，于此可见。

张炎不只是一个词人，而且还是一位出色的词论家。他写的《词源》一书，和稍前沈义父所写的《乐府指迷》，同是中国文学批评史上最早的词论专著。在沈、张之前，受诗话影响而产生的词话著作，有杨绘《时贤本事曲子集》、杨湜《古今词话》等，但均已失传（今皆有辑本，见唐圭璋《词话丛编》第一册）。另外，王灼《碧鸡漫志》、吴曾《能改斋漫录》、胡仔《苕溪渔隐丛话》、魏庆之《诗人玉屑》、黄昇《花庵词选》和周密《浩然斋雅谈》等书中，也都收辑了一些有关歌词的纪事、考述或品藻的材料，但所论均不及《乐府指迷》和《词源》之有体系。《乐府指迷》体现了吴文英的创作理论，《词源》则总结了从姜夔到张炎自己的词学理论。

《词源》是张炎晚年的著作，写于元成宗大德年间（1297—1307）。全书分上下两卷，上卷是音律论，详解五音十二律和八十四调等问题。下卷是创作论，有自序、音谱、拍眼、制曲、句法、字面、虚字、清空、意趣、用事、咏物、节序、赋情、离情、令曲、杂论和《杨守斋作词五要》共十七篇。杨守斋名缵，是师法姜夔的乐律专家，张炎曾从其受业。《词源》自序中说："余疏陋谫才，昔在先人侍侧，闻杨守斋、毛敏仲、徐南溪诸公商榷音律，尝知绪余，故生平好为词章，用功四十年，未见其进。今老矣，嗟古音之寥寥，虑雅词之落落，僭述管见，类列于后。"可知本书是张炎一生从事理论研究和创作实践的经验总结。在创作论方面，他标举清空，提倡雅正，注重琢炼字句，要求"字字敲打得响"，句法上"于好发挥笔力处，极要用工"；用事"要体认著题，融化不涩"，咏物要"不留滞于物"，赋情要"屏去浮艳"，"而有骚雅"。在具体论述时，他大多举姜夔之词作为范例，其次是称引周邦彦、史达祖、吴文英诸家的名作。他有不少值得肯定和重视的理论，但和沈义父的《乐府指迷》一样，也存在着形式主义的缺陷。如他非常赞赏乃父张枢为了迁就声律而不管词义的作法。《音谱》篇记载张枢"作《惜花春·起早》云'琐窗深'，'深'字音不协，改为'幽'字，又不协，再改为'明'字，歌之始协"。他说："先人晓畅音律，有《寄闲集》，旁缀音谱，刊行于世。每作一词，必使歌者按之，稍有不协，随即改正。"但对幽、深、明三字意义不同乃至完全相反，就不管了。这种只讲艺术形式而不问作品内容是否符合生活真实的理论，显然是不可取的。在《杂论》篇中，张炎又提出："词欲雅而正,志之所之,一为情所役,则失其雅正之音”;“辛稼轩、刘改之作豪气词,非雅词也,于文章余暇,戏弄笔墨为长短句之诗耳。”这种意见也是片面的。它使得词为苏、辛所开拓的领域又缩小了。

张炎以他的创作和理论为南宋姜派词人作了一个总结,其长处和短处都很清楚。随着词乐的消亡,词就日益明显地仅以格律抒情诗的样式在文坛上流行,而不再以音乐歌词和格律抒情诗这双重身份存在了。

第十章　南宋后期的诗文

开禧二年(1206),韩侂胄伐金失败;次年,史弥远杀韩乞和,嘉定元年(1208)再一次签定了宋金之间屈辱的和议。这标志着南宋自前期步入了后期。自此以后,双方进入了相对稳定的阶段。然而,也正是在开禧二年,崛起于漠北的蒙古族各部推举铁木真为成吉思汗,建立了蒙古汗国,逐步向南扩张,于端平元年(1234)攻灭金国。这些新的局势,不能不影响南宋帝国的地位,也不能不影响当时的文坛。从十三世纪初到南宋覆亡这一时期的文学,和以前陆游、辛弃疾的时期,显然地有所不同。主要的不同之点是在暂时的承平苟安中,作家们豪迈悲壮的歌声逐渐减弱了,而吟咏风月,啸傲湖山之作却流行了起来。如四灵、江湖诗人以及姜派词人,都是这一时代的产儿。另一方面,蒙元侵略军对南宋帝国猛烈的蚕食,使得赵宋政权愈来愈迅速地趋向衰落瓦解。这种阴影也不能不投射到作家的心中,从而发为抑郁隐晦的调子。

但是,爱国主义始终是人民强大的精神力量,反迫害反掠夺也始终是南宋诗文的重大主题。即使是在江湖派中,也还有一些作家如戴复古、刘克庄等,仍然是陆游、辛弃疾的继承者。到了宋末那个风雨飘摇的危急关头,更有文天祥、谢翱、林景熙、郑思肖等志士,在许多作品中表现了大无畏的民族正气,为宋代文学史作了光荣的结束。

第一节　永嘉四灵和江湖诗派

永嘉四灵的诗风　宁宗之世，江西派诗风已成为强弩之末。诗人们为了矫正江西派末流之弊，多半掉转头来重新学习唐诗，特别是学唐人的今体律绝诗。杨万里虽曾一度倡导于前，但正式打出旗号的却是永嘉四灵，而继四灵之后则是江湖诗人和《沧浪诗话》的作者严羽。虽然这些诗人的作风仍有异同，而其基本倾向大体是近似的。

永嘉四灵是指温州地区的徐照、徐玑、赵师秀和翁卷四位诗人。徐照（？—1211）字道晖，又字灵晖，自号山民，家境贫穷，以布衣终其一生，工诗，兼擅绘事，著有《芳兰轩诗集》。徐玑（1162—1214），字致中，又字灵渊（或称文渊），历任建安主簿、永州司理、龙溪丞和武当令等卑官，著有《二薇亭诗集》，亦精书法。赵师秀（1170—1220），字紫芝，又字灵秀（或称灵芝），别号天乐，绍熙元年（1190）进士，曾任上元县主簿，筠州推官，著有《清苑斋诗集》（又名《天乐堂集》）。翁卷，字续古，又字灵舒，曾在江淮边帅幕中供职，一生落拓，大约卒于淳祐三年（1243）以后，著有《苇碧轩诗集》（又名《西岩集》）。他们之中，除了翁卷是乐清县人，其他三人都是永嘉县人，两县同属原为古永嘉郡的温州；四人的字中都带有一个灵字，诗风也很相近，所以有此合称。他们同出叶适之门。叶适曾编《四灵诗选》，选诗五百篇，陈起为之刊行，风行一时（见许棐《〈四灵诗选〉跋》，载《融春小缀》）。他们的得名，与叶适的提拔是分不开的。作为永嘉学派的宗主，叶适的文学思想无疑地对四灵有直接的影响，他既反对朱熹的贬抑唐诗，又不满于江西诗派只学老杜一家的局限，因而大力肯定四灵的复尊唐体。在《徐斯远文集序》中，他说：

> 庆历、嘉祐以来，天下以杜甫为师，始黜唐人之学，而江西宗派章焉。然而格有高下，技有工拙，趣有浅深，材有大小。以夫汗漫广莫，徒枵然从之而不足充其所求，曾不如脰鸣吻决，出毫芒之奇，可以运转而无极也。故近岁学者，已复稍趋于唐而有获焉。

在《徐文渊墓志铭》中，他又说：

> 初，唐诗废久，君与其友徐照、翁卷、赵师秀议曰："昔人以浮声切响单字只句计巧拙，盖风骚之至精也。近世乃连篇累牍，汗漫而无禁，岂能名家哉！"四人之语遂极其工，而唐诗由此复行矣。

所以四灵的出现，实是对江西诗派的反动；但就其思想根源而言，却又和永嘉学派对抗程朱理学有关联。正如刘克庄《林子显诗序》所指出："近世理学兴而诗律坏，惟永嘉四灵复为言，苦吟过于郊、岛。"关于这一点，明人徐象梅在《赵师秀传》中有比较具体的论述：

> 自乾、淳以来，濂、洛之学方行，诸老类以穷经相尚，时或言志，取足而止，固不暇如昔人体验声病，俾律吕相宣也。至潘柽出，始倡为唐诗①，而师秀与徐照、翁卷、徐玑绎寻遗绪，日锻月炼，一字不苟下，由是唐体盛行。其诗清新圆美。（见《两浙名贤传》卷四十六）

道学家既认为文乃载道之器，又以为古代作品乃以文载道的典范，必然得出今不如昔的结论。朱熹曾把诗歌分为三等，以魏晋之前的古诗为第一等，而把唐人的律诗贬为第三等（见《答巩仲至书》）。永嘉学派与之立异，提倡唐律近体。先由潘柽开端，接着是四灵并驾齐驱，在叶适的鼓吹下而声名大振，所谓"水心先生既啧啧叹赏之，于是四灵天下莫不闻！"（见赵汝回撰《薛师石〈字景石·瓜庐诗〉序》）

四灵的年辈虽较叶适稍晚，其活动时期则前后相接。他们一致标举的唐体，主要是指晚唐的律诗。方回《送罗寿可诗序》指出："嘉定而降，稍厌江西，永嘉四灵复为九僧旧晚唐体。"（见《桐江续集》卷三十二）这从表面看来，似乎是宋初诗风的回复，但绝不是简单的历史重演。四灵之为晚

---

① 潘柽，字德久，永嘉人，有《转庵集》。叶适为之序云："德久十五六，诗律已就。永嘉言诗者，皆本德久。"见《宋诗纪事》卷五十九。

唐体，是因不满于江西派和理学派而另辟蹊径的，具有自身的时代特征，带有革新的意味。四灵改变诗风表现出两大特点：一是他们学习晚唐，与杨万里之偏重七绝者不同，而是着意于贾岛、姚合一派的五律；二是反对江西诗派"资书以为诗"，即喜用成语和故事，而提倡"捐书以为诗"，即爱好生造与苦吟（"资书以为诗"、"捐书以为诗"，刘克庄《韩隐君诗序》中语）。赵师秀曾选贾岛诗八十一首、姚合诗一百二十一首，合编为《二妙集》；又选了钱起、刘得仁、方干、许浑、皮日休、杜荀鹤等七十六家诗二百二十八首，编为《众妙集》，可以见其趋向。所以赵汝回《〈瓜庐诗〉序》评四灵诗，称其"冶择淬炼，字字玉响，杂之姚、贾中，人不能辨"。大较言之，"其诗主于野逸清瘦，以矫江西之失"。故"专以炼句为工，而句法又以炼字为要"（见《四库全书总目》卷一百六十二《清苑斋集》提要）。四灵的生活际遇比较清苦，所以与贾岛、姚合的诗情一拍即合，如赵师秀《哀山民》所云："君诗如贾岛，劲笔斡天巧；昔为人所称，今为人所宝。"而内容则主要是抒发个人的胸臆，互相唱和，或描绘田园山水，或反映土俗民情。由于他们生活在社会的中下层，有时也能写出反映民生疾苦的诗作。

四灵擅长五律，特别在对仗上时有佳句，今举数例如次：

出望月轮小，不如临海生。又疑今夜看，难比故乡明。立柏正无影，清猿偏有声。数家弦管外，专此照离情。

——徐照《湘中中秋》

黄碧平沙岸，陂塘柳色春。水清知酒美，山瘦识民贫。鸡犬田家静，桑麻岁事新。相逢行路客，半是永嘉人。

——徐玑《黄碧》

月色一庭深，迢遥千里心。湘江连底见，秋客与谁吟？寒入吹城角，光凝宿竹禽。亦知同不寝，难得梦相寻。

——赵师秀《月夜怀徐照》

偶种得成阴，翛翛过别林。月寒双鸽睡，风静一蝉吟。映地添苔碧，临池觉水深。贫居来客少，赖尔慰人心！

——翁卷《题竹》

这些都是字句洗炼、清雅可诵的作品。赵师秀是四灵中成就最高的诗人，他因为专攻五律，竟宣称："一篇幸止有四十字，更增一字，吾未如之何矣！"（见刘克庄《〈野谷集〉序》）可见其专攻五律的刻苦精神，因此而有"五言专城"之誉（葛天民《简赵紫芝》："紫芝虽漫仕，五字已专城。"载《无怀小集》）。其实，赵师秀的七律也有佳作，如《呈蒋、薛二友》云：

中夜清寒入缊袍，一杯山茗当香醪。禽翻竹叶霜初下，人立梅花月正高。无欲自然心似水，有营何止事如毛。春来拟约萧闲伴，同上天台看海潮。

贺裳《载酒园诗话》赞赏此诗"第二联神骨俱清，可谓脱西江尘土气殆尽"。赵师秀原是宋太祖八世孙，世居汴京，南渡后才沦落到永嘉的。他在《九客一羽衣泛舟》诗中说："慷慨念时事，所惜智者昏。砭疗匪无术，讳疾何由论。北望徒太息，归欤寻故园。"对投降派的昏庸十分愤慨。翁卷《赠张亦》诗也说："兴兵又罢兵，策士耻无名。闲见秋风起，犹生万里情。"这说明他们并不能完全忘怀时艰国难，也想有所作为，只是位卑职小，或仕进无阶，心有余而力不足罢了。

当初抬举四灵的叶适，最终又指出他们的缺点说："往岁徐道晖诸人摆落近世诗律，敛情约性，因狭出奇，合于唐人，夸所未有，皆自号四灵云。"（《题刘潜夫〈南岳诗稿〉》）所谓"敛情约性"，是指生活范围不广，思想蕴涵不深，所以写出来的作品平淡清瘦，缺乏奔放的热情和昂扬的气魄。所谓"因狭出奇"，是指艺术上只注重炼句修辞，而忽略了全篇的结构和意境。因此，其作品"虽镂心钵肾，刻意雕琢，而取径太狭，终不免破碎尖酸之病"（见《四库全书总目》卷一百六十二《芳兰轩集》提要）。范晞文《对床夜语》更综论其源流与得失云："四灵，倡唐诗者也，就而求其工者，赵紫芝也。然具眼犹以为未尽者，盖惜其立志未高，而止乎姚、贾也。学者闯其阃奥，辟而广之，犹惧其失，乃尖纤浅易，相煽成风，万喙一声，牢不可破。曰：此四灵体也。其植根固，其流波漫，日就衰坏，不复振起。吁！宗之者，反所以累之也。”这些批评是切实中肯的。

然而四灵在当时的影响是不小的。有一批永嘉本地的诗人向他们学习诗法，形成了四灵体，并且影响了江湖派中的某些诗人。王绰《薛瓜庐墓志铭》说：

> 永嘉之作唐诗者，首四灵。继灵之后，则有刘咏道、戴文子、张直翁、潘幼明、赵几道、刘成道、卢次夔、赵叔鲁、赵端行、陈叔方者作，而鼓舞倡率，从容指论，则又有瓜庐隐君薛景石者焉。……继诸家后，又有徐太古、陈居端、胡象德、高竹友之伦。风流相沿，用意益笃，永嘉视昔之江西几似矣，岂不盛哉！（见《瓜庐诗》卷末，《南宋群贤小集》本）

江湖派中有一部分作家与四灵颇有渊源，因此，两者有时很难截然分开。《沧浪诗话·诗辨》云：“近世赵紫芝、翁灵舒辈独喜贾岛、姚合之诗，稍稍复就清苦之风，江湖诗人多效其体，一时自谓之唐音。”方回评刘克庄《赠翁卷》诗云：“后村晚节诗饱满四灵。”纪昀解释说：“饱满四灵，犹曰撑肠柱肚纯是四灵语耳。”（见《瀛奎律髓汇评》卷四十二）全祖望《〈宋诗纪事〉序》亦云：“永嘉徐、赵诸公，以清虚便利之调行之，见赏于水心，则四灵派也，而宋诗又一变。嘉定以后，《江湖小集》盛行，多四灵之徒也。”这都指出了江湖诗人所受四灵的影响是相当大的。

江湖诗派与江湖诗祸　江湖诗派是一个由江湖游士所构成，成分复杂而且没有组织形式的、松散的创作群体。他们基本上都反对江西派而崇尚晚唐诗，但格局较四灵稍为开阔，取材也较广泛，艺术手法也较为灵活多样。在语言方面，四灵主张白描，江湖诗人也强调通俗，但又认为“捐书以为诗失之野”（刘克庄《韩隐君诗序》）。这些都是江湖派与四灵派不同的地方。

江湖派诗人占籍甚广，如依今天的地理区划，浙江有陈起、高翥、戴复古、葛天民、许棐、薛嵎等三十八人，江西有姜夔、刘过、黄文雷、利登等二十八人，福建有刘克庄、敖陶孙、叶绍翁、严粲等十七人，河南有武衍、张弋等四人，还有山西的胡仲参、湖南的乐雷发和江苏的周端臣等等，其活动时代从宁宗直到宋末，时间不短。《四库全书总目》卷一百六十四《梅屋集》提要曾说许棐等"沾染于江湖末派"，并指出此派诗人"大抵以赵紫芝等为矩矱"，"以高翥等为羽翼"，"以书贾陈起为声气之联络"，"以刘克庄为领袖"，"流波推荡，唱和相仍，终南宋之世，不出此派"。刘克庄自己也说："江湖社友犹以畴昔虚名相推让，虽屏居田里，载贽而来者常堆案盈几，不能遍门(阅)。"(《送谢昨序》)可见其在江湖派中的地位确是较高的。

江湖诗派之名由杭州书商陈起编刊《江湖集》而来，并因此引起江湖诗祸而扬名于世。陈起(？—1256?)字宗之，号陈道人，今存诗集《芸居乙稿》。他在杭州睦亲坊开了一爿书铺，以诗人而兼书商的特殊身份，结交了一批文人墨客，其中有田园山林的隐逸之士，也有品位不高的小官和幕僚，还有不少落拓江湖的谒客游士。陈起热心地借书给他们看，而且还替他们出版诗集，刻印推销。因此，他的书铺自然地成了江湖诗人们联络和活动的中心，推动了他们创作的发展。叶茵《赠陈芸居》诗云：

> 气貌老成闻见熟，江湖指作定南针。得书爱与世人读，选句长教野客吟。富贵天街纷耳目，清闲地位当山林。料君阅遍兴亡事，对坐萧然一片心。

张弋《夏日从陈宗之借书偶成》云："案上书堆满，多应借得归。"许棐《陈宗之迭寄书籍，小诗为谢》云："君有新刊须寄我，我逢佳处必思君。"足见许多诗人都对他抱有好感。他们的审美情趣相同，作风也基本接近，所以能逐步聚合在一起。

陈起给这些诗家们刻印诗集，始于理宗宝庆元年(1225)。他采用了丛刊的形式，随得随刻，一家一家地发行，而总名为《江湖集》。不料这却招来了一场严重的文字狱，比北宋的乌台诗案有过之而无不及。《鹤林玉露》乙编卷四“诗祸”条记载：

> 宝(庆)、绍(定)间，《中兴江湖集》出，刘潜夫诗云：“不是朱三能跋扈，只缘郑五欠经纶。”又云：“东风谬掌花权柄，却忌孤高不主张。”敖器之诗云：“梧桐秋雨何王府，杨柳春风彼相桥。”曾景建(极)诗云：“九十日春晴景少，一千年事乱时多。”当国者见而恶之，并行贬斥。景建，布衣也，临川人，竟谪舂陵，死焉。

方回在《瀛奎律髓》卷二十刘克庄《落梅》诗后亦记其事云：

> 当宝庆初史弥远废立之际，钱塘书肆陈起宗之能诗，凡江湖诗人皆与之善。宗之刊《江湖集》以售，《南岳稿》与焉。宗之赋诗有云：“秋雨梧桐皇子府，春风杨柳相公桥。”哀济邸而诮弥远，本改刘屏山句也。敖臞庵器之为太学生时，以诗痛赵忠定丞相之死，韩侂胄下吏逮捕，亡命。韩败，乃始登第，致仕而老矣。或嫁“秋雨”、“春风”之句为器之所作，言者并潜夫梅诗论列，劈《江湖集》板，二人皆坐罪。初，弥远议下大理逮治，郑丞相清之在琐闼，白弥远中辍，而宗之坐流配。于是诏禁士大夫作诗，如孙花翁惟信季蕃之徒寓在所(纪昀评云：“此处有脱误，再校。”)改业为长短句。绍定癸巳，弥远死，诗禁解。

此外，周密《齐东野语》卷十六“诗道否泰”条也有记载。三家所记虽略有出入，但事件的政治背景是清楚的。原来，当宁宗赵扩在嘉定十七年(1224)病逝后，权相史弥远废黜了法定的皇位继承人赵竑，改封之为济王，而另外拥立赵昀(即理宗)。宝庆元年，又进一步逼死济王。济王之死，激起了真德秀、魏了翁、洪咨夔和邓若水等人的义愤，纷纷上书为他鸣冤。史弥远便进一步贬逐了他们(详《宋史纪事本末》卷八十八《史弥远废立》)。在此以前，某些江湖诗人已或多或少地流露了对时局的不满，有些诗句刺痛了当权者，因而遭到了史弥远的忌恨。恰巧陈起在这一年发行《江湖集》，史弥远便从《江湖集》中断章取义地寻找证据，给编刊者陈起和

《南岳稿》作者刘克庄等人硬派罪名，加以迫害。这里，试将诸家获罪的作品简述如下：

（一）刘克庄诗二首，一首是《落梅》二首之一，诗云：

> 一片能教一断肠，可堪平砌更堆墙。飘如迁客来过岭，坠似骚人去赴湘。乱点莓苔多莫数，偶粘衣袖久犹香。东风谬掌花权柄，却忌孤高不主张。

此诗作于嘉定十三年（1220），是年作者三十四岁。非常明显，它只是借梅花的飘零寓身世之感的咏物诗，结联虽有讽谕，但难确指，而言官却抓住“东风谬掌花权柄”二句，说成是对当政者史弥远的攻击。另一首是刘克庄年少时的作品，只剩下“未必朱三能跋扈，都缘郑五欠经纶”两句（见周密《齐东野语》卷十六“诗道否泰”条，《后村先生大全集》未收），据《齐东野语》记载，题目是《黄巢战场》，原是咏史诗，但言官指为借古讽今，说诗中郑五是影射史弥远。

（二）陈起诗一首，现存陈氏《芸居乙稿》中未收，仅剩“秋雨梧桐皇子府，春风杨柳相公桥”两句。这本来是据南宋初刘子翚的诗改作的。刘氏《汴京纪事》二十首之七云：“空嗟覆鼎误前朝，骨朽人间骂未消；夜月池台王傅宅，春风杨柳太师桥。”言官指为此诗用意在“哀济邸而诮弥远”。为了扩大打击面，爪牙们甚至还把这两句诗嫁祸于敖陶孙和曾极，认为出自他们二人之手。

（三）曾极诗一首，《齐东野语》题为《春诗》，原为曾氏《金陵百咏》之一（《百咏》已收入《四库全书》）。当时言官摘出“九十日春晴景少，一千年事乱时多”两句，认为诽谤时政。

《江湖集》刊行于宝庆元年，所收各家诗集都是前此所作，其中当然有寓意和感触，但根本不可能是针对济王被害而写的。只是由于这些人既已表露了与当政者不一致的思想感情，史弥远等为了钳制舆论，就肆意加以诬陷。这场文字狱的后果是相当严重的：首先是曾极被贬死春陵，陈起被发配流放，敖陶孙也遭斥逐，刘克庄幸得郑清之代为开脱，才免除了下狱治罪的处分。其次是《江湖集》被劈板，印出的书也被禁毁，还仿效北宋末年的做法，诏禁士大夫作诗①，直到绍定六年（1233）史弥远死后才得解禁。诗祸的阴影在相当长的时期内压在作家们的心灵上，使之产生了全身远祸的心理。诗祸以前，不少江湖诗人也有关心民瘼、伤时忧国之作；诗祸以后，则不免有所顾忌，有时甚至转入了消极颓唐的状态。如刘克庄《杨补之墨梅跋》云："予少时有《落梅》诗，为李定、舒亶辈笺注，几陷罪苦②。后见梅花辄怕，见画梅花亦怕。"可见这次诗祸对当日诗坛所带来的消极影响。

江湖三集和江湖诗人的作品　由于陈起编刊的《江湖集》被劈板禁毁，所以这部丛刊当时究竟收录了哪些作家的诗集，今日已经难以确知。从《鹤林玉露》和《瀛奎律髓》的记载看来，刘克庄、敖陶孙、曾极和陈起四人的诗集肯定是包括在内的，而陈起的同时人陈振孙在《直斋书录解题》卷十五中曾著录此书，其言云：

> 《江湖集》九卷，临安书坊所刻本，取中兴以来江湖之士以诗驰誉者。而方惟深子通，承平人物，晁公武子止，尝为从官，乃亦在其中。其余亦未免玉石兰艾混淆杂遝。然而士之不能自暴白于世者，或赖此以有传。书坊巧为射利，未可以责备也。

可知其中还收有北宋方惟深和南渡中兴时名流晁公武的诗集，内涵是较为庞杂的。陈起在史弥远死后，返回杭州，重操旧业，所以他刊行的这部丛刊，时间跨度既大，所收人物亦多。据后人推测，他可能把初刻的《江湖集》称为前集，诗禁解除后重新辑刻的称为后集，第三次辑刻的则称为续

---

① 叶梦得《石林燕语》卷九："政和末，李彦章为御史，言士大夫多作诗，有害经术，自陶渊明至李、杜，皆遭诋斥，诏送敕局立法。何丞相执中为提举官，遂定命官传习诗赋杖一百。是岁莫俦榜，上不赐诗而赐箴。未几，知枢密院吴居厚喜雪，御筵进诗，称口号。自是上圣作屡出，士大夫亦不复守禁。"

② 李定、舒亶是制造乌台诗案构陷苏轼的人，这里借指为史弥远构陷刘克庄因而被人称为三凶的李知孝、梁成大、莫泽等。

集。《江湖前、后、续集》的原书到了明末已经失传，只有部分诗集的多种传抄本流散于民间（参看胡念贻《南宋〈江湖前、后、续集〉的编纂和流传》，载《文史》第十六辑）。为了保存文献，明崇祯年间，毛晋汲古阁影钞《南宋群贤六十家小集》①，清嘉庆六年（1801）顾修读画斋另外辑刻了《南宋群贤小集》，还有《四库全书》收录了两淮盐政采进本《江湖小集》六十二家，馆臣又从《永乐大典》中辑得《江湖后集》四十七家。此外，北京图书馆还藏有些抄本《宋人小集》。这些情况，就使得早在乾隆时代此书就已经被人认为是"辗转传抄，真赝错杂，莫详孰为原本"了②。

《四库全书》本《江湖小集》和《江湖后集》合计有一百零九家，将其与汲古阁等诸本核对，除去重复，又有不见于库本的十多种，总数在一百二十家以上。但其中也夹杂了一批不能算是江湖诗派的集子③，而刘克庄、曾极、孙惟信、苏泂、方岳等人的诗集却遗漏了。所以江湖三集的原始面貌究竟如何，尚待进一步寻究。但其中如姜夔、刘过、周文璞等人卒于诗祸发生之前，时代较早，可说是陈起心目中的江湖诗人前驱者。而武衍的《适安藏拙余稿》自序作于淳祐元年（1241），乐雷发的《雪矶丛稿》自叙作于宝祐五年（1257），其结集在诗祸已解，诗禁已开之后，显然是江湖诗人中的后起者。大体说来，江湖诗人散处各地，历时甚久，队伍庞大，流品复杂，但并无任何组织和共同主张。他们中间大多是功名不遂或官场失意的中下层知识分子。由于其中有些人为了谋求生活出路，不免以诗歌作为干谒权贵、博取衣食的工具，因此为后世评家所诟病。方回在《瀛奎律髓》卷二十戴复古《寄寻梅》诗的评语中，十分尖锐地指责了这

① 此书有上海古书流通处 1921 年影印本，较易得。本章所举江湖诗人作品皆出此书及下举《四库全书》本《江湖小集》、《江湖后集》，不更出其别集之名。

② 见《四库全书总目》卷一百八十七《江湖后集》提要。又《瀛奎律髓汇评》卷二十《落梅》诗后引查慎行云："《江湖集》今名《宋人小集》，乃抄本，余于癸巳冬购得之，尚有'棚北大街睦亲坊陈解元书坊刊印'字样。"

③ 陈起在编刊《江湖三集》时，曾辑刻了一批南渡前后中兴以来诗人的集子，而且还拉进了某些名公大官的诗集，这正是书商抬高自己身价的一种手段。我们应该注意，既不能据此而将江湖诗派产生的年代提前到四灵和陈起之前，也不能因此而将某些达官贵人列入江湖派中。当然，刘克庄晚年爵位隆高是一种特殊情况。

种江湖习气：

> 盖江湖游士，多以星命相卜，挟中朝尺书，奔走阃台郡县糊口耳。庆元、嘉定以来，乃有诗人为谒客者，龙洲刘过改之之徒不一人，石屏亦其一也。相率成风，至不务举子业，干求一二要路之书为介，谓之阔匾，副以诗篇，动获数千缗，以至万缗。如壶山宋谦父自逊，一谒贾似道，获楮币二十万缗，以造华居是也。钱塘湖山，此辈什佰为群。阮梅峰秀实、林可山洪，孙花翁季蕃、高菊磵九万，往往雌黄士大夫，口吻可畏，至于望门倒屣。

明末钱谦益在《王德操诗集序》中，更进一步指出这种风气对文学带来的不良影响，他说：

> 诗道之衰靡，莫甚于宋南渡以后。而其所谓江湖诗者，尤为尘俗可厌。盖自庆元、嘉定之间，刘改之、戴石屏之徒，以诗人启干谒之风，而其后钱塘湖山什佰为群，挟中朝尺书，奔走阃台郡县，谓之阔匾，要求楮币，动以万计，当时之所谓处士者，其风流习尚如此。彼其尘容俗状，填塞于肠胃，而发作于语言于文字之间，欲其为清新高雅之诗，如鹤鸣而鸾啸也，其可几乎！（见《牧斋初学集》卷三十三）

这种不良现象是存在的，但方、钱二人对江湖派一笔抹杀的态度，却不免偏激。因为这些诗人虽曾写过不少无聊的应酬诗，其习气和人品不无缺点，但他们的作品并非毫无价值可言，其中一部分忧国忧民的诗歌就写得相当出色。如江湖前辈之一的刘过，其《夜思中原》和《登多景楼》诸作，诗风豪隽，“才气坌溢，要非龌龊者所及”。（见《四库全书总目》卷一百六十二《龙洲集》提要）又如余姚高翥字九万，《诗人玉屑》卷十九曾引所作《送方秋崖以谏去国》一首，赞扬其豪气可与刘过比美。山阴葛天民字无怀（曾出家为僧，名义铦，字朴翁），有《尝北梨》诗云：

每到边头感物华，新梨尝到野人家；甘酸尚带中原味，肠断春前不见花。

衢州毛珝字元白，所作《甲午江行》①云：

百川无敌大江流，不与人间洗旧仇。残垒自缘他国废，诸公空负百年忧。边寒战马全装铁，波阔征船半起楼。一举尽收关洛旧，不知消得几分愁！

这些诗或比或赋，或幽婉或豪迈，都是那个艰难时代的声音。

江湖诗人生活在社会较低层，接触面较广，所以他们又曾写出一些反映现实、同情民生疾苦的悯农诗。如南城利登字履道的《野农谣》、吉安罗与之字与甫的《商歌》、海盐许棐字忱夫的《泥孩儿》、袁州（今江西宜春县）赵汝燧字明翁的《翁媪叹》和《耕织叹》等。春陵乐雷发字声远的《逃户》云：

租帖名犹在，何人纳税钱？烧侵无主墓，地占没官田。边国干戈满，蛮州瘴疠偏。不知携老稚，何处就丰年？

此诗忠实地反映了农民逃荒，而在内忧外患的双重窘境中走投无路，进退失据的绝境。又其《时事》云：

时事如颓屋，谁堪任栋梁？国贫僧牒贱，边病檄书忙。有分忧宗社，无才出举场。未应王谢辈，挥泪送斜阳。

此诗所反映的晚宋社会的危难局势和诗人空有忧国之心、却无救国之力的苦闷，也是符合实情的。

江湖诗人更擅长的是写景抒情之作，例如：

---

① 甲午，即端平元年（1234）。是年，蒙古灭金，诗人认为应该乘机收复中原。

应怜屐齿印苍苔，小扣柴扉久不开。春色满园关不住，一枝红杏出墙来。

——叶绍翁《游园不值》

今早神清觉步轻，杖藜聊复到前庭。市声亦有关情处，买得秋花插小瓶。

——陈起《买花》

前月登高去，犹嫌菊未黄。秋风不相负，特地再重阳。

——严粲《闰九》

天阔雁飞飞，松江鲈正肥。柳风欺客帽，松露湿僧衣。塔影随潮没，钟声隔岸微。不堪回首处，何日可东归！

——陈允平《青龙渡头》

这些小诗或抒发个人情怀，或描绘自然景色，皆不失为四灵唐风的继承者(陈允平尤以词名，已见第九章第四节)。

戴复古与刘克庄 江湖诗派中能自出机杼而取得成就的名家不多，其中戴复古和刘克庄可算翘楚。戴复古(1167—1248?)字式之，号石屏，天台黄岩(在今浙江省)人。平生不事科举，惟好漫游，足迹遍于今江苏、浙江、安徽、湖北、广东各地，最后以布衣终老。他早年曾学诗于陆游，后来虽然受四灵影响，崇尚晚唐，而仍主雄浑的风格和独创的意境。故其《论诗十绝》之四云："意匠如神变化生，笔端有力任纵横。须教自我胸中出，切忌随人脚后行。"同时，他重视作品的社会意义，推尊忧国爱民的杜甫和感遇伤时的陈子昂①，能在当时独树一帜。如《织妇叹》云：

① 其《论诗十绝》之六云："飘零忧国杜陵老，感遇伤时陈子昂。近日不闻秋鹤唳，乱蝉无数噪斜阳。"

春蚕成丝复成绢，养得夏蚕重剥茧。绢未脱轴拟输官，丝未落车图赎典。一春一夏为蚕忙，织妇布衣仍布裳。有布得着犹自可，今年无麻愁杀我。

此诗写劳动妇女之被残酷剥削，深刻动人，极近唐之王建、张籍和宋之杨万里。在《庚子荐饥》、《夜宿田家》和《淮村兵后》等诗中，他也都同样尖锐地揭示了南宋末年国弱民穷的可悲现实。又如《江阴浮远堂》云：

横冈下瞰大江流，浮远堂前万里愁。最苦无山遮望眼，淮南极目尽神州！

浮远堂位于江阴君山之巅，诗人登临北望沦丧的中原，不能不黯然伤怀。望之则不忍，不望又不能，于是他深悔登上高堂为多此一举了。刘克庄《冶城》诗"神州只在阑干北，几度来时怕上楼"，与此同意，而从正面说出，似反不及这篇之耐人寻味。

除了这些忧国忧民的作品以外，他还有一些颇有特色的作品，如：

半夜群动息，五更百梦残。天鸡啼一声，万枕不遑安。一日一百刻，能得几刻闲？当其闲睡时，作梦更多端。穷者梦富贵，达者梦神仙。梦中亦役役，人生良鲜欢！

——《梦中亦役役》

天嗔吾面白，晒作铁色深。天能黑我面，岂能黑我心？我心有冰雪，不受暑气侵。推去北窗枕，思鼓南风琴。千古叫虞舜，遗我以好音。

——《大热》五首之五

园圃屋东西，从君一杖藜。雨寒花蕊瘦，春重柳丝低。亭馆常留客，轩窗总傍溪。摩娑雪色壁，安得好诗题？

——《题张佥判园林》

前两首五古反映了诗人心灵的孤独和性格的倔强，这在江湖诗人中是少见的。另一首五律却又显示了和崇尚晚唐的诸江湖诗人在风格上的一致性。这都见出戴诗具有较为复杂的内容和风格。淳祐三年(1243)，吴子良作《〈石屏诗后集〉序》，虽然不无溢美之处，但比较扼要地概括了戴复古诗歌的创作特色(见本章第三节)，足资参考。

刘克庄(1187—1269)，初名灼，字潜夫，号后村，莆田人。祖凤，官著作佐郎，父弥正，官至吏部侍郎。但克庄本人没有以科举入仕，而是在二十三岁时以门荫补将仕郎步入仕途的。他起初只做了靖安主簿和真州录事参军等小官，后来长期游幕于江浙闽广等地，与戴复古、孙惟信、曾极、翁卷和赵师秀等人交往。嘉定十二年(1219)，他辞去江淮制置使幕职，请监南岳庙，故其诗集初名《南岳稿》。十七年到杭州，结识出版商陈起。宝庆元年，他任福建建阳知县，因陈起编《江湖集》刻入其《南岳稿》而遭祸，前程因此受阻。绍定二年(1229)，他通判潮州，又因梅花诗案的旧帐被监察御史赵至道弹劾落职。直到史弥远死后，他才复官出山。其《病后访梅九绝》之一云："梦得因桃数左迁，长源为柳忤当权①。幸然不识桃并柳，却被梅花累十年。"对江湖诗祸作了沉痛的回顾。端平二年(1235)，他的业师真德秀任参知政事；郑清之升左相，便提拔他为枢密院编修官。此后三十余年，他在仕途上时有升沉，但总的说来是比较顺当的。淳祐六年(1246)，已届六十岁的刘克庄被理宗召见，称赞他"文名久著，史学尤精"，特赐同进士出身，除秘书少监，兼国史编修官。但被殿中侍御史章琰劾奏，罢官归里。咸淳四年(1268)，复升为龙图阁学士，五年卒，享寿八十三岁。他死后十年，南宋就亡了。

刘克庄的一生，经过了孝宗、光宗、宁宗、理宗、度宗五朝，是江湖诗人中官位最高、年寿最长、阅历也最为丰富的作家。他学问渊博，不仅以诗名家，而且擅长填词，兼工散文、骈体。咸淳六年，其子山甫汇辑乃父遗稿，编定为《后村先生大全集》，现存一百九十六卷。此外，他曾编辑《分门

---

① 原注："邺侯咏柳云：'青青东门柳，岁晏必憔悴。'杨国忠以为讥己。"刘梦得左迁事见孟棨《本事诗·事感第二》。

纂类唐宋时贤千家诗选》二十二卷，分时令、节候、百花、人品等十四门，选录唐、五代和宋朝诗人五百六十五家，作品一千二百八十一首。其中十之七八是宋诗，尤以南宋诗居多，是一部具有特色的选本。

刘克庄早期诗风深受四灵的影响，叶适在《题刘潜夫〈南岳诗稿〉》中特予赞扬，认为他是继四灵之后能在诗坛上“建大将旗鼓”的主帅，其诗以“涉历老练，布置阔远”见长。刘氏在其《〈刻楮集〉序》中自述学诗次第说：“初余由放翁入，后喜诚斋，又兼取东都、南渡、江西诸老，上及于唐人，大小家数，手抄口诵。”所以他肯定唐诗，也肯定宋诗，在《李贾县尉诗卷跋》中，他说：“然谓诗至唐犹存则可，谓诗至唐而止则不可，本朝诗自有高手。杜、李，唐之集大成者也；梅、陆，本朝之集大成者也。”正是此意。他虽属江湖派，但能看到四灵和江湖之失，力矫其弊，取长补短，转益多师，从而开拓自己的创作道路。他的思想和才力确实高出同时诸家。

从他大量的诗篇来看，成就最高的还是写日常生活的五言律诗和咏时事的乐府。五律如：

骨法枯闲甚，惟堪作隐居。山行忘路脉，野坐认天文。字瘦偏题石，诗寒半说云。近来仍喜聩，闲事不曾闻。

——《北山作》

夜深扪绝顶，童子旋开扉。问客来何暮，云僧去未归。山空闻瀑泻，林黑见萤飞。此境惟予爱，他人到想稀。

——《夜过瑞香庵作》

医自金坛至，犹言疾可为。濒危人未信，闻死世皆疑。交共收残稿，妻能读殓仪。借来书册子，掩泪付孤儿。

忍死教磨墨，留书诀父兄。读来堪下泪，寄去怕伤情。墓要师为志，诗于世有名。夜阑秋枕上，犹梦共山行。

——《哭薛子舒二首》

这些诗和四灵一样，都是学姚合、贾岛的，但思路较四灵巉刻，境界较四灵幽峭，思新句工，语淡情浓，也为其他江湖诗人所稀见。陈衍《宋诗精华录》选刘诗五律，举此四篇为例，是有眼光的。

在其《有感》中，刘克庄吟道："忧时原是诗人职，莫怪吟中感慨多。"所以他在许多诗篇中，特别是乐府诗中，反映了当时社会生活中一些比较重大的问题：

> 官军半夜血战来，平明军中收遗骸。埋时先剥身上甲，标成丛冢高崔嵬。姓名虚挂阵亡籍，家寒无俸孤无泽。呜呼诸将官日穹，岂知万鬼号阴风！
>
> ——《国殇行》

> 行营面面设刁斗，帐门深深万人守。将军贵重不据鞍，夜夜发兵防隘口。自言虏畏不敢犯，射麋捕鹿来行酒。更阑酒醒山月落，彩缣百段支女乐。谁知营中血战人，无钱得合金疮药！
>
> ——《军中乐》

《国殇行》和《军中乐》是刘克庄以抗战为主题的组诗中的两篇（共十篇，未加总题），深刻地揭露了南宋末年政治、军事的窳败和黑暗。这与高适《燕歌行》"战士军前半死生，美人帐下犹歌舞"（见《全唐诗》卷二百十三）的含意略同，而描写的范围更广泛，笔墨更细致。

这位诗人的缺点是贪多率意，有些作品未免粗滥，或带有江湖诗人熟滑的通病，而且在诗祸以后趋于消极。《四库全书总目》卷一百九十五《后村诗话》提要认为"克庄晚节颓唐，诗亦渐趋潦倒"，这一论断是正确的。但他在六十岁至八十二岁之间写成的《后村诗话》颇多精义，可与严羽的《沧浪诗话》相提并论。郭绍虞《宋诗话考》评二家云："沧浪之长在识，后村之长在学。重在识，故锋芒毕露而或失之偏；重在学，则不拘一格，而转若无所见其长。《后村诗话》之不及《沧浪诗话》者在此。然而网罗众作，见取材之博，平衡惬当，见学力之精……则又《后村诗话》之长，而为《沧浪诗话》所不能及者。”论二家得失，颇为平允。

严羽和《沧浪诗话》　北宋欧阳修第一个写《诗话》(后人称《六一诗话》或《欧公诗话》)。其后，司马光撰《续诗话》(后人也称《温公诗话》)，刘攽撰《中山诗话》，继起的作者渐多，风气大开。据罗根泽《两宋诗话年代存佚残辑表》统计，共得九十五部(见所著《中国文学批评史》第三册第十一章，中华书局1961年出版)，由此可见其兴盛的情况。这种随笔式的文学批评，最初大多记载诗人创作中的遗闻轶事，以资闲谈，“体兼说部”(见《四库全书总目》卷一百九十五，诗文评类小序)，故目录家或将其列入小说类。后来的诗话发展提高，或探究诗体的源流和作法，或评论具体作品的高下得失，鉴赏优劣，于是它成了有史有论、史论结合的诗歌理论批评。宋代诗话的流行有力地推动了宋诗的发展和诗派的繁兴，各派作家都有申述自己理论的诗话。而严羽的《沧浪诗话》，正好是宋末成就最为突出的一部。

严羽(1192—?)，字仪卿，一字丹丘，自号沧浪逋客，邵武(在今福建省)人，不事科举，以布衣终其身。从他的身世、情趣和经历来看，严羽实际上也可以说是江湖诗人。其同乡同族人严粲，即列名于《江湖小集》中。戴复古任邵武军儒学教授时，曾赋《祝二严》诗云：“前年得严粲，今年得严羽，我自得二严，牛铎谐钟吕”，“羽也天资高，不肯事科举，风雅与骚些，历历在肺腑”。戴复古的《论诗十绝》，就是有感于“邵武太守王子文日与李贾、严羽共观前辈一两家诗及晚唐诗”而作的。足见严羽与江湖诗人的关系是相当密切的①。他到过临川、豫章、浔阳、长沙、衢州、吴江和临安等地，每有诗篇自纪踪迹，并寓忧离伤乱的怅惘情绪。如《江上泊舟》：“此身定何着，江汉一浮萍。”《将至浔阳途中寄诸从昆弟》：“江湖此去多漂泊，肠断风尘远别情。”他也有抒发爱国志节的作品，气概豪迈，如下列两篇：

平芜古堞暮萧条，归思凭高黯未消。京口寒烟鸦外灭，历阳秋色

① 当时又有三严之称，黄公绍于咸淳四年为《沧浪吟卷》作序，把严羽及其同族善诗者严参、严仁并称，说：“江湖诗友，目为三严。”

雁边遥。清江木落长疑雨,暗浦风多欲上潮。惆怅此时频极目,江南江北路迢迢。

——《和上官伟长芜城晚眺》

误喜残胡灭,那知患更长!黄云新战路,白骨旧沙场。巴蜀连年哭,江淮几郡疮。襄阳根本地,回首一悲伤。

——《有感》六首之一

这些诗都或隐或显地表露了他伤时忧国的深情。“误喜残胡灭,那知患更长”,是指蒙古灭金后南宋面临着一个更为强暴的侵略者。这些诗说明他不是一位全然置身世外的诗人,其诗现存《沧浪集》,又名《沧浪吟卷》。

严羽的主要贡献在于他比较系统地提出了中国的诗学理论,写出了富有美学价值的诗论专著《沧浪诗话》。在反对江西诗派和推尊唐诗的总倾向方面,他与四灵和江湖诗人有共同之处,但对于四灵的偏于晚唐又颇为不满,而主张推尊盛唐,把晚唐诗与盛唐诗严格地区别了开来。在严羽之前,批判江西诗派的论著已迭有出现,如张戒的《岁寒堂诗话》和姜夔的《白石诗说》等,都指出了江西末流之弊。严羽在这个基础上加以系统化,以禅理为喻,建立了自己的理论批评体系。

《沧浪诗话》由《诗辨》、《诗体》、《诗法》、《诗评》、《考证》五个部分组成。末附《答出继叔临安吴景仙书》,说明立论的主旨和特色,其中有云:

仆之《诗辨》,乃断千百年公案,诚惊世绝俗之谈,至当归一之论。其间说江西诗病,真取心肝刽子手。以禅喻诗,莫此亲切。是自家实证实悟者,是自家闭门凿破此片田地,即非傍人篱壁、拾人涕唾得来者。

可知他的诗论主要是对江西诗派而发的,而且自认为是确有所见,独树一帜的。

《诗辨》是全书立论的总纲,其中批评江西派诗人说:

近代诸公乃作奇特解会，遂以文字为诗，以才学为诗，以议论为诗。夫岂不工，终非古人之诗也。盖于一唱三叹之音，有所歉焉。且其作多务使事，不问兴致；用字必有来历，押韵必有出处，读之反覆终篇，不知着到何在。其末流甚者，叫噪怒张，殊乖忠厚之风，殆以骂詈为诗。诗而至此，可谓一厄也。

这里指斥了江西派形式主义的诗风（当然江西派并不都是形式主义），不满它过分的散文化和议论化。其中又说："至东坡、山谷始自出己意以为诗，唐人之风变矣。"可知严羽是把苏、黄相提并论的，在指责黄庭坚等派家时，就连苏轼也一起批评了。他为了纠正苏、黄之失，明确地提出了兴趣说，他认为："诗有别材，非关书也；书有别趣，非关理也"，"盛唐诸人，惟在兴趣，羚羊挂角，无迹可求"。他强调以盛唐诗人为榜样，追求的最高境界是"如空中之音，相中之色，水中之月，镜中之象，言有尽而意无穷"。他的审美观念在于注重形象思维和诗的韵味，排斥理念和说教。所以他在另一方面也反对理学家尚理而乏意趣之作，认为"不涉理路，不落言筌者，上也"。这虽与永嘉四灵的思路有接近之处，但他主张"以盛唐为法"，标举李、杜，则又同四灵和江湖之但宗晚唐者大不相同。所以他不仅反对江西诗派，而且对四灵与江湖诗人以贾、姚为法也极为不满。他批评说：

近世赵紫芝、翁灵舒辈，独喜贾岛、姚合之诗，稍稍复就清苦之风，江湖诗人多效其体，一时自谓之唐宗。不知止入声闻、辟支之果，岂盛唐诸公大乘正法眼者哉！嗟乎！正法眼之无传久矣。唐诗之说未唱，唐诗之道或有时而明也。今既唱其体曰唐诗矣，则学者谓唐诗诚止于是耳，得非诗道之重不幸邪！故予不自量度，辄定诗之宗旨，且借禅以为喻，推原汉魏以来，而截然谓当以盛唐为法。虽获罪于世之君子，不辞也。

佛家称博大精深者为大乘法，独具慧识者为正法眼，严羽以之比喻盛唐诸公，列为第一等；佛家又称浅小者为小乘法，内分辟支乘和声闻乘，是为第二第三等，严羽以之比喻四灵和江湖诗人。在此基础上，他提出了著名的妙悟说。在今天看来，他所提出的，也正是艺术思维的特殊规律这一根本问题。

他说：

> 大抵禅道惟在妙悟，诗道亦在妙悟。且孟襄阳学力下韩退之远甚，而其诗独出退之之上者，一味妙悟而已。惟悟乃为当行，乃为本色。然悟有浅深，有分限，有透彻之悟，有但得一知半解之悟。

这里以妙悟与学力相对举，说明有学力的人不一定能写出好诗，而只有善于妙悟的人才是真正的行家。可见严羽所谓妙悟大致相当于艺术思维或创作灵感。他认为盛唐诸公达到了“透彻之悟”的最高境界，而中晚唐诸家“虽有悟者，皆非第一义”。也正是以此来区分的。

在《诗体》、《诗法》和《诗评》等章中，严羽曾分别探讨了诗歌的体裁、流派、风格和作法诸问题，并且还评论了历代诗家的作品；《考证》一章则对某些作品和作者进行了辨订。总之，敢于探索新问题，敢于与前人立异，敢于正视和重视诗歌的艺术特点，这都是他的独特贡献。

严羽立论颇善于总结前人的创作经验，加以继承发展，如《诗辨》中他把作品分为高、古、深、远、长、雄浑、飘逸、悲壮、凄婉等九品，是受了司空图《诗品》的启发；讲琢句应须圆活，学诗有似参禅，则是吸取了吕本中、曾几、韩驹的活法和悟性的理论。

《沧浪诗话》对后世的诗学有极大的影响。明人高棅《唐诗品汇》分唐诗为初、盛、中、晚四期；前后七子倡导“诗必盛唐”，“大历以后书勿读”的主张（见《明史》卷二百八十七《王世贞传》），均与此不无关系。清代王士祯的神韵说，显然是从他的妙悟和兴趣的理论发展出来的；而袁枚的性灵说，也跟他关于别材、别趣的论点有渊源。这都可以见出《沧浪诗话》在中国诗歌理论史上具有承上启下的重要地位。

第二节　易代之际的战歌与悲歌

反掠夺斗争的实录　端平元年(1234)金国的覆灭,使得南宋直接地面临着蒙古势力的威胁。景定五年(1264),蒙古大汗忽必烈进据燕京(后改名大都),咸淳七年(1271)又取《易经》“大哉乾元”之义,定国号为元。就在这个时候,南宋开始受到了猛烈的攻击。由于政府的腐败,爱国军民的英勇抵抗也只能延缓而难以改变汉族政权败亡的命运。德祐二年(1276)二月,临安失陷,祥兴二年(1279)二月六日,陆秀夫在崖山背负幼帝蹈海,宋亡。蒙古贵族终于在中国土地上建立了统一的大元帝国。这乃是千古未有的巨劫奇变。这种空前的历史风暴冲击了每一个作家,他们根据自己对它的认识,写出了各种样式的激动人心的作品。13世纪最后的三四十年,即宋元易代之际,是中国文学史上爱国主义创作繁荣的时期之一。

历史学家指出:“从历史发展的观点看来,元朝灭宋,完成了全国统一,对中国多民族国家的形成和发展,是起了积极作用的;蒙古族是我国的民族之一,腐朽衰败的汉族赵家皇朝被强盛的蒙古族孛儿只斤氏皇朝所灭,也不值得为之伤悼惋惜。但是,对当时的南宋人说来,他们遭受到的是别一民族的野蛮征服,亡掉的不仅是一姓的皇朝,而是自己的民族国家。”“元朝军队在江南肆行掠夺,蒙古、色目将领虏良人为奴,子女玉帛尽驱之向北,更比比皆是。灭宋后,元朝统治者对南人实行残暴的民族压迫政策,派到江南来的官吏,欺凌‘新附’人民,‘擅科横敛,无所不至’;屯成江南的北军横行里中,人民不敢申诉;元制:‘蒙古、色目殴汉人、南人者不得复。’蒙、色寓户恃此为暴,‘所过掠财富,辱妇女,民束手不敢拒’。蒙古、色目贵族视江南为其财源,‘寒向江南暖,饥向江南饱’,还经常毁辱、诋骂南方,‘自以为右族自贵,视南方如奴隶’。这就造成民族矛盾十分尖锐的局面。在这种情况下,江南爱国知识分子抵制和反抗元朝统治,就不同于历史上那些仅拘拘于‘君臣之义’,甚至为暴君虐政的覆亡而‘守节’的遗民。”(陈得芝《从“遗民诗”看元初江南知识分子的民族气节》,载《南京大学学报》专辑《元史及北方民族史研究集刊》第六期）正由于此，宋元易代之际，反映反掠夺的民族斗争的绝大多数作品就成了当时人民生活的实录。

在这改朝换代的时期，作家们虽然同是身经蹂躏和压迫，蒙受亡国的耻辱和悲痛，但在作品中却反映出两种不同的倾向：一种是以积极的态度面对现实的，另一种则是以消极的态度面对现实的。前者以文天祥等为代表，虽在极度困难中也不曾丧失信念，他们唱出了激昂慷慨的战歌；后者以汪元量等为代表，他们痛感回天乏术，无力抗争，便遁迹于山林江湖之间，发出了落叶哀蝉般的声音。在宋亡之前，这种差别已经存在着，而在宋亡以后就更为显著了。战歌与悲歌同时以各种不同的调子唱出，体现了那个突变的时代中诗人们复杂的心灵。

文天祥的爱国诗篇　始终以其诗歌作为响亮的号角来号召人民投入反掠夺斗争的，是伟大的民族英雄文天祥。

文天祥（1236—1283），字履善，号文山，吉州庐陵县人。宝祐四年（1256），他二十一岁，就考取了状元。当时的考官王应麟称赞他的殿试对策是“古谊若龟鉴，忠肝如铁石”（见《宋史·文天祥传》）。理宗亲自识拔他为进士第一名，并且说：“此天之祥，乃宋之瑞也。”（见《文山先生全集》卷十七《纪年录》端平三年）于是他改字宋瑞。二十四岁时，曾上书皇帝，提出“简文法以立事”、“仿方镇以建守”、“就团结以抽兵”、“破资格以用人”等四条救国之策，惜未被采纳，乃回归故里。四十岁以前，几度浮沉宦海，因为跟贾似道等奸臣一再进行斗争，结果受到排挤打击而被迫罢官归里，隐居在家乡的文山，在恬淡的生活中消磨岁月。其《山中感兴》三首之二云：

山中有流水，霜降石自出。骤雨东南来，消长不终日。故人书问至，为言北风急。山深人不知，塞马谁得失。挑灯看古史，感泪纵横发。幸生圣明时，渔樵以自适。

这首诗宣泄了他被迫无所作为的巨大苦闷。

德祐元年(1275),文天祥已四十岁,南犯的元兵过了长江,朝廷号召各地起兵勤王。当时他已出山差知赣州,得诏后立即响应,“尽以家资为军费”(《宋史》本传),招募了一万多士兵,入卫临安。德祐二年正月十八日,元军前锋已进迫临安城外的皋亭山,宰相陈宜中吓得弃职潜逃。在存亡危急之中,朝廷于正月十九日任命文天祥为右丞相兼枢密使,并于次日派他出城与元军统帅伯颜谈判①,却被伯颜扣留了起来,强行押往燕京。路过镇江时,他得到一些义士们的帮助,逃出了敌人的魔掌。当时临安朝廷已经瓦解,他只得浮海南下,到福州拜见了新登基的端宗赵昰,仍被授予右丞相、枢密使、都督诸路军马的官职,参加了战争。但由于敌我力量悬殊,终于在祥兴元年(1278)十二月于海丰五坡岭兵败被俘。元军将他关押在海船上,随军南下。祥兴二年(1279)正月,船队经过珠江口外的零丁洋,这里距离帝昺所在的崖山不远了。他触景生情,百感交集,提笔写下了大义凛然的诗篇《过零丁洋》(《文山先生全集》卷十四):

> 辛苦遭逢起一经,干戈寥落四周星。山河破碎风飘絮,身世浮沉雨打萍。惶恐滩头说惶恐,零丁洋里叹零丁。人生自古谁无死,留取丹心照汗青!

当时元将张弘范正进兵崖山,追击宋室残存的政治据点。而文天祥这时却以一个俘虏的身份被拘禁在元军的船上,沉痛地回忆着过去,注视着目前。在这篇诗章里,他面对着即将崩溃的国家政权,宣布了自己誓死不屈的决心。崖山决战前夕,张弘范妄想利用文天祥写信招降宋军统帅张世杰。文天祥就将这首诗写录出来,表示了自己毫不动摇的立场。不久,元军把他押送大都,途经建康,曾赋《金陵驿》云:

> 草合离宫转夕晖,孤云飘泊复何依。山河风景元无异,城郭人民

---

① 关于文天祥此次元营之行,王夫之《宋论》卷十五认为是“洵忠而过”,因为“已入虎吻,而犹视其勿吞”,是不可能的,所以“词愈哀,志愈辱,其亡愈可伤矣”。

半已非。满地芦花和我老,旧家燕子傍谁飞?从今别却江南日,化作啼鹃带血归。

诗中将自己的切身体验与这座名城的兴亡情事交织在一起,深刻地表现了永别南中国的悲痛心情,写得十分沉挚。在北上途中,他还写了《发宿迁县》、《过平原作》、《白沟河》、《怀孔明》、《刘琨》、《祖逖》、《颜杲卿》和《许远》等诗篇,歌颂忠肝义胆的历史人物,表示了昂扬的爱国志节。十月初一他被解到燕京,囚禁在牢狱中。在此后的三年多时间里,文天祥虽然失去了自由,但却多次以森严锋利的言辞斥退了元朝贵族和汉奸对他的诱降,使得原来企图软化他的敌人和降臣也为之气馁,终于感到除了将他杀害之外,别无办法了。元世祖至元十九年(1283)十二月初九日,文天祥在燕京柴市从容就义,终年四十七岁。他殉国以后,人们在他的衣带中发现了他事先写就的自赞:

孔曰成仁,孟曰取义。惟其义尽,所以仁至。读圣贤书,所学何事?而今而后,庶几无愧!

文天祥是一位以自己的鲜血写下了反掠夺斗争史的英雄人物。作为一面爱国主义的旗帜,他永远被广大的中国人民高举在手中。

这位坚贞忠烈的状元宰相,不仅是一位政治家,同时还是一位文学方面的多面手。他的诗、词、散文都有较高的造诣,他抒发自己崇高思想感情的作品是珍贵的文学遗产。

和他早年的政治活动并不显得特别突出一样,文天祥在抗元斗争之前写的少数作品也是很平常的。他早期的诗篇每寄意于林泉山水,受江湖诗人的影响较深。还有若干赠送江湖术士的无聊应酬之作。但从德祐二年(1276)起,火热的斗争生活使他的诗才得到了空前的发扬。其作品曾先后编成了四部集子:第一部《指南录》,收了德祐二年勤王,正月赴阙,出使元营被拘,从镇江逃亡到南下福州时期的作品。如《扬子江》云:

几日随风北海游，回从扬子大江头；臣心一片磁针石，不指南方不肯休。

诗中说明了他把诗集命名为《指南录》的用意，标举了自己的生活道路和战斗历程。第二部《指南后录》和第三部民间辑刊的《吟啸集》，收录了第二次被俘北上至燕京狱中时期的作品。第四部《集杜诗》是至元十七年(1280)在狱中所作，他用杜甫的诗句集成二百篇五言绝句，很广泛地描摹了自己生活着的那个时代的各种人和事。《〈集杜诗〉自序》说：

昔人评杜诗为诗史，盖以其咏歌之辞寓纪载之实，而抑扬褒贬之意灿然于其中，虽谓之史，可也。予所集杜诗，自余颠沛以来，世变人事，概见于此矣。是非有意于为诗者也。后之良史，尚庶几有考焉。

这里提出了"非有意于为诗"的论点。他在《〈东海集〉序》中也曾批评"有意于为诗"，而主张"动乎性情，自不能不诗"。在《跋周汝明〈自鸣集〉》中又提出"予以予鸣"，即自己抒发自己的思想感情的见解。正由于他并非有意于为诗，而只是因为自己在抗元斗争中有那么丰富的、磅礴激烈的内心活动需要通过一定的艺术形式来倾吐，所以他后期的创作突破了一般晚宋诗人的格局，而形成豪迈雄浑的作风，唱出了可以惊天地泣鬼神的战歌。揭露蒙古贵族和军队的残暴狠毒，谴责南宋降元君臣的昏庸无耻，颂扬忠臣义士反抗斗争的神圣感情和英勇业迹，这就是文天祥四十岁以后全部作品的基本主题。在这一意义上来说，他的创作是可以称为又一部诗史，作为杜甫的忠实继承者而无愧的。试看下列诸篇：

梅花南北路，风雨湿征衣。出岭同谁出？归乡如此归！山河千古在，城郭一时非。饥死真吾志，梦中行采薇。

——《南安军》

平生心事付悠悠，风雨燕南老楚囚。故旧相思空万里，妻孥不见满三秋。绝怜诸葛隆中意，赢得子长天下游。一死皎然无复恨，忠魂多少暗荒丘！

——《有感》

前一篇是被俘北上经过江西大庾岭所作，当时他向元军进行了绝食斗争，所以诗中用了伯夷、叔齐不食周粟的典故。后一篇是在大都狱中所写，作者回顾三年前在江西永丰的空坑之役，妻妾子女皆被元军所掳的往事而归结到目下自己身陷囹圄，决心一死殉国而不悔的决心。

更为深刻全面地表现了他的忠义情怀和英雄气概的《正气歌》，则是他爱国诗篇的代表作。今并录此篇及诗序如下：

予囚北庭，坐一土室。室广八尺，深可四寻，单扉低小，白间短窄，污下而幽暗。当此夏日，诸气萃然：雨潦四集，浮动床几，时则为水气；涂泥半朝，蒸沤历澜，时则为土气；乍晴暴热，风道四塞，时则为日气；檐荫薪爨，助长炎虐，时则为火气；仓腐寄顿，陈陈逼人，时则为米气；骈肩杂遝，腥臊汚垢，时则为人气；或圊溷，或毁尸，或腐鼠，恶气杂出，时则为秽气。叠是数气，当侵沴，鲜不为厉。而予以孱弱，俯仰其间，于兹二年矣。幸而无恙，是殆有养致然，然尔亦安知所养何哉？孟子曰："吾善养吾浩然之气。"彼气有七，吾气有一，以一敌七，吾何患焉！况浩然者，乃天地之正气也，作《正气歌》一首。

天地有正气，杂然赋流形。下则为河岳，上则为日星；于人曰浩然，沛乎塞苍冥。皇路当清夷，含和吐明庭。时穷节乃见，一一垂丹青：在齐太史简，在晋董狐笔，在秦张良椎，在汉苏武节；为严将军头，为嵇侍中血，为张睢阳齿，为颜常山舌；或为辽东帽，清操厉冰雪，或为《出师表》，鬼神泣壮烈；或为渡江楫，慷慨吞胡羯，或为击贼笏，逆竖头破裂。是气所磅礴，凛烈万古存。当其贯日月，生死安足论！地维赖以立，天柱赖以尊；三纲实系命，道义为之根。嗟予遘阳九，隶也实不力，楚囚缨其冠，传车送穷北。鼎镬甘如饴，求之不可得。阴房阒鬼火，春院闷天黑。牛骥同一皂，鸡栖凤凰食。一朝蒙雾露，分作沟中瘠。如此再寒暑，百沴自辟易。嗟哉沮洳场，为我安乐国。岂有他缪巧，阴阳不能贼？顾此耿耿在，仰视浮云白。悠悠我心悲，苍天曷有极！哲人日已远，典型在夙昔。风檐展书读，古道照颜色。

这诗作于至元十八年(1281)五月。从诗中可以看出，刚毅正大的浩然之气正是文天祥“富贵不能淫，贫贱不能移，威武不能屈”的精神支柱，对于他来说，正气就是炽烈的爱国主义精神和坚贞的民族气节。《正气歌》大力地颂扬了历史上忠臣义士的高风亮节，也深刻地体现了他们无私无畏的道德力量。它成了被我国历代人民传诵得最广泛的诗篇之一。

二谢、林景熙和郑思肖　文天祥的英雄事业和作为其英雄事业的有机组成部分的文学活动，在当时就教育了许多作家。他的诗歌传遍各地，鼓舞人们闻风兴起。谢枋得、谢翱、林景熙和郑思肖等诗人就是文天祥的战友和诗侣。

谢枋得(1226—1289)，字君直，号叠山，信州弋阳(在今江西省)人，宝祐四年(1256)进士，曾除建宁府教授、江东宣抚使干办公事。德祐元年(1275)出任江西招谕使、知信州。这时元军已进入江西，他起兵抗战，但连连失败。次年正月，信州陷落，其妻被掳自杀，弟也牺牲于抗战中。他变名遁匿于福建建宁县山村中，卖卜教书度日。入元以后，誓不屈节，后被押到大都，不食而死。有《叠山集》传世。他在建宁教书时，曾在《后村千家诗》的基础上，编选了一部七言《千家诗》，成了后世流传甚广的启蒙读物。

枋得论诗推崇杜甫，其《代上杜按察》云：“万物宁无吐气时，平生爱诵杜陵诗。”又特别强调言为心声之理，《与刘秀岩论诗》说：“诗于道最大，与宇宙气数相关。人之气成声，声之精为言，言已有音律，言而成文，尤其精者也。”故其发为诗歌，富有忠义慷慨之气，如云：

寻得桃源好避秦，桃红又见一年春。花飞莫遣随流水，怕有渔郎来问津！

——《庆全庵桃花》

十年无梦得还家，独立青峰野水涯。天地寂寥山雨歇，几生修得到梅花。

——《武夷山中》

又被执投北时，曾赋《北行别人》云：

雪中松柏愈青青，扶植纲常在此行。天下久无龚胜洁，人间何独伯夷清。义高便觉生堪舍，礼重方知死甚轻。南八男儿终不屈，皇天上帝眼分明。

谢枋得这些诗篇都表现了他坚持民族气节、宁死不屈的意志，虽然在艺术上它们并不如下面将要评述的几位诗人的作品。

谢翱(1249—1295)，字皋羽，自号晞发子，福州长溪(今福建霞浦县南)人。景炎元年(1276)七月，文天祥在南剑州建立都督府，他倾家财募乡兵投效，被任命为谘议参军。文天祥殉国后，他凄惶地流浪于浙江一带。至元二十七年(1290)，他和友人吴思齐等在富春江畔严子陵钓台的西台上哭祭文天祥，一边哭，一边用竹如意敲着石头，唱着招魂的歌曲，唱完以后，如意和石头都碎裂了。所撰《登西台恸哭记》曾详记其事(记文见本章第三节497页)。又有诗《西台哭所思》云：

残年哭知己，白日下荒台。泪落吴江水，随潮到海回。故衣犹染碧，后土不怜才！未老山中客，惟应赋《八哀》。

全篇以哀痛欲绝的笔触，表现了作者对于自己所最敬爱的人物的悼念，情真意挚，悲感动人。又其《书文山卷后》云：

魂飞万里程，天地隔幽明。死不从公死，生如无此生。丹心浑未化，碧血已先成。无处堪挥泪，吾今变姓名。

他和文天祥有着共同的保卫国土的崇高志向和献身精神，文天祥的牺牲，给他带来了难以愈合的心灵创伤，因而写出了这些充满喷薄激情的诗篇。像这样的诗，可以说不是用墨，而是用血写成的。他吊唁谢枋得的《哭广信谢公》诗，也是浸透了诗人的血泪之作。

谢翱有《晞发集》传世。他写的诗风格精致而又奇崛。宋亡以后，为了让这样的作品在严酷形势下得以公开传播，他有时使用了"奴隶的语言"，意象隐晦，近于唐代孟郊、李贺的古体和李商隐的绝句中的某些作品：

禾黍何人为守阍？落花台殿暗销魂。朝元阁下归来燕，不见前头鹦鹉言。

紫云楼阁宴流霞，今日凄凉佛子家。残照下山花雾散，万年枝上挂袈裟。

——《过杭州故宫》二首

复道垂杨草欲交，武林无树着凌霄。野猿引子移来住，覆尽花枝翡翠巢。

隔江风雨动诸陵，无主园池草自春。闻说就中谁最泣，女冠犹有旧宫人。

——《重过》

这四篇绝句是谢翱两次经过杭州故宫所写，极似李商隐咏史诸作。他通过一些景物及人事的细节，显示出南宋宫殿在亡国以后已面目全非，不仅旧时的龙楼凤阁已沦为佛寺，甚至连陵墓也被破坏了。这自然不能不引起这位爱国遗民的伤痛。他不仅发抒了这种悲感，而且还谴责了残暴的敌人和失节的臣僚。如果说上述这四篇用意措词还比较明显，有脉络踪迹可寻的话，在其题为《效孟郊体》的七首中，就全部使用了隐喻的手法来指陈时事，寄托哀思，更显出了其作品的艺术独创性：

闲庭生柏影，荇藻交行路。忽忽如有人，起视不见处。牵牛秋正中，海白夜疑曙。野风吹空巢，波涛在孤树。

——其三

落叶昔日雨，地上仅可数。今雨落叶处，可数还在树。不愁绕树飞，愁有空枝垂。天涯风雨心，杂佩光陆离。感此毕宇宙，涕零无所之。寒花飘夕晖，美人啼秋衣。不染根与发，良药空尔为！

——其四

闺中玻璃盆，贮水看落月。看月复看日，日月从此出。爱此日与月，倾写入妾怀。疑此一掬水，中涵济与淮。泪落水中影，见妾头上钗。

——其七

这里选录的三篇诗，既具有孟郊的悲苦和幽僻，也参有李贺的光怪和古艳，而其描写的环境和人物，则更有类于《咏怀》中的阮籍，甚至如《离骚》中的屈原。无望的现实和炽热的灵魂交织在这些诗篇中，引起了心灵的激烈冲突，诗人的感情一次又一次地爆发出火花：第一篇是写诗人在月夜的感受，他空虚，他追求，却因前途的渺茫而感到怅惘，很曲折地表达了亡国的痛楚。第二篇以草木零落、美人迟暮这些传统意象来暗示了故国的沦丧。第三篇借男女之情寄寓对祖国的忠爱，由盆水起兴，盆中出日月，盆水涵济、淮，都是小中见大，幻中见真，末两句描写自己伶俜孤独，顾影自怜，细致地刻画了遗民悲痛的心态。元初人任士林曾评论说："所为歌诗，其称小，其指大，其辞隐，其义显，有风人之余，类唐人之卓卓者。"（见所撰《谢翱传》，载程敏政《宋遗民录》卷二）精当地指出了谢翱诗的独特风格。

林景熙（1242—1310），字德旸，号霁山，温州平阳（在今浙江省）人。咸淳七年（1271），他由太学入仕，授泉州教授，后任从政郎。临安沦陷后，寄寓会稽王英孙家。1278年，元世祖忽必烈所任用的江南释道总统番僧札木扬喇勒智（或译名为杨琏真伽），为了打击汉民族自尊心，竟到会稽发掘南宋帝后的陵墓，劫掠殉葬的珍宝。这时，林景熙和唐珏、王英孙、谢翱等人，冒着生命的危险，收拾遗骨，改葬于兰亭等处，并在坟上种植了许多冬青树，作为标识。在晚宋遗民的诗集中，凡是提到冬青树的篇章，都是指的这件事。但为了避免元朝统治者的迫害，其措辞往往是很晦涩的。如林景熙的《梦中作》①四绝云：

珠亡忽震蛟龙睡，轩敝宁忘犬马情。亲拾寒琼出幽单，四山风雨鬼神惊。

一坯自筑珠丘土，双匣犹传竺国经。独有春风知此意，年年杜宇泣冬青。

昭陵玉匣走天涯，金粟堆前几暮鸦。水到兰亭转呜咽，不知真帖落谁家？

珠凫玉雁又成埃，斑竹临江首重回。犹忆年时寒食祭，天家一骑捧香来。

这一组诗，既隐约又分明地记载了包括作者在内的义士们的这次反凌辱斗争，反映了人民对于这一事件的悲痛和愤怒。正如谢翱在《冬青树引别玉潜》诗中所云："恒星昼陨夜不见，七度山南与鬼战。愿君此心无所移，此树终有开花时。"对于故国兴复的希望和信心，乃是这一义举和这些诗作的思想基础。

林景熙的诗集称为《白石樵唱》，诗文合集称为《霁山集》。他主张反映现实时事，效法杜甫和陆游。在《题陆放翁诗卷后》这首诗中，他把陆游与杜甫相提并论，给予极高的评价②。所作如《酬谢皋父见寄》：

入山采芝薇，豺虎据我丘；入海寻蓬莱，鲸鲵掀我舟。山海两有

---

① 厉鹗在《宋诗纪事》卷七十五所收此诗的案语中疑为唐珏作，但从风格上判断，仍应属之林景熙。参看《四库全书总目》卷一百六十五《林霁山集》提要。

② 此诗起首四句云："天宝诗人诗有史，杜鹃再拜泪如水。龟堂一老旗鼓雄，劲气往往摩其垒。"龟堂，陆游书斋名。

碍，独立凝远愁。美人渺天西，瑶音寄青羽：自言招客星，寒川钓烟雨。《风·雅》一手提，学子屦满户。行行古台上，仰天哭所思，余哀散林木，此意谁能知？夜梦绕勾越，落日冬青枝。

这不是一般的酬答之作，而是两个志同道合、忠肝义胆的战友彼此之间的心灵交感。对于谢翱，对于自己，林景熙都了解得非常真切，所以在他的笔下，就不仅呈现了谢翱的，同时也呈现了自己的真实形象。诗中“美人渺天西”以下十句属谢，而首六句及末二句则抒发了两人共同的感情。“夜梦”、“冬青”暗指宋陵被掘事，表达了彼此生活在那种令人窒息的环境中的痛苦之情。又如《山窗新糊有故朝封事稿，阅之有感》：

偶伴孤云宿岭东，四山欲雪地炉红。何人一纸防秋疏，却与山窗障北风！

亡国之前为了抵御敌人而进呈朝廷的防秋奏稿，在亡国之后却用来做了糊窗纸，诗人看到了，怎么能不感慨万分呢？但他转过笔锋，却向读者宣告：即使是一张薄纸，也还在抵挡着严冬的北风，何况千百万人民！诗中的北风，当然是指从北方南来的蒙古贵族掠夺者。这一方面从一件小事反映了地坼天崩的兴亡变化，另一方面也暗示了敌人将会随时随地遇着出于他们意外的抵抗。这些诗歌也和《梦中作》一样，是浸透了诗人对于故国深挚的爱意的。所以章祖程评林诗说：“大抵皆托物比兴，而所以明出处、系人伦、感世变而怀旧俗者，至矣。”（见《题〈白石樵唱〉》，载《林霁山集》卷首）

郑思肖（1239—1316），福州连江（在今福建省）人，太学生，原名某，宋亡后才改名思肖，字忆翁，号所南，以示思念赵氏不忘故国。后流寓苏州佛寺，终身不娶，坐卧不向北。善画墨兰，亡国后画兰不画土，根都露在外面，别人问他为什么，他就回答说：“地为番人夺去，汝犹不知耶！”（见卢熊《苏州府志·郑所南小传》，载《宋遗民录》卷十三）在遗民中，他是最无所顾忌的一位，其诗如《过徐子方书塾》云：“不知今日月，但梦宋山川。”直明心迹，不加掩饰。又《寒菊》云：

> 花开不并百花丛，独立疏篱趣未穷。宁可枝头抱香死，何曾吹落北风中！

郑思肖所著除《所南诗文集》外，另有一部题为《心史》的诗文集，由于辞气激烈，在当时没有能公开出来。直到明末崇祯十一年（1638），才在苏州承天寺井中发现，因得流布于世。今选录数首如次：

> 堂堂男子不封侯，与命为仇死未休。陷虏有歌春梦断，哭天无地夜魂愁。九清风露极玄处，万古虚空自在游。痛恨莫能生报国，从今阴骘溥南州。
>
> ——《自挽》（原注："德祐乙亥腊作。"按乙亥，德祐元年，即 1275 年）

> 力不胜于胆，逢人空泪垂。一心中国梦，万古《下泉》诗。日近望犹见，天高问岂知！朝朝向南拜，愿睹汉族旗。
>
> 有怀长不释，一语一酸辛。此地暂胡马，终身只宋民。读书成底事，报国是何人？耻见干戈里，荒城梅又春。
>
> ——《德祐二年岁旦》（原注："时逆虏未犯行在。"）

> 不信夜不晓，哀哀锁暗颦。铁城蹲败土，锦国涨腥尘。草泣荒宫雨，花羞哨地春。少焉开霁色，四望一时新。
>
> ——《写愤》

> 愁里高歌梁父吟，犹如金玉戛商音。十年勾践亡吴计，七日包胥哭楚心。愁送新鸿哀破国，昼行饥虎啮空林。胸中有誓深于海，肯使神州竟陆沉！
>
> ——《二砺》

这些磨炼志气、表示决心的作品，有的写于南宋灭亡的前夕，有的则写于汉族政权崩溃之后。由于诗人面对着当时那种“八荒翻沸、山枯海竭”的局势，感到“非诗歌无以雪其愤”，所以“皆厄挫悲恋之辞”(见《〈中兴集〉自序》，载《心史》卷上)。郑思肖的诗爽朗明快，位置在谢翱的精致奇崛和林景熙的幽婉清健之间，在艺术上自具一种特色。

以文天祥为首的这批作家，一方面各有不同的风格和成就，另一方面又具有一个基本的共同点。那就是他们虽然身际存亡危急之痛，发为憔悴忧伤之作，其主要的情调却是悲壮的，积极的。这些作品使读者伤悲，同时也使读者振奋。我们不独可以从其事迹中得出他们是战斗者的结论，而且这一结论也同样可以从其作品中获致。

汪元量的哀思　在宋末元初的诗坛上，还存在着另外一些作家，如汪元量、真山民、许月卿和方凤等。必须承认，这些作家也是爱国者，在他们的作品里，也反映了对于故国沦亡的伤感。然而同时也必须承认，这些作家主导的情调是哀怨的、消沉的。他们那种充满了无可奈何的情感的作品，是“哀以思”的“亡国之音”。在晚宋文学中，这乃是一个细致的然而又是重要的区别。在这一群流连哀思的诗人中，汪元量的成就比较突出。

汪元量(1245？—1331?)，字大有，号水云，钱塘人(一说吴县人)。度宗时，以琴艺供奉谢太后(理宗之后)和王昭仪(度宗之嫔)。他地位低微，既非官吏，亦无功名。元军进攻临安时，恭帝赵㬎还不满六岁，由祖母谢太后、母亲全太后(度宗皇后)作主，派大臣向元军统帅伯颜交出传国玺，献上归降表。汪元量为此痛心疾首，写了《醉歌》十绝，其中如：

乱点连声杀六更，荧荧庭燎待天明；侍臣已写归降表，臣妾佥名谢道清。

——其五

伯颜丞相吕将军，收了江南不杀人。昨日太皇请茶饭，满朝朱紫尽降臣。

——其十

这类诗只陈事实,更无议论,所谓"直书其事,具文见意"(杜预《〈春秋〉序》语)。

德祐二年(1276)三月,他随谢太后北迁,在大都住了十三年。至元十七年(1280)中秋节,他曾携琴探望了狱中的文天祥,弹奏了《胡笳十八拍》。天祥就义后,他写了《浮丘道人招魂歌》九首,歌颂了文天祥的忠节,寄托了自己的沉哀。至元二十五年(1288),他不愿再在翰林院供职,自请出家做道士,因得南归钱塘。途中曾访刘辰翁于庐陵,刘氏为他的《湖山类稿》(又名《汪水云集》)写了序文并加以评点①。后来他遁迹于湘、蜀、赣、浙之间,不知所终。

汪元量的诗作颇受江湖派的影响,但身经乱离后,便改以杜甫作为学习的榜样。他深有体会地说:"少年读杜诗,颇厌其枯槁;斯时熟读之,始知句句好。"(《草地寒甚,毡帐中读杜诗》)其诗"多纪国亡北徙事","周详恻怆"(《宋诗钞》:《〈水云诗钞〉小序》)。七绝如《湖州歌》、《越州歌》,五律如《杭州杂诗和林石田》,都是规模很大的组诗。其中《湖州歌》竟多达九十八篇,兹选录两篇如下:

一掬吴山在眼中,楼台叠叠间青红。锦帆后夜烟江上,手抱琵琶忆故宫。

——其五

北望燕云不尽头,大江东去水悠悠。夕阳一片寒鸦外,目断东西四百州。

——其六

这是写亡宋母后、幼主及宫廷侍从被元军押送燕京的事。德祐二年(1276)二月,伯颜从临安东北的皋亭山进驻湖州,派人到临安索取太皇太后谢道清的投降手诏,并解散南宋政府,对政权进行全面接管。所以汪元量将这组全部纪实的作品题为《湖州歌》,对南宋王朝的覆灭作了多角度、

① 汪集以今人孔凡礼辑校《增订湖山类稿》最为完备,中华书局 1984 年出版。

多层次的丰富反映。举凡“亡国之戚，去国之苦，艰关愁叹之状”一一形之于诗，所以其友人李珏说：“水云之诗，亦宋亡之诗史也。”(《〈湖山类稿〉跋》)的确，正是这位诗人，在那沧桑巨变的时候，用饱蘸血泪的笔，写下了南宋亡国的伤心史：

钱塘江上雨初干，风入端门阵阵酸。万马乱嘶临警跸，三宫垂泪湿铃鸾。童儿空想追徐福，厉鬼终当灭贺兰。苦议和亲休练卒，婵娟剩遣嫁呼韩。

——《北师驻皋亭山》

东南半壁日昏昏，万骑临轩趣幼君。三十六宫随辇去，不堪回首望吴云。

——《越州歌》二十首之二

蔽日乌云拨不开，昏昏勒马度关来。绿芜径路人千里，黄叶邮亭酒一杯。事去空垂悲国泪，愁来莫上望乡台。桃林塞外愁烟起，大漠天寒鬼哭哀。

——《潼关》

踯躅吞声泪暗倾，杖藜徐步浙江行。青芜古路人烟绝，绿树新墟鬼火明。事去玉环沉异域，愁来金碗出佳城。十年草木都糜烂，留得南枝照浅清。

——《钱唐》

这些诗篇在一定程度上指斥了南宋统治者的庸懦和蒙古进犯者的横暴，发抒了自己沉痛的哀伤，也同时流露了一种难堪而绝望的心情。时人周方《书汪水云诗后》说：“余读水云诗，至丙子(德祐二年，1276)以后，为之骨立。再嫁妇人，望故夫之陇，神销意在，而不敢出声哭也。”这是一个确切而又巧妙的比喻。它不但适用于汪元量，而且也适用于和汪元量具有同样倾向的另外一些诗人。如家铉翁(？—1294)，宋亡被俘，跟随降相吴坚等充祈请使至大都，留京甚久，但他守志不仕，后被放还南归，有诗《寄江南故人》云：

曾向钱塘住，闻鹃忆蜀乡；不知今夕梦，到蜀到钱塘？

作者是四川眉山人，在临安的南宋朝廷中官至签书枢密院事，所以梦回钱塘和梦到蜀中之句，都寄寓了梦想恢复而不可得的哀情，暗示了对已经覆灭的政权的怀念。

真山民和方凤诸人　宋末的遗民诗人，比较重要的还有真山民、许月卿、何梦桂、梁栋、方凤和萧立之等。他们或隐遁山林，或流落江湖，发为诗歌，皆感今伤昔，凄凉怨慕。

真山民，生平不详，亦不知其姓氏，仅自称山民。相传他是真德秀之孙，本名桂芳，原为进士，才节甚高，“宋末窜迹隐沦，所至好题咏”，“黍离麦秀，抱病至深”(见《四库全书总目》卷一百六十五《真山民集》提要)。如《兵后寓舍春》云：

触景多怀旧，凭栏易怆神。飞花游荡子，古木老成人。世换山如醉，田荒草自新。乡关渺何处，回首暗风尘。

许月卿(1213—1282)，字太空，号泉田子，婺源(在今江西省)人，师事魏了翁，精于经义，淳祐四年(1244)赐进士及第。曾先后上书指斥权臣史嵩之和贾似道，被目为狂士。宋亡后改字宋士，号山屋，隐居不出。谢叠山曾题其门云：“要看今日谢枋得，便是当年许月卿。”(见《先天集》附录《山屋先生行状》)可见他是受到人们高度崇敬的。所著有《〈书经〉注》、《百官箴》和《先天集》。他在《次韵程愿》二首之二中说：“晓径焰间追李杜，夜窗灰里拨阴何。”可见其诗的趋向甚高。所作古体如《故人》云：

故人归作山中相，老我聊乘雪夜舟。细君颇讶不入市，山中访友将何求。扉屦资粮夺之去，毁车截镫挽予留。一笑谓汝贤细君，无求我乃肯出游。宰相良解轩轾予，定难屈膝低我头。同云一色天欲雪，夜深云散月明楼。

近体如《满城风雨近重阳》云：

满城风雨近重阳，一舸烟波入醉乡。心事已同鸥鸟白，眼界空有云山苍。酒安能管兴亡事，菊亦颇复时世妆。何似长歌明月里，月明天阔地更长。

何梦桂，字岩叟，号潜斋，严州淳安（在今浙江省）人，咸淳元年（1265）进士，官至大理寺大卿。后消极遁世。元时屡次征召，他都坚决拒绝。有《潜斋集》。其诗如王禹偁，由白入杜。在《永嘉林霁山诗序》中，他说："古今以杜少陵诗为诗史，至其长篇短章，横骛逸出者，多在流离、奔走、失意中得之。"在《章明甫诗序》中又说："诗，志至焉，气次之。志百变而不折，故气亦百变而不衰。知此，可与言诗矣。杜少陵在秦、夔，柳子厚在永、柳，坡翁在惠，山谷在宜，皆窘束不自聊赖，而所为诗益浩漫峻厉，是岂无故而然耶！其养完，故其发硕茂如此。"由此可见，他主张诗人必须涵养浩然的正气，身经国变乱离后，更应讲究志气与操守，所见与文天祥同。

其诗如《拟古》五首之一：

木落不离根，菊枯不离枝。人怀父母心，岂愿生别离。皇路蹇幽蔽，民用婴百罹。南枝栖越鸟，忍逐北风飞。北风藐万里，分死无回期。骨朽化为尘，魂魄将南归。

梁栋（？—1305），字隆吉，原籍湘州（在今湖南省），后迁居镇江，咸淳四年（1268）进士，任宝应县主簿、仁和县县尉。宋亡不仕，往来于武林、建康间，有《隆吉诗集》。其诗感叹兴亡，辞旨凄怆，如：

六代俄然又一唐，青山坐阅几兴亡。心知江左非王业，口说中原是帝乡。落日有时登北固，春风吹梦过钱塘。荆坟桧宅依然在，留与乌衣话短长。

——《金陵废宫》

行不得也，哥哥！湖南湖北春水多。九嶷山前叫虞舜，奈此乾坤无路何？行不得也，哥哥！

——《四禽言》之三

方凤(1240—1321)，字韶卿，一字景山，婺州浦江(在今浙江省)人，曾任容州文学，宋亡后，归隐仙华山。同里吴渭立月泉吟社，与各地遗民赋诗唱和。谢翱、吴思齐和他同受聘为评选人。自至元二十三年(1286)到二十四年，共选出二百八十人的作品，评其高下次第，揭榜编集，今传《月泉吟社诗》一卷，存六十位作者的诗歌七十四首。他与方回、龚开、戴表元、仇仁近等都有交谊，弟子甚众，柳贯、黄溍为其高足。柳贯曾辑其遗诗九卷，黄溍为之序。现在的传本题为《存雅堂遗稿》，仅存五卷。

方凤论诗自有主张。在《仇仁父诗序》中，他说："余谓作诗当知所主，久则自成一家。唐人之诗以诗为文，故寄兴深，裁语婉；宋朝之诗以文为诗，故气浑雄，事精实；四灵而后，以诗为诗，故月露之清浮，烟云之纤丽。"他又认为，如果遭遇事变后作品竟无黍离之悲者，则"是无人心矣，而尚复有诗哉"！黄溍说他的诗"靡不有以寓其意"，"至于得失废兴之迹，皆可概见"(见黄溍《方先生诗集序》，载《文献集》卷五)。可见方凤是能自践其言的。如其《哭陆秀夫》云：

祚微方拥幼，势极尚扶巅。鳌背负中国，龙胡水底天。巩存周已晚，蜀尽汉无年。独有丹心皎，长依海日悬。

出语危苦激切，不暇藻饰，而眷念邦国的忠爱之心，跃然纸上。"虽亡国之音，固犹不失风人之义也。"(见《四库全书总目》卷一百六十五《存雅堂遗

稿》提要）

萧立之，一名立等，字斯立，号冰崖，宁都（在今江西省）人。淳祐十年（1250）进士，曾任南城知县、辰州通判。宋亡归隐故乡。原有诗集二十六卷，现存三卷，故称为《萧冰崖诗集拾遗》。他是宋元之际一位名声不大而成就颇高的诗人。所作风格峻峭刻厉，不同凡响，如：

秋风原头桐叶飞，幽篁翠冷山鬼啼。海图拆补儿女衣，轻衫笑指秦人溪。秦人得知晋以前，降唐臣宋谁为言？忽逢桃花照溪源，请君停篙莫回船。编蓬便结溪上宅，采桃为薪食桃实。山林黄尘三百尺，不用归来说消息。

——《送人之常德》

黄帽牵船客自摇，水花压岸送归潮。晚风忽断疏蓬雨，秋在烟波第四桥。

自折孤樽擘蟹斟，荻花洲渚月平林。一江秋色无人管，柔艣风前语夜深。

——《第四桥》二首

思归言语苦悲辛，啼老江南绿树春。莫倚巴西君故土，巴西风景近愁人。

——《杜鹃》

七古近于李贺，七绝神似姜夔，都很精彩。《杜鹃》一首，当是闻元军入川而作。

“宋之亡也，其诗称盛。”（见钱谦益《胡致果诗序》，载《牧斋有学集》卷十八）当时不少遗民诗人，摆脱了江湖派摹拟晚唐的旧习，转而以杜甫的离乱诗作为楷模，结社吟诗，以发抒其《黍离》、《麦秀》之怀。月泉吟社外，还有杭清吟社、古杭白云社、孤山社、武林九友会和武林社等。谢翱曾结汐社，汐是晚潮，取其期晚而信之意；他还收集了故臣遗老的诗作，编成

《天地间集》一卷。此外，杜本编有《谷音》二卷[①]，孟宗宝在邓牧协助下编有《洞霄诗集》十四卷，其中都采录了仗节守义、古直悲凉的遗民诗，对激发汉族人民的民族思想起了很大的作用。如方凤一传为柳贯，再传为宋濂，自元初至明初，一脉相承，其授受渊源班班可考。

第三节　散文流派

流派区分与文选、文论　南宋后期的散文发展，主要是沿着前期的道学派和浙东学派开辟的路径前进的。道学派以朱熹为典范，强调载道，以说理见长，代表作家是真德秀、魏了翁和林希逸等。而继承浙东功利学派叶适的乃是陈耆卿、车若水、吴子良、舒岳祥和戴表元等人，他们发扬了陈亮、叶适的传统，论辩记序之文都富于务实精神。

理宗时，统治阶级为了挽救岌岌可危的国势，竭力树立道学的权威。宝庆三年(1227)，朝廷追赠朱熹为太师，封信国公；并将朱熹的《四书集注》钦定为科举考试的必读课本。淳祐元年(1241)，又以周敦颐、张载、程颢、程颐和朱熹从祀孔子庙，确立了程朱理学在思想文化领域中的统治地位。这种思想钳制，直接影响了散文创作。真德秀是朱熹的再传弟子，他恪守道学家论文的原则，选编《文章正宗》和《续文章正宗》各二十卷。在卷首的《文章正宗纲目》中，便说明了自己的编辑方针：

> 正宗云者，以后世文辞之多变，欲学者识其源流之正也。自昔集录文章者众矣，若杜预、挚虞诸家，往往堙没弗传。今行于世者，惟梁昭明《文选》、姚铉《文粹》而已。由今眡之，二书所录，果皆得源流之正乎？夫士之于学，所以穷理而致用也。文虽学之一事，要亦不外乎

---

① 翁方纲《石洲诗话》卷四："南渡自四灵以下，皆摹拟姚合、贾岛之流，纤薄可厌。而《谷音》中数十人，乃慷慨顿挫，转有阮、陈、杜少陵之遗意。此则激昂悲壮之气节所勃发而成，非从细腻涵泳而出者也。"王士祯《戏仿元遗山论诗绝句》三十二首之六："漫郎生际开元日，与世聱牙古性情。谁嗣《箧中》冰雪句，《谷音》一卷独铮铮。"(载《渔洋山人精华录》卷五)二家所论不尽相同，但均可证明《谷音》的价值。

此。故今所辑，以明义理、切世用为主。其体本乎古，其指近乎经者，然后取焉。否则，辞虽工亦不录。

在真德秀看来，只有穷理致用，才合乎正宗的标准，而他所谓的理和用，又只不过是道学家的一家之言。他片面地从封建主义的义理出发，“辞虽工亦不录”，也就完全抹杀了文学的审美价值。这种极端的作法，也许可以通行于科举场中，广大读者却难以接受，所以《四库全书总目》卷一百八十七《文章正宗》提要说：“四五百年以来，自讲学家以外，未有尊而用之者，岂非不近人情之事，终不能强行于天下欤！”这是一针见血的批评。

由于当时道学派全面控制了教育，以致使士子竞尚性理之文。但也有不满于这种文风的人，企图有所改革，可是又矫枉过正，反而走入了旁门左道。周密《癸辛杂识后集》“太学文变”条记载说：

南渡以来，太学文体之变：乾、淳之文师淳厚，时人谓之乾淳体，人材淳古，亦如其文。至端平，江万里习《易》，自成一家，文体几于中复。淳祐甲辰，徐霖以《书》学魁南省，全尚性理，时竞趋之，即可以钓致科第功名。自此非《四书》、《东、西铭》、《太极图》、《通书》、《语录》不复道矣。至咸淳之末，江东谨思、熊瑞诸人，倡为变体，奇诡浮艳，精神焕发，多用《庄》、《列》之语，时人谓之换字文章，对策中有“光景不露，大雅不浇”等语，以至于亡，可谓文妖矣！

这里阐述了太学文体变化的三段历程：第一阶段是南宋前期孝宗乾道、淳熙年间，政局稳定，文风淳厚。第二阶段是南宋后期理宗端平、淳祐年间，统治阶级面对蒙元的南犯束手无策，只有鼓吹程朱理学来粉饰太平。士子为了猎取功名，也就随着官方提倡的道学与世浮沉，非濂（周敦颐）、洛（二程）、关（张载）、闽（朱熹）四家之书不读，以至于把文章写成了官方哲学的讲义。第三阶段是度宗咸淳末年，此时距南宋亡国仅五六年光景，李谨思和熊瑞等人面临国家危急的局面，试图跳出四书、五经的藩篱，创为变体。这反映了当时知识分子谋求出路而终于无所适从的精神状态。周密依据《文心雕龙》“文变染乎世情，兴废系乎时序”(《时序》)的理论，揭示了社会现实和意识形态对文体的影响。他赞赏南宋前期的乾淳体，反对后期全尚性理的文风，也反对不正常的文妖之体。当然，太学文体的三次演变还不能代表文坛的全貌，但却从一个侧面反映了南宋后期道学派散文日趋衰败的局面。

与道学派相对立的浙东学派，到了南宋后期仍继续发展着。叶适的传法弟子有陈耆卿等人，他们尖锐地指出，道学派的作品是儒术而不是文艺。王象祖《答车若水书》有云：

> 文字之趋日靡矣。皇朝文统，大而欧、苏、曾、王，次而黄、陈、秦、晁、张，皆卓然名家，辉映千古。中兴以来，名公巨儒不自名家，张、吕、朱氏，造儒术而非文艺。独水心持作者之权，一时门人，孰非升堂，孰为入室，晓得陈筼窗(耆卿)而授之柄。今筼窗之门亦夥矣！(见车若水《脚气集》卷下)

这说明浙东学派自命为是欧阳修和苏轼等的继承者，他们始终注意到文学的艺术特征，保持了古文运动的优良传统。陈耆卿的门人有吴子良和车若水等人，而吴子良的弟子舒岳祥又是戴表元的业师。戴表元能克服永嘉派自身的弱点，在散文创作上取得了新的成就。袁桷《戴先生墓志铭》云：“后宋百五十余年，理学兴而文艺绝。永嘉之学志非不勤也，挈之而不至，其失也萎。”“方是时，礼部尚书王公应麟，天台舒公岳祥，师表一代，先生独执子弟礼，寸闻只语，悉囿以为文。其文清深整雅，蓄而始发，间事摹画，而隅角不露。”(见《清容居士集》卷二十八)在宋末元初，戴表元作为永嘉派文风的发扬者，得到了文坛的推重。

南宋后期编刊散文选集的风气很盛，除了楼昉的《迂斋标注崇古文诀》刻于宝庆三年(1227)、真德秀的《文章正宗》刻于绍定五年(1232)、《续文章正宗》刻于咸淳二年(1266)以外，现存于世的还有多种。《四库全书》收录的有：一、《古文集成》前集七十八卷，王霆震编。所录自春秋至南宋的散文共五百二十二篇，其中十分之八是宋文，而且还采录了吕祖谦、楼昉、真德秀等人的评语。二、《妙绝古今》四卷，汤汉（东涧）编。所录自《左传》、《庄子》至欧、苏、曾巩等二十一家共七十九篇，卷首有汤汉写于淳祐元年（1241）的自序。现存元刊本书名题为《东涧先生绝妙古今文选》。三、《文章轨范》七卷，谢枋得编。所录汉晋唐宋之文共六十九篇，中有批注圈点，每篇前后间有总评，给学者指示了作文的方法门径。卷一和卷二标为放胆文，并有解释说："凡学文初要胆大，终要心小，由粗入细，由俗入雅，由繁入简，由豪荡入纯粹。""辩难攻击之文，虽厉声色，虽露锋芒，然气力雄健，光焰长远，读之令人意强而神爽，初学熟此，必雄于文。"卷三至卷七标为小心文，解释说："议论精明而断制，文势圆活而婉曲，有抑扬，有顿挫。"四、《赤城集》十八卷，林表民编。这是一部有关浙东天台的地方文献。当时，陈耆卿编纂《赤城志》四十卷，林表民曾参与其事，"复取记、志、书、传、铭、诔、赞、颂之文为志所不载者，荟而辑之，以成此集"（《四库全书总目》卷一百八十七《赤城集》提要），前有淳祐八年吴子良序。这部散文集体现了浙东学派的观点，着重选录了叶适、陈耆卿、王象祖和吴子良等人涉及台州的作品。五、《吴都文粹》九卷，郑虎臣编。这是有关苏州地方的文集，"虎臣字景兆，曾为会稽尉，宋德祐初，自请监押贾似道，杀之于木绵庵者，即其人也。是书于吴郡遗文，综辑颇富。……虽称文粹，实与地志相表里，东南文献，藉是有征"（《四库全书总目》卷一百八十七《吴都文粹》提要）。六、《论学绳尺》十卷，魏天应编选、林子长笺解。这是一部学习应付科举考试的论说文专集，卷首载有《论诀》，采录了"诸先辈论行文法"。全书按七十八种格式评选了科考场中的范文，如指切要字格、就题摘字格、用事废情格、言外发意格等等。每题先标出处（题解），次举立说大意和考官的批语，篇后又缀以评语，指示作法。这些总集，编选的目的不同，水平的高下不一，但它们的大量出现，标志着散文的发达以及人们对它的重视。

南宋时代还出现了多种文论专著，前期有孝宗时陈骙的《文则》二卷，谈论文法修辞，举出了十种比喻的规例。后期有理宗时方颐孙的《黼黻文章百段锦》二卷，仿效《论学绳尺》的方式，在理论上又进一步发展，提出了遣文格、造句格、议论格、状情格、用事格、比方格、援引格、辩折格、说理格、推演格和结尾格等写作方式和技巧。晚宋时，李耆卿撰《文章精义》一卷，评论了韩、柳、欧、苏等人的古文，指出“欧阳永叔学韩退之，子瞻文学《庄子》、《战国策》、《史记》、《楞严经》，曾子固文学刘向”，又说“韩如海，柳如泉，欧如澜，苏如潮”。“其论文多原本六经，不屑屑于声律章句，而于工拙繁简之间，源流得失之辨，皆一一如别白黑，具有鉴裁。其言苏氏之文不离乎纵横，程氏之文不离乎训诂，持平之论，破除洛（二程）、蜀（三苏）之门户，尤南宋人所不肯言”（见《四库全书总目》卷一百九十五《文章精义》提要）。如书中批评了科场文章主题先行的恶习云：

今人时文，动辄先立主意，如诗赋论策，不知私意偏见，不足以包尽天下之道，以及主意有所不通，则又勉强迁就，求以自伸。其说若是者，时文之丑态也。

他明确地指出了时文为了代圣人立言而导致牵强附会的通病。这在道学流行的时代，确是说了旁人所不敢言的真话。他又认为“做大文字须放胸襟”，“不读《庄子·秋水》，见识终不宏阔”，又指出“《庄子》文字善用虚，以其虚而虚天下之实”，并称赞苏轼“行乎其所当行，止乎其所不可不止”的话是“作文之大法”。这些见解都能超越道学派的文论俗套，重视散文的艺术特点，发前人所未发，有利于散文的发展和提高。

真德秀和魏了翁等道学派的散文　真德秀和魏了翁是南宋后期的两位道学名臣，其源同出于朱熹的闽学。真德秀（1178—1235），字景元，后改字希元，建宁浦城人，登庆元五年（1199）进士第，又中博学宏词科。嘉定六年（1213），官起居舍人兼太常少卿。理宗即位，任为中书舍人，升礼部侍郎、直学士院。由于为济王鸣冤而得罪史弥远，被三凶诬劾落职。绍定五年（1232），起知泉州、福州，召为户部尚书，擢翰林学士，知贡举，拜参知政事。卒年五十八岁，谥文忠。学者称为西山先生。著有《西山文集》。

真德秀师承同乡詹体仁，为朱熹的再传弟子，以阐扬道学为己任。《宋史》本传说他对时政多所论建，“立朝不满十年，奏疏无虑数十万言，皆切当世要务，直声震朝廷。四方人士诵其文，想见其风采。及宦游所至，惠政深洽，不愧其言，由是中外交颂”。在文学创作上，他有意识地贯彻朱熹的论点，把重道轻文的思想发展到了极限。在《跋彭忠肃文集》中，他强调作文必须“发挥义理，有补世教”，甚至认为自西汉至唐代，只有董仲舒和韩愈两位作家合乎标准，而宋代的周敦颐和二程则超过了董、韩。在《汤武康墓志铭》中，他又说：

> 谈义理不骛于虚无高远，而必反求之身心；考事情不泥于成败得失，而必钩索其隐微；论文章不溺于华靡新奇，而必先乎正大。要其归以切实用、关世教为主。

这就是他心目中文章的极则。他反对离道而为文，就不免导致对文学的艺术性的忽视。他所说的实用，是道学家明道致用的意思，并非功利学派所倡导的务实。所以其主要作品都是为政教服务的所谓经世文章，如《直前奏札》、《召除礼侍上殿奏札》、《上丞相书》（论用人听言）、《忠孝祠记》、《铅山县修学记》、《龙山书院记》和《南雄州学四先生祠堂记》等，内容大都是弘扬孔孟之道，或鼓吹三纲五常的伦理道德，或表彰濂、洛、关、闽的教化业绩，充满了学究气。不过，当真德秀不摆着道学面孔的时候，他也能写出一些较有情致的文章来的。这说明他，还有另外一些道学家，并不一定缺乏文学才能。不过这种才能不幸被他们自己用道学思想所织成的网罗束缚住了，以致难以发挥而已。如其《溪山伟观记》云：

> 延平据山为州，军事判官厅处其山之半，后枕崇阜，前挹大溪。溪之南，九峰森罗，雄峙天表。厅事之西，故有小亭，对溪山最佳处。予之为判官也，因而葺焉。时方习词学科，规进取，退自幕府，辄兀坐亭中，翻阅古今书，口不辍吟，笔不停缀。间一举首，则澄光秀气，歘入几席，令人肺肝醒然。去之垂三十年，回忆旧游，未尝不炯焉心目间也。
>
> 比岁，杨君修来为此官，匾其亭曰“宏博旧观”。陈君传祖继至，顾眡西偏，老屋十数楹，岌岌将压，独“旧观”稍加葺，余皆撤而新之，

为堂曰见山楼，其上曰“溪山伟观”。楼之前为台，即“旧观”之北为轩。轩有小池，剖竹引泉，淙潺可爱，则以听雨名之。又为亭曰仰高，环其四旁，植梅与桂，间以修竹。循坡登山，结茅古樟之下。于是镡川胜概，尽在目中矣。然君为此未几，则从元戎以出，汛扫汀樵之遗孽；及改镇富沙，君又从焉。其居于是财数月尔，而发挥山川之胜，如恐不及。盖贤者之心，于事之当为，亟起而图之，不必为己，凡皆若是也。柳子尝言：“气烦则虑乱，视壅则志滞，君子必有游息之物，高明之具，使清宁平夷，然后理达而事成①。”世以为名言。以予观之，讵止是哉！天壤之间横陈错布，莫非至理，虽体道者不得窥牖而粲焉毕睹，然自学者言之，则见山而悟静寿，观水而知有本，风雨霜露接乎吾前，而天道至教亦昭昭焉可识也。盖尝升高而寓目焉，仰太虚之无尽，俯长川之不息，则吾之德业非日新不可以言盛，非富有不足以言大，非乾乾终日不能与道为一。其登览也，所以为进修之地，岂独涤烦疏壅而已耶？若予之区区于科目，则既陋矣。陈君乃存其旧而表章之，可无愧乎？故尝谓天下有甚宏且博者，而非是之谓也。

予老矣，久有子云之悔，方痛自澡磨，以庶几万一。而君于斯道尤所谓有志焉者，安得相从“伟观”之上，笑谈竟日，以想象春风沂水之乐乎！是役也，起绍定四年二月之庚申，而成于四月之甲子。君字清卿，三山人，以州从事兼招捕使司属官，于幕画与为多云。

真德秀曾在延平（今福建省南平市）担任南剑州军事判官厅判官。其地风物清佳，溪山如画。写于绍定四年（1231）的这篇文章，回忆三十年前的旧游，联系目下的人事，笔端是带有感情的。但他的心灵被程朱理学紧紧地包裹着，不能自由地抒发人情，即使是这篇模山范水的文章，仍不能完全摆脱浓重的说教气息。

真氏所编《文章正宗》，分辞命、议论、叙事和诗赋四类，诗赋的选录嘱

① 柳宗元《零陵三亭记》有云：“邑之有观游，或以为非政，是大不然。非气烦则虑乱，视壅则志滞。君子必有游息之物，高明之具，使之清宁平夷，恒若有余，然后理达而事成。”见《河东先生集》卷二十七。

其弟子刘克庄担任。刘克庄选录了一些抒情的篇章，却被真氏在定稿时删掉了。对于乃师这种做法，克庄颇为不满，《后村诗话》前集卷一中曾载其事云：

> 《文章正宗》初萌芽，西山先生以诗歌一门属予编类，且约以世教民彝为主，如仙释、闺情、宫怨之类皆弗取。余取汉武帝《秋风辞》，西山曰："文中子亦以此辞为悔心之萌，岂其然乎。"意不欲收。其严如此。然所谓"怀佳人兮不能忘"之语，盖指公卿群臣之扈从者，似非为后宫设。凡余所取，而西山去之者大半。又增入陶诗甚多，如三谢之类多不入。

这说明道学之儒与文学之士的观念差距甚大。刘克庄是按文学的艺术规律办事的，所以他在诗词和散文的创作上都取得了较高的成就。他的散文如《小孤山记》、《新筑石塘记》、《铁壁堂记》和《味书阁记》等篇，都写得很有情韵，和真德秀异趋。

与真德秀齐名的是魏了翁(1178—1237)，字华父，号鹤山，邛州蒲江(在今四川省)人，与真德秀同榜进士及第；开禧二年(1206)，以武学博士、校书郎的职衔出知嘉定府。史弥远专政后，他力辞召命，退居故乡白鹤山下，筑室授徒，专讲义理之学。嘉定十五年(1222)，受召为兵部郎中，兼国史院编修官。宝庆元年(1225)，因上疏言济王事被贬。绍定五年(1232)复职，任潼川路安抚使、知泸州。后入朝修国史，兼吏部尚书。端平二年(1235)十一月，以端明殿学士、同佥书枢密院事督视京、湖军马，开府江州。嘉熙元年(1237)，改知福州、福建安抚使。卒赠太师，谥文靖。有《鹤山先生大全集》。

魏了翁是朱熹的私淑弟子，他曾结交朱熹的门人辅广和李燔，得以继承闽学之余绪，与真德秀志同道合，情谊甚深，但二人的文艺观稍有不同。真德秀完全依傍朱熹的门户，严守道学正统的规范；而魏了翁则接触到张栻和陆九渊诸家，所以较为重视辞章，主张既学道又学文。其《杨少逸〈不欺集〉序》云："辞虽末伎，然根于性，命于气，发于情，止于道，非无本者能之。”“眉山自长苏公以辞章自成一家，欧、尹诸公赖之以变文体，后来作者相望，人知苏氏为辞章之宗也，知其忠清鲠亮临死生利害而不易其守，此苏氏之所以为文也。”可见他并不反对文辞，而是反对不根于性、不本于道的文辞。其文如《论士大夫风俗疏》、《论州郡削弱之弊疏》，议论时政，切中要害；又如《茂州军营记》、《书鹤山书院始末》、《眉山江乡馆记》、《洪氏天目山房记》、《浦城梦笔山房记》和《宝庆府跃龙桥记》等篇，记叙情事亦颇有可观。吴渊在淳祐九年(1249)写的《〈鹤山集〉原序》中评论说：“公文视西山理致同，醇丽有体同，而豪赡雅健则所自得。故近世言文者曰真、魏，要皆见道君子欤！”吴渊认为他的道德之言出于理学，而文章的体制则宗法欧、苏，是中肯的。其《眉山新开环湖记》云：

临邛魏某居郡之明年，岁熟时康，教孚讼清。图惟宽闲之乡，有以节宣劳逸、疏瀹幽滞也。郡故有沼，而区分壤别，港绝潢断，昔人又多为矼梁以窒之，曾不能容刀焉。乃宣乃理，倅以小艇，于圃之西为洞，循洞之西为亭，榜曰西港。港有步可上下舟，舟行而西为高梁，榜曰环湖。梁之下可藏舟，又西为传馆。由馆之北，湖光渺漭，纵广百丈。其衡之长，如纵而加倍。北迤东为松菊亭，易亭榜曰柏港。又东为亭，菱屿直百坡亭。又东北为云桥，为游环，鞫梁乃济。又东为起文堂，泓涵演漾，深广缭绕，于是环圃皆湖也。

乃因暇日命客张坐饮，相与乱流而观。则翠筠苍樛，参差蔽亏；柔荑华芳，夹道绮靡；周阁层槛，倒影参错；双鸧乘雁，浮深戏广；纤鳞巨介，頫首莘尾；目行心舒，俄顷变态，应接不暇。客曰：“子之为是于圃中也，计庸程物，属役赋丈，非罢极人力，恶可以为有也。然则，子无已剿民尔乎？”曰：“否，吾未始有为也。山径之蹊间，介然用之，而成路为间；不用，则茅塞之。其塞也，山固自若也。今吾于是湖也，亦袭而致之欤？无亦因其固有而导之然欤？而奚剿民之有！”客曰：“是则尔矣，而政非所急也？”曰：“吾闻诸柳文惠侯曰：‘气烦则虑乱，视壅则气滞，故必有游息之物，使之清宁平夷，常若有余，然后理达而事成。’是乃吾所谓‘节宣劳逸，疏瀹幽滞’焉耳，斯其为政不已多乎！”

曰："子之为是也，则吾既得闻命矣，抑闻之：'无已大康，职思其居。'（《诗经·唐风·蟋蟀》句）子之游也，亦有以寓其思职之意矣乎？"曰："有。昔者扬雄氏有言：'成（乘）国者其如乘航乎，航安，则人斯安。'（扬雄《法言·寡见》语）吾将安航名吾舟。且航者，人之所以济也，而国似之。吾知乘航之不可忽，则游豫之顷无非事也。"客曰："唯，唯，非子吾不及此。虽然，请为歌之，愿无忘子之志也！"

乃歌曰："有弥且盈兮，谁揭谁厉。采蒲与荷兮，采藻淠淠。言酸其迈兮，匪航弗济。我引我拏兮，我鼓我拽。舒乎悦悦兮，般乎裔裔。云讦且乐兮，莫之止戾。卬兴我思兮，此于胡底。我之泄泄兮，民之蹶蹶。此非尔作兮，维余于制。终余永念兮，是儆是戒。毋臭厥载兮，庶其夷届。"歌既阕，主人饮客酒，泯然思，輾然笑，复使反之，相与悠然而罢。明日书以为记。

此文是他任眉山太守时所写，颇用欧阳修《丰乐亭记》和苏轼《赤壁赋》的笔法，但在叙事写景之中，始终夹带着坐而论道的内容，和真德秀《溪山伟观记》表露的思维方式如出一辙。为了解释游憩之乐能服务于讲道进德的主旨，他们都引用了柳宗元《零陵三亭记》中的言论来作证，绝非偶然。

吴渊序魏氏文集说："窃惟公天分颖拔，早从诸老游，书无不读，而见道卓，守道约。故作为文，率深衍闳扬，微一物不推二气、五行之所以运，微一事不述三纲、九法之所以尊。言已必致知力行，言人必均气同体。神怪必不语，老佛必斥攘。以至一纪述、一咏歌，必劝少讽多，必情发礼止，千态万变，卒归于正。及究其所以作，则皆尚体要而循法度，浩乎如云浮空而莫可状，凛乎如星寒芒而莫可干，蔚乎如风激波而皆自然也。其理到之言欤！其有德之言欤！"对魏了翁文风的这一评论，也高度概括地揭示了道学派散文的特征。

当时与刘克庄同为江湖诗人而擅长散文的还有林希逸。他们都是道学派散文的旁支，林希逸字肃翁（一作渊翁），号竹溪，又号鬳斋，端平二年（1235）进士，官至司农少卿、中书舍人。所著《鬳斋前集》已佚，《竹溪鬳斋十一稿续集》今存。他工于诗文，兼善书画，得到刘克庄的赏识。刘氏《竹溪诗序》说：

乾、淳间，艾轩（林光朝）先生始好深湛之思，加锻炼之功，有经岁累月缮一章未就者。尽平生之作，不数卷。然以约敌繁，密胜疏，精掩粗。同时惟吕（祖谦）太史赏重，不知者以为迟晦。盖先生一传为网山林氏，名亦之，字学可；再传为乐轩陈氏，名藻，字元洁；三传为竹溪。

所述略见林希逸为文的渊源。在道学派散文的继承者中，他们算是比较重视文艺特征的。

陈耆卿和吴子良等浙东派的后继者　陈耆卿（1180—1236），字寿老，号筼窗，台州临海（在今浙江省）人，嘉定七年（1214）进士，曾任青田县主簿、庆元府府学教授、国子司业。著有《嘉定赤城志》，今存。又有《筼窗初集、续集》，今佚；四库馆臣从《永乐大典》中采掇遗稿，辑为《筼窗集》。吴子良《林下偶谈》卷二云："往时水心先生汲引后进如饥渴然，自周南仲死，文字之传未有所属，晚得筼窗陈寿老，即倾倒付嘱之。"足见陈耆卿是叶适的嫡传，而叶氏序《筼窗初集》也说："君之文，涉猎既多，培蕴甚厚，规制广而密，波澜浩而平，错综应会，纬经匀等。"对耆卿称许甚至。当时谈理者标榜程、朱，论文者宗法欧、苏，以致于理与文分离割裂，陈耆卿却继承了叶适的作法，既讲义理，也重词章，因此成就较大。其名篇如《颜子论》、《韩信论》、《上楼内翰书》、《送叶梦我之官宁国序》、《奏请急水利疏》、《竹居说》、《神秀楼记》、《植松记》、《暗室记》和《思爱庵记》等篇，都说理精到，行文雅赡。试举其《松山林壑记》为例：

松山林壑者，丁君少云幽栖之所也。余闻丁园名素著，又以趾其园者多伟人，遂益著。按其所昉于少云者，二十有五；衍于子植者，三十有三。大较、松山其主名也。而东际海，西接仙源，水自西南数十折而至东北，其横竖侧出，如一步武而神工随也。其倏窈忽烂，如一顷刻而物候换也。其递凉燠,杂幽丽,如一拱揖而四序之变交吾前也。盖好境天吐,佳趣人涉,俯瞰而仰答,远瞩而近观,万象横陈,迥不可状,其以为幽栖则宜。虽然,古所谓幽栖者,未必具是也,今必具是哉?

夫具是心,未必具是景也。乃若其景具,则是心益具矣。心具无景不清,否则无景不俗。君之于此景也,寄此清也。其清非锢于幽栖者也。自其善积于身,孝熟于亲,义洽于人,充其心可以达也。或不得充而可充者,在则虽穷无磷,况复有不穷者邪。故大而天地之周流,细而鱼鸢之飞跃,撄吾目,慨吾心,景随心生,而心不随景以逝。是真幽栖者也,非锢焉者也。

夫出处之义亦大义,幽栖者,处而不出者也。故少云不及仕而子植既仕矣,非可以处而不出也。然则知所以处而后知所以出。盖处而不出,固未碍于行义;出而暂处,又所以精于求志而章明之也。故子植之归也,而于此尤惓惓焉。盖君兄弟所从游如叶水心、陈龙川,正伟人之尤者,皆尝与之婆娑偃仰、咏歌讲诵于其间,其笻影屐声,龟鹭犹能认忆也。今二公已逝,而清芗馆方筑。当有名胜豪特,袂连簪盍,与之共筹此心者,而予以官守未能随也。子植又言,山之阿,幽阻面势者尚众,规而未成者亦众。然则,子植心固无尽,而其景得有尽哉!其心,少云之心也,非锢于幽栖者也。(据《嘉定赤城志》卷十五校录)

本文既描绘丁园周围优美的环境,又说明了人心情趣与景色的相关变化,特别追怀了叶适和陈亮在生前游处此园讲学咏诗之事,使得伟人与名园相得益彰,为浙东学派记下了珍贵的遗迹。其行文布局谨严,造语俊爽,体现了陈耆卿有个性有感情的文才,无怪乎其弟子吴子良终身推服。

吴子良字明辅,号荆溪,也是临海人。他登宝庆二年(1226)进士第,官至湖南转运使,太府少卿。其《荆溪集》已失传,现存评诗论文的笔记《荆溪林下偶谈》(通称《林下偶谈》)四卷。

吴子良是完全遵奉陈耆卿的教导的,他总结乃师的为文三要,即"主之以理，张之以气，束之以法”（吴氏《〈篔窗集〉跋》），实际上也就是他本人的理论纲领。《荆溪集》虽佚，幸《赤城志》录存了他的多篇散文，如《台州司理参军题名记》、《临海县重建县治记》、《飞跃亭记》、《重建青青堂记》、《康吉堂记》和《大田先生（王象祖）墓志铭》等。另外，在同时作家的文集中，也保留了他的一些序跋，从中可以看出，吴氏擅长以这种文体写作文艺评论。在这类文章中，他往往汲取了叶适政论气势纵横豪宕的特点，有出色的表现。如《〈篔窗续集〉序》云：

> 文有统绪有气脉。统绪植于正，而绵延枝派旁出者无与也；气脉培之厚，而盛大华藻外饰者无与也。六籍尚矣，非直以文称，而言文者辄先焉，不曰统绪之端。气脉之元乎！
>
> 自周以降，文莫盛于汉、唐、宋。汉之文以贾、马倡，接之者更生、子云、孟坚其徒也。唐之文以韩、柳倡，接之者习之、持正其徒也。宋东都之文以欧、苏、曾倡，接之者无咎、无己、文潜其徒也；宋南渡之文以吕、叶倡，接之者寿老其徒也。寿老少壮时，远参洙泗，近探伊洛，沉涵渊微，恢拓广大，固已下视笔墨町畦矣！及夫满而出之，则波浩渺而涛起伏，麓秀郁而峰崚嶒，户管摄而枢运转，舆卫设而冠冕雍容。其奇也非怪，其丽也非靡，其密也不乱，其疏也不断。其周旋乎贾、马、韩、柳、欧、苏、曾之间，疆场甚宽，而步武甚的也。不幸吕公不及见，而叶公晚见之，惊诧起立，为序其所著《论孟纪蒙》若干卷、《篔窗初集》若干卷，以为学游、谢而文晁、张也。至其独得于古圣贤者，中夜授、垂死嘱焉，而曰：“吾向以语吕公伯恭，今以语寿老，四十年矣！”叶公既没，篔窗之文遂岿然为世宗，盖其统绪正而气脉厚也。
>
> 自元祐后，谈理者祖程，论文者宗苏，而理与文分为二。吕公病其然，思融会之，故吕公之文早葩而晚实。逮至叶公，穷高极深，精妙卓特，备天地之奇变，而只字半简无虚设者。寿老一见，亦奋跃策而追之，几及焉。然则，所谓统绪正而气脉厚也，又岂直文而已！余十六从篔窗，二十四从叶公，公亦以嘱篔窗者嘱予也。惰不复进，每退想太息之，故于《篔窗初集》既以锓之海陵，而今复并其《续集》锓之豫

章，使夫统绪气脉之传，来者尚有考也。

这里说的统绪指道，气脉属文。吴子良体会乃师之意，力主文道结合。他历述唐宋文统的源流，认为南宋散文大家当以吕祖谦和叶适为双璧，两家的气脉相通，而且首倡理文合一，而陈耆卿正是吕、叶的继承者。他又指出陈氏在统绪上接受二程弟子游酢和谢良佐的影响，在气脉上则是受苏轼门人晁补之和张耒的影响。所说极为细密深刻，其识见高出于同时诸人之上。

吴子良不仅评文精当，而且论诗也是行家，曾为戴复古撰《〈石屏诗后集〉序》云：

石屏戴式之以诗鸣海内，余四十年。所搜猎点勘，自周、汉至今，大编短什，诡刻秘文，遗事廋说，凡可资以为诗答，何啻数百千家！所游历登览东吴、浙西、襄汉、北淮、南越，凡乔岳、巨浸、灵洞、珍苑，空迥绝特之观，荒怪古僻之踪，可以拓诗之景、助诗之奇者，周遭何啻数千万里！所酬唱谂订，或道义之师，或文词之宗，或勋庸之杰，或表著郡邑之英，或山林井巷之秀，或耕钓酒使之遗，凡以诗为师友者，何啻数十百人！是故其诗清苦而不困于瘦，丰融而不豢于俗，豪健而不役于粗，闳放而不流于漫，古淡而不死于枯，工巧而不露于斫，闻而争传、读而亟赏者，何啻数百千篇！

盖尝论诗之意义贵雅正，气象贵和平，标韵贵高逸，趣味贵深远，才力贵雄浑，音节贵婉畅。若石屏者，庶乎兼之矣！岂非其搜揽于古今者博耶？岂非其陶写于山水者奇耶？岂非其磨砻于师友者熟耶？虽然，此旧日石屏也。今则不类，行年七十七矣！焚香观化，付断简于埃尘；隐几闭关，等一楼于宇宙；离群绝侣，对独影为宾朋。而时发于诗，旷达而益工，不劳思而弥中的。然则，诗固自性情发，石屏所造诣，有在言语之外者，非世俗所能测也。

淳祐三年六月日，荆溪吴子良序。

这些文章显示出吴子良具有较高的理论修养和写作水平，能结合作家的生活经历来论述其创作特点。其推崇陈文、戴诗虽或过当，但行文跌宕多姿，流畅亲切，说理之中兼具情韵，在当时不可多得。

吴子良的传人是同乡舒岳祥（1218—1298），字舜侯，又字景薛，宝祐四年（1256）进士，曾任奉化尉，官至承直郎。宋亡不仕，隐居于故乡阆风里，人称阆风先生，有《阆风集》，中如《刘正仲和陶集序》、《王任诗序》、《月中桂记》、《养志堂记》和《爱闲堂说》等，均有可观。王应麟《〈阆风集〉序》肯定其文有本，并且指出："何谓本，大节之特立也。"又赞赏其风格"如泉出山，达乎大川而放诸海"。他的受业弟子戴表元能发扬这些优点，在宋末元初的文坛上名重一时。

戴表元（1244—1310），字帅初，又字曾伯，奉化（在今浙江省）人，咸淳七年（1271）进士，先后任建康府、临安府教授，与张炎、周密和方回等交好。临安失陷，退居剡源，以授徒卖文维持生活。自称质野翁，又号充安老人。元成宗大德八年（1304），执政者推荐他任州学教授，以病辞归。其《剡源集》中以序记碑志最为出色，大多写于宋亡之后，流露了对故国的怀念和对时政的不满，感慨深至。如《稼轩书院兴造记》、《洛阳独乐堂记》、《爱莲堂记》、《水心云意楼记》、《〈齐东野语〉序》、《〈桐江诗集〉序》、《周公瑾弁阳诗序》、《送张叔夏西游序》和《故玉林项君墓志铭》等篇，都写得清深雅洁，含蓄蕴藉。宋濂《〈剡源集〉序》说："初，先生既擢第，悯宋季词章之陋，即濯然自异。久之，四方人士争相师法，故至元、大德间，东南文章大家皆归先生，无异词。"序文进而分析他取得成就的原因，是由于他能克服宋末文坛上的四种弊端："辞章至于宋季，其敝甚矣。公卿大夫视应用为急，俳谐以为体，偶俪以为奇，靦然自负其名高；稍上之则穿凿经义，櫽括声律，孳孳为哗世取宠之具；又稍上之，摽掠前修语录，佐以方言，累十百而弗休，且曰：'我将以明道，奚文之为？'又稍上之，骋宏博，则精粗杂糅而略绳墨；摹古奥，则删去语助之辞而不可以句，顾欲矫敝而其敝尤滋！"这里说的不良倾向，第一种是指官场应用的诏表章奏等四六文，第二种是指科举场屋之文，第三种是指道学派末流，第四种是指在反对道学派和时文中形成的变体，也就是周密在《癸辛杂识后集》中说的"文妖"之作。周密记载太学文变的情况，实际上是与整个文坛上发生的散文变化声息相通的。太学中熊瑞诸人学《庄子》倡为变体，实是受了文坛上杨长孺、刘辰翁等江西别派的影响，而刘辰翁及其子将孙影响尤大。李耆卿撰《文章精义》赞扬《庄子》，批判时文，也是在理论上对他们的声援。江西别派从南宋前期开始，原本与浙东学派一样，也是起因于对道学派的不满。他们抬出《庄子》之文来矫正时文之弊，但由于矫枉过正，流于生硬突兀，险涩诡怪，反而受到讥评。戴表元的弟子袁桷在《曹伯明文集序》中说："至乾道、淳熙，江西诸贤别为宗派，窃取《国策》、庄周之词杂进，语未毕而更，事遽起而辍，断续钩棘，小者一二言，长者数十言，迎之莫能以窥其涯，而荒唐变幻，虎豹竦而鱼尤杂也。"（见《清容居士集》卷二十）《四库全书总目》卷一百六十四《须溪集》提要也说刘辰翁"所作诗文，亦专以奇怪磊落为宗，务在艰涩其词，甚或至于不可句读，尤不免轶于绳墨之外，特其蹊径本自蒙庄，故惝恍迷离，亦间有意趣"。在这种情况下，正是得吴子良、舒岳祥之传的戴表元针对这些不良现象，补偏救敝，力挽狂澜，才使得散文又走上了比较平正通达的道路。

战斗的檄文　由于文坛派别多，门户之见深，以及上述各种弊端，宋末文章不免呈江河日下之势。但当元军南犯、国家危亡之际，不少的志士仁人却奋笔疾书，纷纷抒发抗元爱国的激情，打破了流派之间的界限，熔铸为火热的战斗檄文，从而使得文风为之一振。文天祥、王炎午、邓剡、郑思肖、谢翱和邓牧等人，都写出了表现民族气节的散文杰作，为宋代散文绽开了最后的灿烂花朵。

文天祥在其战斗历程中，曾留下了许多光辉的诗篇，而在散文方面，也有动人心弦的作品。他特别注重文章的风骨和气势，曾提出"以冰悬雪跨为风骨，以鸾漂凤泊为文章"之说（见《回隆兴熊倅震龙书》），如其《通潭州安抚大使江丞相书》、《吉州县永昌乡义役序》、《文山观大水记》和《赣州重修清献赵公祠堂记》等篇，都是气势奔放，情理畅达的作品，而最有代表性的则是《〈指南录〉后序》：

> 德祐二年正月十九日，予除右丞相兼枢密使，都督诸路军马。时

北兵已迫修门外，战、守、迁皆不及施。搢绅、大夫、士，萃于左丞相府，莫知计所出。会使辙交驰，北邀当国者相见。众谓予一行为可以纾祸。国事至此，予不得爱身，意北亦尚可以口舌动也。初，奉使往来，无留北者。予更欲一觇北，归而求救国之策，于是辞相印不拜。翌日，以资政殿学士行。

初至北营，抗辞慷慨，上下颇惊动，北亦未敢遽轻吾国。不幸吕师孟构恶于前，贾余庆献谄于后，予羁縻不得还，国事遂不可收拾。予自度不得脱，则直前诟虏帅失信，数吕师孟叔侄为逆；但欲求死，不复顾利害，北虽貌敬，实则愤怒。二贵酋名曰馆伴，夜则以兵围所寓舍，而予不得归矣。

未几，贾余庆等以祈请使诣北。北驱予并往，而不在使者之目。予分当引决，然而隐忍以行。昔人云："将以有为也。"（南霁云语，其事见韩愈《〈张中丞传〉后序》，载《韩昌黎集》卷十三）至京口，得间奔真州，即具以北虚实告东西二阃，约以连兵大举。中兴机会，庶几在此。留二日，维扬帅下逐客之令，不得已，变姓名，诡踪迹，草行露宿，日与北骑相出没于长淮间，穷饿无聊，追购又急；天高地迥，号呼靡及。已而得舟，避渚洲，出北海，然后渡扬子江，入苏州洋，展转四明、天台，以至于永嘉。

呜呼！予之及于死者不知其几矣：诋大酋当死；骂逆贼当死；与贵酋处二十日，争曲直屡当死；去京口挟匕首以备不测，几自刭死；经北舰十余里，为巡船所物色，几从鱼腹死；真州逐之城门外，几彷徨死；如扬州，过瓜洲扬子桥，竟使遇哨，无不死。扬州城下进退不由，殆例送死；坐桂公堂土围中，骑数千过其门，几落贼手死；贾家庄几为巡徼所陵迫死；夜趋高邮，迷失道，几陷死；质明，避哨竹林中，逻者数十骑，几无所逃死；至高邮，制府檄下，几以捕系死；行城子河，出入乱尸中，舟与哨相后先，几邂逅死；至海陵，如高沙，常恐无辜死；道海安、如皋，凡三百里，北与寇往来其间，无日而非可死；至通州，几以不纳死，以小舟涉鲸波，出无可奈何，而死固付之度外矣。呜呼！死生，昼夜事也。死而死矣，而境界危恶，层见错出，非人事所堪。痛定思痛，痛何如哉！

予在患难中，间以诗纪所遭，今存其本，不忍废，道中手自抄录。使北营，留北关外，为一卷；发北关外，历吴门、毗陵，渡瓜洲，复还京口，为一卷；脱京口，趋真州、扬州、高邮、泰州、通州，为一卷；自海道至永嘉，来三山，为一卷。将藏之于家，使来者读之，悲予志焉。

呜呼！予之生也幸，而幸生也何所为？求乎为臣，主辱臣死，有余僇；所求乎为子，以父母之遗体，行殆而死，有余责。将请罪于君，君不许，请罪于母，母不许，请罪于先人之墓。生无以救国难，死犹为厉鬼以击贼，义也。赖天之灵，宗庙之福，修我戈矛，从王于师，以为前驱，雪九庙之耻，复高祖之业，所谓"誓不与贼俱生"（裴度语，其事见两《唐书·裴度传》及《资治通鉴》卷二百四十·元和十二年。文皆小异，此据《通鉴》），所谓"鞠躬尽力，死而后已"（诸葛亮语，见其《后出师表》，载《三国志·蜀书·诸葛亮传》裴注引张俨《默记》），亦义也。嗟夫！若予者，将无往而不得死所矣。向也，使予委骨于草莽，予虽浩然无所愧怍，然微以自文于君亲，君亲其谓予何？诚不自意返吾衣冠，重见日月，使旦夕得正丘首，复何憾哉！复何憾哉！

是年夏五，改元景炎，庐陵文天祥自序其诗，名曰《指南录》。

此文熔叙事、议论和抒情于一炉，语句简炼，文情悲壮，字里行间充满了激昂慷慨的忠烈之气。

文天祥是宋末的民族英雄，是人民进行抗元斗争的一面光辉旗帜。他的壮烈牺牲，使许多作家写出了激动人心的篇章。当时参加过义军的王炎午曾作《生祭文丞相文》与《望祭文丞相文》①，勉励和歌颂这位名相烈士在艰难的遭际中保持了大忠士节。同乡战友邓剡则第一个写出了《文丞相传》（引见《文山先生全集》卷十七《纪年录》中）。其中真实地描绘了元世祖至元十九年（1282）十二月文天祥拒绝忽必烈最后一次劝降，而

① 见王炎午《吾汶稿》卷四。王氏字鼎翁，号梅边，庐陵人，度宗时太学生，响应文天祥募兵勤王，入幕府。后因母病辞归，宋亡后终身不出。

从容就义的动人场面：

> 初八日，上召天祥入殿中，长揖不拜。左右强之拜跪，或以金挝摘其膝，伤，公坚立不为动。上使谕之，其略曰："汝在此久，如能改心易虑，以事亡宋者事我，当令汝中书省一处坐者。"天祥对曰："天祥受宋朝三帝厚恩，号称状元宰相，今事二姓，非所愿也。"上曰："汝何所愿？"天祥曰："愿与一死，足矣！"遂麾之退。是夜，回宿千户所。初九日，宰执奏："文天祥既不愿附，不若如其请，赐之死。"麦述丁力劝之，上遂可其奏。是日，宣使以金鼓迎诣市，公欣然曰："吾事了矣！"及行，颜色不稍变。至刑所，问左右孰南向，于是南向再拜曰："臣报国至此矣！"遂受刑，时年四十有七。时连日大风埃雾，日色无光，都城门闭，甲卒登城，街对邻不得往来，行不得偶语。时翰林学士赵与禀，以宋宗室，亦被监闭一室，诸卫士弓刀环席地坐，闻门外弓马驰骤声者久之，人竞穴窗窥，乃是出丞相。顷之，又闻驰骑过者，及回，乃闻有旨教再听圣旨，至则已受刑。明日，欧阳夫人从东宫得令旨收尸，江南十义士奉柩葬于都城小南门外五里道傍，为他日归骨便路。

这是一篇纪实之作，可说毫无文学作品所必需具备的文采，而进犯者的恐惧心理和民族英雄的沉勇精神、广大人民的悲愤之情，却跃然纸上。此外，邓剡还写了《文丞相督府忠义传》，简要地记载了赵时赏、巩信、陈继周、张云和徐榛等五十七位督府幕僚的爱国事迹，反映了文天祥团结御侮的爱国活动具有广泛的群众基础。当时为文天祥立传的还有龚开的《宋文丞相传》和郑思肖的《文丞相叙》。郑思肖在《〈心史〉总后叙》中说："我罹大变，心疢骨寒。力未昭于事功，笔已断其忠逆。所谓诗，所谓文，实国事、世事、家事、身事、心事系焉。"这许多文天祥传记的出现，正是作家们关心国家大事，崇拜民族英雄的表现。

文天祥殉国后，遗民野老悲恸不止，纷纷写出了哀挽悼念的诗文。其中谢翱的《登西台恸哭记》是感人至深的名篇之一：

始，故人唐宰相鲁公开府南服，余以布衣从戎。明年，别公漳水湄。后明年，公以事过张睢阳庙及颜杲卿所尝往来处，悲歌慷慨，卒不负其言而从之游。今其诗具在，可考也。

余恨死无以借手见公，而独记别时语，每一动念，即于梦中寻之。或山水池榭，云岚草木，与所别之处及其时适相类，则徘徊顾盼，悲不敢泣。又后三年，过姑苏。姑苏，公初开府旧治也，望夫差之台而始哭公焉。又后四年而哭之于越台。又后五年及今，而哭于子陵之台。

先是一日，与友人甲、乙若丙约，越宿而集。午，雨未止，买榜江涘。登岸，谒子陵祠；憩祠旁僧舍，毁垣枯甃，如入墟墓。还，与榜人治祭具。须臾雨止，登西台，设主于荒亭隅，再拜跪伏；祝毕，号而恸者三，复再拜，起。又念余弱冠时，往来必谒拜祠下。其始至也，侍先君焉。今余且老，江山人物，眷焉若失。复东望，泣拜不已。有云从西南来，渰浥浡郁，气薄林木，若相助以悲者。乃以竹如意击石作楚歌招之曰："魂朝往兮，何极？暮归来兮，关塞黑。化为朱鸟兮，有咮焉食！"歌阕，竹石俱碎。于是，相向感唶。复登东台，抚苍石，还憩于榜中。榜人始惊余哭，云："适有逻舟之过也，盍移诸？"遂移榜中流，举酒相属，各为诗以寄所思。薄暮，雪作风凛，不可留，登岸宿乙家。夜复赋诗怀古。明日，益风雪，别甲于江，余与丙独归。行三十里，又越宿乃至。其后，甲以书及别诗来，言："是日风帆怒驶，逾久而后济；既济，疑有神阴相以著兹游之伟。"余曰："呜呼！阮步兵死，空山无哭声且千年矣！若神之助固不可知，然兹游亦良伟。其为文词因以达意，亦诚可悲已！"

余尝欲仿太史公著《季汉月表》如秦楚之际，今人不有知余心，后之人必有知余者。于此宜得书，故纪之，以附季汉事后。时，先君登台后二十六年也。先君讳某，字某。登台之岁在乙丑云。

这是一篇充满血和泪的奇文。在民族压迫的深重苦难中，作者不敢明言所哭的对象，所以隐约其辞，托言"故人唐宰相鲁公"。它是至元二十七年(1290)冬谢翱和挚友吴思齐、严侣、冯桂芳秘密约会，泛富春江登严子陵钓台祭奠英魂所作。这种爱国行为，在当时产生了广泛的影响。任士林、方凤、邓牧在各自所作的《谢翱传》、《谢君皋羽行状》和《谢皋父传》中都对之推崇备至。

遗民作家中善写散文的还有谢枋得、林景熙和邓牧诸人。谢枋得拒绝留梦炎劝降的《却聘书》，义正辞严，表示了他坚持名节的决心。在《送方伯载归三山序》中，他揭露了元初蒙古征服者将人民分为十等的乖戾现象。《宋辛弃疾先生墓记》则对爱国先辈表露了无比敬仰之情。林景熙《霁山集》现存散文二卷，章祖程说他"倡为古文，发为骚章，往往尤臻其奥"(《题〈白石樵唱〉》)。邓牧(1247—1306)，字牧心，钱塘人，与谢翱、周密交好。宋亡不仕。大德三年(1299)后，隐居在余杭县九锁山上的洞霄宫，自号为大涤隐人、九锁山人，与道士孟宗宝合作，编纂了《洞霄图志》和《洞霄诗集》。他个人的诗文集题名为《伯牙琴》。其中《君道》和《吏道》二篇，提出了理想社会的民主性标准，是具有开拓性的政论，所写寓言如《越人遇狗》和《楚佞鬼》等篇，则辛辣地讽刺了那些投靠蒙古贵族的帮凶者，记叙文如《雪窦游志》等也颇出色。

《四库全书总目》卷一百六十五《晞发集》提要说："南宋之末，文体卑弱，独翱诗文桀骜有奇气，而节概亦卓然可观。"这里指出了民族志士的崇高气节与其散文创作的密切关系。在一片衰败卑弱的亡国之音中，昂扬炽烈的爱国主义精神，才是文风转振的思想基础和根本原因。一位有成就的作家，文格与人格必然有其一致性。

笔记中的小品　根据传统习惯，凡是用散文所写的随笔漫录统称为笔记，其带有故事性的则称为笔记小说。当然，笔记式的作品，先秦两汉时代就已萌芽了，到了魏晋南北朝开始兴起，出现了如《博物志》、《西京杂记》和《世说新语》等名著；经过隋唐五代，又产生了《隋唐嘉话》、《封氏闻见记》、《因话录》、《云溪友议》和《唐摭言》等书。发展到宋代，这类作品大增，蔚然称盛，其中记鬼神志怪的成分少了，史料价值和文学价值提高了。而最早以笔记两字作为书名的，则始于北宋仁宗时的宋祁，他著有《笔记》三卷，卷上《释俗》，阐述典章制度、名物礼俗和方言土语等；卷中《考订》和卷下《杂说》对古书、古人和古事进行了考辨、评论。自此以后，宋人以笔记、笔谈、笔录、随笔等命名的很多，如苏轼的《仇池笔记》、沈括的《梦溪笔谈》、魏泰的《东轩笔录》、陆游的《老学庵笔记》、刘昌诗的《芦浦笔记》、洪迈的《容斋随笔》等。这说明笔记已成为一种独立的流行的文体，《四库全书总目》曾将其中部分专集归入子部杂家类，并探讨其源流云：

> 杂说之源，出于《论衡》。其说或抒己意，或订俗讹，或述近闻，或综古义，后人沿波，笔记作焉。大抵随意录载，不限卷帙之多寡，不分次第之先后，兴之所至，即可成编。故自宋以来，作者至夥，今总汇之为一类。（《四库全书总目》卷一百二十二杂家类·卷末按语）

这里把笔记的性质作了初步的说明，那就是这种文体下笔自由，篇幅不拘，形式灵活，内容丰富，叙事真切，语言质朴，生动有趣，可读性强。宋人这些笔记繁富，今存者尚在百种以上，其中可大分为史事杂谈、小说故事、考据辨证和文艺评述等类。这些内容往往并存于同一部书中，时或有所侧重，从文学创作的角度看，其中有些部分是小说。这，我们将在第十二章第三节中介绍；而另有些部分则为小品文。

南宋笔记的特点是作者多为中下层知识分子。他们接触面较广，所以能反映朝野上下各阶层的生活动态。南宋后期的作品，记述城市普通百姓和民间艺人的事状、风习的内容就更多了，如《梦粱录》、《武林旧事》等皆是。这不能不说是一个很大的进步。其中成功之作，往往就是很精美完整的小品文。今摘录数则，以见一斑：

> 食物中有馓子，又名环饼，或曰，即古之寒具也。京师凡卖熟食者，必为诡异标表语言，然后所售益广。尝有货环饼者，不言何物，但长叹曰："亏便亏我也。"谓价廉不称耳。绍圣中，昭慈被废，居瑶华宫。而其人每至宫前，必置担太息大言。遂为开封府捕而究之，无他，犹断杖一百罪。自是改曰："待我放下歇则个。"人莫不笑之，而买者增多。
>
> 东坡在儋耳，邻居有老妪业此，请诗于公甚勤，戏曰："纤手搓来

玉色匀，碧油煎出嫩黄深。夜来春睡知轻重？压匾佳人缠臂金。”

——庄季裕《鸡肋篇》卷上

孙少述一字正之，与王荆公交最厚。故荆公别少述诗曰：“应须一曲千回首，西去论心有几人！”又云：“子今此去来何时，后有不可谁予规？”其相与如此。及荆公当国，数年不复相闻，人谓二公之交遂睽。故东坡诗云：“蒋济谓能来阮籍，薛宣真欲吏朱云。”刘舍人贡父诗云：“不负兴公《遂初赋》，更传中散《绝交书》。”然少述初不以为意也。及荆公再罢相归，过高沙，少述适在焉。亟往造之，少述出见，惟相劳苦及吊元泽之丧，两公皆自忘其穷达。遂留荆公置酒共饭，剧谈经学，抵暮乃散。荆公曰：“退即解舟，无由再见。”少述曰：“如此更不去奉谢矣。”然惘惘各有惜别之色。人然后知两公之未易测也。

——陆游《老学庵笔记》卷七

光尧之丧，金虏来吊祭，京仲远以检正假礼部尚书为报谢使，康元弼馆伴。虏锡燕汴京，仲远与郊劳使康元弼言，请免燕，不许。请撤乐，如告哀遗留使，亦不许。至期，虏促入席，传呼不绝。仲远曰：“若不撤乐，有死而已，不敢即席。”元弼等知不可夺，乃传言曰：“请先拜酒果之赐，徐议撤乐。”仲远方率其属拜受。北典签者连呼曰：“北朝燕南使，敢不即席！”声甚厉，仲远趋退复位，甲士露刃闭门，仲远命左右叱曰：“南使执礼，何物卒徒，乃敢无礼！”排闼而出，元弼等以闻其主。仲远留馆俟命，赋诗曰：“鼎湖龙驭去无踪，三遣行人意则同。凶礼强更为吉礼，夷风终未变华风。设令耳与笙镛末，只愿身糜鼎镬中。已办淹留期得请，不辞筑馆汴江东。”越七日，竟获免乐之命。既还，孝宗劳之曰：“卿能执礼，为朕增气，何以赏卿？”对曰：“虏畏陛下威德，非畏臣也。正使臣死于虏，亦常分也，敢觊赏乎！”上喜，谓宰相曰：“京镗，今之毛遂也。”除权侍郎，以至大用。

——罗大经《鹤林玉露》甲编卷五“使虏辞乐”条

西湖天下景，朝昏晴雨，四序总宜；杭人亦无时而不游，而春游特盛焉。承平时，头船如大绿、间绿、十样锦、百花宝、胜明玉之类，何翅百余；其次则不计其数。皆华丽雅靓，夸奇竞好。而都人凡缔姻，赛社，会亲，送葬，经会，献神，仕宦恩赏之经营，禁省台府之嘱托，贵珰要地，大贾豪民，买笑千金，呼卢百万，以至痴儿骙子，密约幽期，无不在焉。日糜金钱，靡有纪极，故杭谚有'销金锅儿'之号，此语不为过也。

都城自过收灯，贵游巨室，皆争先出郊，谓之探春。至禁烟为最盛。龙舟十余，彩旗叠鼓，交午曼衍，粲如织锦。内有曾经宣唤者，则锦衣花帽，以自别于众。京尹为立赏格，竞渡争标；内珰贵客，赏犒无算。都人士女，两堤骈集，几于无置足地；水面画楫，栉比如鱼鳞，亦无行舟之路。歌欢箫鼓之声，振动远近，其盛可以想见。

若游之次第，则先南而后北，至午则尽入西泠桥里湖，其外几无一舸矣。弁阳老人有词云："看画船尽入西泠，闲却半湖春色。"盖纪实也。

既而小泊断桥，千舫骈聚，歌管喧奏，粉黛罗列，最为繁盛。桥上少年郎，竞纵纸鸢以相勾引，相牵剪截，以线绝者为负。此虽小技，亦有专门。爆仗、起轮、走线之戏，多设于此。至花影暗而月华生，始渐散去。绛纱笼烛，车马争门，日以为常。张武子诗云："帖帖平湖印晚天，踏歌游女锦相牵。都城半掩人争路，犹有胡琴落后船。"最能状此景。（节录）

——周密《武林旧事》卷三"西湖游幸都人游赏"条

这些文章或写人物性格，或写政治斗争，或写自然景观，或写社会风习，着墨不多，却既生动又深刻，而风格各异。它们显然是明末风行一时的小品文的先驱。

北宋文士著作中，自然也有不少出色的小品文，倘若举例，则苏轼《志林》就是无与伦比的。但这位作家的成就太伟大了，以至于我们没有必要再在他的这些方面加以叙述和赞扬。他如彭乘《墨客挥犀》中，也时有精彩动人的记事小品。因此在论述南宋小品散文时，指出北宋时代这些作品虽然还不十分流行，可并非没有成就，也是必要的。

第十一章　宋四六

由于汉语语音、汉字字形特点的规定，我国文章自始即有奇句与偶句、单笔与复笔之别，进而发展为散文(古文)与骈文(时文)之分。散文与骈文的关系，约有三个层次：最初是文章中既有奇句、单笔，也有偶句、复笔，两者和谐地共存于一篇之中，形成一种有机的融合。先秦以迄魏晋之文，大体如此。次则逐步分化为以偶句、复笔为主的骈文和以奇句、单笔为主的散文对立，各擅胜场。大抵六朝迄唐代前期，骈文较盛；唐宋以降，散文代兴。但在漫长的历史时期中，谁也不能完全代替谁，所以它们始终是并存的。不仅并存，而且互补，即散文在发展中，并不能完全摆脱骈文的影响，而骈文也在散文的影响之下有所更新。散文大家如韩、柳、欧、苏，作品中不时出现偶句；而骈文从唐代陆贽起，就已吸收古文某些艺术手段而开始发生变化，到了宋代，更形成为颇有特色的宋四六，即其明证。这是其第三层次。

黄季刚先生《书〈后汉书〉论赞》云："诸夏语文，单觭成义，所以句能成匹，语可同韵。是则联类之思，人类所同有；排比之文，吾族所独擅"，"其后欲求谐叶，更以修饰偶语为工，遂渐成四六之体"。(见骆鸿凯《文选学·评骘第八》，中华书局1937年出版)这里极其扼要地说明了四六形成的原因。至于四六一词，则出自柳宗元文。其《乞巧文》云："骈四俪六，锦心绣口。"(见《河东先生集》卷十八)后人因骈文的组成以四字句和六字句的并列或错综为主，所以摘取四六两字，作为骈文的代称①。李商隐《〈樊南甲集〉序》自称其骈文为“樊南四六”，《宋史·艺文志》载其《四六甲乙集》四十卷。知早在晚唐，“四六”已成为文体之名。

中唐以来，散文已显示了它的革新实绩，在许多方面胜过了而且代替了骈文。但在实际的政治社会生活中，如政府公文、科举考试、交际书启等，却仍然保存旧制。因此，散文作者，即使以此名家，仍然不得不为了从政、决科或应酬而学习骈文的写作，这样也就保持了骈文的地位。正由于此，两宋文士，无不工于四六。而大势所趋，四六在宋代也发生了变化，形成了自己独特的面目，以至于获得了宋四六这样一个专名。这主要是它受了当时已经盛行的散文的影响。许多本来就以散文见长的作家们，在写四六时，注入了古文的气势，加添了古文的长句，也常常使用唐陆贽所擅长的白描直叙来代替征故数典，显得语言流畅清新，使其作品出现了与他们的前辈颇不相同的风格。所以宋四六中，也往往有很吸引人的篇章和精彩夺目的片段。四六在两宋文学史上占有一席之地，是完全应当的。

第一节　宋四六的渊源和发展

宋四六的形成及其特色　宋初诸公的骈文大多恪守唐人的规范，或学初唐四杰，或仿燕许大手笔（唐燕国公张说与许国公苏颋以文章齐名，号燕许大手笔，见《新唐书》苏传），或继承李商隐②，尚少开拓和创造。至欧阳修，始以其所倡导和擅长的古文笔法，来改造晚唐五代以来浮靡的骈体，开创了宋代四六文的新面貌。所以陈善《扪虱新语》卷一云：“以文体为诗，自退之始；以文体为四六，自欧公始。”

欧阳修是位具有博学通识的文坛领袖。他不但有兼容并包的雅量，

① 《文心雕龙·章句篇》云：“若夫笔句无常，而字有条数。四字密而不促，六字格而非缓。或变之以三五，盖应机之权节也。”可见骈文以四字句六字句为主，也是魏晋以来长期创作实践的结果。

② 黄季刚先生云：“樊南四六，上承六代，而声律弥谐，下开宋体，而风骨独峻。”指出李商隐在骈文史上承先启后的作用，极为精到。语见《量守庐学记》。

而且也能理解和欣赏异量之美。所以他在大力提倡散文的同时，并没有完全否定骈文的价值，所以在《论尹师鲁墓志》中，他说："偶俪之文，苟合于理，未必为非。"他早年为了科举应试，对骈文的写作下过很深的功夫，后来专攻古文，仍然吸收和运用于骈文在艺术上的一些长处，然后又反转来用古文的作法积极地改造骈体。其主要的表现是保留了骈文对偶声律的优点和特点，却屏除了五代以来浮艳卑弱的风格，以古文的气势注入骈文的结构，措语自然，长短咸宜，因此在前人的基础上，形成了新的风格。他的后辈和门人王安石、苏轼等起而效法，蔚然成风。以新旧两体互相比较，我们无妨说，宋四六乃是骈文中的散文，或在一定程度上散文化了的骈文。在《林下偶谈》卷二中，吴子良评论说："本朝四六，以欧公为第一，苏、王次之。然欧公本工时文，早年所为四六，见别集，皆排比而绮靡，自为古文后，方一洗去，遂与初作迥然不同。他日见二苏四六，亦谓其不减古文。盖四六与古文，同一关键也。然二苏四六尚议论，有气焰，而荆公则以辞趣典雅为主。能兼之者，欧公耳。"这说明了当时古文与四六相互影响的过程及其对立而又统一的关系。

宋四六的艺术特色大体上可以归纳为五个方面：第一是注入散文的气势，少用故事而多用成语。阮元《〈四六丛话〉序》云："欧、苏、王、宋，始脱恒蹊。以气行则机杼不变，驱成语则光景一新。"程杲为同书作序，更进一步申述说："宋自庐陵、眉山以散行之气，运对偶之文，在骈体中另出机杼，而组织经传，陶冶成句，实足跨越前人。"第二是在排偶中喜用长句。谢伋《四六谈麈》云："四六施于制诰、表奏、文檄，本以便于宣读，多以四字六字为句。宣和间，多用全文长句为对，习尚之久，至今未能全变，前辈无此体也。"其实，早在苏轼笔下，已有此种长排句法，如其《乞常州居住表》云："臣闻圣人之行法也，如雷霆之震草木，威怒虽盛，而归于欲其生；人主之罪人也，如父母之谴子孙，鞭挞虽严，而不忍置之死。"但北宋末年以来，变本加厉而已。以长句作对，如运用得当，可以更其充分地表情达意，并收到跌宕多姿的艺术效果①。第三是参以散文所擅长的议论，如王㷍《辞

---

① 后世对联中的长联，即从此出。特别是挽联，如写得好，往往就是（注转下页）

督府辟书》云："昔温太真绝衿违母，以奉广武之檄，心虽忠而人议其失性；徐元直指心恋母，以辞豫州之命，情虽窘而人予其顺天。"王志坚自序其所编《四六法海》云："四六与诗相似，唐以前作者韵动声中，神流象外。自宋而后必求议论之工，证据之确，所以去古渐远；然矩矱森然，差可循习。"这指出了宋四六与宋诗一样，都以能发论说理见长。第四是工于裁剪。《四六谈麈》又说："四六之工，在于裁剪"，"经语对经语，史语对史语，诗语对诗语，方妥帖"。第五是语句较为朴实，且多用虚字以行气。六朝以来的骈文家每喜用典使事，雕章琢句。但宋四六在古文影响之下，颇洗浮华之习，行文造句，间用虚词，就使人看了耳目一新。

宋四六的体裁 《〈四六谈麈〉序》还曾指出：

> 三代两汉以前，训、诰、誓、命、诏、策、书、疏，无骈俪粘缀，温润尔雅。先唐以还，四六始盛，大概取便于宣读。本朝自欧阳文忠、王舒国（安石）叙事之外，自为文章，制作混成，一洗西昆磔裂烦碎之体，厥后学之者益以众多。况朝廷以此取士，名为博学宏词，而内外两制用之，四六之艺，咸曰大矣。下至往来笺记启状，皆有定式。故谓之应用，四方一律。

又王应麟《〈辞学指南〉序》云：

> 皇朝绍圣初元，取士纯用经术，五月，中书言唐有辞藻宏丽、文章秀异之科，皆以众之所难，劝率学者，于是始立宏辞科。二年正月，礼部立试格十条（章、表、赋、颂、箴、铭、诫谕、露布、檄书、序记）。除诏、诰、赦、敕不试，又再立试格九条，曰章、表、露布、檄书（以上用四六），颂、箴、铭、诫谕、序记（以上依古今体，亦许用四六）。四题分两场，岁一试之。大观四年五月，以立法未详，改为辞学兼茂科，除去檄书，增入制诏，仍以四题为两场。内二篇以历代故事借拟为题，余以本朝故

（续上页注）一篇短小的哀辞或祭文。

> 事或时事，盖质之古以觇记览之博，参之今以观翰墨之华。宣和五年七月，职方员外郎陈磷奏，岁试不无幸中，乃有省闱附试之诏，由是三岁一试。绍兴三年，工部侍郎李擢请别立一科。七月，诏以博学宏词为名，凡十二体，曰制诰、诏、书、表、露布、檄、箴、铭、记、赞、颂、序。古今杂出六题，分为三场，每场一古一今，三岁一试如旧制。

这些史料说明了科举考试及官场应用之文与四六的密切关系。除了词科考试十二体中的文章部分多用四六外，社会上通行的书启、判辞、祭诔、碑文、乐语（致语）、青词、祝疏、上梁文等，也都习用四六，可见四六在宋代应用的范围很广，这当然就促使它趋于发达和流行。

有关论著与选本　四六作为宋代朝野定型的应用文体，有关这方面的理论批评专著也就随之而产生。宣和四年（1122），王铚撰《四六话》上下二卷，专评北宋的表、启之文，列举工巧的联语，总结写作的经验。当时诗话已经流行，而王铚则是作四六话的第一人。他在书中提出了不少有关四六文写作的重要见解，如云：

> 四六有伐山语，有伐材语。伐材语者，如已成之柱桷，略加绳削而已；伐山语者，则搜山开荒，自我取之。伐材，谓熟事也；伐山，谓生事也。生事必对熟事，熟事必对生事。若两联皆生事，则伤于奥涩；若两联皆熟事，则无工。盖生事必用熟事对出也。
>
> ——卷上

> 四六贵出新意，然用景太多而气格低弱，则类俳矣。唯用景而不失朝廷气象，语剧豪壮而不怒张，得从容中和之道，然后为工。王岐公作《慈圣皇后山陵使掩圹慰表》云：“雁飞银汉，虽阅景于千龄；龙绕青山，终储祥于百世。”滕元发《乞致仕表》云：“云霄鸿去，免罹矰缴之施；野渡舟横，无复风波之惧。”吕太尉《谢赐神宗御集表》云：“凤生而五色，怅丹穴之已遥；龙藏乎九渊，惊骊珠之忽得。”凡此之类，皆以气胜与语胜也。

表启中最以长句中四字为难，以其语少而意多，因旧为新，涵不尽无穷意故也。前人之语能称此格者，如刘原父《谢馆职启》："整齐百家，是正六艺。"元厚之《谢表》云："埙篪万民，金玉百度。"彭器资《上章子厚启》："报国丹心，忧时白发。"舒信道《谢复官表》："九幽路晓，万蛰户开。"盖可传载讽味者尤难也。

——卷下

这都是有关四六修辞方面的经验之谈，所举例句也很贴切。书中还载其父王素论述宋初四六的源流云：

本朝自杨、刘四六弥盛，然尚有五代衰陋气，至英公（夏竦）表章，始尽洗去。四六之深厚广大，无古无今皆可施用者，英公一人而已。所谓四六集大成者。至王岐公（珪）、元厚之（绛）四六，皆出英公。王荆公虽高妙，亦出英公，但化之以义理而已。

——卷上

可知他的家学渊源。这段话虽然很短，但所论仁宗庆历以前的四六历史，极为明晰。

绍兴十一年（1141），谢伋撰《四六谈麈》一卷，记事论词皆具，而多从命意遣词着眼，不及全篇，但也有独到的识见，如云：

王荆公在金陵，有中使传宣抚问，并赐银合茶药，令中外各作一表，既具稿，无可于公意者。公遂自作，今见集中。其词云："信使恩言，有华原隰；宝奁珍剂，增贲丘园。"盖五事见四句中，言约意尽，众以为不及也。

王岐公在中书最久，生日，例有礼物之赐，集中谢表，其用事多同，而语不蹈袭。唐李卫公作《文箴》，譬诸日月，虽终古常见，而光景常新。

《直斋书录解题》卷二十二著录杨渊《四六余话》一卷，今存《读画斋丛书》本题为《云庄四六余话》，作者署为杨囦道。书中载有乾道、淳熙间事，则杨氏当是孝宗时人。所记多掌故逸事，如云："范石湖帅蜀，上巳日大燕，乐语僚佐撰呈，皆不惬意。有石其姓者一联云：'三月三日，岂无长安之丽人；一咏一觞，载讲山阴之禊事。'语出天成。"另外，书中也有评述四六源流的，如下文即颇能指出从西昆到欧、苏四六之体的变化：

> 本朝四六，以刘筠、杨大年为体，必谨四字六字律令，故曰四六。然其弊类俳，欧阳公深嫉之，曰："今世人所谓四六者，非修所好。少为进士不免作，自及第，遂弃不作。在西京佐三相幕，于职当作，亦不为作也。"如公之四六有云："造谤于下者，初若含沙之射影，但期阴以中人；宣言于庭者，遂肆鸣枭之恶音，孰不闻而掩耳。"俳语为之一变。至东坡于四六曰："禹治兖州之野，十有三载乃同；汉筑宣防之宫，三十余年而定。方其决也，本吏失其防而非天意；及其复也，盖天助有德而非人功。"其力挽天河而涤之，偶俪甚恶之气一除。

较有系统地讨论四六作法的专著，是晚宋王应麟的《辞学指南》四卷（今附刻于《玉海》末）。它是一部专为士子应试博学宏词科而编的书。首卷总论编题、语忌等方面的问题，其他三卷按十二种体裁分类论列，每类先考释名称来历，其次是引述名家和王氏自己的评语，提示起联、铺叙、形容、末联等作法，然后开列历届词科试卷的名篇题目，再选录有代表性的范文以示例。全书的篇章组织很有条理，是当时一部具有科场实用价值的书。我们通过它，可以了解宋四六在科举考试中的作用。今存和《辞学指南》同以应用为主的有关四六的书籍，还有庆元六年（1200）吴焕然序的《圣宋千家名贤表启翰墨大全》，原书一百四十卷，今存日本天理图书馆藏本已经删削，仅存贺表、谢表、陈表三类二十六卷。每类再细分总叙、事偶、句联、要段、全篇五个部分。其中要段和全篇均取自本朝名作。这当然只是供幕客渔猎之书，但也可看出宋代四六广泛应用的情况。

此外，两宋笔记、诗话、类书中亦多评论四六的条文，如《渑水燕谈录》、《东轩笔录》、《墨庄漫录》、《冷斋夜话》、《野客丛书》、《西溪丛话》、《邵氏闻见前、后录》、《容斋随笔》(清人曹溶曾别裁其中论四六者为《容斋四六丛谈》)、《古今诗话》、《诚斋诗话》、《后村诗话》、《桯史》、《鹤林玉露》、《四朝闻见录》和《困学纪闻》等书,或记故事,或评作品,都有一定的参考价值。清乾、嘉间,彭元瑞博览诸家笔记,辑成《宋四六话》十二卷,引书一百六十九种,分十七类排列,凡有关两宋骈体的片言只语遍加采录,读者称便。同时孙梅亦积数十年之心力,辑成《四六丛话》三十四卷,以宋为主,而上及先唐诸家,尤为详备。

关于宋四六的作品选本,最早有南宋叶棻编的《四六丛珠》一百卷,有庆元二年(1196)吴焕然序,现存明嘉靖抄本,题为《圣宋名贤四六丛珠》;万历时,王明嶅病其繁冗,删为《四六丛珠汇选》十卷,别为刊行。又有宋无名氏所辑《群公四六》十集,所采皆南宋作家的启札之文,自甲集至癸集共十卷,涵芬楼藏有明抄本(以上见傅增湘《藏园群书经眼录》卷十八)。此外,据《直斋书录解题》卷十五,绍兴年间陆时雍曾辑集博学鸿词科的历届应试文,分制、诰、表、檄、记、序等门类,编为《宏辞总类》四十一卷,孝宗、宁宗时,有人续辑《后集》三十五卷,第三集十卷,第四集九卷,但久已失传。明清两代曾有多种骈体文选行世,明王志坚编《四六法海》十二卷,所选"下迄于元,而能上溯于魏","俾读者知四六之文,运意遣词,与古文不异"(见《四库全书总目》卷一百八十九《四六法海》提要)。其专辑宋四六的则有乾隆四十二年(1777)刊行的《宋四六选》二十四卷,此书系彭元瑞初选,由曹振镛编成,限于通行的诏、制、表、启、上梁文和乐语六种体裁,共选范文七百六十六篇。从中可略见宋四六的全貌。

对小说戏曲的影响　四六在宋代社会各阶层的社会文化生活中曾被广泛应用。其所具有的音节铿锵、便于宣读的特点,还使得这种文体成为新兴的话本小说和戏曲的有机组成部分,促进了它们的发展。

早在唐代,传奇小说如《游仙窟》,俗讲变文如《王昭君变文》等,已经间用骈体。到了宋代的说唱文学中,艺人们便采用骈文来描摹物态,例如《京本通俗小说》第十卷《碾玉观音》写郡王府中失火的情况是:

慌忙下酒楼看时，只见：

初如萤火，次若灯火。千条蜡烛焰难当，万座糁盆敌不住；六丁神推倒宝天炉，八力士放起焚山火。骊山会上，料应褒姒逞娇容；赤壁矶头，想是周郎施妙策。五通神牵住火葫芦；宋无忌赶番赤骡子。又不曾泻烛浇油，直恁的烟飞火猛！

或用骈文刻画形象，如同书第十二卷《西山一窟鬼》讲述吴洪到酒店相亲的情况是：

看那李乐娘时：

水剪双眸，花生丹脸。云鬓轻梳蝉翼，蛾眉淡拂春山。朱唇缀一颗夭桃，皓齿排两行碎玉。意态自然，迥出伦辈。有如织女下瑶台，浑似嫦娥离月殿。

看那从嫁锦儿时：

眸清可爱，鬓耸堪观。新月笼眉，春桃拂脸。意态幽花未艳，肌肤嫩玉生香。金莲着弓弓扣绣鞋儿，螺髻插短短紫金钗子。如捻青梅窥小俊，似骑红杏出墙头。

话本小说的一般体制，正文往往是韵散兼包，有说有唱的。状以骈俪，证以诗歌。其中的韵文部分是歌唱的，骈文部分则大多以吟诵的方式演出。在正文的叙述中，描写景物也有运用骈语的，如《新编五代史平话》叙黄巢与朱温等到侯家庄行劫时，有一段写沿途风景的文字如次：

行过一座高岭，名做悬刀峰，自行了半个日头，方得下岭。好座高岭！是：根盘地角，顶接天涯；苍苍老桧拂长空，挺挺孤松侵碧汉；山鸡共日鸡齐斗，天河与涧水接流；飞泉飘雨脚廉纤，怪石与云头相轧。怎见得高？几年撷下一樵夫，至今未曾撷到地。黄巢四个弟兄过了这座高岭，望见那侯家庄，好座庄舍！但见：石惹闲云，山连溪水。堤边垂柳，弄风袅袅拂溪桥；路畔闲花，映日丛丛遮野渡。

从上引诸例可以看出，宋代小说人对四六的运用是熟练的普遍的。影响所及，元明清三代的小说创作，如三《言》、二《拍》、《三国演义》、《水浒传》、《红楼梦》等，都仿照这种方式采用骈语，形成了短篇话本小说和长篇章回小说的传统模式。而到了清代，陈球为了表现自己的才学，竟全以骈文作小说，所著《燕山外史》八卷，长达三万一千余字，“语必四六，随处拘牵，状物叙情，俱失生气”（见鲁迅《中国小说史略》第二十五篇《清之以小说见才学者》，载《鲁迅全集》第九卷，人民文学出版社 1981 年出版），所以绝非成功之作，但它的出现，一方面固可证明四六不宜叙事，另一方面，也可证明四六影响之大。

宋代戏曲形成的过程中，骈文的应用也曾发挥出一定的效能。首先是公私宴会演出节目时宣读的乐语，一律使用骈体。这种乐语的作用，在宫廷演出时主要是称颂帝王的功德，在臣僚或士庶侑酒的演出中，则根据不同的招待对象而立言。它是由乐队的领班在正式演出前念诵的开幕词，亦称念语或致语，其中所附诗句则称为口号，由参军色或竹竿子承担朗诵任务（详见本书第十三章）。现存两宋名家的文集中，大多收录了这种作品。如《欧阳文忠公全集》卷一百三十一《近体乐府》卷首所列的乐语有《会老堂致语》及《西湖念语》等。《西湖念语》云：

> 昔者，王子猷之爱竹，造门不问于主人；陶渊明之卧舆，遇酒便留于道上。况西湖之胜概，擅东颍之佳名。虽美景良辰，固多于高会；而清风明月，幸属于闲人。并游或结于良朋，乘兴有时而独往。鸣蛙暂听，安问属官而属私；曲水临流，自可一觞而一咏。至欢然而会意，亦旁若于无人。乃知偶来常胜于特来，前言可信；所有虽非于己有，其得已多。因翻旧阕之词，写以新翻之调。敢陈薄伎，聊佐清欢。

他如苏轼《东坡内制集》所附乐语有《集英殿秋宴教坊词》、《紫宸殿正旦教坊词》等。洪适《盘洲文集》卷六十五至六十六共收致语四十六篇。文天祥《文山先生全集》卷十二也收有乐语六篇，其《宴湖南董提举致语》云：

碧落使君，来坐皇华堂上；绣衣公子，相逢紫盖云边。二十年虎榜同盟，第一段熊湘佳话。招呼风月，酹献豆笾。恭惟某官：精神绿水天河，节操丹崖铁笔。一椿独老，霜皮溜雨，黛色参天；双萼齐芳，红杏倚云，碧桃和露。插天高云霄阀，拔地起湖海楼。心白玉堂，肘黄金印。剑池丹井，提携翠越风流；天柱祝融，脱活青云标格。尽道常平老子，移来上界神仙。英簜照空，霜飞暑路；锋车度晓，烟傍衮衣。我提刑同看长安花，共听衡阳雁。风云一气，朱结绶，贡弹冠；车马同途，翰卜邻，邕识面。霄汉瞻佳士，潇湘逢故人。共谈礼乐字三千，好吞云梦泽八九。度斗牛，跨麟鹤，襟期交注樽罍，缥鸾凤，挐虎螭，勋业同刊彝鼎。某等叨居邻部，聊献工歌："西风八月楚江滨，争看星槎会汉津。露湿红绫旗影旧，云连翠簜辔华新。东西杜若洲连月，先后瑞芝堂上春。回首琼林拚一醉，使还总是凤池人。"

这虽然是逢场作戏的应酬文字，但欧阳修、文天祥写来却显得文采飞扬，兴会淋漓，使人读之神往。

在宋代的歌舞伎艺和说唱文学中，致语又称勾队词，体式比较简短灵活。大曲、转踏、鼓子词等，开场之前，每有用来朗诵的以四六写成的致语或勾队词，如欧阳修的《西湖念语》也就是《采桑子》鼓子词的致语。这都证明宋四六在民间技艺中流行之广泛（详见本书第十三章第一节）。

再看宋杂剧的演出情况。《武林旧事》卷一记载理宗生日庆寿的《天基圣节排当乐次》，由杂剧人时和"进念致语"云：

伏以华枢纪节，瑶墀先五日之春；玉历发祥，圣世启千龄之运。欢腾薄海，庆溢大廷。恭惟皇帝陛下：睿哲如尧，俭勤迈禹。躬行德化，跻民寿域之中；治洽泰和，措世春台之上。皇后殿下：道符坤顺，位俪乾刚。宫闱资阴教之修，海宇仰母仪之正。有德者必寿，八十个甲子环周；申命其用休，亿万岁皇图巩固。臣等生逢华旦，叨预伶官，辄采声诗，恭陈口号："上圣天生自有真，千龄宝运纪休辰。贯枢瑞彩昭璇象，满室红光袅翠麟。黄阁清夷瑶荚晓，未央闲暇玉卮春。箕畴

> 五福咸敷敛，皇极躬持锡庶民。”日迟鸾旆，喜聆舜乐之和；天近鹓墀，宜进齐谐之伎。上奉天颜，吴师贤已下，上进小杂剧。

这是宫廷致语的典型例子，全是歌功颂德的谀词，与民间文艺异趣。

民间艺人在声乐伎艺中所具有的乐语的基础上发展，更进一步使戏剧人物的念白也运用了四六。这种念白通常是用在角色登场时或唱完引曲之后。如现存南宋戏文《张协状元》第六出旦角扮演王贫女的上场白是：

> （旦白）奴家幼失恃怙，又没弟兄。远亲房族更无一人，诸姊妹又绝一个[①]。祖无世业，全没衣装。白日三餐，勤苦村庄机织；黄昏一觉，跨跧古庙荒芜。天色又寒，雪儿欲下。一盏明灯照神道，买油骨自少三文。

又如第八出丑角扮演强盗出场的独白是：

> （丑做强人出白）但自家不务农桑，不忻砍伐。嫌杀拽犁使耦，懒能负重担轻。又要赌钱，专欣吃酒。别无运智，风高时放火烧山；欲逞难容，月黑夜偷牛过水。贩私盐，卖私茶，是我时常道业；剥人牛，杀人犬，是我日逐营生。一条扁担，敌得塞幕里官兵[②]；一柄朴刀，敢杀当巡底弓手。

这是温州九山书会艺人写的剧本，他们受当时社会上流行的四六的影响，写出了同于口语的骈文，对偶虽不甚工，却通俗易懂，便于观众接受。此后元、明、清三代的戏曲创作，如《琵琶记》、《玉簪记》、《长生殿》和《桃花扇》等，也多有采用这种传统方式的。但有些文人编撰的剧本，在这方面

---

① “诸姊妹”疑当作“诸姑姊妹”，传抄脱一字。

② 钱南扬《永乐大典戏文三种校注》云：“塞，疑是寨的形误。”

的用语却趋向典雅工丽，于是明代戏曲中就出现了骈绮派。

第二节　北宋四六的变迁

陈振孙云："四六偶俪之文，起于齐梁，历隋、唐之世，表章、诏诰多用之。然令狐楚、李商隐之流号为能者，殊不工也。本朝杨、刘诸名公，犹未变唐体。至欧、苏始以博学富文为大篇长句，叙事达意，无艰难牵强之态；而王荆公尤深厚尔雅，俪语之工，昔所未有。绍圣后置词科，习者益众，格律精严，一字不苟措。若浮溪尤其集大成者也。"（见《直斋书录解题》卷十八汪藻《浮溪集》解题）这段话简明扼要地论述了北宋骈文的发展过程，并指出两宋之间的汪藻是承前启后的四六名家。这是符合事实的。

宋初对唐体的沿袭　宋朝开国之初，朝廷中有两位骈文老手，一位是从北周入宋的陶穀，另一位是从南唐入宋的徐铉。他们都效法唐人张说、苏颋，即所谓燕许大手笔之体。陶穀字秀实，邠州新平（今陕西彬县）人，在五代时历仕晋、汉、周三朝。入宋后，曾任礼、刑、户三部尚书。陈桥兵变，周恭帝决定让位给赵匡胤，请赵到崇元殿受禅，但仓卒之间没有准备禅位诏书，不料陶穀突然从袖子里拿出他早已私自拟好的这一不可缺少的重要文件，当即由主事者宣读成礼，从而完成了禅位的法定程序。这说明他是一个才思敏捷的骈文作手，又是一个没有特操、善于投机的官僚。

在本书第一章叙述宋初诗坛时，我们已经介绍过徐铉。他也是一位骈文作手。《四库全书总目》卷一百五十二《骑省集》提要称其"文章淹博，亦冠冕一时"，"当五季之末，古文未兴，故其文沿溯燕、许，不能嗣韩、柳之音，而就一时体格言之，则亦迥然孤秀"。他的代表作是《大宋左千牛卫上将军追封吴王陇西公（李煜）墓志铭》。其叙南唐之亡云：

> 然而果于自信，怠于周防；西邻起衅，南箕构祸。投杼致慈亲之惑，乞火无里妇之辞；始劳因垒之师，终后涂山之会。

又述败亡的缘由说：

> 本以恻隐之性，仍好竺乾之教。草木不杀，禽鱼咸遂。赏人之善，常若不及；掩人之过，唯恐其闻。以至法不胜奸，威不克爱，以厌兵之俗，当用武之世。孔明罕应变之略，不成近功；偃王躬仁义之行，终于亡国。道有所在，复何愧欤！

文中寓贬于褒，对故主虽有颂扬，但却巧妙地用感慨的语气指出他的弱点。既阐明了赵宋必定统一天下的道理，又体现了作者是李后主旧臣的身份，确是一篇措辞得体的文章，所以太宗读了也大为称赞①。此外如《游简言左仆射平章事制》、《御制春雪诗序》和《毗陵郡公南原亭馆记》等，也都是运典工妙、造语精绝的佳作。

洪迈《容斋三笔》卷八"四六名对"条说："四六骈俪，于文章家为至浅。然上自朝廷命令、诏册，下而缙绅之间笺书、祝疏，无所不用。则属辞比事，固宜警策精切，使人读之激昂，风味不厌，乃为得体。"其中首举王禹偁《拟李靖平突厥露布》(《小畜外集》原题为《拟李靖破颉利可汗露布》)叙颉利求降，且复谋窜云："穽中饿虎，暂为掉尾之求；鞲上饥鹰，终有背人之意。"认为这是警策的对句，特加赞扬。王禹偁虽然是宋初倡导古文的作家，但兼善四六，曾知制诰。集中存有《拟试内制》十题和表序笺启甚多。如《谢赐御草书诗表》、《进〈端拱箴〉表》、《谢赐御制月诗表》和《黄州谢上表》等，都是较为著名的。吴处厚《青箱杂记》卷六说："王禹偁老精四六，有同时与之在翰林而大拜者，王以启贺之曰：'三神山上，曾陪鹤驾之游；六学士中，独有渔翁之叹。'白乐天尝有诗云'元和六学士，五相一渔翁'，故也。"这指出了他具有善于融化前人成句的艺术手段。

---

① 魏泰《东轩笔录》卷一云："太平兴国中，吴王李煜薨，太宗诏侍臣撰吴王神道碑。时有与徐铉争名而欲中伤之者，面奏曰：'知吴王事迹，莫若徐铉为详。'太宗未悟，遂诏铉撰碑。铉遽请对而泣曰：'臣旧事李煜，陛下容臣存故主之义，乃敢奉诏。'太宗始悟让者之意，许之。故铉之为碑，但推言历数有尽、天命有归而已。……太宗览读称叹。"

欧阳修是在庆历新政时开始提倡革新文风并付诸实践的。在此以前，文格尚未大变，诸家四六仍以唐体为依归。当时，夏竦、王珪和宋庠、宋祁兄弟等人追踪燕、许，而西昆派诸人则多以李商隐为宗。

夏竦（985—1051），字子乔，江州德安（在今江西省）人。景德三年（1006）举贤良方正，仁宗时升龙图阁学士、知制诰，官至参知政事、枢密使，封英国公。竦以知制诰起家，当时朝廷典策，多出其手。其文集中多骈俪佳作，如《免奉使启》云："然念顷岁先人，没于行陈；春初母氏，始弃遗孤。义不戴天，难下单于之拜；哀深陟屺，忍闻禁佅之音。车府露章，槐庭泣血。王姬筑馆，接仇之礼既嫌；曾子回车，胜母之游遂辍。"将拒绝使金的苦衷说得宛转而又充分，对仗也极精工。夏竦人品不端，颇为世人诟病。但于四六确有特长，所以《四库全书总目》卷一百五十二《文庄集》提要也说："竦之为人无足取，其文章则词藻赡逸，风骨高秀，尚有燕、许轨范。"当时接受他影响的后辈有王珪等人。

王珪（1019—1085），字禹玉，华阳（今四川成都市）人，庆历二年（1042）进士，官翰林学士、知开封府、兼侍读学士，掌制诰者几二十年，朝廷高文典册皆出其手。如《除韩琦门下侍郎兼兵部尚书依前同中书门下平章事进封卫国公加食邑实封制》云："具官韩琦，器博而适时，道闳而济物。禀星辰之精粹，会日月之休明。历宣外劳，更倚二柄。蹈夷险之一节，寄安危之大机；仰文考之知贤，绝时髦而登用。"写得贴切瑰丽，可与二宋之文比美。

宋庠、宋祁兄弟，同负盛名，时人以大小宋并称。他俩的诗风受杨、刘影响，学李商隐，与晏殊、胡宿等同属西昆派后期作家。但骈文则追步燕、许。宋庠（996—1066），字公序，安州安陆（在今湖北省）人，天圣二年（1024）进士，直史馆、知制诰。宝元中任参知政事，后官至枢密使、同平章事。有《元宪集》。宋祁（998—1061），字子京，与庠同年进士，任天章阁待制、知制诰，以龙图阁学士知杭州，后为翰林学士、史馆修撰，与欧阳修等同修《新唐书》。撰列传时，尽去旧书所载骈俪之文，未免矫枉过正。其实，他也是骈文高手，二十五岁时即得到夏竦的嘉许，出入馆阁数十年，所撰诏、表，博丽典雅，其《景文集》中颇多可观之作，《右史院蒲桃赋》尤为著名。

西昆派的时文与骈赋　真宗时出现的西昆体虽然因诗而得名，但作为一个文学流派，实际上包括了杨亿、刘筠等人创作的各体骈文在内。欧阳修《记旧本韩文后》指出："是时天下学者，杨、刘之作，号为时文，能者以取科第，擅名声，以夸荣当世。"赵彦卫《云麓漫钞》卷八也说："本朝之文，循五代之旧，多骈俪之词，杨文公始为西昆体。"这说明了西昆体的概念是包括文章在内的。他们所作的时文，便是沿袭三十六体的骈文①，与诗歌宗法李商隐的唯美作风一脉相承，并驾齐驱。

西昆派的时文，当然仍以杨亿的作品最有代表性。徐度《却扫编》卷上载："杨文公亿初入馆，时年甚少。故事：初授馆事，必以启事谢先达。时公启事有曰：'朝无绛、灌，不妨贾谊之少年；坐有邹、枚，未害相如之末至。'一时称之。"

咸平元年(998)九月，杨亿外任处州太守。处州位于瓯江上游的山区，宋初属两浙路，治所在丽水县。他在任三年，官声很好，也曾写了一些文章，多系骈体。如《处州丽水县厅壁记》、《处州郡斋凝霜阁记》诸篇，在描绘山城的风土人情方面有独到之处。其《与表弟章廷评书》中有云(此文见录于《道光丽水县志》卷六《古迹志》)：

> 郡斋岑寂，宛在深山；狱讼甚稀，赋输易办。引领西月，群峰倚天；清溪南奔，浅深见底。人家栉次，多在岚烟中；修竹乔林，宛如图画。

隽永颇似六朝小品。他到处州的第二年十二月，真宗亲征契丹，驻跸澶州。他上《驾幸河北起居表》，预祝亲征的成功。其中有云："师人多寒，感恩而皆同挟纩；匈奴未灭，受命而孰不忘家。行当肃静塞垣，削平夷落，枭冒顿之首，收督亢之图。使辽阳八州之民，得闻声教；榆关千里之地，尽入提封。"立言得体，文气豪宕，是传诵一时的名篇。

---

①　晚唐李商隐、温庭筠、段成式擅长骈文，因三人都排行第十六，因而他们的文章被称为三十六体，见《旧唐书·文苑传》。

陈师道说："国初士大夫例能四六，然用散语与故事耳。杨文公笔力豪赡，体亦多变，而不脱唐末与五代之气。又喜用古语，以切对为工，乃进士赋体耳。"（《后山诗话》）这指出了杨文的特点和所受辞赋的影响。宋初沿袭唐代旧制，以诗赋为科目，士子皆致力于律诗、律赋，影响所及，讲究对偶和韵律的四六和骈赋也流行不衰。而钱惟演《春雪赋》，张咏《声赋》（均载《宋文鉴》卷一），尤推名作。今节录如下以示例：

春阳以中，百昌俱作。彼阴冷而忽兴，何飞霙之骤落；始蒙蔽于阳乌，遂潜藏于天幕。冰霰杂下，温寒相搏。才衮衮而纷揉，更霏霏而交错。因方就圆，填溪满壑。我有爰田，既锄既耰；我有条桑，且柍且柔。岂灭裂而是取，顾沃若之待收。罹此暴殄，予心则忧。亦有庶草群木，千芳万菲；纷落絮起，珠倾玉碎。建森缅之高牙，垂陆离之长珮；掩藩偃之郁栖，覆台塘之畏佳。病李殭于井干，芳兰沉于林荟。有奔敻敻，有鸣嘤嘤。趋荐草以无所，恋危巢之欲倾；顾泽中而罢钓，之陇上而辍耕。

——钱惟演《春雪赋》

二仪比形，万灵吐英；天机动制，轧而有声。故形有美恶焉，声有小大焉。伊物类之动作，俟人事而克全。至于大雷隐空，万窍吼风，不为之隆；品物磨臬，羽足动发，不为之末。未若人声，与天通功，与物长雄。口吻之启，出于厥躬；道机之张，腾凌鸿濛。其所闻者，羲、黄、唐、虞，继踵而至。宇宙隘其神，造化侔其智。在声之伟也，得不回天而动地！观其得一之发，清清泠泠，凉寰洗瀛，万类听之，如懵而醒；仁信之发，溶溶奕奕，呼道振德，万类听之，如日破黑。

——张咏《声赋》

这种作品，描写之工致，确实符合陆机《文赋》对赋体的要求，所谓"体物而浏亮"，同时其句法修辞，几乎与四六文等同，可见西昆体的骈文与辞赋在形式方面的一致性。这种一致性，一直延伸到明清时代。

西昆体的后期作家如晏殊、胡宿等，也都是馆阁大臣，善作骈文。《宋文鉴》选录晏殊的《中园赋》、《进两制三馆牡丹歌诗状》和《侍读学士等请宫中视学表》，均为四六之体。胡宿(996—1067)字武平，常州晋陵人，天圣二年(1024)进士，由翰林学士拜枢密副使，现存《文恭集》五十卷，《四库全书总目》卷一百五十二此书提要云："宿立朝以廉直著，而学问亦极该博。当时文格未变，尚沿四六骈偶之习，而宿于是体尤工。所为朝廷大制作，典重赡丽，追踪六朝。"他的名篇有《真州水闸记》和《流杯亭记》等，其描绘金陵风光的《高斋记》写道：

> 南中江山，类多托赏之美。金陵故都，绪余六代；华人夏士，盛栖此土。虽一丘一壑之细，皆经高贤名辈，尝所留连。茅、许世外之风，王、谢江表之德，山林皋壤，号为名胜。子城东北，趋钟山为近，南唐李氏，尝因城作台，台上望月，人相呼为月台。下临浚濠，正面覆舟；南对长干，西望冶城。榛烟渔火，泉华谷气；川禽山鸟，翔嬉其间。林木嘘吟之声，云霞起灭之状，须臾眺听，万态递出。此名胜之内，特又名胜者也！(节录)

和官方文书制诰、章奏之类相比较，这种写自然景物的骈文，可读性大得多了。当时古文运动已逐渐掀起，胡宿也不可避免地受到影响，所以他有些骈文也兼行散句，复归魏晋六朝之体。《高斋记》即其一例。

古文家的变革与创新　《四六丛话》卷三十三云："宋初诸公，骈体精敏工切，不失唐人矩矱。至欧公创为古文，而骈体一变其格，始以排奡古雅争胜古人。"这肯定了欧阳修以古文笔法革新骈体的功绩。欧阳修虽大力提倡古文，但对于公牍文书，仍遵时制，沿用四六。《欧阳文忠公文集》中存有《外制集》三卷、《内制集》八卷，还有《表奏书启四六集》七卷。他作骈文往往参用散体之法，运以单行之气，使句法和格局都发生了变化。这和燕许大手笔不同，与李商隐等人的三十六体也不一样。如《上随州钱相公启》、《南京留守谢上表》、《谢致仕表》等，都是散体化四六的佳篇。兹举《蔡州乞致仕第二表》为例：

伏念臣世惟寒陋，少苦奇屯，识不达于古今，学仅知于章句。名浮于实，用之始见于无能；器小易盈，过则不胜于几覆。徒以早遘千龄之亨会，误蒙三圣之奖知。宠荣既溢其涯，忧患亦随而至。禀生素弱，顾身未老而先衰；大道甚夷，嗟力不前而难强。每念恩私之莫报，兼之疾病以交攻。爰于守亳之初，遂决甯漳之计。逮此三迁于岁律，又更两易于州符。而犬马已疲，理无复壮；田庐甚迩，今也其时。是敢更殚蝼蚁之诚，仰翼乾坤之造。况今时不乏士，物咸遂生，凫雁去来，固不为于多少。鸢鱼上下，皆自适于飞潜。苟遂乞于残骸，庶少偿其夙志。

据此可知，欧阳修打破了四六工整的句式，参用了七、八字句和九字句。当然，以散文句法用于骈体，中唐陆贽的奏议已开其端，但以古文运动的精神来革新骈文，则出于欧阳修的创造。今人认为他在这方面改革的主要成就表现在："一、以文体为属对，不求切对之工；二、不用故事、陈言，纯以自己的语言，叙事明白；三、不以浮靡之辞，充塞篇章，只用平淡文字倾吐衷曲①。"这样，就使文格为之一变。苏、王、曾、秦等追随于后，蔚成风气。王志坚《四六法海》卷三云："宋兴且百年，文章体裁犹仍五季余习，锼刻骈偶，淟涊弗振。柳开、穆修、苏舜钦志欲复古，而力弗逮。自欧公出，以古文倡，而王介甫、苏子瞻、曾子固起而和之，宋文日趋于古。欧公之诗，力矫杨、刘西昆之弊，专重气格，不免失于率易。而四六一体，实自创为一家，至二苏而纵横曲折，尽四六之变，然皆本之欧公。"其论述欧氏在四六变革中的贡献，至为明晰。

三苏是欧阳修所倡导的四六新体的积极追随者，其中苏轼的成绩最为突出。其集中除了用四六写的表启、青词、祝文、乐语多篇外，还有《东坡外制集》三卷、《东坡内制集》十卷。苏辙《栾城集》中的诏制、告词也很多。欧阳修《试笔》"苏氏四六"条说："往时作四六者，多用古人语及广引

① 见姜书阁《骈文史论》第十四章第三节，人民文学出版社 1986 年出版。按《后山诗话》论当时四六云："欧阳少师始以文体为对属，又善叙事，不用故事陈言而文益高。"姜说略本之。

故事,以衒博学,而不思述事不畅。近时文章变体,如苏氏父子以四六述叙,委曲精尽,不减古文。自学者变格为文,迄今三十年,始得斯人。不惟迟久而后获,实恐此后未有能继者尔。自古异人间出,前后参差不相待。余老矣,乃及见之,岂不为幸哉?"可见四六新体是经过三十年的开拓,才获得前所未有的成就的。

苏轼才高学博,于文无所不精。其四六亦如行云流水,笔力过人。其受到排挤、屡遭迁谪时所作的表启,文情沉痛,尤其可以见出他一肚皮不合时宜的性格。兹节录数例如次:

> 只影自怜,命寄江湖之上;惊魂未定,梦游缧绁之中。憔悴非人,章狂失志。妻孥之所窃笑,亲友至于绝交。疾病连年,人皆相传为已死;饥寒并日,臣亦自厌其余生。
>
> ——《谢量移汝州表》

> 自蜀徂京,几四千里;携孥去国,盖二十年。侧闻松楸,已中梁柱。过而下马,空瞻董相之陵;酹以只鸡,谁副桥公之约?宦游岁晚,坐念涕流。未报不赀之恩,敢怀盍归之意。常恐樵牧不禁,行有雍门之悲;雨露既濡,空引太行之望。
>
> ——《谢贾朝奉启》

这些片段,或叹仕路之艰屯,或伤故乡之辽邈,宛转附物,怊怅切情,抒怀既工,遣辞尤妙,简直是一些散文诗。绍圣四年(1097),他最后一次被贬至海南岛,有《到昌化军谢表》云:

> 臣轼言:今年四月十七日奉被告命,责授臣琼州别驾,昌化军安置。臣寻于当月十九日起离惠州。至七月二日已到昌化军讫者。并鬼门而东骛,浮瘴海以南迁。生无还期,死有余责!
>
> 臣轼中谢,伏念臣顷缘际会,偶窃宠荣,曾无毫发之能,而有丘山之罪。宜三黜而未已,跨万里以独来。恩重命轻,咎深责浅。此盖伏

遇皇帝陛下尧文炳焕，汤德宽仁。赫日月之照临，廓天地之覆育。譬之蠕动，稍赐矜怜；俾就穷途，以安余命。而臣孤老无托，瘴疠交攻。子孙恸哭于江边，已为死别；魑魅逢迎于海上，宁许生还？念报德之何时，悼此心之永已。俯伏流涕，不知所云。

这一年他已六十二岁，天涯沦落，自分必死，因此写下了“已为死别”，“宁许生还”这种绝望的话。《四六法海》卷四云：“苏公诸表，言迁谪处，泪与声下，然到底忠鲠，无一乞怜语，可谓百折不回者矣！”这确是观察入微，深中肯綮的评论。

苏轼居官翰林院时，代皇帝所拟的制诰，也很有特色。这类作品显出了苏文典赡高华、浑厚雄放的气象。内制如《除吕公著守司空同平章军国事制》、《赐太师文彦博乞致仕不允批答》、《除吕大防左相制》等。外制如《王安石赠太傅制》、《赠司马光三代制》、《范祖禹可著作郎制》、《吕惠卿责授建宁军节度副使本州安置不得签书公事制》等，皆可为例[①]。元祐元年(1086)，王安石病逝，苏轼力主厚加褒恤，于是朝廷特赠太傅。《王安石赠太傅制》这一名篇，即出自苏手，其文云：

敕：朕式观古初，灼见天意。将以非常之大事，必生希世之异人。使其名高一时，学贯千载，智足以达其道，辩足以行其言。瑰玮之文，足以藻饰万物；卓绝之行，足以风动四方。用能于期岁之间，靡然变天下之俗。具官王安石，少学孔、孟，晚师瞿、聃。网罗六艺之遗文，断以己意；糠粃百家之陈迹，作新斯人。属熙宁之有为，冠群贤而首用。信任之笃，古今所无。方需功业之成，遽起山林之兴，浮云何有，脱屣如遗；屡争席于渔樵，不乱群于麋鹿，进退之美，雍容可观。

朕方临御之初，哀疚罔极。乃眷三朝之老，邈在大江之南，究观规模，想见风采；岂谓告终之问，在于谅阴之中，胡不百年，为之一涕！於戏，死生用舍之际，孰能违天；赠赙哀荣之文，岂不在我？宠以师臣

① 内制指皇帝诏令从宫中直接发布，外制指经由政府发布。

之位，蔚为儒者之光。庶几有知，服我休命。可特赠守太傅。

苏、王的政见虽然不同，而他们却能互相敬重，私交始终不渝。苏轼虽一再受到新党的迫害，而本文对王安石的高度推崇和理解，却见出了他秉心的公正和胸襟的阔大。

《四六丛话》卷三十三云："东坡四六，工丽绝伦中笔力矫变，有意摆落隋、唐、五季蹊径。以四六观之，则独辟异境；以古文观之，则故是本色，所以奇也。"四六经过苏轼进一步的拓展，面貌遂完全不同于唐体，而在文坛上立定脚跟了。

师承欧阳修新体四六的另一大家是王安石。王的作品风格不同于苏之豪宕放逸，而以谨严峭拔为特点。这显然和他们不同的个性有关。王集中除内外制外，以四六写的表启也不少。它们也同样具有参用古文笔法的特点，如其《手诏令视事谢表》云：

所宜引分以固辞，乃敢冒恩而轻就。实恃明主知臣之有素，故以孤身许国而无疑。人习玩于久安，吏循缘于积弊。簸言不忌，诐行无惭。论善俗之方，始欲徐徐而变革；思爱日之义，又将汲汲于施为。以物役己，则神志有交战之劳；以道徇众，则事功无必成之望。恐上辜于眷属，诚窃幸于退藏。犹贪仰附于末光，亦冀粗成于薄效。（节录）

这表示了他变法革新的坚强意志，用笔也典重凝炼，可以代表他的成就。他如回答吕惠卿的书信，则显示着王氏四六的另一种面貌。如众所周知，吕惠卿在王安石主持的变法运动中扮演了一个很不光彩的两面派角色。后来他感到惭愧，在元丰三年(1080)写信给王安石致歉自辩，已经退居江宁的王氏这样回答他说：

某启：与公同心，以至异意，皆缘国事，岂有他哉？同朝纷纷，公独助我，则我何憾于公？人或言公，吾无预焉，则公何尤于我！趣时便事，吾不知其说焉；考实论情，公宜昭其如此。开谕重悉，览之怅然。昔之在我者，诚无细故之可疑；则今之在公者，尚何旧恶之足念？然公以壮烈，方进为于圣世；而某茶然衰疢，将待尽于山林。趣舍异路，则相煦以湿，不如相忘之愈也。想趣召在朝夕，惟良食为时自爱。

——《答吕吉甫书》

这篇文章写得严正而又宛转，不但体现了作者的政治观点，而且也显示了他坚毅的性情和温厚的德量（参看蔡上翔《王荆公年谱考略》卷二十一）。这种带有政治性的抒情作品，在唐宋散文中是常见的，而王安石却以骈文写出，同样地感人至深。

欧阳新体的实践者还有曾巩、曾肇兄弟和刘敞、刘攽兄弟等人。曾巩的制诰代言之文，在《元丰类稿》中占七卷之多，此外还有若干篇表启。文风朴实浑厚，工整缜密。但在造诣上不及苏、王。当时司马光长于古文而怕作时文，神宗擢升他为翰林学士、知制诰，他竭力推辞，“不得已，乃受”。（苏轼《司马温公行状》）今观其《传家集》第十六、十七卷中都是骈体。他的史学巨著《资治通鉴》当然是用散文写的，但其《进〈资治通鉴〉表》则恪遵时制，仍用骈文。可见宋代的士大夫对这种文体都不生疏。

北宋后期，四六新体经过古文家的实践，已渐趋定型。继欧、苏、王、曾之后，苏门四学士黄、秦、张、晁和陈师道、邓润甫、李之仪、李清臣、林希、李邴等，都是四六作手。其中秦观的骈文语多婉约，富有词彩。如《贺元会表》、《贺吕相公启》皆为名篇。王铚《四六话》卷下载：“秦少游观在元祐诸馆职最后，自校对黄本书籍，方除正字，以启谢诸公，当时称之。用《三国志》蜀秦宓博识，诸葛孔明呼为学士；为唐诗人秦系，自号东海钓鳌客，张建封始署为校书郎。少游用此当家二故事作启，略云：‘切观前史，具见鄙宗。西蜀中郎，孔明呼为学士；东海钓客，建封任以校书。虽为将相之品题，且匪朝廷之选用。夫何寡陋，遽尔遭逢。’”足见秦观善于遣辞造句，用典精切。而晁无咎的《亳州谢到任表》云：“故六年迁徙，甘常困于米盐；而群从凋零，只自怜其形影。未敢当江湖飞集之数，何足挂朝廷论议之间？”所受苏轼的影响，十分明显。风气所趋，直到北宋末年，骈文家均沿着欧、苏开辟的道路向前发展，可见古文家改造和发展四六的功绩是不可磨灭的。

第三节　南宋的四六作者

经过北宋古文运动的洗礼，四六新体变革成功，但也从此成为主要施于制诰和表启的官方应用文体。大抵诏制是代帝王宣扬德音，表则用于臣对君，启则用于下对上或平辈间表达衷曲。其余各体亦有间用四六者，但为数不多，也不十分重要。

南宋之世，四六名家不断涌现，成就较高的有汪藻、孙觌、三洪、周必大、綦崇礼、陆游、杨万里、王子俊、李刘、真德秀、刘克庄、陈耆卿、方岳和文天祥诸人。他们或追踪欧、苏，或效法王、曾，各有造就。杨囦道《云庄四六余话》论述其源流说：

> 皇朝四六，荆公谨守法度，东坡雄深浩博，出于准绳之外，由是分为两派。近时汪浮溪（藻）、周益公（必大）诸人类荆公，孙仲益（觌）、杨诚斋诸人类东坡。大抵制诰笺表，贵乎谨严，启疏杂著，不妨宏肆，自各有体。非名世大手笔，未易兼之。

这一论述是合于当时的实际情况的。

南渡前后诸家　南渡前后上承北宋下启南宋的四六名家首推汪藻（1079—1154）。他字彦章，饶州德兴（在今江西省）人，徽宗崇宁二年（1103）登进士第，任著作佐郎。钦宗即位，迁太常少卿。南渡后，召为中书舍人，拜翰林学士。绍兴元年（1131），除龙图阁直学士、知湖州，升显谟阁学士。《宋史·文苑传》说他“工俪语，多著述，所为制词，人多传诵”，“属时多事，诏令类出其手”。所著《浮溪集》现存三十六卷。《四库全书总目》卷一百五十六此集提要云：“统观所作，大抵以俪语为最工。其代言之文，如《隆祐太后手书》、《建炎德音》诸篇，皆明白洞达，曲当情事。诏令所被，无不凄愤激发。天下传诵，以比陆贽。说者谓其著作得体，足以感动人心，实为词令之极则。”

汪藻最著名的文章是为隆祐太后代笔的册立康王为帝的文告（即《隆祐太后手书》）。靖康二年（1127）三月，金人曾立投降派头目张邦昌为傀儡皇帝，国号大楚。金兵掳徽、钦二帝北去后，张邦昌自感孤危，于四月中，迎接哲宗废后孟氏临朝，主持政务，议立徽宗第九子康王赵构为帝。在这样复杂而又窘迫的政治局面下，汪藻替她拟具手令，代表赵宋政权发言，措词实非易事。但他只用了二百九十二个字，就面面俱到地把国家艰难之际的时局说得剀切明白，起到了维系人心、共御外侮的作用，可算是一篇煌煌大文。今将这篇集中原题为《皇太后告天下书》的文章全录如次：

> 比以敌国兴师，都城失守。祲缠宫阙，既二帝之蒙尘；诬及宗祊，谓三灵之改卜。众恐中原之无主，姑令旧弼以临朝。虽义形于色，而以死为辞；然事迫于危，而非权莫济。内以拯黔首将亡之命，外以抒邻国见逼之威。遂成九庙之安，坐免一城之酷。
>
> 乃以衰癃之质，起于闲废之中。迎置宫闱，进加位号。举钦圣已行之典，成靖康欲复之心。永言运数之屯，坐视邦家之覆，抚躬独在，流涕何从！
>
> 缅惟艺祖之开基，实自高穹之眷命。历年二百，人不知兵；传序九君，世无失德。虽举族有北辕之衅，而敷天同左袒之心。乃眷贤王，越居近服，已徇群情之请，俾膺神器之归。由康邸之旧藩，嗣我朝之大统。汉家之厄十世，宜光武之中兴；献公之子九人，惟重耳之尚在。兹为天意，夫岂人谋！尚期中外之协心，同定安危之至计。庶臻小愒，同底丕平。用敷告于多方，其深明于吾意！

全篇层次分明，情至理惬。第一段叙国难当前之险，第二段写起复听政之由，第三段宣告康王继统的重大意义。立言得体，气势激扬。文末“汉家”一联，罗大经评为“事词的切，读之感动，盖中兴之一助也”（见《鹤林玉露》丙编卷三“建炎登极”条）。但此文由于是在张邦昌柄政的情况下写的，其中“虽义形于色”至“坐免一城之酷”诸语，显然是在为张邦昌回护开脱。这虽属事势所迫，但不能不说是一个严重的缺陷。所以宋人一方面对本文评价甚高，另一方面又认为诏中这八句话不妥，曾有人将其改作“扶九庙之倾危，免一城之惨酷”二句（见李心传《建炎以来系年要录》卷四），淡化了文中对张邦昌的洗刷，较原作为优。

汪藻的另一名篇是代高宗撰写的《建炎三年十一月三日德音》：

御敌者莫如自治，动名者当以至诚。朕自缵丕图，即罹多故。昧绥怀之远略，贻播越之深忧。虽眷我中原，汉祚必期于再复；而迫于强敌，商人几至于五迁。兹缘仗卫之行，尤历江山之阻。老弱扶携于道路，饥疲蒙犯于风霜。徒从或苦绎骚，程顿不无烦费。所幸天人协相，川陆无虞。仿治古之时巡，即奥区而安处。

言念连年之纷扰，坐令率土之流离；乡间遭焚劫之灾，财力困供输之役。肆夙宵而轸虑，如冰炭之交怀。嗟汝何辜，由吾不德。故每畏天而警戒，誓专克己以焦劳。欲睦邻休战，则卑辞厚礼以请和；欲省费恤民，则贬食损衣而从俭。苟可坐销于氛祲，殆将无爱于发肤。

然边陲岁骇，而师徒不免于屡兴；馈饷日滋，而征敛未遑于全复。惟八世祖宗之泽，岂汝能忘？顾一时社稷之忧，非予获已。少俟寇攘之息，首图蠲省之宜。

况昨来蒙蔽之俗成，致今日凌夷之祸亟。虽朕意日求于民瘼，而人情终壅于上闻。主威非特于万钧，堂下自遥于千里。既真伪有难凭之患，则遐迩衔无告之冤。已敕辅臣，相与虚怀而听纳；亦令在位，各须忘势以咨询。直言者勿遣危疑，忠告者靡拘微隐。所期尔众，咸体朕怀。

尚虑四民兴失职之嗟，百姓有夺时之怨。科需苛急，人心难俟于小康；犴狱繁滋，邦法有稽于末减。乃用迎长之节，特颁在宥之恩。

於戏！王者宅中，夫岂甘心于远狩？皇天助顺，其将悔祸于交侵。惟我二三之臣，与夫亿兆之众，亟攘外侮，协济中兴。

这篇诏书的主旨在于宣告皇上体恤下情，极愿为民造福，但由于强敌压境，国难当头，惟望同心协力，共渡时艰。文情激切，亦自感人。《浮溪集》中有外制四卷一百七十七篇，内制六卷二百零一篇，此外尚有不少表启、奏疏，大多闳丽雅健，切于情理。

当时仅次于汪藻的四六能手是孙觌（1081—1169）。觌字仲益，晋陵（今江苏武进县）人，大观三年（1109）进士，政和四年（1114）又中词学兼茂科（即博学宏词科）。其应试文《代高丽王谢赐燕乐表》辞意俱佳，脍炙人口。其警句云："玉帛万国，干舞已格于七旬；箫韶九成，肉味遽忘于三月。"又云："荡荡乎无能名，虽莫见宫墙之美；欣欣然有喜色，咸豫闻管籥之音。"采用《论语》、《孟子》中的成句，略加剪裁，造语工致，用事切当，被《辞学指南》选为定格。他在北宋末年，曾任御史、翰林学士，但其人品极差，附和投降派，丑诋抗战将领。汴京陷落后，他为钦宗草拟降表，极意向金主献媚，而且还接受金兵赠与的女乐，为士林所不齿。南渡后，被贬至峡州，再谪岭南象州；其后黄潜善、汪伯彦又将他招引回朝，使掌诰命。孝宗时，洪迈修国史，命他回忆靖康史事作为资料，他又对李纲等颇有诬辞。朱熹以此为恨，认为"小人不可使执笔"，曾撰专文揭其秽迹，略云："靖康之难，钦宗幸虏营。虏人欲得某文。钦宗不得已，为诏从臣孙觌为之；阴冀觌不奉诏，得以为解。而觌不复辞，一挥立就，过为贬损，以媚虏人，而词甚精丽，如宿成者。虏人大喜，至以大宗城虏获妇饷之，觌亦不辞。"（见《记孙觌事》，载《朱文公文集》卷七十一。某文，指降表。）有文无行，辱国媚敌，在历史上，孙觌是可和明末的阮大铖比丑的。他的著作现存《鸿庆居士集》四十二卷、《内简尺牍》十卷。《四库全书总目》卷一百五十七《鸿庆居士集》提要在指责其人之品德后说："然觌所为诗文颇工，尤长于四六，与汪藻、洪迈、周必大声价相埒。必大为作集序，称其名章隽句，晚而愈精，亦所谓孔雀虽有毒，不能掩文章也。"

与汪、孙同时并擅四六的，还有綦崇礼、翟汝文、王安中和李汉老诸人。其中綦崇礼尤为出色。崇礼（1083—1142）字叔厚，北海（今山东潍坊）人。徽宗重和元年（1118）登太学上舍第，任淄县主簿。高宗南渡，召试政事堂，为制诰三篇，辞翰奇伟，拜中书舍人，授翰林学士，知绍兴府。

现存《北海集》四十六卷，所作内外诸制，明白晓畅，切中事理，与汪藻的体格相近。《宋史》本传说他“妙龄秀发，聪明绝人”，“入翰林凡五年，所撰诏命数百篇，文简意明，不私美，不寄怨，深得代言之体”。他为人端方亮直，不畏权贵。绍兴二年(1132)，秦桧向高宗提出“南人归南，北人归北”的谬论，崇礼力斥其非，并奉诏草《秦桧罢右相制》，揭露秦桧的真面目，其中有云：

> 自初豫政，疑若献忠。从其长则未尝争议于当然，私于朕则每独指言其不可。遂令代相，倚以为邦。务推勿贰之诚，庶尽欲行之志。自诡得权而举事，当耸动于四方；逮兹居位以陈谋，首建明于二策。罔烛厥理，殊乖素期。念方委听之专，更责寅恭之效。而乃凭恃其党，排斥所憎。进用臣邻，率面从而称善；稽留命令，辄阴怵以交攻。岂实汝心，殆为众误。顾窃弄于威柄，或滋长于奸朋。方悉屏除，尚图改事。

此文“播告中外，人始知桧之奸”(《宋史·奸臣传》)。绍兴八年秦桧复相后，曾派人到綦家搜索这篇制词的草稿，进行迫害。可见此文措辞之犀利，着实触到了奸相的痛处。

南宋前期诸家　《鹤林玉露》丙编卷二“文章有法”条称“渡江以来，汪、孙、洪、周四六皆工。”这四位作者可称为南宋前期四六的四大家。其中汪藻和孙觌的时代稍前，跨于两宋之间，而三洪和周必大所处的时代稍后，主要活动期是在孝宗、光宗朝。

三洪是指洪皓的三个儿子：适、遵、迈。皓字光弼，鄱阳(在江西省，今作波阳)人。曾于建炎三年(1129)以礼部尚书衔出使金国，抗节不屈，被留十五年才得南归，以此声誉甚高。其长子适(1117—1184)，字景伯，绍兴十二年(1142)中博学宏词科。隆兴二年(1164)，任太常少卿、中书舍人；乾道元年(1165)，拜尚书右仆射同中书门下平章事。所著《盘洲文集》中有内制八卷，外制六卷，藻思绮句，层见叠出。弟遵(1120—1174)，字景严，与兄适同年中词科，出知平江府。孝宗时召为翰林学士承旨，拜同知枢密院事，著有《翰苑群书》。季弟迈（1123—1202），字景庐，绍兴十五年（1145）中词科。孝宗时入史馆，预修《四朝帝纪》，淳熙十三年（1186）授翰林学士，绍熙元年（1190），进焕章阁学士、知绍兴府。生平撰述宏富，有《容斋五笔》、《夷坚志》和《野处类稿》等，以博洽著称。洪氏三兄弟都以词科起家，皆工骈俪，颇负盛名。如洪适《虞允文端明殿学士同签书枢密院制》云："一扫妖氛，微管仲吾具左衽；再开幕府，用李勣贤于长城。"《王大宝致仕制》云："闵劳以事，圣王隆待下之仁；归洁其身，君子尽遗荣之美。"洪遵《令宗正司岁举宗子诏》云："称其子，不为比，勉继祁奚之公；称其官，时尔能，能懋成王之赏。"《代枢密使谢赐玉带表》云："有璞于此必使琢，恍惊制作之工；匪伊垂之则有余，允谓便蕃之赐。"洪迈《汤思退罢左相制》云："得贤则能立邦基，予岂轻于注意？乃心罔不在王室，尔勿废于告猷。"《代谢赐御书〈周易〉〈尚书〉表》云："八卦之说谓之索，奉以周旋；百篇之义莫得闻，坦然明白。"对仗既精，句法多变，足见长于此道。洪迈《容斋三笔》卷八"吾家四六"条记述了兄弟三人的许多名句，生动有趣。如从文学创作的总体来说，洪迈当首屈一指。但如专就四六而言，则洪适的作品最多，成就尤高，名篇如《谢除秘书省正字启》和《汤思退罢尚书左仆射同中书门下平章事兼枢密使特授观文殿大学士提领江州太平兴国宫依前特进岐国公制》等，都写得雍容自然，典重有法，似可作为三洪的代表，列为南宋前期四大家中的第三位。

四大家中的最后一位是周必大（1126—1204）。必大字子充，庐陵人，登绍兴二十年（1150）进士第，又中二十七年（1157）博学宏词科，任国史院编修官。孝宗时授秘书少监、直学士院，兼中书舍人，升任翰林学士。淳熙十四年（1187），拜右丞相，十六年，进左丞相。光宗朝封益国公，宁宗朝以少傅致仕，自号平园老叟，著有《文忠集》二百卷。由于他擅长四六，孝宗时，朝廷的诏令典册多出其手，其所撰《岳飞叙复元官制》尤为当时及后世所传诵。文云：

敕：仁皇在位，亲明利用之勋；神祖御邦，首祭狄青之像。盖念旧者不忘于拔拭，而劝功者当急于褒崇。朕只禀睿谟，眷怀宿将。兹仰承于素志，肆尽洗于丹书。

故前少保武胜定国军节度使武昌郡开国公食邑六千一百户食实封二千六百户岳飞，拔自偏裨，骤当方面。智略不专于古法，沉雄殆得于天资。事上以忠，至无嫌于辰告；行师有律，几不犯于秋毫。外摧孔炽之狂胡，内翦方张之剧盗。名之难揜，众所共闻。会中原方议于櫜弓，而当路立成于投杼。坐急绛侯之系，莫然内史之灰。

逮更化之云初，示褒忠之有渐。思其姓氏，既仍节制于岳阳。念尔子孙，又复孤茕于岭表。欲尽还其宠数，乃下属于眇躬。是用峻升孤棘之班，叠畀斋坛之组。近畿礼葬，少酬魏阙之心；故邑追封，更慰辕门之望。不徒发幽光于既往，庶几鼓义气于方来。

嗟乎！闻李牧之为人，殆将抚髀；阙西平而未录，敢缓旌贤？如其有知，可以无憾。

淳熙十六年(1189)，朝廷决定为岳飞恢复名誉，以礼改葬。周必大荣膺草诏的使命，写出了这篇令忠臣义士扬眉吐气的好文章。周氏的佳篇颇多，如岳珂《桯史》卷十一还记录了他在嘉泰元年(1201)被降为少保后的一篇谢表，言正而文婉，亦为众口交誉之篇。

与周必大同时的陆游和杨万里也都善作四六。陆游的佳句如《谢葛给事后》有云："虽饭豆羹藜，不敢望功名于老大；然书绅铭座，尚思复玷缺之艰难。"《知严州谢王丞相启》云："顷自吴中，久留剑外。顾彼衣冠之所萃，颇以文字而相从。方深去国之悲，敢有择交之意。流偶殊于泾渭，风自隔于马牛。"《四六丛话》卷三十三评论杨万里说："《诚斋集》四六小简，俱精妙绝伦，往往属对出之意外，妙若天成，南宋诸公皆不及。"如《回吉水萧知县启》云："属者鸰行，得从大阮竹林之胜；暇而燕语，每传小谢春草之吟。"《除吏部郎官谢宰相启》云："搔白首以重来，问青绫之无恙。玄都之桃千树，花复荡然；金城之柳十围，木犹如此。"《辞免赣州得祠进职谢表》云："伏念臣老不事事，才非奇奇。三圣旁招，早堕鹭廷之数；初潜豫附，晚参鹤禁之僚。方众贤依乘风云之秋，乃微臣僵卧山林之日。把麾江海，此朝士之荣光；丽日崆峒，亦诗人之佳郡。"皆构思奇妙，措词精切，不愧作手。

当时专精于制诰的还有楼钥(1137—1213)。钥字大防,自号攻媿主人,鄞县(今宁波市)人,隆兴元年(1163)进士,出知温州。光宗朝召为起居郎、中书舍人,兼直学士院。《宋史》本传说他“代言坦明,得制诰体”,“光宗内禅诏书,钥所草也,有云‘虽丧纪自行于宫中,而礼文难示于天下’,荐绅传诵之。”宁宗受禅后,曾授翰林学士,迁吏部尚书。“时钥年过七十,精敏绝人,词头下,立进草,院吏惊诧。”所著《攻媿集》原一百二十卷,今存一百十二卷。如其代宁宗皇帝撰《戒饬贪吏诏》云:

> 朕临御以来,仰遵累朝恭俭之规,菲食卑宫,靡敢怠遑,庶己躬行,以移风俗,而志勤道远,观感未孚。况以奸倖弄权,故相同恶;上下交利,贿赂公行;赃吏债帅,益无忌惮。监司为吾澄按之官,郡守受吾民社之寄。至相仿效,贪婪无厌;反恃苞苴,狼藉已甚。席卷帑藏,或盈巨万;郡县经费,耗蠹几尽。军民衣食,椎剥无余;积弊有年,虽悔何及。大臣簠簋不饬,殆弗容迁就而为之讳也。
>
> 朕方厉精庶政,与民更始。申加训饬,以警有位。继自今各务精白,一心以承至意。其有并缘公家,以济其私,尚为故态,必罚无赦。至如互送无艺,屡形切责,遐方循习,曾不少悛。并当禁戢,或彻听闻;考验有迹,皆以赃坐。
>
> 呜呼!咎莫追于既往,法欲励于将来;宜存素丝之风,毋蹈覆车之辙。使人知自爱,罔或敢干。冀民力之少苏,期士风之益懒。朕意厚矣,尚其戒哉!

此文以白描之体,显坦诚之心,有劝有戒,入理入情,的确是一篇极好的公文。

学士们为皇帝代笔的制诏可以收入自己的文集中,幕僚为府主代笔的各种文字同样也可以这样处理。因而便也有人将这类文字辑存起来编为专集。现存李廷忠的《橘山四六》二十卷便是其中的一种。李廷忠字居厚,号橘山,於潜(今浙江临安县)人。淳熙八年(1181)进士,曾任无为教授、旌德知县。《四库全书总目》卷一百六十一《橘山四六》提要云：

> 廷忠名位不显，故集中启劄为多，大抵候问酬谢之作。而第十四卷内乃皆贺正贺至笺表，中有乘轺护漕等语，与廷中仕履不合，必非其所自为。案洪迈《容斋四笔》称，宋时所在州郡，相承以表奏书启委教授，因而饷以钱酒。则此必廷忠为教官时，代州守及宪臣所作。特原本未及注明，遂不可辨耳。北宋四六，大都以典重渊雅为宗，南渡末流，渐流纤弱。廷忠生当淳熙、绍熙之间，正风会将变之时，故所作体格稍卑，往往好博务新，转伤繁冗。然织组尚为工稳，其佳处要不可掩，固当存之以备一家。

这不仅指出集中收有代笔之作，而且还指出孝宗、光宗时代，四六文体渐趋纤弱而繁冗的现象。其文如《谢王枢使荐举启》云："如某者，慵质自持，寒根寡与。三已而三无愠，空惊忧废之余；四问而四不知，可笑庸虚之甚。身飘飘而负愧，时亹亹以过中。既不能饰固陋之心以取容，复未免折凄凉之腰而逐食。"正可证明《四库全书总目》提要所论。

当时为达官捉刀的四六高手是王子俊。王氏字才臣，吉水人。黄畴若知成都，安丙为四川制置大使时，都曾聘请他为幕僚。其代黄氏撰《知成都谢到任表》云："顾惟四境，颇异平时。内而间阎凋瘵之弊深，外则羌獠招怀之道阙。一龙蛇，一赤子，人谓斯何？为保鄣，为茧丝，策将安出？岂綮绵谫，所克堪任！臣惟当精白一心，展布四体。□□□□□□□，□□□□□□□[①]；既庶矣加之富矣，愿遵洙泗之言。"属对既工，立言亦当。彭元瑞《〈宋四六选〉序》所说"尊幕中之上客，捉刀竞说三松"，就是指的王子俊。其所著《三松类稿》今已失传，现存《格斋四六》一卷，其中代笔，都加注明，如"代杨诚斋"、"代竹坡先生黄畴若"、"代胡监酒"等。当时又有卫博其人，所著《定庵类稿》四卷中，亦多代笔之作。《四库全书总目》卷一

① 此处衡以文律，似缺二句，然影印本《四库全书》本如此作，手中又无别本可以校补，姑志于此以俟再考。

百五十九《定庵类稿》提要说："所作凡表札、笺启、序记、书疏之类，无所不备，而什九皆为他人属草者。""盖博本以表奏四六擅长，故每为当时显贵者所罗致。而观其所作，亦大都工稳流丽，有汪藻、孙觌之余风，非应酬率率者可比。"

南宋后期诸家　南宋后期四六名家首推李刘。《四库全书总目》卷一百六十三《四六标准》提要云：

> 自六代以来，笺启即多骈偶。然其时文体皆然，非以是别为一格也。至宋而岁时通候、仕宦迁除、吉凶庆吊，无一事不用启，无一人不用启。其启必以四六，遂于四六之内别有专门。南渡之始，古法犹存。孙觌、汪藻诸人，名篇不乏。迨刘晚出，惟以流丽稳贴为宗，无复前人之典重。沿波不返，遂变为类书之外编、公牍之副本，而冗滥极矣。然刘之所作，颇为隶事亲切，措词明畅，在彼法之中，犹为寸有所长。故旧本流传，至今犹在。录而存之，见文章之中有此一体为别派，别派之中有此一人为名家，亦足以观风会之升降也。

它一方面指出了南宋后期四六冗滥之弊，一方面也肯定了李刘是众多作者中的佼佼者。刘字公甫，号梅亭，抚州崇仁（在今江西省）人，嘉定七年（1214）进士，任宁乡主簿。湖南安抚卫泾、蜀帅董居谊，均曾罗致幕下。后回朝任中书舍人、直学士院，官至吏部侍郎、宝章阁待制。其门人罗逢吉辑其作品为《四六标准》四十卷①，分列七十一个门类。绍定四年（1231）正月，皇太后行庆寿礼，适逢淮东制置使赵葵等讨伐叛将李全获胜，李刘写了《贺丞相明堂庆寿并册皇后礼成平淮寇奏捷启》，气概不凡，传为名篇。其中有云：

> 岂谓孽臣之奸骄，敢负湛恩之汪涉！楚氛甚恶，动兵邦域之中；汉相有真，折冲尊俎之上。薄言讨伐，亟遂殄歼。南方之强与，北方

① 李刘曾自己编定《梅亭四六》，但已失传。

之强与，风移俗易；东夷之人也，西夷之人也，气夺胆寒。风声鹤唳，不但平淮；雪夜鹅鸣，更观擒蔡。信君子不战，战必胜；知人臣无将，将则诛。

文中用典叙事，颇为贴切，融化古语，尤见浑成。如以《礼记》之南强北强对《孟子》之东夷西夷，极为工巧。他又喜欢用本朝的典故，如《贺虞大参帅蜀启》云："小范有胸中百万兵，西贼闻之胆惊破；富弼上河朔十二策，北边皆其手抚摩。"《上卫参帅启》云："夷狄问潞公之年，幸其未老；儿童诵君实之字，持此安归。"其中引用了范仲淹、富弼、文彦博和司马光四人为众所习知的故事，能近取譬，正是宋四六的胜境。

他如真德秀、魏了翁和刘克庄等，也都是在朝廷执掌制诰的高手。真德秀在理宗时授翰林学士、知制诰，所以他为朝廷撰写的四六甚多。其私人书启如《回孙状元启》云：

伏以璧水蜚英，夙高士望；玉阶上对，果亚伦魁。新六馆之荣观，壮七闽之盛事。恭惟某官：清标绝俗，劲气横秋。学探精微，期欲造圣人之奥；身居穷约，常怀忧天下之心。饬躬允蹈于规绳，抗志弗渝于金石。比承清问，独罄丹衷。深陈立德隆替之由，力辨国论是非之正，虽明白峭直，不为媚俗之言；而温厚深醢，自得告君之体。（节录）

他是以儒宗自命的道学家，所以在内容上讲究教化，遣词造句比较拘谨。如《进大学衍义表》，文赡义精，句稳语重，主要是继承了曾巩的作风。《四六丛话》卷三十三评论说："南宋骈体，西山先生为一大家，华而有骨，质而弥工，不染词科之习，野处（洪迈）、诚斋而下皆不及也。"魏了翁《鹤山集》中有表笺一卷、内制一卷。绍定五年（1232），魏氏以宝章阁待制出任潼川路安抚使、知泸州。其《潼川路安抚到任谢表》略云：

矧又授钺于赤甲白盐之下，予麾于玉堂金璧之间。犹未厌于宸心，复洊颁于阃寄。地连巴益，分四千石虎竹之符；江接牂渝，理十六载龟琴之梦。维时多故，历变方新。民夷有侏儒扰杂之难齐，郡国有赤子龙蛇之未定。而民力张弓之莫弛，边氛煽燎之方扬。岂惟鹈在梁上之羞，抑亦蚤负山之惧。厥惟忝冒，实出会逢。

风格与真德秀近似。而真氏的弟子刘克庄亦工于俪体，早期颇好雕琢，后来则趋向雅淡自然。他的《后村先生大全集》中有内制七卷，外制十六卷，表笺三卷，启八卷，上梁文与乐语、祝文、疏、青辞各一卷，数量极富。如其《谢傅侍郎举著述启》有云：

窃以洙泗之盛，始分设教之科；汉唐以来，代有能言之士。然晁、董名儒，而不免科举之累；若燕、许大手，而惟工台阁之辞。才之难全，古所共叹。暨我本朝之盛际，森然诸老之名家。六一之文唱于汉东，宛陵之诗鸣于庆历。未几一变，遂宗王氏之新经；厥后横流，别出西江之宗派。正大之理，破于穿凿；浑厚之体，溢为尖新。有如命世之宗工，方绍斯文之正统。

所论文章流变，虽不尽当，而行文风格清新，笔致流畅。克庄对骈体很有研究，曾提出一些深刻的见解。如在《跋黄孝迈四六》中说："四六必有新意，必有警联。新意谓不经人道者，警联谓可脍炙人口而不戟人喉舌者。"《跋汤埜孙四六》又说："余谓四六家驾清谈者轻虚，惟故事者重浊，谀辞伤直道，全句累正气；宁新毋陈，宁雅毋俗，宁壮浪毋卑弱。"这可以说是他的经验之谈，其作品也基本上是与他的这些主张相合的。

与刘克庄同时的方岳也擅长骈文。方岳(1199—1262)字巨山，号秋崖，歙州祁门(在今安徽省)人，绍定五年(1232)进士，任滁州教授。淮东制置使赵葵招致幕下，为参议官。曾致书赵葵，举葵驭军之失，辞甚切直。他在各处担任地方官时，曾因忠鲠敢言，先后获罪于史嵩之、贾似道、丁大全诸人，终于罢归乡里。所著《秋崖集》今存。《四库全书总目》卷一百六十四此书提要云："岳才锋凌厉。洪焱祖作《秋崖先生传》，谓其诗文四六不用古律，以意为之，语或天出，可谓兼尽其得失。要其名言隽句，络绎奔赴，以骈体为尤工，可与刘克庄相为伯仲。”如其《两易邵武军谢庙堂启》末段云：

尚念某草茅之习固然，萍梗之踪方定。若曰统临之部，本无界限之分。恐郡国难，而朝廷处之亦难；既江东可，则福建奚其不可？畏首畏尾，吾身余几，谁云天地之宽？何蓑何笠，尔牧来思，孰与山林之密？敢因摧谢，并以恳祈！

显示了他特有的傲岸不凡的作风。

当时浙东学派中的散文家也有工于四六的，如周南、陈耆卿和吴子良等。陈耆卿《〈篔窗集〉自序》说他早年喜作四六，“会四五郡侯连以笺翰为嘱，辞不获命，涉笔无休，时今数之，不啻千百矣”。《林下偶谈》卷二载：

水心与篔窗论四六，篔窗云：“欧做得五六分，苏四五分，王三分。”水心笑曰：“欧更与饶一两分可也！”①水心见篔窗四六数篇，如《代谢希孟上钱相》之类，深叹赏之。盖理趣深而光焰长，以文人之华藻，立儒者之典型，合欧、苏、王为一家者也。

吴子良承认自己写四六“本得法于篔窗”，可见陈耆卿是他们之中的骈文能手。可惜《篔窗初、续集》的原本早佚，《林下偶谈》所说《代谢希孟上钱相启》今亦不可得见。现存之作如《通两浙漕章郎中启》云：“足食然后足兵，信当世唇齿之论；富民乃能富国，盖古人心腹之谋。因知前舳而后舻，不碍左飧而右粥。惟威名震远，则豺狼之群立空；惟精诚照微，则雀鼠之讼几息。”遣辞既十分切题，文意亦颇浑灏流转，可见其对于此道，有相当高的造诣。

晚宋时，骈文专集还有从王迈的《臞轩集》中别裁出来的《臞轩四六》

① 叶适和吴子良都认为欧阳修的四六成就比苏轼高，但在我们看来，欧阳修这方面的创新之功似乎更值得肯定，而艺术成就则不得不首推他的弟子苏轼。

二卷和传为方大琮撰的《壶山四六》一卷。而抗元英雄文天祥和陆秀夫等,也都是四六名手。文天祥的全集中存有骈文甚多,颇能自铸伟辞,如《贺赵侍郎月山启》有云:

悠悠四顾于山河,落落一麾于江海。啸吟水石,酬谪仙捉月之魂;上下风樯,访舍人麾军之迹。慨然有神州陆沉之叹,发而为中流击楫之歌。属传风景于岘山,忽骇波涛于天堑。长江为备不数处,可共险于万人;朝廷养兵三十年,当成功于儒者。

此文不囿于一般的应酬之词,而是结合着采石矶抗金大捷的史迹,鼓励赵月山到太平(今安徽省当涂县)后利用长江天险,担负抗元的重任,气象峥嵘,一扫宋末衰弊纤弱之习。而陆秀夫以端宗口吻写的《景炎皇帝遗诏》,则更是一篇充满爱国正气传诵天下的文章:

朕以冲幼之资,当艰危之会。方太皇命之南服,黾勉于行;及三宫胥而北迁,悲忧欲死。卧薪之愤,饭麦不忘;奈何乎人,犹托于我?涉瓯而肇霸府,次闽而拟行都,吾无乐乎为君,天未释于有宋。强膺推戴,深抱惧惭!

而敌志无厌,氛祲甚恶,海桴浮避,澳岸栖存。虽国步之如斯,意时机之有待。乃季冬之月,忽大雾以风,舟楫为之一摧,神明拔于既溺。事而至此,夫复何言?矧惊魂之未安,奄北哨其已及。赖师之武,荷天之灵,连滨于危,以相所往。沙洲何所,垂阅十旬;气候不齐,积成今疾。念众心之巩固,忍万苦以违离。药非不良,命不可逭。

惟此一发千钧之重,幸哉连枝同气之依。卫王某,聪明夙成,仁孝天赋,相从险阻,久系本根。可于柩前即皇帝位,传玺绶。丧制以日易月,内廷不用过哀,梓宫毋得辄置金玉,一切务从简约。安便州郡,权暂奉陵寝。

呜呼!穷山极川,古所未尝之患难;凉德薄祚,我乃有负于臣民。尚竭至忠,共扶新运。故兹诏示,想宜知悉。

陆秀夫(1236—1279),字君实,盐城(在今江苏省)人,景定元年(1260)进士。淮南镇帅李庭芝赏识他才思清丽,特罗致幕中,主管机宜文字。德祐二年杭州陷落后,度宗的儿子益王昰和卫王昺逃到温州,陆秀夫追踪而至,后与大臣陈宜中、张世杰等在福州拥立益王登帝位,是为端宗,次年,由于元兵的追击,宋室君臣漂泊海上,端宗病逝。在这一关键时刻,他挺身而出,义形于色地说:"度宗皇帝一子尚在,将焉置之?古人有以一旅一成中兴者,今百官有司皆具,士卒数万,天若未欲绝宋,此岂不可为国耶?"(《宋史》本传)这篇《拟景炎皇帝遗诏》,就是在这样的政治形势下写出来的。当汉民族政权危急存亡之际,陆秀夫以庄重严峻的笔调,代拟王言,宣示了君臣上下齐心合力,奋斗到底宁死不屈的决心。辞意恳切,气势悲壮。这篇文章宣告了卫王赵昺的继位。在文学史上,它也是宋代最后发出光芒的骈文。

第十二章　小说的新面貌

中国小说发展到宋代，出现了白话通俗小说。在宋以前，从先秦的神话、寓言，中经六朝志怪、唐人传奇，或附会神异，或叙述奇闻，都用文言写成，多出文人之手，只能供文化水平较高的人士欣赏。而宋代新兴的话本小说，却出于民间艺人的口头创作，不仅语句通俗活泼，而且内容能反映当时的市民生活，拥有更为广泛的读者，在文学史上形成一种新局面。

在中国文学史上，反映城市平民各阶层生活、意识的文学，在中晚唐时期就已萌芽，但只有到了宋代，由于各种民间伎艺的蓬勃繁兴，市民文学才得以成长和发达。特别是说话艺人创造的话本，在市民文学中有着非常突出的地位。这种新文体的产生，不仅写出了传统的诗文中所不曾表达过的社会内容，而且还多面地、细致地塑造了各阶层的人物群像，使得城市平民也得以主角的身份进入文学作品，这是前所未有的。它为后来的长短篇小说准备了条件，影响极为深远。

从宋以来，文言小说便和白话小说同时并存，并互相渗透。宋代文言小说虽然主要是继承了六朝志怪和唐人传奇的传统，但由于受到话本艺术的影响，在创作手法上也有所创新。

第一节　话本小说的兴起

说话、话本及其起源　在新兴的、基本上是为市民阶层服务的宋代民间伎艺中，有歌舞、扮演和说唱等各种形式，品类繁多。据灌圃耐得翁《都城纪胜》等文献所载，说话是与赚词、诸宫调等同在瓦舍勾栏（市民游乐场）中献演的说唱伎艺的一种①。话字在唐宋人的口语中含有故事的意思，所以说话就是讲故事，等于后世的说书。这种伎艺在宋代非常盛行，影响很大，从事这种职业的称为说话人。人数众多的说话人还互相联络，成立一种行会组织，称为书会。书会中专为说话人编写底本的作家称为才人。有的艺人把自己讲唱的故事记录下来，或请书会才人帮助整理出来，便由口头创作发展为书面文学，因此产生了话本。所谓话本，原意是说话人讲故事用的底本②。因为它是用口语讲述和记录的，这就成了白话通俗小说的开端。

说话盛行于宋代，但在唐朝已经萌芽。唐人郭湜《高力士外传》载："上元元年（760）七月，太上皇（玄宗）移仗西内安置。每日上皇与高公亲看扫除庭院，芟薙草木。或讲经、论议、转变、说话，虽不近文律，终冀悦圣情。"这表明唐肃宗时说话和转变等说唱伎艺已从社会上进入宫廷，以供退居深宫的太上皇娱乐。

转变也是一种说唱伎艺，原是寺院中僧侣宣传佛教的通俗讲演。清光绪二十五年（1899），在敦煌石室中发现的唐写本俗讲变文，就是当时佛家讲经和转变的文本。因此，有些学者便认为说话源出俗讲转变③。其实，转变和说话是并行的讲唱伎艺，并不存在先后的因果关系。两者之间

---

① 关于宋代瓦舍中各种伎艺的情况，因与戏剧形成的关系更为密切，统在本书第十三章第一节中叙述，请参看。

② 鲁迅《中国小说史略》第十二篇《宋元话本》云："说话之事，虽在说话人各运匠心，随时生发，而仍有底本以作凭依，是为话本。"此书的日译者增田涉撰《论"话本"的定义》一文（1965 年发表于日本《人文研究》16 卷第 5 期，汉译文载《古典文学知识》1988 年第 2 期），提出了不同的见解，他认为话本就是故事、传说、传闻的意思，然似无坚证，难以改变旧说。

③ 例如：向达在《唐代俗讲考》中说："从敦煌所出诸俗讲文学作品观之，宋代说话人宜可溯源于此。"见《唐代长安与西域文明》，三联书店 1957 年版。孙楷第在《中国短篇白话小说的发展与艺术上的特点》中说："中国短篇白话小说出于说话，说话又出于转变。"见《俗讲、说话与白话小说》，作家出版社 1956 年版。叶德均在《宋元明讲唱文学》中说："唐五代僧侣们所创制的俗讲是讲唱文学的开山祖。"见《戏曲小说丛考》，中华书局 1979 年版。

确曾彼此影响，相互促进，但又各有自己的悠久传统。转变源出六朝时佛家的唱导，是从印度传来的；发展到唐代，先有佛寺的讲经文，进而发展为俗讲，最后才有说历史故事和民间故事的变文。说话出自我国古代的稗官小说，《汉书·艺文志》："小说家者流盖出于稗官，街谈巷语，道听途说者之所造也。"颜师古注引如淳云："细米为稗，街谈巷说，其细碎之言也。王者欲知闾巷风俗，故立稗官，使称说之。"可知稗官的任务是收集民间故事，其职责就是讲述这些琐碎的故事（见余嘉锡《小说家出于稗官说》，载《余嘉锡论学杂著》，中华书局 1956 年版）。《后汉书·蔡邕传》记汉灵帝时乐松和贾护"多引无行趣势之徒，并待制鸿都门，喜陈方俗闾里小事，帝甚悦之。"与《汉志》所载可以互证。可见我国古代早就有说故事的传统了。《三国志·魏书》卷二十一《王粲传》注引《吴质别传》记载"召优使说肥瘦"，又引《魏略》记曹植"科头拍袒，胡舞五椎锻，跳丸击剑，诵俳优小说数千言"，这也有力地说明了讲故事早已成为优人百戏的艺事之一。1957 年在成都天回镇汉墓出土的坐式说唱俑，以及后来发现的郫县东汉砖室墓出土的立式陶说书俑，也可能是俳优说故事的形象①，和说唱伎艺接近，可供参考。至于说话即故事之义，也早见于先唐文献，如《北史》卷四十三《李崇传》"凡所话谈，每多会旨，帝每狎弄之"，隋代侯白《启颜录》有"说一个好话"之语，均其明证。由此可见，说话绝不是从外国传来的，不是从佛家的俗讲中发展出来的，而是源于我国古代说故事的传统。

说话作为民间艺人的职业而流行，据现有资料，是在中唐。元稹《元氏长庆集》卷十《酬翰林白学士代书一百韵》诗中有云："翰墨题名尽，光阴听话移。"自注："乐天每与予游，从无不书名屋壁，又尝于新昌宅说《一枝花话》，自寅至巳，犹未毕词也。"明抄本《类说》卷二十六载《汧国夫人传》，

① 这两个俑的图象分别见于《人民画报》1959 年第 9 期及《艺苑掇英》1980 年第 9 期。但它们是否即说唱俑或说书俑，学术界存在着争议。刘志远撰《汉代说书人——说唱俑介绍》一文，主张成都出土之俑为说唱俑，载《人民日报》1961 年 12 月 16 日。此说曾引起赵俊贤、黄进德二人的驳难。赵反对把成都出土的击鼓俑解释为说唱俑，见所撰《说书起源问题质疑》，载《文学遗产》增刊第十辑。黄反对把成都和郫县出土的两个俑解释为说书俑，见所撰《"说话"探源》，载《扬州师范学院学报》1982 年第 3、4 期合刊。

此文作:“乐天从游,常题名于壁,复本说《一枝花》,自寅及巳①。”艺人顾复本所说,乃艺名一枝花后封汧国夫人的李娃的故事,详唐人传奇名篇白行简《李娃传》。段成式《酉阳杂俎续集》卷四《贬误》篇亦云:“予太和末因弟生日观杂戏,有市人小说。”这都是中唐时代说话艺人已在街坊市井间献技的书证。

唐代寺院中的俗讲和市井间的说话虽然是两个系统,但却不是完全隔绝的。俗讲受了说话的影响,突破了佛教经义的束缚,成为一种假托经论以娱听众的手段,进而改讲历史故事和民间故事,并由寺院走向民间。如唐末吉师老《看蜀女转昭君变》诗云:“妖姬未著石榴裙,自道家连锦水濆。檀口解知千载事,清词堪叹九秋文。翠眉颦处楚边月,画卷开时塞外云。说尽绮罗当日恨,昭君传意向文君。”(见《全唐诗》卷七百七十四)今存敦煌卷子中确有《王昭君变文》。但吉师老不是在寺院中听和尚讲唱,而是看女艺人在民间演出。这说明晚唐时转变已经与说话合流,不再是寺庙中以陈说因果报应为主要内容的宗教宣传,而是社会上以悲欢离合为主要内容的艺术表演了。同样,说话也吸取了俗讲变文的艺术形式来丰富自身,例如其讲和唱的结合,散文和韵文交错的体裁等,都曾被话本所吸收。如今存敦煌变文中叙说惠远和尚的故事的《庐山远公话》,也正是说话与转变互相影响的产物,是话本小说产生于唐代的重要实例。由于后来的说话人兼收并蓄,勇于创新,话本在艺术上超过了转变,发展到宋代,盛极一时;转变的后裔如说经、说参请虽也在说话四家之中占有一席之地,但却降为次要的了。

宋话本的时代特征 话本小说作为市民文学之所以能在宋代勃兴,主要是当时工商业的发达和城市经济的繁荣促成的。宋初统一全国,结束了晚唐、五代长期割据的混乱局面,这就为社会经济的恢复创造了有利条件。在劳动人民积极从事农业生产的过程中,北宋时期的手工业和商业也发展起来了,随之而起的是形成了更多的商业都市。如汴京、兴元

① 《渊鉴类函》卷二百四十八“称一枝花”条引《异闻录》与此传略同,惟“复本说《一枝花》”作“顾复本说《一枝花》”,知复本姓顾,传文盖偶脱顾字。

（南郑）、成都等，每年所收商税多达四十万贯以上。孟元老在《〈东京梦华录〉序》中，曾经描绘汴京的繁华说：

> 辇毂之下，太平日久，人物繁阜。垂髫之童，但习鼓舞；班白之老，不识干戈。时节相次，各有观赏：灯宵月夕，雪际花时；乞巧登高，教池游苑。举目则青楼画阁，绣户珠帘，雕车竞驻于天街，宝马争驰于御路；金翠耀目，罗绮飘香，新声巧笑于柳陌花衢，按管调弦于茶坊酒肆。八荒争凑，万国咸通。集四海之珍奇，皆归市易；会寰区之异味，悉在庖厨。花光满路，何限春游；箫鼓喧空，几家夜宴。伎巧则惊人耳目，侈奢则长人精神。

伴随着这样欣欣向荣的城市经济，市民阶层也壮大了起来。而且由于手工业工人和商人的分工细密，还出现了行会集团。南宋的领土虽然不到北宋的三分之二，但由于东南地区富庶的自然条件，社会经济仍然是向前发展的。南宋的首都临安（杭州），人烟稠密，拥有一百多万户口。耐得翁在《〈都城纪胜〉序》中说：

> 自高宗皇帝驻跸于杭，而杭山水明秀，民物康阜，视京师其过十倍矣。虽市肆与京师相侔，然中兴已百余年，列圣相承，太平日久，前后经营至矣，辐辏集矣，其与中兴时又过十数倍也。

所以范成大《吴郡志》卷五十载谚云：“天上天堂，地下苏杭。”而且对外贸易和国际通商也超过了北宋，广州、泉州、明州，都是进行国际贸易的大都会。不难想像，在这样的环境中，贵族官僚和富商大贾是主要的消费者，但城市中除了统治集团和少数上层人物以外，为数众多的却是普通市民。诸如丧失了土地的农民、破落的中小地主、贫寒的读书人、手工业工人和其他雇佣劳动者、中小工商业者、军士、僧侣、艺人、妓女等等，为了谋生，他们从四面八方逐渐集中到都市里，形成了庞大而复杂的城市平民阶层。基于社会地位和物质生活的差异，这些在城市中占绝大多数的市民，不仅产生了大同小异的文化上的要求，并因之同封建制度和封建思想发生了矛盾冲突，他们要求文艺为他们服务，反映他们的社会生活、思想感情。这样，话本和其他形式的市民文艺便应运而生。

话本从总的倾向看来是市民文学，由于它不只是反映市民的生活和意识的，而且主要还是站在市民的立场上来反映的，所以就和出身于封建阶级的即使具有进步的思想意识的作家作品在许多方面也有所不同。从内容上看，这些作品的反封建意识是更其强烈的。市民作家往往无视封建道德的威权，赞扬婚姻自主，敢于大胆描写男女之间的爱情。他们在作品中把自己的形象作为主人公来塑造，并以不同于封建阶级的爱憎来歌颂或暴露社会上的各种人和事，从而显示了市民的道德观点和审美情趣。这比起前此的传统文学来，确是面目一新，具有广泛的群众性和浓郁的生活气息，在更广的范围内和更深的层次中发掘了生活的矿藏。

在市民阶层崛起以后，他们的文化程度、思想意识和生活情调都理所当然地要求有适合于他们口味的文学艺术样式。而从汉唐以来就已经流行的五七言诗、骈散文，乃至于当时还比较通俗可也已经文人化了的词，都不能充分地适应他们的需要，于是各种民间伎艺应运而生，话本和戏曲就成了反映市民生活的新样式。话本起初是以口头创作的方式出现的，要求有鲜明的通俗性和故事性，以适应群众的文化水平和生活情趣。这又使得文学语言产生了一个空前的变化。从口头创作转为书面文学时，说书人和书会才人开始自觉地以朴素、新鲜、富有生活气息、为广大人民所使用所理解的白话来进行写作，以代替在其以前所使用的或多或少地脱离了口语的文言。这一变化，不仅使文学语言本身得到了丰富，而且艺术手段也因此更加多样化了。同时，这还使得文学有可能成为多数人民拥有的共同财富，使人民有可能从文学作品中受到更多的教育，得到更多的娱乐，所以其意义是十分重大的。唐代民间固然出现过白话作品，但那只能算是萌芽。到了宋代，这种文学语言才发展、丰富起来。我们今天所看到的南宋话本，其运用这种新的语言的水平已经很高明了。从此以后，文言作品的比重在古典文学中就逐渐减轻了，而白话作品的比重则逐步加重了。当然，这一情况是不可能离开当时的社会情况和文学内容来理解的，但即使仅从汉语史的角度来看，这一决定近世文学用语的风气的出现，也值得我们十分重视。

市民文学成长的重要性，还可以从城市平民和广大农民在利害上所具有的某种程度的一致性上加以说明。城市平民各阶层的社会地位是极其复杂的和不稳定的，流品也很混乱，但作为其主体的分子如手工业工人、小商贩、退伍士兵和许多遭受歧视的流浪艺人，则和广大的农民同样是被封建阶级剥削压迫的对象。其中的一部分，甚至原来就是在乡村丧失了土地之后流入城市寻觅生路的农民。由于他们同样处在封建社会的下层，同有其被侮辱与被损害的命运，同有其改变现实的要求，所以尽管市民和农民在生活习尚、文化程度种种方面还存在着显著的差异，而在反对封建势力这一点上却有其共同之处。市民的正义斗争往往在某种程度上和某种范围内同样代表着农民的意愿。反过来，农民的心意也往往代表着市民的愿望。比起市民来，农民在当时掌握为自己服务的文艺手段是更其困难的。所以市民文学的出现，使得事实上是当时人民中最重要的组成部分的农民的思想感情，除了通过出身于封建阶级的进步作家的作品获得反映之外，又增加了一条新的渠道。如《清平山堂话本》中的《合同文字记》，就反映了“农庄人家”盼望清官断案的愿望，是一篇最原始的包公小说。这说明了市民文学的时代性是很鲜明的。

说话四家　在整个宋代，随着城市经济的繁荣，各种声乐伎艺在瓦舍中非常兴盛，种类也十分繁杂。由于艺人们的身份已不是皇家供奉，也不只是贵族官僚的承应，而主要是经常地为广大市民服务的职业性艺术家，同行之间，便往往出现更为激烈的竞争。他们必须在题材和艺术上不断地更新和提高，才能受到群众的欢迎，立于不败之地。基于同一理由，各种伎艺也必须尽可能地发扬自己的特色，也从而出现了更细致的分工。作为瓦舍众伎中的一种，说话便在激烈的竞争中，依据所表述的题材和主题，形成了四种主要的家数（派别）。成书于绍兴十七年（1147）的《东京梦华录》，卷五“京瓦伎艺”条载北宋时已有小说[①]和讲史的科目，而且还有

---

①　这里的小说是宋人说话四家之一，是小共名，与作为文学样式的小说乃大共名者有别。本章用此词，多数属小共名，偶尔也指大共名，请读者注意。

分工讲述三国故事和五代史的专职艺人。成书于端平二年(1235)的《都城纪胜》“瓦舍众伎”条就更其详细地记载说:

> 说话有四家:一者小说,谓之银字儿,如烟粉、灵怪、传奇、说公案,皆是搏刀赶棒及发迹变泰之事;说铁骑儿,谓士马金鼓之事;说经,谓演说佛书,说参请,谓宾主参禅悟道等事;讲史书,讲说前代书史文传、兴废争战之事。最畏小说人,盖小说者,能以一朝一代故事,顷刻间提破。合生与起令、随令相似,各占一事。商谜,旧用鼓板吹《贺圣朝》,聚人猜诗谜、字谜、戾谜、社谜,本是隐语。

由于这段文辞不够明晰,国内外学者对它的解释也就人执一词,分歧很大①。我们仔细研读以后,归纳出影响较大的解释主要有三种:

第一种见解以鲁迅和孙楷第为代表。鲁迅认为四家是:一、小说(银字儿、说公案、说铁骑儿)。二、说经、说参请、说诨经。三、讲史书。四、合生。嗣后,孙楷第对此说作了进一步的论证,补充四科的纲目是:一、小说,即银字儿——烟粉、灵怪、传奇、说公案、说铁骑儿。二、说经——说参请、说诨经、弹唱因缘。三、讲史书。四、合生、商谜(附说诨话)。他对银字儿这种乐器的名称也作了考证,认为:“说话第一类之小说,既以银字儿命名,必与音乐有关。大概说唱时以银字管和之。”

第二种见解以陈汝衡和李啸仓为代表。陈汝衡把合生和商谜摈斥在四家之外,而把说公案、说铁骑儿合为一家。李啸仓赞同陈汝衡的论点,并作了进一步的考订和补充。他认为银字儿是第一家,说公案、说铁骑儿是第二家,而这两家总称为小说。陈、李认为四家的分法是:一、银字儿、烟粉、灵怪、传奇。二、说公案:朴刀杆棒、发迹变泰之事;说铁骑儿:士马金鼓之事。以上二家总称小说。三、说经:演说佛书;说参请:参禅悟道等事;说诨经。四、讲史书:讲说前代书史文传、兴废战争之事。

---

① 详见胡士莹《话本小说概论》第四章第二节。以下引各家之说,出处均已详见该书,不再一一注明。

第三种见解以王古鲁为代表。这是我们基本上赞同的。王古鲁从《都城纪胜》原文的句读方面进行研究，认为小说之中“实包含银字儿、铁骑儿两家”，他不赞成陈汝衡把说公案跟说铁骑儿合为一家，理由是罗烨《醉翁谈录》甲集卷一“小说开辟”条记载，公案是与灵怪、烟粉、传奇并列的名目，所以说公案仍应属于银字儿项下，只有说铁骑儿可以独立成家。王氏还引用翟灏的《通俗编》卷三十一“俳优”条所引耐得翁《古杭梦游录》的记载，以证成其说。考《古杭梦游录》实即《都城纪胜》，它被陶宗仪节录改名收入所编《说郛》中①。陶宗仪是元末人，距耐得翁时代较近，因而在节录时，对《都城纪胜》所述说话四家的理解也比较透彻，改定的文字也很清楚。明抄本《说郛》卷三《古杭梦游录》有关的原文是：

> 说话有四家：一者小说，谓之银字儿，如烟粉、灵怪、传奇、说公案，皆是抟(搏)拳提刀赶棒及发迹变态之事；说铁骑儿，谓士马金鼓之事；说经，谓演说佛书，说参谓参禅；讲史书，谓说前代兴废争战之事。

说话四家的问题，聚讼多年，由于《梦游录》的发现，总算是得到了澄清。今据以表列如下：

家　　数	内　　　　容
小　　说 （即银字儿）	烟粉、灵怪、传奇、说公案、皆是搏刀赶棒（或作朴刀杆棒）及发迹变泰之事。
说铁骑儿	士马金鼓之事。
说　　经	演说佛书，包括说参请（宾主参禅悟道等事）及说诨经。
讲史书	讲述前代书史文传兴废争战之事。

① 王古鲁和胡士莹两人都误认《古杭梦游录》是“耐得翁的另一著作”，引文也都不确。王古鲁在《二刻拍案惊奇》附录的《南宋说话人四家的分法》改订本中引《古杭梦游录》时，把版本也搞错了，他说所据为《涵芬楼秘笈》本，其实《秘笈》中并没有收入此书，而是在明抄本《说郛》中。

说话业的盛况和说话人的技能　南宋是说话这种艺术的黄金时代。据《武林旧事》卷六所载，当时仅在临安一地的诸色伎艺人中，就有讲小说的名家蔡和、孙奇等五十二人（其中包括女艺人史惠英），演史（即讲史）的名家乔万卷、周八官等二十三人（其中包括女艺人张小娘子、宋小娘子和陈四娘子），说诨经的名家长啸和尚和余信庵等十七人（其中包括女艺人陆妙慧、陆妙静）。《西湖老人繁胜录》还专门记叙了他们在瓦市中卖艺的固定地点："南瓦、中瓦、大瓦、北瓦、蒲乔瓦。惟北瓦大，有勾栏一十三座。常是两座勾栏专说史书：乔万卷、许贡士、张解元"；"小说：蔡和、李公佐、女流史惠英。小张四郎一世只在北瓦，占一座勾栏说话，不曾去别瓦作场，人叫做小张四郎勾栏。"其中小说家还单独组织了自己的团体雄辩社。这些艺人都具有高度的艺术修养，知识渊博，正如《醉翁谈录》"小说开辟"条中所云：

> 夫小说者，虽为末学，尤务多闻。非庸常浅识之流，有博览该通之理。幼习《太平广记》，长攻历代史书。烟粉奇传，素蕴胸次之间；风月须知，只在唇吻之上。《夷坚志》无有不览，《琇莹集》所载皆通。动哨、中哨、莫非《东山笑林》；引倬、底倬，须还《绿窗新话》。论才词有欧、苏、黄、陈佳句；说古诗是李、杜、韩、柳篇章。举断模按，师表规模，靠敷演令看官清耳。只凭三寸舌，褒贬是非；略咽万余言，讲论古今。说收拾寻常有百万套，谈话头动辄是数千回。

这指的虽是小说家，但和小说家能够同时各据坛坫、自树旗帜的讲史等科的名家，也必然具有极其丰富的学识，那是可想而知的。他们称这种职业为舌耕，表演时能说得天花乱坠，扣人心弦。《醉翁谈录》又描绘道：

> 说国贼怀奸从佞，遣愚夫等辈生嗔；说忠臣负屈衔冤，铁心肠也须下泪。讲鬼怪，令羽士心寒胆战；论闺怨，遣佳人绿惨红愁。说人头厮挺，令羽（当作壮）士快心；言两阵对圆，使雄夫壮志。谈吕相青云得路，遣才人着意群书；演霜林白日升天，教隐士如初学道。噇发

> 迹话，使寒门发愤；讲负心底，令奸汉包羞。讲论处不滞搭、不絮烦；敷演处有规模，有收拾。冷淡处提掇得有家数，热闹处敷演得越久长。

这便具体地证明了说话人技能的高超和艺术的精妙，所产生的效果是十分强烈的。说话业的兴旺，不仅使这些艺术家在瓦舍中有固定的演唱勾栏，而且在街巷空地、茶肆酒楼上都随时随地可以作场，甚至还挂出招牌，预告节目。洪迈《夷坚支志》丁集卷三《班固入梦》记载，吕德卿偕其友"同出嘉会门外茶肆中坐，见幅纸用绯帖其尾云：今晚讲说《汉书》"。这表明艺人们为了招徕生意，已采用了贴海报的宣传手段了。当时说话业声势之盛，不仅流传到广大的乡村，而且还进入了宫廷。《梦粱录》卷二十有"王六大夫元系御前供话"的记载。绿天馆主人（冯梦龙）《〈古今小说〉叙》云："南宋供奉局，有说话人，如今说书之流。其文必通俗，其作者莫可考。泥马（指高宗）倦勤，以太上享天下之养，仁寿清暇，喜阅话本，命内珰日进一帙。""上有好者，下必有甚焉者矣（《孟子·滕文公上》）。"因而这也是促进说话和话本得以发展的因素之一。说话人的思想艺术和讲唱水平所达到的高度，以及彼此之间的长期竞争，使得他们的话本在使用书面语言固定下来以后，便变成为中国文学史上最先出现的白话通俗小说。

话本的艺术结构及其影响　话本本是说话人的底本，它最初并不是写给人看的，而是讲给人听的，其创作者不是背后接受群众的评价，而是当场就要受到听众的考验，所以每讲一段时，就必须善于掌握故事相对的完整性，必须对于情节的发展、人物的相貌、服饰、举止行为、来踪去迹，都仔仔细细有头有尾地交代清楚。而且还必须揣摩听众的心理，在受欢迎的部分刻意盘旋，对无关紧要的部分则一笔带过；穿插必须注意藕断丝连，结构必须注意疏密相间；有时必须故作惊人之笔，有时又必须出以摇曳之态。这一切，反映在话本的艺术结构上，便形成了一套独有的程式：

第一，入话序诗和篇尾结诗。话本的结构是很完整的，这首先表现在以诗起以诗结这一点上。以诗起的作用在于说出全篇大意，或概述全部故事的主题思想。如讲史话本《新编五代史平话》的序诗是：

龙争虎战几春秋，五代梁、唐、晋、汉、周；兴废风灯明灭里，易君变国若传邮。

短短四句，道出了五代数十年争战变乱的大端。又如小说话本《碾玉观音》的入话诗词竟达十一首之多。它用管弦伴奏或吟唱，引起大家的兴趣，招集听众。这种序诗在《清平山堂话本》中一律称为入话[①]，如《陈巡检梅岭失妻记》开首的入话是：

独坐书斋阅史篇，三真九烈古来传。历观天下崄岖峤，大庾梅岭不堪言。君骑白马连云栈，汝驾孤舟乱石滩。扬鞭举棹休相笑，烟波名利大家难。

这等于是戏曲的定场诗，能起到引人入胜的作用。

至于结诗，则大多用以点明作意，如小说话本《错斩崔宁》的结尾处有诗云：

善恶无分总丧躯，只因戏语酿灾危。劝君出语须诚实，口舌从来是祸基。

这是总结经验教训，含有鉴戒之意。

第二，头回、开篇（开场白）。序诗之后，接着有一段闲话，通常是讲一个小故事，以引出正文。这种形式在小说话本中叫做得胜头回[②]，在讲史话本中称为讲史开篇。说话人在开场时，为了等待群众齐了再转入正题，

① 关于“入话”，学术界有不同的解释。主要的有两种说法：王古鲁认为入话就是小说的引子，包括篇首的诗、词以及解释诗词的闲话和小故事得胜头回。见其校订之《二刻拍案惊奇》附录四《话本的性质和体裁》，上海古籍出版社 1983 年出版。程毅中则认为入话只指序诗或篇首的诗、词，不包括得胜头回在内。见《说话札丛・入话与头回辨》，载《中国古典文学研究论丛》第一辑，吉林人民出版社 1980 年出版。

② 《清平山堂话本》中的《刎颈鸳鸯会》称之为笑要头回。《醒世恒言》中的《十五贯戏言成巧祸》又作德胜头回。

就在唱完诗词以后，再讲个小故事，以免冷场。为了讨个吉利，这种小故事便称为得胜头回，含有旗开得胜的口采意味。如果与当时的戏曲作横向比较，这等于是宋杂剧的序幕艳段，即《东京梦华录》卷五所说的头回小杂剧。其内容则正如鲁迅《中国小说史略》第十二篇所指出的："什九先以闲话或他事，后乃缀合以入正文。""大抵诗词之外，亦用故实，或取相类，或取不同，而多为时事。取不同者由反入正，取相类者较有浅深，忽而相牵，转入本事。故叙述方始，而主意已明。"例如《错斩崔宁》的正文是叙崔宁的被斩，却先以魏鹏举的小故事作引子：

> 这回书单说一个官人，只因酒后一时戏笑之言，遂至杀身破家，陷了几条性命。且先引下一个故事来，权做个得胜头回。

又如《新编五代史平话》的开篇是叙述天地开辟以来历朝兴废战争的大事，以引出残唐五代的军谈。包含有说铁骑儿话本的《新刊大宋宣和遗事》的引子则叙述历代君王荒淫之失，以引出"今日说话的，也说一个无道的君王，信用小人，荒淫无度，把那祖宗混沌的世界坏了，父子将身投北去也"的正文。后来明清小说中的致语、引言或楔子，都是从这一形式发展出来的。

第三，本事正文每每韵散相兼。开篇以后，便是讲述故事的正文，往往用"话说"、"却说"、"闲话少说，言归正传"等套语开头。本事的展开是用散文叙写，但在散文中插入大量的诗词歌赋或骈语，交错运用。安插韵文的方式用"正是"、"只见"、"有诗为证"等套语引起，它的作用是证明情况或描摹物态，如：

> 今日再说一个官人，也只为酒后一时戏言，断送了堂堂七尺之躯，连累两三个人，枉屈害了性命。却是为着甚的？有诗为证：
>
> 世路崎岖实可哀，傍人笑口等闲开。白云本是无心物，又被狂风引出来。
>
> ——《京本通俗小说》：《错斩崔宁》

虞候道："小娘子有甚本事？"待诏说出女孩儿一件本事来，有词寄《眼儿媚》为证：

深闺小院日初长，娇女绮罗裳。不做东君造化，金针刺绣芳样。　　斜枝嫩叶包开蕊，唯只欠馨香。曾向园林深处，引教蝶乱蜂狂。

原来这女儿会绣作。

——《京本通俗小说》：《碾玉观音》

朱温与刘文正商量：咱若久留，必定带累刘崇打官司，不如落草闪避。昼间潜伏，夜后起行，将次到齐州界。夜色二更，月明如昼，如何见得？

远望青霄练静，遥观碧汉澄辉。银河时度现微光，斗柄横移星宿转。月华如昼，天静无云。谯楼禁鼓报三更，漏滴铜壶中夜至。

——《新编五代史平话》：《梁史平话》卷上

这些俯拾即是的例证说明，说话人演出时，是讲说、歌唱和朗诵并用的。这样更能够获致调节现场气氛、增强听众兴趣的艺术效果。

第四，分回和目录。情节复杂的话本，一次讲不完，说话人为了吸引听众，就常在紧要关头设置悬念，卖个关子，突然打住，使得听客下次非来不可。例如《碾玉观音》篇幅较长，于是就分作上下两回。上回的末尾讲到崔宁和秀秀由郡王府中逃到潭州同居，却不料被出差的郭排军撞见，这正是对两人的命运关系极其重要因而也是听众最为担心的时刻，说话人却突然煞住，结束上回：

（崔宁）正行间，只见一个汉子，头上带个竹丝笠儿，穿着一领白缎子两上领布衫，青白行缠扎着裤子口，着一双多耳麻鞋，挑着一个高肩担儿，正面来，把崔宁看了一看。崔宁却不见这汉面貌，这个人却见崔宁，从后大踏步尾着崔宁来，正是：

谁家稚子鸣榔板，惊起鸳鸯两处飞。

瓦舍艺人念了这最后两句下场诗就结束了，留给听众的是一个谜。正如后来章回小说中常说的："欲知后事如何，且听下回分解！"这种极有吸引力的手法，对后来的长篇作品分回分章的艺术构思起了很大的作用。其后发展到说铁骑儿、说经和讲史三家的长篇话本，需要分几十回才能讲完。为使眉目清楚起见，又进一步给每回加上了标题，如《新编宣和遗事》(《士礼居丛书》本)、《大唐三藏取经诗话》和《新编五代史平话》，在卷首都列出了详细的目录。兹举《取经诗话》第二章至第六章的目录为例：

行程遇猴行者处第二
入大梵天王宫第三
入香山寺第四
过狮子林及树人国第五
过长坑大蛇岭处第六

这正是后来长篇章回小说回目的原始形式，经过元代到明清时，又从单句的目录发展成了对偶的回目，那就更为整齐而富于文采了。

宋代的话本艺术是民间艺人创造出来的，自从说话人在口头创作中适应实际需要运用了这套固定的程式，后人便据此发展为长篇章回小说，成为中国通俗小说的基本体裁。这种民族形式和民族风格，直到今天还为人民群众所喜闻乐见，而在当时，则给中国小说的发展灌输了新的血液，开辟了新的途径。线索清楚，结构完整，形象生动，语言简洁而富有生活气息，善于利用关键性的情节操纵听众或读者的感情，这些民间艺人所创造的话本小说的特点和优点，基本上都为后代所继承发展。在语言方面，通俗白话的使用，不只是话本小说本身的一种艺术特征，而且打破了在其以前长期存在的文言成为唯一的文学语言的局面，奠定了在其以后出现的许多小说戏曲方面的天才著作的语言基础。自此以后，文人学士也开始学习模仿话本，或收辑宋元旧本重编改作，或模拟其体制自撰新篇。发展到明代，一方面有短篇白话小说集三《言》二《拍》等的出版，另一方面又有大量的长篇章回小说如《三国》、《水浒》、《西游》、《金瓶梅》等名著的产生，都可溯源于宋人话本。

第二节　宋代话本的思想与艺术

话本的概念有广义和狭义之分，广义的包括说话四家所有的作品，狭义的则是单指小说一家的白话短篇小说。话本原是说唱文学，具有口头创作特有的灵活性和变动性，从口述到记录，其间经过许多艺人长年累月的琢磨和表演，有些作品被后人编集刊行时，又有所修饰或纂订，所以今传宋元话本都不是一时一地一人的创作，这就使我们难以判断现存作品确切的创作年代，而只能大致依据这些作品所反映的内容，来确定宋人话本的存佚情况，并按说话四家归类，略加论述。

小说的话本　小说是宋代说话诸家中最为盛行的，其话本也是最有思想价值和艺术价值的。其中的优秀作品，都在不同程度上比较广阔地反映了当时的社会生活，主要的是城市平民诸阶层的生活，支持了这些被压迫的小人物向压迫着他们的封建制度和观点所作的斗争。比起其他家数的话本来，它对现实的反映是更其直接的和及时的。在艺术技巧上，它也有其他家数所不及的优点。如《都城纪胜》曾指出：其他诸家“最畏小说人，盖小说者，能以一朝一代故事，顷刻间提破。”《梦粱录》卷二十所载全同，只提破两字作捏合。提破就是说破的意思，而捏合则是编造的意思。这也就是说，跟说经、讲史等家比较起来，小说的篇幅是短的，情节是无须征实的。它具有短小精悍和可以自由发挥的特点，所以最为人们所欢迎。当时将提破与捏合作为优点提出，正说明了人们已要求语言的精炼、情节的紧凑和对于真实的生活进行艺术的概括，而这，正是小说家的话本所首要具备的条件。

《醉翁谈录》“小说开辟”条记载的小说家话本计分八类，存目一百零七种：（一）灵怪，如《杨元子》、《李达道》、《红蜘蛛》等；（二）烟粉，如《推车鬼》、《钱塘佳梦》、《锦庄春游》等；（三）传奇，如《莺莺传》、《爱爱词》、《王魁负心》等;(四)公案,如《石头孙立》、《姜女寻夫》、《三现身》等;(五)扑刀,如《大虎头》、《杨令公》、《青面兽》等;(六)杆棒,如《花和尚》、《武行者》、《五郎为僧》等;(七)神仙,如《种叟神记》、《竹叶舟》、《黄粮梦》等;(八)妖术,如《西山聂隐娘》、《骊山老母》、《红线盗印》等。可惜其中绝大部分已经失传。胡士莹曾从《京本通俗小说》和明人编刊的话本小说集中考查,勾稽出现存的宋人短篇话本约有四十篇左右(详目见《话本小说概论》第七章第一节和第四节)。确定时代的标准大致是题材取自宋代的故事,用宋代的地名、官名或反映了宋代的风俗习惯。这样算来,见于《京本通俗小说》残本者有《碾玉观音》、《志诚张主管》和《错斩崔宁》等篇,见于明嘉靖间洪楩《清平山堂话本》者有《西湖三塔记》、《合同文字记》和《董永遇仙传》等篇,见于明万历本《熊龙峰四种小说》者有《苏长公章台柳》等篇,见于明天启间冯梦龙《古今小说》者有《赵伯升茶肆遇神宗》和《杨思温燕山逢故人》等篇,见于《警世通言》者有《三现身包龙图断冤》和《白娘子永镇雷峰塔》等篇,见于《醒世恒言》者有《闹樊楼多情周胜仙》和《郑节使立功神臂弓》等篇,此外还有佚篇《梅杏争春》、《王魁》和《钱塘梦》等等。明人编刊的小说集往往把宋代原作的篇名改换题目,如《醒世恒言》中的《郑节使立功神臂弓》,在《醉翁谈录》所载灵怪类的小说存目中,原名《红蜘蛛》。宋元南戏有《郑将军红白蜘蛛记》一本(见《寒山堂南曲谱》),元末明初杨景贤改编为《红白蜘蛛》杂剧(见《录鬼簿续编》)。1979 年,西安发现了一张元刻《新编红白蜘蛛小说》话本的残页(见黄永年《记元刻〈新编红白蜘蛛小说〉残页》,载《中华文史论丛》1982 年第 1 辑),这为研究宋人话本改编为元明小说和戏曲的演变过程提供了新资料。今日所知见的宋人话本篇目,大略如此。

《京本通俗小说》残本是缪荃孙在上海发现,并于 1915 年刊行的,其跋语中认定原书"的是影元人写本"。其后有人认为它不是元写本而是明代中叶的本子。也有人更进一步地认为,本无《京本通俗小说》这部书,它是缪荃孙伪造的①。《京本通俗小说》的真伪问题,当然可以继续讨论,但

① 有关这一问题的文献,略举如次:主张《京本通俗小说》出于明代中叶的意见,见于李家瑞《从俗字的演变上证明〈京本通俗小说〉不是影元写本》,载(注转下页)

这并不妨碍我们对其中确系出自宋人的话本进行研究评介。例如其第十卷的《碾玉观音》是一篇烟粉类小说，明代冯梦龙将其编入《警世通言》第八卷，改题为《崔待诏生死冤家》，而注明“宋人小说题作《碾玉观音》”；又如其第十五卷的《错斩崔宁》是公案类小说，冯梦龙将其编入《醒世恒言》第三十三卷，改题为《十五贯戏言成巧祸》，也注明“宋本作《错斩崔宁》”。这是现存完整的宋人小说话本中最优秀的两篇。

《碾玉观音》写的是一对出身低微的青年男女追求自己所应当得到的幸福时却遇到灾祸的悲剧。原分上下两回。其情节为：绍兴年间，咸安郡王带着眷属到钱塘门外游春，归来时看见了璩家裱褙铺里有位漂亮姑娘，就买回府中当丫头，取名秀秀。府中有个玉工崔宁，以碾制玉石观音得到了郡王的赏识。郡王曾随口说过，日后要把他俩配成夫妻。有一次府中失火，崔宁往救，巧遇秀秀，两人便乘乱相携逃往潭州，过着自由幸福的生活。不幸偶然被郡王府派到潭州办事的排军郭立撞见了。由于郭排军的告发，双双被捕。崔宁因为供词诚实，从轻处分，发遣建康府。他刚刚走出临安的北关门，秀秀就追了上来，一同到了建康。后来崔宁替皇帝修整玉观音“遭际御前”，夫妻俩又搬回临安，开了个碾玉铺。有一天，郭排军在铺前走过，大吃一惊。原来，秀秀在潭州被捉拿回府后，当时就被打死埋在后花园里了。这时和崔宁一起的，只是个对于人间生活有着强烈的热爱和留恋的女鬼。不知内情的郭排军为了贪功，再次向郡王告密，但他却没有能够按照自己立下的军令状抓回秀秀，因此被打了五十大棒。通过郡王对郭立的责罚，秀秀报了自己的冤仇，但因面目已被识破，她再也

（续上页注）《图书季刊》第 2 卷第 3 期，1935 年出版。主张此书为缪荃孙所伪造的意见，见于马幼垣、马泰来兄弟的《〈京本通俗小说〉各篇年代及其真伪问题》，载于《清华大学学报》新 5 卷第 1 期，1965 年出版，又收入马幼垣《中国小说史集稿》，台北《时报书系》1986 年出版；胡万川的《〈京本通俗小说〉的新发现》，载《中华文化复兴月刊》第 10 卷第 10 期，台北 1977 年出版。苏兴的《〈京本通俗小说〉辨疑》，载《文物》1978 年第 3 期；《〈京本通俗小说〉外志》，载《吉林师范大学学报〈哲学社会科学版〉》1979 年第 4 期。反对此书出于伪造的意见有乐蘅军的《宋代话本研究》，台湾大学文学院 1969 年出版；那宗训的《从俗字看〈京本通俗小说〉是否伪作》，载《大陆杂志》第 69 卷第 6 期，台北 1984 年出版。

不能存身人世，便把崔宁拖着一块儿去做鬼夫妻了。

在这篇真实而又奇幻的小说话本中，民间艺人为我们塑造了激动人心的艺术群像。女主角秀秀是一个幸福的追求者，她美丽而又聪明，热情并且大胆，具有争取美好生活的愿望和能力。她生在一个手艺人的家庭里，自小学得一手好刺绣，但她父亲做裱褙匠的收入却不能使一家温饱，于是她只好以一个女奴的身份走入了咸安郡王的府中。这，事实上是当时大城市中下层社会青年女子所常常碰到的遭遇。面临着这种命运的女子，她们是有不同的道路可走的。她们可能凭着一己的聪慧美貌这些条件，加上逢迎谄媚，由奴婢上升为主人的姬妾，或至少维持丰衣足食的现状；也可能不为富贵所诱，威武所屈，依然追求着自己所认定的自由幸福的美好理想。秀秀正是后一种人。人品端正、手艺精能的玉工崔宁吸引着她，郡王要把她配给崔宁的许诺鼓舞了她，使她乘着一个偶然的机会，不顾一切地将一直在追求着的东西抓到了自己的手心里。然而她没有想到，在那个时代，奴隶的幸福只能出于主人的恩赐，而不可能通过其他的途径，特别是不允许通过自身奋斗的途径而获得。于是，秀秀终于成了封建制度下屈死的怨鬼。

现实生活中可能出现的情节本来到这里就该结束了。但这种结束显然不能满足人民的要求，也没有充分体现出这位幸福追求者所应具备的顽强性格。这样便产生了在小说下回出现的更为可爱的秀秀的鬼魂形象。她对生活是那么热爱，所以死了也不肯离开人世；她对爱憎是那么分明，所以要把为了她被打死而急得投河自尽的父母的鬼魂接来同住，还要设法让郭排军挨五十背花棒；她对情侣是那么执着，所以当她的魂遇破灭以后，不惜把活着的崔宁也拉去死在一道。这些情节虽然在现实生活中是不存在的，但却体现了人民对现实生活的看法。

碾玉工人崔宁是以另外一种性格呈现在我们面前的。他是劳动人民中那种老实忠厚的人。当然，一个老实人也绝不会忘记自己所应当得到的幸福，但往往表现得不够主动。封建思想的侵蚀以及其他一些原因，使得崔宁畏首畏尾。这和秀秀的性格是不同的，彼此之间有时还存在着距离和矛盾。话本的作者，正是在这些地方揭示了两个人物不同的精神面貌。如小说中写这一对青年人结合的经过是：

> （崔宁）奔到府中看时，已搬挈得罄尽，静悄悄地无一个人，且循着左手廊下入去，火光照得如同白日。去那左廊下，一个妇女摇摇摆摆从府堂里出来，自言自语，与崔宁打个胸厮撞。崔宁认得是秀秀养娘，倒退两步，低声唱个喏。原来郡王当日尝对崔宁许道："待秀秀满日，把来嫁与你。"这些众人都撺掇道："好对夫妻！"崔宁拜谢了不则一番。崔宁是个单身，却也痴心。秀秀见恁地个后生，却也指望。当日有这个遗漏，秀秀手中提着一帕子金珠富贵，从左廊下出来，撞见崔宁，便道："崔大夫，我出来得迟了，府中养娘各自四散，管顾不得。你如今没奈何，只得将我去躲避则个。"
>
> 当下崔宁和秀秀出府门，沿着河走到石灰桥。秀秀道："崔大夫，我脚疼了，走不得。"崔宁指着前面道："更行几步，那里便是崔宁住处。小娘子到家中歇脚，却也不妨。"到得家中坐定，秀秀道："我肚里饥，崔大夫与我买些点心来吃。我受了些惊，得杯酒吃更好。"当时崔宁买将酒来，三杯两盏，正是：
>
> 三杯竹叶穿心过，两朵桃花上脸来。
>
> 道不得个"春为花博士，酒是色媒人"。秀秀道："你记得当时在月台上赏月，把我许你，你兀自拜谢，你记得也不记得？"崔宁叉着手，只应得喏。秀秀道："当日众人都替你喝采：'好对夫妻！'你怎地倒忘了？"崔宁又则应得喏。秀秀道："比似只管等待，何不今夜我和你先做夫妻，不知你意下何如？"崔宁道："岂敢！"秀秀道："你知道不敢，我叫将起来，教坏了你。你却如何将我到家中，我明日府里去说。"崔宁道："告小娘子：要我崔宁做夫妻不妨，只一件，这里住不得了。要好趁这个遗漏人乱时，今夜就走开去，方才使得。"秀秀道："我既和你做夫妻，凭你行。"当夜做了夫妻。

这一段细节描写是富于戏剧性的，也是相当简炼而又丰富的。勇敢的秀秀和憨厚的崔宁的形象，在这里都跃然纸上。

以反面人物出现在小说中的咸安郡王和郭立，也写得很真实。郡王并不单纯地是一个残暴的统治者，他曾为国杀敌，还同情刘两府的孤寒而给予资助，他赏识崔宁和秀秀的手工艺，因而不吝惜在他的恩赐下应许在日后使这一对青年男女结合。这些行事都不能认为是毫无可取的。但由于他掌握着特权，顽固地维护着封建秩序，即使是他所赏识的人，如果触犯了他的权势威严，逾越了他所要保持的封建规范，那么，就会加以无情的打击。他那粗暴的个性，又助长了他罪行的构成。于是，为自己的幸福而斗争得最坚强的秀秀遭到了他的毒手，而虽然渴望幸福却在幸福降临时畏缩被动的崔宁则获得了从轻发落。这些情节的安排都恰如其分，郡王的性格特征也显得极为真切。郭立本是个“朴直”的“粗人”，但封建思想的长期侵染已经使他丧失了辨别是非的能力。他一心一意要为主子效其愚忠，愿意做郡王的奴才，而不知道破坏别人应当得到的幸福是可耻的。小说中通过他立军令状去捉拿女鬼而遭失败这一情节，让他吃了五十背花棒，也是合乎分寸的。因为他犯下了罪行，所以应当受到责罚；但他犯了罪还不知道自己的言行就是犯罪，所以又不应当受到过重的责罚。说话人在这里对郭立作出了人民所能同意的判决。

《碾玉观音》在结构上也有其优点。它的情节展开得非常自然，如郡王得到了皇帝赐与的战袍，便命秀秀照样绣出一件，郡王看了很欢喜，就想到要献件玉器给皇上，因此引出了崔宁登场。当崔宁被发遣到建康居住以后，因为郡王献给皇上的那个玉观音落下了一个零件，需找原工修理，这使崔宁又回到了临安，秀秀的鬼魂随之而来，终被识破。这线索都是前后关合而且是合情合理的。特别引人入胜的地方，还在于秀秀被郡王打死以后，小说中并没有说是她的鬼魂追随崔宁，那秘密是直到最后才“顷刻间提破”的。这种悬念的设置和意外的结局把故事推向了高潮，这种艺术匠心的运用是很高明的。

《错斩崔宁》也是现存宋人短篇白话小说中的优秀作品，它通过一些从表面上看来近于偶合的情节，集中地揭露了封建法制的黑暗和封建吏治的官僚主义者草菅人命的罪行（两篇小说的男主角姓名相同，也是一种偶合）。故事的内容是：先前家道很好、后来变得贫困的刘贵，和妻子王氏一同被丈人王员外接去。丈人帮助了女婿十五贯钱,要他回家开个柴米店度日,却留下女儿多住几天。刘贵将钱驮回临安城中,其时已近黄昏,却撞着一个相识,吃了几杯酒,才朦胧地回家。他的小妾陈二姐接钱后大感诧异,他却带着醉意开玩笑地说,这是把她典卖给别人的身价钱。陈二姐信以为真,十分恐慌,乘刘贵睡着,随即离家在邻居处借住一夜,准备第二天一早回到她以卖糕为生的父母那里去。却不料当夜刘贵被强盗杀死,十五贯钱也被抢去了。而陈二姐回娘家时,遇到一个青年小贩叫做崔宁的,便和他结伴同行。恰巧崔宁在城里卖了丝,身边也有十五贯钱。于是,这两个无辜的人便被官府认为是杀人劫财的奸夫淫妇,胡里胡涂处斩了。一年之后,刘贵的大娘子王氏被一个混名静山大王的强盗抢做了压寨夫人。在王氏劝告下,那个强盗洗手从善,却在无意中,向王氏泄露了他杀死刘贵、冤陷了陈二姐的秘密。王氏才去告官,平反了崔、陈两人的冤案,使静山大王伏法,报了杀夫之仇。

作者在叙述这个故事的过程中,对于现实生活的认识是有其正确的一面的。话本中慨叹道:“这段冤枉,仔细可以推详出来。谁想问官胡涂,只图了事。”又发出警告说:“做官的切不可率意断狱,任情用刑!”但作者误认为刘贵等人的不幸遭遇,其契机在于说了一句戏言;而冤狱的构成,又是由于个别官吏的胡涂,因而妨碍了对这个有意义的题材作更深入的发掘。但无论如何,这篇话本所描写的小市民的家庭惨变是能激起人民的同情的。作者是站在他们的立场上说话的。它后来被明末清初的朱素臣改编为剧作《十五贯》传奇,影响极为深远。

《错斩崔宁》中出现的主要人物,都是一些普通的城市居民。他们都是善良的,看来没有什么理由要遭到飞来横祸,而祸殃却偏偏要落在他们的头上。这构思就形成了小说的悲剧气氛。

让我们首先看看刘贵吧,他“祖上原是有根基的人家”,到得他手上却衰落了,改行做生意又折了本,可见他不是一个像吸血鬼似的地主或商人。他对人和气,也很爱他的妻妾。当然,他对陈二姐开了一个很不合适的玩笑,把卖掉她说得那么随便。但与其说这是着重地反映了刘贵的性格,还不如说是着重地反映了在当时社会上普遍地存在着买卖妇女的罪恶制度。总之,他是一个平庸而无能的小人物。

陈卖糕的女儿陈二姐以一个失去了人身自由的不幸妇女的身份出现在话本中。即使丈夫和正室平时对她很好,她也不能不时刻为她的侍妾地位而担心着,警惕着。正由于此,刘贵的一句戏言才引起了她那么强烈的恐慌。她的地位低下到不可能和即使一向对她还好的丈夫争论这种支配她的命运的问题,但她又不甘于束手就范,因此只好连夜躲避,求援于父母。话本写陈二姐的挣扎,采取了特别适合于她的社会地位的方式,从而显示了她温存但又并不甘心屈服的性格特征。

像做着一场恶梦似的,崔宁这一个普通的小商贩,就由于自己出于同情心,愿意伴送一个素不相识的女子回娘家,在某种程度上抵触了男女之间应当避嫌的封建礼教规范,而突然被牵入了一个极危险的漩涡,最终丧失了生命。

刘贵的正室王氏,从她和陈二姐相处得很好这一点看来,是善良的;从她失身静山大王这一点看来,她又是软弱的。但当她一旦知道了静山大王的秘密罪恶以后,就不动声色地毅然出首控告,这又显示了她性格中也有机智勇敢的一面,也有富于正义感的一面。她认为,在不得已的情况下嫁给强盗,还可以;但嫁给仇人,却不行。这些想法,与封建正统思想是不尽符合的。

静山大王是个杀人越货的罪犯。话本给他布置了一个"天网恢恢,疏而不漏"的下场,显而易见是并不支持他这种强盗行为的。但话本作者也注意到了:这个从土地上,从其他行业上,被排挤出来而堕落成为盗匪的人,却也不缺少一颗是非之心,他为了"枉杀了两个人,又冤陷了两个人,时常挂念,思欲做些功德,超度他们"。这说明在这个强盗身上,进步人类的道德力量也是依然存在着的。他的思想感情不是很简单的。静山大王的忏悔,乃是"盗亦有道"(《庄子・胠箧》语)的表现形态之一。只有作者深刻地观察了、理解了这种误入歧途的人物,才有可能写出其复杂性来。

作者在塑造静山大王这个人物时还渗入了一定程度的同情,但在写那个临安府尹时,却完全只有憎恶之感了。这个官僚拒绝对案情作具体的分析,他擅自将崔宁和陈二姐"作伴同行"改为"同行同宿",他以拷打作为取得合乎自己意见的供状的手段，他“巴不得了结这段公案”，却不问了结得是否合理合法。在这个官僚身上，小说中虽着墨不多，然而封建社会中那种昏庸、固执、不负责任的滥官形象，却已经刻画得入木三分了。

这个悲剧，就是通过上述这些人物而演出的。从情节上看来，它的确带有相当大的偶然性。但我们知道，偶然性是一种相对的东西，它只会是在诸必然过程的交叉点上出现。在这篇话本中，所有的一些看来似乎有些离奇、巧合的情节，如果从不同人物的不同性格、身份、生活情况以及他们彼此之间的关系来加以考察，则显然都不是平白捏造的，而是生活中可能有的东西。如刘贵的醉后戏言，陈二姐的仓皇出走，崔宁的伴送被诬，王氏大娘的被抢，静山大王的漏嘴露底，临安府尹的主观判案等，当人们联系到一些具体条件去思索的时候，就可以发现这许多偶然性的情节都是很稳固地建立在现实生活的基础上面的。捏合是小说家的长技，而《错斩崔宁》则可以说是捏合的一个范例。它的情节头绪虽然较为繁复，但也非常紧凑。它没有不必要的枝叶与浮辞，随着事态的发展，一步紧似一步，从而给人以变化莫测的感觉。

在语言的运用上，这篇作品也可以认为是话本中最佳作品之一。它全篇都用非常纯粹的白话写成，风格统一而优美；特别是在运用这种优美的语言来塑造人物方面，获得了很大的成功，如：

> 却说刘官人驮了钱，一步一步挨到家中敲门，已是点灯时分。小娘子二姐独自在家，没一些事做，守得天黑，闭了门，在灯下打瞌睡。刘官人打门，他那里便听见，敲了半晌，方才知觉，答应一声“来了”，起身开了门。刘官人进去，到了房中。二姐替刘官人接了钱，放在桌上，便问：“官人何处挪移这项钱来？却是甚用？”那刘官人一来有了几分酒，二来怪他开得门迟了，且戏言吓他一吓，便道：“说出来，又恐你见怪；不说时，又须通你得知。只是我一时无奈，没计可施，只得把你典与一个客人，又因舍不得你，只典得十五贯钱。若是我有些好处，加利赎你回来；若是照前这般不顺溜，只索罢了。”那小娘子听了，欲待不信，又见十五贯钱堆在面前；欲待信来，他平白与我没半句言

语，大娘子又过得好，怎么便下得这等狠心辣手？狐疑不决，只得再问道："虽然如此，也须通知我爹娘一声。"刘官人道："若是通知你爹娘，此事断然不成。你明日且到了人家，我慢慢央人与你爹娘说通，他也须怪我不得。"小娘子又问："官人今日在何处吃酒来？"刘官人道："便是把你典与人，写了文书，吃他的酒才来的。"小娘子又问："大姐姐如何不来？"刘官人道："他因不忍见你分离，待得你明日出了门才来。这也是我没计奈何，一言为定。"说罢，暗地忍不住笑。不脱衣裳，睡在床上，不觉睡去了。

那小娘子好生摆脱不下：不知他卖我与甚色样人家？我须先去爹娘家里说知。就是他明日有人来要我，寻到我家，也须有个下落。沉吟了一会，却把这十五贯钱，一垛儿堆在刘官人脚后边。趁他酒醉，轻轻的收拾了随身衣服，款款的开了门出去，拽上了门，却去左边一个相熟的邻舍叫朱三老儿家里，与朱三妈借宿了一夜，说道："丈夫今日无端卖我，我须先去与爹娘说知。烦你明日对他说一声，既有了主顾，可同我丈夫到爹娘家中来讨个分晓，也须有个下落。"那邻舍道："小娘子说得有理。你只顾自去，我便与刘官人说知就里。"过了一宵，小娘子作别去了。

这段文字不但极其生动优美，而且对于陈二姐的性格，她的家庭环境、社会地位，以及由这种性格、环境、地位而产生的情节，都描绘得十分准确。

宋代小说话本以爱憎分明的态度，揭露了封建社会种种罪恶和黑暗，尖锐地抨击了昏官恶吏，深情地肯定并赞扬了市井小民，这种思想倾向是很突出的。在描写爱情的作品中，城市下层人民中的青年男女崭露头角，纷纷成了故事中的主人翁。尤其是受压迫的妇女，为争取婚姻自主表现得特别坚强勇敢，如《闹樊楼多情周胜仙》中的周胜仙等，便是富有浪漫主义色彩和强烈的反封建精神的动人形象。在爱情与婚姻问题上，以郎才女貌、男欢女爱的新标准来代替夫为妻纲、门当户对的旧标准，乃是当时人民生活中已经萌芽的要求。这一要求在城市平民中具有更大的普遍性。周胜仙的形象便是在这种现实基础上出现的。她执着地追求汴京樊楼酒店里的范二郎，为情而死，死了又活，活了又死。她在和范二郎梦中欢会时说：“奴两遍死去，都只为官人。今日知道官人在此，特特相寻，了其心愿。”这种情节当然是现实生活中不可能有的，但周胜仙奋不顾身地追求自己所爱的决心，她反对封建势力的胆气与勇气，则是代表了市民阶层要求冲破封建樊篱所表现出来的一种美妙的理想，亦即积极的浪漫情调。在话本出现以前，我国的古典文学中还从来没有产生过这样坚定而狂热的女性塑像。

小说话本中也有反映当时民族矛盾的作品，如《古今小说》卷二十四《杨思温燕山逢故人》，就是一篇出自宋人之手的以反蹂躏斗争为题材的佳作。据明嘉靖时晁瑮编的《宝文堂书目》，知其原题为《燕山逢故人郑意娘传》。郑意娘是北宋末年京官韩思厚的妻子，北宋皇朝覆灭的时候，她在流亡途中被金兵所掳，与丈夫失散。女真贵族撒八太尉逼其从己，她义不受辱，为保贞节而自刎。太尉夫人同情她的刚烈，把她的骨殖带到燕山。正如说话人在话本中所指出的，那个为女真贵族所统治的地区是个“人鬼相杂”的世界，郑意娘一缕忠魂便在元宵节晚上出来活动，恰巧被流落在燕山的韩思厚的义弟杨思温所撞见，其后并指引奉使到燕山的韩思厚也会见了她。韩思厚为了报答她的情义，发誓终身不再续娶，而且还把她的骨殖迁回了南宋。但最后韩思厚却背弃了他的誓言，与因丈夫冯六承旨在战乱中牺牲而出家做了女道士的刘金坛结合了。思厚负了郑意娘，刘金坛负了冯六承旨，结果，冯六承旨和郑意娘双双显灵，追索了这一对背义负心者的性命。“太平之世，人鬼相分；今日之世，人鬼相杂。”这就是说话人对沦陷区黑暗统治的抨击。这是一篇充满了悲凉的诗意的话本，凄黯地活着的杨思温，英勇地死去的郑意娘，正代表着在金兵的蹂躏下人民所能走的不同道路。这个话本的主题思想是比较复杂的，它一方面歌颂了郑意娘忠贞的爱情和不畏强暴的反抗精神，也批判了韩思厚与刘金坛等人背信弃义的恶劣行为；另一方面，它又将这些看法和当时人民的爱国主义思想关联起来。通过杨思温所闻所见的主要情节，说话人告诉人们，不论是男人还是女人，都应当忠实于自己的爱情。如果他或她的配偶是在反掠夺斗争中牺牲的，那么，就更不应该对她或他有所辜负。这种道德观念，事实上已超越当时还占着统治地位的封建思想体系了。

从现存的资料来看，宋代小说人所采用的题材是相当广泛的，但他们最关心和注意的还是自己这个社会阶层的生活，作品中的主人公大多数是市民。当然，他们也不能不涉及封建统治阶级，但在写到这样一些人物的时候，他们往往是从市民阶层的道德观点和审美情趣来加以处理的。所以这些作品从各个不同的角度反映了日益壮大的市民阶层和封建地主阶级固有势力之间的矛盾，支持了市民的反封建斗争。然而，由于封建思想在当时仍占统治地位，说话艺人也不能不或多或少地受其影响，这也就使得他们创作的话本又渗透着一些属于封建阶级及市民本身的不健康的因素，诸如因果报应的迷信观念、听天由命的消极落后思想，以及庸俗的生活情趣之类。

说铁骑儿的话本　铁骑儿与银字儿（小说）对称，专讲“士马金鼓之事”，主要是农民起义和抗辽抗金的英雄传说，具有强烈的现实性。如有的学人所指出的：“自北宋灭亡以来，民间艺人们所津津乐道，与夫广大听众所热切欢迎的，包括了农民暴动和起义以及发展为抗金义兵的一些英雄传奇故事。一些以近时的真人真事作对象的叙说描摹，当即系在这个说铁骑儿的项目下，归纳、隶属，与传播着。”“所云‘谓士马金鼓之事’，正是充分暗示着所有这些故事，是以兵荒马乱，杀伐战争，火与铁，血肉搏斗的场面作为背景的，并也说明了这背景的现实时代。”（见严敦易《〈水浒传〉的演变：说话表现的形式》，作家出版社 1957 年版）

《醉翁谈录》“小说开辟”条在叙述小说家有灵怪、公案等八种类别以后，曾特别提出：“新话说张、韩、刘、岳，史书讲晋、宋、齐、梁。”这就具体地证明了当时确有讲说现实时事的一家。所谓新话，就是指当代的时事新闻，这与专说前代历朝兴亡的讲史是不一样的。张俊、韩世忠、刘锜、岳飞都是南宋初期抗金名将。杨万里《初入淮河四绝句》中曾有“刘、岳、张、韩宣国威”之句，可见他们当时都有崇高的威望，其事迹为人民所乐闻，所以民间艺人编为说唱文学，广为传播。

铁骑儿话本的主要特征是讲说本朝（宋）时事，可惜的是其中如《狄青》、《杨家将》和《中兴名将传》等，均已失传。我们今天只能从收有梁山泊农民起义故事的《大宋宣和遗事》一书，略见这种话本的面目。此书在清初钱曾《也是园书目》卷十戏曲小说类中曾经著录，列入宋人词话类。通行的金陵王氏洛川校正重刊本分元、亨、利、贞四卷。另有黄丕烈《士礼居丛书》本，扉页题“《宣和遗事》宋本重刊”，分前集和后集二卷，后集卷尾题为“新话宣和遗事后集终”，足见此书在宋代是属于新话一类的话本。原书卷首列有二百九十三回的回目，前集一百四十九回，后集一百四十四回。内容叙徽宗、钦宗时事，中有宋江等三十六人聚义始末，最后还说到张浚、韩世忠和岳飞抗金之事，正包括了铁骑儿讲农民起义和抗金斗争的两个方面。这部长篇话本是书会才人辑录多种资料凑合而成，所以语言风格很不统一。史实部分录自《续宋编年资治通鉴》、《九朝编年备要》、《宾退录》、《南烬纪闻》和《窃愤录》等书（见汪仲贤《宣和遗事考证》，载《小说月报》第十七卷号外《中国文学研究》下册，商务印书馆 1926 年出版），原书本用文言写成，《遗事》也仍其旧。但有关梁山泊农民起义的部分却都是通俗的白话，确是说话艺人的创作，也是《水浒传》的雏形。从这部话本中可以考见，说话四家虽各有门庭，但同时也是相互影响并因而有所变化发展的。例如农民起义的故事，开始是作为草莽英雄的形象，每个人单独成篇。《醉翁谈录》所载小说家的书目，在朴刀类里有《青面兽》，在杆棒类里有《花和尚》、《武行者》。这些都是短篇的话本，不可能完整地反映农民起义的全貌。随着听众与读者的要求，隶属于铁骑儿这个家数的梁山泊故事的长篇话本便应运而生。但到南宋末年和元代，由于时过境迁，这些时事新话已成了历史旧闻，铁骑儿也就自然而然地归入了讲史。《梦粱录》卷二十“小说讲经史”条云：“又有王六大夫元系御前供话，为幕士请给，讲诸史俱通；于咸淳年间敷演《复华篇》①及《中兴名将传》，听者纷纷。”可见到了南宋末年，本来是新话的《中兴名将传》已转化为讲史，这便是说话四家中铁骑儿与讲史合流的一个实例。所以“杨家将”和“说岳”等

① 《复华篇》，即《福华篇》，是权相贾似道门客廖莹中所写的一部吹捧贾似道功业的书，今佚。

铁骑儿话本，到了明清都全然变成历史演义小说了，清道光年间吴郡修绠山房刊本的《宣和遗事》，在书尾就题为"新镌平话"（见周绍良《修绠山房梓〈宣和遗事〉跋》，载《绍良丛稿》，齐鲁书社 1984 年版），将其划入了讲史范围。

《宣和遗事》虽然是掇拾故书，益以小说而成，但在掇拾辑录的时候，是通过了作者的选择的，因而我们就不仅从书中可以看出当时一部分的社会情况，也可以看出作者的政治观点。书中揭露和谴责了徽宗任用蔡京、童贯等六贼，宠幸妓女李师师和道士林灵素，致使朝纲废弛；同时肯定了宋江等三十六人起义，"广行忠义，殄灭奸邪"，又歌颂了靖康事变中的抗金将领。在叙及南宋初年主战主和两派的斗争时，作者也鲜明地站在主战派一边，痛斥了秦桧，而赞扬了韩世忠和岳飞等人。这些部分都是正确地反映了社会现实的。书中最有文学价值的还是宋江等聚义梁山泊这段话本，《士礼居丛书》本列有六个回目：

杨志等押花石纲违限配卫州
孙立等夺杨志往太行山落草
宋江因杀阎婆惜往寻晁盖
宋江得天书三十六将名
宋江三十六将共反
张叔夜招宋江三十六将降

这就是后来长篇章回小说《水浒传》的蓝本。话本中叙述的情节是极为简略粗疏的，明显地可以看出它只是说话人使用的脚本提纲，没有像《京本通俗小说》那样经过艺术加工，请看宋江救晁盖一节：

有那押司宋江接了文字看了，星夜走去石碣村，报与晁盖几个，暮夜逃走去吧。宋江天晓，却将文字呈押差董平引手三十人，至石碣村根捕。不知那董平还捉得晁盖一行人么？真个是：

网罗未设禽先遁，机阱才张虎已藏。

那晁盖一行人，星夜走了，不知去向。董平只得将晁家庄围了，突入庄中，把晁盖的父亲晁太公缚了，管押解官。行至中途，遇着一个大汉，身材迭料，遍体雕青，手内使柄泼镔铁大刀，自称铁大王，把晁太公抢去。董平领取弓手回县，离不得遭断吃棒。

且说那晁盖八个，劫了蔡太师生日礼物，不是寻常小可公事，不免邀约杨志等十二人，共有二十个，结为兄弟，前往太行山梁山泊去落草为寇。

一日，思念宋押司相救恩义，密地使刘唐将带金钗一对，去酬谢宋江。宋江接了金钗，不合把与那娼妓阎婆惜收了，争奈机事不密，被阎婆惜知得来历。

这成了后来《水浒传》等二十回到二十二回的胚胎，大致勾出了晁盖智取生辰纲以后投奔梁山泊的故事轮廓。书中原说杨志和孙立等是到山西的太行山落草，而晁盖等则是投奔山东的梁山泊，这里通过宋江的出场把两路英雄捏合在一起，但却忘了山西、山东相距极远，太行山与梁山泊并非一地的矛盾。可见这是作者掇拾两个话本拼凑而成的。后来发展为长篇小说《水浒传》时，便确定为梁山泊一处，联缀得天衣无缝了。

说经的话本　直接受到唐代俗讲影响的说话家数是说经，以及由此派生出来的说诨经和说参请。唐代僧侣们以佛经中故事为题材编成的变文，在听众兴趣的支配下和作者创造力的发挥下，事实上已远远逸出了佛经原来的范围，有时甚至改变了它们的精神面貌（也只有这样，才能受到群众的欢迎）。到了宋代，由于是在瓦舍勾栏中由民间艺人讲唱，这种情况就更加显著了。说经变成了说诨经，顾名思义，可以知道它是在说经时插入许多打诨的材料供人笑乐为其特征的。它的出现，意味着这种说唱伎艺已日益远离宗教宣传，而愈近于为世俗服务了。

现存说经家的宋代话本，是一部有些残缺的《大唐三藏取经诗话》，又名《大唐三藏法师取经记》。王国维在 1915 年跋影印本《诗话》云："卷末有'中瓦子张家印'款一行，中瓦子为宋临安府街名，倡优剧场之所在也。"因而推定它是宋刊本，罗振玉《雪堂校勘群书叙录》也持此说。虽非定论，但其文字出于宋人，似无可疑①。这是宋代说经艺人继承晚唐五代寺院的俗讲而产生的话本，全书共三卷，分十七章，各有标目。所谓诗话，就是有诗有话的作品，诗是诵唱的韵文，近于佛经的偈赞，话是说唐三藏到西天取经的故事。书中神通广大的猴行者，就是后来《西游记》中孙悟空形象的前身。本书第一章已缺，第二章是写唐僧收猴行者为徒弟，第十七章最后是写三藏法师取经回京，太宗封猴行者为铜筋铁骨大圣。刘克庄《释老六言》十首之四云："取经烦猴行者，吟诗输鹤阿师。"可见说话人创造的猴行者形象，在南宋时确已家喻户晓。这很可能和《大唐三藏取经诗话》这类话本流传甚广有关。此书虽然在成就上和明代吴承恩的《西游记》大有高低之分，但它却是首先采用这一神奇浪漫题材的开创之作。《西游记》实际上是以这个还很幼稚的话本为基础，再经过反复加工，才达到它所具有的规模和成就的。这里引录其《经过女人国处第十》的片段如下，以见一斑：

> 举步如飞，前遇一溪，洪水茫茫。法师烦恼。猴行者曰："但请前行，自有方便。"行者大叫"天王"一声，溪水断流，洪浪干绝。师行过了，合掌擎拳。此是宿缘，天公助力。
>
> 次行又过一荒州，行数十里，憩歇一村。法师曰："前去都无人烟，不知是何处所？"行者曰："前者借问，休劳叹息。"
>
> 又行百里之外，见有一国，人烟济楚，买卖骈阗。入到国内，见门上一牌云："女人之国！"僧行遂谒见女王。女王问曰："和尚因何到此国？"法师答言："奉唐帝敕命，为东土众生往西天取经作大福田。"女王合掌，遂设斋供。僧行赴斋，都吃不得。女王曰："何不吃斋？"僧行

---

① 此书题《大唐三藏取经诗话》者，旧藏日本高山寺，后归大仓喜七郎，原缺上卷第一则和中卷第八则；题《大唐三藏法师取经记》者，亦藏高山寺，后归德富苏峰，原缺第一卷的上半卷和第二卷。二本内容全同。鲁迅在《中国小说史略》中曾怀疑此书系元刊本，王国维于1922年作《两浙古刊本考》，亦改认为元刊，而始终认为是宋本的，则有德富苏峰及郑振铎等，见鲁迅《关于〈三藏取经记〉等》，载《华盖集续编》；又《关于〈唐三藏取经诗话〉的版本》，载《二心集》。

起身唱喏曰:“蒙王赐斋,盖为砂多,不通吃食。”女王曰:“启和尚知悉:此国之中,全无五谷。只是东土佛寺人家,及国内设斋之时出生,尽于地上等处收得,所以砂多。和尚回归东土之日,望垂方便。”法师起身,乃留诗曰:

女王专意设清斋,盖为砂多不纳怀。竺国取经归到日,教令东土置生台。

女王见诗,遂诏法师一行入内宫着赏。僧行入内,见香花满座,七宝层层,两行尽是女人,年方二八,美貌轻盈,星眼柳眉,朱唇榴齿,桃脸蝉发,衣服光鲜,语话柔和,世间无此。一见僧行入来,满面含笑,低眉促黛,近前相揖:“起咨和尚,此是女人之国,都无丈夫。今日得睹僧行一来,奉为此中起造寺院,请师七人,就此住持。且缘合国女人,早起晚来,入寺烧香,闻经听法,种植善根;又且得见丈夫,夙世因缘。不知和尚意旨如何?”法师曰:“我为东土众生,又怎得此中住院?”女王曰:“和尚师兄,岂不闻古人说:‘人过一生,不过两世。’便只住此中,为我作个国主,也甚好一段风流事!”

和尚再三不肯,遂乃辞行。两伴女人,泪珠流脸,眉黛愁生,乃相谓言:“此去何时再睹丈夫之面?”女王遂取夜明珠五颗、白马一匹,赠与和尚前去使用。僧行合掌称谢,乃留诗曰:

愿王存善好修持,幻化浮生得几时?一念凡心如不悟,千生万劫落阿鼻。休喏绿鬓桃红脸,莫恋轻盈与翠眉。大限到来无处避,髑髅何处问因衣(依)?

女王与女众,香花送师行出城,诗曰:

此中别是一家仙,送汝前程往竺天。要识女王姓名字,便是文殊及普贤。

在三藏法师玄奘自己的著作《大唐西域记》卷十一波剌斯国下,载有这样一个传说:“有西女国,皆是女人,略无男子,多诸珍货。附佛懔国,故佛懔王岁遣丈夫配焉。其俗产男皆不举也。”《大唐三藏取经诗话》的第十章正是从这里取材的,但却已经使它具备了艳异的世情。到了明代吴承恩手里，这一粗略的轮廓，便发展为《西游记》第五十四回《法性西来逢女国，心猿定计脱烟花》那篇极其精彩生动的文字。说经艺人在当初也许想利用这一情节来宣传佛徒们六根清净、一尘不染的修持，但可以想像得到：引人入胜的并不是法师们枯木死灰似的精神状态，而是女人国女王与女众的符合于世俗生活的爱欲心理。说经、说诨经之所以能在瓦舍中占有一席之地，并不在于它忠实地进行了宗教宣传，而是恰恰相反地在于它在一定程度上摆脱了教条，自觉或不自觉地在说话时反映了现实生活的情趣。

至于说参请，则是从说经中派生出来的另一分支。参请是“参堂请话”的简称。佛徒、居士谈禅，往往互相辩论，机锋四出，其语言非常犀利，富于诱导性和启发性，有时还显得滑稽幽默，因而也发展成为一种可供人笑乐的说唱技艺。《宋人轶事汇编》卷十二引某笔记云①：

> 杭妓琴操善应答，东坡善之，因在西湖戏琴云：“我作长老，尔过参禅。”问琴云：“何谓湖中景？”答云：“落霞与孤骛齐飞，秋水共长天一色。”“何谓景中人？”答云：“裙拖六幅潇湘水，鬓挽巫山一段云。”“何谓人中意？”答云：“随他杨学士，鳖杀鲍参军。”“如此究竟如何？”“……”坡云：“门前冷落车马稀，老大嫁作商人妇。”琴操大悟，即日削发为尼。

这是宋人记录的一个说参请的样本。它或许是说话人编造的，或许苏轼和琴操真有过这段问答。但无论如何，这乃是属于说参请的基本方式。除此以外，诸如行令、联句、商谜、属对以及做杂体诗等各种文字游戏，也往往包括在说参请之中。这是我们从现今留存的唯一的说参请话本《东坡居士佛印禅师语录问答》中可以看出来的（参见张政烺《〈问答录〉与说参请》，载《历史语言研究所集刊》第十七本）。

《东坡居士佛印禅师语录问答》一卷，计二十七条。晚明赵开美翻刻

---

①　原注辑自方勺的《泊宅编》，但查核此书的三卷本和十卷本，都没有这一条，可能是编者丁传靖记错了书名，待考。这条材料又见于明人田汝成《西湖游览志余》卷十六，仅文句稍有差异，知其来源与丁传靖所见为一书。

时，将它改题为《东坡佛印问答录》。书中所载，多半是苏轼和他的方外朋友佛印和尚互相嘲弄的故事，还杂有传说中其妹与妹夫秦少游往来的歌诗等等。当然，这都是说话艺人捏造出来的。诙谐谑浪是此书的特色，缺乏深刻意义的游戏文字占了其中的大部分，有若干条显得庸俗无聊，价值不高。但如下列《与佛印答问》一条，则显然对当时的世态人情有所讽刺：

> 东坡得杭州倅，一日，过天竺，与佛印遇于九里松。握手纵步，……及寺门，见捏塑金刚壮丽，问佛印曰："二金刚何者为重？"印曰："握拳者尊。"及至殿，见有奉佛者斋供罗列，香烛具陈，复询曰："金刚尊大，斋供不及，何也？"印曰："彼司门户，恃势强盛，降魔护法，无预斋供。所以时人有诗嘲云：'撑肩努眼恶精神，捏合从来假似真。刚被法门借权势，不知身自是泥人①。'"后至上天竺，见观音手持数珠。坡曰："观音既是佛，持念珠果何意耶？"印曰："亦不过念佛号耳。"复询："念何佛号？"印曰："亦只念观音佛号。"坡曰："彼自是观音，自诵其号，未审何谓？"印曰："求人不如求己。"……坡赞云："南海大士真奇绝，手持数珠一百八。始知求己胜求人，自念观世音菩萨。"

这一水平不高成就不大的说话支派，对后世文学也有一定的影响。如《醒世恒言》卷十一所载明代话本《苏小妹三难新郎》和卷十二《佛印师四调琴娘》，即取资于《东坡佛印问答录》。此外，《永乐大典》卷七千五百四十三所收的《金刚感应事迹》"霍参军"条，全篇用偈赞作问答，类似诗话，也可能是说参请的话本（见程毅中《说话札丛·说经新探》，载《中国古典文学研究论丛》第1辑，吉林人民出版社1980年出版），其中讲述的故事或许出自民间艺人的说诨经。

讲史的话本 宋代讲史家的话本又称为平话，这是后来通俗演义的先驱，同时也是中国文学史上最先出现的长篇历史小说。平话的平，是评

---

① 五代何光远《鉴戒录》卷四"蜀门讽"条载蒋贻恭咏金刚诗："扬眉斗目恶精神，捏合将来恰似真。刚被时流借拳势，不知身自是泥人。"此处袭用。

论的意思。说话人讲述历史故事时，往往用自己的观点对历史人物进行评价，对历代兴亡总结经验教训，评其得失，论其是非，体现了市民阶层的爱憎和褒贬。

讲史家的话本大多具有较长的篇幅，跟小说话本都是短篇的不同。篇幅长了，不能一次讲完，于是就分了回，而且产生了回目。在语言方面，由于讲史往往取材前代正史或杂史，而这些书都是用文言写的，所以其话本也夹杂着浅近的文言，不像小说话本纯用白话（这一点，与《宣和遗事》中的某些部分有其近似之处）。以通俗的文言文来从事历史小说的写作，后来便形成了一个传统。《醉翁谈录》甲集卷一说："说征战有刘项争雄"，"史书讲晋、宋、齐、梁"。可见凡是历史上的各个朝代及其兴亡大事，都是讲史艺人取之不尽用之不竭的题材。又《东京梦华录》卷五"京瓦伎艺"条载，北宋时京瓦伎艺中已有专说三国故事的霍四究，专说五代史的尹常卖诸人，可见其分工之细。

《新编五代史平话》是现存宋代讲史话本中最主要的一种，不知是否和尹常卖有关。曹元忠跋其影宋本云："宋巾箱本《五代史平话》，于梁、唐、晋、汉、周，各分上下两卷，惜梁史、汉史皆缺下卷。"此书除梁史外，其他各史均有目录。内容写唐帝国倾覆以后，朱温的后梁、李克用的后唐、石敬瑭的后晋、刘知远的后汉、郭威的后周相继建立的历史故事。这是一个军阀混战、生灵涂炭的动乱时代，讲史艺人一方面根据史实编排，一方面也按照自己对这一阶段历史的看法和理解来进行创作，同时还吸收了一些民间传说。书中肯定了五代时两个较好的皇帝：后唐明宗李嗣源和周世宗柴荣，谴责了割让燕云十六州给契丹以换取帝位的晋高祖石敬瑭，表现了民间艺人的爱国思想。但其缺点也很明显，如对于唐末王仙芝和黄巢领导的农民起义都没有给予正确的评述，对于当时人民群众所承担的苦难也很少触及。在艺术上，平铺直叙，缺乏剪裁，显得单调板滞，人物形象的刻画也是粗线条的。试看书中《汉史平话》有关刘知远和李三娘久别重逢的一段简略描述：

天福六年，晋王怕安重荣跋扈，宣授刘知远为北京留守。那时知远的孩儿承义，年至十二岁，因出外走马，被军卒戏笑曰："宣赞跨马趯球快活，只知恁的娘娘在那孟石村，日夕在河头担水，多少苦辛么？"承义未听得时，万事都休，才听得后，一日也忍遏不下。归家泣告父亲道："孩儿每出外闲走，被军人笑骂，道咱在此快活，怎知娘娘见在孟石村河头担水辛苦。孩儿告着爹爹，待亲身去寻咱娘娘，探问消息。"知远闻言，只见眼泪汪汪，向承义道："您不须去，您若去时，两个舅舅必用计谋陷害您。待老爷明日结束行囊，带领百十人一同走去，探您娘娘消息，两日便回。"那元帅经行，但见鼙声振野，骑气惊人；旌旗飘九陌红霞，戈甲浸满眦秋水。离了北京，离不得饥餐渴饮，夜宿晓行。不数日，到得孟石村二十里头，将一行人从并潜伏一处。知远自打扮做个讨草人夫，担着一对草篮，回那孟石村李长者庄上去。那两个舅舅李洪信、李洪义全不秋(瞅)采着知远。只有那叔叔李敬业厮认得知远，带他去厅上坐定，喝令屋里点茶出来。古人有诗说茶，道是：

玉蕊旗枪真绝品，僧家造化极功夫。兔毫盏内香云白，蟹眼汤前细浪腴。断送睡魔离几席，增添清气入肌肤。幽丛自好岩溪畔，不许移根傍上都。

茶罢，盏托归台。敬业问知远道："探听得贤亲在太原大大发迹，今将谓衣锦还乡，怎生衣服得□□□□？您的妻房在这里吃哥哥万千磨难，日夕监他去河头挑水，受尽苦辛，也指望您功名成遂，夫荣妻贵也。您下梢只恁地狼狈，怎不叫他失望！"将出两件衣服，使知远穿了，引他去上亲下情处厮叫一声。因归去见取三娘子，夫妻厮见，不觉珠泪垂垂。

这已算是写得比较好的片段之一，大致可以代表这部话本所达到的水平。宋元南戏《刘知远白兔记》即取材于此。从目录看，以上短短一段引文已经包括了《刘知远为北京留守》、《军卒报刘承义娘子消息》、《刘知远自到孟石村探妻》、《知远妆做打草人》、《刘知远见李敬业》和《知远见三娘子》六个关目，可见此书也只是一个粗略的提纲，说话人在对听众进行讲唱时，是必须对这个单薄的底本加以丰富扩展的。鲁迅在《中国小说史略》第十二篇论《五代史平话》说："全书叙述，繁简颇不同，大抵史上大事，即无发挥，一涉细故，便多增饰。"这种情况，在讲史家的话本中是带有普遍性的。看来，宋代讲史艺人对于如何运用历史素材来进行创作，还在摸索过程中，其成绩远不如小说家的话本。但讲史话本的规模体式却为明清演义小说奠定了基础，影响不小，如罗贯中的《残唐五代史演传》便是从《五代史平话》发展而来的。

关于三国争雄的故事，在说话业中早已成为讲史的传统题材。李商隐《骄儿诗》云："或谑张飞胡，或笑邓艾吃。"（见《全唐诗》卷五百四十一）足见晚唐时代民间已经流传三国故事了。到了宋代，此风更盛。高承《事物纪原》卷九云："仁宗时，市人有能谈三国事者。"苏轼《东坡志林》卷一也记载道："王彭尝云：'涂巷中小儿薄劣，其家所厌苦，辄与钱，令聚坐听说古话。至说三国事，闻刘玄德败，颦蹙有出涕者，闻曹操败，即喜唱快。'"可知"说三分"在北宋时已很流行，到了南宋就更盛了。但宋代的三国话本现已不存，如今我们见到的是元世祖时《至元新刊全相三分事略》和元英宗时《至治新刊全相平话三国志》（参见刘世德《谈〈三分事略〉：它和〈三国志平话〉的异同和先后》，载《文学遗产》1984 年第 4 期）。《三国志平话》是现存的元刊本全相平话五种之一，其余四种是《武王伐纣平话》、《七国春秋平话》、《秦并六国平话》和《前汉书平话》。这几种形式近于现代连环图画的讲史作品，虽是元代的刻本，但可能含有宋代艺人旧本的成分。情节简单，语言拙稚，显然它们也只是当时说话人的脚本提纲。

中国人民是热爱自己所辛勤创造的历史的。宋代讲史平话的出现，便反映了这种民族心理。而这些长篇历史小说的产生，又使得各个朝代的史迹获得了更多的为人民所熟悉的机会。它们大体上总是根据史实来编排的，在某种程度上不可避免地受到封建统治阶级官修史书的立场观点的影响，因而在思想认识上往往有不少局限。但更为重要的，说话人是根据广大人民对历史发展的要求以及对历史人物的理解来进行创作的。这样，平话的作者就在其作品中注入了人民的思想感情，给某些史实以新的意义，赋与历史人物以新的形象和新的生命。在这些讲史话本中，说话人对祖国繁荣、富强、和平、统一的愿望是极其强烈的，对于忠贞、智慧、勇敢、勤劳的，为国献身的英雄人物总是尽情地加以歌颂的，而对于陷人民于苦难的奸邪则毫不留情地予以谴责和咒诅。这在很大的程度上往往指导着广大群众对历史人物的看法，其广泛的社会影响是不能忽视的。

总的说来，在宋代话本中，以小说为代表的作品，通常是以城市平民的生活、思想感情作为素材，通过艺术加工，来娱乐和教育广大人民首先是市民的。在许多方面，特别是对于爱情、婚姻等日常生活方面，说话人往往代表着他们所属的社会阶层，提出了和封建秩序不一致的道德观点和审美情趣。这就在一定程度上扩大了人民的反封建力量。但由于市民的成分极其复杂，而且经常地、不断地分化组合，其本身原来就具有妥协性、动摇性；同时，封建思想在当时还占有稳固的统治地位，城市平民及其喉舌也就不可避免地在某种范围内和某种程度上接受了封建思想所加给他们的影响。他们就往往不自觉地宣扬了宿命论观点，散播了迷信思想等等，也没有能将人民正常的性爱要求和统治阶级的淫乱行为严格地区别开来，因而作品中间或也出现过一些不健康的描写。

宋代话本，特别是小说家的话本，绝大多数是运用口语写作的。这种新的文学语言所具备的通俗性，使得文学和人民大众有了进一步的结合。我国古典小说的现实主义传统由于话本的出现，也有了进一步的发展。话本的说唱方式和某些艺术特征，对戏曲的形成起了同步前进的推动作用；同时，各类话本的故事题材，又往往被戏曲作家所取资，因而对戏曲文学的发展也很有影响。

第三节　文言小说

宋代白话小说与文言小说的关系　当宋代说话艺人活跃在市井间，创造出白话小说的时候，文士创作和整理的文言小说也仍然流行着。两者彼此渗透，互为影响，文言小说为民间艺人讲述故事提供了丰富的创作素材，如传奇和灵怪成了短篇白话小说八大门类中的重要项目；而话本的艺术方式则曾经被文人所效法和借鉴，产生了话本体的传奇。

前引《醉翁谈录》曾指出，说话人必须精熟《太平广记》、《夷坚志》、《绣莹集》、《东山笑林》和《绿窗新话》等。这里提出的五部书都是宋人编纂的文言小说集，除了《绣莹集》和《东山笑林》已佚外，其他三种尚存。其中故事情节确有不少是为话本所取资的。

先说《太平广记》。此书由李昉、徐铉、吴淑等十二人奉太宗之命编撰，于太平兴国三年(978)完成，是一部上起先秦两汉下至北宋初年的短篇文言小说的总集。全书共五百卷，分九十二大类，征引书籍四百七十五种，辑集了六千九百七十多个故事。"《太平广记》的好处有二：一是从六朝到宋初的小说几乎全收在内，倘若大略的研究，即可以不必别买许多书。二是精怪、鬼神、和尚、道士，一类一类分得很清楚，聚得很多。"(见鲁迅《破〈唐人说荟〉》，载《集外集拾遗》)所以此书成了说话人编撰故事的资料库。宋、元、明三代的短篇白话小说和南戏北剧，有不少篇章是从这里演变出来的。如《古今小说》卷六《葛令公生遣弄珠儿》，本事出于《太平广记》卷一百七十七《葛周》；《醒世恒言》卷三十八《李道人独步云门》，本事出于《太平广记》卷三十六《李清》等等。至于戏曲家以此书作为汲取素材的源泉，其具体例证更多。

《太平广记》之所以能取得这般丰富完备的辑集成果，是由于编者中徐铉和吴淑两人就是文言小说的内行专家。徐铉仕南唐时，曾以二十年时间写成文言小说集《稽神录》，入宋后又加润饰增修，其中有二百二十一个故事被收录在《太平广记》中。吴淑(947—1002)是徐铉的女婿，丹阳人，太宗时任职方员外郎，著有文言小说集《江淮异人录》二卷，都是谈道流、侠客和术士的故事，对后世的剑侠小说有较大的影响。

《夷坚志》是南宋洪迈个人撰著的志怪小说集。《宋史・洪迈传》说他"考阅典故，博览群书，自经史百家至稗官小说，无不涉猎。"《夷坚志》的书名取自《列子・汤问》"夷坚闻而志之"。其书内容多记神仙鬼怪、异闻杂录，但也有现实社会的故事，以及掌故佚闻和风尚习俗等方面的材料。全书原为四百二十卷，分初志、支志、三志、四志，每志又分甲乙丙丁戊己庚辛壬癸十集，数量仅次于《广记》。此书在南宋有多种刻本，流传极广。但时过境迁，至元明两朝已渐散佚，清乾隆时《四库全书》所收只是《夷坚支志》甲集至戊集五十卷。1927年商务印书馆出版的涵芬楼《新校辑补夷坚志》，计有初志、支志、三志加补遗，共得二百零六卷，约为原书的半数。1981年中华书局校印时，又增入从《永乐大典》等书中辑出的佚文二十八则，是现今收录最多的本子。

《夷坚志》可以说是南宋说话人的工作手册，其中有大量的故事被改创为白话小说和杂剧戏曲。现举几个有代表性的以宋代故事为题材的小说事例如下：一、《京本通俗小说》第十六卷《冯玉梅团圆》的头回关于徐信的故事，出《夷坚志补》卷十一《徐信妻》。二、《清平山堂话本》卷一《简帖和尚》，本事出于《夷坚支志》景集①卷三《王武功妻》。三、《古今小说》卷二十四《杨思温燕山逢故人》，本事出于《夷坚志》丁集卷九《太原意娘》。四、《警世通言》卷三十《金明池吴清逢爱爱》（《醉翁谈录》所载南宋话本题为《爱爱词》），本事出于《夷坚志》甲集卷四《吴小员外》。五、《醒世恒言》卷十四《闹樊楼多情周胜仙》，本事出于《夷坚支志》庚集卷一《鄂州南市女》。六、《水浒传》第四十三回《黑旋风沂岭杀四虎》的故事，则是根据《夷坚志》甲集卷十四《舒民杀四虎》改写的。以上只是略举数例，如果细检，三《言》、二《拍》中故事的来历，出于《夷坚志》者尚多，它对白话小说的影响是显而易见的②。

《绿窗新话》二卷，南宋皇都风月主人撰，内有一百五十四篇故事，大多节录六朝至唐宋文言小说的旧文，以供说话人采择参考。由于摘录的只是情节概要，所以说话人讲述时必须临场发挥。从现存的短篇白话小说来看，如《警世通言》卷二十九《宿香亭张浩遇莺莺》的本事，乃出于《绿窗新话》卷上《张浩私通李莺莺》；《醒世恒言》卷十二《佛印师四调琴娘》的部分情节，系采自《绿窗新话》卷下《苏东坡携妓参禅》③。此外，《醉翁谈

---

① 景集即丙集。洪迈的曾祖父名炳，故依照唐人讳例，改炳为景。唐高祖李渊之父名昞，唐人行文，皆改为景。

② 金元好问曾仿作《续夷坚志》，元无名氏又仿作《湖海新闻夷坚续志》，均可见此书对后代的影响。

③ 这个故事又见于说参请的话本《问答录》，见前。《问答录》与《新话》的先后，今天难以考定，故两存之。

录》所载宋人话本《锦庄春游》和《柳参军》的本事，也见于《绿窗新话》卷上《金彦游春遇会娘》和《崔娘至死为柳妻》。这说明此书与说话人的关系密切。

再看《醉翁谈录》。这是一部艳情传奇集，自甲集至癸集共十集，每集二卷，宋末罗烨编撰。除了甲集卷一《舌耕叙引》的“小说引子”和“小说开辟”专谈说话艺术之外，其余十九卷都是转述或节录唐宋文言小说而成，分“私情公案”、“烟粉欢合”、“神仙嘉会”和“负约”、“不负心”等二十类。其作用与《绿窗新话》相同。如丙集卷一《因兄姊得成夫妇》，后来发展为《醒世恒言》卷八所载《乔太守乱点鸳鸯谱》；壬集卷一《红绡密约张生负李氏娘》，后来被改写为《熊龙峰四种小说》之一《张生彩鸾灯传》的头回。

综上可知，宋代的文言小说是得到说话艺人和书会才人的重视并加以利用的，而文言小说也在某些方面受到话本的影响。鲁迅曾经指出：“说话既盛行，则当时若干著作，自亦蒙话本之影响。北宋时，刘斧秀才杂辑古今稗说为《青琐高议》及《青琐摭遗》，文辞虽拙俗，然尚非话本，而文题之下，已各系以七言。”（《中国小说史略》第十三篇）如《流红记》标为《红叶题诗娶韩氏》，《王榭》标为《风涛飘入乌衣国》，这种作法显然是受了话本回目的启发。《绿窗新话》和《醉翁谈录》的标目亦复如此。同时，有些传奇行文韵散相间，时或插入出自书中人物或作者之手的诗词以增强其艺术感染力，即显然受了话本语言表达方式的影响。这都说明了文人创作确曾从民间艺人的话本中汲取营养。

宋代文言小说的品类　文言小说的品类是比较复杂的。这是由于古代文体学及目录学对小说缺乏明确的界定，再加史家对《汉书·艺文志》所谓“丛残小语”的轻视，因而把小说的概念搅得很乱。《新唐书·艺文志》曾把《隋书·经籍志》中的史书杂传贬入了子部的小说，《宋史·艺文志》更把图籍、道藏、地理、诗话、类书和花木谱中的一些著作也归入了小说，可见一斑。明人胡应麟《少室山房笔丛》中的《九流绪论》卷十三中曾把这些古代小说加以概括，分为六类：一为志怪，二为传奇，三为杂录，四为丛谈，五为辨订，六为箴规。他解释说：“丛谈、杂录二类最易相紊，又往往兼有四家，而四家类多独行，不可搀入二类者。至于志怪、传奇，尤易出入，或一书之中二事并载，一事之内两端具存。”因此他不无慨叹地指出：“最易混淆者，小说也！”

自从宋代民间艺人创作的话本小说产生后，宋元明清四代的白话通俗小说极其繁多，而封建时代的正统史家却囿于传统观念，不承认它们在文学史上的地位，正史《艺文志》竟一概摈弃不录，清代乾隆年间纂修的《四库全书》也予以排斥。只有文人创作的文言小说，著录家才给予一席之地。《四库全书总目》子部小说家所收录的就是这些笔记小说，其中又分三类：一、杂事：宋代的有司马光《涑水纪闻》、欧阳修《归田录》、吴处厚《青箱杂记》、赵令畤《侯鲭录》、周辉《清波杂志》、岳珂《桯史》等。二、异闻：宋代的有吴淑《江淮异人录》、洪迈《夷坚志》等。三、琐语：宋代的有旧题苏轼的《渔樵闲话》、陈日华《谈谐》等。以此与胡应麟所分的六类相比较，杂事相当于杂录，异闻和琐语相当于志怪，排除了丛谈、辨订、箴规三种似是而非的东西，但却把真正是小说的传奇名目也抹掉了。至清代同治八年(1869)，佘叟编《宋人(百种)小说类编》，则又恢复了传奇的类目，与偏录、琐记并列为三类。这些分法，概念含糊，难以反映中国文言小说的发展轨迹。我们认为，从内容方面说，可按小说作品的具体性质分；就外形而言，应按其艺术样式分。宋代的文言小说是上承六朝志怪、杂录与唐代传奇发展而来的。为了能理清古小说发展的线索和前后的传承关系，对它的分类就仍应按笔记中的志怪、志人和本为单篇的传奇等三种品类来归纳。当然，这三种小说许多原来就混杂在大量笔记中和大型小说汇编如《太平广记》中，彼此之间并无明确的界限标志。但从题材内容和艺术特征方面来看，大致上还是可以理出端绪来的。

笔记中的志怪和志人短篇　宋人笔记前已略作介绍，其中一部分可以算是精彩的短篇小说。它们大体上又可分为志怪和志人两类。它们的篇幅不长，情节也较为简单，但仍具有一定的艺术价值。这两类作品的数量远较宋人传奇为多。

两宋的志怪小说是沿着张华《博物志》和干宝《搜神记》等先唐作品的创作道路而前进的，主要内容是谈神鬼，述灵异。继宋初徐铉《稽神录》和吴淑《江淮异人录》之后，有张君房《乘异记》、张师正《括异志》、聂田之《祖异志》、秦再思《洛中纪异》等。有些以记述人事为主的笔记中也含有部分搜奇志怪的作品，如蔡絛《铁围山丛谈》卷五有一则即颇为奇幻：

铁城有寓士成君相如，酷喜道家流事。吾问之："子有所睹耶？何迷而不复乎？"成君曰："有也。我以少年时未识好恶，顷在桂林，与一韩生者游。韩生嗜酒，自云有道术，初不大听重之也。一日相别，有自桂过昭平同行者二人，俱止桂林郊外僧之伽蓝。而韩生亦来，夜不睡，自抱一篮持匏杓出就庭下。众共往观之，则见以杓酌取月光，作倾泻入篮状。争戏之曰：'子何为乎？'韩生曰：'今夕月色难得，我惧他夕风雨，倘夜黑，留此待缓急尔。'众笑焉。明日取视之，则空篮敝杓如故。众亦哂其妄。及舟行至昭平，共坐江亭上，各命仆厮办治肴膳，多市酒，期醉。适会天大风，俄日暮，风益急，灯烛不得张，坐上墨黑，不辨眉目矣。众大闷，一客忽念前夕事，戏嬲韩生曰：'子所贮月光今安在？宁可用乎？'韩生为抚掌而对曰：'我几忘之，微子不克发我意。'即狼狈走，从舟中取篮杓而一挥，则月光瞭焉，见于梁栋间。如是连数十挥，一坐遂尽如秋天夜晴，月明潋滟，则秋毫皆得睹，众乃大呼，痛饮达四鼓。韩生者又杓取而收之篮，夜乃黑如故。始知韩生果异人也。"成君又谓吾曰："我时舟中与韩生款曲，辄数夕，亦屡邀我索授其炉火及存养法，然我不听。及别去，不知所在。后闻从琼筦陈通判觉者周流海上，数年，至陆川而殂。及举葬，但空棺，知其尸解矣。我始悔不从之学，用是笃意于神仙事也。"吾既闻成君说，后又五载，适得识陈通判觉，尽以讯陈，而成君之言信。

南宋也有许多笔记以记载鬼神志怪故事为主，如郭彖《睽车志》、鲁应龙《闲窗括异志》、洪迈《夷坚志》、缺名《鬼董》等。现举三篇如下：

淳熙庚子辛丑岁，平江比年大旱。常熟县虞山北葛市村，有农夫姓过，种田六十亩，岁常丰熟。过觊例免秋赋，亦伪以旱伤闻官，果得免输，自以得计。明年壬寅夏，飞蝗骤至，首集过田，禾稼皆尽。而邻

> 比接壤之田,蝗过不食。又有二农家,不得其姓,畎亩东西相接。东家淳朴守分,西则狡狯暴狠,淳朴之家常苦之。是年蝗至,尽集西家之田,而不入东界。西农怪之,夜以布囊贮蝗移置东田。有报东家农,弗之较,但祝云:"果有神明,蝗当自去。"明日,蝗复飞集西家,东田无伤焉。
>
> ——《睽车志》卷三

> 安定郡王赵德麟,建炎初自京师挈家东下,抵泗州城北,于驿邸憩宿。薄晚呼索熟水,即有妾应声捧杯以进,而用紫盖头覆其首。赵曰:"汝辈既在室中,何必如是?"自为揭之,乃枯骨耳!赵略无怖容,连批其颊曰:"我家不是无人使,要尔怪鬼何用!"叱使去,掩冉而灭。赵不以语家人,留驻竟夕,天明始登途。
>
> ——《夷坚支志》景集卷八《泗州邸怪》

> 和州市人杜默,累举不成名,性英傥不羁。因过乌江,入谒项王庙。时正被酒沾醉,才炷香拜讫,径升偶坐,据神颈拊其首而恸,大声语曰:"大王!有相亏者!英雄如大王,而不能得天下;文章如杜默,而进取不得官,好亏我!"语毕,又大恸,泪如迸泉。庙祝畏其必获罪,强扶以下,掖之而出,犹回首长叹,不能自释。祝秉烛检视,神像垂泪亦未已!
>
> ——《夷坚三志》辛集卷八《杜默谒项王》

所叙均为当时现实社会中的怪异之事,虽然虚妄荒诞,但都有一定的寓意。或劝善戒恶,或宣扬不怕鬼的故事,或反映士子落第的苦情,都生动可读。张端义《贵耳集》卷上云:"宪圣(高宗吴皇后)在南内,爱神鬼幻诞等书,郭彖《睽车志》始出,洪景卢《夷坚志》继之。"似此二书曾经进奉宫内,可知郭、洪二氏之作,在宋代志怪书中是有代表性的。

宋人笔记中含志人小说者亦复不少,其主要内容是记人言行,以资谈柄。遗文轶事,往往可补正史之不足。如孔平仲《续世说》和王谠《唐语林》二书，则仿效了刘义庆《世说新语》的体例，编次旧文，细分门类。其文虽不出自宋人之手，而却为宋人所缀拾，从取舍中体现了他们对这类作品的看法。现举《续世说》卷一德行门一篇如次：

淮西之师，汴帅韩弘骄矜倔强，常倚贼势索朝廷姑息。恶李光颜力战，阴图挠屈，计无所施。遂举大梁城求得一美妇人，教以歌舞、弦管、六博之艺，饰之以珠翠金玉衣服之具，计费数百（万）。乃命使者送遣光颜，冀光颜一见悦惑而怠于军政也。使者即赍书先造光颜垒，曰："本使令公，忧公暴露，欲进一妓，以慰公征役之思。"光颜曰："今日已暮，明旦纳焉。"诘朝，光颜乃大宴军士。三军咸集，命使者进妓。妓至，则容止端丽，殆非人间所有，一座皆惊。光颜谓来使曰："令公怜光颜离家室久，舍美妓见赠，诚有以荷德也。然光颜受国家恩深，誓不与逆贼同生日月下。今战卒数万，皆弃妻子，蹈白刃。光颜奈何以美色为乐！"言讫，泣涕呜咽。堂下兵士数万，皆感激流涕。乃厚以缣帛酬其来使，俾领其妓自席上而回。自此兵众弥加激励。

唐宪宗时，淮西节度使吴元济发动叛乱，朝廷任命韩弘为淮西诸军行营都统进行讨伐。但他驻军汴梁，行动迟缓，却又嫉妒忠武军节度使李光颜首获战功，竟阴谋采用美人计来破坏李的斗志和信誉。围绕着这场斗争，作家刻画了李光颜机智沉着、正直坚强的品格，他将计就计，反而利用这一事态当众表明心迹，激励了士气，鼓舞了军心。语言明快，对比强烈，颇为动人。但特别值得注意的是，这篇文字全录自《旧唐书·李光颜传》，仅个别字句略有删改。这可见在宋人心目中，史传与小说是可以互相阑入的，所以孔平仲采《旧唐书》以实《续世说》。

至于反映宋代现实生活和人事的作品则如：

鞠咏为进士，以文受知于王公化基。及王公知杭州，咏擢第，释褐为大理评事，知杭州仁和县。将之官，先以书及所作诗寄王公，以谢平昔奖进，今复为吏，得以文字相乐之意。王公不答。及至任，略不加礼，课其职事甚急。鞠大失望。于是不复冀其相知，而专修吏干矣。其后，王公入为参知政事，首以咏荐。人或问其故，答曰："鞠咏之才，不患不达。所忧者气峻而骄，我故抑之，以成其德耳。"鞠闻之，始以王公为真相知也。

——《东轩笔录》卷二

韩蕲王之夫人，京口娼也。尝五更入府，伺候贺朔，忽于庙柱下见一虎蹲卧，鼻息齁齁然，惊骇急走出，不敢言。已而人至者众，往复视之，乃一卒也。因蹴之起，问其姓名，为韩世忠。心异之，密告其母，谓此卒定非凡人。乃邀至其家，具酒食，至夜尽欢。深相结纳，资以金帛，约为夫妇。蕲王后立殊功，为中兴名将，遂封两国夫人。蕲王尝邀兀术于黄天荡，几成擒矣，一夕凿河遁去。夫人奏疏言世忠失机纵敌，乞加罪责，举朝为之动色，其明智英伟如此！

——《鹤林玉露》丙编卷二"蕲王夫人"条

江阴士人葛君，忘其名，强记绝人。……家傍有民，张染肆，置簿书识其目。葛尝被酒，偶坐其肆，信手翻阅。一夕，民家火作，凡所有之物并文书皆烬焉。物主竞来索数倍责偿，民无以质验，忧挠不知所出。其子谋诸父曰："吾闻里中葛秀才天性能记。渠昨过吾家，尝阅此籍，或能记忆，盍以情叩乎？"即日父子诣葛，言其状。葛笑曰："汝家张染肆，且吾何从知其数耶？"民拜且泣，葛又笑曰："汝以壶酒来，当能知之。"民喜，亟归携酒肴至。葛饮毕，命取纸笔，为疏某月某日某人染某物若干，某月某日某人染某物若干，凡数百条。所书月日、姓氏、名色、丈尺，无毫发差。民持归，呼物主读以示之，皆叩头骇伏。

——《梁溪漫志》卷九"江阴士人强记"条

第一例写王化基长于驭下，善于教人。第二例称颂韩世忠夫人虽出身娼门，但却富有识见，并能以国事为重，公而忘私。这些作品的故事情节虽然简单，但都能采用对照衬托的笔法来刻画人物的性格。第三例的对话很传神，塑造人物形象跌宕多姿，有铺垫，有层次。其中写葛君的两次吃酒，着墨不多，却把他狂放不羁的神态勾画出来了。他醉后偶坐染坊时，曾漫不经心地信手翻阅账簿。当染坊失火账本被焚，发生物主勒索店家的急难时，他仍然在酒后从容不迫有条不紊地将账目默写出来。正是这两次酒意的描绘，才把他惊人的记忆力突出地显现了出来。而店家父子与物主们的纠纷也因此发生了戏剧性的变化。店家从惶惶到惊喜，物主从汹汹到骇伏，都围绕着葛君构成了一幅有趣的场景。

宋人弄笔，强调记实，不尚虚构，因而无论是志怪还是志人，都未免质直平淡，大多缺乏丰富的想像和瑰丽的色彩。这不能不说是宋代笔记小说的一大缺点。

历史题材和现实题材的传奇　宋代传奇当然是承继唐人的优良传统发展而来的。传奇之体，综合六朝志怪与志人小说的长处，并在古文运动和进士行卷风习的影响下得到了繁荣滋长（参看程千帆《唐代进士行卷与文学》之《行卷对推动唐代古文运动所起的作用》，上海古籍出版社 1980 年出版），产生了许多优秀的文言短篇小说。自晚唐裴铏创作专集，以《传奇》命名，宋人即以别名为共名，称呼这一类小说为传奇。但宋代文人受到轻视小说的传统思想的禁锢，对之意存轻视，如陈师道《后山诗话》即曾载尹洙讥评范仲淹的《岳阳楼记》为传奇体。因此，传奇之在宋代，虽有一些人从事创作，却未能在唐人的基础上发扬光大。

宋代传奇与志怪志人小说并无明显的区别界限。在宋代的文言小说集如《青琐高议》和诸家笔记中，这些品类的作品往往夹杂一起。如果从艺术上加以区分，则传奇的篇幅较为长大，故事情节较为曲折，人物头绪较多，谋篇布局较为讲究，文笔较为细腻。从题材上看，则有写历史题材和现实题材的两种类型。

写历史题材的著名作品有秦醇《赵飞燕别传》，乐史《绿珠传》，缺名《隋炀帝海山记》、《迷楼记》、《开河记》，乐史《杨太真外传》，缺名《梅妃传》和《李师师外传》等。这些作品大多取材于帝王后妃或贵族官僚的私人生活。其中通过对这些人骄奢淫佚的描绘，暴露了封建社会上层集团的腐败黑暗。这一类传奇的缺点是缺乏艺术上的独创性和感染力，而且往往杂有封建迷信色彩和宿命观念,因而成就不高。其中南宋人所写的《李师师外传》,通过徽宗私生活的一个侧面,反映了北宋末年时政,时代较近,见闻较真,感受较深,因而也写得较好,现节录如下:

李师师者,汴京东二厢永庆坊染局匠王寅之女也。寅妻既产女而卒,寅以菽浆代乳乳之,得不死。在襁褓未尝啼。汴俗凡男女生,父母爱之,必为舍身佛寺。寅怜其女,乃为舍身宝光寺。女时方知孩笑。一老僧目之曰:"此何地,尔乃来耶?"女至是忽啼。僧为摩其顶,啼乃止。寅窃喜曰:"是女真佛弟子。"为佛弟子者,俗呼为师,故名之曰师师。师师方四岁,寅犯罪系狱死。师师无所归,有倡籍李姥者,收养之。比长,色艺绝伦,遂名冠诸坊曲。

徽宗皇帝即位,好事奢华,而蔡京、章惇、王黼之徒,遂假绍述为名,劝帝复行青苗诸法。长安中粉饰为饶乐气象。市肆酒税,日计万缗,金玉缯帛充溢府库。于是童贯、朱勔辈,复导以声色、狗马、宫室、苑囿之乐。凡海内奇花异石,搜采殆遍。筑离宫于汴城之北,名曰艮岳。帝般乐其中,久而厌之,更思微行为狎邪游。内押班张迪者,帝所亲幸之寺人也。未宫时,为长安狎客,往来诸坊曲,故与李姥善。为帝言陇西氏色艺双绝,帝艳心焉。翌日,命迪出内府紫茸二匹、霞氎二端,瑟瑟珠二颗,白金廿镒,诡云:"大贾赵乙,愿过庐一顾。"姥利金币,喜诺。暮夜,帝易服杂内寺四十余人中,出东华门二里许,至镇安坊。镇安坊者,李姥所居之里也。帝麾止余人,独与迪翔步而入。……郑后闻而谏曰:"妓流下贱,不宜上接圣躬,且暮夜微行,亦恐事生叵测。愿陛下自爱。"帝颔之。阅岁者再,不复出。然通问赏赐,未尝绝也。

宣和二年,帝复幸陇西氏。见悬所赐画于醉杏楼,观玩久之。忽回顾见师师,戏语曰:"画中人乃呼之竟出耶?"即日赐师师辟寒金钿、映月珠环、舞鸾青镜、金虬香鼎。次日,又赐师师端溪凤咮砚,李廷珪墨,玉管宣毫笔,剡溪绫纹纸。又赐李姥钱百千缗。迪私言于上曰:"帝幸陇西,必易服夜行,故不能常继。今艮岳离宫东偏有官地袤延二三里,直接镇安坊。若于此处为潜道，帝驾往还殊便。”帝曰：“汝图之。”于是迪等疏言：“离宫宿卫人向多露处，臣等愿捐资若干，于官地营室数百楹，广筑围墙，以便宿卫。”帝可其奏。于是羽林巡军等，布列至镇安坊止，而行人为之屏迹矣。四月三日，帝始从潜道幸陇西。……

无何，帝禅位，自号为道君教主，退处太乙宫，佚游之兴，于是衰矣。师师语姥曰：“吾母子嘻嘻，不知祸之将及。”姥曰：“然则奈何？”师师曰：“汝第勿与知，唯我所欲。”时金人方启衅，河北告急。师师乃集前后所赐金钱，呈牒开封尹，愿入官，助河北饷。复赂迪等代请于上皇，愿弃家为女冠。上皇许之，赐北郭慈云观居之。未几，金人破汴。主帅闼懒索师师，云：“金主知其名，必欲生得之。”乃索之，累日不得。张邦昌等为踪迹之，以献金营。师师骂曰：“吾以贱妓，蒙皇帝眷，宁一死无他志。若辈高爵厚禄，朝廷何负于汝，乃事事为斩灭宗社计？今又北面事丑虏，冀得一当，为呈身之地。吾岂作若辈羔雁贽耶？”乃脱金簪自刺其喉，不死，折而吞之，乃死。道君帝在五国城，知师师死状，犹不自禁其涕泣之泛澜也。

论曰：“李师师以娼妓下流，猥蒙异数，所谓处非其据矣。然观其晚节，烈烈有侠士风，不可谓非庸中佼佼者也。道君奢侈无度，卒召北辕之祸，宜哉！”

李师师实有其人，关于她的遗闻轶事有多种不同之记载，话本《宣和遗事》也有详尽的渲染。刘子翚《汴京纪事》二十首末篇云：“辇毂繁华事可伤，师师垂老过湖湘，缕衣檀板无颜色，一曲当时动帝王。”又朱敦儒《鹧鸪天》云：“唱得梨园绝代声，前朝惟数李夫人。自从惊破霓裳后，楚奏吴歌扇里新。　秦嶂雁，越溪砧，西风北客两飘零。尊前忽听当时曲，侧帽停杯泪满巾。”看来，《宣和遗事》说她“在后流落湖湘间，为商人所得”的记载，是符合事实的①。但这篇传奇却大胆地改变了这一事实，将这位地位卑

① 刘诗见《宋诗钞》：《屏山集钞》，朱词见《全宋词》第八百四十三页。师师靖康元年(1126)被籍没后，逃往湖南、浙江一带，亦见《三朝北盟会编》“靖康中帙”卷五及《墨庄漫录》卷八。

微的娼妓塑造成一个富于智计、忠于祖国的烈女，写她在政局变更之际，始则知机免祸，终能仗义捐生。这与北宋亡国君臣的始而醉生梦死，终至屈膝媚敌形成了鲜明的对照，实际上是对他们的强烈讽刺和鞭挞。这一创造使作品最后闪耀着异样的光彩。

宋人传奇也有取材于当时的现实生活的，代表作有柳师尹《王幼玉记》(《青琐高议》前集卷十)、秦醇《谭意歌传》(《青琐高议》别集卷二)、缺名《王魁负心桂英死报》(《醉翁谈录》辛集卷二)和《苏小卿》等(《苏小卿》见《永乐大典》卷二千四百零五，标明辑自《醉翁谈录》“烟花奇遇”类，今本《醉翁谈录》失载)。前两篇模仿唐代传奇《霍小玉传》，王幼玉也是一个不得所爱幽怨而死的名妓形象，《谭意歌传》的前半部还参照了《莺莺传》的写法，但却捏合为团圆的结局。后两篇塑造了恋情中负心与不负心的两种不同典型。王魁登第后因桂英出自娼门而变心背盟，暴露了某些士子因社会地位升高便背信弃义的丑恶灵魂；但双渐发迹后却并不厌弃沦为歌妓的苏小卿，表现了始终如一地忠于爱情的高尚风范。这两篇传奇对戏曲的影响很大，《王魁负桂英》的悲剧和《双渐赶苏卿》的喜剧，成了长期上演不衰的剧目。据周密《齐东野语》卷六《王魁传》记载，王氏是嘉祐年间的状元，原名俊民，莱州掖县(在今山东省)人。《王魁传》的原作者是北宋文人夏噩，《王幼玉记》中提及“夏贤良名噩，字公酉”，可知其人曾以“贤良方正科”及第，是仕流中人①。夏作今见于曾慥编辑的《类说》卷三十四。而《醉翁谈录》辑存的《王魁负心桂英死报》则是经过书会才人改编后的话本体传奇，其文如次：

> 王魁者，魁非其名也，以其父兄皆名宦，故不书其名。魁学行有声，因秋试触讳，为有司捞。失意浩叹，遂远游山东莱州。莱之士人，素闻魁名，日与之游。一日，为二三友招，过北市深巷，有一宅，遂叩

① 李献民《云斋广录》卷六“丽情新说”门载《王魁歌引》亦云：“贤良夏噩，尝传其事。”(《云斋广录》九卷，今存，中央书店排印本易得。)李献民于政和元年(1111)自序，称其书乃仿唐袁郊《甘泽谣》而作。前三卷是笔记体的杂俎，后六卷收录灵怪、丽情、奇异、神仙等类传奇。

扉。有一妇人出，年可二十余，姿色绝艳，言曰："昨日得好梦，今日果有贵客至。"因相邀而入。妇人开樽，酌献于魁曰："某名桂英，酒乃天之美禄，使足下待桂英而饮天禄，乃来春登第之兆。"桂英谓人曰："此大壮之士。"又献魁曰："闻君誉甚久，敢请一诗。"王魁作诗曰：

谢氏筵中闻雅唱，何人戛玉在帘帏？一声透过秋空碧，几片行云不敢飞。

桂英乃再拜。酒罢，桂英独留魁宿。夜半，魁问："娘子何姓？颜貌若此，反居此道何也？"桂英曰："妾姓王，世本良家。"复谓魁曰："君独一身，囊无寸金，倦游闾里，君但日勉学，至于纸笔之费，四时之服，我为君办之。"由是魁宴止息于桂之馆。逾年，有召求贤，魁乃求入京之费。桂曰："妾家所有，不下数百千，君持半为西游之用。"魁乃长吁曰："我客寓此逾岁，感君衣食之用，今又以金帛佐我西行之费，我不贵则已，若贵，誓不负汝。"魁将告行，桂曰："州北有望海神，我与君对神痛誓，各表至诚而别。"魁忻然诺之。乃共至祠下，魁先盟曰："某与桂英，情好相得，誓不相负，若生离异，神当殛之。神若不诛，非灵神也，乃愚鬼耳。"桂大喜曰："君之心可见矣。"又对神结发，以彩合为双髻。复用小刀，各刺臂出血盈杯，以祭神之余酒和之而交饮。至暮，连骑而归。魁行，桂为祖席郊外，仍赠以诗云：

灵沼文禽皆有匹，仙园美木尽交枝。无情微物犹如此，因甚风流言别离！

魁览之，愕然。桂曰："以君才学，当首出群公，但患不得与君偕老！"魁惊曰："何言之薄也？盟誓明如皎日，心诚固若精金，虽死亦相从于地下。"桂曰："但望早还，无负约也。"

魁遂行，抵京师。就试，果领高荐。乃遣介归报书，后有一诗，诗曰：

琢玉磨云输我辈，攀花折柳是男儿。来春我若成功去，好养鸳鸯作一池。

桂得诗，大喜，乃答书贺之。魁既试南宫，复若上游，乃宸廷唱第，为天下第一。魁乃私念曰："吾科名若此，即登显要，今被一娼玷辱，况家有严君，必不能容。"遂背其盟。自过省御试后，即绝书报。……会其父已约崔家女,与之作亲,魁不敢拒。遂授徐州签判,乃归江左觐父,回即赴任。

桂闻魁授徐签,又赴任了,喜曰:“徐去此不远,必使人迎我。”乃作衣一袭,为书遣仆往徐。魁方坐厅,人吏环拥,阍吏引仆见魁。魁因问之仆:“自何处来?”仆以桂英之言对之。魁当大怒,欲挞其仆,书遂掷地,并不受,遣仆还之。桂英喜迎之问,闻及此语,乃仆地大哭。……遂同侍儿,乃往海神祠中,语其神曰:“我初来,与王魁结誓于此。魁今辜恩负约,神岂不知?既有灵通,神当与英绝(决)断此事,吾即自杀以助神。”乃归家,取一剃刀,将喉一挥,就死于地,侍儿救之不及。桂英既死,数日后,忽于屏间露半身,谓侍儿曰:“我今得报魁之怨恨矣!今已得神以兵助我,我今告汝而去。”侍儿见桂英跨一大马,手持一剑,执兵者数十人,隐隐望西而去。遂至魁所。家人见桂英仗剑,满身鲜血,自空而坠,左右四走。桂曰:“我与汝辈无冤,要得无义汉负心王魁尔!”……徐有道士马守素者,设醮则有梦应,母乃召之使醮。母果梦见儿魁与一妇人以发相系,在一官府中。守素告其魁母曰:“魁不可救。”举家大恸哭,后数日,果自刺死。

自从宋初广开科举以来,士子成名发迹后,往往忘本负心。这篇小说揭露了这种不道德的行为,具有普遍的社会意义。

宋代传奇受到说话艺术的影响是显著的。诗文相间的话本特点,在历史题材的《梅妃传》和《流红记》中已经表现出来;但在现实题材的传奇中似乎应用得更多,加《王幼玉记》和《谭意歌传》都插入了不少诗词。从文言小说的专集来看,除了《青琐高议》和《醉翁谈录》中有一些话本体的传奇外,李献民的《云斋广录》中也有十多篇。如卷五“丽情新说”门的《西蜀异遇》,叙李达道与狐女宋媛的恋情,卷七“奇异新说”门的《钱塘异梦》,写司马槱与苏小小的鬼魂恋爱,曾被说话人分别改编为话本《李达道》和《钱塘佳梦》(见《醉翁谈录》卷一《舌耕叙引》“小说开辟”条)。试看《西蜀异遇》中插用诗词的一段:

时抵暮春，生与媛同游后圃，饮于荼蘼花下。杯盘间列，丝竹递奏，放怀摅思，各极其欢。媛即醉，乃作诗一绝。诗云：

绿鞅盘纡成绀幄，屑玉纷纷迎面落。美人欲醉朱颜酡，青天任作刘伶幕。

生大赏其才，因戏谓媛曰："还可属对否？"媛曰："请。"于时栏有芍药，方葩而未坼，然蝴蝶团飞，已集其上矣。生乃曰："芍药栏边春蝶乱。"媛应声曰："海棠梢外晓莺啼。"少选，生复曰："垂杨夹道袅青丝。"媛复应声曰："嫩竹出栏抽碧玉。"生愈服其敏捷而律切也。于是讴吟谐谑，终日而罢。他时，生有干入眉州，乃与媛约曰："我此行十日定归，无见讶也。"生既抵州，宾朋故旧喜生之来，曲留二十日，方得返舍。媛谓生曰："何愆期之甚也？"生曰："朋友见留耳。"媛曰："自君之行，闲窗昼永，芳阁无人，膏沐不施，铅华不御，离恨之深，思君之切。因成落花词一阕，用以见意。"词寄《阮郎归》：

东风成阵送春君，庭花高下飞。柔条缭绕入帘帏，斑斑装舞衣。　云鬓乱，坐偷啼，郎来何负期？人生恰似这芳菲，芳菲能几时！

读讫，生谢不敏焉。

诗词的介入，可说是宋人传奇的一个鲜明的特色，这一方面体现了除传统的诗以外，歌词在社会上同样甚至更其流行的新局面，一方面也正是话本影响传奇的明证。

反映社会现实，表现市民生活的传奇，在南宋王明清的《摭青杂说》中还有几篇较为突出，如《盐商厚德》和《茶肆还金》①，塑造市民形象都是可取的。前者是写商人项四郎救护遇难少女，毫无私心地为之择嫁；后者写汴京茶馆的店主拾金不昧，忠诚地为顾客服务。其主题都是表彰普通市民的高尚品德，嘉许其舍利取义的精神。这种以市民为主角的题材在文

① 《摭青杂记》二十四卷，今佚。这两篇载于《说郛》卷三十七，《宋人小说类编》卷四传奇类亦收入，改题《项四郎义嫁徐七郎》及《茶肆高风》。

言小说中是不可多得的,也可说是宋人传奇在内容上受到话本影响的一个新发展。

宋人传奇偏重纪实的缺点与其他笔记小说相同。正如胡应麟《少室山房笔丛》卷十三《九流绪论》指出:“小说,唐人以前记述多虚,而藻绘可观;宋人以后论次多实,而彩艳殊乏。盖唐以前出文人才士之手,而宋以后率俚儒野老之谈故也。”这个问题的实质是宋传奇的作者未能处理好生活真实与艺术真实的关系,他们当中缺少像唐代蒋防、白行简那样的艺术大手笔。而且由于文以载道的思想统制,两宋的文学大家都不愿在这方面涉笔。苏轼喜欢听人谈说神鬼,当别人没得说时,他甚至要人“姑妄言之”(见叶梦得《避暑录话》卷上),但自己却没有写过传奇。苏辙曾写了一篇类似传奇的《梦仙记》,多寓哲理,笔触拘谨,而且不敢将其收入自己的文集中,还是依靠洪迈的采录才得以为世人所知(此文今见《夷坚支志》癸集卷七)。

现存宋人传奇,大多是无名氏的作品,几位署名的作者,在文坛上的地位也都不高,他们的生平也大都不详。今就可考见者,简介如次:一、乐史(930—1007),字子正,抚州宜黄(在今江西省)人,地理学家,著有《太平寰宇记》二百卷。他是由南唐入宋的史官,太平兴国五年(980)举进士,曾任著作郎、直史馆,出知舒州、黄州等地。所作传奇存世者有《绿珠传》和《杨太真外传》,另有《唐滕王外传》、《李白外传》和《许迈传》,均佚,仅见其目于《宋史·艺文志》。二、《流红记》作者张实,字子京,约为北宋中期魏陵(在今河北省)人,事迹无考。三、秦醇,字子复(一作子履),约为北宋中期谯郡亳州(今安徽亳县)人,事迹无考,《青琐高议》收录了他的传奇《骊山记》、《温泉记》、《赵飞燕别传》和《谭意歌传》等四篇。四、柳师尹,淇上(今河南淇县)人,事迹无考,《青琐高议》收录他的传奇《王幼玉记》一篇。五、刘斧,生平不详,字里无考,从《青琐高议》中看来,只知道他是秀才出身,曾游历汴京、太原、杭州等地,其活动年代约当仁宗至哲宗年间,所编文言小说集现存《青琐高议》一种,另有《翰府名谈》二十五卷,则已失传。六、李献民,字彦文,延津(在今河南省)人,生活在徽宗至高宗时期。《郡斋读书志》卷三下著录他所撰《云斋广录》为十卷,《四库全书总目》卷一百四十四小说家类存目记内府藏本尚存八卷附后集一卷。七、王明清(1127—1202?)字仲言，颍州汝阴(今安徽省阜阳县)人，王铚次子，曾官朝请大夫，绍熙四年(1193)任宁国军节度判官，庆元元年(1195)任泰州通判。所著笔记小说集现存《挥麈录》前录四卷、后录十一卷、三录三卷、余话二卷，《投辖录》一卷，《玉照新志》六卷。所撰传奇集《摭青杂说》二十四卷，则已散佚。——以上六人，乐史、王明清曾历仕途，然官职不大，其他四人都是布衣之士，连生平事迹都毫无记载。怪不得胡应麟把他们都说成是俚儒野老。

这些士人虽处于封建社会的中下层，仍没有摆脱文以载道的思想束缚，因此在他们创作的传奇中往往加上自己的出自正统思想的议论，如《杨太真外传》篇末作者论曰：

> 夫礼者，定尊卑，理家国。君不君，何以享国？父不父，何以正家？有一于此，未或不亡。唐明皇之一误，贻天下之羞，所以禄山叛乱，指罪三人。今为外传，非徒拾杨妃之故事，且惩祸阶而已。

《流红记》末也有作者的议论：

> 流水，无情也。红叶，无情也。以无情寓无情而求有情，终为有情者得之，复与有情者合，信前世所未闻也。夫在天理可合，虽胡越之远，亦可合也。天理不可，则虽比屋邻居，不可得也。悦于得，好于求者，观此，可以为诫也。

《王幼玉记》末尾，作者为了表扬女主人公不慕荣利的高尚品格，也写上了一段议论。见于王明清《摭青杂说》中的各篇也都寓有教化之意。所以鲁迅在《中国小说的历史变迁》第四讲中曾经指出：“唐人小说少教训；而宋则多教训。大概唐时讲话自由些，虽写时事，不至于得祸；而宋时则讳忌渐多，所以文人便设法回避，去讲古事。加以宋时理学极盛一时，因之把小说也都理学化了，以为小说非含有教训，便不足道。但文艺之所以为文艺，并不贵在教训，若把小说变成修身教科书，还说什么文艺。宋人虽然还作传奇，而我说传奇是绝了，也就是这意思。”这些意见是非常中肯的。

宋人传奇虽然存在着上述这些缺点，但它在文学发展史上承前启后的作用仍然不可低估。如《云斋广录》中写人狐、人鬼的恋爱故事，对狐、鬼形象的人格化已刻画得生动有致，可说是《聊斋志异》的先声。又如话本体传奇，对明清文言小说是有直接的影响的。明人瞿佑《剪灯新话》和吴敬所《国色天香》的体裁，就是分别仿自《青琐高议》和《醉翁谈录》；而且，明清两代的文言中篇和长篇章回小说，也是在话本体传奇的基础上发展出来的（参看薛洪等选注《宋人传奇选》的《前言》，湖南人民出版社1985年出版）。

和笔记小说一样，宋人传奇对戏曲也有深远的影响。如民间艺人曾将《王魁传》改编为宋杂剧《王魁三乡题》和南宋戏文《王魁》及《王俊民休书记》；元杂剧有尚仲贤的《海神庙王魁负桂英》，明传奇有王玉峰的《焚香记》。取材于《苏小卿》的，有金院本《调双渐》，有南曲戏文《苏小卿月夜泛茶船》，元代有杨景贤的北杂剧《苏小卿诗酒丽春园》，明末清初有李玉的传奇《千里舟》。取材于《李师师外传》的，有元人屈子敬的北杂剧《李师师》。取材于《钱塘异梦》的，有元人白朴的北杂剧《苏小小月夜钱塘梦》和清人沈沐的南传奇《芳情院》。取材于《夷坚志》甲集卷四《吴小员外》的，有金院本《金明池》和明人范文若的同名传奇。取材于《夷坚三志》辛集卷八《杜默谒项王》的，有明代沈自征的杂剧《霸亭秋》，清代嵇永仁的折子戏《杜默哭庙》和张韬的短剧《杜秀才痛哭霸亭庙》。除此以外，可以考述者尚多，实在是不胜枚举了。

第十三章　宋代戏曲的形成

中国戏曲是诗歌、音乐、舞蹈、杂技、说唱、表演、美术等结为一个整体的综合艺术。这种综合经历了漫长的孕育阶段，从先秦歌舞、汉魏百戏、隋唐戏弄发展到宋代的诸色伎艺，逐步萌芽融合，才产生了宋杂剧、金院本的戏曲形态。由于宋、金民族政权南北对峙的特殊局面，南宋地区形成了南曲戏文，北方金元统治地区则形成了北曲杂剧。到了元代，全国统一，南戏与北剧相互交流，中国戏曲便趋向成熟完美了。

中国民族传统的戏剧就文体而论是一种诗剧，它是继唐代声诗和宋人歌词之后新兴的音乐文学。当时将这种新诗体称之为曲，表明它是通过演唱来体现其艺术特色的，所以我国民族形式的戏剧又称为戏曲。在中国古代文献中，戏剧与戏曲的概念本来是相同的。戏剧一词，最早见于晚唐杜牧的《西江怀古》诗①和杜光庭的传奇小说集《仙传拾遗》②。而戏曲一词，则最早见于元初刘埙的《水云村稿·词人吴用章传》，及夏庭芝的《青楼集》和陶宗仪的《南村辍耕录》等文籍中。近代王国维作《戏曲考原》和《宋元戏曲考》，开始把我国具有民族特色的传统戏剧定名为戏曲，从此约定俗成。

---

① 诗云："上吞巴汉控潇湘，怒似连山净镜光。魏帝缝囊真戏剧，苻坚投棰更荒唐。千秋钓艇歌明月，万里沙鸥弄夕阳。范蠡清尘何寂寞，好风唯属往来商。"见《全唐诗》卷五百二十二。

② 《太平广记》卷七十四《张定》条云："与父母往连水省亲，至县，有音乐戏剧，众皆观之，定独不往。"出《仙传拾遗》。

第一节　宋代戏曲形成的社会基础和艺术渊源

经过先秦两汉至隋、唐、五代百戏伎艺的长期交流，中国戏曲到宋代开始形成。其最初的形态是宋杂剧，从北宋演进到南宋，又出现了地方性的温州杂剧，从而产生了南戏。艺人们则仍沿着古代传统，都称为优伶。宋代戏曲的形成，有内外两方面的因素：物质条件和社会基础是外因，文化积累和艺术传统是内因。

戏曲形成的社会基础　宋代伎艺演出的职业化和商业化，以及它的群众性和社会性，对于戏曲的形成具有巨大的推动作用。

宋代手工业和商业的发展都超过了唐代，特别是城市经济的繁荣，壮大了新兴的市民阶层，出现了行会组织。由于有了足够的经济基础、演出条件和大量的观众，各种声色伎艺便不仅供奉于宫廷，而且广泛地传播于民间，走向了娱乐的商业化。

商业化的显著标志是演出的营业性和剧场化，这是商品经济发达后必然出现的一种新局面。当时市井间出现了百戏伎艺公演的场所，叫做瓦舍勾栏。瓦舍又称瓦子，指的是城市中群众性的“娱戏之地”（吴自牧《梦粱录》卷十九“瓦舍”条）；勾栏又称构肆，是在瓦舍的范围内搭建的剧场，其中有戏台和看棚，用栏干围起来，以便演出时向观众收费。《东京梦华录》卷二“东角楼街巷”条记载北宋汴京瓦舍中勾栏情况云：“街南桑家瓦子，近北则中瓦，次里瓦。其中大小勾栏五十余座。内中瓦子莲花棚、牡丹棚，里瓦子夜叉棚、象棚最大，可容数千人。”一个看棚可以容纳上千名观众，这种营业性娱乐场所确是前所未有的。而且一个瓦子里设有几十座勾栏，便有几十种伎艺可以同时竞争演出，这又为各种艺术形式的相互吸收和趋向综合创造了条件。《东京梦华录》卷五“京瓦伎艺”条载有各色伎艺名目，样式复杂，流派纷呈，而“诸棚看人，日日如是”，反映了崇宁、宣和年间汴京演出的盛况。此外，《梦粱录》卷十九“瓦舍”条还记载了南宋杭州的情况：“其杭之瓦舍，城内外合计有十七处。如清泠桥西熙春楼下，谓之南瓦子；市南坊北三元楼前谓之中瓦子；市西坊内三桥巷名大瓦子，旧呼上瓦子；众安桥南羊棚楼前名下瓦子，旧呼北瓦子。”周密《武林旧事》卷六“瓦子勾栏”条也说：“如北瓦羊棚楼等，谓之游棚（一作邀棚），外又有勾栏甚多，北瓦内勾栏十三座最盛。”在这些勾栏里，多种技艺公开演出，吸引了大批观众。看客中有手工业工人，有军士商民，也有郎君子弟和官吏士夫，但其社会基础和说话一样，主要是植根于市民群众之间，演出的主题、题材及其显示的审美趣味也是以市民的爱憎观念为转移的。这就决定了初期戏曲也是自始就与市民阶层有较亲密的关系。

宋代民间艺人的演出不仅在城市内有固定的剧场——瓦舍勾栏，而且还可以随时随地在空旷之处临时作场，各地又有露台、乐棚、舞亭、舞楼等等，其中许多设在寺庙之中。《东京梦华录》卷六“元宵”条记京城宣德楼下“用枋木垒成露台一所”，卷八“六月六日……”条记乡间神保观“于殿前露台上设乐棚，教坊钧容直作乐，更互杂剧舞旋”。山西万荣县桥上村发现的《创建后土圣母庙碑记》载，早在景德二年（1005）至天禧四年（1020）期间，这里就修建了舞亭一座；山西平顺县东河村发现的《重修圣母之庙碑》，碑文记载了元符三年（1100）曾创建舞楼一座（见黄竹三、张守中、杨太康《从北宋舞楼的出现看中国戏曲的发展——山西中南部三通戏剧碑刻考述》，载《曲苑》第一辑，江苏古籍出版社 1984 年出版）。可见北宋伎艺的演出，渗入了群众的宗教生活，而且已遍及僻远的农村。当时的优伶们为了谋求生活出路，冲州撞府，奔走城乡，所以这些流动演出者又被称为路歧人。如苏轼《次韵周开祖长官见寄》云：“俯仰东西阅数州，老于歧路岂伶优！”《都城纪胜》“市井”条说：“执政府墙下空地，诸色路歧人在此作场，尤为骈阗。”《武林旧事》卷六“瓦子勾栏”条也载：“或有路歧，不入勾栏，只在耍闹宽阔之处做场者，谓之‘打野呵’。”可见宋代的职业艺人十分活跃，受到了普遍的欢迎和喜爱。

宋代伎艺商品化的另一个突出表现是，从京城到地方，从宫廷到民间，不论帝王、官僚还是士子、商贾，都可以出资雇用乐户艺人，随时演出。如北宋时河南的商丘和归德，都有优伶汇集在临河的市肆中演出，称为河市乐，“凡郡有宴设，必召河市乐人”（见王曾《王文正笔录》及王巩《闻见近录》）。《梦粱录》卷二十“妓乐”条说：“今士庶多以从省，筵会或社会，皆用融和坊、新街及下瓦子等处散乐家，女童装末，加以弦索赚曲，祗应而已。”又说：“朝廷御宴，是歌板色承应。如府第富户，多于邪街等处，择其能讴妓女，顾倩祗应；或官府公筵及三学斋会、缙绅同年会、乡会，皆官差诸库角妓祗直。”可见优伶受雇演出，随叫随到，非常便利。这一般称为雇请祗应。凡是承应官差的，叫做唤官身。如果是宫廷以平价召来的，则称为和雇。赵升《朝野类要》卷一“教坊”条云：“今虽有教坊之名，隶属修内司教乐所，然遇大宴等，每差衙前乐权充之，不足，则又和雇市人。近年衙前乐已无，教坊旧人多是市井歧路之辈。”《武林旧事》卷四《乾淳教坊乐部》条中就特地列出了和雇艺人的详细名单，例如杂剧色一项和雇了刘庆、梁师孟等三十人。这说明演艺商品化以后，雇佣民间艺人的情况十分普遍，而且风气所趋，连宫廷宴会也“和雇市人”了。本来，宋初沿袭唐制仍设教坊，可是后来民间伎艺的水平已超过了教坊，到了绍兴三十一年(1161)，干脆将教坊撤消了。民间艺人日益为朝野所欢迎，自然也就鼓励并促进了其演艺水平的提高。

宋代伎艺商业化还表现在艺人按职业的分工组成了各自的行会。《武林旧事》卷三“社会”条载，撮弄的有云机社，吟叫的有律华社，玩影戏的有绘革社，唱清乐的有清音社，小说人有雄辩社，唱赚的有遏云社，相扑的有角觝社，使棒的有英略社，耍词的有同文社，演杂剧的有绯绿社。这些行会组织除了内部交流情况切磋技艺之外，主要是面向社会，适应官差和商民的需要而受雇演出。特别重要的是随着戏曲的形成，还出现了为艺人编写唱本、话本、剧本的书会组织。参加书会的一般是粗通文墨的民间艺人和下层知识分子，他们能与演员配合，联系舞台实际编撰剧本，同时也能写作其他艺术形式的脚本。同书卷六“诸色伎艺人”条中专门列有书会一项，可见它也是伎艺人组成的行会，是为演出服务的，而且是在商业化的风气中新兴的一种职业性的创作团体。

上述这些情况，都是唐代所未曾有过，或虽有而仅处在萌芽状态的，只有到了宋代才得以普遍发展。这便是戏曲形成于宋代的社会基础。

作为戏曲艺术渊源的三大声乐伎艺系统　宋代的各种声乐伎艺一方面上承晚唐五代而来，一方面又有许多新的发展创造。据《东京梦华录》

“京瓦伎艺”条、《都城纪胜》“瓦舍众伎”条和《梦粱录》卷二十“百戏伎艺”条所记，名目繁多，竟达五十余种，其繁荣兴盛的景象，远非唐代所及。其中与戏曲形成有关的，除了传统的角抵、百戏以外，可大致归纳为歌舞伎艺、扮演伎艺和说唱伎艺三大系统，它们都是戏曲的渊源。

第一类，属于歌舞伎艺的有大曲、法曲、曲破、队舞、转踏等。

大曲　大曲是规模很大的舞曲，源出汉魏六朝的乐府相和歌。至隋唐燕乐，曾以乐章的长短多寡为准则，区分为大曲、次曲和小曲三种类型。发展到宋代，教坊所奏有十八个宫调四十部大曲，其结构极为复杂，如王灼在《碧鸡漫志》卷三云：“凡大曲有散序、靸、排遍、攧、正攧、入破、虚催、实催、衮遍、歇指（一作歇拍）、杀衮，始成一曲，此谓大遍。”根据其音乐节奏的层次，可以分为三个段落：散序和靸组成第一段，是没有节拍的散板序曲，只奏乐器，有声无辞；从排遍至正攧是第二段，开始入拍歌舞，节奏缓慢，有声有辞，以歌为主；从入破至杀衮是第三段，转为快板急促的节奏，有声有辞，以舞为主。列表如下：

<table>
<tr><td colspan="11">大　　曲（梨园法部所奏之大曲别称法曲）</td></tr>
<tr><td colspan="2">序曲（散板）</td><td colspan="3">歌头（慢板）</td><td colspan="6">破（由中板快板到急板）</td></tr>
<tr><td>散序</td><td>靸</td><td>排遍</td><td>攧</td><td>正攧</td><td>入破</td><td>虚催</td><td>实催</td><td>衮遍</td><td>歇拍</td><td>煞衮</td></tr>
<tr><td colspan="4"></td><td colspan="7">曲　　破</td></tr>
</table>

《碧鸡漫志》又说：“后世就大曲制词者，类从简省，而管弦家又不肯从首至尾吹弹，甚者学不能尽。”所以文士撰写歌辞时，不一定依照原定次序制作，而往往摘取其中几遍，或增或减，变成了长短自由的形式。宋人作品，如曾布《水调歌头大曲》咏冯燕事，只用《排遍》七叠，史浩《采莲大曲》用了《延遍》、《攧遍》等八遍，董颖《道宫薄媚大曲》咏西施事最长，也不过十遍。今举曾布之作为例，以见一斑。

排遍第一

魏豪有冯燕，年少客幽并。击球斗鸡为戏，游侠久知名，因避仇，来东郡，元戎逼属中军。直气凌貔虎，须臾叱咤，风云懔懔座中生。

偶乘佳兴，轻裘锦带，东风跃马，往来寻访幽胜，游冶出东城。堤上莺花掩乱，香车宝马纵横。草软平沙稳，高楼两岸，春风笑语隔帘声。

排遍第二

袖笼鞭敲镫，无语独闲行。绿杨下，人初静，烟淡夕阳明。窈窕佳人，独立瑶阶，掷果潘郎，瞥见红颜横波盼，不胜娇软倚云屏。
曳红裳，频推朱户；半开还掩，似欲倚咿哑声里，细诉深情。因遣林间青鸟，为言彼此心期，的的深相许，窃香解珮，绸缪相顾不胜情。

排遍第三

说良人滑将张婴。从来嗜酒，回家镇长酩酊长酲。屋上鸣鸠空斗，梁间客燕相惊。谁与花为主？兰房从此，朝云夕雨两牵萦。
似游丝狂荡，随风无定，奈何岁华荏苒，欢计苦难凭！惟见新恩缱绻，连枝并翼，香闺日日为郎，谁知松萝托蔓，一比一毫轻。

排遍第四

一夕还家醉，开户起相迎。为郎引裾相庇，低首略潜形。情深无隐，欲郎乘间起佳兵。　　授青萍，茫然抚弄，不忍欺心。尔能负心于彼，于我必无情。熟视花钿不足，刚肠终不能平。假手迎天意，一挥霜刃，窗间粉颈断瑶琼。

排遍第五

凤凰钗，宝玉凋零。惨然怅，娇魂怨，饮泣吞声。还被凌波唤起，相将金谷同游，想见逢迎处，揶揄羞面，妆脸泪盈盈。　　醉眠人醒来晨起，血凝螓首，但惊喧，白邻里，骇我卒难明。至幽囚推究，覆盆无计哀鸣。丹笔终诬服，圜门驱拥，衔冤垂首欲临刑。

排遍第六带花遍

向红尘里，有喧呼攘臂，转身避众，莫遣人冤滥，杀张室，忍偷生。僚吏惊呼呵叱，狂辞不变如初，投身属吏，慷慨吐丹诚。　　仿佛缧绁，自疑梦中，闻者皆惊叹，为不平。割爱无心，泣对虞姬，手戮倾城宠，翻然起死，不教仇怨负冤声。

排遍第七撷花十八

义城元靖贤相国，嘉慕英雄士，锡金缯。闻此事，频太息，封章归印，请赎冯燕罪。日边紫泥封诏，阖境赦深刑。　　万古三河风义在，青简上，众知名。河东注，任流水滔滔，水涸名难泯。至今乐府歌咏，流入管弦声。（见王明清《玉照新志》卷二）

这一故事原出唐沈亚之所作传奇小说《冯燕传》及司空图《冯燕歌》，后世见于笔记的类似事件不少（参看钱钟书《管锥编》第二册《太平广记》第七十五则）。在这个歌颂豪侠之士过而能改的故事中，作者们都尽了维护封建伦纪秩序的责任，可是同时也就告诉了读者，生活在社会底层的妇女们对爱情生活的正常需要，只能通过某些不正常的手段来谋求，而这种谋求有时竟会形成一种变态心理，因而构成出人意外的悲剧。这种悲剧，在当时是带有普遍性的。

总之，宋代大曲的特点是变抒情为叙事，或寓抒情于叙事之中，又能以歌舞敷演故事。这是一大进步。

法曲　法曲就是唐玄宗开元年间梨园法部所奏的大曲。白居易《法曲》有云："乃知法曲本华风，苟能审音与政通。"（见《全唐诗》卷四百二十六）可知法曲是代表华夏正声不杂胡乐的大曲，最著名的是《霓裳羽衣曲》，还有《破阵乐》、《春莺啭》、《堂堂》、《火凤》、《泛龙舟》、《云韶乐》等。经过五代战乱，大多亡佚，宋初教坊只保存了两曲。故《宋史·乐志》云："法曲部，其曲二，一曰道调宫《望瀛》，二曰小石调《献仙音》。乐用琵琶、箜篌、五弦、筝、笙、觱栗、方响、拍板。"柳永填词，曾摘取其中的单遍，创制了《法曲献仙音》和《法曲第二》两调。

曲破 曲破是截取大曲攧遍以下各遍而成的歌舞乐曲。因为大曲的前半部声调舒缓，而后半部以入破为主体，节奏鲜明，令人振奋，所以称为曲破。元稹《琵琶歌》有云："骤弹曲破音繁并；百万金铃旋玉盘。"（见《全唐诗》卷四百二十一）由于这是大曲最精彩的部分，所以到了宋代愈益流行。宋太宗洞晓音律，曾亲自制作曲破二十九部，文人史浩作有《剑器曲破》、《采莲曲破》。市井流传的还有《千秋岁曲破》、《泛兰舟曲破》和《菊花新曲破》等。

大曲、法曲和曲破是宋代通行的大型舞曲，其影响所及，不仅从中产生了许多词调，而且被宋杂剧吸取为常用的歌曲（"官本杂剧段数"用大曲者即多达一百零三本，详后），南戏套曲的形成也与此有关，如戏文《张协状元》第十六出用了《菊花新曲破》的体式，即其一证。①

队舞 大曲的演出由于人数众多，结构繁复，所以在组织安排上有一定的活动程式，这种演出活动称为队舞（也有不用大曲的）。叶梦得《石林燕语》卷四记载寇准爱好《柘枝》大曲，家宴时常以二十四人组成的柘枝队舞招待宾客。《宋史·乐志》著录了剑器队、婆罗门队、玉兔浑脱队等十支队舞的规制和名目，例如柘枝队的服饰规定"衣五色绣罗宽袍，戴胡帽，系银带。"从今存史浩的《柘枝舞》、《采莲舞》、《剑舞》等作品来看，队舞的程式大致可分三段。首先，由竹竿子带领几个主要演员出场念致语口号，竹竿子的作用等于是总指挥，演员的上下场都由他调度，原本称为参军色，因手持竹竿，所以俗称竹竿子。《东京梦华录》卷九"宰执亲王……上寿"条云："参军色执竹竿拂子，念致语口号，诸杂剧色打和，再作语，勾合大曲舞。"致语口号，又名勾队词，由骈语或加一、二首诗词组成，内容是先说吉利话，再报告节目的内容，大略相当于现今的报幕。如史浩《剑舞》的开场是：

① 法曲和曲破的歌词，从传世的作品来看，主要还是一种联章抒情之体，不比大曲之含有更多的叙事成分。从音乐舞蹈的角度说，它们对戏曲的形成是有影响的，而从戏曲文学的角度看来，则关系不大，所以这里也不再举例。

二舞者对厅立裀上，竹竿子勾，念：

伏以玳席欢浓，金樽兴逸。听歌声之溶曳，思舞态之飘摇。爰有仙童，能开宝匣。（佩）干将莫耶之利器，擅龙泉秋水之嘉名。鼓三尺之荧荧，云间电闪，横七星之凛凛，掌上生风。宜到芳筵，同翻雅戏。

二舞者自念：

伏以五行擢秀，百炼呈功。炭炽红炉，光喷星日。研新雪刃，气贯虹霓。斗牛间，紫雾浮游；波涛里，苍龙缔合。久因佩服，粗习徊翔。兹闻阆苑之群仙，来会瑶池之重客。辄持薄技，上侑清欢。未敢自专，伏候处分。

竹竿子问：

既有清歌妙舞，何不献呈？

二舞者答：

旧乐何在？

竹竿子再问：

一部俨然。

二舞者答：

再韵前来。

乐部唱《剑器曲破》，乐作，舞一段。

二舞者同唱《霜天晓角》：

荧荧巨阙，左右凝霜雪。且向玉阶掀舞，终当有，用时节。唱彻，人尽说，宝此制无折。内使奸雄落胆，外须遣，豺狼灭。

乐部唱曲子，作舞《剑器曲破》一段。

舞罢，二人分立两边。（下略）（见史浩《鄮峰真隐漫录》卷四十六，《四库全书》本）

这一方式与戏曲的形成密切有关，南戏的“副末开场”即源本于此。徐渭《南词叙录》指出：“宋人凡勾栏未出，一老者先出，夸说大意以求赏，谓之开呵，今戏文首一出，谓之开场，亦遗意也。”可见从竹竿子念勾队词发展到副末开场，渊源有自。其次，朗诵致语后，由竹竿子指挥正规的舞队上场，称为勾队，当即奏乐起舞。歌舞的内容可以表演故事，如《剑舞》中有说明文字云："乐部唱曲子，舞《剑器曲破》一段。一人左立者上舞裀，有欲刺右坐客之势。又一人舞进前，翼蔽之。舞罢，两人舞者并退，汉装者亦退。"又有云："复有两人唐装者出，对坐，桌上设笔、砚、纸，一人换妇人装，独立裀上。"前一节是表演鸿门宴项庄起舞欲刺刘邦，而项伯加以庇护，后一节是表演张旭和杜甫观摩公孙大娘舞剑器，杜甫当场挥毫赋诗。这种说明文字逐步演化为后来剧本中的"科"或"介"。最后，表演完毕，竹竿子指挥舞队退场，称为遣队或放队，有时以念放队词结束。

转踏 宋代还有和队舞近似的另一种小型歌舞，叫做转踏，又名传踏。它起源于民间的踏歌，其体制是以勾队词开场，然后用一首诗和一首词来歌咏故事。词的首二字必须与诗的末二字重叠，这样辗转循环，可以重复八段、十段，分别各咏一事，最后以放队词结束。如北宋郑仅的《调笑转踏》共有十二段，分咏罗敷、莫愁、文君和天台仙女等十二事：

> 良辰易失，信四者之难并。佳客相逢，实一时之盛事。用陈妙曲，上助清欢。女伴相将，调笑入队。（勾队词）
>
> 秦楼有女字罗敷，二十未满十五余。金镮约腕携笼去，攀枝折叶城南隅。使君春思如飞絮，五马徘徊芳草路。东风吹鬓不可亲，日晚蚕饥欲归去。
>
> 归去，携笼女，南陌柔桑三月暮。使君春思如飞絮，五马徘徊频驻。蚕桑日晚空留顾，笑指秦楼归去。（咏罗敷）
>
> 石城女子名莫愁，家住石城西渡头。拾翠每寻芳草路，采莲时过绿苹洲。五陵豪客青楼上，醉倒金壶待清唱。风高江阔白浪飞，急催艇子操双桨。
>
> 双桨，小舟荡，唤取莫愁迎叠浪。五陵豪客青楼上，不道风高江广。千金难买倾城样，那听绕梁清唱。（咏莫愁。以下十事从略）
>
> 放　队
>
> 新词宛转递相传，振袖倾鬟风露前；月落乌啼云雨散，游人陌上拾花钿。（见曾慥《乐府雅词》卷上）

这放队词取自唐刘禹锡的《踏歌词》(见《全唐诗》卷三百六十五《踏歌词》之三,文字全同),后来南戏中的下场诗,就是从这一格式演变而成的。而且南戏的曲调也有采用转踏形式的,如《王状元荆钗记》第十八出一套。

第二类,属于扮演伎艺的有滑稽戏、傀儡戏和影戏等。

滑稽戏　宋代滑稽戏是从唐代的参军戏发展而来的,它继承了古代俳优装扮人物以资谐谑讽谏的优良传统。王国维在《宋元戏曲考》中对于类似于参军戏的表演艺术统名为滑稽戏,而任半塘在《唐戏弄》中则称之为科白类戏,因为它们是以动作和说白为主的。它在宋代作为杂剧的形式之一,流行甚广,其演出内容概略,至今仍有保存。任二北《优语集》对这些史料搜辑颇多,可供研讨。

傀儡戏　宋代的傀儡戏和影戏对戏曲的形成也起了一定的作用。傀儡戏即木偶戏,起源很早。唐段安节《乐府杂录》载,汉高祖时陈平就造作了有机关的木偶人,扮成美女模样,解脱了平城之围。这当然只是传说。到了南北朝时代,发展为傀儡子,又称窟垒子,专演秃发郭郎的故事。颜之推《颜氏家训·书证篇》云:“或问:俗名傀儡子为郭秃,有故实乎?答曰:《风俗通》云:‘诸郭皆讳秃。’当是前代人有姓郭而病秃者,滑稽戏调,故后人为其象,呼为郭秃。”郭茂倩《乐府诗集》卷八十七《邯郸郭公歌》序引《乐府广题》云:“北齐后主高纬雅好傀儡,谓之郭公,时人戏为郭公歌。”这种郭公戏至宋而大盛,杨亿《傀儡诗》云:“鲍老当筵笑郭郎,笑他舞袖太郎当;若教鲍老当筵舞,转更郎当舞袖长。”(见《后山诗话》)可以为证。后来北曲大石调内有《憨郭郎》的曲牌,就是从傀儡戏的伴唱歌曲中吸取的遗声。当然,到了宋代,傀儡戏已经不只是演郭郎个人了。艺人们以木偶扮演各种故事,变种很多。《都城纪胜》“瓦舍众伎”条云:“弄悬丝傀儡、杖头傀儡、水傀儡、肉傀儡。凡傀儡敷演烟粉灵怪故事、铁骑公案之类,其话本或如杂剧,或如崖词,大抵多虚少实,如《巨灵神》、《朱姬大仙》之类是也。”所谓“肉傀儡”,是“以小儿后生辈为之”,那就是直接由活人来扮演,事实上已是戏剧中的角色了。

影戏　影戏即皮影戏,起源于北宋仁宗时。高承《事物纪原》卷九云:“仁宗时,市人有能谈三国事者,或采其说加缘饰,作影人,始为魏吴蜀三分战争之象。”《梦粱录》卷二十“百戏伎艺”条有更具体的描述：“更有弄影戏者，元(原)汴京初以素纸雕簇，自后人巧工精，以羊皮雕形，用以彩色妆饰，不致损坏。杭城有贾四郎、王昇、王闰卿等，熟于摆布，立讲无差。其话本与讲史书颇同，大抵真假相半，公忠者雕以正貌，奸邪者刻以丑形，盖亦寓褒贬于其间耳。”这里说的用彩色妆饰，根据人物的性格特征，刻画出忠奸不同的形象面貌，实开后代戏剧脸谱的先声，有重大的影响。

傀儡戏和影戏都有各自的剧本，它们也通称为话本，所以能表演比较完整的故事，这比滑稽戏的片言只语进步得多。又《武林旧事》卷二“元夕”条云：“或戏于小楼，以人为大影戏。”可见大影戏和肉傀儡一样，均已发展为艺人自己装扮登台，充当戏中角色，这是由叙事体转向代言体的过渡。在戏曲形成过程中是有促进作用的。而且诸宫调中有《傀儡儿》唱词(《董西厢》卷七)，南戏中有《大影戏》曲牌(《张协状元》第十六出)，当即因袭其唱腔。可惜的是，无论是傀儡戏或影戏，其剧本(话本)都没有流传下来。

第三类，属于说唱伎艺或说唱文学(或称讲唱文学)的，有说话(话本)、鼓子词、赚词和诸宫调等。

说话和话本为戏曲的形成提供了丰富的剧目题材，已在本书第十二章加以叙述了。

鼓子词　鼓子词是以鼓节拍的一种歌唱伎艺，始用于北宋文人宴会间。它用同一个词调反覆歌唱，如欧阳修在李太尉席上写的《十二月鼓子词》，以十二首《渔家傲》分咏十二个月的自然景色。后来民间艺人加以发展，插入说白，用以叙事，成了有说有唱的伎艺，例如《清平山堂话本》中的《刎颈鸳鸯会》一篇，就保存了说话人秋山编的《商调醋葫芦》鼓子词，其说白和唱词均为流利的口语。而文人作品则有北宋赵令畤创作的《商调蝶恋花》鼓子词。它取材于元稹的《会真记》，歌颂崔莺莺和张生的爱情，在主题思想上对董解元《西厢记诸宫调》有直接的影响。这套鼓子词共十章加首尾二阕，说白部分取自《会真记》原文，韵文部分则是自撰的《蝶恋花》词。兹摘引第一、二、三章示例如次：

夫传奇者，唐元微之所述也。以不载于本集而出于小说，或疑其非是。今观其词，自非大手笔孰能与于此。至今士大夫极谈幽玄，访奇述异，无不举此以为美话，至于倡优女子，皆能调说大略。惜乎不被之以音律，故不能播之声乐，形之管弦。好事君子，极饮肆欢之际，愿欲一听其说，或举其末而忘其本，或纪其略而不及终其篇，此吾曹之所共恨者也。今于暇日，详观其文，略其烦亵，分之为十章，每章之下，属之以词，或全摭其文，或止取其意。又别为一曲，载之传前，先叙前篇之义。调曰《商调》，曲名《蝶恋花》。句句言情，篇篇见意。奉劳歌伴，先定格调，后听芜词。

丽质仙娥生月殿，谪向人间，未免凡情乱。宋玉墙东流美盼，乱花深处曾相见。　　密意浓欢方有便，不奈浮名，旋遣轻分散。最恨多才情太浅，等闲不念离人怨。

传曰："余所善张君，性温茂，美丰仪，寓于蒲之普救寺。适有崔氏孀妇，将归长安，路出于蒲，亦止兹寺。崔氏妇，郑女也。张出于郑，绪其亲，乃异派之从母。是岁，丁文雅不善于军，军人因丧而扰，大掠蒲人。崔氏之家，财产甚厚，多奴仆，旅寓惶骇，不知所措。先是，张与蒲将之党有善，请吏护之，遂不及于难。郑厚张之德甚，因饰馔以命张，中堂宴之。复谓张曰：'姨之孤嫠未亡，提携幼稚，不幸属师徒大溃，实不保其身，弱子幼女，犹君之所生也，岂可比常恩哉。今俾以仁兄之礼奉见，兼所以报恩也'。乃命其子，曰欢郎，可十余岁，容甚温美；次命女，曰莺莺：'出拜尔兄，尔兄活尔。'久之，辞疾。郑怒曰：'张兄保尔之命，不然，尔且虏矣，能复远嫌乎？'又久之，乃至。常服睟容，不加新饰，垂鬟浅黛，双脸断红而已。颜色艳异，光辉动人。张惊为之礼。因坐郑旁，凝睇怨绝，若不胜其体。张问其年几？郑曰：'十七岁矣。'张生稍以词导之，不对，终席而罢。"奉劳歌伴，再和前声：

锦额重帘深几许，绣履弯弯，未省离朱户。强出娇羞都不语，绛绡频掩酥胸素。　　黛浅愁红妆淡伫，怨绝情凝，不肯聊回顾。媚脸未匀新泪污，梅英犹带春朝露。

“张生自是惑之，愿致其情，无由得也。崔之婢曰红娘，生私为之礼者数四，乘间遂道其衷。翌日复至，曰：‘郎之言所不敢言，亦不敢泄。然而崔之族姻，君所详也，何不因其媒而求娶焉。’张曰：‘予始自孩提时，性不苟合。昨日一席间，几不自持。数日来，行忘止，食忘饭，恐不能逾旦暮。若因媒氏而娶，纳采问名，则三数月间索我于枯鱼之肆矣。’婢曰：‘崔之贞顺自保，虽所尊不可以非礼犯之。然而善属文，往往沉吟章句，怨慕者久之。君试为谕情诗以乱之，不然，无由得也。’张大喜，立缀春词二首以授之。”奉劳歌伴，再和前声：

懊恼娇痴情未惯，不道看看，役得人肠断。万语千言都不管，兰房跬步如天远。　　废寝忘餐思想遍，赖有青鸾，不必凭鱼雁。密写香笺论缱绻，春词一纸芳心乱。（下略）（见赵令畤《侯鲭录》卷五）

从第一章缘起“形之管弦”的意思来考察，可知鼓子词说唱时不仅以鼓节拍，而且是有管弦伴奏的。它说：“奉劳歌伴，先定格调，后听芜词。”又说：“奉劳歌伴，再和前声。”可见它表演时是由一人边说边唱，唱时先以管弦定调，并有歌伴伴唱。其全篇讲述一个首尾完整的故事。这一方式对于诸宫调的产生具有促进作用。

赚词　赚词是联用同一宫调内不同牌子的乐曲构成的一种套曲，它显然比一个词牌单调叠唱的鼓子词又跨进了一步，而与诸宫调更加接进。《都城纪胜》“瓦舍众伎”条云：“唱赚在京师日，有缠令、缠达。有引子、尾声为缠令；引子后只以两腔互迎，循环间用者，为缠达。中兴后，张五牛大夫因听动鼓板中，又有四片《太平令》，或赚鼓板——即今拍板大筛扬处是也——遂撰为赚。”“今又有复赚，又且变花前月下之情及铁骑之类。凡赚最难，以其兼慢曲、曲破、大曲、嘌唱、耍令、番曲、叫声诸家腔谱也。”由此可见，唱赚中的缠令有引子和尾声，是从勾队词和放队词演变而成的，已经具备了套曲的规模。张炎曾经说明，唱缠令用拍板为节，内容以抒写艳情为主，辞句比较俚俗，近乎郑卫之音①。其作品未见留存，但它的声调曲牌却被诸宫调广泛采用。如董解元《西厢记诸宫调》②中用了《醉落魄缠令》、《香风合缠令》、《上平西缠令》等共二十七支，另有《点绛唇缠》、《虞美人缠》等五支，可见其对诸宫调影响不小。至于缠达，是指两个曲牌交替使用，如《好女儿·大夫娘》、《好女儿·大夫娘》之类，这对南北曲的联套体式也有影响。绍兴年间，民间艺人张五牛吸取了鼓板伎艺的长处，又采用了《太平令》的声调，把缠令和缠达作了革新，结构不变，而在曲调上借鉴了大曲、小唱、耍令、叫声等诸家腔谱，创造了联曲体中以赚为名的曲调，其唱法富有自身的特色。赚的含义，就是指音乐的激荡多变和情节的虚拟夸张。由两个以上的套曲组成的称为复赚，其题材也变抒情为英雄的歌颂，更为动人。据《武林旧事》卷六"诸色伎艺人"条，在杭州专业唱赚的有濮三郎、媳妇徐等二十二人，书会中又有专业作家李霜涯"作赚绝伦"，可见唱赚这种伎艺在孝宗至理宗时极为流行。杨士奇《文渊阁书目》卷十曾著录宋代《选唱赚词》一种，惜已失传。宋末元初人陈元靓编的《事林广记》续集卷七中有一套南宋人创作的赚词，专咏蹴踘（踢球）之事，是用圆社市语（踢球团体的行话）写成的。首列《遏云要诀》，是唱赚的行会遏云社对于演唱规则的说明；次列《遏云致语》，是筵会时唱赚的开场白。接下去就是一套赚词。今将这套仅存的赚词全录如下：

圆社市语《中吕宫·圆里圆》

《紫苏丸》相逢闲暇时，有闲底打唤瞒儿，呵喝啰声嗽道欣厮。俺嗏，欢喜！才下脚，须知和美。试问伊家有甚夹气？又管甚官场侧背，算人间落花流水。

---

① 《词源》卷下《拍眼》篇云："若唱法曲大曲慢曲，当以手拍，缠令则用拍板。"《赋情》篇云："词婉于诗，盖声出莺吭燕舌间，稍近乎情可也；若邻乎郑卫，与缠令何异焉！"

② 解元本是乡试第一名的美称，因乡试本称解试。宋元以来，它又作为读书应举士人的敬称。《西厢记诸宫调》的作者当是一位曾经应举的人，故称董解元。其生平无考。

《缕缕金》把金银锭、打旋起，花星临照我，怎躲避？近日闲游戏，因到花市，帘儿下瞥见一个表儿圆，咱每便著意。

《好女儿》生得宝妆跷，身分美，绣带儿缠脚，更好肩背。画眉儿入鬓春山翠，带着个粉钳儿，更绾个朝天髻。

《大夫娘》忙入步，又迟疑。又怕五角儿冲撞我，没跷踢。网儿尽是扎，圆底都道松例。要抛声忒壮，果难为，真个费脚力。

《好孩儿》供送饮三杯，先入气，道今宵打歇处，把人拍措。怎知他水脉透，不由得你。咱们只要表儿圆时，复地一合儿美。

《赚》春游禁陌，流莺往来穿梭戏。紫燕归巢，叶底桃花绽蕊。赏芳菲，蹴秋千高而不远，似踏火不沾地，见小池风摆荷叶戏水。素秋天气，正玩月斜插花枝，赏登高佶料沙羔美。最好当场落帽，陶潜菊绕篱。仲冬时，那孩儿忌酒怕风，帐幕中缠脚忒稔腻。讲论处，下梢团圆到底，怎不则剧。

《越恁好》勘脚并打二，步步随定伊。何曾见走衮，你于我，我与你，场场有踢。没些拗背，两个对垒。天生不枉作一对脚头，果然厮稠密密。

《鹘打兔》从今后，一来一往，休要放脱些儿。又管甚搅闲底、拽开定、白打肷厮去，有千般解数，真个难比。

骨自有①

《尾声》五花丛里英雄辈，倚玉偎香不暂离，做得个风流第一。

这里写了一个子弟到圆社中与女社员蹋球的事，因为是用行话写的，颇难索解。然而却是第一人称的语气，开创了代言体的格局。从结构和曲式来看，《紫苏丸》属南曲引子，最后又有尾声，继承和发展了北宋缠令的模式，实开诸宫调和南北曲联套的先声。而且赚曲曾被南戏所吸收，如《张协状元》第十四出用了二支《赚》，后来又产生了一批以赚为名的南北曲曲

---

① 在元泰定间（1324—1327）《事林广记》的原刻本中，“骨自有”三字与“中吕宫”的位置相同，然“骨自有”并非曲牌名，其意义不明。至元间（1335—1341）的重刻本即无此三字。这里据中华书局1963年影印至顺间刻本续集卷七校录。

牌，如《太平赚》、《惜衣赚》、《鼓板赚》、《竹马儿赚》和《赚煞》等，就是唱赚的遗声，可见其对戏曲形成的影响是不小的。

诸宫调　与戏曲形成的关系更为密切的是诸宫调，它联用诸般宫调许多套乐曲来敷衍故事，在唱词之间又有散叙说白，是一种大型的说唱伎艺。它也创始于北宋时候，王灼《碧鸡漫志》卷二说："长短句中作滑稽无赖语，起于至和（1054—1055）、嘉祐（1056—1063）之前，犹未盛也。熙（宁）（1068—1077）、（元）丰（1078—1085）、元祐（1086—1093）间，兖州张山人以诙谐独步京师，时出一两解。泽州孔三传者，首创诸宫调古传，士大夫皆能诵之。"《都城纪胜》"瓦舍众伎"条也说："诸宫调本京师孔三传编撰，传奇、灵怪，入曲说唱。"由此可见，诸宫调本来是以长短句的词体写滑稽的内容。到了神宗、哲宗年间，孔三传联用不同宫调的词体，铺叙传奇、灵怪的"古传"。这种早期的诸宫调作品，在南戏《张协状元》第一出中还留存了一段遗迹。其中副末开场说："《状元张叶传》前回曾演，汝辈搬成。这番书会，要夺魁名。占断东瓯盛事，诸宫调唱出来因。"所唱词调为《凤时春》、《小重山》、《浪淘沙》、《犯思园》、《绕池游》五支，每支的宫调都不同，如《凤时春》属仙吕宫，《小重山》属双调，《浪淘沙》属越调，每调之间有说白，但没有尾声，是不成套的散词（见钱南扬《永乐大典戏文三种校注》第二至四页和第七页注十九，中华书局 1979 年排印本）。可见这种"古传"是比较简陋的。后来由于瓦舍勾栏中各种伎艺的相互交流吸收，在鼓子词韵散兼用和缠令赚词的组套方式影响下，诸宫调的体制才逐渐完善。终于到 12 世纪末出现了《董西厢》那样的杰作。

宋室南渡后，宋金对峙，地分南北。南词诸宫调除了《张协状元》中遗留一段痕迹外，没有其他作品传世。北词诸宫调在北国地区却较为兴盛，至今还保存无名氏《刘知远诸宫调》和董解元《西厢记诸宫调》两部作品。两书的体制结构全同，故事情节都是通过说白和唱词连贯叙述的。《刘知远诸宫调》是 1907—1908 年间俄国柯智洛夫探险队考察西夏黑水故城时发掘到的一个残本，原书为十二则，每则有标目，现残存第一、第二、第三（不全）、第十一（不全）、第十二。它取材于《五代史平话·汉史平话》，或与平话同出一源。它写的是刘知远和李三娘的悲欢离合故事，内容与南戏《白兔记》大致相同。兹引第十一则叙刘知远做了九州安抚使回沙陀村探望李三娘的一段示例(见《刘知远诸宫调》“知远探三娘与洪义厮打第十一”,文物出版社 1958 年影印本):

> 知远恐他妻不信,怀中取一物伊观。三娘见,喜不自胜,真个发迹也。体挂布衣番做锦绣,插头草索变作金冠。是甚物?是九州安抚使金印。三娘接得怀中搓了。
>
> 《黄钟宫·出队子》知远惊来,魂魄俱离壳。前来扯定告娇娥:“金印将来归去呵,红日看看西下落。”○三娘变得嗔容恶,骂薄情听道破:“你咱实话没些个,且得相逢知细锁,发迹高官非小可。”
>
> 《尾》“金印奴家紧藏着,休疑怪不与伊呵,又怕是脱空谩吓我。”
>
> 知远再取,三娘终不与。

其中说白与唱词已构成有机的整体,散文部分讲述故事,交待情节,曲词部分则描摹人情和物态。从残存的七十六套来看,用了十三个宫调,其联套方式是:(一)由只曲和尾声组成的有六十三套,(二)只曲独用不加尾声的(如《张协传》那样的散词)有九套,(三)联合二曲以上加尾声的长套三套。与此相比,简称《董西厢》的董解元《西厢记诸宫调》在结构、语言、人物塑造等各方面都有明显的进步。

《董西厢》作于金章宗时期(1190—1208),相当于南宋光宗、宁宗年间。其伴奏乐器以琵琶和筝为主,所以也被称为《弦索西厢》或《西厢记挡弹词》。它取材于唐元稹所撰传奇《会真记》,北宋秦观、毛滂曾据以作《调笑》转踏,赵令畤作《商调蝶恋花》鼓子词,到了董解元手里,更突出了崔、张爱情故事的反封建主题,发展为结构完整的长篇巨制。其中个别之处虽已出现了代言体,但它整本结构仍是以第三人称讲述故事的叙事体,试举张生游普救寺初见莺莺的一段曲白为例:

> 正传道:张生二十三岁,未尝近于女色。其心虽正,见此女子,颇动其情。

《中吕调·香风合缠令》转过荼蘼架，正相逢着宿世那冤家。一时间见了他，十分地慕想他。不道措大连心要退身，却把个门儿亚。唤别人不见吵！不见吵！〇朱樱一点衬腮霞，斜分着个庞儿鬓似鸦。那多情媚脸儿，那鹘鸰渌老儿，难道不清雅？见人不住偷睛抹，被你风魔了人也嗏！风魔了人也嗏！

《墙头花》也没有饰铅华，自然没包弹，淡净的衣服儿扮得如法。天生更一段儿红白，便周昉的丹青怎画？〇手托着腮儿，见人羞又怕。觑举止行处，管未出嫁。不知他姓甚名谁，怎得个人来问咱？〇不曾旧相识，不曾共说话；何须更买卦，已见十分掉不下。兀的般标格精神，管相思人去也，妈妈！

《尾》你道是可憎么？被你直羞落庭前无数花。

门前纵有闲桃李，羞对桃源洞里人。佳人见生，羞婉而入。

《大石调·伊州衮》张生见了，五魂悄无主，道："不曾见恁好女，普天之下，更选两个应无。"胆狂心醉，使作得不顾危亡，便胡做。一向痴迷，不道其间是谁住处。〇忒昏沉，忒粗鲁，没掂三，没思虑，可来慕古。少年做事，大抵多失心粗。手撩衣袂，大踏步走至根前，欲推户。脑背后个人来，你试寻思怎照顾？

《尾》凛凛地身材七尺五，一只手把秀才捽住，吃搭搭地拖将柳阴里去。

真所谓："贪趁眼前人，不防身后患。"捽住张生的是谁？是谁？乃寺僧法聪也。生惊问其故，僧曰："此处公不可往，请诣他所。"生曰："本来随喜，何往不可？"僧曰："故相崔夫人宅眷，权寓于此。"

它在刻画性格和铺叙情节方面，都极为生动；文采斐然，富有艺术魅力。其中《香风合缠令》和《伊州衮》均分上下片，《墙头花》分三片，与宋词分片相同，可见其由词蜕变而来的痕迹。诸宫调始终是由一个人讲唱的，后来北曲杂剧由主要演员独唱到底的方式，可能是受到它的影响。由此可见，诸宫调是从说唱文学过渡到戏曲文学之间的桥梁。

《董西厢》流传版本很多，现存明嘉靖刻本首尾完整，全书分八卷，共有一百九十四套，用了十六个宫调①，比宋代大曲十八宫调和宋词用十九个宫调又简化了。其联套方式是：一、由只曲和尾声组成的有九十二套，二、只曲独用不加尾声的有五十四套（包括卷五未标宫调的《木兰花》一套），三、二曲连用而无尾声的有二套，四、联合二曲以上加尾声的长套有四十四套。其中有五曲、八曲连用的，卷八中甚至有多达十五支曲子加尾声的。

这种长套的产生，为南戏北剧分场组合套曲奠定了大体的基础。而且宋杂剧和金院本中都用了诸宫调，据现存资料统计，南戏的曲调从诸宫调中吸收了十三支，北剧则吸收了二十八支。凡是诸宫调中原来分上下片的曲词，发展成南北曲时都把下片分开独立成为一支，南曲称为“前腔”，北曲称为“么篇”。可见诸宫调与戏曲文学的渊源关系是很密切的。②

综上所述，宋代民间伎艺的繁兴对戏曲的形成都有直接的影响。例如歌舞伎艺在声乐歌唱、舞蹈身段、服饰化装和演出程式方面准备了条件；扮演伎艺在角色表演、脸谱形象、科诨念白方面准备了条件；说唱伎艺在剧目题材、乐曲联套和戏曲文体方面准备了条件。这些伎艺在装扮人物、叙事抒情、结构布局、曲白结合、载歌载舞等方面，都达到了相当高的艺术水平。它们对戏曲形成的影响是同时并存、相互吸收的。当这些伎艺在瓦舍勾栏里交流融合，又变叙事体为代言体之时，则综合艺术的戏曲宋杂剧也就形成了。

第二节　宋杂剧

宋杂剧的性质　宋杂剧在最初是含有故事内容的各种声乐伎艺综合演出的总称，它包括了歌舞、扮演、说唱诸般伎艺以及汉唐以来传统的散

---

① 《董西厢》十六宫调是：正宫、黄钟宫、南吕宫、道宫、仙吕调、中吕调、黄钟调、南吕调、大石调、小石调、般涉调、高平调、双调、越调、商调、羽调，计为四宫十二调。

② 《刘知远诸宫调》及《西厢记诸宫调》应在金代文学史中叙述，这里只是从戏曲形成的角度，略加介绍。

乐、百戏的演出。由于这种综合性的演出在开创阶段比较混杂，所以就称之为杂剧，含有兼收并蓄、多而且杂的意思①。

杂剧这个名称，最早出现于唐代李德裕《李文饶文集》卷十二《论杜元颖追赠》第二状中。状内提及唐文宗大和三年（829）南诏劫掠成都，掳去“杂剧丈夫两人”。丈夫当指男演员，而杂剧在当时的概念可能是仅指歌舞杂戏。五代文献无征，至北宋始重见记载。太祖曾经“令雨中作杂剧”（佚名《丁晋公谈录》），仁宗时“教坊进杂剧”（冯梦龙《古今谭概·微词部》“徘徊”条），可见北宋前期杂剧已开始在汴京流行。《辽史》和《宋史》记宫廷庆典演出，都提到了正规的杂剧节目。《辽史·乐志》记“皇帝生辰乐次”云：

> 酒一行，觱篥起歌。酒二行，歌手伎入。酒三行，琵琶独弹，饼、茶，致语，食入，杂剧进。

《宋史·乐志》也记载了皇帝寿诞宴会，共有十九个节次，内容更为繁富，现摘录有关节目如下：

> 每春秋圣节三大宴：其第一，皇帝升坐，宰相进酒，庭中吹觱栗，以众乐和之；
>
> 第四，百戏皆作；
>
> 第六，乐工致辞（乐工致辞，指优长“进念致语”，例见本书第十一章第一节），维以诗一章，谓之口号，皆述德美及中外蹈咏之情；
>
> 第七，合奏大曲；
>
> 第九，小儿队舞，亦致辞以述德美；
>
> 第十，杂剧罢，皇帝起更衣；
>
> 第十四，女弟子队舞，亦致辞如小儿队；

① 关于宋杂剧，胡忌《宋金杂剧考》（古典文学出版社 1957 年出版）所论最详，可参看。

第十五，杂剧；

第十七，奏鼓吹曲，或用法曲；

第十九，用角觝，宴毕。

其御楼赐酺同大宴。崇德殿宴契丹使，惟无后场杂剧及女弟子舞队。

这说明杂剧与队舞、大曲、法曲、角觝等百戏同台并举，已成为一种独立的表演艺术，而且在整个宴会中要演出两场(第十、第十五乐次)，可见其地位已较其他艺术形式为高。只有宴契丹辽使时，才减去第二场杂剧。按辽国亡于宣和七年(1125)，那么，上述辽、宋宫廷内杂剧的产生便完全可以确定是在北宋时期。辽、宋的杂剧，与其他声乐技艺一样，都是在晚唐以来歌舞杂戏的基础上发展而成的，其渊源是完全相同的。但北宋杂剧已非晚唐杂剧的歌舞杂戏可比，它已进一步发展提高，开始形成为综合性的戏曲了。

根据现存的文献记载，可以了解到宋杂剧是综合了各种伎艺来组织演出的。从《武林旧事》卷十《官本杂剧段数》条来看，其中汇合了大量的歌舞节目，有大曲、法曲和曲破，也有说唱伎艺诸宫调等。《东京梦华录》卷八"六月六日……"条记神保观庙会"教坊钧容直作乐，更互杂剧舞旋"，《梦粱录》卷二十"妓乐"条记"向者汴京教坊大使孟角球曾做杂剧本子，葛守诚撰四十大曲，丁仙现捷才知音"，都说明北宋时杂剧即已具有歌唱舞蹈的性质。但同时它又具有扮演伎艺的性质，正如《梦粱录》说它"全以故事，务在滑稽"。的确，宋杂剧又继承了参军戏的传统，演出了许多滑稽戏。兹举四例如下：

景祐末，诏以郑州为奉宁军，蔡州为淮康军。范雍自侍郎领淮康，节钺镇延安。时羌人旅拒戍边之卒，延安为盛。有内臣卢押班者为钤辖，心尝轻范。一日，军府开宴，有军伶人杂剧，称参军梦得一黄瓜，长丈余，是何祥也？一伶贺曰："黄瓜上有刺，必作黄州刺史。"一伶批其颊曰："若梦镇府萝卜，须作蔡州节度使！"范疑卢所教，即取二伶杖背，黥为城旦。

——张师正《倦游录》(江少虞《宋朝事实类苑》卷六十五引)

俳优侏儒，固技之下且贱者，然亦能因戏语而箴讽时政，有合于古矇诵工谏之义，世目为杂剧者是已。崇宁初，斥远元祐忠贤，禁锢学术。凡偶涉其时所为所行，无论大小，一切不得志。伶者对御为戏：推一参军作宰相，据坐，宣扬朝政之美。一僧乞给公凭游方，视其戒牒，则元祐三年者，立涂毁之，而加以冠巾。一道士失亡度牒，问其披戴时，亦元祐也，剥其羽衣，使为民。一士人以元祐五年获荐，当免举，礼部不为引用，来自言，即押送所属屏斥。已而主管宅库者附耳语曰："今日于左藏库请得相公料钱一千贯，尽是元祐钱，合取钧旨。"其人俯首久之，曰："从后门搬入去！"副者举所持梃，杖其背曰："你做到宰相，元来也只好钱！"是时至尊亦解颜。

——洪迈《夷坚支志》乙集卷四

秦桧以绍兴十五年四月丙子朔，赐第望仙桥；丁丑，赐银绢万两、匹，钱千万，綵千缣。有诏就第赐燕，假以教坊优伶。宰执咸与。中席，优长诵致语，退。有参军者前，褒桧功德。一伶以荷叶交椅从之。谐语杂至，宾欢既洽。参军方拱揖谢，将就椅，忽坠其幞头，乃总发为髻，如行伍之巾；后有大巾环，为双叠胜。伶指而问曰："此何环？"曰："二胜环。"伶遽以击其首曰："尔但坐太师交椅，请取银绢例物，此环掉脑后，可也？"一坐失色。桧怒，明日，下伶于狱，有死者。于是语禁始益繁。

——岳珂《桯史》卷七

史同叔(弥远，四明人)为相日，府中开宴，用杂剧人，作一士人，念诗曰："满朝朱紫贵，尽是读书人。"旁一士人曰："非也！'满朝朱紫贵，尽是四明人。'"自后相府开宴，二十年不用杂剧。

——张端义《贵耳集》卷下

第一例是优伶把范雍比作萝卜，讽刺他粗暴无能。演出的时间是在景祐年间(1034—1038)，时代较早。第二例是抨击蔡京等力反元祐旧政，但为了得钱，却又不计较是否出自元祐了。讥刺深刻，入木三分，真使人有“台官不如伶官”之叹(见宋蔡絛《铁围山丛谈》卷三，“台官”，指御史台的谏官)。这幕杂剧需要五个演员同台演出，体现了宋杂剧在角色装扮上的特点，证明在北宋末年，杂剧形式已很完整。第三例讽刺主降的宰相只顾自己的安富尊荣而忘二帝被掳之大耻。第四例嘲骂权奸史弥远用人唯亲。可见从北宋到南宋，这种具有战斗意义的戏剧一直流行。

必须指出的是，这些滑稽戏在演出中，一定是非常丰富而生动的，有如今天的相声。故书所载，不过是其节略的本事而非演出的脚本。

宋杂剧中除了滑稽戏外，也有傀儡戏。《宋史・乐志》曾明确记载“杂剧用傀儡”，《东京梦华录》卷五“京瓦伎艺”条云：“杖头傀儡任小三，每日五更头回小杂剧，差晚看不及矣。”可见宋杂剧的搬演形式是多种多样的。小杂剧指滑稽小戏，另有规制宏大的称为大杂剧，只舞不歌的称为哑杂剧，宫廷演出的称为内殿杂剧，民间演出的称为浪子杂剧等。这都反映了宋杂剧的盛行情况。

宋杂剧对戏曲形成的重要贡献还在于它调动了传统的百戏杂技等艺术手段来丰富演出的内容。最突出的事例是北宋汴京勾栏中表演的《目连救母杂剧》。《东京梦华录》卷八“中元节”条云：“构肆乐人，自过七夕，便般(搬)《目连救母》杂剧，直至十五日止，观者增倍。”中元节是夏历七月十五日，民间风俗称为鬼节，目连救母的故事见于《佛说盂兰盆经》和《尊胜目连经》，讲的是目连的母亲刘氏触犯了佛法，被打入阿鼻地狱，永世不得翻身。目连是个孝子，为了救母，出家苦修，终于仰仗佛力，将母救出。但刘氏罪孽深重，虽然出狱，仍被罚做饿鬼，每逢吃饭时，食物到嘴边即化为烈火，目连只得再请佛祖开恩，准其在七月十五日设盂兰盆会，给饿鬼施食，从此刘氏才真正得救，与目连同升天堂。这个宗教故事在唐代已盛传于民间，并以说唱的形式成为群众喜闻乐见的节目，敦煌发现的唐代变文中，就有《大目犍连冥间救母变文》一篇，情节十分曲折动人。北宋的《目连救母》杂剧，则是从原来的说唱文学发展而来的。由于它的内容复杂,头绪众多,竟要连演八天。从明代郑之珍据宋元旧本整理的《目连救母行孝戏文》有一百出之多,以及张岱《陶庵梦忆》卷六描述其演出“三日三夜”的盛况来看,此剧不仅有一个首尾完整、内容丰富的长篇故事,而且综合了歌舞、扮演、说唱诸种伎艺,而且还穿插了神头鬼面、吞刀吐火,即杂技魔术等表演。由此可以推知,北宋勾栏中演出的《目连救母》,也是兼收并蓄、包罗万象的。宋杂剧具有综合型的特色也是肯定无疑的。它“事实上已为戏剧这项独立艺术部门开辟出市场,招致了大量的观众”。“北宋时期民间勾栏所演杂剧,不仅内容上已完全以故事情节为主,装扮人物,根据规定情境而作代言体的演出,而且,在表演形式上则根据唐代参军戏与歌舞戏相互掺合这一基础,从故事情节出发,使内廷那些轮替着演出的歌舞杂技成为有机的结合,由是形成多种伎艺高度综合的中国戏剧的表演形式。所以,这一时期东京民间勾栏所演杂剧,不仅是中国戏剧发展的主流,同时也是今天中国戏剧表演形式的嚆矢”(见周贻白《中国戏曲发展史纲要》第六章第三节,上海古籍出版社 1979 年出版)。总之,《目连救母杂剧》的出现,有力地证明了北宋后期的杂剧比前期更富于综合性,这标志着中国戏曲的历史已步入了形成阶段。

宋杂剧的体制和角色　宋杂剧经历了一个阶段的诸色伎艺的同场混合演出以后,至北宋后期已逐渐融为一体,发展到南宋更形丰满,确立了在散乐百戏中独占鳌头的地位。《都城纪胜》“瓦舍众伎”条云:“散乐,传学教坊十三部,唯以杂剧为正色。”“旧教坊有筚篥部、大鼓部、杖鼓部、拍板色、笛色、琵琶色、筝色、方响色、笙色、舞旋色、歌板色、杂剧色、参军色。色有色长,部有部头。”杂剧既然在这十三部中是唯一的正色,则其他十二部有关音乐、舞蹈、歌唱和参军色的表演艺术都可为杂剧服务,其融合众长的优势地位得到了公认。

在这种有利条件下,宋杂剧开始形成了自己的体制,并产生了有特殊称呼的多种角色。《梦粱录》卷二十“妓乐”条云:“且谓杂剧中末泥为长,每一场四人或五人。先做寻常熟事一段,名曰艳段;次做正杂剧,通名两段。末泥色主张,引戏色分付,副净色发乔,副末色打诨。或添一人,名曰装孤。先吹曲破断送,谓之把色。大抵全以故事,务在滑稽。唱念应对通遍。此本是鉴戒，又隐于谏诤，故从便跣露，谓之‘无过虫’耳[①]。若欲驾前承应，亦无责罚。一时取圣颜笑，凡有谏诤，或谏官陈事，上不从，则此辈妆做故事，隐其情而谏之，于上颜亦无怒也。——又有杂扮，或曰杂班，又名经元子，又谓之拔和，即杂剧之后散段也。顷在汴京时，村落野夫，罕得入城，遂撰此端。多是借装为山东、河北村叟，以资笑端。”由此可见，宋杂剧的体制结构分三节四段，第一个节次是序幕性质的艳段[②]，演出的内容是“寻常熟事”，能及时反映现实生活中常见的社会问题。第二个节次是正杂剧，分两段，搬演含有鉴戒意义的故事，或滑稽嘲笑，或批评时政。在艺术形式上，“唱念应对通遍”，表明其中有歌唱，有念白，有动作，有舞蹈，具有综合艺术的特征。第三个节次是杂扮或杂班，即杂剧之后的散段，是以乡下的庄稼人作为打趣对象的闹剧。所谓拔和，应作拔禾，即装扮成土老儿。经元子在《都城纪胜》中作纽元子，指村夫打闹扭作一团。这种杂班是可以独立演出的，在北宋时已单独列为京瓦伎艺中的一个项目。《东京梦华录》卷七“驾登宝津楼，诸军呈百戏”条描述说：“复有一装田舍儿者入场，念诵言语讫，有一装村妇者入场，与村夫相值，各持棒杖互相击触，如相殴态。其村夫者，以杖背村妇出场，毕。”赵彦卫《云麓漫钞》卷十云：“近日优人作杂班，似杂剧而简略”，“每宴集，伶人进，曰杂班上”。可见杂班是可以单独演出的，它是杂剧中的一小段，简短灵活，在这一点上，和后世的折子戏相近，是与全剧可离可合的。当然，《梦粱录》记载杂剧四段的演出内容并非固定不变的，也不是非得演滑稽戏不可。它可以从头到尾专演一个完整的故事，如《武林旧事》卷十所记官本杂剧段数就有专演裴少俊墙头马上的喜剧，也有专演楚霸王英雄末路的悲剧的。这样，它就丰富多彩地发展起来了。非常明显而且十分重要的是：宋杂剧整体四段的通例，直接影响了元杂剧一本四折这种固定形式的形成。

---

① 但如前举数例，优伶因为仗义执言，有被杖者，有致死者，可见“无过虫”是否“无过”，也要看统治者认为是否真正触犯了他们。

② 六朝时相和大曲有艳、有趋、有乱，《乐府诗集》卷二十六《相和歌辞》题解云：“艳在曲之前，趋与乱在曲之后。”所以杂剧的序幕叫做艳段。

在宋代品类繁多的艺术活动中，由于杂剧处于领先地位，从北宋时已开始有了专业演员。凡属于官方机构教坊乐部、教乐所或钧容直(军乐班)的，称为杂剧色；来自民间勾栏的，则称为露台弟子(女伶)。故《东京梦华录》卷六“元宵”条有“教坊钧容直、露台弟子更互杂剧”的记载；卷七“诸军呈百戏”条又说：“诸军缴队杂剧一段，继而露台弟子杂剧一段，是时弟子萧住儿、丁都赛、薛子大、薛子小、杨总惜、崔上寿之辈，后来者不足数。”丁都赛就是宣和年间(1119—1123)著名的杂剧女伶，当时有人把她的形象模勒造型，制成雕砖，表现了对名角的崇拜，可见其声誉之盛(见刘念兹《宋杂剧丁都赛雕砖考》，载《文物》1980年第2期)。至于教坊杂剧专业化的情况，同书卷九“入内上寿”条记“第五盏乐次”有云：“参军色作语，问小儿班首近前，进口号，杂剧人皆打和毕，乐作，群舞合唱，且舞且唱，又唱破子毕。小儿班首入进致语，勾杂剧入场，一场两段。是时教坊杂剧色鳖膨刘乔、侯伯朝、孟景初、王颜喜而下，皆使副也。”这说明北宋时教坊中也已产生了专职的杂剧人，也叫做杂剧色。据《武林旧事》卷四“乾淳教坊乐部”条记载，到南宋孝宗时，教坊乐部的杂剧色竟达六十六人之多。专业化了，分工就必然细密，便出现了根

宋杂剧女伶丁都赛像雕砖(拓本)

据人物的身份、性格、性别、职司分出不同行当的角色(一作脚色)专称。

从上引《梦粱录》所载可知,宋杂剧的演出一般由四个或五个角色承场。角色的名称和分工情况是:(一)末泥色"主张",亦即优长,其职务相当于领班或指挥,他扮演男性主角,后来南戏的生和北剧的正末,即由此发展而成。(二)引戏色"分付",相当于舞台调度,有时也登场演出,必要时可以装旦(见《太和正音谱·词林须知》)。(三)副净(或称副靖)色"发乔",即故意装呆以供笑谑。(四)副末色"打诨",专事插科打诨,给观众逗笑。孔平仲《谈苑》卷五载,黄庭坚作诗,曾由此受到启发说:"作诗正如作杂剧,初时布置,临了须打诨。"副末和副净都是必须粉墨(涂面)登场的滑稽角色,《南村辍耕录》卷二十五指出,"副净,古谓之参军","副末,古谓之苍鹘,鹘能击禽鸟,末可打副净。"他俩成了滑稽戏中一对不可分离的老搭当。《苕溪渔隐丛话》前集卷三十引《王直方诗话》载欧阳修致梅尧臣的信中曾说:"正如杂剧人上名,下韵不来,须副末接续。"可知副末这个角色名称,早在北宋时就有了。(五)装孤,就是装扮官员。孤是官的市语俗称,是表示人物的身份的专名,后来元杂剧中沿用不变。当然,宋杂剧的演员行当不止这五种,它是不断地发展完善的。《武林旧事》卷四"乾淳教坊乐部"条载孝宗时著名的"杂剧三甲",就出现了一些新的角色名称:

刘景长一甲八人

戏头李泉现　　引戏吴兴祐

次净茆山重、侯谅、周泰　　副末王　喜

装旦孙子贵

盖门庆进香一甲五人

戏头孙子贵　　引戏吴兴祐

次净侯　谅　　副末王　喜

内中祗应一甲五人

戏头孙子贵　　引戏潘浪贤

次净刘　衮　　副末刘　信

潘浪贤一甲五人

戏头孙子贵　　引戏郭名显

次净周　泰　　副末成　贵

一甲就是以著名演员挂头牌组成的一个戏班。以盖门庆为首的一甲因成员有局部调整,所以其名下分列了两班。这里所举角色的名称,次净即副净,戏头专掌杂剧艳段的演出,装旦就是扮演女角。

旦角的出现,显示了宋杂剧的角色已渐趋完备。当时习惯上由男优装扮假妇人,故名装旦。曹魏时优人演《辽东妖妇》,裸袒游戏(见《三国志・魏书・齐王芳纪》裴注引《废帝奏》),唐代优伶"弄假妇人"(见《乐府杂录》"俳优"条),都是装旦的古例。旦又名妲,原为对女性伎艺人的俗称。生、旦并称,最早见于北宋释文莹《玉壶野史》卷十,书中追记五代南唐时韩熙载"畜声乐四十余人,阃检无制,往往特出外斋,与宾客、生旦杂处"(《四库全书》本)。可见女优直接称旦,男优扮假妇人才称为装旦。

应当指出的是,《武林旧事》卷四列举乾淳教坊乐部六十六个杂剧色的名单中,朱和、蒋宁、王原全三人,均称为次贴,这又是一项新的角色名称。《南词叙录》说:"贴,旦之外贴一旦也。"那么,次贴就是仅次于女主角的女角,它在宋元南戏和明清传奇中发挥了重要的作用。

归结起来,宋杂剧的角色行当共有末泥、戏头、引戏、副净、副末、装孤、装旦、次贴等八种。其中末泥、副末、副净、旦、贴是五种角色的专称,后来直接为南戏、北剧所继承。

宋杂剧的剧目　关于宋杂剧演出的剧目,《武林旧事》卷十著录了官本杂剧段数二百八十本。所谓官本,也就是当时民间勾栏的通行本,其名称当由艺人祗应官府,被"唤官身"演出而来,至少也是教坊与民间皆能通用之本。从这份剧目单来看,其中用大曲演唱故事的有一百零三个剧目,如《王子高六么》、《崔护六么》、《莺莺六么》等都是用了六么大曲。《六么》,或称《绿腰》,是唐宋大曲中最为流行的歌舞曲调之一,这里用它表演了王子高恋周琼姬、崔护人面桃花和莺莺西厢记等故事。又如《裴少俊伊州》、《柳毅大圣乐》、《霸王剑器》等，是用《伊州》、《大圣乐》、《剑器》等大曲分别表演今存元人杂剧中的墙头马上、唐人小说中的柳毅传书和《史记》、《汉书》中的楚霸王项羽的故事。此外，用法曲的有四个剧目：《棋盘法曲》、《孤和法曲》、《藏瓶法曲》、《车儿法曲》；用曲破的有一个剧目：《五柳菊花新》①；用普通词调的有二十九个剧目，如《病郑逍遥乐》、《三教安公子》、《三姐黄莺儿》等；用诸宫调的有两个剧目：《诸宫调霸王》、《诸宫调卦册儿》；用其他杂曲者有十四个剧目，如《四小将整乾坤》、《赖房钱啄木儿》、《王魁三乡题》等。总计起来，以歌唱或舞曲形式表演故事的剧目共达一百五十三本之多，超过了全数之半。余下的一百二十七本是不带曲名的剧目，如《眼药酸》、《急慢酸》、《论淡》、《医淡》、《调笑驴儿》、《老孤遣妲》、《双卖妲》等，大多是滑稽戏；又如《相如文君》、《李勉负心》，则是情节比较完整的正杂剧；还有一类以爨字命名的如《风花雪月爨》、《宴瑶池爨》、《钟馗爨》、《天下太平爨》等四十三本，都是属于小杂剧的性质。爨是唐宋时代西南地区一个少数民族。唐玄宗天宝年间，爨归王曾入朝进贡；宋时其地属大理国。《南村辍耕录》卷二十五“院本名目”条引或说云：“宋徽宗见爨国人来朝，衣装鞋履巾裹，傅粉墨，举动如此，使优人效之以为戏。”这原是一种既歌且舞的小戏，后来就成了化妆涂面演出的通称，叫做踏爨或爨弄。

官本杂剧段数虽著录于南宋，但其中继承并包括了北宋时期的剧目。王国维在《宋元戏曲考》中曾举《王子高六么》、《三爷老大明乐》和《病爷老剑器》为例，指出“其中实有北宋之戏曲”，“此二百八十本，与其视为南宋之作，不若视为两宋之作为妥也”。当然，这也不可能是宋杂剧的全部剧目，它必然还有挂漏。如连台本戏《目连救母》和一些笔记中记载的杂剧，便可补录。任二北辑《优语集》于两宋共得八十条，其中明确记为杂剧节目的有《梦镇府萝卜》、《别开河道》(《献香杂剧》)、《甜采即溜也》、《元祐钱》、《只少四星儿里》、《黄檗苦人》、《只恐行不得》、《拍户》、《尽是四明人》等九事。除此以外，《武林旧事》卷一“圣节”条《天基圣节排当乐次》记载：

---

① 周密《齐东野语》卷十六有“菊花新曲破”条目，可证菊花新为曲破。

杂剧吴师贤已下，做《君圣臣贤爨》，断送《万岁声》。

杂剧周朝清已下，做《三京下书》，断送《绕池游》。

杂剧何晏喜已下，做《杨饭》，断送《四时欢》。

杂剧时和已下，做《四偌少年游》，断送《贺时丰》。

同书卷八“皇后归谒家庙”条又记：

勾杂剧色时和等做《尧舜禹汤》，断送《万岁声》。

勾杂剧吴国宝等做《年年好》，断送《四时欢》。

这样又得知剧目《君圣臣贤爨》和《三京下书》等六种，并了解到“吹曲破断送”也可以放在杂剧演出结束后进行，也就是以尾声助兴。

总上所述，宋杂剧的剧目从现存文献记载中探考，共计有二百九十六种。据《都城纪胜》“瓦舍众伎”条所载“孟角球曾撰杂剧本子”之语，宋杂剧确是有文学剧本的，可惜至今尚未发现有传本存世，其作品的具体情形如何就不得而知了。

宋杂剧的舞台形象　虽然宋杂剧的剧本没有流传下来，但有关其舞台形象的文物资料，却不断地有所发现，从而丰富并提高了我们对宋杂剧的具体认识。

首先是山西城乡多处发现了宋金时代的舞台建筑或遗迹，属于北宋时期的，有万荣县桥上村、沁县城内十字街、平顺县东河村三处。从遗存的碑记来看，三地的庙会演出已有砖木结构的固定的舞亭和舞楼，分别创建于景德二年(1005)、元丰三年(1080)和元符三年(1100)。

其次是杂剧人物扮演形象的资料，这方面有一连串新的发现。自1952年以来，从河南省禹县、偃师、荥阳、温县一带的北宋墓葬中，曾陆续出土了一批描绘宋杂剧的雕砖。这些地区原是北宋戏曲文化繁荣滋长的地方。当时本地的居民把喜闻乐见的剧艺雕砖砌置在墓室中的风俗，正反映了宋杂剧深广的社会基础。现选择其中主要的简介如下(详见廖奔《中州出土北宋戏曲文物论考》，载中国艺术研究院戏曲研究所《戏曲研究》第十八辑)：

(一) 禹县白沙宋墓杂剧雕砖，上刻角色一组四人。墓葬时代约在政和至宣和年间(1111—1123)，墓壁嵌有雕砖四方，凸面浮雕四个杂剧角色，左起：第一人头戴花脚幞头，身着圆领长袍，腰束带，左手插腰，右手后拂甩袖，似为引戏色；第二人头戴长脚幞头，身着圆领宽袖长袍，两手执笏，似是装孤；第三人头裹软巾，上穿短衫，腰束带，下着袴，右手下垂，左手置于右肩，装成痴呆模样，似为副净色；第四人软巾诨裹(杂剧艺人特有的囊形氈帽)，着圆领短袍，腰束带，右手持一哨棒，是副末打副净用的砌末(道具)。

禹县白沙宋墓杂剧雕砖(摹本)

(二) 偃师县酒流沟水库西岸宋墓杂剧雕砖。此墓时代在北宋末期，墓室北壁嵌有杂剧雕砖三块，平面浮雕五个角色。左起：第一块砖雕有两个扮作市井小民的形象，第一人头戴有脚包巾，着短后衣，袒胸露脐，腰系带，下着袴，裹脚穿袜，左手托一鸟笼，右手指着鸟笼，双目也注视着它，这是副末色；第二人戴软巾诨裹，簪花，穿长衫，腰束布带，以右手食姆两指放在嘴内吹口哨，这是副净色。两人都迈着丁字步，好像踏着同一节拍在进行表演，可能是杂扮的演出(参看徐苹芳《宋代的杂剧雕砖》，载《文物》1960年第5期)。第二块砖雕一人，戴簪花幞头，身着圆领长袍，腰间束带，双手正在展开一幅立轴画，上身微俯，好像正对着观众讲述剧情，这是引戏色的开场。第三块砖雕二人，左方一人戴东坡巾，穿圆领窄袖长袍，前襟掖起，右手捧一印匣，左手指着旁边的官人，并侧脸与之对话，这是末泥色；右方一人戴长脚幞头，穿圆领宽袖长袍，左手持笏，右手平握笏的中部，这是装孤。

其一　　　　其二　　　　其三

偃师县酒流沟宋墓杂剧雕砖（拓本）

（三）荥阳县东槐西村宋墓石棺上的线刻厅堂演出杂剧图像。棺盖上刻有“大宋绍圣三年（1096）十一月初八日朱三翁之灵，男朱允建”等字。可见棺主并无官职，既非文人，更不是士大夫，只是一个平民或土财主。因他生前欢喜看戏，所以棺上刻着宴乐杂剧图。它描绘的是路歧人的堂会演出，图中四个角色正在作场。令人注目的是右起第一人作妇女打扮，披发，穿百褶裙，这是一个装旦的角色。

荥阳县东槐西村宋墓石棺线刻杂剧演出图（摹本）

（四）温县前东南王村宋墓杂剧雕砖和乐队雕砖。此墓时代亦在北宋末期，墓室西北壁嵌有杂剧雕砖一块，平面浮雕五个杂剧角色，与偃师酒流沟宋墓的五人雕刻有类似之处。左起：第一人戴东坡巾，左手执长柄金瓜，是末泥；第二人手捧笏板，是装孤；第三人戴簪花幞头，左手向右

温县前东南王村宋墓杂剧雕砖（拓本）

温县前东南王村宋墓乐队雕砖（拓本）

挥一蕉扇，是引戏色；第四人吹口哨者是副净；第五人戴软翅幞头，两翅下垂，身穿短袍，是副末。另外，这个墓室的东北壁还嵌有一块乐队雕砖，平面浮雕乐师六人，一律头戴长脚幞头，身穿圆领长袍，仪态端庄。前列四人，左起：第一人手执长棒作指挥状；第二人拱手肃立，面前置一古琴；第三第四人均手执鼓桴，腰间各系长鼓，是两个敲击腰鼓的乐工；后排二人，左边一个是吹觱篥的，右边一个是击方响的。这些出土文物，都生动地反映了 11 世纪到 12 世纪中国戏曲形成的实况，具体地验证了杂剧在中州地区的流行。

至于南宋时期的杂剧文物，则有故宫博物院所藏两幅彩色绢画。第一幅是《眼药酸图》。考《武林旧事》所记《官本杂剧段数》中有《眼药酸》一本，酸是当时称秀才的市语，《眼药酸》大致是表演儒生卖眼药而闹出笑话的滑稽戏。这幅绢画恰可与之相印证。左方所画是一个眉清目秀穿着儒生衣服的卖药人，正举着一个小药瓶与买主说话，他胸前背后悬挂着一连

南宋佚名绘杂剧《眼药酸》图（原为彩色）

串画着眼睛的药葫芦（参看王长友《话说〈眼药酸图〉中的“眼睛”》，载中国艺术研究院戏曲研究所《戏曲研究》第十六辑），右胁下有一只画着大眼睛的布袋，高桶帽上也绣有眼睛，还插着一圈具有弹性的内悬眼睛的条形物，极为奇特、夸张，富有谐趣，是一个善于发乔（逗趣）的副净色。右方所画是一个有胡须的市井小民，头上戴着扎起来的软巾，两只手臂上都刺着花绣，左手持一竹篦，右手指着自己的眼睛与卖药人对话。他腰间插一把破扇，上有草书“诨”字，表明这是一个擅长打诨（开玩笑）的副末色。他身后架子上还摆着一个平面鼓，是演出时击拍用的。这幅画如实地画出了前述“大抵全以故事，务在滑稽，唱念应对通遍”的演出形态。第二幅是女扮男装的杂剧图。按宋代优伶的行当分工，末是男角，旦是女角，但演出时，男优可以装旦，女优也可扮末。男优演戏称为浪子杂剧，女优演戏称为弟子杂剧。《东京梦华录》卷七所记汴京勾栏中的杂剧演员，大多数是女弟子，如丁都赛、萧住儿、俏枝儿等；《武林旧事》卷六也记载了王双莲、

南宋佚名绘杂剧女扮男装图（原为彩色）

韵梅头等女角名色。那么，女戏班在演出时就势必出现女扮男装了。这幅册页画的是两人对面作揖，左方一人戴软脚巾，内穿对襟红衫而罩以短袍，身后置有笠帽及尖担绳索，扮演体力劳动者，但右耳上却画出了一只巾环，露出了是女优装扮的。右方一人穿对襟衫，内有抹胸，头上戴罗帽，帽边簪一丛牡丹花，身旁架上置平面鼓，其背后腰间也插一把开裂的破扇，上题“末色”两字，明确地表示出这是杂剧角色。但其耳有坠子，长袴下露出穿着红鞋的小脚，分明是由女优扮的副末。两位演员都是女伶，而她们所扮演的剧中人却都是男性，这反映了南宋弟子杂剧女扮男装的真实面貌（参看周贻白《南宋杂剧的舞台人物形象》，载《文物精华》1959 年第 1 期，又收入《周贻白戏剧论文选》，湖南人民出版社 1982 年出版）。

根据上述两宋文物，我们可以进一步探讨宋杂剧演出形态的若干问题。第一，体制方面，《梦粱录》所云：“每一场四人或五人”，得到了证实，如禹县砖雕、荥阳线刻是四人，偃师砖雕、温县砖雕是五人。但关于艳段、正杂剧和杂扮的形态，则学者们的见解尚不一致：有人因偃师砖雕恰为三块，便认为展示立轴画者为艳段、装孤和捧印对话者为正杂剧，而吹口哨与持鸟笼相对者为杂扮；也有人认为南宋绢画《眼药酸图》是正杂剧，女扮男装图是杂扮。这些意见还有待于进一步研究。第二，乐队伴奏方面，除了温县砖雕中有琴瑟、方响等乐器以外，禹县白沙墓中也曾出土刻有七人组成的乐队雕砖，所奏乐器为大鼓一、拍板一、觱篥二、腰鼓二、笛一，而南宋两幅绢画中均有平面鼓，可见鼓、板、琴、笛和觱篥是主件。当然，另外也有些演出是不用伴奏的。第二，角色形象方面，对于砖雕或绘画的戏剧人物鉴定为何种角色，学者们的考释也有些分歧。例如南宋绢画腰插破扇的末色，有认为是末泥，但也有说是副末的；偃师雕砖右起第一人多数人都说是装孤色，但也有人认为是末泥色，经过比较研究，副净、副末和装孤的形象特征最为明显，容易辨认。凡头戴软巾诨裹，面容滑稽者，基本上是副净；凡口吹哨、臂刺绣、手执棒者肯定是副末；凡戴长脚幞头、手捧朝笏者，一般都认为是装孤。只有末泥和引戏两个角色，特征较难把握。第四，男女合演的问题，王国维《古剧角色考·余说四》云：“宋元以后，男可装旦，女可为末，自不容有合演之事。”但从偃师和温县的雕砖来考察，末泥、引戏和装孤却是由女性扮演的。如温县墓雕砖左起第二、第三人，偃师墓雕砖左起第三、四、五人皆细指纤纤，脑后露出发髻，温县砖还可看出演员杏眼柳眉秀鬓。特别是，两组雕砖的第三人（皆引戏色）都明显看出为小足，与其他演员形成明显对照（参看廖奔《中州出土北宋戏曲文物论考》，载中国艺术研究院戏曲研究所《戏曲研究》第十八辑）。可见这一场五人中有男优也有女优，证明宋杂剧是可以男女合演的。第五，服饰戏衣与化妆砌末，《东京梦华录》卷九“入内上寿”条云：“诸杂剧色皆诨裹，各服本色紫、绯、绿宽衫，义襕，镀金带。”足见宋杂剧的演员，各有专用的服饰，其面部化妆和所用道具，也都是为装扮剧中角色服务的。如《眼药酸图》中的卖药人，他那极度夸张的高桶帽和宽袖大袍，决不是当时现实生活中的服饰。那么，他一旦上场，自然也就得进入角色，用代言体来表演戏剧人物。如果是叙事体讲述故事，就根本无需用这么累赘的道具了。

综上所述，宋杂剧虽然未见剧本留存，但从新发现的许多实物资料来考察，它确已形成为综合艺术的戏曲，而且其演员肯定是以剧中人的身份登上舞台的。宋杂剧是我国最早出现的戏曲，毋庸置疑。

第三节　南戏的形成及其作品

靖康之变导致了北宋沦亡，南北分治，宋杂剧不得不随着宋金长期对峙的局面而分化。在北方金朝统治地区，它变名为院本，进而发展为金元杂剧；在南宋统治地区，它仍保持宋杂剧的名称，进而发展为宋元南戏[①]。这便是南北戏曲两条线索产生的根由和脉络，它们标志着中国戏曲进入了成熟阶段。

南戏的产生　宋室南渡以后，杂剧不仅在杭州继续盛行，而且流播于越州（今浙江绍兴市）、温州和福建、四川等地。南方农村的自然条件比较

① 南戏在历史上有多种不同的名称，如戏文、南戏文、温州杂剧、永嘉杂剧、南宋戏文、南曲戏文、南戏、南词等等。为了行文的概念明确起见，学术界比较一致的意见是通称南戏。如称戏文时，则偏重于指其作品而言。

优越，商品经济也比较发达，这就为民间艺人开辟了一个流动演出的广阔天地。陆游《春社》四首之四云："太平处处是优场，社日儿童喜欲狂；且看参军唤苍鹘，京都新禁舞《斋郎》。"这首诗生动地反映了越州一带杂剧艺人深入到农村中作场的盛况。在杭州禁演的日子里，到农村中却可以照常演出①。这也是路岐人不入勾栏宁可下乡打野呵的原因之一，而在客观上却造成了戏曲艺术在民间的普及和繁荣的效果。刘克庄曾有《闻祥应庙优戏甚盛》、《神启歌》、《观社行》、《即事》和《田社即事》等诗，描写了他家乡福建莆田的剧艺演出情况。四川涪州的僧人大觉禅师，也写了有关杂剧的诗歌一首，题为《马大师与西堂百丈南泉玩月》，诗云："戏出一棚川杂剧，神头鬼面几多般；夜深灯火阑珊甚，应是无人笑倚栏。"（见《大觉禅师语录》卷下，《大日本佛教全书》第九十五册，东京有雅堂 1933 年出版。参见张杰《南宋大觉禅师的"杂剧诗"》，载《戏曲研究》第八辑）特别引人注目的是诗中提出了川杂剧这个地方戏的专名。本来，四川戏剧文化的兴起，早在晚唐时就出现了杂剧之称，前已称引。及至北宋，成都还兴起了比赛杂戏之风。庄绰《鸡肋编》卷上云："酒坊两户各求优人之善者，较艺于府会，"称为"撼雷"。岳珂《桯史》卷十三也说："蜀伶多能文，俳语率杂以经史，凡制帅幕府之燕集多用之。"可见在特定的地区性的经济文化环境中，是能孕育出具有地方色彩的戏曲艺术的。除了川杂剧以外，当时在东南沿海的大都市温州地区，出现了更具特色的温州杂剧，并因此而形成了南戏。温州杂剧是宋杂剧在温州地区繁荣滋长的成果，而南戏则是温州杂剧和各种艺术因素进一步融合发展的产物。

南戏是南曲戏文的简称，是与北曲杂剧相对而言的。它原名温州杂剧或永嘉杂剧，因正统的宋杂剧还在各地流行，这种富有地方特色的杂剧毕竟与它不同，所以便加上地名，以示区别。关于它的起源，祝允明《猥谈》载："南戏出于宣和之后，南渡之际，谓之温州杂剧。余见旧牒，其时有赵闳夫榜禁，颇述名目，如《赵贞女蔡二郎》等，亦不甚多。"

---

① 《武林旧事》卷二"舞队"条有《十斋郎》一种。又云：正月"十二、十三两日国忌禁乐"，陆诗这里所说的，是指农村对国忌不像京都那么严格遵行。

《南词叙录》则说："南戏始于宋光宗朝，永嘉人所作《赵贞女》、《王魁》二种实首之，故刘后村有'死后是非谁管得，满村听唱《蔡中郎》'之句。或云宣和间已滥觞，其盛行则自南渡，号曰永嘉杂剧，又曰鹘伶声嗽[1]。其曲则宋人词而益以里巷歌谣，不叶宫调，故士夫罕有留意者。"叶子奇《草木子》卷四下《杂俎篇》也说："俳优戏文，始于《王魁》，永嘉人作之。"元明诸家所记，证明《张协状元》、《东嘉韫玉传奇》等戏都出于温州人之手，则南戏始于温州之说，当大致可信[2]。至于其形成的时间，当然是有一段漫长过程的。《猥谈》记载赵闳夫"榜禁"之事，说明其时南戏已经在各地盛行。考赵闳夫是宋光宗赵惇的同宗堂兄弟，那么，南戏起始于宣和(1119—1125)之后，经历南宋前期的酝酿，到光宗时(1190—1194)盛行起来，这很符合于从萌芽到成熟的发展规律，《南词叙录》的记载基本上应当说是接近事实的。

温州能够成为南戏的发源地是当地的文化积淀和两宋时期的政治经济条件所决定的。

这个古称永嘉郡的城市自六朝以来就很发达，王羲之和谢灵运都曾在这里做地方官；到了唐代，改名温州，杜甫、孟浩然、李颀、钱起和杜荀鹤等著名诗人，都有咏及州郡山水的诗篇。陆龟蒙《笠泽丛书》卷四《野庙碑》云："瓯越间好事鬼，山椒水滨多淫祀。"顾况《永嘉》诗也说："东瓯传旧俗，风日江边好；何处乐神声，夷歌出烟岛！"(见《全唐诗》卷二百六十七)这反映了温州人民素有以歌舞乐神的传统。到了宋代，温州开发为东南沿海的商业大都市，一方面成了瓯江流域土特产和手工业品的集散地，另一方面又与明州、泉州互相通流，成了海道运输和对外贸易的通商口岸。绍圣二年(1095)，苏轼的诗友杨蟠来任温州太守，曾赋《永嘉百韵》诗，极

---

① 鹘伶声嗽，意为玲珑的腔调，是宋人市语。

② 参看钱南扬《戏文概论》，上海古籍出版社 1981 年出版。关于南戏产生的地点和时间问题，近年来学术界颇有争议。有些同志在福建、广东作了实地考察，指出北宋杂剧在流入浙江的同时，也进入了莆田、仙游、福州、泉州、漳州、潮州一线，因此提出了多点论，认为南戏之源不限于温州一地，而是分别在东南沿海许多点上同时产生的。详见刘念兹《南戏新证》，中华书局 1986 年出版。

写市肆的繁华。其《永宁桥》诗云:“过时灯火后,箫鼓正喧阗;三十六坊月,一般今夜圆!”其《永嘉》诗又说:“一片繁华海上头,从来唤作小杭州。水如棋局分街陌,山似屏帏绕画楼。是处有花迎我笑,何时无月逐人游?西湖宴赏争标日,多少珠帘不下钩!”(杨蟠赋《永嘉百咏》事见《章安集》题识,其《永宁桥》诗载《乾隆永嘉县志》卷四《关梁志》,其《永嘉》诗见《章安集》及《县志》卷二十四《艺文志》)北宋后期温州已有小杭州之称,可见温州杂剧起于其时,是有其经济和文化基础的(参见唐湜《民族戏曲散论·南戏探索》,上海古籍出版社 1987 年出版)。

高宗南渡时,为了逃避金兵的追击,曾于建炎四年(1130)正月乘船直奔温州,中央政权机构也一度迁到温州,宗室勋戚、文武大臣以及诸色伎艺人,都蜂拥而至。直到绍兴五年(1135),才返回杭州。由于这一段政治风云,温州的地位更形重要了。至迟在绍兴三年以前,这里已设置了提举市舶司,专司航运和贸易事宜。这样,温州便成了当时首都之外最繁华最富庶的商业都市,优伶纷至沓来,各种民间伎艺云集于此。郡城环列九山,城西有九山湖,艺人组成的行会便叫做九山书会,编演了本地居民喜闻乐见的文艺节目。由于商品经济自由竞争的刺激,温州杂剧便有可能吸收南方各地的民歌小调和其他艺术因素来丰富自身,进而发展为南戏。所以《南词叙录》曾指出:“永嘉杂剧兴,则又即村坊小曲而为之,本无宫调,亦罕节奏,徒取其畸农市女,顺口可歌而已。”可见南戏的早期曲调大多是地方民歌和俗谣俚曲,从现存南宋唯一的戏文《张协状元》来看,便证实了这一点。其中如《东瓯令》、《台州歌》、《福清歌》、《福州歌》等,显然是浙江、福建的地方民歌,又如《赵皮鞋》、《吴小四》、《林里鸭》、《斗双鸡》、《鹅鸭满渡船》、《牧犊歌》等,则是村坊小曲;此外,又溶进了宋词、大曲、舞鲍老、舞蛮牌、影戏、叫声、赚词和诸宫调等各种伎艺的声歌唱腔,形成了比宋杂剧更为成熟的综合艺术。特别是温州本地的书会才人率先写出了南戏的代言体剧本,为戏曲文学的产生作出了卓越的贡献。温州不仅有九山书会,而且还有永嘉书会,《刘知远还乡白兔记》的成化刊本,开场白中就说明它是永嘉书会才人编的。九山书会除了写出《张协状元》外,也还有其他作品。《南词叙录·宋元旧篇》著录的《董秀英花月东墙记》,《寒山堂新定九宫十三摄南曲谱》指明是“九山书会捷讥史九敬仙著”①，标举了作者个人的姓名。那么，才人们不仅善于创作，而且其中还有能参与演出的了。

当南渡以后，温州产生的南戏已经以完整的戏曲形式出现时，北方尚处于金院本的流行期。北曲杂剧则产生于金元之间，其时代还在南戏出现之后。所以南戏的形成早于北剧，这是肯定无疑的②。

南戏的剧目和现存南宋作品《张协状元》 南戏从南宋发展到元代，其剧本都由民间艺人自编自演，或出书会才人之手，大多数已经散佚。至今尚存的少量剧本，一般也并非原本，或源于宋而经元人改作，或由艺人通过舞台实践后反复修订而成，在时代上很难划分，所以只能跟宋元话本一样，也统称为宋元南戏。

关于南戏的剧目，《南词叙录》曾记载“宋元旧篇”六十五种。经钱南扬《戏文概论》及刘念兹《南戏新证》的搜辑，共著录宋元南戏剧目二百四十四本。其中哪些属宋，哪些属元，当然是不易分辨的。而且绝大部分已经失传，留存下来的不到十分之一，如《荆钗记》、《刘知远白兔记》、《拜月亭记》、《杀狗记》、《金印记》、《牧羊记》等，又大多是明改本，已非原貌。据前引《草木子》、《猥谈》、《南词叙录》等书，知道《赵贞女蔡二郎》和《王魁》两种，并称为戏文之首。此外，还有刘一清《钱塘遗事》卷六“戏文诲淫”条所记载的《王焕》戏文，周德清《中原音韵》里记载的《乐昌分镜》，张炎《山中白云词》卷五《满江红》词注里提到的《韫玉传奇》，以及《永乐大典戏文三种》中的《张协状元》六种，可以确定是宋人的作品③。而在这六种中，

---

① 捷讥，杂剧中类似引戏的角色，每以讥讽嘲弄见长。

② 明代的曲论家不了解戏曲形成和发展的历史，错误地认为“北曲不谐南耳而后有南曲”（王世贞《曲藻》）、“先有北后有南”（沈宠绥《度曲须知》）。清乾隆时的李调元在《剧话》卷上才第一次提出“南戏肇始，实在北戏之先”的卓见。至近代王国维著《宋元戏曲考》，经过严密的考证，终于作出了“南戏之渊源于宋，殆无可疑”，“其渊源所自，或反古于元杂剧”的正确论断。

③ 见张庚、郭汉城主编《中国戏曲通史》上册第二编第三章，中国戏剧出版社1980年出版。当然，宋代南戏从南渡后至帝昺末世，已有一百多年的发展历史，它的演出剧目肯定是十分丰富的，绝不会仅此六种，只是大多数剧目失去记载罢了。

五种又已失传，只有《张协状元》一种尚存于世。现将这六种宋代戏文分别介绍如下：

（一）《赵贞女蔡二郎》。《南词叙录》记其内容是演“蔡伯喈弃亲背妇为暴雷震死”的故事。陆游《小舟游近村舍舟步归》四首之四云：“斜阳古柳赵家庄，负鼓盲翁正作场。身后是非谁管得？满村听说蔡中郎。”可见这个故事也以说唱形式演出，流传甚广。宋代科举名额扩大后，仕路广开，一些“朝为田舍郎，暮登天子堂”（见宋人汪洙《神童诗》“劝学”之五）的封建士子，往往抛弃糟糠之妻而另攀高门。艺人针对这一严重的社会问题，乃嫁名东汉的蔡邕，说他考取状元后，丞相招之为婿，他便抛弃家乡的双亲和妻室于不顾，其妻赵贞女上京寻夫，竟遭马踩身亡，最终他自己落得个暴雷震死的可耻下场。这个戏尖锐地抨击了这种当时相当普遍的负义行为，它遭到了赵闳夫出榜禁止，可能与此有关。到了元代末年，高明为了维护封建道德，把它改编成全忠全孝的《琵琶记》，就把原本的战斗精神抹杀了。

（二）《王魁》，又名《王魁负桂英》。钱南扬从明清曲谱中辑得佚曲十八支（见《宋元戏文辑佚》，上海古典文学出版社 1956 年出版）。宋官本杂剧段数中有《王魁三乡题》，《醉翁谈录》记宋人话本也有《王魁负心》（此剧情节，见本书第十二章第三节）。

（三）《王焕》，又名《风流王焕贺怜怜》。《钱塘遗事》说是南宋度宗时太学生黄可道所作。《宋元戏文辑佚》辑得残存的佚曲二十二支。剧情是：北宋时汴梁人王焕在洛阳百花亭与上厅行首贺怜怜相遇，两人一见倾心，订约结为夫妻。不料西延边将高邈入洛，强娶怜怜为妾。王焕无奈，只得到西延投奔经略种师道。后高邈事败，种师道拘审其家，贺怜怜说明自己与王焕的情意，不愿从邈。种经略乃治高邈之罪，以怜怜归王焕，使两人终成美满姻眷。这是一个歌颂婚姻自主的恋情剧，元代有无名氏改编的北剧《逞风流王焕百花亭》，收存于《元曲选》中。

（四）《乐昌分镜》，又名《乐昌公主破镜重圆》。现存佚曲三十一支。《中原音韵》“正语作词起例”条云：“南宋都杭，吴兴与切邻，故其戏文如《乐昌分镜》等类，唱念呼吸，皆如约韵。”又说：“逐一字调平上去入，必须极力念之，悉如今之搬演南宋戏文唱念声腔。”这一方面说明了《乐昌分镜》是南宋戏文，一方面又证实了南戏传入杭州后，其声腔采用了有入声的吴语。《乐昌分镜》情节出于唐孟棨《本事诗》：陈后主之妹乐昌公主，下嫁太子舍人徐德言。时隋兵将至，德言知家不能保，乃破一镜，与公主各执其半，相约日后以破镜为凭，再图会合。及至陈朝败亡，公主被隋兵掳入越国公杨素家，德言至洛阳察访，果得因镜互知踪迹。事为杨素获悉，即召德言还其妻。《醉翁谈录》记宋人话本有《徐都尉》，元代沈和有杂剧《徐驸马乐昌分镜记》，都与此题材相同。

（五）《韫玉传奇》。张炎《山中白云·满江红》词题序称“赠《韫玉传奇》，惟吴中子弟为第一。”可知当时苏州演员最擅长搬演这本戏。词云：“傅粉何郎，比玉树、琼枝谩夸。”“离别恨，生叹嗟，欢情事，起喧哗。听歌喉清润，片玉无瑕。洗净人间筌笛耳，赏音多向五侯家。”透露出剧情大概也是写男女离愁别恨的恋爱故事，韫玉可能是剧中女主人公的名字，内容则无从考见了。明人叶盛所编《箓竹堂书目》曾著录此剧，题为《东嘉韫玉传奇》，知其原为永嘉（唐代称永嘉为东嘉州）产生的戏文。

（六）《永乐大典》中现存戏文三种之一《张协状元》，是宋代南戏唯一现存的剧本。与其他两种（即成于元代的《小孙屠》及《宦门子弟错立身》），都保持着早期南戏的原貌①。在这里，我们只就《张协状元》加以论述。

这个剧本原无主名，根据第二出《烛影摇红》“九山书会近日翻腾”这句唱词，可知它是温州九山书会编撰的。又据剧中全部是用的南曲，尚未受到宋亡后北剧流入南方的影响，和《宦门子弟错立身》、《小孙屠》二本已采用北曲显然不同，可证实《张协状元》出于宋代。而剧中第二十三出旦唱《福清歌》后所念的上场诗“村南村北梧桐树，山后山前白菜花”，出自曹

① 《永乐大典》是成于明成祖永乐年间（1403—1424）的大型类书，因卷帙浩繁，未能刊板，只有正副两部抄本，分存南京和北京。正本毁于明亡时，副本亦在1900年八国联军入侵时丧失殆尽，今仅存七百余卷。此书原收有戏文三十三种，今存三种。关于这三种戏文的详情，请参看钱南扬《永乐大典戏文三种校注》，中华书局1979年出版。

豳的七绝《题括苍冯公岭》二首之二（见曾唯编《东瓯诗存》卷七）。曹豳，温州瑞安人，生于乾道六年（1170），卒于淳祐九年（1249）。他在端平二年（1235）曾任浙东路提点刑狱公事，括苍冯公岭地属浙东处州（今丽水县）境内，其诗即作于此时。九山书会编撰的《张协状元》既然引用了曹豳的这首诗，就证明了其创作的具体时代不会早于端平二年（参看徐顺平《现存〈张协状元〉剧本不会早于南宋中叶》，载《南戏探讨集》第五辑，温州市艺术研究室编，1987年出版），它确是南宋后期的作品。

这是一部长达五十三场首尾完整的南戏剧本，在情节转换和场次衔接上比较粗疏，显示了民间作品的原始风貌。其情节梗概是：成都张协上汴京赶考，路过江陵五鸡山时，雪中遇盗，身受重伤，仓皇中投奔山下古庙，原住庙中的农村姑娘王贫女出于同情，允许他在庙中养伤，并照料他的生活。张协伤愈后，向贫女求婚，贫女不从。后经村邻李大公夫妇说合，得成姻眷。既而张协准备再去赴试，王贫女多方设法，甚至剪了头发典钱，为他筹措路费。但张协到京高中状元后，却忘恩负义，决意抛弃王贫女。另一方面，枢密使兼检校太尉王德用有女胜花，意欲招状元为婿，但张协却说："只为求名不为妻"，拒接丝鞭，致使胜花郁闷而死。王德用因此大为恼怒，在得知张协任梓州佥判后，有意出任梓州通判，作为张之上级，以图伺机报复。而张协上任途经五鸡山时，王贫女正在山上采茶，他为了根除后患，竟动手杀害贫女，但仅伤一臂。王德用赴任，恰好经过这里，见到贫女貌似胜花，便认为义女，同赴梓州。王德用到任后，接见文武官员，惟独拒绝张协的参见。张协忧惧，乃请托谭节使从中调停，愿与王府义女联姻。花烛之夜，贫女斥责张协，经众人劝解，终于夫妻重归和好。这本戏的题材与《赵贞女蔡二郎》、《王魁》同一类型。这类主题在剧本中不断出现，正反映了艺人们已经注意到这种社会问题的普遍性和严重性。

《张协状元》规制宏大，情节曲折，场次多达五十三出，上场人物多达三十八个，除了以张协和王贫女的婚变纠葛为主线外，还有以王德用父女与张协联姻的矛盾为副线，最后是构成戏剧冲突的两条线索扭在一起，把剧情的发展推向了高潮。在人物形象的塑造上，张协和贫女的性格刻画都是比较成功的。张协是一个极端自私的无耻士人的典型，他穷途末路时，为了依靠贫女生活，便假惺惺地主动求婚，骗取了贫女的爱情，但一旦飞黄腾达后，就马上翻脸不认人，剧本深刻地勾画出了他刻薄、狠毒、狡诈的丑恶嘴脸。与此形成鲜明对照的，是勤劳、朴实、善良的王贫女，以及助人为乐、仁厚诙谐的李大公、李大婆。在作者笔下，他们都被描绘得很有生活气息。不足之处是为了制造贫女与张协的大团圆结局，硬是安排王德用认作义女来提高她的身份地位，还让李大婆也来劝解，使之与张协言归于好。这最后一场，破坏了人物形象的完整性。这可能是赵闳夫榜禁《赵贞女蔡二郎》以后，艺人们为了使剧作得以上演，写成这样的。这种故意调和矛盾的创作思想，为后来高明改作《琵琶记》所取法，也给后世许多戏剧家的创作思想带来消极的影响。

南戏的体制和角色　宋元南戏的发展可以分为三个阶段：第一个阶段是南宋时期，第二个阶段是从元世祖忽必烈统一全国到元末，第三个阶段是元末明初。此后又进而发展为明清传奇。南戏来自民间，早期作品比较粗糙，尚未定型。直到元朝末年，高明撰作《琵琶记》，元末明初文人整理《荆》、《刘》、《拜》、《杀》等宋元旧篇，南戏的体制才渐趋完备。现以南宋戏文《张协状元》为主，再结合第二、第三阶段的作品，就其体制，略作说明：

先谈南戏剧本的结构。戏文一般都是长篇，通常是四、五十出，至少也有十多出。如《琵琶记》四十二出，《荆钗记》四十八出。但南宋作品如《张协状元》场次尚未分出，自然也就没有出目，钱南扬先生作校注时才把它分为五十三出。这与长篇章回小说定型的过程大致相同，戏文的分出加出目，也是到了明代中叶才定下来的。如元本《琵琶记》即未分出，它是直到明世宗嘉靖二十七年(1548)苏州书坊刊本才分出的。

戏文的开头列有“题目”，一般是四句诗，概述剧情大意。如《张协状元》的题目是：

张秀才应举往长安　王贫女古庙受饥寒
呆小二村沙调风月　莽强人大闹五鸡山

第四句也可以包含戏名(如《宦门弟子错立身》即以剧名作为题目的末句),它是在演出前写在招子上做广告用的。到了明代,剧本的形式有所改变,题目变成了第一出结尾的下场诗。如《元本琵琶记》的题目,在明万历间容与堂刻本《琵琶记》中,就被移作了副末开场的下场诗:

极富极贵牛丞相　施仁施义张广才
有贞有烈赵真女　全忠全孝蔡伯喈

戏文的第一出开场,明人称为家门,一般由末或副末上场念诵两首词,第一首报告本剧的演出宗旨,第二首叙说剧情梗概。但南宋戏文如《张协状元》开场的两阕词却都是泛说宗旨的:

(末上白)《水调歌头》韶华催白发,光景改朱容。人生浮世,浑如萍梗逐西东。陌上争红斗紫,窗外莺啼燕语,花落满庭空。世态只如此,何用苦匆匆。　　但咱们,虽宦裔,总皆通。弹丝品竹,那堪咏月与嘲风。苦会插科使砌,何吝搽灰抹土,歌笑满堂中。一似长江千尺浪,别是一家风。

(再白)《满庭芳》暂息喧哗,略停笑语,试看别样门庭。教坊格范,绯绿可同声,酬酢词源诨砌,听谈论、四座皆惊。浑不比,乍生后学,谩自逞虚名。　　状元张叶传,前回曾演,汝辈搬成。这番书会,要夺魁名。占断东瓯盛事,诸宫调唱出来因。厮罗响,贤门雅静,仔细说教听。

至于剧情,却另用一段诸宫调来表述,显出了早期南戏综合多种伎艺的痕迹。这种开场等于是宋杂剧中的艳段,又相当于大曲队舞中竹竿子念勾队词或参军色念致语口号。更有趣的是剧中人张协上场后,竟与后行子弟(即乐队)互相慰劳问答:"饶个《烛影摇红》断送","暂藉轧色"。这是《梦粱录》所述"先吹曲破断送,谓之把色"的规范,也足以证明南戏确是宋杂剧直接发展的产物。

既然第一出是开场，所以到第二出才进入代言体的正戏，一般是男主角先出场，第三出则是女主角出场，以下各场兼顾到各种角色和剧情的起伏冷热，间隔穿插地安排场次，而由唱辞、念白和科介三部分结合起来塑造人物形象，展开戏剧冲突。科介是表示动作或感情的专门用语（插科是指插入的滑稽动作），剧本中只标出“科”字或“介”字，具体动作则由角色登台后发挥出来。例如《张协状元》第三十五出“（净）闭门介”，就是要表演闭门的动作；第三十二出“（丑）哭介”，那就要表演出哭泣的情态。至于念白，则有独白、对白、夹白和旁白之分。男女主角或其他主要的剧中人第一次出场时，往往在唱完引子后有一段自我介绍的较长的独白，行话称为定场白或自报家门。这是中国民族戏曲独特的艺术形式。

其次，谈南戏的唱辞和曲律。前面已经谈到，南戏植根于人民群众之中，唱腔多取自村坊小曲和里巷歌谣，所以观众一听就懂。如《张协状元》就保持了这个优点，现举数例如下：

《字字双》（丑作小二挑担出唱）一石两石米和谷，也一担担。两桶三桶臭物事，也一担担。四把五把大枥柴，也一担担。豆腐一头酒一头，也一担担。

——第十二出

《麻婆子》（净出唱）二月春光好，秧针细细抽。有时移步出田头，蛇蚪儿无数水中游。婆婆傍前捞一碗，急忙去买油。

——第十九出

《山坡里羊》（旦出唱）知它你是及第？知它你是不第？知它在上国？知它归来未？镇使奴终日泪暗垂。莫非不第了羞归乡里？又恐嫌奴贫穷恁地。别也、别来断信息，断信息！

——第三十出

《台州歌》（丑坐唱）亚奴，是人道相公女子好做妇，弗比小人子女穷合穷。我个胜花娘子生得白蓬篷，一个头髻长长似盘龙。巧小身材子，常着个好千红。东华门外傍在小楼东，当初只道个状元迎出似喜相逢，刺起丝鞭两不管，谁知道状元似鬼头风。日日吵得亚爹耳朵聋，两三日饭也不吃一口，谁知你今日死了一场空！

——第三十二出

这些都是当时地方口语，明白如话。当然，这也必须合乎人物的身份地位，如张协的唱辞，那就文雅得多了。

南戏是用南方的语言、曲调和音韵组合的戏曲，所以演唱时要分平上去入四声，而且入声字较多，不比北曲没有入声。在用韵上也和北曲有所不同，如居鱼、姑模、支时、机微四个韵部，南方的读音相同，因此就可通押；又如车遮、家麻两个韵部，南方读音完全一样，那就可以合并了。

北剧的一本戏只能由主角独唱到底，但南戏却是生、旦、净、末、丑各种角色都能唱，既可轮唱，还可合唱，极大地提高并丰富了行当的表演能力。兹举《张协状元》第四十五出的一曲如次：

《鹅鸭满渡船》(净)我公休去你门家里，好好看孩儿。(末)一味闲言语。(外)我讨你，去当孩儿面。(丑)亲嫡女看养你脸儿美。(合)随后去嫁良婿。(外)大婆辞已，逻逼行李。(合)添个轿儿抬。(净)我自行将去。(合)分明是前世里曾契，到今世重会面做儿女。

这一支曲由四个角色分唱，而且还合唱两次，可见其格局是相当自由灵活的。同时，值得指出的是，它的每一场戏不限于一个套曲，有时甚至用了两个或三个不同宫调的套曲，在乐曲的配置上也与多数角色都能歌唱的表演程式有关。

《南词叙录》曾说南戏的歌曲是“宋人词而益以里巷歌谣，不叶宫调”，但又说：“然曲之次第，须用声相邻以为一套，其间亦自有类辈，不可乱也。如《黄莺儿》则继之以《簇御林》，《画眉序》则继之以《滴溜子》之类，自有一定之序，作者观于旧曲而遵之可也。”这表明徐渭也不得不承认南戏的联套是有一定的规律的，并非随意杂凑。其实，他说“南曲固无宫调”，只能说明永嘉杂剧初起时的情况。到了南宋中叶，书会才人就已经讲究不同宫调曲牌的联套方式及其规律了。到了元朝，南北戏曲得到交流的机会，戏文又受到北剧联套方式的影响，南戏之有宫调是更其肯定的了。

研究南戏的曲律有两部权威性的古籍，那就是明末徐于室、纽少雅编的《汇纂元谱南曲九宫正始》，和张大复编的《寒山堂新定九宫十三摄南曲谱》。这两部曲谱著录了一大批宋元南戏的剧目，选录了数量可观的南戏古曲，并在宫调曲牌方面进行了分类整理。由此得知，南戏十三个宫调，常用的是九个宫调。宫调的作用有二：一是规定伴奏乐器和声乐歌唱的调门高低；二是标志声情的哀乐。现列举如下：一、黄钟宫，富贵缠绵；二、正宫，惆怅雄壮；三、中吕宫，高下闪赚；四、南吕宫，感叹悲伤；五、仙吕宫，清新绵邈；六、大石调，风流酝藉；七、商调，凄怆怨慕；八、越调，陶写冷笑；九、双调，健捷激袅；十、道宫，飘逸清幽；十一、小石调，旖旎妩媚；十二、般涉调，拾掇坑堑；十三、羽调，悠扬妩媚。其中从黄钟宫至双调是常用的。南曲戏文的套曲由引子（古称慢词）、过曲（古称近词）和尾声组成。引子一般都是散板干唱，不用伴奏，不拘宫调，过曲是有板眼的，由两支以上同一宫调内的曲调相联而成，唱时用管弦鼓板伴奏。尾声也有规定，要与过曲所属的宫调一致，但也可以不加尾声。

早期戏文短套多，长套少，而且大多不标明宫调。现在依据《九宫正始》的曲律来考察《永乐大典戏文三种》，则可以看出早期的戏文仍是合乎宫调曲牌的规律的，只是不太严整而已。如《张协状元》第二十出的联套情况是：一、旦唱《南吕过曲·懒画眉》；二、旦唱《黄钟过曲·狮子序》二支；三、旦唱《南吕引子·临江仙》、《南吕过曲·奈子花》，末唱《奈子花》第二支，生唱第三支；四、旦唱《仙吕引子·醉落魄》，生旦轮《唱仙吕过曲·四换头》；五、末净接唱《越调过曲·赚》二支；六、旦生分唱合唱《中吕过曲：绛罗裙·呼唤子》、《尾声》。——这场戏宫调变换了六次，是因为王贫女遭到张协的打骂，李大公、李大婆进行调解，剧情上有六个层次的起伏。可以看出，作者是根据戏剧冲突的实际需要对联套作出安排的。元初南戏由于受到北剧的影响，开始吸收北曲，并创造了南北合套。这些体式后来都为明清传奇所继承，而且在曲律上发展得更细密更严谨。

再谈南戏的角色。南戏的角色是从宋杂剧中演变出来的，计有生、旦、外、贴、丑、净、末七种，其中生、旦是男女主角，其他几种是配角。《南词叙录》所载，与《张协状元》的实际情况正同。现分别说明如下：

生：戏中的男主角，扮演书生、进士一类的人物，是从宋杂剧中的末泥演化出来的。《张协状元》第一出结尾呼唤“末泥色饶个踏场”，而出场的正是扮演张协的生角，这便是生即末泥的明证。

旦：戏中的女主角，扮演小姐或青年妇女，如《张协状元》中的王贫女。这一角色源出宋杂剧中的装旦。《张协状元》第三十五出有一段插科打诨的对白说：“（旦）奴家是妇人，（净）妇人如何不扎脚？（末）你须看它上面。”这表明在剧中演王贫女的是由不扎脚的男优装扮的，看它上面是女妆，但下面却露出了马脚，这便是宋杂剧装旦之遗风。后来南戏中的旦角大多由女优担任。

外：《南词叙录》云：“生之外又一生也。”“外旦，小外，后人益之。”这是南戏中创造的新角色，是男女主角之外的配角。可装扮老年男子，如《张协状元》中张的父亲；又可装扮老年妇女，如《张协状元》中王胜花的母亲。这种外旦发展到明清传奇中，便演变为正规的老旦。至于小外，则扮年岁不大的男配角，如《荆钗记》第四出中的温州太守吉天祥。

贴：贴是贴旦的省称（在剧本中，贴每简写作占）。《南词叙录》云：“旦之外贴一旦也。”源出宋杂剧中的次贴，一般扮演青年女子，如《张协状元》中的王胜花和野方养娘（婢女），到明清传奇中则专扮丫头。

净：《太和正音谱·词林须知》作靓，注云：“付（傅）粉墨者谓之靓，献笑供谄者也，古谓参军。”而《辍耕录》指出“副净古谓之参军”，则南戏中的净实具有宋杂剧中副净的性质，专扮发乔逗笑一类的人物，而且男女兼扮。如《张协状元》中，张母（女）、张协朋友、过路客商、山神、李大婆（女）、店主婆（女）、张府门子、卖登科记的、王府侍婢（女）、脚夫李旺、柳永、谭节使十二个不同的人物皆为净扮。

末：金元北剧中有正末、副末之分，正末是男主角，源出末泥，与南戏中的生角相对应。南戏中的末不分正副，既不是生（正末），应即属于宋杂剧中副末的性质，专扮次要的男性人物，与净、丑在一起，作为插科打诨的对手。它的另一作用就是向观众介绍剧情，即所谓副末开场。在《张协状元》中，张协的朋友、张家的仆人、冲场者、过路客商、土地、判官、李大公、祗候、同年举子、张府门子和王府堂后官等十一个人物皆为末扮。张炎《山中白云》卷五有《蝶恋花·题末色褚仲良写真》一首，词中上片说："济楚衣裳眉目秀，活脱梨园，子弟家声旧。诨砌随机开笑口，筵前戏谏从来有。"生动地描绘了南戏末色的扮演特征，打诨使砌（诨、砌意同）是副末的拿手戏。以此与《张协状元》中开场末念"酬酢词源诨砌"相对勘，更显出了张炎描写的真实性。张炎是海盐腔开创者张镃的曾孙，词中所述"末色褚仲良"，说不定是一位唱海盐腔的副末演员。

丑：这是南戏中创造出来的能起重要戏剧作用的新角色。《南词叙录》云："以墨粉涂面，其形甚丑。"它的性质与副净相似，同样要在脸上搽灰抹土，同样擅长调笑滑稽，可能是从宋杂剧的副净色派生出来的。凡男女老少中带有谐谑性的人物，均可丑扮。在《张协状元》中由丑角装扮的有相面先生、张妹（女）、强盗、小鬼、小二、同年举子、弄幞头者、脚夫陈吉和王德用等，其中有反面人物，但也有正面人物。

宋元南戏的角色比金元北剧完备，发展到明清传奇，行当的分支更细，如从生行中又分出了小生、老生、武生等。但其总的类别仍不出生、旦、净、末、丑之外，所以说中国戏曲舞台上的角色行当，就《张协状元》来看，在南宋已基本完备了。

南戏的传播及其声腔的流变 自从温州南戏以崭新的艺术形式登上舞台后，便立即得到了广大群众的喜爱和欢迎。它逐步向外扩展传播，首先是流向当时的行都临安，刘一清《钱塘遗事》卷六云："湖山歌舞，沉酣百年。贾似道少时，佻㒓尤甚。自入相后，犹微服闲行，或饮于伎家。至戊辰（咸淳四年，1268）、己巳（1269）间，《王焕》戏文盛行于都下，始自太学有黄可道者为之。"这说明南曲戏文在杭州盛行后，连太学生也加入了创作者的行列。到了宋末和元代，南戏的中心便从温州移到了杭州，《宦门子弟错立身》原本就标明"古杭才人新编"，《小孙屠》也署为"古杭书会编撰"，而且唱念的语言也改用杭音，出现了杭州腔。另外，南戏在晚宋时期就传入了苏州，故前引张炎词序云："赠韫玉传奇，惟吴中子弟为第一。"《南词叙录》"宋元旧篇"著录的《荆钗记》，《寒山堂南曲谱》题为"吴门学究敬仙书会柯丹丘著"，足见苏州子弟善演南戏，并能编剧。元初统一全国后，南戏的势力北上，直抵大都（今北京）。《寒山堂南曲谱》中《金鼠银猫李宝闲花记》注云："大都邓聚德著，业卜，字先觉，尚有《三十六琐骨》戏文，隆福寺刻本。"可见北方作家看了南戏的演出后，也创作、出版了戏文。南北交流的结果，南戏便进而吸收北曲杂剧的艺术成分，或改编北剧的旧本（如南戏《拜月亭》就是从关汉卿的同名杂剧改编而来的），或吸收北剧的曲调，效法其联套方式，提高了自身的表现力。另一方面，北剧作家南下杭州，也参加了南戏的编撰，如大都人马致远任江浙省务提举后，写出了《苏武持节北海牧羊记》（见《寒山堂南曲谱》卷首总目），又与史敬德合作，编写了《萧淑贞祭坟重会姻缘记》（《寒山谱》注云：一名《刘文龙传》）。这些情况说明南戏与北剧绝不是互不相干的，而是彼此渗透、互相交流的。

南戏的传播区域很广，北至大都，南到江西、福建、广东。早在光宗、宁宗年间，南戏就流入莆田、泉州、漳州、潮州一带。南方各地区方言方音本也颇有差异，南戏原来只用温州乡音演唱的，它流传到其他地区后，其音乐唱调便结合各地的语言特色而形成了多种不同风格的地方声腔。同一个剧本，可以用不同的声腔来演唱，或者改调而歌之，这便是南戏与北剧的一大差别。明正德嘉靖年间，魏良辅在《南词引正》中说："腔有数样，纷纭不类。各方风气所限，有昆山、海盐、余姚、杭州、弋阳。自徽州、江西、福建俱作弋阳腔，永乐间，云、贵二省皆作之，会唱者颇入耳。"这里提出了南戏五大声腔。但杭州腔久已失传，情况不明。昆山腔起源于元朝末年，到明代才开始盛行。时代较早的是海盐、余姚、弋阳三大声腔。《南词叙录》云："今唱家称弋阳腔，则出于江西，两京、湖南、闽、广用之；称余姚腔者，出于会稽，常、润、池、太、扬、徐用之；称海盐腔者，嘉、湖、温、台用之。"可见南戏三大声腔几乎传遍了全国，其中海盐腔形成的时代最早，约在南宋中期。李日华《紫桃轩杂缀》卷三云："张镃字功甫，循王（张俊）之孙，豪侈而有清尚。尝来吾郡海盐，作园亭自恣。令歌儿衍曲，务为新声，所谓海盐腔也。”张镃寓居浙江海盐约在嘉泰四年(1204)以前。而作为海盐腔的实际演唱者,当然是海盐本地的优伶。正如陆容《菽园杂记》卷十所说:“嘉兴之海盐,绍兴之余姚,宁波之慈溪,台州之黄岩,温州之永嘉,皆有习为倡优者,名曰戏文子弟,虽良家子不耻为之。”海盐腔风格轻柔,体局静好,后来被昆山腔所吸收,至今温州昆剧(俗称永昆)的一些曲调中还保留着它的遗音。

至于余姚腔和弋阳腔产生的时代,虽然史无明文,但从其久远的流播情况来考察,应出于宋元之间。余姚腔的特点是用流水板滚唱,它沿长江流域发展到安徽,到明代演变为青阳腔和徽池雅调。江西的弋阳腔声势最盛,流播的范围最广。它不仅流行于北京、南京、湖南、福建和广东,而且在明初永乐年间传到了云南、贵州。顾起元《客座赘语》卷九云:“大会则用南戏,其始止二腔:一为弋阳,一为海盐。弋阳则错用乡语,四方士客喜阅之。”弋阳腔以锣鼓节拍,有后台帮腔,声调高亢,适宜在田野间演唱。它在明代变为四平腔,至清代又演变为京腔和高腔。现今湖南、四川、河北、江西和浙江等地的高腔,都是南戏弋腔的遗响。另外,闽广沿海地区的泉潮腔,也是与宋元南戏颇有渊源的地方声腔。特别是在福建的莆仙戏、梨园戏、南音和竹马戏中,保留宋元南戏的剧目最多,如莆仙戏中至今还保存了《张协状元》和《乐昌分镜》等,梨园戏中至今还保存了《王魁》和《刘文龙》等,这种上下古今一脉相承的情况,是值得联系实际进一步深入研究的。

两宋建元表

北　宋

太祖赵匡胤建隆元年至三年(960—962)

乾德元年至五年(963—967)

开宝元年至九年(968—976)

太宗光义太平兴国元年至八年(976—983)

雍熙元年至四年(984—987)

端拱元年至二年(988—989)

淳化元年至五年(990—994)

至道元年至三年(995—997)

真宗恒咸平元年至六年(998—1003)

景德元年至四年(1004—1007)

大中祥符元年至九年(1008—1016)

天禧元年至五年(1017—1021)

乾兴元年(1022)

仁宗祯天圣元年至九年(1023—1031)

明道元年至二年(1032—1033)

景祐元年至四年(1034—1037)

宝元元年至二年(1038—1039)

康定元年(1040)
庆历元年至八年(1041—1048)
皇祐元年至五年(1049—1053)
至和元年至二年(1054—1055)
嘉祐元年至八年(1056—1063)
英宗曙治平元年至四年(1064—1067)
神宗顼熙宁元年至十年(1068—1077)
元丰元年至八年(1078—1085)
哲宗煦元祐元年至八年(1086—1093)
绍圣元年至四年(1094—1097)
元符元年至三年(1098—1100)
徽宗佶建中靖国元年(1101)
崇宁元年至五年(1102—1106)
大观元年至四年(1107—1110)
政和元年至七年(1111—1117)
重和元年(1118)
宣和元年至七年(1119—1125)
钦宗桓靖康元年至二年(1126—1127)

南　　宋

高宗构建炎元年至四年(1127—1130)
绍兴元年至三十二年(1131—1162)
孝宗昚隆兴元年至二年(1163—1164)
乾道元年至九年(1165—1173)
淳熙元年至十六年(1174—1189)
光宗惇绍熙元年至五年(1190—1194)
宁宗扩庆元元年至六年(1195—1200)
嘉泰元年至四年(1201—1204)

开禧元年至三年(1205—1207)
嘉定元年至十七年(1208—1224)
理宗昀宝庆元年至三年(1225—1227)
绍定元年至六年(1228—1233)
端平元年至三年(1234—1236)
嘉熙元年至四年(1237—1240)
淳祐元年至十二年(1241—1252)
宝祐元年至六年(1253—1258)
开庆元年(1259)
景定元年至五年(1260—1264)
度宗禥咸淳元年至十年(1265—1274)
恭帝㬎德祐元年至二年(1275—1276)
端宗昰景炎元年至三年(1276—1278)
帝昺祥兴元年至二年(1278—1279)

后　记

1956年，我在武汉大学讲授中国文学史，当时还只四十多岁，不自量力，想依据自己的传习记录，写成一部较大的书。从这年秋天开始，到次年春天，写成了宋元部分，约四十万字。不久，世所周知的“扩大化”运动来了，我也就按照当时许多知识分子被规定应当担承的命运，放下了笔杆子，拿起了牛鞭子和粪耙子。过了不到十年，又迎来了“史无前例”的十年浩劫。好不容易盼到了“乌头白，马生角”，摘帽之后，又立即奉命“自愿退休，安度幸福的晚年”。在那十九年难忘的岁月中，这部未完成的文学史稿虽说侥幸地保存了下来，但自己从来没有幻想过它有朝一日能见天日。

1978年，南京大学校长匡亚明先生聘请我这个已经六十五岁的街道居民回到母校，担任教授，我才恢复了教学生涯。我重新走上讲台，对着满堂渴求知识、探索人生的青年们，无拘束地讲自己心里的话：学术的，文艺的，伦理道德的，政治的。与此同时，还写了一些新书，整理了大部分旧作。感谢出版社的同志们，由于他们热情的协助，这些作品已次第与世人相见。

在旧稿中，我惟独对于这部未完成的文学史稿犯难。因为其中许多领域，近二十多年来，资料发现得多，研究进展得快，牵涉广泛，问题复杂，要用许多时间和精力才弄得清楚。我已届暮年，加之责重事烦，不要说完成全书，即使充实修订已经完成的宋元部分，也感到力不从心了。

正是在这个时候，我找到了吴新雷教授。吴先生和我同受业于胡小石、汪辟疆先生，可说是先后同学。他又是陈中凡先生的研究生，对词曲、戏剧、小说具有很专门的知识，而这正是我所缺乏的。由于我的请托，吴先生慨然同意将我这部很粗糙的旧稿加以充实修订，如骈文、南宋散文和诗词以及戏曲形成等章节，他都做了填平补缺的工作。经过他八年的辛勤耕耘，这部《两宋文学史》终于定稿，可以付印了。

我们的工作方式大体上是，他先改写我的第一稿，我再改他写的第二稿，如有异同之见，随时讨论解决。因为两人在一个单位工作，吴先生又敏而好学，直谅多闻，所以我们的合作是极其愉快的，对一些问题的歧见也是经过讨论后基本上取得一致的。这部书的每一章节，应当说，都浸透了两个人的心思。它是一个整体，有别于那些多人分别执笔，写成后再由一二人加以编定的书。我们觉得这也是一种合作方式，可供学术界有志从事集体研究及合作撰述的同志们参考。

我们本来还想写一部辽金元文学史，但我年事已高，日益衰颓，吴先生又拟集中精力研究戏曲，任务繁重，无暇及此。因此，原来的设想恐怕要由其他同志来实现了。

就我个人来说，一部 1957 年春天就写成了初稿的书，一直要等到 1988 年，还是在一位朋友的大力协同之下，才能完成，历程竟达三十一年之久，这是不幸呢，还是幸运？亲爱的读者们，请在读完这部书之后，代我回答这个使我不无迷惘的问题吧。正是：

韶华到眼轻消遣，
过后思量总可怜。

程千帆　于南京大学

1988 年 10 月